State Grid Shaanxi Electric Power Company Limited's Yearbook 2022

国网陕西省电力有限公司年鉴

2022

《国网陕西省电力有限公司年鉴》编辑委员会

图书在版编目（CIP）数据

2022 国网陕西省电力有限公司年鉴 /《国网陕西省电力有限公司年鉴》编辑委员会编 . —北京：中国电力出版社，2022.12
ISBN 978-7-5198-7075-1

Ⅰ . ① 2… Ⅱ . ①国… Ⅲ . ①电力工业 – 工业企业 – 陕西 –2022– 年鉴 Ⅳ . ① F426.61–54

中国版本图书馆 CIP 数据核字 (2022) 第 179409 号

出版发行：中国电力出版社
地　　址：北京市东城区北京站西街 19 号（邮政编码 100005）
网　　址：http://www.cepp.sgcc.com.cn
责任编辑：王　南（010–63412876）
责任校对：黄　蓓　郝军燕　李　楠
装帧设计：张俊霞
责任印制：石　雷

印　　刷：北京瑞禾彩色印刷有限公司
版　　次：2022 年 12 月第一版
印　　次：2022 年 12 月北京第一次印刷
开　　本：787 毫米 ×1092 毫米　16 开本
印　　张：24.5
字　　数：790 千字
定　　价：198.00 元

《2022国网陕西省电力有限公司年鉴》编辑委员会

《2022国网陕西省电力有限公司年鉴》编辑委员会

《2022国网陕西省电力有限公司年鉴》编辑部

编辑说明 Editing Description

新故相推，日生不滞。2021年，站在“两个一百年”奋斗目标的历史交汇点，国家电网有限公司和陕西省委省政府坚决贯彻“四个革命、一个合作”的国家能源安全新战略，共同出资设立国网陕西省电力有限公司（简称：国网陕西电力），开启了陕西电网融合发展新征程。融合这一年，陕西电网全面实现统一规划、统一建设、统一调度、统一管理的新格局，企业发展开创了管理整合、文化融合、人心聚合的新局面，陕西电力事业迈上高质量发展的新征程。

为充分展示公司改革发展成就，形成体现企业特征和时代特征的年度资料性历史文献，辅助管理提升和科学决策，有效促进企业持续健康和谐发展，国网陕西电力决定按年度编纂出版《国网陕西省电力有限公司年鉴》。本年鉴编纂以马克思列宁主义、毛泽东思想、邓小平理论、“三个代表”重要思想、科学发展观、习近平新时代中国特色社会主义思想为指导，坚持实事求是原则，全面、系统、客观记载国网陕西电力及直属各单位的基本情况，为社会各界人士深入了解和研究国网陕西电力改革发展历史进程和运行轨迹提供参考，具有重要的实用价值、史料价值和参考价值，起到记录历史和启迪未来的“存史资质”作用。

《2022国网陕西省电力有限公司年鉴》作为企业首本年鉴，收录时限为2021年1月1日至12月31日。全书分为篇目、栏目、条目三个层次，设有特载、公司概况、电网发展、企业管理、安全生产、电网运行与电力市场、科技及数字化、产业管理、党的建设和精神文明建设、供电单位、直属单位、荣誉录、大事记、重要文献、附录等15个篇目，全篇选配了百余幅具有一定史料价值的图片，力求做到图文并茂。

年鉴编纂工作在公司编辑委员会领导下，得到本部各部门、直属各单位的高度重视和大力支持。特载由办公室组织各职能部门统筹编撰，其余文稿由各部门、单位确定专人撰稿，刊载图片由党委宣传部、融媒体中心、撰稿部门及单位提供，内容经各部门、单位审核，公司编辑部、编辑委员会三审定稿。年鉴中所用统计数据受来源和统计口径等因素影响或存在差异，使用时以公司统计部门对外公布统计数据为准。

本年鉴是公司各级领导和全体编辑人员、基础材料编写人员与有关人士通力配合、共同努力的成果。在此，谨向为本年鉴付出辛劳的各级领导和各位工作人员表示衷心感谢！同时也诚挚希望各级领导、各界人士继续对年鉴编纂工作予以关心帮助。编纂过程中如有疏漏和不妥之处，恳请读者批评指正。

《国网陕西省电力有限公司年鉴》编辑委员会

2022年10月

目　录 Contents

公司概况

电网发展

企业管理

■ 供电单位

直属单位

荣誉录

大事记

重要文献

附　录

索　引

特　载

理顺陕西电网管理体制，开启陕西电网融合发展新篇章

1989年以来，陕西省保持“一省两公司”的特殊电网管理体制，重复规划建设、电网安全、网间趸售、电力直接交易等方面问题突出，影响陕西电网健康发展。国家电网公司党组与陕西省委省政府多年来一直在研究理顺电网管理体制。2021年4月，国家电网公司董事长、党组书记辛保安与陕西省委省政府主要领导就理顺陕西电网管理体制达成共识，为从根本上解决陕西电网体制性难题创造了机遇。国网陕西电力认真贯彻国家电网公司党组和陕西省委省政府融合发展工作要求，在国家电网公司有关部门和陕西省委省政府有关厅局的指导下，促成国家电网公司与陕西省人民政府签订框架协议和出资人协议，采取“新设＋吸收合并”的模式整合陕西电网，7月20日完成工商登记，8月6日“国网陕西省电力有限公司”正式挂牌，实现管理权统一，结束了长达30余年的陕西电网分割管理的历史，开启陕西电网融合发展新篇章。

• 2021年8月6日，陕西省委书记刘国中，省委副书记、省长赵一德为国网陕西省电力有限公司揭牌。

• 2021年8月6日，国家电网公司董事长、党组书记辛保安，总经理、党组副书记张智刚为国网陕西省电力有限公司揭牌。

【融合发展主要节点】 2021年4月7日，国家电网公司董事长、党组书记辛保安与陕西省委书记刘国中、省长赵一德会谈，双方就理顺陕西电网管理体制达成共识；2021年7月13日，国家电网公司、陕西省政府签署《陕西省人民政府 国家电网有限公司关于理顺管理体制实现融合发展的框架协议》《国网陕西省电力有限公司出资人协议》；2021年7月20日，国网陕西省电力有限公司完成工商注册、取得营业执照。工商登记注册资本353亿元，国家电网有限公司持股72%，陕西省国资委持股28% [1]。2021年8月6日，国网陕西省电力有限公司揭牌。2021年8月30日，公司融合发展领导小组会审议通过《融合发展总体实施方案》。2021年11月15日，公司融合发展工作领导小组第2次会议审议通过22个专业融合方案及公司管控的73项重点任务清单，自此，公司融合发展顶层设计方案全部完成。2021年10月24日，公司本部部门、各地市供电公司机构整合工作全面完成。2021年12月，各地市供电公司完成内部机构整合。

【融合工作进展及成效】 国网陕西电力认真落实国家电网公司董事长、党组书记辛保安提出的“四个奋发有为”和“管理整合、文化融合、人心聚合”要求，迅速成立融合发展工作领导小组和22个专业工作组，细化落实国家电网公司《陕西电网接收融合发展工作实施方案》及人资、财务两个专项方案，编制印发“1+4+4”实施方案（1个融合发展总方案，4个配套保障方案，4个指导意见），制定22个专业融合方案，整体设计，一体推动。

坚守“安全不出事、服务不滑坡、队伍保稳定”底线，夯实融合发展基础。始终把安全放在首要位置，强化安全生产一体化管理，印发融合发展第一批安全生产工作任务清单、“四双”（双培训、双勘察、双辨识、双到位）管理、“四个管住”（管住计划、管住队伍、管住人员、管住现场）等10余项安全制度文件，组织《安规》普考3.5万人次，强化现场安全管

[1] 最终确定注册资本340亿元，国家电网有限公司持股74%，陕西省国资委持股26%。

控。落实优质服务保障方案，短期内完成了96789向95598融合归并，服务热线一号受理，对外服务无感融合。深入开展调研摸底，宣贯融合方案，解读人员安置及薪酬福利管理等政策，实现人心稳、队伍稳。采取了挂牌初期分区管理逐步向一体化管理过渡的模式，实现各项管理和业务平稳衔接。

围绕"管理整合、文化融合、人心聚合"，多点发力、全面推进。印发中共国网陕西省电力有限公司委员会（简称国网陕西电力党委）1号文件，以加强党的建设引领融合发展。制定保障融合发展纪律规定，及时召开干部大会，完成2021年度领导干部考评，开展原东区（原国网陕西电力公司）和原南区[原陕西省地方电力（集团）有限公司]人员交流学习活动，凝聚融合发展合力。有序推进管理整合，采取多种方式宣贯培训国家电网公司通用制度，不断夯实同质化管理基础。加快推动文化融合，编制印发国家电网公司企业文化宣传手册、品牌标识应用手册，组织培训2400余人次，开展标识应用试点。基层单位主动交流，联合成立融合工作机构，统一编制方案、统筹组织实施，形成积极融、主动融的态势。

聚焦"一张网、一盘棋"，以融合促进公司高质量发展。按照"一张网"布局，修编调整"十四五"电网规划，规划总投资突破1200亿元，加快补齐短板、促进转型升级。立足"一盘棋"发展，统一编制2022年投资规模需求及电网基建、零购等13类专项投资计划，同步启动项目储备，确保245亿元投资需求有效落实落地。坚持信息系统部署先行，统一推进信息系统融合、电力通信网络建设等相关工作，有力

●2021年8月16日，国网陕西电力召开干部大会，要求提高政治站位，以高质量党建引领高质量融合发展；强化安全管理，全力维护安全生产秩序平稳；深化融合发展，凝聚干事创业强大合力；强化干部管理，坚持以好干部标准选人用人。

●2021年10月20日，国网陕西电力与西安国际港务区举行调度通信生产综合基地入园签约仪式。

支撑业务融合。

强化省市联动推进，业务融合平稳有序、一体化运作成效初显。出台"党建＋融合"、文化促融、对标促融、培训促融等一系列举措和专项指导意见，推动人心聚合、管理整合。地市级公司联合成立属地融合工作机构，稳步推动业务融合，平稳完成四个阶段56项重点任务。提前8个月完成了省市机构人员融合，机构数量较融合前减少17个本部部门、9个地市供电公司、1个直属单位、2个县供电公司，原两家公司5.4万人整建制划转国网陕西电力，高效完成118家分公司工商注册。

积极促成双方最终确定实缴资本，原陕西省地方电力（集团）有限公司拟划出长安汇通股权27户、共计93.2亿元，国家电网公司、陕西省国资委在国网陕西电力持股比例分别为74%、26%。电力光纤通信覆盖市县公司，信息网络延伸至乡镇供电所，各级调度实现主站系统安全互联、数据互通和一体化运作，在十四运会保电、强降雨灾害天气应对、新冠肺炎疫情防控等重大任务落实中，充分展现了"一张网""一盘棋"优势，得到国家电网公司、陕西省委省政府主要领导充分肯定。

（余坤兴）

突出"学党史，践行初心；敬延安，赋能三秦"主线，党史学习教育成效显著

2021年2月20日，中央召开党史学习教育动员大会后，国网陕西电力第一时间组织学习习近平总书记重

要讲话精神，3月1日邀请专家讲授公司系统党史“第一课”。3月4日国家电网公司党史学习教育启动会后，3月8日第一时间召开党委会议研究制定印发实施方案，成立工作机构，突出“学党史，践行初心；敬延安，赋能三秦”主线，统筹推进“赋能三秦”5个专项行动、115项工作任务。两网融合后，第一时间统筹党史学习教育，成立国网陕西电力党史学习教育领导小组、巡回指导组，各级建立65个指导组下沉督导，累计组织召开党史学习教育领导小组会议3次，办公室会议10次。

【组织领导有保障】 按照公司党史学习教育领导小组工作安排，深入开展大学习、大讲堂、大宣传，领导班子赴革命圣地延安开展专题读书班，在中国延安干部学院举办党史学习教育示范培训班，各级党委举办专题读书班206期。各级党委会“第一议题”传达学习374次，各级中心组集中学习研讨751次。各级领导班子成员等讲党课1641人次。12月24日，国家电网公司副总经理陈国平组织对国网陕西电力干部职工宣讲党的十九届六中全会精神。国网陕西电力领导干部以上率下带动各级干部加强学习，以“第一议题”组织党委领导班子成员及时学习全会公报，并以党委中心组学习的方式开展集体学习。深入学习贯彻党的十九届六中全会精神，开展宣讲、筹备举办专题读书班，广大党员和员工通过电视、手机、网络等平台收听收看，731个党（总）支部组织党员以“三会一课”方式开展学习。

【分层分类有特色】 建成国家电网公司首个党性体检（党史学习教育）中心，入选国家电网公司管理提升示

2021年5月8日，国网商洛供电公司输电运检党支部在330kV咸鹤线开展“学党史 悟思想 敢担当 保安全”主题党日活动。（祝　赫　摄）

国网陕西电力领导班子在党性体检中心开展党性体检活动。

范基地。狠抓“四史”学习，党支部开展专题学习4986次，邀请各级宣讲团成员辅导161场，依托红色资源教育1065次，线上培训664场。组建巡回宣讲团一线宣讲50余场。举办5期“学党史，践行初心；敬延安，赋能三秦”百问百答网络挑战赛，2万余人参加。在生产一线开展“巡线路上讲党史、铁塔下面微党课”，在电网建设中推行“学史力行强基建、赋能三秦保供电”，在优化电力营商环境中实施共产党员服务队“学党史、担使命、办实事、惠民生”专项行动，在加强青年引导中，开展“学党史、强信念、跟党走”，在离退休党员中，开展党性体检主题党日活动。西安110kV地下变电站入选国家电网公司“百年电力”首批文化遗产名录，公司党史学习教育工作经验在中央内参刊发，在中央电视台、人民日报等主流媒体刊发2160余篇。

【为民服务有行动】 坚持以贯彻新发展理念提升主动服务基层意识等5方面47项工作任务深化基层赋能。聚焦“一老一小”等重点群体领域，抓好重点民生项目清单落实。围绕疫情防控、电力保供、两网融合、助力“双碳”、服务乡村振兴等重大任务，以“七个全力、两个实施”推进“优服务惠民生”，把落实疫情防控任务和电力保供作为检验党史学习教育成果主战场，第一时间发布支持疫情防控及供电服务保障八项举措。公司24个单位派出党员干部深入一线班组同吃、同住、同劳动，形成调研报告595篇，带回问题与意见建议并解决628条，确保精准解决一线所急所盼所忧。做好“十件实事”为职工送温暖，建成“职工之家”393个，实现省市县班四级全覆盖，建成“五小”供电所310个，单身公寓926套。46支共产

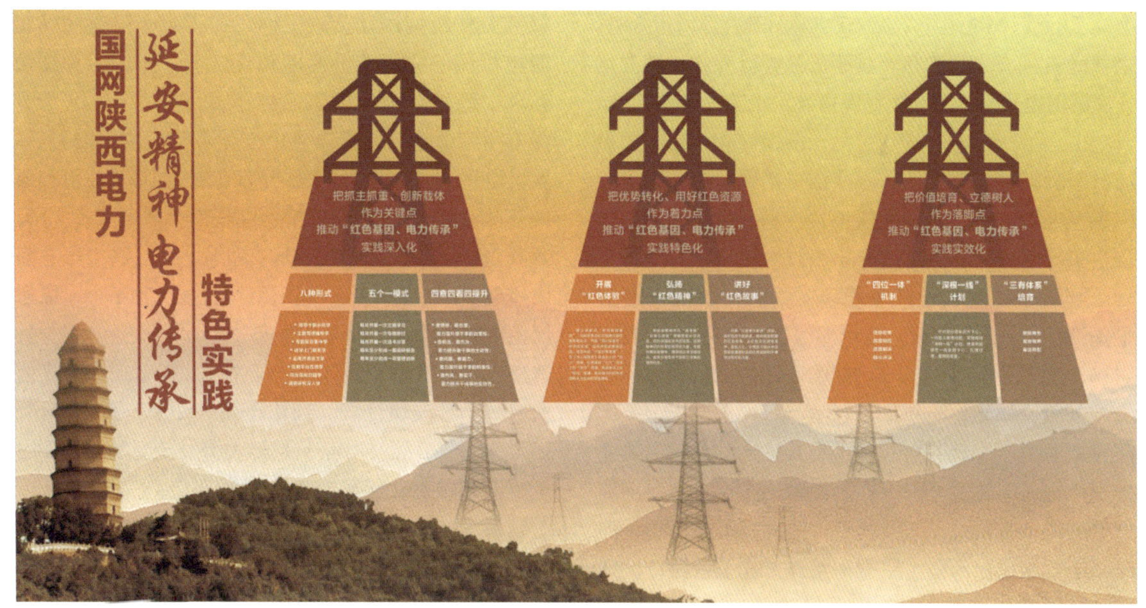

● 国网陕西电力深化“红色基因、电力传承”，突出“学党史，践行初心；敬延安，赋能三秦”主线，扎实推进党史学习教育走深走实，积极组织各项责任主题活动，以培训、学习深化党员教育，用党的先进理论铸就理想信念之魂。

党员服务队、1000余名队员积极开展“五进”“五心”特色服务。23支青年志愿者服务队开展“青春光明行”六项行动，广泛开展党团员“节约用电”等志愿服务433次，6800余人次参与。

【学思悟践有收获】 研究制定下发党史学习教育专题组织生活会工作方案，各级党员领导干部以普通党员身份参加所在支部组织生活会。国家电网公司党史学习教育第五巡回指导组专程列席指导国网陕西电力党委书记、董事长胡卫东同志所在支部组织生活会，并给予充分肯定。731个党（总）支部召开专题组织生活会，12832名党员深入开展批评与自我批评，党支部查找问题2426个，制定整改措施2715项。党建部门超前谋划，科学指导，举办2期基层党建工作业务专题培训，组织各党支部认真学习《国网公司基层党支部工作规则》，明确组织生活会工作规范流程。在集中组织学习研讨阶段，制定学习清单并发放学习书籍，各党支部充分利用“三会一课”、主题党日等形式，开展集中学习、党课辅导、研讨交流等活动，认真学习习近平总书记在党史学习教育动员大会上的重要讲话和党中央指定的4本学习材料。深入谈心谈话，重点围绕学习习近平总书记在庆祝中国共产党成立100周年大会上的重要讲话精神心得体会、谈党史学习教育的收获、谈自身差距不足、谈党员先锋模范作用的具体措施建议，各级党支部班子成员能开诚布公，诚恳接受善意提醒，真正把问题谈开谈透，把整改方向找准，把整改措施定实，营造了民主团结的和谐氛围。公司731个党（总）支部通过党员大会形式，组织召开了党史学习教育专题组织生活会。公司各级领导班子成员认真过好双重组织生活，325名三级副职级以上党员领导干部参加所在党支部组织生活会，严肃认真开展批评与自我批评。全体党员开诚布公、以诚相待，谈收获提高，讲差距不足，进行了批评与自我批评，深入剖析了问题原因，明确了下阶段整改

● 2021年6月11日，国网陕西电力举办讲党史学习教育专题党课。

方向。国网陕西电力党委5个党史学习教育巡回指导组，采取随机抽查、列席指导、巡听旁听等方式，结合工作实际对基层党支部进行督促指导，并进行现场点评。

【党建基础有提升】 认真落实国家电网公司党组全国国有企业党的建设工作会议精神贯彻落实情况“回头看”工作部署，认真总结5年来国网陕西电力党的建设工作，逐项对标检视差距不足，制定改进提升措施。组织召开“回头看”工作部署会，细化落实措施，明确工作责任，制定7个方面50项对标检视清单。组织各级党委理论中心组专题学习习近平总书记关于国有企业改革发展和党的建设重要论述，再学习再领会习近平总书记在全国国有企业党的建设工作会议上的重要讲话精神。横向强化工作协同，组织各责任部门，结合国家电网公司巡视和党建工作绩效考评，分专业梳理落实情况，总结成效经验，查找薄弱环节，提出提升措施，准备台账资料。纵向强化各单位党委主体责任，各单位党委书记具体负责、亲自推动，对照公司对标任务清单，逐条逐项对标自查，夯实基层基础，补齐短板，锻造长板，不断提升基层党的建设质量。组织国网陕西电力5个党史学习教育巡回指导组深入直属单位开展“回头看”专项集中督导，对国家电网公司巡视和2020年度党建绩效考评反馈问题整改情况进行督导。编制实施“十四五”党建规划，完成“旗帜领航·提质登高”行动计划69项任务和基层组织创新拓展年40项工作举措，组织开展庆祝中国共产党成立100周年系列活动，全面完成2021年度二级单位党委书记抓基层党建工作。构建“党委抓统筹、部门抓融合、支部抓落实”工作体系，落实今冬明春保供电重任深入推进“党建+”工程，制定10个专业方案，完成566个“党建+”项目，有力推动党建与生产经营同向聚合、深度融合。7名同志荣获国务院国资委、陕西省“两优一先”。

（杨石峰　刘　伟　柏云波　李　骞　符　虓）

十四运会和残特奥会保电取得圆满成功

【场馆基本情况】 中华人民共和国第十四届全国运动会（简称十四运会）和第十一届全国残运会暨第八届特殊奥林匹克运动会（简称残特奥会）组委会确定的比赛场馆及重要场所共59个（其中十四运会场馆53个，残特奥会场馆22个，共用场馆16个），特级保电用户2个（西安奥体中心体育场、体育馆），一级保电用户57个。按地域分布在省内10个地市和西咸新区，其中西安市27个，宝鸡市、渭南市各7个，西咸新区4个，咸阳市、延安市各3个，汉中市、安康市、商洛市各2个，铜川市、榆林市各1个；原东区营业区域内共56个（西安公司27个，宝鸡公司、渭南公司各6个，西咸公司4个，咸阳公司、延安公司各3个，安康公司、商洛公司各2个，汉中公司、铜川公司、榆林公司各1个），原南区营业区域内共3个（宝鸡市、渭南市、汉中市各1个）。

举办8场群众赛事活动，涉及5个场馆（2个场馆与十四运会共用，新增3个），其中原东区营业区域内共3个场馆（西安2个，宝鸡1个），原南区营业区域内共2个场馆（咸阳、渭南各1个）。

十四运会和残特奥会组委会确定的接待酒店共87个、抵离站点共19个、定点医院共66个、食品总仓1个。

【比赛时间】 十四运会于2021年9月15日至9月27日在陕西举行（开幕式在西安奥体中心体育场、闭幕式在西安奥体中心体育馆）。

残特奥会于2021年10月22日至10月29日在陕西举行（开闭幕式均在西安奥体中心体育馆）。

【主要工作开展情况】 紧紧围绕习近平总书记关于“办一届精彩圆满的体育盛会”的重要指示，坚决落实陕西省委省政府和国家电网公司决策部署，坚持系统谋划、精细管理、倒排工期、挂图作战，按照“最高标准、最快速度、最实作风、最佳效果”要求，全力以赴做好各项保电工作。保电期间，全体干部职工放弃休假，夜以继日连续奋战，领导班子成员靠前指挥，内外部支援队伍协同作战，累计投入人员力量22.8万人次、车辆3.8万台次，巡视线路41.6万km、电缆28.37万km、杆塔52.8万基，无人机巡检3439架次，配送餐食4.7万份，开展核酸检测8932人次，举全公司之力确保了十四运会和残特奥会精彩圆满闭幕，实现了“六个零四确保”的保电目标，向党和人民交上了一份满意的答卷。

提高政治站位，强化组织领导。坚持战略思维、

●2021年9月15日，国网陕西电力保电总指挥部开展十四运会开幕式特级保电值班。 （刘铭一 摄）

●国内首座超高压电缆集中补偿站—林溪高抗站。 （呼 啸 摄）

●作为十四运会重要保障工程，西安330kV奥体变电站顺利投运。 （呼 啸 摄）

大局意识，优化完善“1+12+18+1”（省公司层面，成立1个保电总指挥部，下设设备管理、优质服务、电网建设、调度运行、网络安全、维稳保密、新闻宣传、物资供应、后勤防疫、治安保卫、党团建设、综合协调等12个专业工作组；地市公司层面，依托14个供电公司、安康水电厂、检修公司、信通公司，陕西送变电工程公司设置18个保电分指挥部；在西安奥体中心成立保电现场指挥部）保电指挥体系，组建保电工作专班。建立领导小组月例会和工作组周例会工作机制，按照备战、临战、实战和决战四个阶段，梳理细化441项重点任务清单，坚持挂图作战。

突出“政治保电”定位，把十四运保电作为党史学习教育的具体实践和展示电网企业形象的有效载体，党政工团齐抓共管，保电期间，组建张思德共产党员服务队47支，创建党员突击队166支、青年突击队57支，设立临时党支部18个、党员示范岗1386个，划分党员责任区1339个，党旗始终在保电一线高高飘扬，以实际行动践行央企“六个力量”，彰显“顶梁柱”担当。

聚焦开闭幕式，确保万无一失。组建省市两级开闭幕式保电专班，配合组委会和西安市执委会编写开闭幕式保电技术方案，协助完成微电网24台柴油发电机、6台箱式变压器、32组UPS系统、12面ATS柜、127台配电柜、129.7km电缆等电力设施的组建、联调和验收等工作。开闭幕式期间重要负荷采用“发电机主供、市电备供、串接UPS不间断电源”的供电模式，微电网由保电现场指挥部统一指挥、统一调度。

夯实网架结构，提升供电能力。投资24.29亿元，建成投运47项十四运配套电网补强工程，政企联动实施西安东北郊330kV架空线路迁改落地，全方位优化提升西安及奥体中心周边供电能力。完成227项十四运会和残特奥会相关生产技改大修项目，完成317项35~110kV变电站消弧线圈专项治理任务。扎实开展风险评估，组织完成3轮隐患排查和2轮带电检测，治理完成电网侧缺陷隐患4646条。完成电力监控系统和网络信息安全专项检查，核查优化加固网络设备安全策略145条。保电期间，成功拦截网络攻击107518次，封禁高危IP地址2541个，未发生攻击成功事件。

优化方式安排，助推“绿色全运”。密切跟踪天气和负荷变化，督促重点电厂保持合理电煤库存水平，科学制定机组开机和运行方式，严格控制重要断面潮流，确保电网安全运行和重点地区电力可靠供应。保电期间，陕西电网“全接线、全保护”方式运行，全省电网最大负荷2734万kW，高峰备用容量达到100万kW以上，电力供需整体平衡。积极响应“绿色低碳全运”办赛理念，创新交易模

● 国网西安供电公司十四运会保电人员开展保电特巡。（呼　啸　摄）

式，以“集中打包”方式精准组织省内 41 家新能源发电企业与 59 个比赛场馆和符合规定的 77 家接待酒店及 1 个食品总仓开展“绿电”交易，实现全赛程 100% 清洁能源供应，合计交易电量 2.32 亿 kWh，减排二氧化碳 19.8 万 t。

主动延伸服务，保障可靠供电。坚持政府主导、电力主动、客户联动原则，编制完成 242 座变电站“一站一案”、680 条线路“一线一案”和 59 个场馆“一馆一册”，投资 5000 万元为有困难的 11 个单电源比赛场馆代建第二电源线路（红线外），举办 25 期客户侧电气运行人员培训班、培训人员 2500 人次，主动把保电工作延伸至“每一个灯泡、每一个话筒”，组织开展 3 轮客户侧隐患排查，治理客户侧缺陷隐患 1380 条，安排 53 支“1+N”供电保障团队，提前进驻客户内部，与客户保障人员同进同出，协助完成保障任务。开闭幕式特级保电时段，重要变配电站 24 小时有人值守，重点输电杆塔，两人一帐篷 24 小时驻扎看守，重要线路 24 小时不间断巡视。

立足平战结合，科技支撑保电。推动高新技术在保电工作中的应用，构建“全景全息智慧感知、协同高效智慧指挥、多维技术智慧分析”的智慧保电指挥系统，深度融合设备管理、调控云、输变电设备监控等 21 个子系统，实现电网和所有比赛场馆电气设备运行状态可视化实时监测，具备智慧分析、智能预警、协同指挥等功能，为保电应急指挥提供强大的技术支撑和数字化保障。

统筹国网资源，提升保障能力。充分发挥国家电网公司集团化优势，统筹协调，省内从 12 家单位调派 228 名输电运维人员支援国网西安供电公司，省外通过国家电网公司协调从北京、上海等 13 家兄弟单位精心选派 30 名保电专家、41 名网络安全专家、27 名电力监控网安专家、4 支 240 人应急基干分队和 34 台应急电源车、1 架直升机千里驰援陕西，为保电提供了强大动力。组建 184 支保电应急队伍，投资 3.45 亿元全面提升保电装备水平，购置应急电源车 43 辆，旁路电缆车、移动箱变车等特种车辆 36 辆，电缆故障测试及抢修替换装置 457 台（套）、应急装备 12300 余件（套），完成省市县三级 42 个应急指挥中心升级改造和西安奥体中心保电现场指挥部建设，逐场馆开

● 国网兰州供电公司驰援国网渭南供电公司十四运会保电工作。（杨洪昌　摄）

● 国网陕西电力十四运会和残特奥会智慧保电指挥系统。（张学伟　供稿）

展大负荷压力测试和针对性应急演练，持续锻炼提高保电团队专业协同联动能力和应急响应能力，保障了十四运会及残特奥会的顺利召开。

【保电工作经验】 国家电网公司的坚强领导是保电成功的根本保证。在十四运会保电各个阶段，国家电网公司董事长、党组书记辛保安亲自来陕督导保电工作，总经理、党组副书记张智刚多次安排推动保电工作，副总经理庞骁刚、陈国平多次主持召开专题会议具体研究部署十四运会保电工作，总经理助理单业才、安全总监周安春、副总工程师王国春到现场督办。国家电网公司安监部、设备部、营销部、互联网部、国调中心，西北分部等给予全方位的指导和帮助。

严精细实的组织筹备是保电成功的重要基础。国网陕西电力始终将十四运会和残特奥会保电工作作为公司头等大事，牢固树立"一失万无"理念，按照"西北保陕西、陕西保核心、各市保重点、全网保平安"原则，全面统筹协调，细化方案措施，加强过程管理，强化安全生产、疫情防控和优质服务，坚持"一板一眼、一丝不苟、严精细实、专业专注"，做到人员到位、责任到位、措施到位、管理到位，经过一年多的精心筹备和近一个月的昼夜奋战，全体干部员工不负重托、不辱使命，全力以赴确保供电万无一失。

指挥体系的运转高效是保电成功的关键所在。保电期间，总指挥部和18个分指挥部及1个现场指挥部纵向联动、横向协作，24小时不间断运转，每天安排1名公司领导带班，安排1名副总

2021年8月25日，国家电网公司董事长、党组书记辛保安在林溪高抗站调研。

十四运会汉中市铁人三项赛事保电现场。

（张 琪 供稿）

师任值班负责人，带领安监、设备、配网、营销、互联网等12个保电工作组牵头部门负责人在总指挥部联合开展在岗值班，每两小时对各分指挥部进行1次视频点名，充分利用信息化手段，督导现场保电情况，及时掌握异常信息，协调落实应急措施，确保突发事件科学高效处置，为十四运会和残特奥会精彩圆满举办提供了坚强可靠的供电保障。

（于 波 白 洁 徐嘉鹏 云霞皓月 余华兴）

防汛抢险、疫情防控和电力保障坚强有力

【防汛抢险开展情况】 在全力开展十四运会和残特奥会保电的同时，陕西省还经历了近60年来最强降雨天气考验，19轮强降雨范围之广、雨量之大，超陕西有气象记录以来的极值，造成国网陕西电力系统电网设备受损严重，177.75万客户供电中断。面对严峻的强降雨灾情，国网陕西电力闻汛而动、连续奋战，累计投入抢修人员5.93万次、车辆1.27万台次，夺取了防汛抢险保供电战役的全面胜利，赢得了地方党委政府、社会各界和广大人民群众的广泛赞誉。

面对历史罕见的汛情，国网陕西电力第一时间启动应急响应，及时发布防汛预警，充分发挥防汛抢险领导小组和现场指挥部作用，加强灾情研判，统筹调配资源，高效有序推进防汛抢险工作。全力打好防汛应急主动仗，健全省市县三级防汛组织体系，扎实做

●2021 年 7 月 27 日，国网商洛供电公司员工在陕西洛南暴雨洪涝灾害受灾最严重的洛源、巡检等地进行抢修作业。（祝　赫　摄）

●2021 年 7 月 24 日，国网陕西电力援豫突击队队员深入居民楼地下室勘察现场情况。（祝　赫　摄）

好预案、队伍、物资“三个准备”。坚持“变被动抢险为主动预防、变减轻灾损为降低风险”的原则，加强重点站线巡视防护，保证了陕西省内特高压“2 站 16 线”运行平稳。根据汛情，主动拉停 4 条 330kV 线路、7 条 110kV 线路、4 座 110kV 变电站、4 座 35kV 变电站，最大限度保证了大电网安全。提前泄洪腾库，保证了安康水电厂安全平稳度汛。全力打好抢修复电攻坚战，坚持“水进人退电停、水退人进电通”原则，与险情较量，与时间赛跑，广大干部员工克服降雨持续、道路冲毁等困难，蹚过齐腰深的洪水，人拉肩扛抢运物资，不讲条件、不分昼夜，安全高效完成电网抢修和恢复重建任务。面对“7·23”洛南、“8·21”勉县、“9·19”镇坪、“9·22”韩城、“10·8”大荔等地区严重暴雨灾情，国网陕西电力发挥“一张网”“一盘棋”优势，原东区和原南区紧密协同、紧急支援，最大限度提升了恢复送电速度。

全力打好援豫抗洪抢险攻坚战。2021 年 7 月 20 日，河南省遭遇历史罕见的极端强降雨，国网陕西电力紧急调集 567 名业务骨干、25 台应急电源车、98 台抢修及保障车，组建了 11 支援豫防汛抢险保供电突击队，第一时间支援郑州、新乡开展防汛抢险恢复供电工作。

成立由国网陕西电力副总工程师、安全总监段来越任总指挥，下设综合协调、安全监督、抢修恢复、新闻宣传、通信保障、防疫后勤物资 6 个工作组，并在 11 家地市供电公司抢修队伍设立分指挥部的“1+6+11”支援河南防汛抢险保供电指挥体系，设立 10 个临时党支部，指导各党支部成立 16 支党员突击队，经过七天七夜连续奋战，新建环网箱 11 台、箱式变压器 33 台，抢修恢复开闭所 10 座、变压器 152 台、线路 12km，调拨 601 万元抢修物资，及时向 5.75 万用户送去了光明，圆满完成 47 项防汛抢险保供电任务。

【疫情防控情况】 2020 年新冠肺炎疫情发生以来，在第一时间投入到疫情防控之中，国网陕西电力成立了由主要领导任组长的疫情防控领导小组，启动了新冠肺炎疫情应急预案，印发出台《关于加强新型冠状病毒感染的肺炎疫情防控工作的指导意见》《关于进一步强化疫情防控安全有序做好复工复产十五项指导意见》，制定和修订疫情应急预案、突发公共卫生事件应急预案，建立起上下贯通、组织有力的防控体系，围绕“保调度、守西安、管系统”总体思路，把握“管住人、守好门”两项重点，坚持动态调整疫情防控策略，从严就高采取管控措施，通过完善“两个机制”，实施“三个严管”，做到“五个到位”，确保“双零”目标，扎实做好疫情防控工作。

●2021 年 7 月 23 日至 25 日，国网延安供电公司抢险突击队员在郑州中原区帝湖花园社区抢修。（祝　赫　摄）

● 国网陕西电力员工在抗疫保电期间加强线路巡视维护，保障居民生活用电无忧。

建立“两个机制”。构建联防联控工作机制和疫情防控信息报送机制，做好防疫制度保障、防护措施保障、防疫物资保障。实行“零报告”“双报备”制度，做好重要信息收集、分析和研判，确保政令畅通，信息传递及时准确。

实施“三个严管”。严格排查。按照“全员登记、一人一档”要求，组织对14万员工和家属的健康状况进行全方位排查，实时跟踪动态，严格执行疫区往返人员隔离、健康监测等措施。组织10轮、50万人次的全员核酸检测，无一人阳性病例。严密防控。按照“外防输入，内防扩散”的要求，加强办公区、营业厅等生产经营场所封闭管理，严格人员测温、核酸、检查登记，对所有生产办公区域实行“一个关口、专人把守，24小时值守”。严格消毒。实施全方位消杀作业，重点对办公、营业区域、会议室、食堂、电梯、交通车辆等定期定时进行消毒，不漏盲区，不留死角，防止疫情发生。

● 国网陕西电力完成支援国网吉林电力抗疫保电任务，国网吉林电力为援吉队伍送来“不以山海为远　陕吉一网情深”的锦旗。

做到“五个到位”。防控责任落实到位。严格落实疫情防控主体责任，坚持守土有责、守土担责、守土尽责，每周早会通报情况，部署安排疫情防控工作。各单位站位高、行动快、措施实，均成立相应工作机构，落实责任，细化任务，扎实做好疫情防控工作。疫情防控指导到位。发放国家电网公司《新型冠状病毒防控手册》人手一册；利用内部网站、电子公告发布《国网陕西省电力公司新型冠状病毒感染个人防护手册》，编发疫情防控工作信息71期，指导各单位做好防控措施的落实。防范措施落实到位。严格门禁制度，制定办公场所、生产场所、个人防护各类措施，实施动态封闭管理，实行弹性办公，取消各类专业会议，食堂实行分时、分餐管理，最大限度地减少人员聚集、流动，避免交叉感染。防疫物资筹措到位。千方百计筹集口罩866万只，酒精、消毒液10万升，防护服3383套，测温仪设备4818台，做到了防疫物资保障充足、防疫措施及时有力、防疫工作严密有效，有力守护了公司职工生命健康。同时积极筹措24.7万只（件）抗疫物资支援国网上海电力抗疫工作，得到国家电网公司的表扬。疫苗接种实施到位。积极与属地疫情防控部门对接，与西安电力中心医院协作，实施全员疫苗接种，全员接种率达99.36%，在国家电网公司系统名列前茅。

【电力保供工作情况】 有力保障面对2021年9月以来的电力供应紧张局面和岁末年初可能出现的极寒天气，坚决扛起电力保供责任，成立陕西省电力需求侧研究中心，从发、供、用多向发力，全网电力供需基本平衡，未发生有序用电情况，牢牢守住了“限电不拉闸”“限电不限民用”底线。在陕西省发改委大力

● 2021年10月19日，陕西省电力需求侧研究中心揭牌，该中心是陕西省发改委依托国网陕西经研院设置的柔性派出机构，承担为陕西省电力需求侧管理提供智力资源和政策研究支撑的职责。

（张天宝　摄）

协调下，2021 年 10 月底全省缺煤停机机组清零，电煤供应形势逐步向好，未采取有序用电措施，西安电网供电正常，民生用电充分保障。

有力保障疫情防控电力供应。及时出台支持全省疫情防控及供电服务保障八项举措，快速响应疫情防控用电需求，确保全省 286 家防疫定点医院（机构）、306 个核酸检测点、749 个集中隔离点、103 个疫情防控指挥部、40 家疫情防控物资生产企业用电，以及 831 户供水、供气、供热企业等重点场所安全可靠供电。全面推行“先复电、后抢修”模式，全天候保障重点场所、居民小区电力供应。实施疫情期间“居民欠费不停电”措施，有力保障广大人民群众用电需求。

（孙卫民　杨　博）

立足融合发展新起点，科学谋划“十四五”电网发展

为贯彻落实国家电网公司董事长、党组书记辛保安“全力服务陕西经济社会高质量发展，抓融合、促发展、优服务”指示精神，紧抓融合发展历史机遇，成立电网规划工作专班，在原两家公司“十四五”电网规划的基础上，开展了电网融合规划编制工作，全面推进陕西电网高质量融合发展，更好助力构建新型电力系统、实现“碳达峰、碳中和”目标，更好地支撑陕西新时代追赶超越、服务人民美好生活，更好落实公司“一体四翼”发展布局、体现“大国重器”的责任担当。

【规划总体情况】 坚持“统一指导思想、统一规划方法、统一技术标准、统一深度要求、统一体系模式”的工作原则，范围涵盖陕西省全域，高效对接国家“十四五”电力规划和陕西国民经济社会发展规划，形成《陕西电网“十四五”发展规划（2021 版）》，统筹解决陕西电网的历史遗留问题，实现原东区和原南区供区各级电网协调发展，充分体现“1+1>2”的融合发展实效。

“十四五”电网规划总投资 1208 亿元，其中：外送通道 218 亿元，750kV208 亿元，330kV266 亿元，110kV 及以下 516 亿元（含独立二次 6 亿元）。750kV 电网新建变电站 6 座、新建汇集站 2 座、扩建变电站 3 座，新增变电容量 4080 万 kVA，新建线路 3998km。330kV 电网新建变电站 44 座、扩建 16 座，新增变电容量 3713 万 kVA，新建线路 6080km。110kV 电网新建变电站 213 座，新增主变压器 436 台，新增变电容量 1924 万 kVA；扩建变电站 21 座，新增主变压器 23 台，新增变电容量 92 万 kVA。增容改造变电站 34 座，改造主变 59 台，新增变电容量 134 万 kVA；新建线路 1182 条，线路长度 7991km；改造线路共 18 条，线路长度 138km。

【规划解决重点问题】 促进大规模新能源并网消纳，服务榆林、渭南大型新能源基地开发和整县屋顶分布式光伏试点，满足 2025 年陕西 5800 万 kW 新能源并网消纳。构建 750kV 坚强骨干网架，规划建设新增直流配套接网工程、陕北至关中 750kV 第三通道，支撑直流外送通道建设，提升省内北电南送输电能力。完善 330kV 电网，增加西安、榆林地区布点，满足供电需求和新能源汇集需要。依托 750kV 布点，优化调整 330kV 电网分区，逐步打开电磁环网。统筹解决 110kV“两网”联系薄弱、大范围环网、分区不合理等突出问题。加快西安中心城区 110kV 变电站布点，彻底解决供电卡脖子问题。重点解决 110kV 和 35kV 电网交叉供电问题，有效消除重复布点和重复建设，合理控制 110kV 和 35kV 容载比水平。补齐中低压配电网短板，统一规划建设标准，全域开展网格化规划，大力推广中低压配电网标准接线。稳妥有序改造原地电供区的老旧设备、木电杆、小截面导线。全面提升电网数字化、网络化和智能化水平，加快推进计量装置更新，110kV 和 35kV 变电站实现光缆全覆盖。推进原地电供区厂站接入智能电网调度控制系统，实现“两网”统一调度。

【规划预期目标】 各电压等级电网协调发展。陕西各级电网容载比、*N*–1 通过率、配电自动化覆盖率等主要供电指标合理，总体实现“五个提升”，加快电网向能源互联网升级。绿色发展水平显著提升，全省可再生能源装机达到 6500 万 kW，其中新能源装机达到 5800 万 kW，占比提升至 45%，成为装机主体。安全保障能力大幅提升，750kV 骨干网架基本建成，330kV 电网分区合理，110kV 主变压器、线路 *N*–1 通过率提升至 89%、97%，整体供电

可靠率提升至99.2%。卓越服务水平全面提升，陕电外送能力由1435万kW增加至3967万kW，初步建成西安国际领先城市电网，供电可靠率达到99.99%。智慧赋能水平全面提升，智能电表覆盖率、35kV及以上变电站光缆覆盖率、地市级智能电网调度控制系统覆盖率100%。价值创造能力显著提升，“供电+能效服务”转型升级，可再生能源产业集群基本形成。

陕西电网高质量融合。原地电供区网架结构薄弱、供电能力不强、技术装备落后、智慧水平偏低等问题得到彻底解决。330kV主网架层面，原地电供区330kV电网实现全覆盖，对地区电网支撑更加有力，满足榆林有色区域断开外省电源后的供电需求。110kV层面，减少重复布点101个，新增标准接线75组，解决大范围环网、长链等网架问题，主变压器N–1通过率由79%提升至85%，线路N–1通过率由74%提升至95%。35kV层面，单辐射、不规则接线、单线或单变等问题得到有效解决。中低压配电网层面，10kV线路N–1通过率由34%提升至53%，配电终端覆盖率提升至90%。技术装备层面，彻底改造树线矛盾突出、频繁停电的10kV裸导线，中低压架空线路绝缘化率提升至50%以上。供电质量层面，完成全部572个“自管村”电网改造，原地电供区供电可靠率由99.77%提升至99.9%。

（姜　山　蒋　勃　姚全雄）

创新“政府挂帅、企业实施”模式，大力推动电网攻坚

从外部环境和内部管理两个方面全力推动电网攻坚。对外，依托“政府挂帅、企业实施”电网建设新模式，充分发挥政府主导的电力建设领导小组、推动电力外送领导小组协调机制作用，与省市县各级政府及相关部门共同破解长期制约电网发展的落地难问题。对内，专门设立3000万元奖惩基金，明确“五年规划三年完成项目前期”的工作目标，建立“十四五”规划落地刚性执行机制，通过月度、季度、半年、年度分析总结、督办落实、监督考核，加快补齐安全生产薄弱环节和电网发展历史欠账。

2021年10月26日，国网陕西电力召开了西安、西咸电网建设协调推进会。

以西安、榆林为重点，带动补强全省电网发展短板。聚焦推进200项（西安89项、西咸6项、榆林105项）电网攻坚工程，持续加大汇报沟通力度，全面推进陕西坚强智能电网建设。2021年9月22日，西安市电网建设领导小组印发《西安市加快建设国家中心城市坚强电网攻坚方案》，正式拉开了西安电网建设攻坚战的帷幕。2021年10月26日，国网陕西电力董事、总经理、党委副书记张薛鸿组织召开了西安、西咸电网建设协调推进会。会上研究决定成立国网陕西电力全局支持西安电网攻坚建设领导小组及相关机构，举全公司之力支持大西安电网攻坚建设。

2021年11月8日，印发《国网陕西省电力有限公司关于成立全局支持西安（含西咸）电网攻坚建设领导小组的通知》，在公司层面建立了支持西安电网发展建设的新机制。2021年11月23日，成立国网陕西电力全局支持西安电网攻坚建设柔性工作团队。2021年11月，国网陕西电力董事、总经理、党委副书记张薛鸿在榆林与市政府主要领导就建设榆林坚强电网进行会谈。

12月，榆林市政府印发了《榆林市人民政府国网陕西省电力有限公司关于成立榆林市“十四五”电力补强工程推进工作领导小组的通知》，随后印发了具体的电力补强工程推进工作方案。同期，国网陕西电力研究决定成立全局支持榆林电网攻坚建设领导小组及相关机构，发挥资源要素统筹协调优势，全力支持榆林电网攻坚建设。

（王芝麟　李　昇）

坚持强基固本，全面实施基础管理专项提升

【同期线损管理实现新跨越】 同期线损排名提升至国网第一。各层级各专业高效协同、共同发力，制定行动方案，建立“*T*–1”监测分析与日通报机制，强化异常治理日清日结；组建柔性团队，研究解决疑难问题，梳理整治基础短板，持续提升技术装备水平，综合达标率稳步提升至99.63%，成功超越东部先进公司，完成年初确定的“保三争一”目标。各层级优秀占比国网领先。各专业交流推广典型经验150余项，现场督导落后单位治理提升30余次；国网宝鸡、铜川供电公司，国网咸阳市杨凌供电公司等充分发挥先进示范作用，引领各单位聚焦管理质效，促进作风转变；西咸等7个地市、延安洛川等28个县、榆林神木大柳塔等148个所入选十强百强；西安等7个地市、商洛洛南等32个县、渭南高新杜桥等125个供电所入选进步十佳百佳，管理水平大幅提升，员工队伍精气神大幅提振。提质增效成绩突出。实施软硬件和业务流程适应性完善，980万户实现购售电同期管理；开展高损治理精准督办，诊断提升经济运行水平，全年治理10kV高损线路181条、高损台区1178个，经济运行率提升15个百分点以上，降损增效4亿元。

●2021年9月，国网西安高新供电公司跻身国家电网公司同期线损“百强县公司”，所辖鱼化供所入围“百强供电所”。

【量价费损治理实现新提升】 按照“促融合、夯基础、提管理、争效益”工作思路，以营销数字化转型升级和数字化县公司（班组）推广建设为契机，以数字化智能稽查和反窃查违为抓手，对外深化警电联动机制，构建反窃查违高压态势；对内加大专业融合和协同力度，精准定位短板不足，快速补齐管理漏洞，不断夯实营销基础，持续挖潜增效，促进管理水平和经营效益双提升。紧抓年度重点工作目标不放松，“量价费损”问题核查率完成100%，工单按期办结率达到100%，问题整改率达到98%以上。台区线损率降低0.5个百分点，节约电量1.8亿kWh。全年累计堵漏增收经济成效1.9亿元。深化“一台区一指标”应用，开展台区线损精益化管控。2021年，公司0.4kV线损率完成2.80%，同比降低0.92%，持续稳定在3%以下，全年累计少损电量4.17亿kWh。台区线损监测达标率完成99.43%，排名国家电网公司第1，同比提升4.14个百分点。台区经济运行率完成73.09%，比年初提升17.54%。

●2021年5月12日，由陕西省公安厅与国网陕西电力共建的陕西省反窃电警务中心揭牌，开启警电深度联合、严打窃电犯罪、保障电力安全的新篇章。

【数据质量治理实现新提升】 建立数据质量监测分析、整改评价闭环管控机制常态运行，组织梳理网上电网、智慧供应链、业财链路贯通、数字化审计等应用对数据的要求，拓展数据质量核查规则1456条；建立常态数据质量监测发布机制，累计发布数据质量监测报告19期，问题数据清单43期，实现核心数据质量的可控、在控；组织各单位逐项逐条深入开展问题数据治理，实现电网资源基础数据（营配）、供电可靠性、三率合一等专题数据可用率均达99%以上。按照“谁采集、谁负责”“谁校核、谁负责”的原则，组织梳理一线业务岗位的数据责任，推动数据、业务、岗位、人员等要素有效融合，强化数据源端认责和闭环管控，从源头把控数据质量。制定数据质量治理评价考核标准，综合数据质量现状和问题整改情况，制定数据治理评价标准，调动各单位数据治理的积极性；综合数据质量水平、整改进度、整改质量、治理成效、失信行

•2021 年 5 月 13 日，国网宝鸡供电公司采用带电作业方式为客户快速接电。

为和单位贡献情况，优化调整企业负责人业绩考核规则。建立数据质量治理典型经验库，加强典型经验归纳和问题总结，建立公司级数据治理典型经验库，组织国网西安、铜川、宝鸡供电公司等单位开展成果交流共享。

【供电质量治理实现新突破】 坚持“不停电就是最好的服务”工作理念，印发《国网陕西省电力公司关于进一步加强配网供电质量问题治理工作的通知》（陕电设备〔2020〕12 号），提出了供电质量问题治理实现“一达到、二消除、三降低”，即：全口径供电可靠率达到 99.869% 以上；年内消除 10 次及以上频繁停电配电线路及配电变压器，消除长期低电压；5 次及以上频繁停电同比降低 50%；季节性低电压同比降低 50%，三相负荷不平衡配变同比降低 30% 的任务目标。

2021 年两网融合后，配网部积极部署配网专业供电质量提升工作，全力保障配网运检业务稳定开展，积极落实意见工单反馈及投诉治理。2021 年，用采系统提醒长期低电压配电变压器 33 台，占比 0.04%，同比压降 17.5%；国网宝鸡、渭南、汉中、铜川、榆林、西咸新区供电公司提前 3 个月实现低电压配变“动态清零”目标。全口径运检业务投诉 37 件，同比下降 93%，客户投诉率 0.022 件 / 万户，完成既定压降 30% 任务目标。安康、铜川供电公司运检业务实现“零投诉”，其他单位运检业务投诉压降比例均超过 50%，超额完成时序目标，95598 运检业务意见 2563 件，同比下降 66%，万户工单受理量 1.499 件 / 万户，完成既定压降 30% 任务目标。国网西安、咸阳、安康、商洛、铜川、延安、西咸新区供电公司运检业务万户意见工单量压降比例超过 30%，完成时序目标。

（仇继扬　吕　娜　高丹阳　陈潇一　杨　博）

坚持人民电业为人民，持续优化电力营商环境

为深入贯彻落实党中央、国务院对优化营商环境决策部署，全面落实《优化营商环境条例》，严格执行《国家发展改革委 国家能源局关于全面提升“获得电力”服务水平持续优化用电营商环境的意见》（发改能源规〔2020〕1479 号）和《国家电网有限公司关于印发打造国际领先电力营商环境三年工作方案的通知》（国家电网办〔2020〕842 号），全面开展优化电力营商环境“深化创新年”活动，深入推进“三零”（零上门、零审批、零投资）“三省”（省力、省时、省钱）和（办电程序时限、电网供电能力、收费项目标准信息）“三公开”服务，最大限度压环节、减时间、降成本、提高供电可靠性，全面打造高效率办电、高品质服务、高质量供电的电力营商环境。

【优化办电业务流程】 印发《国网陕西省电力公司关于优化高压业扩项目管理的通知》（陕电办〔2020〕42 号），建立投资项目调整备案灵活机制，全面下放 35kV 及以下业扩配套项目管理权限和 110kV 供电方案答复权限至市县供电公司；11 家地市供电公司推动地方政府出台简化小微企业占据路行政审批政策，对小微企业占掘路开挖实行免审批或备案制，进一步压减办电时间；建成“两库一平台”（市县两级实物储备库和省级可视、开放的物资调配平台），实现工程物资 3 个工作日配送至现场。

【压减办电业务环节】 率先打通陕西省政务服务平台、信息共享平台、秦务员 App 等数据通道，实现办电申请、电量查询、电费缴纳等服务全线上办理。完成与各地市工改系统联调测试，贯通政府项目审批平台，及时获取项目赋码和用电需求信息，提前对接省市重点项目用电需求，超前完成上级电源配套布点建设。大力拓展“网上国网”应用功能，实现了电力服务全业务线上办理，办电业务流程可视化、受理便捷化水平大幅提升。高压客户办电环节压减为 4 个；低压客户办电环节压减为 3 个，具备直接装表条件的压减为 2 个。落实工程建设契约制，10kV 项目，按照与客户商定时间实施，限时完成业扩配套项目建设。加快“先接入、后改造”和“1+1”双经理制等措施同质化落地，

● 国网安康供电公司为用户安装配套建设变压器。

全面提升基层业务管理水平。

【降低用户办电成本】严格落实《国务院办公厅转发国家发展改革委等部门关于清理规范城镇供水供电供气供暖行业收费促进行业高质量发展意见的通知》（国办函〔2020〕129 号）要求，深入开展清理规范接入环节收费自查整改，除国家政策要求的高可靠性供电费外，全面清理了政府明令取消的各类收费项目。扎实落实“三零”“三省”服务举措，逐步延伸电网投资界面；实现用电报装容量 160kW 及以下小微企业“零投资”城乡全覆盖。印发《国网陕西省电力公司关于优化 35kV 及以上客户受电工程接入系统设计流程的通知》（陕电营销〔2021〕36 号），明确免费为用户开展接入系统设计，有效降低客户办电成本。

【加强供电质量管控】优化配网工程管理流程，通过实物库存储备配网工程物资材料，确保配网业扩工程在规定时限内按期完成。持续推进供电可靠性提升行动和十四运会保电“大干三百天，实现零跳闸”专项活动，组织开展带（停）电检测、除隐消缺、加装智能开关等工作，全面提高供电可靠性。全力打造西安高新、延安枣园高可靠性供电示范区，对重要客户、大型居民小区故障抢修推行应急电源装备发电不停电作业，切实满足客户生产、生活需要。

● 国网延安供电公司员工在“春检”期间精心开展隐患排查工作。（刘 浩 摄）

【拓展信息公开渠道】打造门户网站、“网上国网”及供电营业厅三大信息公开“阵地”，线上线下公开办电程序及时限、电价及收费标准、停电信息、“三指定”行为认定指引等内容，按时发布信息公开年报、服务地方发展白皮书，持续提升信息获取便捷度。拓展新浪官方微博、“卓越陕电”订阅号、“国网陕西电力”服务号公众微信平台公开内容，针对优化营商环境、“煤改电”等新政策、新需求，及时印制宣传资料并通过进社区、进街道等方式开展宣传，提升客户服务感知。

● 2021 年 8 月 3 日，国网咸阳供电公司人民路营业厅工作人员为群众细心讲解电价政策及推广“网上国网”。（张 奔 摄）

【坚决治理“三指定”问题】深入开展客户受电工程“三指定”问题专项治理行动，深刻认识“三指定”治理重要意义，将“三指定”问题视同于安全事故，严肃查处。全面排查“三指定”廉洁风险，形成廉洁风险台账，有针对性地制定前期预防、中期监控、后期处置的防范措施。健全完善考核评价和责任追究机制，全面推行岗位轮换制、岗位承诺制和信息公示制等制度，着力防范新形势下关键岗位人员利用职权进行“三指定”行为的风险。组织市县公司逐级签订客户受电工程“三指定”治理工作责任状 60 份，承诺书 6600 余份。

【严格落实问题整改】公司组织相关部门和地市公司宣贯学习《国家能源局关于对提升用户“获得电力”优质服务水平综合监管发现问题进行整改的通知》（国能监书〔2021〕10 号）和《国家能源局西

北监管局关于对国网陕西省电力公司提升用户“获得电力”优质服务水平综合监管情况的通报》(西北监能稽查〔2021〕7号),对照问题清单,逐条梳理研究,深入剖析问题原因,制定整改措施,做到“整改一个问题,规范一类业务,完善一套制度”,全面完成2020年度监管问题整改工作,切实提升业务管理水平。

(刘炎明)

坚持创新驱动,数字化转型迈出新步伐

充分运用“大云物移智链”、5G等新技术,深入融合终端规模化应用,着力解决公司配网、营销、互联网等专业的痛点、难点问题,立足陕西,面向国家电网公司,通过新技术创新应用推动国网陕西电力数字化转型。

●2021年10月12日,国家电网公司副总经理庞骁刚在国网临潼区供电公司考察数字化县公司建设工作。

【建成云编排App柔性开发平台】 将构成App的组件模块化,通过对组件“拖、拉、拽”完成App编排,降低App开发门槛,使App开发从“雕版印刷”过渡到“活字印刷”;云编排App已被纳入国家电网公司边缘物联计算框架,云编排App、运行引擎、App柔性开发平台等相关技术写入《电力物联网边缘侧App开发规范》,被确定为配网九大关键技术之一。2021年该平台已被国家电网公司确定为物联终端统一App开发平台并在9家网省公司推广应用。

【自主创新研发数字化供电所态势感知平台】 通过台区智能融合终端规模化应用,实现数据实时采集并全面及时掌控台区设备运行全貌、供电所10kV线路和配电台区运行工况主动预警和智能提示,解决配网最后一千米“卡脖子”的“痛点、难点”问题;在台区实现营配数据源端完全融合,充分发挥融合终端台区“大脑”的作用和边缘计算能力,及时发现融合终端掉线和数据采集异常,开展远程诊断分析,提升配电物联网实用化水平。成果受到国家电网公司领导高度认可,已在临潼秦俑供电所、铜川耀州供电所、汉中武乡供电所试点应用,并在西安临潼、铜川耀州等27个供电所推广使用,2021年底已启动全省推广。

【建成公司智慧物联体系全景态势感知平台】 实现“全场景、全链路、全要素”的物联体系在线监测,在公司迎检、汇报中成为智慧物联体系、融合终端建设应用情况最全面完整、最淋漓尽致的展示窗口和特色亮点,受到国家电网公司总部各级领导的一致赞誉。针对智慧物联体系云管边端各个层级的资源、网络、服务及数据链路状态信息进行全景监测和诊断分析,实现了对平台实时监控,补全国家电网公司智慧物联体系实时态势感知与运维支撑的缺失。2021年年底已有32160台智能融合终端注册建档,实现27个数字化供电所24391个配电台区的智慧物联、21条高压电缆及其沟道综合监测、1条架空线路动态增容在线监测、17个客户侧新能源监控、20个基建全过程标准化管理等5个典型场景应用。

【建成电缆沟道物联设备云主站系统】 结合国家电网公司GIS平台,实现电缆沟道展示及所有物联设备的地理位置展示,并提供设备报警、实时数据展示能力;结合安装位置和沟道走径等特性,建立沟道物联设备资源信息及物理拓扑信息的统一信息共享;西安21条电缆通道试点应用,接入17大类近5000个物联设备,为电缆沟道日常巡检及运维提供有力支撑。

(党瑞 胡迪)

紧盯经营目标,提质增效成效显著

围绕“四个聚焦、四个抓好”(聚焦高站位谋划,抓好“四个升级”增强服务国家战略能力;聚焦高效

率运营，抓好“四个提升”增强能源资源优化配置能力；聚焦高效益经营，抓好“四个精益”增强公司整体盈利能力；聚焦高效能治理，抓好“四个机制”增强公司集团化管控能力），夯基础，补短板、强弱项，突出陕西特色，明确110项工作举措，制定公司2021年提质增效“一案三表”，组建专门工作团队，健全一级抓一级、层层抓落实的工作机制，确保提质增效全业务覆盖、全级次推进。

【加强提质增效宣贯】 坚持问题、目标和结果导向，聚焦主责主业，围绕增强“四个能力”（服务战略能力、资源调配能力、整体盈利能力、集团管控能力），深化工作保障“四个机制”（建立领导联系包抓机制、建立跨专业工作联系机制、建立健全考核评价机制、建立典型经验推广机制），在“抓重点、夯基础，补短板、强弱项”上下功夫，制定印发了《国网陕西省电力公司进一步开展提质增效专项行动实施方案》，细化110项工作措施，本部各部门积极统筹，专业工作有序推进，直属各单位积极响应，各项措施不断细化落地，提质增效成效初显，公司经营保持稳健。多渠道、多层级集中反映公司各部门、各单位提质增效工作动态，充分展现特色做法，营造良好工作氛围。开展主题月活动6期，深入基层进班组59次，挖掘典型案例73个，推出“云课堂”18期，发布系列报道超100篇。

【全面推进提质增效任务】 认真贯彻落实国家电网公司提质增效工作部署，将提质增效纳入"大党建"平台，充分发挥党的政治优势、组织优势和群众工作优势，加快推进“党建+”工程，公司领导在党委理论学习中

•国网商洛供电公司开展“学史力行·提质增效”主题党日活动。

心组举行集体学习，要求全面落实提质增效“升级版”举措。各单位发挥党员先锋模范带头作用，依托党员突击队、服务队、示范岗等载体，积极创新工作举措，聚力攻坚落实，全力开创提质增效新局面。强化日常督导、月度报告、季度总结、全年对标，紧密跟踪110项重点任务实施情况，公司季度工作会安排提质增效专题报告，通报当前工作进展、分析面临形势及问题、提出下一步工作要求，推动任务落地。

【全力确保提质增效收官】 深入贯彻国家电网公司提质增效行动部署，将提质增效与落实中央部署、服务社会大局、两网融合发展紧密结合，坚持高标站位、战略引领，建立“1314”（一方案三清单、一标准四保障）精益管控体系，推出50项重点任务、110项具体措施，将提质增效重心从效益增长进一步拓展至质量提升、效率提高、效能改善，深化内模市场，推动长效机制建设，将提质增效从“存量挖潜”向“机制激励”拓展，服务公司和电网高质量发展。2021年，全力消化对冲减利影响，国网陕西电力实现扭亏为盈。

（蒋　娜）

•国网咸阳供电公司全电民宿绿色示范店。

•国网陕西电力在供电营业网点开展全融服务。

公司概况

2022 国网陕西省电力有限公司年鉴
国网陕西省电力有限公司
国网陕西省电力有限公司调度通信
生产综合基地入园签约仪式
急电源车

公司介绍

【公司简介】 国网陕西省电力有限公司是国家电网有限公司的控股子公司，由国家电网有限公司、陕西省国资委共同出资设立，注册资本340亿元人民币。其中，国家电网公司持股占比74%，陕西省国资委持股占比26%，公司用工总量5.4万人。2021年7月20日，正式完成工商登记并取得营业执照；2021年8月6日，正式揭牌成立。

国网陕西省电力有限公司负责陕西省行政区域内电网建设、管理和运营，为陕西经济社会发展和城乡广大电力客户提供安全可靠电力供应。陕西电网通过4回750kV线路与甘肃电网相连，通过陕北—湖北 ±800kV特高压直流及330kV交流至河南灵宝直流背靠背与华中电网联网，通过 ±500kV德宝直流与西南电网联网。另外，陕北通过1000kV榆横—潍坊特高压交流输电线路及500kV锦界、府谷两座电厂送出线路以点对网方式直供华北电网，电力外送能力达2235万kW。截至2021年年底，全省电网发电装机7636.28万kW，35kV及以上变电站（开关站、高抗站）1368座、变电容量17686万kVA，输配电线路总长21.74万km。2021年，陕西全社会用电量2215.92亿kWh[1]、同比增长12.91%；陕西电网最大负荷3485万kW、最大日用电量7.31亿kWh，均创历史新高；售电量1662.58亿kWh，同比增长16.56%。

（高虎成）

【电网概况】 陕西位于中国西北最东部，是黄河流域生态保护和高质量发展承接上游、中下游的关键区域，是实施共建“一带一路”的重要节点和新时代西部大开发的战略支点。陕西省总面积20.56万km^2，2021年全省总人口3952.9万人、GDP2.98万亿元（均为西北第一）。省内下辖10地市，省会西安为国家中心城市。设有1个国家级新区（西咸新区）。

陕西的煤炭、风能、太阳能等资源主要分布在陕北地区，而相对缺乏一次能源的关中地区负荷占全省的一半以上，能源资源与负荷呈逆向分布，电力流向主要呈现北电南送趋势，需要不断加强各级网架建设。

陕西省全社会用电量2005、2010、2015年和2020年分别为516亿kWh、879亿kWh、1241亿kWh和1741亿kWh。“十一五”到“十三五”期间年均增长率分别为11.23%、7.15%、7.01%。陕西电网最大负荷2005年、2010年、2015年和2020年分别为874万kW、1271万kW、2252万kW和3224万kW。“十一五”到“十三五”期间年均增长率分别为7.78%、12.12%、7.44%。

2021年受秦岭小水电治理及陕北小火电关停影响，陕西电网净减少电厂86座，净减少机组219台，新增装机总容量422万kW，均为新能源电厂。

2021年电网新投产110kV及以上变电站33座，主变压器75台，容量1109万kVA。陕北至湖北直流工程投运，新增外送能力800万kW，750kV变电站扩建两座，新增主变两台，容量420万kVA，330kV变电站新建3座，新增主变14台（含扩建），新增主变容量309万kVA。新增110kV及以上线路长度1801km。

截至2021年年底，陕西全社会总装机7636.28万kW。其中：火电装机4951.92万kW，水电装机349.33万kW，风电装机1021.32万kW，太阳能装机1313.72万kW。新能源总装机2335.04万kW。陕西电网整体呈现“北电南供、西电东送、关中强网、陕南强联”的格局，750kV在关中、陕北形成“两纵双环”骨干网架，通过4回750kV线路与西北主网相联络。2021年年底，陕西电网建成“两交三直”外送通道，外送能力2235万kW。

陕西电网保持较快发展，有力保障了全省经济社会发展。

落实中央决策部署。助力脱贫攻坚，提前完成新一轮农网改造升级，积极实施光伏扶贫项目接网工程，惠及2万余贫困户。激发经济活力，坚决执行国家降低用电成本政策，释放红利31.4亿元。优化营商环境，加快用户接电办理、降低接电成本，高、低压客户办电时间分别缩短至50天、1.1天以内。

促进能源低碳转型。支撑陕西能源转型，“十三五”期间，全省新能源规模增长7倍，达到1981万kW，装机占比由6.3%提升至26.9%，煤电占比由85.6%降低至67.4%。服务生态建设，完成139.15万户“煤改电”工程。大力实施电能替代，完

❶ 含原南区经营范围内自备电厂用电量。

成替代电量236.6亿kWh。

保障电力可靠供给。电网规模快速增长，110kV及以上变电容量、线路长度分别是2015年1.9、1.5倍。供电质量持续改善，供电可靠率提升至99.897%，综合电压合格率提升至99.87%。重大工程用电保障，三星半导体等205个央地重大项目按期供电，有效发挥了产业链对陕西经济的带动作用。

服务人民美好生活。满足人民绿色用能，关中地区累计减煤1932万t。服务人民智慧用能，累计完成智能电表改造359万户，总体改造率达到97%。服务人民放心用能，累计解决“低电压”用户67万户，较2015年减少81%。

（姜　山　张　超　姚金雄）

公司领导[1]

董事长、党委书记　胡卫东

监事会主席　邹满绪

董事、总经理、党委副书记　张薛鸿

正职级顾问　刘玉庆（2021年8月19日免职退休）

董事、党委副书记、副总经理　林一凡

副总经理、党委委员　王成文（2021年11月5日任三级顾问）

总会计师、党委委员　李英

副总经理　盛成玉（2021年11月5日任三级顾问）

董事、副总经理、党委委员　周军义

副总经理、党委委员　陶轶华

副总经理　刘爱文

职工董事、党委委员、工会主席　杨桦

副总经理　冯建宇

副总经理、党委委员　史高琦

副总经理、党委委员　刘太洪

副总经理、党委委员　孙毅卫

副总经理、党委委员　张斌（2021年12月13日任三级顾问）

副总经理　郑景辉（2021年12月13日任三级顾问）

党委委员、纪委书记　崔利民

董事　刘岩

副总经理、党委委员　王晓刚

总工程师　窦晓军

党委委员、纪委书记　文建光（2021年8月16日调离）

董事　梁倩

副总经理、党委委员　岳红权（2021年12月13日任职）

（组织部）

公司组织机构

【机构设置】 2021年年底，融合后的国网陕西省电力有限公司本部设置部门24个、内设处室108个；所辖直属单位35个，包括11个地市供电公司（下辖98个县供电公司，其中大型县供电公司8个）、省级业务单位22家、控股公司2家。另有合资公司3个（综合能源公司、电动汽车公司、陕西思极科技公司）、配售电公司3个（韩城光明、铜川银河、陕西延安）。

1. 公司本部

24个部门：办公室（党委办公室、董事会办公室）、发展策划部、财务资产部、资本运营部、战略规划部、安全监察部（保卫部）、设备管理部、配网管理部、市场营销部（农电工作部）、科技互联网部、建设部、物资部（招投标管理中心）、审计部、法律合规部（体改办）、人力资源部（社保中心）、后勤工作部、党委党建部（思想政治工作部、团委）、党委组织部（人事董事部）、党委宣传部（对外联络部）、纪委办公室（巡察办）、离退休工作部、企业管理部（监事会办公室）、工会、电力调度控制中心。

变化情况：较2020年，新增配网管理部、资本运营部、战略规划部，将党委组织部（人力资源部、社保中心）拆分为党委组织部（人事董事部）和人力资源部（社保中心），将科技部和互联网部整合为科技互联网部，将保卫部和安全监察部整合为安全监察部（保卫部），营销部（农电工作部）更名为市场营销部（农电工作部），经济法律部（体改办）更名为法律合规部（体改办），企协分会更名为企业管理部（监事会办公室）。

[1] 2021年8月6日~2021年12月31日任职公司领导。

2. 地市供电公司

内设机构数量：依据总部批复国网陕西电力内设机构设置标准，融合后国网西安供电公司机构总量不超过 34 个，国网榆林供电公司不超过 30 个，国网咸阳、渭南 2 家供电公司不超过 28 个，国网宝鸡供电公司不超过 27 个，国网汉中、安康、商洛、延安 4 家供电公司不超过 25 个，国网铜川、西咸 2 家供电公司保持 24 个不变，各地市供电公司职能部门上限保持不变。

内设机构类型：办公室（党委办公室）、发展策划部、财务资产部、安全监察部（保卫部）、运维检修部、市场营销部（农电工作部）、建设部、互联网部、审计部、后勤工作部、党委组织部（人力资源部）、党委党建部（团委）、党委宣传部（融媒体业务中心）、工会、纪委办公室、电力调度控制中心、物资部（供应链运营中心）、配网管理部（配网检修建设中心）、数据中心、供电服务指挥中心（配网调控中心）、项目管理中心、经济技术研究所、输电运检中心、变电运维中心、变电检修中心、二次检修中心、高压电缆运检中心、客户服务中心、电费计量中心、安全管控中心、综合服务中心、城区分公司。

3. 省级业务单位

融合后，原国网陕西电力所属省级业务单位内设机构依据总部批复内设机构设置标准设置，原陕西地方电力所属分子公司内设机构保持现有规模不变。

4. 县供电公司

内设机构数量：根据《内设机构设置标准》，按照各县公司售电量、资产总额、用工规模测算，分 4 档核定县供电公司内设机构数量上限。其中，第一档上限 9 个（其中职能部门上限 6 个），第二档上限 8 个（其中职能部门上限 6 个），第三档上限 6 个（其中职能部门上限 4 个），第四档上限 5 个（其中职能部门上限 3 个）。

内设机构类型：综合管理部、党委党建部（党委宣传部、纪委办公室、工会）、安全监察部（保卫部）、财务资产部、供电服务指挥分中心（电力调度控制分中心）、发展建设部、运维检修部［检修（建设）工区］、市场营销部（客户服务中心）、供应链运营分中心。

（张保国　刘　伟）

国网陕西省电力有限公司省级业务单位内设机构汇总表

序号	单位	机构数量		
		小计	职能部门	业务机构
1	国网陕西省电力有限公司经济技术研究院	10	5	5
2	国网陕西省电力有限公司电力科学研究院	14	7	7
3	陕西送变电工程有限公司	20	9	11
4	陕西电力建设集团有限公司	15	7	8
5	国网陕西省电力有限公司超高压公司	17	7	10
6	国网陕西省电力有限公司建设分公司	8	5	3
7	陕西电力项目管理有限公司	6	4	2
8	国网陕西省电力有限公司信息通信公司	13	5	8
9	国网陕西省电力有限公司物资公司	10	4	6
10	陕西电力物资有限公司	5	4	1
11	陕西电力全过程工程咨询有限公司	5	5	/
12	中共国网陕西省电力公司党校［陕西省地方电力（集团）有限公司培训中心］	9	5	4
13	国网陕西省电力有限公司培训中心（西安电力高等专科学校、陕西省电力技工学校）	25	8	17
14	国网陕西省电力有限公司综合服务中心	10	4	6
15	国网陕西省电力有限公司营销服务中心（计量中心）	10	3	7
16	国网陕西省电力有限公司安康水力发电公司	18	10	8
17	陕西发电集团有限公司	25	8	17

续表

序号	单位	机构数量		
		小计	职能部门	业务机构
18	陕西地电股权投资有限公司	1	1	/
19	陕西电力投资控股有限公司	12	5	7
20	陕西综合能源集团有限公司	19	4	15
21	国网陕西省电力有限公司后勤服务中心	9	7	2
22	陕西华兴能源产业管理有限公司	4	4	/
23	陕西电力交易中心有限公司	4	4	/
备注：鲁能置业公司暂无内设机构				

国网陕西省电力有限公司所属单位名称表

序号	各单位全称	单位简称
（一）地市供电公司		
1	国网陕西省电力有限公司西安供电公司	国网西安供电公司
2	国网陕西省电力有限公司咸阳供电公司	国网咸阳供电公司
3	国网陕西省电力有限公司宝鸡供电公司	国网宝鸡供电公司
4	国网陕西省电力有限公司渭南供电公司	国网渭南供电公司
5	国网陕西省电力有限公司汉中供电公司	国网汉中供电公司
6	国网陕西省电力有限公司安康供电公司	国网安康供电公司
7	国网陕西省电力有限公司商洛供电公司	国网商洛供电公司
8	国网陕西省电力有限公司铜川供电公司	国网铜川供电公司
9	国网陕西省电力有限公司延安供电公司	国网延安供电公司
10	国网陕西省电力有限公司榆林供电公司	国网榆林供电公司
11	国网陕西省电力有限公司西咸新区供电公司	国网西咸新区供电公司
（二）省级业务单位		
1	国网陕西省电力有限公司经济技术研究院	国网陕西经研院
2	国网陕西省电力有限公司电力科学研究院	国网陕西电科院
3	陕西送变电工程有限公司	陕西送变电公司
4	陕西电力建设集团有限公司	陕西建设集团公司
5	国网陕西省电力有限公司超高压公司	国网陕西超高压公司
6	国网陕西省电力有限公司建设分公司	国网陕西建设公司
7	陕西电力项目管理有限公司	陕西电力项目管理公司
8	国网陕西省电力有限公司信息通信公司	国网陕西信通公司
9	国网陕西省电力有限公司物资公司	国网陕西物资公司
10	陕西电力物资有限公司	陕西电力物资公司
11	陕西电力全过程工程咨询有限公司	陕西电力工程咨询公司
12	中共国网陕西省电力公司党校［陕西省地方电力（集团）有限公司培训中心、西北电业职工大学］	中共国网陕西电力党校（国网陕西管理培训中心）
13	国网陕西省电力公司培训中心（西安电力高等专科学校、陕西省电力技工学校）	国网陕西技能培训中心

续表

序号	各单位全称	单位简称
14	国网陕西省电力有限公司综合服务中心	国网陕西综合服务中心
15	国网陕西省电力有限公司营销服务中心（计量中心）	国网陕西营销服务中心
16	国网陕西省电力有限公司安康水力发电公司	国网安康水电厂
17	陕西发电集团有限公司	陕西发电集团公司
18	陕西地电股权投资有限公司	陕西股权投资公司
19	陕西电力投资控股有限公司	陕西电力投资控股公司
20	陕西综合能源集团有限公司	陕西综合能源集团公司
21	国网陕西省电力有限公司后勤服务中心	国网陕西后勤服务中心
22	陕西华兴能源产业管理有限公司	陕西产业管理公司
（三）控股公司		
1	陕西电力交易中心有限公司	陕西交易公司
2	西安鲁能置业有限公司	西鲁置业
（四）县供电公司		
1	国网陕西省电力有限公司西安市长安区供电分公司	国网西安市长安区供电公司
2	国网陕西省电力有限公司西安市临潼区供电分公司	国网西安市临潼区供电公司
3	国网陕西省电力有限公司西安市阎良区供电分公司	国网西安市阎良区供电公司
4	国网陕西省电力有限公司西安市鄠邑区供电分公司	国网西安市鄠邑区供电公司
5	国网陕西省电力有限公司西安市高陵区供电分公司	国网西安市高陵区供电公司
6	国网陕西省电力有限公司蓝田县供电分公司	国网蓝田县供电公司
7	国网陕西省电力有限公司周至县供电分公司	国网周至县供电公司
8	国网陕西省电力有限公司西安市泾渭新城供电分公司	国网西安市泾渭新城供电公司
9	国网陕西省电力有限公司咸阳市杨凌供电分公司	国网咸阳市杨凌供电公司
10	国网陕西省电力有限公司兴平市供电分公司	国网兴平市供电公司
11	国网陕西省电力有限公司彬州市供电分公司	国网彬州市供电公司
12	国网陕西省电力有限公司三原县供电分公司	国网三原县供电公司
13	国网陕西省电力有限公司泾阳县供电分公司	国网泾阳县供电公司
14	国网陕西省电力有限公司乾县供电分公司	国网乾县供电公司
15	国网陕西省电力有限公司礼泉县供电分公司	国网礼泉县供电公司
16	国网陕西省电力有限公司永寿县供电分公司	国网永寿县供电公司
17	国网陕西省电力有限公司长武县供电分公司	国网长武县供电公司
18	国网陕西省电力有限公司旬邑县供电分公司	国网旬邑县供电公司
19	国网陕西省电力有限公司淳化县供电分公司	国网淳化县供电公司
20	国网陕西省电力有限公司武功县供电分公司	国网武功县供电公司
21	国网陕西省电力有限公司咸阳市高新开发区供电分公司	国网咸阳市高新区供电公司
22	国网陕西省电力有限公司宝鸡市城区供电分公司	国网宝鸡市城区供电公司
23	国网陕西省电力有限公司宝鸡市陈仓区供电分公司	国网宝鸡市陈仓区供电公司
24	国网陕西省电力有限公司宝鸡市凤翔区供电分公司	国网宝鸡市凤翔区供电公司

续表

序号	各单位全称	单位简称
25	国网陕西省电力有限公司岐山县供电分公司	国网岐山县供电公司
26	国网陕西省电力有限公司扶风县供电分公司	国网扶风县供电公司
27	国网陕西省电力有限公司眉县供电分公司	国网眉县供电公司
28	国网陕西省电力有限公司陇县供电分公司	国网陇县供电公司
29	国网陕西省电力有限公司千阳县供电分公司	国网千阳县供电公司
30	国网陕西省电力有限公司麟游县供电分公司	国网麟游县供电公司
31	国网陕西省电力有限公司凤县供电分公司	国网凤县供电公司
32	国网陕西省电力有限公司太白县供电分公司	国网太白县供电公司
33	国网陕西省电力有限公司渭南市华州区供电分公司	国网渭南市华州区供电公司
34	国网陕西省电力有限公司潼关县供电分公司	国网潼关县供电公司
35	国网陕西省电力有限公司大荔县供电分公司	国网大荔县供电公司
36	国网陕西省电力有限公司合阳县供电分公司	国网合阳县供电公司
37	国网陕西省电力有限公司澄城县供电分公司	国网澄城县供电公司
38	国网陕西省电力有限公司蒲城县供电分公司	国网蒲城县供电公司
39	国网陕西省电力有限公司白水县供电分公司	国网白水县供电公司
40	国网陕西省电力有限公司富平县供电分公司	国网富平县供电公司
41	国网陕西省电力有限公司韩城市供电分公司	国网韩城市供电公司
42	国网陕西省电力有限公司华阴市供电分公司	国网华阴市供电公司
43	国网陕西省电力有限公司汉中市南郑区供电分公司	国网汉中市南郑区供电公司
44	国网陕西省电力有限公司城固县供电分公司	国网城固县供电公司
45	国网陕西省电力有限公司洋县供电分公司	国网洋县供电公司
46	国网陕西省电力有限公司西乡县供电分公司	国网西乡县供电公司
47	国网陕西省电力有限公司勉县供电分公司	国网勉县供电公司
48	国网陕西省电力有限公司宁强县供电分公司	国网宁强县供电公司
49	国网陕西省电力有限公司略阳县供电分公司	国网略阳县供电公司
50	国网陕西省电力有限公司镇巴县供电分公司	国网镇巴县供电公司
51	国网陕西省电力有限公司留坝县供电分公司	国网留坝县供电公司
52	国网陕西省电力有限公司佛坪县供电分公司	国网佛坪县供电公司
53	国网陕西省电力有限公司汉阴县供电分公司	国网汉阴县供电公司
54	国网陕西省电力有限公司石泉县供电分公司	国网石泉县供电公司
55	国网陕西省电力有限公司宁陕县供电分公司	国网宁陕县供电公司
56	国网陕西省电力有限公司紫阳县供电分公司	国网紫阳县供电公司
57	国网陕西省电力有限公司岚皋县供电分公司	国网岚皋县供电公司
58	国网陕西省电力有限公司平利县供电分公司	国网平利县供电公司
59	国网陕西省电力有限公司镇坪县供电分公司	国网镇坪县供电公司
60	国网陕西省电力有限公司旬阳市供电分公司	国网旬阳市供电公司
61	国网陕西省电力有限公司白河县供电分公司	国网白河县供电公司

续表

序号	各单位全称	单位简称
62	国网陕西省电力有限公司洛南县供电分公司	国网洛南县供电公司
63	国网陕西省电力有限公司丹凤县供电分公司	国网丹凤县供电公司
64	国网陕西省电力有限公司商南县供电分公司	国网商南县供电公司
65	国网陕西省电力有限公司山阳县供电分公司	国网山阳县供电公司
66	国网陕西省电力有限公司镇安县供电分公司	国网镇安县供电公司
67	国网陕西省电力有限公司柞水县供电分公司	国网柞水县供电公司
68	国网陕西省电力有限公司铜川市印台王益区供电分公司	国网铜川市印台王益区供电公司
69	国网陕西省电力有限公司铜川市耀州区供电分公司	国网铜川市耀州区供电公司
70	国网陕西省电力有限公司宜君县供电分公司	国网宜君县供电公司
71	国网陕西省电力有限公司延安市安塞区供电分公司	国网延安市安塞区供电公司
72	国网陕西省电力有限公司延长县供电分公司	国网延长县供电公司
73	国网陕西省电力有限公司延川县供电分公司	国网延川县供电公司
74	国网陕西省电力有限公司志丹县供电分公司	国网志丹县供电公司
75	国网陕西省电力有限公司吴起县供电分公司	国网吴起县供电公司
76	国网陕西省电力有限公司甘泉县供电分公司	国网甘泉县供电公司
77	国网陕西省电力有限公司富县供电分公司	国网富县供电公司
78	国网陕西省电力有限公司洛川县供电分公司	国网洛川县供电公司
79	国网陕西省电力有限公司宜川县供电分公司	国网宜川县供电公司
80	国网陕西省电力有限公司黄龙县供电分公司	国网黄龙县供电公司
81	国网陕西省电力有限公司黄陵县供电分公司	国网黄陵县供电公司
82	国网陕西省电力有限公司子长市供电分公司	国网子长市供电公司
83	国网陕西省电力有限公司榆林市榆阳区供电分公司	国网榆林市榆阳区供电公司
84	国网陕西省电力有限公司榆林市高新区供电分公司	国网榆林市高新区供电公司
85	国网陕西省电力有限公司榆林市横山区供电分公司	国网榆林市横山区供电公司
86	国网陕西省电力有限公司神木市供电分公司	国网神木市供电公司
87	国网陕西省电力有限公司府谷县供电分公司	国网府谷县供电公司
88	国网陕西省电力有限公司靖边县供电分公司	国网靖边县供电公司
89	国网陕西省电力有限公司定边县供电分公司	国网定边县供电公司
90	国网陕西省电力有限公司绥德县供电分公司	国网绥德县供电公司
91	国网陕西省电力有限公司米脂县供电分公司	国网米脂县供电公司
92	国网陕西省电力有限公司佳县供电分公司	国网佳县供电公司
93	国网陕西省电力有限公司吴堡县供电分公司	国网吴堡县供电公司
94	国网陕西省电力有限公司清涧县供电分公司	国网清涧县供电公司
95	国网陕西省电力有限公司子洲县供电分公司	国网子洲县供电公司
96	国网陕西省电力有限公司榆林市榆神工业区供电分公司	国网榆林市榆神工业区供电公司
97	国网陕西省电力有限公司榆林市科创新城供电分公司	国网榆林市科创新城供电公司
98	国网陕西省电力有限公司西咸新区泾河新城供电分公司	国网西咸新区泾河新城供电公司

【组织机构图】

国网陕西省电力有限公司组织机构

- 国网陕西省电力有限公司
  - 本部部门
    - 办公室（党委办公室、董事会办公室）
    - 发展策划部
    - 财务资产部
    - 资本运营部
    - 战略规划部
    - 安全监察部（保卫部）
    - 设备管理部
    - 配网管理部
    - 市场营销部（农电工作部）
    - 科技互联网部
    - 建设部
    - 物资部（招投标管理中心）
  - 本部部门
    - 审计部
    - 法律合规部（体改办）
    - 人力资源部（社保中心）
    - 后勤工作部
    - 党委党建部（思想政治工作部、团委）
    - 党委组织部（人事董事部）
    - 党委宣传部（对外联络部）
    - 纪委办公室（巡查办）
    - 离退休工作部
    - 企业管理部（监事会办公室）
    - 工会
    - 电力调度控制中心
  - 地市供电企业
    - 国网陕西省电力有限公司西安供电公司
    - 国网陕西省电力有限公司咸阳供电公司
    - 国网陕西省电力有限公司宝鸡供电公司
    - 国网陕西省电力有限公司渭南供电公司
    - 国网陕西省电力有限公司汉中供电公司
    - 国网陕西省电力有限公司安康供电公司
    - 国网陕西省电力有限公司商洛供电公司
    - 国网陕西省电力有限公司铜川供电公司
    - 国网陕西省电力有限公司延安供电公司
    - 国网陕西省电力有限公司榆林供电公司
    - 国网陕西省电力有限公司西咸新区供电公司
  - 直属业务单位
    - 科研类
      - 国网陕西省电力有限公司经济技术研究院
      - 国网陕西省电力有限公司电力科学研究院
    - 建设类
      - 陕西送变电工程有限公司
      - 国网陕西省电力有限公司建设分公司
      - 陕西省电力建设集团有限公司
      - 陕西省电力项目管理有限公司
    - 检修类
      - 国网陕西省电力有限公司超高压公司
    - 信通类
      - 国网陕西省电力有限公司信息通信公司（国网陕西省电力有限公司数据中心）
    - 教育培训
      - 中共国网陕西省电力公司党校
      - 国网陕西省电力公司培训中心（西安电力高等专科学校、陕西省电力技工学校）
    - 物资类
      - 国网陕西省电力有限公司物资公司
      - 陕西电力物资有限公司
      - 陕西电力全过程工程咨询有限公司
    - 综合服务类
      - 国网陕西省电力有限公司综合服务中心
    - 营销类
      - 国网陕西省电力有限公司营销服务中心（计量中心）
    - 电力交易类
      - 陕西电力交易中心有限公司
    - 发电类
      - 陕西电力投资控股有限公司
      - 国网安康水力发电公司
    - 其他类
      - 陕西地电股权投资有限公司
      - 陕西电力投资控股有限公司
      - 陕西综合能源集团有限公司
      - 国网陕西省电力有限公司后勤服务中心
      - 国网华兴能源产业管理有限公司
      - 西安鲁能职业有限公司
  - 合资公司
    - 国网陕西综合能源服务有限公司
    - 国网电动汽车服务（陕西）有限公司
    - 陕西思极科技有限公司

电网发展

规划与发展

【电网发展规划】 2021年是“十四五”的开局之年，也是国网陕西电力融合发展的起步之年，发展业务紧扣“四抓四强”（抓党建、强队伍，抓管理、强基础，抓发展、强电网，抓作风、强素质）工作主线，奋力进取，实现了一系列新突破、取得了一系列新成绩。

1. 紧抓时代发展机遇，开启规划融合新征程

组织完成发展规划报告。围绕建设具有中国特色国际领先的能源互联网企业战略目标，立足“一张网”“一盘棋”新起点，落实“一业为主、四翼齐飞、全要素发力”的发展总体布局，组织完成国网陕西电力“十四五”发展规划，形成1个总报告及16个专项规划报告，突显规划战略引领作用。

高效完成电网规划。紧抓融合发展历史机遇，全面推进公司和电网融合发展，高效完成《陕西电网“十四五”融合发展规划（2021版）》，规划全口径投资1200亿元，实现陕西电网“1+1＞2”的融合发展。

持续深化专题研究。围绕新型电力系统构建，聚焦规划重点、难点，深化规划专题研究，开展电力外送支撑能力、西安电网优化、榆林电网补强、降低电网大面积停电风险、火电机组关停等专题研究，配合陕西省能源局开展陕西“十四五”储能、抽蓄规划研究工作。

2. 助力陕西能源优势发挥，电力外送取得新突破

陕北—湖北 ±800kV直流工程建成投运。该工程是国家重点建设工程，是“西电东送”“北电南供”的能源大通道。工程北起陕西省榆林市陕北换流站，南至湖北省武汉市武汉换流站，线路全长1137km，总投资185亿元。这是一个响应中央号召、展现责任担当的工程。为全社会稳投资、稳就业、稳预期发挥了重要作用，为助力打赢疫情防控湖北保卫战、武汉保卫战做出了积极贡献。这是一个助推陕鄂两省优势互补、服务经济社会高质量发展的工程。工程未来每年输送电量可达400亿kWh，将有力推动陕北煤电和新能源规模化、集约化发展，扩大新能源消纳范围，促进陕西资源优势转化为经济优势，同时可缓解湖北迎峰度夏期间供电紧张局面，强化湖北经济社会发展的电力保障。

外送通道工程顺利纳规。《陕北综合能源外送基地规划研究》顺利通过验收，《多直流接入陕西主网架适应性研究》不断深入，陕电入皖、陕电入豫项目研究持续深化，陕北高比例新能源基地开发外送工程纳入国家“十四五”重点研究论证输电工程，陕北至安徽、陕西至河南外送工程纳入国家“十四五”电力规划。外送通道前期工作稳步推进。不断加强送、受端联合，加大向国家能源局、国家电网公司总部汇报沟通力度，外送通道规划落地稳步推进，陕北至安徽、陕西至河南外送通道已分别纳入陕西、安徽和河南“十四五”重点工程，并均已正式启动预可研工作。

3. 紧盯“双碳”目标，能源转型取得新成效

供给侧低碳化进程不断加快。全年新能源新增装机449.6万kW，新能源总装机达2335.04万kW，同比增长23%；全省新能源内用装机占比达36%，较2020年增长3.3个百分点。新能源年累计发电量311.2亿kWh，同比增长50%；新能源发电量占比达14.2%，较2020年增长3.7个百分点。新能源利用率97.5%，同比上升0.3个百分点。新能源逐步实现由补充能源向替代能源的转变。

消费侧电气化水平显著提升。可再生能源消纳责任权重完成26.8%，非水可再生能源消纳责任权重完成17.6%，分别超出国家下达任务指标1.8个百分点、2.6个百分点。全年累计完成电能替代项目2070个，替代电量40.34亿kWh，削减燃煤62万t，削减燃油37万t。电能占终端能源消费比重达25.56%，较2020年增长1.04个百分点。终端用能电气化水平不断提升，电力对经济社会发展的支撑带动作用更加凸显。

电网资源配置能力持续增强。充分发挥电网服务保障和支持拉动作用，在装机规模较2019年接近翻一番的情况下，利用率始终保持97%以上，新能源发展实现“量效齐升”。陕北至关中二通道全年满功率运行，年输送清洁电量200亿kWh。陕北至关中三通道工程完成可研设计，建成后北电南送能力可提升至1000万kW。建成投产陕湖直流外送通道，全省电力外送能力达到2235万kW。陕北—安徽、陕西—河南外送通道纳入国家“十四五”电力规划，建成后全省电力外送能力将接近4000万kW。

（姜　山　张　超　姚金雄）

【项目前期管理】 全力推进电网规划落地，落实“抓重点、夯基础、补短板、强弱项”的工作要求，通过构建电网工程大前期工作体系，制定“五年规划项目三年完成项目前期”的工作目标，全面提升电网基建项目前期工作执行效率。

转变“两个”前期的工作思路。以推进电网规划落地为最终目标，专业衔接方面，加强专业间协同，建立一体化项目前期和工程前期融合推进管理模式，实现工程目标的统一；在项目管控方面，建立以“十四五”电网规划项目为基础的全局统筹管理模式，按照规划投产时序，合理安排各年度工作任务，初步扭转工程建设储备不足的局面。

构建各层级大前期工作体系。加强公司各级发展、建设等部门和支撑机构间的纵向管理、横向协同，建立大前期柔性团队和行动方案，推进规划落地形成合力；完善计划执行体系，制定“十四五”大前期计划，实现项目自可研至开工核心节点计划的无缝衔接；建立考核激励体系，奖惩并施，制定专项奖励办法的同时纳入业绩考核，提升市、县供电公司属地责任意识；设立竞赛评比体系，开展专项劳动竞赛，多措并举提升前期工作质量和效率。

深化前期工作“放管服”管理机制，发挥可研设计一体化优势。充分发挥属地公司自主性和灵活性，完成非跨市（区）330kV项目可研和项目前期职责下放，进一步提高项目核准效率；全面实施电网项目可研设计一体化管理，有效提升设计单位的一致性、技术原则的统一性、工作的连续性。

积极争取支持电网建设政策。促成召开陕西省电力建设领导小组会议，全力推进西安、榆林电网攻坚建设，重点攻坚项目加快推进，在陕西省形成了“政府挂帅，企业实施”的电网建设氛围。属地供电公司积极对接地市电网建设领导小组，部分地市政府相应出台了“容缺承诺制核准”“文勘前置”“熟地供应”等支持性政策。

全面完成陕武直流配套电源送出工程大前期工作任务；全年计划核准110kV及以上电网基建项目83项，实际取得750kV西安东、330kV镇安抽蓄送出等85项核准，同比增加172%；计划开工44项，实际完成锦界330kV输变电工程等48项工程开工。

（王芝麟　李　昇）

工程建设与管理

【基建工程完成情况】 2021年，基建战线广大干部职工坚决贯彻落实国网陕西电力公司党委各项决策部署，一手抓融合发展，一手抓电网攻坚，以高质量建设为主题、以科技创新为动力、以精益管理为抓手、以强根铸魂为保障，在确保中国共产党成立100周年庆典、十四运会及特残奥会期间电网建设安全平稳局面的前提下，积极应对新冠疫情、极端气候等影响，迎难而上，奋力攻坚，全面完成全年各项任务，为国网陕西电力高质量发展做出了积极贡献。35~750kV输变电工程全年开工72项（线路长度1213.66km、变电容量657.74万kVA）；投产94项（线路长度1718.22km、变电容量621.44万kVA）；完成投资64.49亿元。按期完成81项工程结算，结算金额51.87亿元。陕湖±800kV特高压及750kV配套送出等重点项目按期建成，受阻6年之久的西安西郊330kV架空线路工程西三环段全线贯通，陕西送变电公司承建的1000kV南长线带电投运，南荆长线及白浙线两项省外特高压工程有序推进。公司内部协同推进、关键节点重点帮扶，西安、榆林电网攻坚实现新突破，促请政府出台《西安电网攻坚项目审批改革试点方案》《榆林市“十四五”电力补强工程推进工作方案》等支持性政策，初步形成“政府挂帅，企业实施”电网建设新模式。

（巨晓军）

【基建安全质量管理】

1. 安全方面

夯基固本，严守安全底线。扎实开展输变电工程“坚守底线、夯实基础、创新提升”安全主题活动，印发现场作业标准化工作措施、典型工序卡等制度标准，全年开展标准化示范观摩10次，创建国家电网公司“五好”工地7个。严格落实“四双管理”“四个管住”要求，累计完成二级风险作业74项，三级风险作业2117项，开展巡查、视频检查10216项·次，整改闭环问题2398项，约谈18家（次）违章单位，清退5个不合格班组。组织各类培训18期，培训2093人·次。

2. 质量方面

制定全过程设计质量评价标准，强化初步设计、施工图设计、开工准备三大关键环节各工作节点的管控与协调，开展工程勘察设计负面清单管理及问题追责。建立工程质量策划、实施、检查、考核全过程管控机制，加强变电站主设备安装、导线压接等关键环节管控。印发《输变电工程施工质量强制性措施实施细则（试行）》，启动质量实测实量和设备材料检验检测，开展主设备安装视频监控、质量通病专项治理检查。《智能变电站二次设备安装（光缆光纤）施工典型工法》入选2021年度陕西省工程建设工法，4名专家被中国施工企业管理协会聘请为绿色建造专家。西安北750kV变电站工程荣获中国“安装之星”优质工程奖，咸阳武镇330kV线路工程荣获国家电网公司输变电优质工程金奖。

（王少军）

【基建技术管理】

1. 基建标准化建设

根据国家电网公司基建部关于输电线路杆塔通用设计优化修订工作安排，承担相关杆塔模块修订任务，包括：750-PC21D、750-PC22D、330-FC22D、330-FC22S、330-KC22S、110-DA21GS、35-AD22S共计7个模块、89个塔型。

结合陕西省特点细化深化输变电工程通用设计陕西实施方案。印发《国网陕西省电力有限公司关于发布陕西35kV、110kV架空输电线路杆塔通用设计优化（2021年版）的通知》（国网陕电建设〔2021〕64号），包含S110-DC22D、S110-DB21S等12个模块、94个塔型；印发《国网陕西电力建设部关于发布35kV~750kV变电站通用设计陕西实施方案（2021年修订版）的通知》（陕电建设综〔2021〕18号），包含SN-35-E1-2、SN-110-A1-2等7个通用设计方案。

开展技术标准制修订工作。完成国家电网公司企业标准《750kV变电站电气设备施工质量检验及评定规程》《750kV变电站构支架制作安装及验收规范》和《750kV架空输电线路施工质量检验及评定规程》，并录制“国网学堂”精品课程宣贯相关标准；总结变电站辅助用房设计建设经验及研究成果，发布国网陕西电力企业标准《变电站箱式房屋建设技术导则》。

配合国家电网公司技术标准专委会改选，推荐王森、白晓春成功连任国网TC02组专家。配合国家电网公司基建部，组织开展线路电气、变电土建专业相关技术标准条款实质性差异排查工作。

2. 基建新技术研究及应用

加强基建新技术研究及应用管理，印发《基建新技术研究与应用管理实施细则》。积极开展基建新技术研究，依托工程开展“陕北典型煤矿采动影响塌陷变形机理及输电线路工程勘察设计对策研究”“基于三维GIS的输电线路张力放线仿真模拟研究”等；以宝鸡千河330kV变电站模块化2.0技术示范工程、西安蓝田330kV输电线路螺旋锚基础试点工程为引领，推进基建新技术示范试点工作。

创新开展基建新技术专业评估，将“间隔棒高空运输测量机”“110kV链式备自投装置”等三项自主创新成果纳入国网陕西电力基建新技术推广应用目录；在送电线路工程中大力推广高强钢杆塔、节能导线等绿色环保技术，在变电工程中积极推行钢结构建筑、轻质保温复合墙板、标准预制小型构件等。

（杨大渭）

【技经管理】编制《国网陕西省电力公司建设部关于加强工程造价关键环节管控的通知》《国网陕西省电力公司建设部关于印发新型冠状病毒肺炎防疫期间电网建设工程有关费用计列使用的意见》《招标工程量清单及限价集中审查实施细则》等造价管理文件，工程结算高效规范，全年完成81项输变电工程结算，结算金额51.87亿元，结算按期完成率100%。

印发《国网陕西电力建设部关于进一步加强输变电工程初步设计评审管理有关要求的通知》，细化概算费用组成和编制原则，提高初步设计概算编制及评审质量，全年完成71项输变电工程概算审查，批复概算金额76.12亿元。

开展“三清理两提高”活动，加快超长工期工程项目清理，完成110kV西安和平门工程、330kV聂北Ⅲ回线路工程等26项长期挂账工程清理和12项超长工期工程清理。

印发2022年35~750kV工程施工图预算、工程量清单和结算审查计划，修编输变电工程结算报告编制模板，细化资料报送内容和格式，更新施工招标工程量清单审核问题库，提升编审质量和效率。

印发2021年输变电工程造价精益管理工程方案，编制输变电工程现场造价精益管理“三量”实施细则，强化隐蔽工程过程造价管理。

总结造价管理难点问题，完成环保水保措施费等12项专题研究和《输变电工程监理费用计价办法》课题研究，《电网企业以“三个精准”为核心的全过程造价管控研究与应用》荣获电力行业管理创新成果二等奖。《变电工程基础检测和试验费用标准计列研究》获得中电联定额总站2021年度电力工程造价管理优秀成果奖。承接国家电网公司定额站《变电工程定额土质与勘察地质分类研究》课题研究，加强人员组织和策划，开展前期调研、数据收资、课题报告编制工作。

印发《进一步加强重大设计变更和现场签证管理的通知》，严格执行“一月一报一审”变更签证集中审核机制，2020 年重大变更签证 140 项，2021 年重大变更签证 69 项，同比减少 71 项，减少率 50.71%。2020 年重大变更签证金额 11515.63 万元，2021 年重大变更签证金额 5006.18 万元，同比减少 6509.45 万元，减少率 56.53%, 工程依法合规建设得到有效加强。

（李锋涛）

【**基建信息化管理**】2021 年，国网陕西电力坚决贯彻国家电网公司基建部基建全过程综合数字化管理平台工作部署，秉承“统筹推进、共建共享、服务基层”的工作思路，坚决抓好基建平台落地应用、发挥打造数字化管理业务体系。同时稳步开展基建工程数字化移交体系建设、基建平台感知层建设 2 项重点工作，扎实推进基建业务数字化转型。基建平台推广应用见成效。建立多方联动机制，实现平台常态化应用管理。建立完整的管理办法，开展多样化培训，丰富教学方式，组织开展覆盖省公司、建管单位、工程项目部各级应用培训累计 52 场 4050 人次，提高参建人员基建信息业务能力。建立多方协调机制，开展自动应用监测，以“周点评、月通报、季总结”工作机制，指导各建管单位加强业务数字化管理，加强数据质量管理。完善数据贯通，实现数据共享共用。完善纵向数据贯通，稳定推送至总部平台，数据自动与总部平台实时同步；打通横向数据通道，完成了平台技术升级，利用数据中台完成规划计划、ECP、PMS、ERP 等系统数据贯通工作，完成 31 个接口、1270 个字段对接开发，支撑工程建项、物资招标、设备信息关联、安全管理等跨部门业务开展。“e 基建”如期上线运行。深度参与研发工作，完成先行先试工作，完成本地化部署，开展全省试用。完成基建感知层综合试点建设。依托咸阳东 330kV 输变电工程开展感知层综合试点工作，选取无感人员管理、无感智能仓储、沉浸式 VR 安全培训等 10 类 16 项感知设备搭建数据自动采集，状态智能感知的数字化管理现场。

（张晧维）

【**建设专业两网融合情况**】全面落实国家电网公司党组和陕西省委省政府决策部署，立足“一盘棋”“一张网”新起点，全面推进管理整合、文化融合、人心聚合，在相互了解电网建设管理现状的基础上，在省公司层级两个专业部门率先开展管理职责、流程、信息报送业务等融合，全面开展电网建设专业培训，按照“四统一”（统一管理、统一标准、统一流程、统一考核）原则，逐专业、逐工程进行融合，确保电网建设专业管理平稳过渡，完成年度各项任务，最终实现全面融合。

建设专业融合业务体量大、差异大，涉及发展、财务、物资、审计、设备、调度等多专业，任务艰巨、情况复杂。为此，结合电网建设专业管理实际情况，确保融合过渡期电网建设安全稳定、平稳有序，高质量完成业务融合，制订了电网建设专业融合方案，以坚守安全底线为基础，以完成全年建设任务为目标，以“三个迅速”（迅速摸清情况、迅速落实要求、迅速规范管理）确保工程现场安全平稳过渡为着力点，尊重事实、摸清现状，由易到难，逐步统一。

成立了以分管领导为组长的专业融合领导小组和工作组。对两家单位的建设专业管理现状从工程管理模式、基建信息系统、计划专业管理、安全专业管理、质量专业管理、技术专业管理、技经专业管理、参建队伍情况等方面进行了详细的比对分析，为下一步工作开展奠定了牢固基础。制定了 11 大类、32 项具体工作任务，确定时间计划，全面推动各项工作有序进行。从健全信息沟通机制、健全评价考核机制、强化安全质量巡查、梳理制度标准、完善基建信息系统、强化基建管理培训、突发事件应急机制等方面制定了周密的保障措施，确保融合成效。

以安全融合为先，严抓严管，确保“四个管住”“四双管理”要求落实到位，坚决守住安全底线，坚决维护基建安全稳定局面。贯彻落实国家电网公司安全管理规章制度，开展全面的安全管理情况摸底排查，掌握现状，找准差异，确保安全职责交接平稳严密。加强制度的培训宣贯，通过安全巡查、专业交叉互查、“四不两直”督查等，强化制度执行。制定基建业务融合存在问题整改清单及治理措施。2021 年 8 月 6 日后，原南区所有主网项目按照国家电网公司标准严格执行基建作业周计划日预控。

相关部门、单位积极对接，不因融合影响工程建设进度，推动泾河新城符瑞、宜川古贤、富平余湾、榆横凤凰等重点保供工程加快进行，在对安全、质量等管理要求不减的前提下，全力保障重点项目供电时序要求。

对原南区主网 207 个项目进行全面梳理，克服管理体制差异带来的疑难性、复杂性，动态跟踪各单位提出的技术标准差异、施工力量接续、管控系统信息维护、超投资等突出问题，会同相关部门研究明确处理原则和具体解决方案。结合国家电网公司制度要求，对推动融合工作的宏观策略原则、微观操作指引进行了明确，按照“一项目一策略”的方式，逐项目制定融合策略，进一步系统推进安全质量管理、计划管理、施工接续、技术标准、项目结算、核销处置等工作。制定项目后续工作计划，加快推进各项后续工作，确保融合过渡期结束后实现全面同质化管理，确保建设专业融合发展顺利进行。

（汪雨辰）

重点工程

【特高压工程】

工程名称：陕北—湖北 ±800kV 特高压直流输电工程

建设目的：陕北—湖北 ±800kV 特高压直流输电工程是国家电力发展“十三五”规划的重要通道之一，工程的建成将实现西部煤电基地电能直供湖北及华中地区，为实现大范围内资源优化配置提供了有利条件，支撑国家“中部崛起”重大战略，同时工程将建成新一代升级版“双八百”特高压直流工程，进一步推动电力技术革新，促进电网可持续发展。工程每年可向华中地区输送约 400 亿 kWh 的清洁能源，约占武汉年用电量的 70%，将有效缓解湖北及华中地区中长期电力供需矛盾，提升电网安全水平，降低社会用能成本；有力推动陕北能源基地集约开发和电力大规模外送，促进能源资源高效利用，实现资源优势向经济优势转化，推动区域协调发展。

工程概况：陕北—湖北 ±800kV 特高压直流输电工程起于陕西省榆林市陕北换流站，途经陕西、山西、河南、湖北 4 省，止于湖北省武汉市，线路全长 1127km，额定输送容量 800 万 kW，新建陕北、武汉 2 座换流站，工程总投资 185 亿元。其中。陕北换流站交流侧接入陕西 750kV 交流网；武汉换流站与武汉特高压交流变电站合建，交流侧分段接入湖北南 500kV 电网；线路工程采用 6 分裂 1250mm^2 大截面导线。陕北换流站、线路工程、接地极及接地极线路由国家电网公司出资；武汉站、线路工程、接地极及接地极线路由国网湖北电力出资；沿线线路由国家电网公司出资。

陕北换流站是陕北—湖北 ±800kV 特高压直流输电工程的送端换流站，是陕西省境内第一座特高压换流站，位于榆林市府谷县田家寨乡东北侧，占地 497.3 亩。陕北换流站采用双极设计，每极采用 400kV+400kV 的 2 组 12 脉动换流器串联，换流阀采用 6 英寸晶闸管户内悬吊式二重阀结构。陕北换流站交流接入 750kV 系统，750kV 交流场采用 GIS 组合电器设备、一个半断路器接线，共 7 回出线、4 回换流变进线、4 大组交流滤波器，组成 6 个完整串和 3 个不完整串，安装 24 台断路器。陕北换流站无功配置总容量 497 万 kV，分为 4 大组、18 小组。陕北换流站设置 2 台 750kV/66kV 降压变压器和 1 台 110kV/10kV 备用站用变压器，每台 750kV 降压变压器高压侧分别接入不同的交流滤波器大组母线，每台 750kV 降压变低压侧装设 3 组 6 万 kvar 低压并联电抗器。陕北换流站枣林峁接地极址距陕北换流站 27km，接地极采用双圆环跑道形，外环、内环两端部半圆环直径分别为 380、290m。

主线路。陕北—湖北 ±800kV 特高压直流输电线路（陕西段）线路长度 224.012km，途经府谷、神木、佳县、米脂、绥德、清涧 6 县（市），共计铁塔 414 基。

接地极线路。陕北换流站接地极线路起于府谷县陕北换流站，止于府谷县枣林峁接地极，线路长度 29.457km，铁塔 88 基，接地极线路全部位于府谷县境内。

工程进度：本工程于 2018 年 10 月 16 日取得可行性研究批复，2019 年 1 月 4 日取得项目核准批复文件；2019 年 1 月 21 日取得初步设计批复；2019 年 6 月 27 日开工，2021 年 7 月 28 日竣工。

工程亮点：陕北—湖北 ±800kV 特高压直流输电线路（陕西段）大部分塔基位于黄土梁峁之上，地形起伏较大，塔基道路路窄坡陡，交通运输条件较差、线路交叉跨越众多，跨越电力线路电压等级高、施工手续办理周期长。主要跨越黄河 1 次，铁路 2 次，高速公路 3 次，特高压线路 3 次（1000kV 横洪线 2 次、±800kV 昭沂线 1 次），±660kV 宁东—山东直流线路 1 次，750、500kV 线路 6 次。跨越档距大，地形

陕北换流站是陕北—湖北 ±800kV 特高压直流输电工程的送端换流站，是陕西省境内第一座特高压换流站，位于榆林市府谷县田家寨乡东北侧，占地 497.3 亩。（于樊雪 摄）

2020 年 10 月 15 日，陕北—湖北 ±800kV 特高压直流输电线路跨越 1000kV 横洪Ⅰ、Ⅱ线。（刘海宾 摄）

条件差，停电配合工作难度高，国网陕西建设公司组织多次现场勘察后对施工编制的跨越方案进行修编完善，合理利用1000kV横洪Ⅰ线、1000kV横洪Ⅱ线、±800kV昭沂线、500kV锦忻Ⅰ线、锦忻Ⅱ线的停电检修窗口期完成了跨越段导地线展放工作，有效确保供电、施工双安全，首次打破特高压线路跨越特高压线路的施工记录。提前对接山西建管单位，经过多次沟通协商，最终顺利完成跨越黄河线路架设，提前2个月完成架线施工任务。

陕北±800kV换流站场平及配套工程包括“四通一平”工程、站外水源工程、大件运输工程。“四通一平”工程建设初期，为保障工期进度，针对大面积填、挖方施工，通过深入研判及讨论，创新采用网格区域化土方施工，仅用时3个月就安全平稳、保质保量地完成了约48万m^3土石方的场平施工。站外水源工程沿线途经多个乡镇，因陕北地区地势起伏较大，沿途遍布沟壑，施工风险及难度较大。建设期间多次组织专家组对施工编制的深基坑专项方案进行论证，施工单位根据论证报告修改完善专项方案。以合理科学的方案为指导，全员攻坚克难，按期通水。大件运输工程运输路线沿途运煤车辆流量大、煤运保障压力大，工程期间超前谋划、精心组织，详细复核全程通行条件，反复论证计算，提前完成运输任务。

2020年疫情发生后，成立疫情防控领导小组，确保工程建设安全稳定局面。在做好每日测温、消杀工作的同时积极组织施工单位进行防疫、消防等应急演练。确保了项目部医疗保障、交通运输保障、物资保障和后勤保障等措施的可执行性，助力

● 2021年8月6日，陕西省委书记刘国中，陕西省委副书记、省长赵一德为陕北—湖北±800kV特高压直流输电工程启动送电。

● 2021年8月6日，国家电网公司董事长、党组书记辛保安，国家电网公司总经理、党组副书记张智刚为陕北—湖北±800kV特高压直流输电工程启动送电。

陕北—湖北±800kV特高压直流输电工程顺利开工，成为新冠疫情期间国家首批开工建设的特高压重点项目，充分体现了大国央企的担当及电力建设者的风貌。

2021年8月6日，国家电网有限公司召开陕北—湖北±800kV特高压直流工程启动送电视频会议，陕西省委书记刘国中，陕西省委副书记、省长赵一德，国家电网公司董事长、党组书记辛保安，国家电网公司总经理、党组副书记张智刚等共同为工程启动送电，来自陕北高原的电能跨越千里送向荆楚大地。

（张　晋）

【330~750kV输变电工程】

1. 陕北换流站750kV配套送出工程

项目建设目的：陕北换流站750kV配套送出工程的建设主要为满足陕北—武汉±800kV特高压直流工程的需要，配合缓解湖北区域供电压力，陕北能源直供湖北负荷中心，建成后能满足中部地区电力需求及经济发展，实现大范围内的资源优化配置，支撑国家“中部崛起”重大战略。对推动陕北高端能源化工基地建设以及新能源快速发展具有重要意义。

工程概况：工程起于750kV榆横变电站，途径750kV神木变电站，止于陕北换流站，途径榆林市横山区、榆阳区、佳县、神木市、府谷县5地，线路长度196.834km，共计新建铁塔389基，线路部分分为两段。

A段：榆横—神木Ⅲ回750kV线路工程

本工程起自榆横750kV变电站，止于神木

750kV 变电站。线路路径长度 131.6km，途经榆林市横山区、榆阳区、佳县和神木市。新建铁塔 250 基，另有 1 基 1001 号利用原双横线预留双回路终端塔右侧，本期共新建直线塔 189 基，耐张塔 59 基，换位塔 2 基。

B 段：神木—陕北换流站Ⅲ回 750kV 线路工程

本工程起自神木 750kV 变电站，止于陕北 ±800kV 特高压换流站。线路路径长度 65.234km，途经榆林市府谷县、神木市。新建铁塔 139 基，其中包括直线塔 83 基，耐张塔 56 基。

工程进度：于 2019 年 4 月 28 日取得可研批复，2019 年 5 月 29 日取得核准批复，2019 年 9 月 3~4 日取得初步设计批复，2020 年 3 月 25 日开工建设，2021 年 9 月 13 日竣工投产。

● 陕北换流站配套 750kV 送出线路工程。（高浪舟　摄）

● 2020 年 8 月 25 日，陕北换流站 750kV 配套送出工程临时党支部开展党建活动。（李瑞盟　摄）

工程建设单位：

项目法人：国网陕西省电力有限公司

建设单位：国网陕西省电力有限公司建设分公司

设计单位：中国电力工程顾问集团西北电力设计院有限公司

中国电建集团河南省电力勘测设计院有限公司

监理单位：陕西诚信电力工程监理有限责任公司

施工单位：陕西送变电工程有限公司

运行单位：国网陕西省电力有限公司超高压公司

工程亮点：不断加强项目管理。该工程开工前期国网陕西电力主要领导多次深入现场组织召开建设协调会，成立本工程“先签后建”办公室，并由属地公司及业主项目部牵头，组建了以县为单位的“先签后建”攻坚小组，加快推进“先签后建”工作进展，塔基永久占地、树木砍伐、房屋拆迁等预协议全部签订，预补偿款全部支付，为开工后有效推进工程进展奠定了坚实基础。组织各参建单位完成建设管理交底二次培训和安全准入培训工作，对安全、质量、档案、施工（标准）工艺、环保水保等方面做了统一要求。

强化安全管理。以“日预控、周风险、月计划”为管理手段，强化现场安全管控”。工程开工以来，陕北换流站 750kV 配套送出工程严格落实公司施工作业管控要求。各项目部认真按期开展现场日常巡查、月度检查和专项检查工作，业主项目部每月对现场检查发现的问题及亮点进行 PPT 点评，分析存在问题及整改措施，促进相互学习及整改。加强分包队伍的管理，落实骨干人员及各级管理人员到岗到位要求。择优选择国家电网公司合格方名录中的分包商，严格分包单位资格报审制度，从劳务分包商的专业资质、人员数量及素质、施工技术力量和安全与质量保障能力进行考查。

重要跨越点施工期间加强安全管控。本工程途经榆林市横山区、榆阳区、佳县和神木市、府谷县地区，整体地形复杂，跨越点多。其中跨越高速公路 5 次、铁路 2 次、高铁（拟建）2 次，油气管道 15 次，县、省、国道 11 次、河流（非通航）3 次、500kV 线路 3 次、330kV 线路 6 次、220kV 线路 3 次、110kV 线路 11 次、35kV 线路 7 次，当地民情复杂，工程建设、协调整体难度大。项目部组织各参建单位提前梳理全线重要跨越，要求施工单位安排施工计划，合理调配人员、设备等，确保计划按时完成。业主项目部派专人负责对跨越手续办理进行跟踪、推进及协调。施工前做好现场全体人员交底及工器具入场检查工作，并发布风险预警，最大限度的做到防患于未然；严格按照专项施工方案及四级风险管控措施实施，相关人员到位监督履职，每天对关键受力点进行不间断的检查，确保跨越点安全措施万无一失，杜绝安全事故发生。

2. 宝鸡 750kV 变电站 3 号主变压器扩建工程

项目建设目的：宝鸡 750kV 变电站是国家电网联网的重要组成部分，是陕甘青宁电网东西部之间水火电功率交换的枢纽点，是西北（陕西）与华中（四川）直流联网西北侧的支撑点和出入口，更是关中西部地区电源送出的汇集点。为满足宝鸡、汉中地区电网负荷发展及保障德宝直流安全运行，提高电网供电可靠性和运行灵活性，本期扩建一台主变及配套设备。

工程概况：本期规模为新增 1 组 2100MVA 主变压器，在现运行 1、2 号主变压器中性点加装干式空心接地小电抗，新增 750kV 主变压器进线间隔，安装 2 台 SF_6 罐式断路器；330kV 新增 3 个出线间隔，安装 5 台 SF_6 罐式断路器，将原 3S1805 宝游Ⅰ线、3S1806 宝游Ⅱ线出线调整至本期新扩建的 2 个 330kV 间隔，其中原 3S1806 宝游Ⅱ线与新上主变压器进线配串组成一个完整串，原 3S1805 宝游Ⅰ线新建一个不完整串，并对麟游电厂双回线路进行改造，改造长度 800m，改造段拆除铁塔共 6 基（115 号、双回 116 号、117 号、118 号、119 号），新组建 2 基铁塔。将 1 号主变压器 66kV 侧 1 组 120Mvar 并联电容器（3 号）、1 组 120Mvar 并联电抗器（10 号）搬迁至本期新增主变压器 66kV 侧，在 2 号主变压器 66kV 侧新增 1 组 120Mvar 并联电容器。

● 国内首次在宝鸡 750kV 变电站 3 号主变压器扩建工程中使用 750kV 电压等级的 GIL 设备。

（苏　平　摄）

本期扩建区域新增用地 $0.056km^2$，其中新增围墙内占地 $0.047km^2$，新建 750kV 保护小室一座、330kV 保护小室一座、主变压器泡沫消防间一座，总建筑面积 $456m^2$；场平土方外弃 $20.5km^2$；桩基 1179 根。工程由西北电力设计院设计，陕西送变电公司施工，陕西诚信监理公司监理。工程静态总投资 2.54 亿，动态总投资 2.7 亿。

工程进度：宝鸡 750kV 变电站 3 号主变压器扩建工程于 2017 年 8 月 29 日取得可研批复，2018 年 5 月 7 日获陕西省发展改革委员会核准批复，2018 年 11 月 2 日取得初步设计批复，2020 年 3 月 25 日开工建设，2021 年 4 月 16 日竣工投产。

工程建设单位：

建设法人单位：国网陕西省电力有限公司

建设管理单位：国网陕西省电力有限公司建设分公司

设计单位：中国能源建设集团西北电力设计院有限公司

监理单位：陕西诚信电力工程监理有限责任公司

施工单位：陕西送变电工程公司

工程亮点：工程项目管理中严格执行“日预控、周点评、月协调”制度，根据作业“日预控”，制定“三色预警”预控措施。按照陕西省水利厅、宝鸡市水土保持监督总站相关文件及制定的宝鸡 750kV 变电站 3 号主变压器扩建工程专项方案，现场加强环境保护与水土保持管理，建立科学的环境保护与水土保持工作程序，规范项目环境保护与水土保持管理行为，预防和控制施工生产和生活中环境污染、水土流失和生态环境破坏事件。工程中采用的 750kV GIL 管道母线为国内同等电压等级首次使用，总长度 340m，均采用螺栓连接，设备安装对基础埋件安装的平整度和标高误差控制要求极高，施工技术难度很大。项目部组织参建单位经多次研究论证，现场采用的“吊杆”施工工艺圆满解决了施工难题，总长 340m 的基础埋件误差仅为 ±2mm，保证了母线管道安装进度和质量。

3. 平利 330kV 输变电工程

项目建设目的：平利 330kV 输变电工程为安康电网“十三五”初期规划建设的重点项目，保证安康区域的电力送出，是一条为清洁能源外送而建立的线路，满足平利县和镇坪线近 20 万 kW 富裕小水电就近接入和经济外送，对加强安康南部网架、提升区域供电能力具有非常重要的意义。

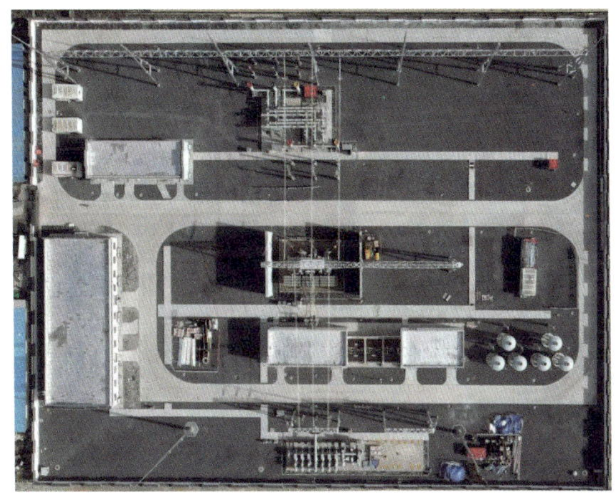

● 2021 年 3 月 10 日，平利变电站鸟瞰图。

（刘西洋　摄）

工程概况：本期装设 1 台 240 MVA 变压器，330kV 出线 1 回，110kV 出线 6 回。线路工程起始于 330kV 旬阳变电站（香溪变电站），终止于 330kV 平利变电站，其中 330kV 旬阳变电站 ~10 号为同塔双回路架设（双侧挂线），共有双回路铁塔 10 基（耐张塔 5 基，直线塔 5 基），长度为 2×5.082km；10 号 ~ 拟建 330kV 平利变为单回路架设，长度为 77.746km，10 号 ~L11 号为单回路架设，长度为 0.650km，共有单回路铁塔 139 基（耐张塔 35 基，直线塔 104 基）。全线合计新建铁塔 149 基（耐张塔 40 基，直线塔 109 基），线路长度 88.560km。导线型号为 JL/G1A—300/40 钢芯铝绞线，双分裂，两根地线均采用 OPGW—120 复合光缆。本工程一般山地占 80%，高山大岭占 20%，全线海拔为 380~1200m；设计风速为 27m/s；覆冰为 10mm。

工程进度：2015 年 3 月 2 日取得可研批复，2015 年 5 月 15 日项目核准，2018 年 4 月 10 日取得初步设计批复，2018 年 7 月 28 日开工建设，2021 年 4 月 25 日竣工投产。

工程建设单位：

建设法人：国网陕西省电力公司

建管单位：国网陕西省电力公司建设分公司

设计单位：中国能源建设集团陕西省电力设计院有限公司

监理单位：陕西诚信电力工程监理有限责任公司

施工单位：四川省送变电建设有限责任公司（平利土建及线路包一）

陕西送变电工程有限公司（平利电气及线路包二）。

（吴家慧）

4. 西安东北部 330kV 架空输电线路落地迁改工程

项目建设目的：西安东北部 330kV 架空输电线路落地迁改工程是西安奥体中心主场馆周边重要基础配套设施，直接关系十四运会和残特奥会开（闭）幕式、赛事举办的电力安全保证，通过落地迁改工程实施打通 750kV 泾渭变电站进入西安城区负荷中心的通道，补强西安电网主网架结构，提升十四运会场馆、西安市城北区域党政机关、高铁西安北客站及西安咸阳国际机场供电可靠性，盘活大量土地资源，美化西安北客站广场。

工程概况：工程共涉及 4 座变电站（750kV 泾渭变电站，330kV 草滩变电站、玄武变电站和北郊变电站）进出线的 7 条 330kV 线路（北草Ⅱ线，北玄Ⅰ线、草玄Ⅰ线、泾北ⅠⅡ线，渭北ⅠⅡ线）迁改，总长度 80.7km，迁改落地工程还包括 24.7km 电缆管廊及电缆本体和 2 个电缆终端站，是国内首次一次性实施最大规模的 330kV 及以上超高压电缆工程。

工程静态总投资为 700779 万元，动态总投资为 724186 万元，由西安港务区、浐灞生态区、经开区分别出资，西安市财政补贴未央区段建设工程 10%，国网陕西电力负责工程设计、监理及电气部分建设，西安港务区、西安浐灞生态区、西安经开区负责建设所在区域电缆管廊（未央区段由经开区负责），共同组织实施本工程。

● 2020 年 6 月 25 日，陕西送变电公司在西安东北部 330kV 落地工程中跨越西安枢纽北环线铁路施工。

（高浪舟　摄）

• 2021 年 4 月 18 日，330kV 泾玄Ⅰ、Ⅱ线工程电缆部分启动电缆敷设工作。（高浪舟　摄）

工程进度： 2019 年 12 月开工，2021 年 3 月完成第一阶段 5.96km 电力专用管廊和 18km330kV 电缆线路建设施工，顺利投运 330kV 林北Ⅰ、奥北Ⅰ、奥北Ⅱ线，为十四运会和残特奥会的召开提供了坚强的保障。

工程亮点： 工程跨越 4 座立交桥、4 条高铁及灞河河道，具有工期任务紧、重要程度高、建设难度大等特点。为做好工程建设，国网陕西电力邀请中国工程院邱爱慈院士等国内专家承担工程技术咨询，完成 330kV 电缆系统结构及参数选型等 11 个重大技术课题攻关。

陕西省及西安市政府高度重视工程建设，陕西省委书记刘国中视察工程进展，提出“正排工序、倒排工期、挂图作战”的总要求，国网陕西电力成立以主要负责人为组长的工程建设领导小组，协同西安市人民政府成立工作专班全力推进工程建设，陕西省人民政府督查室按周督办工程进展。

陕西省委副书记、省长赵一德在调研工程时，对国网陕西电力在新冠肺炎疫情期间，克服重重困难，高质高效完成西安东北部 330kV 架空输电线路迁改落地工程给予了“标准最高、效率最高、决心最高、学习意义最高”的“四个最”高度肯定。

（林　涛）

企业管理

计划与统计管理

【投资管理】 下放管理权限、增强管控灵活性，保障重点项目和客户供电紧急需求。全面加强项目全过程管控和考核评价，实现投资完成率100%。开展高质量发展和投资绩效评价工作，提升投入产出水平，精益管理实现新提升。

1. 投资计划管理工作

为加强投资项目执行情况管控，确保投资精准高效，尽早发挥效益，下发《国网陕西省电力公司关于2020年投资计划执行情况的通报》（陕电发展〔2021〕9号），指导2021年计划执行。

下达电网基建、生产技改、生产大修、生产辅助技改、生产辅助大修、电网小型基建、电力市场营销、电网数字化、零星购置、研究开发等10类电网项目投资共计95.96亿元。优化调整业扩配套等基建投资3.51亿元，优化调增零购投资218项1.46亿元，有效服务各单位电网建设和零购紧急需求。

制定印发《国网陕西省电力公司电网投资考核管理办法》（陕电企管〔2021〕2号），从"事前""事中""事后"三个管控层次，形成项目前期管控、项目过程管控、项目资金管控及投资综合评价四方面管控重点，设计了项目前期完成率、工程前期完成率、次年项目储备率及项目立项合规率、项目开工率、项目投产率、投资完成率、项目结算率、设备建卡率、价值分摊率、投资综合评价指数等11项考核指标，考核结果纳入各直属单位企业负责人业绩考核和各部门年度考核。通过月度监测通报、季度考核分析、年度兑现总结等方式，全面加强电网投资项目全过程管控和考核评价，2021年投资完成率100%。

组织开展2022年投资需求分析，向国家电网公司报送《国网陕西省电力有限公司关于上报2022年电网基建专项投资计划建议的报告》（国网陕电发展〔2021〕31号）、《国网陕西省电力有限公司关于2022年零星购置专项投资计划建议的报告》（国网陕电发展〔2021〕30号），2022年投资需求规模建议226亿元，其中，电网基建专项投资计划建议148.53亿元、零购专项计划建议8.08亿元。

下达2022年度预安排项目。分四批次下达2022年电网基建、生产技改、生产大修预安排项目53.40亿元（陕电发展〔2021〕175号、国网陕电发展〔2021〕26号、国网陕电发展〔2021〕66号、国网陕电发展〔2021〕129号），呈现出启动早、批次多、规模大三大特点。

2. 电网资产收购管理工作

修订电网资产收购管理规定。印发《国网陕西省电力公司电网资产收购管理实施规范》（陕电发展〔2021〕34号），进一步明晰各部门、直属各单位职责分工，理顺工作机制，提高电网资产收购工作效率。

推进电网资产收购工作，服务公司经营。推进商洛电厂送出、麟北电厂送出、神华升压站收购（回购）工作，组织召开审查会议，由国网陕西经研院出具评审意见，履行公司决策程序并纳入2021年电网基建调整计划。上述3个项目已于2021年底正式签订收购合同，增加有效资产1.54亿元。推进南瑞集团经营租赁项目回购工作。组织召开专题推进会，结合南瑞集团经营租赁项目进展情况，研究提出了相关电网资产回购工作建议，编制《关于公司经营租赁项目有关情况的报告》，经国网陕西电力2021年第11次党委会议审议通过（党委纪要〔2021〕11号），对合计4.03亿元项目实施回购，增加有效资产。

3. 专项管理工作

强化投资评价，提升投资效益。组织研究构建省、市、县三级投资评价指标体系，从技术性、经济性、社会性方面设置指标，对投入产出情况开展综合评价。根据"需求—能力"投资组合构建投资策略矩阵，将11家供电公司划分为稳定增长（西安、咸阳）、效益优质（榆林、延安、汉中）、缓慢提升（宝鸡、铜川）、政策扶持（渭南、安康、商洛、西咸）四种类型，指导年度投资安排。组织开展高质量评价、电网发展诊断等工作，对电网业务及13个发展投入专项分别开展投入产出评价，着眼于产出质效，分析制约公司高质量发展的问题，并提出针对性的解决措施，指导发展投入安排，提高投入产出效率。

按照国家电网公司的统一安排，组织开展电网发展后评价工作。按照要求报送项目后评价基础数据表，完成了6项典型工程后评价，并编制后评价报告。组织召开后评价报告审查会，由国网陕西经研院出具评审意见，修订完善后上报国家电网公司。

印发《国网陕西省电力公司关于开展2022年至2024年电网基建投资项目论证储备工作的通知》（陕电发展〔2021〕40号）、《国网陕西省电力公司关于开展2022年固定资产零购专项投资项目论证储备工作的通知》（陕电发展〔2021〕44号），深入开展电网基建和零购三年项目论证，组织各单位提前做好项目储备，召开论证审查会议，从必要性、可行性及建设时序等方面论证项目，为2022年及中长期投资安排奠定坚实基础。

（田　廓　王　敏）

【计划管理】 统筹协调年度综合计划安排。发挥综合计划资源配置和目标导向作用，有保有压、总量控制，统筹协调做好年度综合计划安排。组织各专业常态化开展项目储备工作，及时督导提高储备进度和信息规范性，为下年度项目计划编制做好支持。

强化综合计划执行管控。每月做好执行情况跟踪分析，督导各专业各单位按计划推进各项工作，四季度结合实际及时做好各项指标调整，各项年度目标顺利完成。原东区口径下达发展投入101.17亿元，完成105.53亿元，计划完成率104.30%。其中固定资产投资92.55亿元，计划完成率104.94%；成本性投入9.93亿元，计划完成率99.99%；股权投资3.05亿元，计划完成率100%。原南区口径完成投资49.78亿元，其中固定资产投资22.42亿元。

实施购售电同期管理，提升经营管控能力。6月份完成原东区口径购售电同期管理实施工作，加强用电市场供需跟踪分析，开展常态化月、季、年度分析，提高公司电力市场供需分析预测的科学性、准确性、前瞻性和权威性，年度售电量预测偏差仅为0.37%，排名国网第7。年度合并口径售电量1662.58亿kWh，同比增长15.56%；其中原东区售电量1525.63亿kWh，同比增长20.48%，完成计划的100.37%；原南区售电量569.11亿kWh，同比增长14.64%，完成年计划的105.2%。

强化降损过程管控。2021年，大力开展同期线损治理提升工作，分线分台区高损占比压降70%以上，同期线损综合达标率提升至99.63%，排名国网第一；10kV分线分台区经济运行率提升保持在15%以上，同期线损总体评价提升至国网前三；合并口径综合线损率完成5.1%，同比压降1.27个百分点，其中原东区完成4.1%，压降1.5个百分点；原南区完成4.08%，压降0.42个百分点。

（仇继扬　吕　娜）

【统计管理】 围绕发展专业数字化转型，进一步夯实管理基础，统计服务质量、服务成效得到充分发挥。

统计融合工作顺利实现“一套表”统一全陕西省电力数据。按照融合工作总体工作部署，统计专业以生产统计融合工作为主线，以早日实现陕西省电力统计“一套表”为目标。印发《国网陕西省电力有限公司关于建立公司统计分析体系的通知》，搭建涵盖国网陕西电力、11家地市公司、115家县级公司的新法人统计体系。印发《国网陕西省电力有限公司统计专业全面融合工作方案》，理顺各级统计报送流程，规范数据报送口径，督促各专业加快源端取数质量及进度，基本实现“五统一”（统一标准、统一口径、统一管理、统一时效、统一发布）。生产统计融合方面，完成原南区9700余个关口配置、918个电站数据溯源。

“网上电网”全面实用化综合排名实现“保三争一”目标。紧密围绕公司数字化转型工作要求，以“四个数字化”为目标，探索形成具有国网陕西电力特色的发展专业数字化转型“123456”总体框架，完成17万档案数据和56亿量测数据接入及治理工作，4篇典型经验入选国家电网公司典型案例库。组建柔性团队，建立“发展专业全动员、经研体系全支撑、相关专业有效响应”的工作体系，培育发展专业“四个数字化”典型示范，支撑发展专业数字化转型。在疫情期间，克服起步晚、基础数据薄弱、原南区设备数据接入干扰等三大不利因素，以“指标拿满分，综合争第一”为目标日夜奋战，综合排名保持在国家电网公司前列。

“三率合一”监测分析推动电网基建项目合规管理。以加强“三率合一”诊断分析为抓手，着力推进各专业、各部门业务协同，推动电网基建项目合规管理，进一步强化投资精准管控，着力提升项目建设成效，提高公司发展质量提升。建立省、市、县公司层面34项、33项和18项监测指标体系。将电网基建项目“三率合一”监测分析纳入发展专业同业对标指标体系，每月在公司月度例会上通报各单位工作完成情况。加强全程监督管控，通过运行和建设数据准确预判问题项目，现场核查疑似问题项目，发现和治理建设进度、管理规范性、源端系

• 2021 年 12 月 3 日，国网陕西电力召开统计分析全面融合推进会。

统数据质量和统计报送等方面的问题，统计监督职能得以发挥。

经济活动分析向实用化转变。随着融合工作深度开展，经济活动分析职能由综合计划处移交统计分析处，有效解决了数据与分析长期两张皮现象，电力看经济“晴雨表”作用越发凸显。按陕西省实际深度研判经济活动，量化评估重大社会事件、产业政策等因素对经营的影响。以全口径展示经济活动，首次使用全陕西省口径统计数据开展经济活动分析。以“T+8H”统计数据实时监测复工复产，定期向陕西省政府报送“T+8H”实时统计分析电量数据，受到政府和社会高度评价。

（李永毅　杨海波）

人力资源管理

【领导班子和干部队伍建设】 国网陕西电力认真贯彻落实国家电网公司党组关于加强领导人员队伍建设各项部署，结合融合发展新形势新任务，坚持以建设“四优五过硬”领导人员队伍为目标，严格执行选人用人工作制度和程序，夯实组织人事管理基础，坚持“依法合规、安全稳定、稳妥有序、成熟先行、上下同步”的原则，先后分三个批次稳步实施省市层面领导人员融合调整工作，涉及三级领导人员 475 人，其中正职级 155 人。国网陕西电力本部部门、直属各单位数量较原两家公司机构总数减少 27 个，三级领导人员总数减少 22 人，各级领导班子凝聚力、战斗力得到持续提升，公司上下形成了团结一心干事业、齐心协力谋发展、群策群力促和谐的良好局面，为推动公司科学发展提供了坚强组织保证。

1. 干部用人标准

国网陕西电力党委认真履行党要管党、从严治党的主体责任，坚持党管干部原则，执行《领导班子和领导人员政治素质考察办法》，在综合考评、选人用人专项检查及任职考察期间，同步开展政治素质考察，考察结果作为领导班子分析研判、优化调整的重要依据；在领导人员评先评优、选拔推荐等工作中，对政治素质考察不合格的“一票否决”。

坚持重基层、重业绩、重公认。坚持事业为上，依事择人，坚持测评与访谈结合，防止简单以票、以分取人，把“懂什么、擅长什么”“干过什么、干成什么”作为选拔干部的重要依据，在基层和实践一线考察识别干部，在艰苦吃劲岗位上选拔干部。

2021 年，为国家电网公司输送二级副职 3 人，1 名大供负责人得到提拔重用，提任重用的三级正副职中，95% 有生产一线岗位和艰苦边远地区工作经历。

加强监督管控力度。组织开展领导人员亲属经商办企业、系统内从业，化公为私深化整治、“影子公司”“影子股东”等问题集中排查，在国家电网公司巡察期间同步开展选人用人专项检查。印发《进一步加强选人用人工作日常监督管理的实施意见》，编制《选拔任用工作规程（试行）》，累计审批各单位报批事项 36 件，审核选任纪实材料 13 卷，征求地方市委组织部意见 36 次，确保领导人员德配其位、才配其位。

2. 领导人员队伍素质

围绕国家电网公司战略目标和总体布局，结合国网陕西电力“四抓四强”工作主线，以开展党史学习教育为契机，充分运用陕西丰富的红色资源，深入实施“旗帜领航・组织登高”工程，具体包括：

理论培训。分层分类编制各级领导人员培训方案，线上依托“国网云课堂”“国网学堂”开展，线下由国网陕西培训中心承办，实行封闭式半军事化管理。落实年度培训计划，举办公司 2021 年党校优秀年轻领导人员培训班；以“党史学习教育”为主题，突出政治素质、领导力提升、专业管理，举办六期国网陕西电力党委管理的领导人员轮训。

国网陕西电力以现行规章制度为主体，开展“讲制度、谈理解，一板一眼抓落实”活动，组织本部职能部门负责人为各类培训学员解读专业制度；赴部分基层单位开展制度宣贯“送培上门”活动，进一步强化执行层对制度的理解和认识，同步加强各级制度建设和执行情况监督检查，确保制度有效落地。

加大本部与基层交流、挂职培养锻炼力度，确保年轻领导人员“拔得动”“墩得实”。2021 年，选派基层 10 名青年管理和技术骨干赴国网北京电力开展为期半年的实践锻炼；完成 1 名挂职米脂副县长、8 名驻村帮扶人员轮换；推荐 35 名优秀人才赴国家电网公司总部、分部和直属单位挂职、培养锻炼。选取国网陕西电力本部及本部化管理的 23 个四级副职岗位开展公开竞聘，参与竞聘条件范围扩大到县供电公司。

3. 激励约束机制

国网陕西电力党委组织召开省市县三级 2000 余名领导人员参加的干部人才工作专题会议，印发干部人才工作要点。自两网融合后，开展了全覆盖的领导班子和领导人员综合考评工作，科学评价察实情，知事识人促担当，激励广大领导人员讲责任、重实干、谋创新、求突破，在推进安全生产、电网建设、提质增效等融合发展方面发挥带头和表率作用。

突出政治、作风、实绩，优化考核激励机制，出台适应公司融合发展的领导班子和领导人员年度、综合考评办法和融合期内领导人员管理补充规定等制度规定，初步构建“形式多样、评价多面、分析多维”的科学考评体系。

结合融合发展工作，完成全部 90 个部门、单位领导班子和领导人员综合考评，累计召开考评大会 73 场，2584 人参加会议测评，1876 人参加个别谈话。

加强考评结果应用，全面完成 59 个新班子领导人员配置，原东区、南区领导人员均按岗位职责融入国网陕西电力相应部门，营造“千斤重担人人挑，人人肩上有压力”的工作氛围。

4. 人事管理

组织开展国网陕西电力系统三四级正副职领导人员有关信息填报，启动国网陕西电力原南区人事档案核查，完成本部员工 47 人专审签字确认以及 197 名三级正副职领导人员档案数字化扫描工作。累计指导基层审核人事档案 9222 卷；完成 2020 年办理完毕退休手续 29 人数字化移交准备工作。

推进领导力课题开发，申报 1 项国家电网公司级，2 项公司级领导力课题；持续优化领导人员队伍辅助决策系统，初步构建领导人员血缘、地缘、学缘、业缘网络图谱。

统筹做好各级单位经理层任期制和契约化管理的推行实施，积极落实经理层成员经营业绩考核和领导人员考核评价“双达标”管理要求。

（卢　鹏）

【机构编制和岗位管理】 制定两网融合组织机构调整方案。完成省市县三级机构融合，融合后国网陕西电力本部设 24 个部门，辖 11 个地市供电公司、24 个直属单位、98 家县供电公司，较融合前减少 17 个本部部门、9 个地市供电公司、1 个直属单位、2 个县级供电公司。

优化营配、安全等组织体系。印发营配管理体系优化调整指导意见，督导各单位优化营销管理机构，推进中心供电所建设。组建陕西思极科技服务公司、组建安全技术中心和配网技术中心，完善省市县安全管控中心设置，统筹设立省需求侧研究中心。指导各单位组建省管产业单位配网不停电作业机构 29 个。组织各部门梳理省管产业管理业务清单 82 项、制度清单 374 项。

人力资源数字化转型工作。坚持“两手抓”（一手抓人资 2.0，一手抓人资微应用），完成人资 2.0 试点建设应用。构建“过程考核工资精准分配数字化监控微应用”“业绩考核看板”“培训项目全流程管理工具”“劳动定员管理系统”“员工全息成长信息系统”等多项人资典型应用场景。梳理 ERP—HR 内组织机构、岗位、人员融合信息 14 万条，初步实现人力资源信息系统数据与业务应用有效融合。

构建“1+*N*”定员管理体系。制定定员定额标准和管理制度，试点开展“1+*N*”定员定额管理体系研究，组建 75 人柔性团队，修订定员项目 60 个、梳理业务名录 2511 条、制定 60 套定员水平分析及线下测算模型，初步形成产业发展在内 7 大专业劳动定员标准。搭建以设备量以及业务量为基础的班组定员分解模型，制定《国网陕西省电力有限公司定员定额管理实施细则》，开发建设定员定额信息化平台。

开展业务外包诊断分析。全面梳理国网陕西电力 2020 年业务外包费用规模，创新建立“剥洋葱”业务外包梳理模型，建立“分层分级”外包管控机制，初步解决业务外包“三难”问题（费用规模统计难、人工费用剥离难、外包用工折算难）。建立“分层分级”

的计划管控机制，有效强化“管业务必须管外包”责任落实，加强业务外包计划管控。

编制“十四五”人力资源规划。梳理“十三五”期间存在的问题，聚焦国网陕西电力“五个新突破”工作方向，提出人力资源管控体系建设目标，制定三个方面20项重点任务，创新确立八大研究课题，超前谋划“十四五”人力资源管理应对措施。

（张保国　翟　萌　刘　伟　张　浩）

【人才队伍建设】 坚持“人才强企”战略，持续畅通人才发展通道、加快人才梯队建设、优化人才管理模式、强化青年人才培养、分类实施人才评价，有效提素质、育人才、激活力，推动国网陕西电力人才高质量发展。

人才发展通道。印发《推动人才高质量发展工作举措》，坚持需求和问题导向，优化人才资源布局，制定6个方面21项工作举措，加快推动公司人才高质量发展。畅通“领导职务、职员职级、专家人才”并行互通的员工发展通道；搭平台、压担子，多渠道培养高端人才。截至2021年，国网陕西电力共有国家级人才7人（百千万人才工程国家级人选1人次、享受政府特殊津贴3人次、全国技术能手3人次、全国青年岗位能手2人次）、国家电网公司级（含省部级）人才226人。

人才队伍建设。印发《“技术专家”和“技能工匠”通道建设实施方案》，按照人资统筹、专业主导的模式，以能力、业绩、贡献为导向，倡导技术人员深耕专业、发扬创新求实的科学家精神，技能人员精进技能、弘扬精益专注的工匠精神，选拔二、三级专家工匠48人，选拔四、五级专家工匠521人，人才梯队逐步形成。为二、三级专家工匠颁发聘书，开展“赛业绩、亮绝活”专题宣传活动，营造尊重人才的浓厚氛围。

人才管理模式。“一人一书”签订专家工匠年度工作任务书，量化使用、培养、考核各方面要求，以专业纵向联动、人资横向协调、单位统筹安排确保工作任务落实，以用促培、以培促用，发挥人才专业权威和实干作用。人资部控规模、定总量，按照“统一基准＋兼顾专业＋一线倾斜”分配单位推荐名额、专业选拔名额，从严从紧、宁缺毋滥优选人才，为实现人才培养的动态管理、通道顺畅、引领示范奠定良好基础。“放权赋能”实施人才选拔考核方案、选拔考核结果“双备案”，发挥各层级人才培养作用。

青年人才培养。印发《青年人才托举工程实施方案》，采用项目＋资金、加大科研支持，专家＋导师、加大培养支持，培训＋交流、加大赋能支持，荣誉＋平台、加大激励支持，计划＋载体、加大精准支持，重点选拔、托举一批成绩好、潜力大、拼劲足的优秀青年人才，助力青年员工快速成长成才，不断夯实科技人才和技能人才根基。国网陕西电力5人入选国家电网公司能手类青年人才托举工程人选，71人入选国网陕西电力青年人才托举工程人选，按照“一人一策”要求为入选人员制定培养计划，确保托举成效。创建青年员工“工匠之路”职业发展培养计划，构建新入职员工5年托举式培养和“工匠种子”后续5年跟踪培养，实行职业导师＋技能师傅“双师制”，建立职业发展＋积分“双档案”，形成788名的内部职业规划导师，5455名新员工纳入该培养计划，选拔省、市两级“工匠种子”570人，对接专家人才序列，有效引导广大青年员工追赶超越。基于“工匠之路”的新员工职业发展管理创新与实践成果已入选国家电网公司2021年度推广项目。

分类实施人才评价。制定《2022~2024年三年技能等级提升计划》，以国家电网公司技能等级评价为主线，以“三年过关”岗位能力测评为抓手，以技能抽考积分赛为督导手段，力争2024年末，国网陕西电力高技能人才占比达到70%，技师、高级技师占比达到35%。摸清技术、技能人员队伍现状，加大职称、技能等级评价政策宣贯，实施参评辅导，确保各类人员做到“应评尽评、应测尽测”。积极沟通国家电网公司能级评价指导中心、国网人才评价中心，加快推进技能等级评价数字化落地、人资2.0职称评定上线应用。

（娄亚宁　刘平震　王　蔚　冯　椿　张丽娟　左　宇）

【职工教育培训】 构建教育培训“一盘棋”体系，持续加强培训基础管理、培训计划管理、实训基地管理，提升培训质效、提升员工素质，以融合发展为契机，早思考、早谋划，培训建设取得实效。

完善培训管理体系。推进教育培训“一盘棋”体系建设，开展各级培训管理岗位职责梳理、责任清单编制，实训资源盘点，实训基地三年建设规划及管理使用规范编制工作，印发《培训质效工作考核细则》，形成通报简报、抽考抽评、培训考核等常态化助力机制，完善国网陕西电力培训组织管理、培训资源、支撑保障子体系。

提升培训组织质效。下达年度教育培训专项计划，确保培训经费足额投入。明确各类培训重点内容及培训细分对象，结合生产作业计划制定2647项年度培训实施计划，提高培训计划执行管控水平。在现场实训、班组培训、冬训夏练、“师带徒”等典型培训场景中推行互联网、移动设备等新兴培训模式。与专业深度协同，开展技能短板自诊断分析、学习清单发布、班组动员会、夏练典型经验征集等工作，通过安全生产常态化交叉互查、教育培训督导交流等工作检查班组培训情况，促进各单位专业培训落地见效。

推进各级各类融合培训。制定《教育培训融合工作方案》，明确“支撑业务融合、保障安全生产”思路目标和“四统一”工作原则，提出培训基础管理及培训机构融合建议，细化编制7类骨干人员专项融合培训方案及陕电大讲堂、技能抽考积分赛、“三年过关”能力测评等3大重点培训任务。开展教育培训管理人员融合专项培训，组织录制陕电大讲堂“融合奋进第一课”系列课程，提前启动班组长、供电所所长、新入职员工等技能类融合专项培训项目。

实施实训基地提效计划。加强实训基地建设，促进实训基地建设项目计划执行刚性，抓好建设过程、管住建设质量，重点实施国网陕西电力实训基地“2+6”完善工程，即：2个培训中心，实现各专业核心技能训练全覆盖，6个地市公司级实训基地，突出专业特色，辐射相邻区域，满足日常技能训练（西安输电电缆、咸阳配网运检、宝鸡变电运维、渭南变电检修、商洛营配融合、延安输电运检）。加强实训基地管理，清晰各级实训基地功能定位，合理安排培训项目突出实操实训，促动基地使用率提升；加强组织保障，完善使用配套，做好基地运维，充分发挥各级实训基地效益，促进实训项目满意率提升。

（娄亚宁　冯　椿　魏　璐）

2021年，国网陕西电力全面启动“大培训年”攻坚，部署8大主题25项重点任务，加快推进队伍素质深度融合，图为在国网陕西管理培训中心举办的县供电公司负责人培训班。（李　伟　摄）

【员工管理】2021年末，国网陕西电力共有全口径职工53999人，其中，长期职工34760，占比64.4%。主业在岗职工中，研究生及以上学历2919人，本科学历17535人，专科学历5343人，高中及以下学历2611人；高级职称3785人，中级职称5648人。高级技师2093人，技师6204人，高级工4693人，中级工4154人。

稳岗扩就业。招聘2021年高校毕业生728人，90%以上补充到生产、建设、营配等生产服务一线岗位。面向陕南陕北、艰苦边远县公司定向招聘，定向招聘110人，属地生源占比达到70%以上，解决艰苦地区“招人难、留人难”问题。招聘供电服务用工、产业单位不停电作业人员、作业层班组“领着干”骨干等用工606人。全力支援西安、榆林电网建设，首批选派帮扶人员56人。编制落实2020年退役军人接受安置计划31人，全部配置在送变电公司或各地市、县供电公司生产运检一线岗位，确保政策执行到位、人员岗位匹配到位。

“三项制度”改革。三项制度改革走深趋实。管理人员能上能下方面，进一步强化公开竞聘深入开展岗位聘任，国网陕西电力本部处长岗位公开竞聘22人，直属各单位公开竞聘88人次；强化岗位聘任契约管理，国网陕西电力本部一般管理岗位实施聘任制82人，直属各单位268名科级干部实行任期制，1213个管理、技术、重要技能岗位实行聘任制。管理人员能进能出方面，盘活用工存量3977人次；23家直属单位推进劳动合同电子化实施应用，严格劳动用工契约化管理，开展长期不在岗人员清理，严格员工退出管理，对解除触碰红线条款的4人劳动合同，对素质能力不胜任人员降岗、待岗32人次。收入增能减考方面，持续推动收入分配制度改革，创建“挣工资”总额切块考核分配机制，将“挣工资”模式向市县公司、省管产业单位延伸；实施管理机关“奖金包”制度，激发管理机关活力和积极性；建立供电服务职工“结构化+包干制”薪酬体系，加大对10kV线路、输电通道属地运维人员的激励。

（刘平震　魏晓明　左　宇）

【薪酬福利】“总额”“效率”联动挂钩。设置用工调节工资，加大用工效率与工资总额联动力度，将各单位超缺员情况与职工人均工资基数挂钩核算，引导各单位控“人耗”、提“人效”、严“外包”。细化显化薪酬分配机制，建立过程考核及“挣工资”分配预审和明细备案机制，划小绩效奖金核算单元，精准兑现到事到人，提高员工薪酬知晓度和获得感。优化岗级晋升空间，核心技能岗位岗级上线较一般管理技术岗位高1~2岗，一线绩优员工晋岗时间最少缩短至1年。

“增量”“存量”并举激励。加大“挣工资”分配空间和激励力度，拿出全额工资增量和20%工资存量纳入“挣工资”“蓄水池”。扩大薪点工资浮动点值分档区间，上线提高至15%，一线岗位绩效奖金基数较平均水平提高15%，加大向艰苦偏远、工作任务重、安全压力大的一线岗位倾斜，供电单位职工人均“挣工资”最大差距1.55倍。优化供电服务职工工资结构，统一岗级区间，健全薪档晋升机制，将工资增量分配和增幅水平与乡镇供电所10kV配网运维、输电线路通道属地维护等工作质效挂钩，实施供电服务职工薪酬激励机制，有效发挥薪酬激励作用，通过多劳多得，合理拉开收入水平。

“守正”“创新”统筹兼顾。抢抓融合发展契机，印发工资制度套改11条工作指引，稳妥审慎实施薪酬并轨；重申宣贯薪酬管理“10个方面25项不得”负面清单工作要求，把“正规矩、严秩序”挺在首要。组织因地制宜制定落实“五个倾斜”工作计划241项，提炼创新亮点22项。挖掘增值薪酬数据，可视化监控分析追溯到项目、单位、班组、个人，打通人力资源全业务链条。

改革攻坚扛起责任担当。强化薪酬精准分配和差异化激励，研究出台省管产业单位市场化激励运作机制指导意见，引导基层单位持续聚焦主责主业。积极推进中长期激励机制落地，抢抓国网陕西电动汽车公司、陕西综合能源公司、陕西思极科技公司发展初期，差异化启动实施市场化单位薪酬激励政策研究，以国网西安环保中心入选国务院国资委“科改示范企业”为契机，在国网首批实现科技型企业项目收益分红47.8万元。

赋能增效支撑融合发展。全面梳理原东区和南区工资总额、工资制度等薪酬管理模式和全口径各层级人员薪酬水平差异，稳妥圆满完成两网融合首年薪酬“分灶”核算。抓实落细工薪酬融合并轨，平稳有序完成1.83万融合划转人员工资制度套改。专项研究制定供电服务职工薪酬融合方案，发挥薪酬激励向一线倾斜作用。

（李　朋）

服务大局彰显价值关怀。兑现安全生产、电网建设、供电服务等专项工资1.16亿元，发放“十四运”保电、抗洪抢险人员奖励276万元，及时传递了国网陕西电力党委的关心关怀。助力乡村振兴，挂钩兑现乡镇供电所“包干工资”1958万元；落实保障激励措施，发放东西人才帮扶生活补助109人次72万元。

“规范”“提升”统筹兼顾。进一步发挥福利保障的稳压器作用，做好可行性调研，及时解决融合过程中出现的问题。依法合规地提高职工福利待遇水平，规范化水平大幅提升，职工的福利水平得到较大提高，在职职工人均水平较上年提高6%。规范供电服务职工福利项目及标准，逐年提高供电服务职工福利水平，2021年较上年提高5%。

（刘　莹）

【绩效管理】坚持以考核激励机制为抓手，夯实管理基础，抓实基层考核激励，增强管理调控力，促进人工成本效率提升。

构建业绩考核“体系图”。优化指标体系，围绕融合发展、重点工作、数字化转型、基础管理、提质增效、风险防控6个方面，重构公司层面业绩考核体系，将融合后分、子公司全部纳入业绩考核，对上承接国家电网下达的关键业绩指标，精准传递考核压力；对内针对性设置安全基础管理、培训质效提升、成本合规管理、投资项目管控、运维检修保障、供电服务提升、产业单位规范管理等指标，形成供电单位12项业绩指标、35项考核要素，其余单位“一企一策”150项考核要素。改进考评方式，供电单位深化“三元比较”，突出与目标比、与自身比、与标杆比；综合单位实行“基准得分+突出贡献加分”，制定突出贡献分档加分事项清单；市场化单位实行“赛马制”，按基本、进取、卓越三档设置效益目标。强化闭环管控，按季组织召开业绩考核会议，通报季度考核结果，分析短板并制定提升措施，按“一单位一报告、一专业一分析”原则，季度发布业绩指标考核分析报告，提炼指标管控典型经验22项，创新开发业绩看板地图发布指标得分明细和加减分原因，过程考核工资同比增长17%，成效入选国家电网动态。加大专项激励，聚焦公司重点工作和管理短板，设置安全生产、电网建设前期工作、供电服务质效提升、数字化转型、提质增效、大培训实施、柔性团队、特殊贡献嘉奖等10项专项考核奖，突出“挣工资”理念，专项考核奖励与工资总额挂钩，季度考核兑现，激励重点工作推进和管理提升。

深耕绩效考核“责任田”。建立分级分类考核体系，组织地市公司、县公司、供电所负责人召开业绩考核现场推进会，推广交流典型经验。成立业绩考核优化管理柔性团队，督导帮扶各单位优化内部各层级考核体系，加快完善各单位县公司企业负责人业绩考核、管理机关“目标任务制”考核、一线班组“工作积分制”考核体系，全面建成“考核规范化、分配差异化”考核机制。截至8月底，各地市供电公司结合融合后实际，全面实施分级分类考核，有效推动同质化管理、高质量发展。丰富一线班组绩效考核，推广10类专业班组绩效工具集，各单位自主搭配“积分制、承包制、抢单制”等考核方式。推行班组绩效工资包干制，激励一线班组提高效率。加强奖惩和考勤管理，印发《国网陕西省电力有限公司绩效管理办法》，全覆盖宣贯《国家电网有限公司员工奖惩规定》，支撑公司融合发展“一盘棋”管理。创新柔性团队激励方式，健全柔性团队管理机制和激励机制，设立1000万柔性团队专项奖励，公司系统共组建柔性团队194个（公司层面53个、市供电公司层面119、县供电公司层面22个），以“奖金包＋通报表扬”方式实施全过程激励，充分激发跨专业跨层级联合作战的活力和成效。

（王海育　王　宁　张晓瑜　杨群英）

【社会保险】 紧紧围绕国家电网公司和国网陕西电力年度工作目标，聚焦社保提质增效，公司社会保险参保率100%，社保综合缴费率100%，各项保险基金资金运营安全。

落实减税降费政策实现降本赋能。持续做好阶段性降费政策落实，压降国网陕西电力运营成本，开展成本测算，做好社保减免政策相关工作，进一步降低企业成本。优化补充医保资金运营增加收益618万元；落实劳模先进年金激励56.4万元，企业年金投资收益率7.78%，收益率在国家电网公司排名第6位，较2020年排名大幅提升；落实阶段性减免企业工伤保险、失业保险社会保险费，2021年累计减免2458.7万元；争取失业稳岗补贴、生育津贴返还资金4309万元。

搭建“融险种”平台提供强力支撑。建成以医疗保险管理为主，涵盖各项社会保险、公积金、企业年金查询分析的综合信息系统，实现跨险种基础数据统计、受托服务监管、风险在线评估等线上全流程业务办理，全面提升数据存储、比对效率。

优化社保账户转移流程强化规范管理。按照国家电网公司要求，全面开展职工社保账户转移接续风险排查工作，形成了“难点问题、重点问题、隐患问题一次性解决到位”的典型经验，累计排查各类人员22514人，发现的143个问题全部解决。

推动社保融合支撑融合发展大局。国网陕西电力根据融合发展工作要求，分险种对陕西境内11个地市的社保政策开展深入调研，研究分析、比对东区和南区相关政策、制度差异及现状，逐险种制定周密细致的转移工作计划，提出成熟一个险种、融合一个险种的融合方案。平稳有序开展社保融合工作，保障职工队伍稳定。

建立补充医保“三享计划”保障体系。落实国家电网公司关于企业补充医疗保险“三享计划”要求，多层次多角度切实提升职工医疗保障待遇。“三享计划”解决基本医疗保险范围内外医疗费用负担过重的问题，重点解决瘫痪等基本医疗保险不予报销的病种费用，可有效减轻重特疾病职工医疗费。自计划实施以来，普享计划报销3421人/次、报销金额13.6万元，审核重疾“特享计划”申请175份，报销金额125万元，减缓了职工因病致贫等实际困难。

（何化利　齐　骏　陆　苗　刘蓉伟　戴　敏　孙　捷　王　莹　王　璐）

【离退休管理】 截至2021年12月，国网陕西电力离退休人员18135人。其中，离休干部58人，退休人员18077人；局级干部31人。有离退休党员5895人，离退休党支部109个。专职工作人员80人，兼职153人。2021年，国网陕西电力离退休部被授予“全国老干部工作先进集体”称号。离退休部党总支书记王齐

龙被授予“中央企业优秀党务工作者”。退休干部张雷威被授予“三秦楷模”称号。公司离退休工作获国家电网有限公司离退休专业排名第一。《党建共建初心所向 服务补位关爱帮扶》调研报告，入选国家电网公司退休人员社会化“党建共建”15个优秀典型案例。

加快融合发展。国网陕西电力离退休部制定印发离退休专业融合方案，明确融合重点工作任务及进度节点组织调研座谈，对机构、人员、业务等情况进行全面调研，推进专业信息系统、制度标准建设、服务管理对标等项目实施及同质化管理，推动“管理整合、文化融合、人心聚合”。融合过程中，按照保持稳定、依法依规、用心用情的工作原则，架起连心桥，系上情感带，打通管理屏障，宣贯国家电网公司工作要求，与原南区相关人员持续对接，就数据、政策依据及意见建议进行实时互通，及时研究解决出现的新问题，关注队伍稳定，实现“政策融通、服务融汇、管理融入、队伍融洽”的融合目标。

提升专业水平。2021年，国网陕西电力离退休部首次承办国家电网公司离退休工作部门负责人座谈会，从组织方案、落实措施、服务接待、安全保障等方面做了大量细致的工作，得到参会人员一致好评，收到国家电网公司离退休部感谢信。组织“我看公司党组20号文件”“我看建党百年新成就”等专题调研。开展练兵，夯实基层基础，持续加强离退休工作队伍自身建设，优化知识结构，提升综合能力，举办公司离退休业务培训班。

党史学习教育。注重思想引领，开展党史学习教育，召开离退休工作调研座谈会、离退休党支部会议，利用离退休微信公众号和党支部微信群，进行线上学习、线下交流，营造学习氛围。采取主题党日、书记讲党课、讲述故事等多种形式，宣传引导离退休人员关注支持国网陕西电力改革发展，为国网陕西电力中心工作发声助力，为国网陕西电力高质量发展建言献策。

组织党性体检。坚定理想信念。举办重阳节党性体检（党史学习教育）主题党日活动，国网陕西电力董事长、党委书记胡卫东参加活动并讲话，送上对老同志的关爱和问候。组织颁发“光荣在党50年”纪念章活动。拓宽学习活动渠道、丰富思想教育内容。先后组织离退休支部书记赴延安、宝鸡红色教育基地参观学习，筑牢信仰之基、赓续红色血脉。

加强典型宣传。强化示范引领，开展向“三秦楷模”张雷威学习活动，通过组织学习、讨论座谈等形式，让离退休人员学有榜样、比有标杆，形成见贤思齐、崇尚先进的生动局面。采用录制访谈视频等形式，组织宣贯公司本部离休局级领导、“百岁老人”曹素人《与党同龄，同心同行》纪录片，树立和扩大先进典型的影响力和辐射力，带动更多老同志发挥政治优势、经验优势、威望优势。

推进文化养老。拓展活动载体，策划和组织举办离退休人员“学党史践行初心微视频展播”，“庆祝中国共产党成立100周年”书画摄影展等活动，以“学、讲、唱、写、画”等形式，寓教于乐，满足老同志老有所学、老有所乐的需求。引导组织老同志谈变化、悟初心、抒感情，激发增添正能量、共筑中国梦的热情，讴歌党的百年光辉历程，展示公司系统老同志的精神风貌。

落实两项待遇。用心用情，依规补位，做好服务保障，落实离退休老同志“政治、生活待遇”。按时足额发放按月生活补贴和一次性生活补贴。安排组织离退休人员健康体检，分析筛选体检项目，全程跟进服务，针对体检情况，分批开展健康咨询讲座工作。

开展走访慰问。夏送“清凉”、冬送“温暖”，开展多种形式走访慰问活动。重要节日对困难职工、老劳模、老党员等，上门进行走访慰问，汇报公司改革发展情况，了解社会化管理后特别是疫情形势下老同志的学习和生活情况，交流沟通、征求意见建议。关注老同志思想动态，解决老同志的问题困难，不断提升离退休老同志的安全感、获得感、幸福感，做到“感情不断、温度不减”，把国网陕西电力党委对老同志的关心关爱传递到位，确保离退休队伍和谐稳定。

（陈　飞　王齐龙）

财务与资产管理

【预算管理】国网陕西电力持续深化“大经营”理念。坚持价值引领和问题导向，持续深化“大经营”分析机制，聚焦经营管理关键环节，剖析问题、精准施策，强化协作、合力攻坚，各项重点工作取得积极进展，圆满完成全年各项经营任务目标。

强化全面预算。立足“一张网”“一盘棋”新起点，全面梳理融合管理差异，兼顾融合期间经营实际和预算管理工作要求，制定“1+2”预算编制模式，结合燃煤电价市场化改革、“一体四翼”发展布局、国资委专项任务等内外部政策变化和管理要求，重构预算报表体系，统一预算编制流程，指导各单位高质、高效完成预算编制工作；紧扣“一体四翼”发展布局，坚持战略引领，围绕“四抓四强”工作主线，按照“稳经营、提质量、促融合、防风险”的原则，统筹平衡各方多元发展要求，科学合理确定公司经营目标，助力公司开启融合发展新局面。

强化成本精益管控。落实“放管服”和“战略+运营”要求，系统梳理可控费用管理界面，放权项目管理，强化跟踪监控，有效提升预算审批及执行效率。坚持“控总量、优结构”，从严从紧安排非生产性支出，合理疏导非必要支出需求，切实保障安全生产与优质服务等重点投入。深化作业标准成本体系应用，基于历史项目与标准作业管理细度的合理区间，以立项规范化、投入标准化为原则，搭建检修运维典型项目库，从源头促进作业标准成本深化应用。

扎实推进亏损企业治理。贯彻落实国家电网公司亏损治理专项工作部署，深入梳理子公司经营现状及亏损原因，系统提出以“治亏压损、扭亏增盈”为工作目标，以“稳增长、提质量、增效益”为主线的治亏思路与具体措施，分年度科学制定治亏目标与落实举措。紧盯目标任务，动态监控亏损单位预算核心要素变化、关键预算执行进度和亏损治理措施成效；严格考核约束，将亏损企业治理专项任务完成情况纳入业绩考核，压紧压实管理责任，圆满完成年度亏损治理目标。

（党恬恬　王　军　种　阳）

【会计与财务信息化管理】圆满完成两网融合财务并表。2021年7月，国网陕西电力启动国地电两网财务融合，陕西国、地两家公司财务部紧密对接、迅速行动，综合平衡税务、核算等条件因素，制定工作方案，明确52项工作任务。2021年年底，克服西安疫情社会面管控困难，顺利完成地电会计报表合并，出具新公司历史性的第一张国地电合并财务快报。

实施“购售同期”管理。2021年上半年，按照实施购售同期管理的要求，财务管控系统、营销系统项目组充分对接，短时间内按要求迅速完成功能优化升级和测试部署。6月底，国网陕西电力11家供电单位全部按照购售同期模式处理售电业务。

深化新准则及会计核算办法落地执行。2021年上半年，开展新收入、租赁准则执行，研究制定国网陕西电力《执行收入、租赁会计准则有关指导意见》《租赁业务操作手册》，明确收入及租赁确认要点、公司租赁及收入业务情形及判断处理标准等内容，统一规范业财管理要求。

开展“数字员工”应用实践。建设了“单车核算”“发票校验”“国网商旅过账”“通用单据过账”等四个应用场景，12月完成单车核算在东区11家供电公司本部的试运行部署，完成11万条财务数据的自动化处理，有效提升了财务队伍的整体工作效率，应用成果获得“国网陕西省电力公司管理创新”一等奖，“第二十七届陕西省企业管理现代化创新成果”二等奖。

进行最小经营单元价值贡献评价试点研究与应用。发挥数据价值，建立供电所评价体系，量化供电所价值贡献。9月开展差异化应用，在国网咸阳、铜川、商洛供电公司完成评价模型及应用优化，为供电所精益管理、提质增效提供数字化工具，获选国家电网公司“优秀大数据应用成果”。

开展资产数字地图建设。推进铜川、临潼数字化县公司建设，以价值驱动、提质增效为目标，建立资产数字地图应用。实现资产全寿命周期各环节资本、成本投入与“源—网—荷—储”效益产出各要素数据互联互通。以数字化工作台为载体，实现“站—线—台区”和“供电所”全链条数据共享，变被动响应为主动服务，为落实价值运营提供直接数字化工具。

（姜　泽　炊　蓉）

【资金管理】资金集约中心正式投入运营。2020年成立资金集约中心，经过近一年的筹备，2021年5月，第一批人员正式到岗完成业务交接，承担全省电费资金收入的集中收取、清分、记账及银营财对账管理，对集中支付业务执行支付操作、核算和对账，协助财务部开展银行账户、现金流预算、票据、资金安全管理等工作。随着陕西电网融合工作推进，2021年10月，资金集约中心与原陕西地方电力公司的资金中心人员合署办公。

圆满完成电费“省级直收”。在系统内首家与全部合作渠道研发“用户编号”电费省级直收缴费产品，搭建省级电费账户体系，2021 年 2 月完成内外部 19 个单位 22 个系统改造，通过银营财信息实时交互，实现用户缴费、营销销根、财务清分、银营财三方对账智能操作，线上流程无缝衔接。以“先冻结、后销户”为原则，编制账户冻结、监控解除、资金池退出、销户办理及管控信息维护等业务操作指南，实现“一市一行一户”向“一省一行一户”转变，2021 年 4 月全陕西省电费“省级直收”实现 100%。省级集中业务管理模式被国家电网公司评为资金管控优化提升典型并通报表扬。

开展资金实时监测和调控。以“1233”资金管理体系为基础，以资金流动为主线，以结算系统和财务管控系统数据为支撑，以保障资金供应为目的，实施资金实时监测调控平台建设，11 月底建成以“资金调度、运营分析、全面监测、全景展示”功能于一体的资金实时调控平台，实现资金业务“全天候、全方位、全流程”监控和调度，多维度展示资金运营、管理成果，高质量服务内部单位及上下游合作企业。

推进资金专业数字化转型。以西安被定为数字人民币试点地区和举办十四运会为契机，组建数字人民币研究应用柔性团队，超前研究相关政策，与多个代收渠道就数字人民币在电费收缴场景应用开展深入研究与合作，研发出线上线下数字人民币缴费产品，2021 年 9 月正式上线应用，为公众提供数字化缴费服务，提高客户服务水平。

应用资金风险监控系统。针对 45 个业务场景制定 529 个事前内控规则，对资金业务进行业财、线上线下防控。其中在系统嵌入事中预警及拦截退回监控规则 16 项，对资金支付过程中触发规则业务予以预警和拦截；事后监控复核规则 22 项，有效防范资金安全风险。2021 年 6 月资金风险监控系统在陕西省全面推广应用，建立“日关注、周督办、月分析”常态工作机制，对预警风险按照发起、反馈、审核、复核及风险关闭闭环管理，确保资金风险监控起到实效。

实行现金流“按日排程”与融资预算一体化管理。建立现金流“月分析、周平衡、日调度”工作机制，细化现金流量预算管理，开发排程查询及分析功能，削峰填谷，以收定支，资金收支精细到“日”，融资安排精准到“周”，全年减少临时性融资 35 亿元，年度融资规模、期末带息负债余额严格控制在预算以内，月度现金流支出偏差率控制在 1% 以内。

全面推进资金业务融合。按照陕西电网融合战略部署，2021 年 7 月起持续推进两网资金业务融合，在调研原陕西地方电力公司资金管理模式基础上，确定银行账户、电费省级直收、资金支付、按日排程、带息负债融合方式与目标，编制资金专业融合子方案及融合业务风险管控清单，搭建国网陕西电力集团账户体系，制定带息负债和资金池迁移计划，为 2022 年 1 月国网陕西电力正常开展资金收支业务奠定坚实基础。

（白　杨　王少利）

【工程资产管理】 开展“三清理两提高”专项治理。采用多维预警分析法进行项目监控，分时序扩大项目预警范围至 1 年以上，分类型重点督办 2 年以上超期项目，累计清理 574 项（含用户工程）2 年及以上挂账项目，完成 714 项 1 年以上投资项目投运转资。加强物资采购源头控制，遵循“先利库，后采购”的原则，长账龄物资较年初下降 4328.81 万元，再利用结余物资 4726.3 万元，保障十四运会配套设施建设、河南特大暴雨抢险救灾任务顺利完成。两年以上前期费应清尽清，3 个月以上应付暂估款较年初压降 31015.62 万元。建立执行情况周汇报机制，全年新增固定资产 117.49 亿元，连续三年新增固定资产超 100 亿元，夯实有效资产。定期召开竣工决算推进会，完成 1882 个项目决算编制工作。国家电网公司在上半年“三清理两提高”专项工作通报中介绍国网陕西电力工作经验，在国家电网公司 2021 年三季度视频推进工作会中做专题发言。

建立资产全寿命成本分析模型。实现基于中台 LCC 计算并积累大量的成本数据，实现资产全寿命周期成本分析，实现财务数据服务能力和数据赋能，打造数字化应用模型。完成 LCC 算法迭代优化，将原有 LCC 分摊模式，迭代为归集为主、分摊为辅的模式，进一步细化成本量化颗粒度、提升成本量化精度。构建 17 个 LCC 公共模型，强化 LCC 相关数据的关联性分析，打造单台设备 LCC 成本量化全息视图。

实现工程项目精准转资。应用移动物联技术，完善提升“自动竣工决算”实施方案，以“精准和自动”为特征，部署“精准转资”系统功能，精确确定资产价值量和初始成本构成。为资产全寿命周期成本分析、投入产出评价提供数字服务，自动追踪资产形成过程的业务量和价值量数据，项目价值自动回归，实现竣工决算自动化，完成185个110kV及以上项目精准转资，提高转资效率30%。以整站设备设施实物“ID”应用全覆盖为目标，深化精准转资应用，扩充设备资产验收的覆盖范围，统一业务与财务信息源头及数据交互口径，完成35个整站转资。

搭建平台开展投入产出分析。聚焦资产数字化赋能定位，以数字化转型、打造数字化市（县）公司为目标，建立资产全景电子地图，在国网西安、铜川供电公司落地应用。建立资产质量长效管理机制，按单位、资产类别、电压等级分步开展存量资产清查、增量设备资产质量监测，实现资产设备数据一致。投入产出分类管理，实现对成本监审、数字化建设、设备资产一体化推进等赋能与服务，实现依托数据中台聚合经营末梢单元数据信息（供电所、线、站、台区）。自动采集数字信息1000万余条，融合设备健康状况、效率效能及价值信息，实现分析数据800万余条，分析模型30余个，平台标准数据服务30万条。

实现设备资产一体化无缝衔接。完成设备资产一体化体系建设。实现对PMS设备与ERPPM设备、AM卡片稽核监测、诊断评价，资产分类管控。完成价值分类信息统计1000万余条，以市、县、班组对有效资产变动情况纵向穿透和层层汇总数据800万余条。完成主子设备价值标准赋值。建立“手拉手”的一体化管理模式，实现业务可从PMS系统实时获取设备资产有效信息，切实服务一线作业。

开展资产利用效率评价机制建设。完善现有评价体系，优化评价机制，形成兼顾效率、效益和安全的全新5维4级存量资产利用效率评价指标体系，巩固基于PDCA动态循环的资产利用效率评价提升机制，持续促进资产利用效率提升。

实现固定资产智能盘点。打通巡视、检修业财链路，实现资产异动的主动检查，提示业务部门进行跟踪核实，实现设备资产异动感知。结合电网资产一张图实现固定资产盘点可视化管理，精准反映设备资产在电网运营具体业务活动中所处单元和操作轨迹，实现资产盘点动态管理。以数据智能检索方式实时获取非实物“ID”管理资产信息，实现资产智能机器盘点。

建立智慧共享竣工决算体系。按照“数字转型、精益管控、共享赋能、智慧应用”的整体思路，结合实物“ID”全业务流程应用建设成果、基建数字化移交成果、智慧供应链成果等，搭建国网陕西电力智慧共享竣工决算管理体系。将工程全过程5大阶段66项规范、58项规则嵌入系统互联、共享，固化关键环节业务标准和数据标准，“一条线”贯穿工程的前期、物资、建设、投运、决算全过程，实现分步、分节点，分层级在线校验与监控，竣工决算管理规范化、嵌入化、智慧化。

构建资产质量健康指数监控体系。以提高资产利用效率为核心，根据资产全寿命周期评价指标体系，综合检修技改因素，设置安全、运行、效率、经济评价指标与权重，对输电线路和变电一次设备的现状进行综合评估，整合设备技术信息与价值信息10万条。动态评价3.2余万条输、变电资产现状、可持续性与经济性状况，有效服务设备资产技改、大修管理决策。

（张　磊　刘天峰　张　辉　白　杨）

【电价管理】 紧密围绕“健全陕西电价机制，迭代优化经营策略，夯实融合管理基础”的目标，推动完善陕西电力价格体制机制，优化内部经营管理方式，夯实电价管理基础，积极服务政府监管和社会监督。

明确转供电环节电价政策。2021年4月29日，国网陕西电力配合陕西省发改委出台《关于明确转供电环节电价政策有关事项的通知》（陕发改价格〔2021〕573号）文件，成为全国首家明确转供电主体与电网、转供电主体与用户间电价结算方式以及转供电用电损耗的分摊原则与标准的网省公司。进一步缓解转供电主体与用户间的矛盾，推动国家降价“红利”传导至终端用户，提升用户“获得感”。

健全完善峰谷分时电价机制。2021年11月10日，国网陕西电力结合陕西电网负荷现状，配合陕西省发改委出台《关于进一步完善分时电价机制有关事项的通知》（陕发改价格〔2021〕1757号）文件，进一步明确分时电价用户执行范围、时段划分、浮动标准，科学建立尖峰电价机制等。峰谷分时电价机制的完善，有利于充分发挥电价的杠杆作用，有助于引导用户削峰填谷，促进电网利用效率提升，保障电力安全供应。

稳妥推进燃煤发电上网电价市场化改革。2021年10月22日，按照国家燃煤发电上网电价市场化改革要求，结合陕西省实际，国网陕西电力配合陕西省发改委出台《关于调整榆林电网目录销售电价有关事项的通知》（陕发改价格〔2021〕1642号）、《关于调整陕西电网目录销售电价有关事项的通知》（陕发改价格〔2021〕1643号）文件，明确保留居民、农业用户目录销售电价，低价电源优先保障居民农业用电；取消工商业用户目录销售电价，对暂未直接从电力市场购电的工商业用户，由电网企业代理购电。此轮改革，陕西省电力市场建设步入快车道，工商业用户用电价格由“发电交易（代理购电）电价 + 电网输配电价 + 政府基金”组成的市场机制形成，输配电价独立性显著增强。

圆满实施电网企业代理购电。2021 年 11 月 26 日，国网陕西电力配合陕西省发改委出台《关于组织开展电网企业代理购电工作有关事项的通知》（陕发改价格〔2021〕1849 号）、《关于明确我省代理购电工商业用户电价模板的函》等文件，明确代理购电用户到户电价形成机制，保障电网企业代理购电工作平稳实施。

理顺榆林电网输配电价体系。2021 年 11 月 22 日，国网陕西电力紧抓电网企业代理购电及陕西两网融合机遇，配合陕西省发改委出台《关于明确榆林电网输配电价有关问题的通知》（陕发改价格〔2021〕1821 号）文件，归并统一榆林电网工商业用户输配电价标准，标志着榆林地区输配电价同区不同价的时代结束。

规范垃圾发电补贴结算规则。2021 年 11 月 23 日，国网陕西电力配合陕西省发改委出台《关于进一步明确垃圾焚烧发电项目垃圾处理量核定有关事项的通知》（陕发改价格〔2021〕1820 号），明确垃圾焚烧上网电量由省发改委以半年为周期开展审核，电网公司按“先补后核”原则清算省补资金。进一步理顺了垃圾焚烧发电省级补贴资金结算规则，促进垃圾焚烧发电企业健康发展。

迭代优化完善经营管理策略。2021 年，陕西电力结合输配电价改革要求，迭代优化企业管理方式。加快电网建设改造，连续三年新增资产规模超过 100 亿元；加强成本精益化管理，夯实成本合规管理基础，适应服务监管的能力持续提升。

营造良好电价政策环境。结合陕西电力体制、电价体系实际，组织开展两网融合电价管理培训班，编制电价政策宣贯 PPT，印发陕西电价背景资料手掌书，帮助公司一线电价电费管理人员更好地了解国家电价改革发展的整体趋势，深刻理解电价管理对公司经营发展的重要性，提升电价管理综合素质。

电价管理基础稳步提高。2021 年国网陕西电力以两网融合及电网代理购电为契机，积极开展夯实电价管理基础工作。结合经营管理工作要求，规范电价基础数据统计，提升服务经营管理的能力。结合国网陕西电力数字化转型工作思路，着力推动可再生补助资金业务线上处理闭环，7 月 28 日，新一代电费结算系统可再生能源补助资金功能全面部署，手工计算和线下台账时代结束，补助资金管理水平大幅提升。

（潘　华　解嘉彬　韩　亮　张　宇）

【财务风险管理】 加强重大风险防控力度，完善内部控制体系。定期召开风险控制委员会会议，组织开展重大风险防控工作，编报 2020 年度全面风险管理工作报告和 2021 年重大风险评估报告；制定国网陕西电力年度风控重点工作计划，发送重大风险预警提示单和工作联系单 9 份，组织各部门各单位落实风控措施，守牢风险控制防线。印发《国网陕西省电力公司关于做好 2021 年度全面风险管理与内部控制工作的通知》（陕电财〔2021〕14 号），从完善风控工作机制、防范化解重大风险、优化风险管控手段、加强内控监督评价等方面，明确 10 项重点工作任务，深入推动有效衔接的内部控制与全面风险管理体系建设。

制定《陕西电网风险控制融合实施方案》，落实内控工作要求，梳理工作思路及原则，明确工作重点和实施步骤，规范有序开展陕西电网风险控制融合工作。识别和确定国网陕西电力 2022 年面临的 8 项重大风险（包括工程、人身、舆情、政策、采购与供应链管理、改革、合规、电网运行），并向国家电网公司上报《重大风险评估表》。

推进内外部监督检查问题整改，2020 年国家电网公司巡察提出财务问题完成整改和销号。配合完成领导人员任期审计相关工作，完成财务问题的审计记录、审计底稿及审计初稿核对、回复。对照国资委通报问题，组织各部门及 27 家直属单位开展内部控制缺陷对照自查自纠工作，深入剖析原因，积极推进整改，落实问题销号，汇总自查结果形成专题工作报告。

开展会计信息质量专项行动，以“两查两治一确保”为主线，逐级督导整改，加强源头治理，健全长效机制，按期上报财务会计信息质量专项行动工作报告。

落实国资委和国家电网公司民企账款清欠工作要求，推进民企账款清欠工作，按月收集、汇总和上报清欠台账，按时上报清欠工作报告。按照融合发展工作进度，同步落实清欠工作任务，确保不出现民企账款拖欠问题，不产生相关舆情风险；利用信息化手段，针对清欠业务实施在线监控，形成日常清欠与长效清欠相结合的工作机制；组织清理 3 年以上民企账款挂账及到期账款，编制2021年度清理拖欠民营企业账款及农民工工资工作报告，严控无分歧欠款，实现“零拖欠”“零新增”。

（章　育　杨晓滨　李　佳）

【财税管理】推进税务融合。克服地方财政收入划分管理约束，争取省税务局支持并获得批复文件（陕税函〔2021〕275号），构建增值税纳税体系。原南区9个市级供电公司及70个县级供电公司增值税由属地管理全部改为省级集中管理，完成后，国网陕西电力119家单位全部纳入一体化管理，达到“四统一”管理要求（统一领用发票、统一抵扣进项税、统一政策执行标准、统一协调税务检查），从根本上解决了原南区增值税大额留抵问题。国网陕西电力发票系统成功搭建，满足营业网点对外服务顺利衔接、快速高效开票。

规范票据管理。进一步规范增值税发票管理，印发《国网陕西省电力公司关于规范增值税发票管理有关事项的通知》（陕电办〔2021〕24号），明确增值税发票领取、开具、取得、勾选、保管及检查等事项，指导各单位解决“销售单位名称与发票专用章名称不一致”“购买单位名称与税号不匹配”等问题。

推动智慧税务建设。按照国家电网公司智慧税务建设规划，遵循“以前期发票平台为基础，搭建税企直连通道，构建公司级发票池，实现增值税专用发票电子化，深入挖掘发票信息数据应用价值”的建设思路，全面实施“发票池”系统建设任务，通过国家电网公司与税务总局“总对总”发票通道，实现增值税专用发票信息采集、真伪校验、抵扣联收管、账票核对等系统功能；通过与税务局发票查验平台、增值税发票勾选确认平台连接互通，推动发票管理标准化、数字化、共享化、智慧化转型。2021年已在财务机器人、ERP、财务管控、国网商旅云、新员工报销等进项税入口系统完成业票强关联，实现增值税进项发票与记账凭证自动关联、双向追踪，着力推进业财税票一体化融合。

（章　育　孙卓玉　王进益）

【财会队伍建设】持续强化新人员培训培养。2021年10月，组织新入职财务人员集中培训，帮助新进人员尽快成长。2021年8～12月，组织对原南区各级财务人员进行核算、资金、财税等专业培训，采用线上、线下多渠道宣贯培训公司管理要求和业务标准，为融合打下良好基础。扎实开展财务大讲堂活动。2021年7～9月，举办三期“财务大讲堂暨新会计核算办法宣讲培训会”，累计参培985人次。遴选10家基层单位财务骨干，进行国家电网公司新会计核算办法业务互讲培训，切实加深各级财务人员对相关政策、制度的理解。组织开展数据分析应用竞赛。22家单位29个团队174人积极参赛，形成多项成果，评选出先进集体6个，先进个人30名。

（姜　泽）

【股权投资管理】2021年，主动融入改革发展总体布局，统筹企业治理与专业管理，发挥“一张网”融合发展优势，有效开展资本运作，着力提升股权投资质量，保障国有资产保值增值。

完成资本运营部组建，实现股权投资归口管理。2021年10月成立资本运营部，主要负责公司产权管理、股权投资及投后管理，对全资、控股子公司资本运营模式、资本结构设置、股权投资、资产处置、并购重组、上市公司股权管理等进行归口管理，并负责提出子公司预算目标建议，开展子公司部分关键业绩指标和专业考核，监管其经营情况和投资收益，组织协调子公司各类专项投资意向、遴选和储备，负责子公司融资、担保、抵押、捐赠等计划、审批及资信管理，开展股权投资、基建投资、零星购置计划的审批、调整、实施及计划执行的监督分析，指导子公司完善、优化内部控制管理体系建设，监督其法人治理情况。

开展最深层次资本布局优化调整，理顺产权管理体系。认真落实国家电网公司以及陕西省委省政府关于理顺陕西电网管理体制的相关决策意见，全面梳理存量股权投资现状，积极协调推进与长安汇通有限公司的资产划转工作，处置低效无效及非主业股权投资20项。研究国家税收政策，与相关部门及中介机构积极沟通，梳理新国网陕西电力各级资本纽带关系，落实产权融合要求。按照“同类融合、差异保留、突出主业、避免重叠，压缩层级、控制有效、经营创效”原则，坚持聚焦主责主业，统筹优化各子公司功能定位及业务布局，先后完成了陕西能源研究院有限公司、陕西电力建设集团有限公司等公司“一企一策”研判意见，提出融合思路11条，具体措施47项，推动子公司战略布局调整和融合发展。

执行最严格股权投资风险管控，保障公司合法权益。以严控投资风险为核心，强化参股投资审核决策、注重投资回报、规范字号使用、履行股东权责等管理，明确子公司资本运营归口管理要求，及子公司投资、融资、经营管控要求。组织开展陕西发电集团有限公司、陕西综合能源集团有限公司股权投资预评价，前置内外部风险防控关口，及时有效发现和应对投资风险40项。对下属子公司在投资中存在的违规行为进行责任约谈1次，研究部署风险化解策略，及时降损止损。围绕“强内控、防风险、促合规”目标，对公司各级全资及参股、控股子公司法人治理、外派董事、监事实施管理监督，全面梳理子公司章程、董监高人员委派等内部控制体系建设情况，推进内控体制机制改革。组织各子公司召开资本运营管理专业工作会，宣贯国家电网公司关于股权投资、产权管理以及公司治理等规章制度，确保子公司经营风险可控、在控。严格审核参股投资项目，对于经营方向不明确、收益无法保证、控股股东信誉有污点的项目坚决予以制止。在股权投资项目可研和被投资单位公司章程中，明确被投资单位的管理规程，约定投资者管理权责利，实行依法合规经营。防止通过参股投资开展非核心业务、将字号提供给参股企业使用、通过“50%：50%”类股权结构以参代控等情况。履行参股投资管理职责，按规定流程审议参股单位董事会、股东会议题，并发表意见，正确行使参股股东权利，保障参股公司顺利实现可研目标。通过审慎研究、综合研判，2021年审批榆林电力投资有限责任公司、陕西思极科技有限公司、陕西镇安抽水蓄能有限公司三项实缴出资、陕西送变电工程有限公司一项追加投资。

（陈本阳　张永胜）

审计管理

【综述】 2021年，深入落实国家电网公司审计领导和管理体制机制部署，围绕国网陕西电力“一体四翼”发展布局，立足“两网融合”新起点，全面履行审计“三项职责”，全力夯实审计“三项保障”，有力有序开展内部审计监督。全年累计迎审7轮、160余天，创历史之最。全年累计实施审计项目7091项，审计资产430.6亿元、揭示问题2461个，采纳建议1336条，增收节支1.1亿元。国网陕西电力被评为“国家电网公司数字化审计优秀单位”，3项委派项目获评“总部A类审计项目”，1篇审计课题荣获陕西省管理创新成果二等奖、电力行业一等奖。

体制机制进一步健全。建立健全向党委、董事会定期报告审计工作机制，国网陕西电力董事会、各级党委听取审计工作报告21次，及时对重大事项进行决策部署，确保党对审计工作的领导贯彻始终。审计部与审计中心一体化高效运作，有力保障审计计划、审计资源、项目实施、审计质量的统一管控。审计专业融合顺利完成。创新开发审计风险警示案例培训课程。

队伍根基更加夯实。坚持人才兴审战略，设立机构、补充人员，2021年内推动9家单位设立审计机构，国网陕西电力系统补充审计人员18名，增长26%；开展兼职审计队伍综合评价，动态调整34人，4家供电公司及时补充兼职审计人员，累计新进业务骨干58名。加快管理融合和业务同质化运转，开展3期审计制度宣贯、16个项目以审代培，统筹安排21名审计人员完成第1期“以审代培、两年一覆盖”项目轮训，创新性地开发新任领导干部审计问题风险警示案例和审计作业标准手册。审计能力持续提升，入选国网审计专家团队数量较上年翻番，各单位累计向公司审计项目选派骨干181人次，有力保障任务的顺利实施。

【重点迎审及派出审计】 做好可再生能源电价附加资金审计迎审配合工作。按照审计署2021年审计项目计划安排，2021年10月18日，审计署西安特派办对国网陕西电力开展可再生能源电价附加资金审计审前调查，2021年11月19日开展现场审计及访谈工作。疫情期间，国网陕西电力克服困难，积极配合审计工作，2022年3月中旬顺利完成迎审任务，迎审工作得到审计组肯定。

完成国家电网公司两项经济责任审计迎审配合工作。全力做好国家电网公司对国网陕西电力、国网西安供电公司经济责任审计的迎审配合工作，统筹协调、周密部署，实行迎审全天候值守和审计进展情况日报制度，及时提供293项相关资料，配合延伸审计现场19个，对审计发现问题按照专业职责对报告进行分解，将审计问题下发至10个业务部门、14家基层单位，先后召开审计问题沟通见面会4次，核销审计问题56项。

完成国家电网公司两项经济责任委派审计任务。高效开展远程非现场数据分析，深化“非现场+”模式，形成远程审计154个问题疑点。认真组织实施现场审计，持续推进数字化审计应用，完成国网宁夏电力公司本部及所属单位、国网银川供电公司本部及所属单位等19家单位现场审计工作，国网宁夏电力累计出具审计记录466份、国网银川供电公司累计出具审计记录232份，如期完成两家单位原负责人经济责任审计报告、“一体四翼”推进情况、非现场数字化分析等3项专题报告，完成国家电网公司委派审计任务。

完成国网华北分部、国网西北分部两项审计迎审配合工作。完成国网华北分部关于开展委托运维资产及委托运维费审计调查迎审工作，累计提供各类资料11项，组织各部门沟通答复审计记录2份。完成国网西北分部2020年物资管理专项审计后续审计迎审配合，累计提供各类资料25项，组织相关业务部门及单位沟通答复审计记录24份，经国网西北审计中心核实，2020年物资管理专项审计发现问题全部整改到位。

（成　涛　雷　萌　茹　玲　薛志伟　张养辉　冯思朦）

【工程投资审计监督】 持续推进工程全过程实时审计。对2016年以来6222项工程有序开展工程全过程实时审计，工程审计数量比2020年2364项增加1.6倍。按季度开展工程建设“五率”核查，印发《关于加快已决算工程项目审计工作的通知》，加大对工程审计的管控力度，提高工程审计质量，2021年已完成决算审计123项（涉及1450项工程、概算投资28.17亿元），促进增收节支0.5亿元。

开展工程专项审计。针对公司经营管理中面临的电网工程入账率偏低、工程管理制度未有效执行等问题，对国网咸阳、汉中、延安供电公司入账偏差及配网工程和工程物资规章制度执行情况开展专项审计调查，及时反馈审计发现的问题，分析问题产生原因，提出相关管理建议，提高电网工程入账率，疏通配网工程和物资管理制度执行过程中的堵点。

（张养辉　冯思朦）

【经营审计监督】 完成年度审计项目任务。针对2021年16项经济责任审计项目，抽调审计专家团队成员，运用数字化审计平台，远程开展疑似问题分析，形成非现场审计问题清单。采取交叉审计模式，完成4家大型县级公司经济责任审计及供电所管理专项审计，运用非现场审计成果分5组对其他12家单位同时实施现场审计，高质高效完成全部现场审计工作。采用“1+N”的审计模式，结合经济责任审计，针对省管产业的多项共性问题，各单位安全生产经费落实情况，精心开展省管产业管理、安全生产经费专项审计，发现问题106项，涉及金额7.67亿元，圆满完成年度各项审计任务。

（茹　玲　薛志伟）

【重点领域审计监督】 创新“1+1+2”重大工程项目后评审模式。以提升可研管理精益化水平，助力国网陕西电力投资风险治理为目标，围绕国家电网公司指定的可研专项，创新开展“合规”“安全”“效率”的“三维”后评审，建立两级三组联动工作机制，完成可研科学性、执行差异性和程序规范性三方面模型评审，聚焦后评审过程中发现的普遍性问题，进一步开展造价结余和工程资料管理专项分析，形成“1+1+2”后评审模式。针对可研管理、安全管理、合规性管理、风险防范、投资精准性、工程资料管理等方面，形成4个评审报告，发现8类问题，形成14条结论，提出7个切实可行的建议，并积极推动成果运用。

组织完成“空转”贸易业务自查自纠工作。下发《国网陕西省电力公司关于开展“空转”贸易业务自查自纠工作的通知》，明确自查范围，确定检查重点，细化自查内容，落实自查职责，聚焦“走单、走票、不走货”业务，督导、指导各单位做实、做细自查自纠工作。

探索十四运会重点工程全过程跟踪审计。组织开展西安东北部330kV架空输电线路迁改落地工程跟踪审计，制定跟踪审计实施方案，明确审计内容，抽调财务、物资等专业人员，编制现场审计方案，对已完项目和在建工程实地勘查，现场核查项目实施进度、现场物资管理、隐蔽工程管理等关键环节，核实工程建设实际情况，首次将安全文明施工使用规范性纳入投资专项审计，拓展了工程审计领域，提出了加强隐蔽工程管理、规范项目建设流程和有效落实安全文明措施等审计建议，为高质量完成省、市、国网陕西电力十四运会重点建设项目提供审计保障。

（张养辉　冯思朦）

【审计成果综合运用】 问题整改追本溯源。充分发挥问题整改“治已病、防未病”的保障作用，明确审计问题整改工作督导责任、管理责任、主体责任，建立“横向移交、纵向通报、定期会商”的审计问题整改机制，推动解决一批历史遗留难点问题。全年移交审计共性问题整改联系单 23 份、潜在追责、问责问题 158 条，下发整改通报 3 期、召开整改月例会 5 次、整改专题推进会 4 次、专项督导 2 次，推动问题整改率 94%，收回资金 5966 万元，“空转”贸易自查收回货款 2736 万元，清理债权债务 3.7 亿元，推动项目转资 3.77 亿元，清仓利库 1059 万元，促进增收节支 1.59 亿元，出台和完善各级制度措施 70 项，分级追责 85 人。

（茹　玲　薛志伟）

【数字化审计建设与应用】 数字化审计深入应用。坚持科技强审，全面提升数字化审计建设和应用水平。创新开展全数字化综合审计劳动竞赛，成立两级柔性团队，历时 4 个多月，汇聚 16 个专业、23 支参赛队伍，完成 204 项关键业务领域审计，形成案例 64 个、模型 80 个，揭示问题 65 类，在国家电网公司交流专报发布 2 期经验，在国家电网公司全数字化综合审计现场会交流发言，成果得到国家电网公司审计部肯定。持续深化数字化审计平台建设，完成平台三期管理域 425 个功能、85 个模型及非结构化工具等部署。国网陕西电力落实审计“五统一”管理要求，完成审计计划—审计作业—问题整改的流程建设，实现问题全生命周期线上管理。建成“项目体检式”“业务场景式”的工程结、决算审计功能，并作为国网陕西电力数字化转型典型场景交流展示。

（王　晋　汪双文）

物资管理

【物资计划管理】 物资需求和采购规模。按照国家电网有限公司及国网陕西电力计划批次全年时间节点要求，坚持“班车 + 专车”的批次策略，主动对接需求单位和部门，快速响应各类采购需求，按期保质完成批次计划审查工作。组织完成 37 批物资计划审查及上报工作，采购条目 7007 条，采购估算金额 46.94 亿元；完成 9 个协议库存虚拟批次的计划审查及上传工作，采购条目 4177 条，采购估算金额 43.95 亿元，保障了国网陕西电力全年需求。

需求计划管理。深化“班车 + 专车”采购，“班车”批次注重规模效益，采购批次全面开放，各单位按需实时申报；“专车”批次突出灵活高效，根据需求随时安排，及时响应紧急采购需求。优化“绿色通道”以及紧急采购申报流程，切实满足基层需要。编制 2021 年二级采购目录，落实“放管服”要求，清晰界定授权采购范围，明确直接采购内容，属于固定授权和直接采购范围的物资下放至地市公司实施采购。严格执行国家和公司有关规定，提前落实相应的核准、综合计划、预算、可研、初设评审条件。严肃采购目录管理，按照目录界定范围实施采购，严禁越级采购，强化目录的刚性执行。

全面实现所有采购上平台。国网陕西电力组织相关部门，制定所有采购上平台工作计划，多渠道宣贯所有采购上平台工作要求。针对产业单位物资需求特点和管理现状，制定产业单位上平台采购策略，建立采购批次备案、采购数据统计工作机制，全面收集各单位主业授权采购、子公司、省管产业单位批次备案及采购数据信息，扎实推进采购工作集约化管理，5 月 31 日实现所有采购全面上平台，较国家电网公司要求提前一月完成上平台任务。其中省管产业单位所有采购纳入主业采购模式，得到国家电网公司肯定，4、11 月两次督导检查中，充分肯定国网陕西电力所有采购上平台工作取得的成绩。

物资标准化管理。标准物料应用。2021 年，国网陕西电力在物资标准执行上持续提升。协同各专业部门，从规划、设计、需求提报等源头着手，推广使用标准物料，持续压缩标准物料种类，优选物料占比提升至 93%，新增固化 ID 技术规范书模板 7 个，结构化模板 94 个，新增词条 22 行。采购物资更集约、更精简、更精良。

多措并举，提升国网陕西电力物资标准化应用水平。加强审查。对使用非优物料的计划，逐级把关审批，确保应用尽用；源头引导。通过各类信息化手段，提高辨识度，全链条引导，避免误用。落实要求。按照国网陕西电力电网发展理念和质量强网战略，执行物资标准体系，倡导优选物料。关口前移。将物资标准化成果植入初设应用系统，从设计源头把控标准化物料筛选。

【招标采购管理】 全年采购数据统计。2021年，国网陕西电力共计完成集中采购52个批次，总金额110.44亿元，节资金额5.28亿元，节资率4.56%。其中，物资类国家电网公司直接组织实施部分，共计21个批次，集中采购金额184097.17万元，节约资金2514.64万元，节资率1.35%。国家电网公司统一组织、国网陕西电力实施部分，共计17个批次，集中采购金额465967.48万元，节约资金10068.58万元，节资率2.07%。工程服务类，国家电网公司直接组织实施部分，共计2个批次，集中采购金额1788.18万元，节约资金221.29万元，节资率11.01%。国家电网公司统一组织、国网陕西电力实施部分，共计12个批次，集中采购金额452481.93万元，节约资金40227.76万元，节资率8.16%。

采购“选优选好”导向持续强化。采购评审进一步突出供应商软实力和设备质量要素，严格执行配网协议类设备资格预审清单，严格核实业绩真实性，全面使用设备质量黑名单，严把初评否决关，严控运行质量绩效评价低等级设备采购，把运行质量和履约服务水平充分反映在采购环节，优质设备采购率显著提升。

积极承担国家电网公司总部专业工作。承担数据收集与统计分析课题研究、采购标准化文件的修订任务，分别完成两级采购数据统计分析体制机制建立及15册标准化采购文件模板，建立了供应链统计分析体系数据管理基础，更新完善了新政策法规与通用制度要求在采购文件中的表现点，填补了国家电网公司非招标采购业务无采购文件范本的空缺。积极承接国家电网公司全寿命采购试点工作任务，由国网陕西电力设备部、物资部、国网陕西电科院及相关咨询公司成立柔性团队，编制开关柜、消弧线圈、电容器组等设备全寿命周期采购工作方案，拟于2022年第一批国家电网公司输变电批次中实现试点品类的采购工作落地。

【合同签约管理】 着力提高合同管理质效、促进供应商服务。2021年公司签订物资合同41批次，合同2793份、60.77亿元；签订协议库存采购供货单24个批次，供货单12318份、23.99亿元；签订变更补充协议35份、2677.98万元，物资合同签约准确率实现100%。优化协议库存及价格联动时限，组织26家供应商签订26份补充协议，防范合同履行风险。顺利完成货款结算业务，完成货款结算436067万元，累计清理逾期货款69306万元。大力推广两项金融业务，办理履约保证金保险业务41笔，涉及25家供应商，释放资金998万元；办理银行质保金保函业务12笔，涉及3家供应商，释放资金768.28万元。对9家供应商进行合同处罚。全面梳理现存协议库存合同，组织与23家供应商签署25份解除协议。

合同货款“零拖欠”支付“零逾期”。建立物资货款结算月度计划“统一编制，集中审查”工作机制，明确和细化了结算计划编制的原则、范围，审查流程以及通报考核的方式。发挥物资合同货款结算管控柔性团队集体优势，推动应付暂估款项支付工作开展，统计分析支付缓慢的具体原因，制定解决措施，促进了合同支付的规范化管理。

物资业务数字化。充分利用信息化手段，实现物资业务的全流程、全视角、全方位的跟踪、预警和展示，实现服务采购全程线上管理，实现了年度需求计划的精准预测、智能提报以及多维分析，有效提升了计划、采购、合同签订及履约等业务的精益化管控水平。优化改造“5E一中心”系统功能，不断提升信息系统业务支撑能力。提升合同业务信息化水平，创新使用限时办理、电子签章、“云签署”等功能，实现多方同时签字签章，物资合同结算实现智能化。整合线上业务，两单合一单，五方变三方，简化签署流程，提高业务办理效率。

【物资供应管理】 重点工程供应及时有序。强化主动服务，主动对接项目需求，优化供应保障时序，完成78项电网基建、93项迎峰度夏、度冬等工程项目物资及时有序供应。加强问题协调，解决了陕北换流站配套、咸阳东变电站、龙泉变电站扩建、西安东北部330kV架空输电线路迁改落地工程等物资供应问题，确保重点项目按期投运。

重大保电供应精准高效。精心组织协调，制定物资专业保电方案，编发专项供应周报，派出3个小组驻厂开展发电车、大屏催交，开展物资保障应急演练，组织13支队伍应急值班，全面完成十四运会保电物资保障。面对西安突发疫情，按天核实督导各单位按照储备定额补足防疫物资，为国网陕西电力实现“双零”目标提供了物资保障。

应急物资保障迅速有力。迅速响应河南防汛抢险物资需求，昼夜值班、精心调配，组织11家单位向国网河南电力调拨850余万元物资。第一时间组织商洛、西安、汉中、安康等地防汛救援，调拨应急采购物资1500余万元，保障了抢险需要。组织供应商调用和跨项目调配，先后完成750泾渭变电站组合电器漏气、信义变电站750开关异常、330kV金西线倒塔、110kV乾县变电站变压器故障等应急处置，保障了电网安全运行。

【物资质量管理】 设备材料抽检。2021年，国网陕西电力加强入网设备质量管控。制订“检储配”一体化基地运营指导意见，协调国网陕西电力财务部、产业办落实建设投资计划，累计建成4个“检储配”一体化基地，并通过国家电网公司验收。与国网陕西电力质量检测中心统筹运作，检测设施基础有效提升。完成物资质量抽检2261项，开展成盘线缆检测1950盘，发现不合格样品136件，组织供应商退换货3057万元、违约罚金115.5万元。

强化全景质控信息化管理，监造、抽检计划与结果全部纳入ECP2.0线上管控；选取150条采购订单开展EIP平台应用，推进电工装备智慧物联应用；全面应用AR智能抽检系统，抽检计划下达、取送样、检测实现全过程线上管理。

设备监造。2021年，组织开展设备监造516台（套/间隔），发现质量问题10起，组织出厂试验关键点见证92次，出厂试验一次通过率99.86%。组织对3个监造组进行远程视频督查，参加总部组织的供应商厂内巡查。

【物资供应商管理】 供应商资质能力核实。2021年，按照国家电网公司物资部统一部署，加强供应商关系管理，精准传递质量及诚信压力。国网陕西电力全面应用ECP2.0，组织完成721家全国箱变供应商、43家陕西属地工程服务商资质能力信息核实，核实供应商信息941条，实现核实结果与招标联动。

供应商绩效评价。完成72家主网物资供应商、442家配网物资供应商绩效评价，评价供应商信息1021条。评价结果应用于招标采购。

供应商不良行为处理。对供应商质量问题零容忍，坚持做到发现一起，查实一起，处理一起。严格规范开展供应商质量、诚信问题处理，对21家供应商实施暂停中标、列入黑名单处理，健全供应商违约惩处、优胜劣汰机制。

【物资仓储管理】 仓储物流体系优化提升。实现专业仓规范化管理，完成专业仓注册759个，专业仓1.89万条、2.48亿元实物库存纳入调配平台管理。实现省管产业单位库存一体化管理，省管产业单位NC系统与ESC平台信息贯通，库存12.4亿元纳入ESC平台集约管控。

【库存资源盘活利库】 组织库存“一本账”专项治理工作，通过现场检查和远程抽查，着力解决有账无物、有物无账、账实不符等问题。协调各专业管理部门，督促利库计划的执行，确保积压物资的利库，建立物资仓储管理的长效机制，规范项目物资出入库、工程结余物资退库操作，借用物资管控，通过多措整治，全年工程结余物资利库6641.27万元，积压库存消纳3200万元，借用物资清理入账6100万元。

强化储备定额应用，协同配网部、财务部完善储备定额优化应用措施，建立定额预警、信息通报、及时补库机制，累计领用出库（借用）39575万元，库存周转率3.5次/年。

加强废旧物资处置，年度组织废旧物资拍卖7个批次，处置条目3565条、金额4418万元，溢价率51%，处置收益相比2020年增长59%。

【供应链运营管理】 体制机制建设。国网陕西电力扎实制订供应运营“巩固提升年”工作方案，细化分解42项重点任务，建立重点任务协同攻坚、专项督办、柔性团队机制，建立供应链运营双周协调、月度例会、季度推进会机制，编发运营月报11期，组织三次地市运营中心评价。

完成“1+11”省市两级供应链运营中心组建，形成两级协同架构。通过总部供应链运营专家培训及选拔、国网现代智慧供应链运营竞赛，6人入选国网专家库，入库人数居国家电网公司前列；在陕西省内举办专家培训及选拔，组成了63人的省级运营专家团队。全年完成8项热点课题研究，形成2项发明专利，并通过国网总部2021年度供应链运营中心达标评价验收。

功能建设。供应链运营平台正式上线，建成约400个功能点，为近500名省、市、县的各专业用户提供运营、分析、决策支撑。平台采用*N*+1（*N*个专题看板、1个全部功能清单）形式展示各功能点，提升用户使用体验。物资公司各专业、省市县三级共同参与平台建设，充分发挥柔性团队、“职能+矩阵”作用，共同建好平台。通过平台建立起物力资源“全量数字资源池”，随时开展库存核实、物资调配，在河南暴雨灾害应急响应、十四运会期间发挥巨大作用。合同货款结算专题推动国网陕西电力逾期货款降低92%。应急管理工作逐步从线下转移到线上，平台支撑省、市两级运营中心协同联动，随时响应紧急物资需求。

现代智慧供应链建设。2021年，国网陕西电力结合供应链运营巩固提升年的有关要求，深化迭代供应链运营平台功能，做实数据常态化治理与专项治理，不断提升物资业务链条智慧分析能力。机制建设方面：组织编发了《供应链运营中心系统建设方案》《ESC数据专项治理工作的通知》，组建了数据治理柔性团队，为平台优化及数据治理提供了有力的机制与人员保障；功能建设方面：按照“供应链巩固提升年”工作要求，已完成全部功能的建设与优化，包括16项业务专题看板建设、74项原有功能的优化、35项评分点对应173项功能优化，以及竞赛功能点191项功能优化，不断提升平台功能的好用、实用；数据建设方面：聚焦供应链运营需求，汇集ECP、电商平台、ERP、规划计划、基建管控、PMS、财务管控、现代智慧供应链场景等8套系统共630张表，完成评标基地生产环境数据、物资库及专业仓等作业现场数据的接入，累积处理数据问题230项，解决数据质量问题2101条，建立“业务+数据”联合治理机制，有序提高数据质量，深挖数据资产价值。不断推动数据质量提升，提高供应链运营中心实用化水平。

典型场景的开发与迭代。2021年，为贯彻国家电网公司“十四五”规划决策部署，落实公司数字化转型重点工作任务，按照陕西电力物资专业数字化转型子方案的有关要求，完成“采购计划数字化审查大厅”“结算单据云签署”“重点项目物资全流程可视化监控预警”“构建供应链运营平台（ESC）智慧监控链”以及“基于AR技术的物资抽检监控及移动应用”等五个典型应用场景的建设，扎实提高国网陕西电力物资抽检业务质效，有效提升了计划审查效率，实现结算单据“随时随地，即签即办”，加快业财融合，优化营商环境，实现物资业务的全流程、全视角、全方位的跟踪、预警和展示。

场景应用。强化场景应用促管理提升。通过采购计划智能申报、审查应用，实现了采购计划自动比对、智能审查，提高了计划申报的效率和质量，实现单批次计划审查会由原来的4天缩短至1天，计划申报准确率提升至98%。创新构建全面涵盖采购目录、采购批次、采购标准、物料主数据、框架协议、合理供货周期、物料参考价格等业务信息的物资数据储备库模式。建立全量库存资源池，全量库存和供应匹配资源数据融合贯通，实现跨项目、跨单位调配利库，库存资源利用率提升30%。全面应用合同结算单据电子化，办理电子单据21718份、金额34亿，平均办理时长由原来7天缩减至5分钟。创新开展“淘宝”模式开发物资供应全程可视化功能，实现物资从计划至退役报废各关键节点及运行轨迹的实时查询，提高供应保障质效至少28%。

（陈　筱）

基础管理

【对标管理】 国网陕西电力贯彻提出“切实做好对标促融及县所结对提升工作，用最短的时间提升公司管理水平”的要求，遵循“方法—展开—学习—整合”的卓越管理理念，在全公司高效开展对标促融工作。在方法层面，梳理现行有效制度标准体系，搭建全覆盖县所结对提升平台，梳理有效规章制度727项，技术标准332项，作业指导书（卡）2584项、文件155项，形成“四张清单”，共结对县公司70对，供电所505对。在展开层面，分五个阶梯开展机构人员、制度标准、硬件设施、数字化建设、党建文化对标，突出与自身比改进，推进业务同质化运作。在学习层面，坚持对标工作只排名不考核，推进指标融合计算和大排名，帮助各单位横向比找差距，持续创新改进，年度实现24项指标全口径评价，占比50%。在整合层面，建立进度通报、督导检查、问题整改、经验推广的闭环式工作机制，编制县所结对提升检查事项清单，深入基层调研指导，做好经验总结和管理诊断，推动跨专业、跨单位协同问题解决。持续与国网福建电力、国网湖北电力等先进单位开展对标学习，国网陕西电力31项指标达到或超过国际领先目标值，对外收集推广国网系统基础治理典型经验、成果117项，对内提炼发布四批 25 篇典型经验。

（郭 磊 陈 滨）

【管理创新】 围绕国网陕西电力战略目标，以服务“碳达峰、碳中和”目标和“一业为主、四翼齐飞、全要素发力”为重点，充分发挥管理创新基础性、系统性、牵引性、推动性作用，集中创新优势资源，开展管理创新项目攻关，全年组织实施管理创新示范项目 60 项，其中重大项目 12 项（含承担国家电网公司项目 3 项），重要项目 48 项；推广项目 15 项（含承担国家电网公司项目 2 项）。印发《国网陕西电力 2021 年管理创新项目实施方案》，从制定方案、组织实施、总结验收、培育申报四个阶段开展项目全过程管控。凝聚专业部门、内外部专家合力，开展管理实践总结与创新成果培育，集中力量打造高标准、高质量成果。开展管理创新培训资源建设，编制管理创新视频培训课程 6 项，通过国网大学网站向全系统进行发布。积极组织优秀成果申报国家级、全国电力行业、国家电网公司、陕西省管理创新成果奖，共获得国家级成果奖 1 项，全国电力行业级成果 2 项，国家电网公司成果 4 项，陕西省成果 33 项。

（胡 斌）

【QC 小组活动】 编制了《国网陕西电力 2021 年重点 QC 成果培育方案》，明确重点课题申报、筛选、培育、成果形成全过程内容。从 610 项课题中筛选出 20 项重点课题，小组活动阶段由内部专家带队对活动过程进行现场督导检查，成果总结阶段邀请外部专家开展两轮次集中辅导，形成高质量成果 10 项。组织各单位推荐成果 200 项，其中问题解决型成果 149 项，创新型成果 50 项，编制《国网陕西省电力公司 2021 年质量管理（QC）小组活动成果评审方案》，采取“内部专家”与“外部专家”相结合的方式开展交流评审。

举办 2021 年度优秀 QC 成果发布会，交流展示公司优秀成果和小组活动风采。建立完善了 QC 小组活动的注册审查、过程管控工作机制，提高了活动的科学性和规范性。将 QC 活动与年度薪点绩效挂钩，激励了员工的创新热情，提高了员工参与 QC 活动的积极性。将优秀 QC 成果汇编成册，下发到各个单位。运用微信工作群，为一线班组提供学习分享的优秀案例，促进优秀 QC 成果交流推广，营造创新氛围。

• 国网西安供电公司秦俑 QC 小组、国网宝鸡供电公司筑梦陈仓 QC 小组和国网安康供电公司自动化守护者 QC 小组荣获 2021 年国际质量协会活动成果发布金奖。

（张格格 摄）

2021 年度，国网陕西电力 2 个小组成果入选国家电网公司 QC 优秀成果，4 个成果获得国优奖项，3 项成果取得国际质量管理大会（ICQCC）金奖，35 个 QC 小组成果取得全国电力行业 QC 成果发表赛奖项，110 个 QC 小组成果取得陕西省优秀质量管理发表赛奖项。

（刘 正）

【卓越绩效管理】 落实《国家电网有限公司“十四五”深化卓越绩效管理指导意见》《国家电网有限公司 2021 年深化卓越绩效管理的工作方案》。国网宝鸡供电公司和国网铜川市耀州区供电公司入选国电网公司深化卓越绩效管理试点单位。国网宝鸡供电公司结合同期线损、安全生产“四双”管理、现场标准化“看板”管理、供电可靠性、量价费损、基础数据六项基础管理推行卓越绩效模式，在国家电网公司卓越绩效管理推进会做经验交流。国网铜川市耀州区供电公司结合数字化转型打造智慧企业工作推行卓越绩效模式。在对标促融工作中导入卓越绩效过程管理成熟度评价方法。2 篇案例入选国家电网公司卓越管理案例库。

（毕鹏翔）

【社团组织管理】 落实《国家电网有限公司社团管

理办法》《国家电网有限公司社团作用评价指标体系（试行）》。规范社团管理。指导西安亮丽电力工程设计有限责任公司加入中国电力规划设计协会、西安电力高等专科学校加入陕西省高等学校思想政治教育研究会，服务基层单位参与行业交流实践。组织开展公司本部加入社团作用评价工作。根据量化评价结果，报请国网陕西电力党委内部审议社团保留、退出事项，合并及清理后保留社团8个。组织开展基层单位社团组织情况书面调研，梳理出29家基层单位加入社团组织情况，详细了解社团会费标准、社团服务内容、必要性、会费缴纳方式等情况，严格执行社团管理制度。

国网陕西电力加入社团汇总表

序号	社团名称	会员单位性质
1	中国电力企业联合会	常务理事
2	陕西省电力行业协会	理事长
3	陕西省应急管理与安全生产协会（原陕西省安全生产协会）	副会长
4	中国电机工程学会	理事
5	全球能源互联网发展合作组织	会员
6	陕西省电机工程学会	理事长
7	陕西省企业联合会	理事
8	陕西省电工技术学会	会员

（陈　燕）

【体制改革】 加强改革工作统筹管控。贯彻落实国家电网公司“改革攻坚年”工作部署，成立国网陕西电力深化改革工作委员会（简称深改委员会），在法律部设深改委员会办公室。制定推动落实国企改革三年行动工作规则，分解落实国企改革三年行动实施方案，专项印发2021年深化改革重点工作安排，布置28个方面88项改革任务，确保达到2021年完成国企改革三年行动总任务70%的目标。健全全面深化改革工作协同机制，由深改委员会统筹统领，各专项改革领导小组、分管领导及工作组负责专项改革工作，相应牵头部门组织实施具体任务。坚持双周例会制度、深改工作月报、电改工作周报、增量配电试点项目周报等机制，并将各单位电力体制改革、国有企业改革、内部管理变革纳入体改专业考核和负责人业绩考核。累计召开例会25次，编发通报、简报40期，年度改革任务完成率100%，国企改革、电力改革、内部变革成效明显，21篇经验亮点被国网深改月报、电改简报刊载，体改专业业绩考核位列国家电网公司系统并列第5名。

国企改革扎实推进。滚动更新国企改革三年行动任务台账，向国家电网公司总部报送每月进展，同步跟踪各部门单位改革任务落实情况。对照国企改革三年行动实施方案台账，组织省市两级自评价，推进短板提升。优化调整了省管产业“1+1+*N*”产权架构。对标世界一流管理提升取得实效，3项经验入选国家电网公司“三个标杆一个示范”项目，国网宝鸡供电公司被评为标杆企业，国网陕西电力党校党性体检中心被确定为示范基地，数字化县公司建设经验入选标杆项目。截至2021年末，国家电网公司国企改革三年行动重点任务中，国网陕西电力涉及重点任务99项，已全部完成39项，59项进度达到70%以上，总体任务完成率超过80%，为2022年全面完成打下坚实基础。

电力改革进一步深化。扎实做好第三周期输配电价核价基础准备，促成政府取消工商业目录电价、出台尖峰电价、归并榆林价区输配电价。成立陕西省需求侧研究中心，加强辅助服务市场运行和需求侧管理。按期完成交易公司股权调整，规范开展代理购电及市场交易，组织完成陕西省内直接交易电量750亿kWh、代理购电交易47亿kWh、“绿电”交易40亿kWh。全力做好新能源并网消纳，全年新能源发电量311.2亿kWh、利用率保持在97%以上。研究明确了榆林区域增量配电项目参与策略，配合组建榆林电力投资公司，协商划分3个增量配电试点项目营业区，完成延安新区试点项目资产及业务移交。

内部变革持续发力。组织开展两轮次“放管服”回头看，答复基层意见144项，反馈总部优化建议12项，实施“放管服”第四批14项、第五批18项。完成营配体系优化调整，建成中心供电所100个，指导基层做优330kV建管业务承接、配网项目管理、供电所10kV运维包干等业务。“五个倾斜”稳步落地，专项考核精准激励效果明显，累计兑现“挣工资”激励7.04亿元。“四项基础治理”效果稳步提升，数据、线损、供电质量、量价费损管理基础稳步提升，同期线损综合达标率位居国家电网公司第一。打造提质增效升级版，消化对冲减利影响40亿元。大力推动数字化转型，打造临潼、耀州数字化县公司样板，建成27个数字化供电所。

（余坤兴）

依法治企

【普法工作】 编制印发《国网陕西省电力有限公司关于开展法治宣传教育的第八个五年规划（2021—2025）》，编制完成年度普法工作要点。印发各基层单位普法责任清单，持续压实基层单位法治企业第一责任人职责。创新开展普法宣传工作，开发并完成2021年法治精神系列微课，法治动漫微电影获奖作品数量排名国网第一，六部法治动漫微电影入选国家电网公司优秀作品集。面向基层单位，常态化开展“送法下基层”以及“带案下访”活动，组织基层单位签订全员合规承诺书。两家单位被推荐为全国“七五”普法先进单位和全国依法治理创建活动先进单位。高标准打造法治宣传教育基地，多批次迎接司法部、省人大领导调研指导。持续推进国网陕西电力法治宣传教育基地常态化应用，围绕法治宣传教育的重点，挖掘法治教育资源，打造职工学法有热情、基地教育有新意、公司普法有效果的陕西电力法治文化品牌。

（张睿喆）

【规章制度管理】 国网陕西电力成立规章制度管理委员会，发布《国网陕西省电力有限公司规章制度管理委员会工作实施细则》，督导落实国家电网公司工作要求、部署公司规章制度体系建设中的一些重大事项及协调跨部门规章制度管理工作。对加强国网陕西电力规章制度管理工作，形成科学、高效、规范、有序的规章制度管理机制将起到积极推动作用。随着国网陕西电力机构整合、业务融合，内部管理格局发生较大变化，坚持制度融合先行、同质化管理、一体化运作，国网陕西电力先后发布加快推进制度融合工作通知、开展制度“废、改、立”和组织制度宣贯培训等工作，以强化执行促业务融合。落实国网陕西电力“十六字”（一板一眼、一丝不苟、严精细实、专业专注）工作作风要求，组织开展“管理人员讲制度”活动，取得积极成效。在后续的各类培训中增加了制度培训内容，鼓励各级管理人员上台讲制度，扎实开展制度宣贯培训，促进制度有效落地。

（张　晶）

【法律风险防范】 围绕“两网融合”，全过程参与融合发展相关方案、协议的制定审核，主动介入各专业融合，高效完成国网陕西电力工商注册。健全法律合规风险识别、预警、评估工作机制，针对立项和决策合规、招投标、合同、征地拆迁、生态环境保护等33项重点任务进行风险评级，编制风险控制措施16项，发出风险提示5份，合规风险防范有力。在国网系统率先实现重大决策合法合规性审核省市县三级全覆盖，出具法律意见书85份。2021年，法律部为国网陕西电力重大项目提供法律咨询论证68件次，为招投标采购提供法律保障66人次，公司重大决策、重点业务合法合规审核率100%。

（张睿喆）

【合同及招投标管理】 夯实合同管理基础。印发《关于推进合同精益精细管理行动的通知》，健全完善国网陕西电力本部和直属各单位合同管理机制，合同管理部门、业务承办部门和合同会签审核部门职责明确、责任清晰、高效协同；稳步加强产业单位合同管理。以法治建设“数智化”转型为“主抓手”，做好经法2.0上线试运行工作，持续做优数据合规，做到全员、全业务、全过程合规管理。严格构建招投标法律保障机制，加强法律文件审核，做好事前控制，由源头上预防法律风险，真正发挥招投标法律保障机制的效用，实现依法治企最终目标。

（姜　琳）

【依法维权】 案件管理成效显著，2021年全年办结案件55起，挽回和避免经济损失3457万元，积极推动鲁能等重大案件处理，指导办理案件129件，证据留存平台建设走在国网前列。触电防治三年行动任务圆满完成，公司触电防治工作经验被国家电网报专刊报道，铜川、延安、榆林供电公司连续三年未发生触电案件被国家电网公司通报表扬。加强重大案件会商督办和指导，妥善处理各类重大案件，榆林公司建立案件管控联动机制，针对新发重大案件组织成立专案组处理督办。扎实推进“以案说法，以案促改”，制作“以案说法”系列视频供国网陕西电力党委理论中心组学习研讨，编制《国网陕西电力2019~2020年典型案例汇编暨类案指导手册》，其中触电案例入选国家电网有限公司第二期诉讼指导案例，占国网触电类案例10%。

（张睿喆）

【法律队伍建设】 全方位提升法治队伍专业水平。制定建设法治专业队伍素质提升专项计划，开展为期三批次基层单位法律专业人员轮训工作。面向基层单位法律专兼职人员，组织三期法律业务培训班，定期举办法律沙龙、交流座谈，推动交流锻炼。举办公司法律专业知识竞赛，选派法律人员参加国网“模拟法庭”比赛，切实提高法治专业队伍专业化水平。搭平台拓通道，积极制定法治人才培养计划、公司律师管理办法，统筹系统内法律专兼职队伍，初步建立公司律师团队。推广业法融合，召开法律业务融合研讨会，建立各层级法律人员与业务人员横纵结合的队伍，为推动法治文化建设高质量发展提供人才支持。

（张睿喆）

综合管理

【值班工作】 加强值班体系建设，严格值班纪律，优化值班考核评价机制，严格执行领导干部外出请假报告制度，先后印发了《从严落实行政值班联络畅通工作要求的通知》等文件，不断提升行政值班质效。2021年，累计办理各部门各单位外出请假报告340件，安排国网陕西电力本部行政值带班622人次，接收处理各类来文来电700余件，完成国家电网公司下达的值班任务79项，办理国网陕西电力系统重大事项报告108件，完成2家新上线单位和原南区9家单位值班一体化系统部署及上线工作。累计向国家电网公司报告重大事项37件，向陕西省委省政府报送值班报告2件。其中，围绕重大保电、领导调研慰问，先后上报了陕西省委书记刘国中接见“三秦楷模”张雷威同志、陕西省省长赵一德同志组织召开理顺陕西电力体制改革专题会议、陕西省委书记刘国中现场检查指导陕北±800kV换流站建设工作、陕西省委书记刘国中对国网陕西电力迎峰度夏电力保障工作做出批示、陕西省省长赵一德调研国网陕西电力工作、陕西省副省长程福波调研国网陕西电力十四运会电力保障工作、国网陕西电力学习贯彻国家电网公司董事长、党组书记辛保安同志在听取巡视国网陕西电力党委情况汇报时的讲话精神、陕西省总工会主席郭大为到国网陕西电力调研并出席公司工会第一次会员代表大会等值班报告；在安全生产方面，及时上报了±800kV祁韶线发生非雷击跳闸、±800kV祁韶线抢修工作结束投入运行、陕西局地突降暴雨部分电网设备被迫停运、国网榆林供电公司调度大楼附近已排除天然气闪爆险情、国网陕西电力8·22受损主网设备恢复运行、国网陕西电力330kV西金线因极端天气故障致停运铁路恢复单线运行、西安城区实施330kV输变电工程强制保护性施工等20多件次重要信息，为国网陕西电力有效沟通、科学决策、推动工作落实等方面提供有力支撑。

（乔新宇）

【信访工作】 2021年，国网陕西电力共接待群众来信来访285批452人次，其中集体访10批142人次，始终秉承“三到位一处理”的工作原则及时妥善处理各类来信来访，未发生危害国家和社会稳定的政治事件、群体性事件、非正常进京上访、个人极端上访事件以及其他影响国网陕西电力和社会稳定的公共安全事件。全年信访稳定工作以保障建党百年、全国十四运、国网陕西电力融合发展等重要活动为主线，狠抓“基础管理、风险防范、协同应急”，推进“事要解决”，信访工作总体形势平稳、风险可控在控，队伍保持和谐稳定，被评为陕西省信访“人民满意窗口”、1人被评为陕西省“最美信访干部”。信访“一个网络，三个重点”作用发挥突出：建强一个网络，确保责任到位。即建强省、市、县三级信访稳定工作管理网络，压紧压实属地责任，送服务下基层，开展基层调研及带案下访12次、专题政策宣讲3场，将矛盾化解稳控在当地，将维稳防线前移。紧扣三个重点，实施源头治理。即紧扣重点事项，全力化解，夯实各级“领导接待日”制度执行，深入督察督办，细化事项处置进度，上级交办的“重点重复性案件治理”的15件信访事项全部实行领导包案、挂账销号，全部化解结案，信访存量进一步减少。紧扣重点人员，全力稳控，加强涉及职工和群众利益重大决策的稳定风险评估，针对风险制定专项预案3套。建立隐患动态清单，先后组织不稳定隐患常规排查4次、专项排查4次，累计排查不稳定隐患10大类32项，坚持带案联合下访、源头治理，85%的矛盾在基层化解。紧扣重点时段，全力维稳。超前部署敏感节点相关工作，梳理研判各类“新老问题”，搭建政企沟通平台，全年紧急启动内外部联防联动机制6次、信息“零报告”6次，开展驻省赴京劝返4次，完成各项维稳应急工作。

（冯永艳）

【保密管理】 落实国家电网公司保密工作部署，完成习近平总书记来陕考察、庆祝中国共产党成立100周年、十四运会和残特奥会等重大活动保电保密任务，全年未发生失泄密事件和严重违规事件，实现了定密工作零差错、网络保密零泄密、涉密人员零违规的“三零”目标。完善保密组织体系，将保密工作纳入各级党组织重要议事日程，逐级签订保密“三书”、十四运和残特奥会保电专项责任书。加强保密应急机制建设，成立十四运会和残特奥会保电保密工作组。规范涉密人员管理，全面梳理公司涉密岗位、人员，及时发现问题、消除隐患，切实推动安全保密工作向“事前预防”转变。加强保密宣传教育，以微信订阅号文章、展播宣传视频等活动促进保密“两识”入脑入心，《保密之歌》获中央保密办（国家保密局）庆祝中国共产党成立100周年保密宣传教育作品征集评选活动三等奖。揭榜国家电网公司首批保密宣教培训课件开发任务，承担党政领导干部保密培训课件编制工作。狠抓网络保密管理，组织开展全方位网络保密检查15547次，部署国网陕西电力保密网络巡查监测系统，涉密岗位内外网计算机终端纳入日常监控。

（王　希）

【公文管理及协同办公系统】 贯彻“为基层办实事”各项要求，开展精简文件为基层减负工作情况调研，制定公文减负实施方案，明确具体措施和工作目标，从严控发文数量及文件篇幅、高效利用办公信息化手段、严格文件审核把关、加快办理时效和加强通报考核等方面重点整治文山会海反弹回潮问题，切实为基层减轻负担。超前谋划两网融合期公文流转方式，加速度打通电子公文传输渠道，完成原南区本部、9家地市公司人员信息在原东区现有协同办公系统上的适应性调整，及原南区9家直属单位和70家县级公司协同办公系统新建工作。高质量推进移动办公覆盖范围，打造“高效便捷、智能互动、融通共享”的智慧办公平台，满足全体员工随时随地便捷处理办公事务、及时响应工作任务，不断提升办公效率。以季度公文质量考评通报为抓手，持之以恒提升公文质效，最大程度发挥以文辅政作用。2021年，国网陕西电力本部协同办公系统处理发文1974份，收文6306份，签报387份，信息通报（发送）1019份。机要渠道传递公文536件，其中涉密文件320件，均通过保密计算机进行登记，按规定程序办理。印章管理做到细致无差错，全年日常工作用印13950份。

（魏红兵）

【档案管理】 加快推进档案智能化、信息化建设，试点开展电网建设工程档案全过程数字化移交工作，构建基建项目数字化档案管理工作体系，有效缩短电网工程档案移交时间；做好新冠肺炎疫情防控、精准扶贫、十四运会及残奥会等专题档案的收集工作；投入专项经费，高效高质量完成原陕西地方电力集团公司存量档案数据迁移工作，全面丰富档案资源。指导直属各单位开展陕西电网融合资产和产权变动档案处置工作，规范档案归属与流向，确保流向清晰合理、资源安全可控。2021年，国网陕西电力本部整理、归档文书档案2916件、合同档案547件、会计档案488件、其他门类档案（实物、多媒体、重要资料）426件，向国家电网公司档案馆移交重要档案78件。深化档案资源开发利用和档案价值传播，2021年，结合“6·9国际档案日”宣传活动，编制《档案话百年　起航新征程》画册，试点开展“口述历史”档案采集活动，深入探索陕西电力电网“红色历史”，通过档案微视频、重要档案征集、主题征文等系列活动讲好档案“红色故事”。国网陕西电力提供的重要档案资料为国家电网公司庆祝中国共产党成立100周年档案展顺利举办做出重要贡献，获得国网办公室感谢信；《一块标牌的故事》被评为国家电网公司“传承红色精神 讲述国网担当”主题征文活动二等奖；《时光无声 印章有言》等7个优秀微视频在“国网档案”微信公众号展播；公司获得国家电网公司2020年度档案工作示范级单位第三名。

（周艺环）

后勤管理

【疫情防控】2021年，成立了由主要领导任组长的疫情防控领导小组，启动了新冠肺炎疫情应急预案，印发出台《关于加强新型冠状病毒感染的肺炎疫情防控工作的指导意见》《关于进一步强化疫情防控安全有序做好复工复产十五项指导意见》，制定和修订疫情应急预案、突发公共卫生事件应急预案，围绕“保调度、守西安、管系统”总体思路，把握“管住人、守好门”两项重点，坚持动态调整疫情防控策略，从严就高采取管控措施，通过完善“两个机制”，实施“三个严管”，做到“五个到位”，确保“双零”目标，扎实做好疫情防控工作。

“两个机制”：建立联防联控工作机制和疫情防控信息报送机制，做好防疫制度保障、防护措施保障、防疫物资保障。实行“零报告”“双报备”制度，做好重要信息收集、分析和研判，确保政令畅通，信息传递及时准确。

“三个严管”：严格排查，按照“全员登记、一人一档”要求，组织对14万员工和家属的健康状况进行全方位排查，实时跟踪动态，严格执行疫区往返人员隔离、健康监测等措施。组织10轮、50万人次的全员核酸检测，无一人阳性病例。按照“外防输入，内防扩散”的要求，加强办公区、营业厅等生产经营场所封闭管理，严格人员测温、核酸、检查登记，对所有生产办公区域实行“一个关口、专人把守，24小时值守”。严格消毒。实施全方位消杀作业，重点对办公、营业区域、会议室、食堂、电梯、交通车辆等定期定时进行消毒，不漏盲区，不留死角，防止疫情发生。

“五个到位”：防控责任落实到位。严格落实疫情防控主体责任，坚持守土有责、守土担责、守土尽责，每周早会通报情况，部署安排疫情防控工作。各单位均成立相应工作机构，落实责任，细化任务，扎实做好疫情防控工作。疫情防控指导到位。发放国家电网公司《新型冠状病毒防控手册》人手一册；利用内部网站、电子公告发布《国网陕西省电力公司新型冠状病毒感染个人防护手册》，编发疫情防控工作信息71期，指导各单位做好防控措施的落实。防范措施落实到位。严格门禁制度，制定办公场所、生产场所、个人防护各类措施，实施动态封闭管理，实行弹性办公，取消各类专业会议，食堂实行分时、分餐管理，最大限度地减少人员聚集、流动，避免交叉感染。防疫物资筹措到位。千方百计筹集口罩866万只，酒精、消毒液10万升，防护服3383套，测温仪设备4818台，做到了防疫物资保障充足、防疫措施及时有力、防疫工作严密有效，有力守护了职工生命健康。同时积极筹措24.7万只（件）抗疫物资支援国网上海公司抗疫工作，得到国家电网公司的表扬。疫苗接种实施到位。积极与属地疫情防控部门对接，与西安电力中心医院协作，加快实施全员疫苗接种，全员接种率达99.36%，在国家电网公司名列前茅。

【重大活动保电后勤保障】

1. 疫情防控保电后勤保障

在服务“六稳”“六保”中，各单位发挥责任央企“顶梁柱”“顶得住”的使命担当，积极联系陕西省各级地方党委政府，建立与各级卫健委和疾控指挥部常态沟通机制，制定了疫情防控保供电保服务十二项措施，加大对党政机关、医院、医疗器械和装备生产企业、供水供气、交通运输、信息通信、新闻机构等重点客户保电工作力度，加强设备监控、运维和故障处置，每日投入电网运维、客户用电保障人员7000人、应急发电车等各类车辆1200余台，发电机252台，为陕西省69家定点医院、76家发热门诊、38家防控用品企业和235家其他重要用户供电设施开展特巡、特护，24小时监测供电设施运行情况，确保电力保障万无一失。做好16家网省单位援助抗疫物资接收、发放工作，开展陕西高校结对支援任务，为5支来陕支援疫情防控保电队伍做好疫情防护与后勤保障服务。疫情防控期间，居民用电客户采取欠费不停电措施，在大疫大考面前，彰显央企社会责任、政治担当和为民情怀。

2. 重大活动保电后勤保障

做好十四运及残特奥会保电疫情防控、餐饮、交通、物资、医疗等后勤保障任务。为保电人员送餐7.2万份，核酸检测3309人次。为12家保电单位

5811 名保电人员配备单兵装备和集体装备。做好中国共产党成立 100 周年系列重大活动保电、陕西省政府与国家电网公司“两网融合”协议签署、陕北—湖北 ±800kV 直流工程启动会、电网迎峰度夏、迎峰过冬、陕西省中、高考等重大活动保电的后勤保障工作。

3. 抗洪抢险保电后勤保障

落实国家电网公司统一部署，国网陕西电力组织 619 人名援豫抗洪抢险人员，作为第一批赴河南郑州抢险保电队伍，在第一时间进入抗洪抢险现场，第一时间完成抢修保电任务。同时，做好甘、宁、新、川、渝西部五省 1200 多名电力抢修人员在陕豫交界处华阴、潼关集结点集结及入豫抗洪抢险提供后勤支援，助力抗洪抢险任务圆满完成。

【后勤专业化管理】 后勤领域安全管理。全面落实后勤业务“两项”责任制度和安全责任管控“六项”台账，建立完善安全责任体系和后勤安全管控措施。成立国网陕西电力安委会“后勤与交通消防专委会”，明确五个专业小组职责任务。大力开展安全生产专项整治三年行动。开展办公场所安全隐患排查、房产安全、车辆安全、防汛安全等后勤安全专项督导检查。排查消除生产办公场所及设备各类安全隐患 326 处。持续加强食品卫生、车辆交通、消防人防及防汛等综合安全管理，未发生重大安全责任事故。加强现场安全管理。落实国网陕西电力“四双”“四个管住”工作要求，建立小型基建施工现场“十不干”清单，积极创建样板工程，创建看板管理标准化示范现场，并推广实施，小型基建项目建设安全实现可控、在控。完善公共安全体系，健全应急保障工作机制和应急预案，防范化解重大安全风险，提升应急保障响应速度和应急处置能力，形成统一指挥、专常兼备、反应灵敏、上下联动、平战结合的后勤应急管理体制。

后勤依法治企规范管理。严格贯彻国家电网公司依法治企工作要求，坚持“依法经营企业、严格管理企业、勤俭办企业”的方针，聚焦巡视发现问题整改，不断建立健全办公用房、周转住房、公务用车、工程项目等合规风险防控机制，对依法治企检查或自查中发现的问题，严格落实整改责任和整改措施，并要彻底整改到位。坚持公开透明，严格审批程序，坚决杜绝超标准使用、豪华装修、配置高档家具等问题。全面加强车辆在线考核管理，保持公务用车上线率 100%，坚决杜绝公车私用、违规配备使用，建立健全依法治企长效机制，防范和化解国网陕西电力经营风险。

后勤领域改革。贯彻国资国企改革各项部署，完成了公务用车、“两供一业”、医疗和培训疗养机构以及宾馆酒店改革改制等改革攻坚任务。分离移交“两供一业”项目 387 个、关闭西安临潼电力职工疗养院、完成驻北京办事处撤销及资产划转、完成万年饭店关停注销及员工遣散等工作、完成西安电力职工医院整体划转，与国康集团签署战略合作协议。保障了国网陕西电力和职工权利权益，为企业轻装上阵、进一步聚焦主责主业、做强做优做大奠定基础，得到各方面充分肯定。

小型基建项目管理。2021 年，完成电网小型基建项目 21 个，生产辅助技改项目 22 个，生产辅助大修项目 18 个，完成投资 22061 万元，完成率 100%。推进超高压公司运检综合用房、运维检修用房竣工验收，建成投运汉中白雀寺、安康沈坝、商洛板桥等 7 个供电所，完成延安黄陵生产综合用房主体封顶建设目标。启动本部新基地项目，如期完成选址、项目建议书上报及概念性设计方案比选等工作。

后勤提质增效及资源管理。从严从紧控制后勤领域各项费用的成本支出，确保支出规范有序。严格履行职工体检、食堂等服务业务外包招标程序。持续推进“智慧食堂”，实现餐厅食材智能供给模式。大力实施办公场所节能降耗。推行公务出行社会化，推广“e 约车”。加强公务用车各个环节管控，细化单车成本费用核算，公务用车费用较上年降低 3%。盘活闲置低效资产，提高存量资产利用效率。完成陕西思极科技公司、国网陕西电动汽车公司等市场化单位办公场所方案调整，国网西安供电公司 110kV 杨家村变电站、国网山阳供电公司、国网安康水电厂办公场所征收还建方案与政府达成一致，实现地方政府与公司资产资源统筹利用“双赢”。

后勤保障服务管理。健全后勤组织体系，完善公司后勤“一体化”运作管理体系，各供电公司成立后勤工作部，基层后勤职责界面、人员配置持续优化，工作效率和服务能力不断提升。认真做好“两网融合”后勤保障，制定落实后勤专业融合方案，平稳有序完成办公场所调整搬迁任务。开展房屋土地资产摸排工作，完成小型基建项目、公务车辆信息统计与统一管理。为职工办实事办好事。切实把职工关切的食堂就餐、健康体检、交通保障、物业服务等工作做精做细，为广大基层一线职工创造良好的工作生活环境。职工体检26989人次。开展“十件实事”活动，增强职工获得感。服务工作大局，建立扶贫工作机制，克服新冠疫情影响，积极开展央企定点扶贫县（区）滞销农产品集中采购工作。“消费扶贫”累计完成采购金额346.78万元，完成年度指标200万元的173.39%，超额完成指标任务。

后勤信息化管理。推广后勤信息系统与业务系统融合，加强后勤信息管理、财务管控、ERP系统培训，提高系统数据维护的及时性、规范性、准确性。开展后勤资产实物“ID”8万余项资产信息录入、赋码贴标工作。典型场景应用系统完成办公用品管理、楼宇设备巡检、后勤服务设备盘点等模块开发，在本部后勤服务中心、铜川公司、西安临潼公司等单位试点运行。统一车辆管理平台2.0系统率先通过国网后勤部验收。

后勤职工队伍建设。加强国家有关法规和国家电网公司通用制度的学习，组织参加国家电网公司举办有关培训、知识竞赛以及专业调考。建立后勤全员培训机制，编制后勤人员业务培训计划，举办后勤管理专业培训，鼓励员工自学，提高员工的专业能力和创新能力，进一步提高后勤管理水平。

（孙卫民）

陕西省电力行业协会

【理事会工作】 印发《关于印发四届三次理事长办公会议纪要的通知》《关于印发四届三次理事会会议文件的通知》《关于行协本部部分人员职务调整的通知》；完成四届三次理事长办公会议各位副理事长所提建议答复函的印发工作，并将有关工作纳入行协年度重点工作。印发《关于印发四届三次理事会会议文件的通知》《关于理事长及部分副理事长调整的通知》《关于名誉理事长调整的通知》；完成行协法人（理事长）及部分副理事长人员变更及备案工作，取得省民政厅新核发的《社会团体法人登记证书》。积极做好行协法人（理事长）变更后续工作，申请变更行协开户银行账户法人信息和行协税务登记法人信息。

选举产生陕西省电力行业协会副理事长兼秘书长、审议通过了《陕西省电力行业协会关于2020年度财务收支及2021年度预算安排报告》及《陕西省电力行业协会工作报告》。到省民政厅办理了社会团体负责人（副理事长兼秘书长）变更备案手续。

【会员基础管理工作】 开展信用体系建设的宣传工作，印发了《陕西省电力行业协会关于转发中国电力企业联合会开展2021年涉电力领域市场主体信用评价工作和信用企业复评工作的通知》，根据中电联文件指示精神，鼓励各会员单位组织参加信用评价申报工作。2021年2月22日与中电联联合举办信用体系建设培训活动，23家会员单位参加。开展信用服务自查工作。按照中电联要求，对陕西省评价中心信用体系建设工作进行自查，并形成自查报告，报送中电联信用评价中心办公室。开展信用复评工作。致电联系中国电力工程顾问集团西北电力设计院有限公司、华能铜川照金煤电有限公司、陕西渭河发电有限公司、西安西拓电气股份有限公司等5家单位，完成《2021年企业复评工作跟进确认表》。征求会员意见建议。走访了23家会员单位，了解各企业经营情况及发展状况，双方就有关发展遇到的问题进行深入探讨，提出35条针对性的建议。开展“双碳”专题调研活动。印发了《陕西省电力行业协会关于进行火电厂“碳达峰、碳中和”工作情况调研的函》，并到大唐陕西发电有限公司灞桥热电厂、大唐陕西发电有限公司西安热电厂等13家单位进行走访调研，了解“双碳”工作开展情况。

【三项工作】 完成2021年标兵班组、优秀班组、优秀班组长的征集工作，收到会员单位申报的标兵班组45份，优秀班组118份，优秀班组长124份，总计287份。完成2021年质量管理小组活动成果的征集。收到156项质量管理小组活动成果。收到质量信得过班组材料32项。收到2021年企业管理现代化创新成果168项。完善“三项工作”专家库，收集整理质量管理小组专家56份，管理创新专家84份，班组专家27份。

【充电设施分会工作】 加快会员发展，截至2021年年底，共发展充电设施运营商、电动汽车主机厂、充电桩厂家等会员单位 83 家。完善制度、规范运行，制定下发了《陕西省电力行业协会充电设施分会管理规范》《陕西省充电行业市场公约》等制度。陕西智慧车联网平台接入陕西省充电设施运营商 187 家、充电站 2108 家，充电桩 2.6 万根。平台充电量累计达到 6.5 亿 kWh，在全国各省市中排名前 5。依托陕西智慧车联网平台开展绿电交易，三年共签约电量 14.9 亿 kWh，降低了用户充电成本。

【文化专委会工作】 组织陕西电力摄影家协会会员参加陕西省第 19 届摄影艺术展览活动，报送摄影作品 386 幅（组）。组织陕西电力美术家协会会员及美术爱好者参加由中国电力文协、中国电力美协举办的庆祝中国共产党成立 100 周年中国电力美术大展开幕式及相关活动。组织陕西电力书法家协会会员参加由中国电力文协、中国电力书协举办的“百年奋斗史 电力新征程”第七届全国电力职工书法作品展览活动。6 月中国电力摄影家协会在嘉兴召开 2021 年度工作会议暨中国电力“光辉历程、光明使者”摄影作品展览活动，陕西电力摄影家协会部分会员及相关单位共计 8 人前往浙江嘉兴参加会议及摄影展览开幕式等活动并荣获优秀组织奖。完成陕西电力行业文学艺术专家库的建设。初步确定通过了 19 名首批文学艺术专家库人员名单并予以公布。组织开展“永远跟党走，开创新征程”主题征文活动，共收到 170 余人次、530 余篇（首）约 55 万字的文稿，作品集的出版工作正在有序推进。

【行协本部管理】 完成行协 2020 年度财务审计工作。按照行协章程和有关规定，在国网陕西电力公司财务部的积极配合下，委托会计事务所对行协进行 2020 年度财务审计工作，并取得 2020 年度审计报告，保证行协依法依规开展各项工作。根据《陕西省民政厅办公室关于开展陕西省性社会团体 2020 年度检查工作的通知》要求，认真收集整理年检所需资料，通过省民政厅 2020 年度省级社团组织年检，年检结果为“合格”。开展省级行业协会收费自查自纠工作。根据《陕西省民政厅陕西省发展和改革委员会陕西省市场监督管理局关于组织开展 2021 年度省级行业协会商会收费自查抽查工作的通知》要求，开展自查自纠工作，严格规范收费工作，及时上报《全省性行业协会商会收费自查自纠情况表》。强化人员配置，新增加社会聘用人员 3 名，并根据工作需要，与有关副理事长单位协商延长 3 名派驻人员驻会期限，保证各项工作有序推进。

（陈　博）

安全生产

安全管理

【安全责任落实】 完善安全责任清单。按照国家电网公司统一部署，组织制定省、市、县三级领导班子安全责任清单和2021年度安全工作任务清单。开展全员安全责任清单修订工作，每季度组织核查并通报修订情况。通过展示平台，开展安全责任"每日一学"，将安全责任清单纳入年度全员安全考试内容。强化安全履责督责。组织基层单位主要负责人季度安全述职，在国网陕西电力内网专栏进行公示，督促安全责任有效落实。规范安全警示约谈机制，省市两级累计组织约谈33次，及时解决苗头性、倾向性的问题，防范违章和事件重复发生。提升安委会工作能效。完善安委会工作规则，在安委会下新设8个专业委员会，进一步强化"管业务必须管安全"。2021年国网陕西电力共召开安委会4次，研究推进安全生产重点工作。安全推进两网融合发展。以考核为抓手，出台《安全工作奖惩实施办法》，制定两网融合发展安全保障方案及各专业全面融合方案，印发28项安全制度文件，迅速实现安全督查省级联动，推进安全"统一管理、统一标准、统一流程、统一考核"。强化安全监督体系。研究制定了优化完善直属各单位安全监督和安全督查中心设置方案，规范机构设置、人员规模和运作模式，进一步加强国网陕西电力安全监督力量，提升安全管控能力。

（薛　钊　邓奕超）

【安全风险管控】 全面强化作业风险管控。实施"四双"管理，聚焦生产一线，下沉管理力量，强基础、强基层，常态化开展各级管理人员（含领导干部）、各类作业人员（含外包人员）安全规章制度"双培训"；实行管理人员和负责人"双勘察"；开展现场安全危险点、风险点"双辨识"；实行党员领导干部和到位管理人员现场"双到位"，合力保障作业现场规范有序。落实落地"四个管住"，编制了61个生产典型岗位的安全风险告知卡，针对53类典型班组266个作业场景，逐一制定"十不干"落实措施清单，开展"十不干"承诺，确保人身安全。制定《"四双"管理、"四个管住"工作评价实施方案》，组织开展评价工作，督促安全管控成效提升。

严格电网风险预警管控。国网陕西电力共发布六级以上电网风险预警1024份，圆满完成330kV草玄Ⅰ、Ⅱ线迁改、330kV神木变电站Ⅰ母检修等6项四级电网风险管控工作。严格落实风险管控周督查机制，组织召开安全风险管控督查例会45次，审查三级及以上作业风险115项，督促电网和作业风险分析到位、措施落实到位。

（薛　钊　邓奕超）

【隐患排查治理】 推进隐患缺陷"一本账""一体化"管理，聚焦重点领域和关键环节，提升电网设备健康水平。扎实推进安全生产专项整治，按照国家电网公司"三下三上"工作部署，坚持安委会抓总、安委办协调监督、各专业分工负责，召开省级专题视频推进会2次、专班会议18次，各专业组织推进会、答疑会20次，协调解决重点、难点问题。截至2021年12月底，排查问题隐患1826条，已整改1754、整改率96.06%，231条长期风险均已落实管控措施。坚持边查边改，以"二下"任务清单为基础，开展老旧设施、电力保供和事故隐患排查，滚动增加问题隐患292条。加强通报督办，安委办组织3次交叉互查，下发22期专题通报、4份督办单，约谈5家单位，有力促进整改治理。融合专项整治工作，根据两网融合进度，下发专项工作方案，开展再排查、再梳理，实现问题隐患"一张网""一个库"管理。

（杨宝杰）

【反违章管理】 保持反违章高压态势。坚持"违章就是事故"，持续深化"四个一"（一平台、一终端、一中心、一队伍）数字化管控体系建设，常态化开展安全生产巡查和"四不两直"督查。完善安全风险管控平台功能，实现各专业计划的全口径录入，建立企业资信报备系统、智能安全工器具库房、远程视频督查、违章数据库。推广数字化安全管控智能终端应用，规范省市县三级安全督查中心工作流程、标准，切实发挥安全督查中心作业安全监督的枢纽作用。开展"重复性、典型性"违章专项治理，按照"同一性质、同一内容"违章"事不过三"惩处要求，组织开展现场反违章宣讲活动，切实减少重复性、典型性违章的发生。开展月度无违章员工评选和奖励，从正面积极鼓励、引导员工主动参与现场安全工作，确保现场安全。

严肃违章奖惩考核。省市县三级安全督查中心视频和飞行检查作业现场 11.1 万余个，查处违章 4400 余起、处罚 65.39 万元，12 家外包队伍和 29 名人员被纳入黑名单和负面清单。开展争做“人身安全吹哨人”行动，完善无违章现场、班组、个人奖励机制，全年兑现奖励 912 万元，形成了专业抓履责、全员保安全的良好氛围。

（游　强）

【安全双准入管理】 严格落实安全双准入工作要求。印发国网陕西电力《2021 年度安全准入工作实施方案》《安全准入企业和人员评价标准》《促进业务外包队伍安全同质化管理意见》和《加强业务外包队伍安全资信评价结果应用意见》等文件，举办 5 期安全准入管理培训。依托安全生产风险管控平台，实施业务外包企业安全资信审核、准入、报备管理，建立健全作业队伍、人员安全资信数据库，把好业务外包队伍及作业人员安全准入关，全年一季度累计准入外部施工单位 934 家，内外部现场作业人员 6.54 万人，准入合格率为 88.62%，较上一年度同比增长 47.4%。按年滚动更新、发布业务外包队伍安全资信评价标准，进一步完善评价体系，压实评价责任，发挥业主、施工项目部、监理、安全监督人员作用，开展外包队伍和人员全方位、全过程安全资信评价，严格执行“负面清单”“黑名单”等管控措施，发挥资信管理对外包队伍基础提升的促进作用，逐步形成核心队伍，截至 2021 年底，国网陕西电力累计将 7 家业务外包单位纳入“负面清单”“黑名单”管理。印发《关于促进业务外包队伍安全同质化管理工作的意见》（陕电安委办〔2021〕16 号），建立外包队伍同质化评价机制，将外包队伍同质化要求纳入资信管理评价指标，以正向引导激励方式，打造同质化管理示范典型，推进外包作业队伍与系统内作业队伍的同质化管理。

（张　珂）

【应急工作体系】 开展应急能力建设。落实《国家能源局电力应急能力建设情况专项督查工作要求的通知》要求，组织开展国网陕西电力应急能力建设情况自查自纠和专项督查，健全应急管理体制和机制，解决短板弱项，持续提升应急能力。结合两网融合，开展新一轮应急预案修编，聘用第三方公司扎实开展应急能力建设评估，落实国家电网公司应急管理规定要求，不断推进应急体系建设制度化、规范化、标准化。组织各级专题学习 13 次，举办 4 期应急基干队伍技能培训班，参加黄河流域西北五省应急救援基干队伍互训互练，提升应急基础能力。全年开展各类应急培训 86 场，参培 2311 人次。组织国网陕西电力全员参加全国第三届应急管理普法竞赛，取得了国网系统第六名的好成绩。制定年度演练计划，开展应急实战演练，全年共组织开展各级各类演练 151 场，参演人员 4837 人次。组织开展西安、渭南等地市迎峰度冬大面积停电政企联动应急演练，夯实应急队伍实战能力和应急指挥中心响应处置能力。积极响应政府号召，积极开展“5·12 全国防灾减灾日”“10·13 国际减灾日”等主题宣传日活动，通过宣传板、短视频等多种方式向职工科

● 2021 年 3 月 10 日，国网安康供电公司组织安全准入考试。（薛　超　摄）

● 2021 年 9 月 8 日，国网安康水电厂组织水上救援应急演练。（崔　航　摄）

● 2021年11月24日，国网铜川供电公司开展迎峰度冬有序用电应急演练。（杨　鹏　摄）

普防震减灾知识法规，增强职工防震减灾和自我保护意识。

强化气象监测预警，省市县三级主动加强与气象、水利、应急、防汛指挥等政府部门的沟通联系，推广全员使用“陕西气象App”，及时掌握气象信息，研判发布各类气象预警。强化安全生产值班值守，组织省市县三级扎实开展重大活动保电和迎峰度夏、迎峰过冬、疫情防控等各类保供电24小时安全生产值班，2021年共安排9590个班次、涉及值班人员28852人次，及时准确掌握陕西电网运行和安全生产情况，有效防范应对突发事件，保障电网稳定、供电可靠。及时启动应急响应，科学高效应对处置“洛南7·23”“勉县8·22”“大荔10·8”突发汛情灾害，汛情后第一时间召开防汛工作视频会，成立抗洪专业工作组赶赴前线，靠前指挥、统筹调配、合理安排，第一时间抢修恢复灾区各台区、各用户电力供应。

（于　波）

【安保管理】 夯实治安防恐工作基础。人防方面，在各级管理部门设置兼职安全员，负责本专业重要目标的防恐安保工作。与公安机关建立密切关系，对变电站安保人员背景进行审查，防止嫌疑人员上岗。物防方面，根据《电力行业反恐怖防范工作标准》要求和设置标准安装了防盗安全门、防盗栅栏、机动车阻拦装置。各变电站配置了反恐设备器材。技防方面，全面完成国网陕西电力330kV及以上变电站技防设施改造升级工作，逐步推进全系统视频监控完善建设，保证视频图像信息保存期限符合法定标准。

强化治安防恐应急能力建设。按照国家反恐怖防范重点目标分级分类办法，实时动态更新国网陕西电力重点目标分级分类库，根据《国网陕西省电力公司突发事件应急管理规定》，修订印发治安防恐突发事（案）件应急处置预案和一批涵盖电网要害设施安全管理的内部规章制度。严格落实重点目标反恐“三防”措施，升级调控大楼和枢纽变电站重要电力设施技防安全设备，协同政府公安部门，建立“联防联动”机制，开展防恐应急实战演练，提升防恐应急处置能力。

稳步推进反恐重点目标达标建设。落实《中华人民共和国反恐怖主义法》《防范恐怖袭击重点目标分类分级办法》《电力系统治安反恐怖防范要求》有关规定，按照专业指导、分类管理、属地为主、分级负责的要求，有序推进21个一级重点目标达标建设工作。

做好中国共产党成立100周年和十四运会等重要活动期间国网陕西电力安保工作。加强调控大楼和枢纽变电站安防设备、设施的维护、保养，开展安保人员治安、防恐技能培训，保电时段执行重要目标人防到位，圆满完成保电期间安保工作。

（何玉军　罗少弟）

【消防安全管理】 全面压实消防安全责任。紧紧围绕国网陕西电力工作部署和重点任务安排，以保证电网安全运行为目标，深入落实国家电网公司、省委省政府、省消安委、省公安厅消防治安防恐保供电各项工作要求，持续强化消防工作。深化执行《国家电网有限公司消防安全监督管理办法》（国家电网企管〔2021〕351号），坚持“谁主管谁负责、管业务必须管安全”的原则，建立消防安全责任制，健全各级消防安全保证和监督体系，实行单位主要领导负责制，分级、分部门管理，坚持安全自查、隐患自除、责任自负。

推动第一轮消防安全评价工作。根据《国网陕西省电力有限公司关于开展第一轮消防安全性评价工作的通知》（国网陕电安监〔2021〕43号）要求，综合运用安全系统工程学的理论方法，对国网陕西电力公司系统各级消防工作中的危险因素进行辨识，对消防管理系统存在的危险性进行定性、定量分析，诊断消防安全工作及管理现状，评价消防安全风险，为制定消防安全工作计划和管理薄弱环节的对策措施提供基本依据，确保消防安全。

开展创新应用消防新技术试点建设。与国家电网公司火灾实验室等科研机构紧密合作，开展变电站火灾处置全景信息系统、电缆沟防火全地形微型巡检机器人创新应用，建立试点站，记录数据，总结应用，为国网陕西电力决策提供应用及数据支撑。根据消防安全监督工作实际，深化应用消防安全远程监督技术，实现新技术应用与专业管理的有效结合，在理论与实践中总结消防管理的典型经验，实现新技术与管理成效的快速转化。

（何玉军　罗少弟）

【“安全生产月”活动】 开展习近平总书记关于安全生产重要论述、《生命重于泰山》专题片、新《安全生产法》等线上专题学习培训，累计参加学习 42 万人次，各级党委中心组集体学习研讨 61 次，党支部开展专题学习 714 次，树牢安全理念。开展安全文化成果宣传，组织观看《建设施工事故案例安全警示教育片》《现场作业安全交底警示教育片》等 54 部教学片，形成“学案例、保安全”良好氛围。配合地方政府共同开展安全咨询日活动 58 场次，发放 7350 余份宣传资料，接受群众咨询 2858 人次，向社会公众和各级人员集中宣传安全生产方针政策、法律法规、安全常识、触电急救等安全知识。

（张　珂）

● 2021 年 6 月 16 日，国网商洛供电公司利用安全大讲堂举办“知法、守法、明责、履责”专题讲座。

（张　珂　摄）

设备管理

【输电管理】

1. 架空输电线路

完成各项重要活动保电工作。面对疫情，严格落实防疫措施，做到疫情防控和电力保障“两手抓、两不误”。在西安发生疫情期间，抽调国网咸阳、宝鸡、渭南、汉中、安康、商洛、铜川、延安、榆林等供电公司和国网超高压公司、陕西送变电公司等 11 家单位 160 人支援国网西安供电公司。完成十四运会和残特奥会、中国共产党成立 100 周年、清明公祭、全国两会、省市两会等相关活动保电工作。

特高压线路、跨区电网及重要通道运维方面：及时发现并处置 ±800kV 灵绍线 0212 号塔边坡垮塌、祁韶线 2501~2502 号光缆断线、±1100kV 吉泉线 4164~4165 号子导线断线、±500kV 德宝线 818 号塔基础滑坡等隐患，确保了特高压跨区交直流线路稳定运行。深入开展 ±1100kV 吉泉线事故排查分析，针对线路 3967~4234 号区段共 845 个接续管、3040 个压接管（其中 17 号压接工压接 688 个）可能存在的隐患，编制了 X 光探伤检测方案。完成 1000kV 横洪线等 13 条国家电网公司、国网陕西电力重要输电通道风险评估。

输电专业精益化管理方面：严格按照国家电网公司输电精益化管理要求，持续开展 35kV 及以上交直流线路台账治理，累计完成 30143 条核查发现问题数据核对、治理。组织完成 750kV 凉乾Ⅰ线 206 号塔光缆金具断裂、泾道Ⅰ线 259 号塔 C 腿基础滑移、330kV 西金线 150~151 号大风倒塔、鹤香线 117 号基础滑坡、110kV 同恒线 16 号（同月线 46 号）滑坡倒塔等应急事件处置。开展森林草原火灾隐患排查治理工作，完成 110kV 九河线 65~70 号、汤五线 6~10 号等 233 处隐患治理，未发生输电线路故障引起森林草原火灾。规范开展山火应急处置，完成 ±1100kV 吉泉线 4313 号塔、330kV 柞鹤线 183 号塔等 78 条山火预警信息现场核对，采取现场监控、退出重合闸（转热备用）、主动停运等手段，完成 138 条线路、242 处山火应急处置工作，其中 330kV 雍马线 62~ 63 号、柞鹤线 39~41 号、金柞Ⅰ、Ⅱ线 184~185 号、110kV 丹蔡线 47~48 号等 5 条

• 2021 年 10 月 16 日～11 月 1 日，国网陕西超高压公司对信洛Ⅰ线开展停电检修工作。（祝暄懿　摄）

线路停运避险。输电线路通道属地化维护工作推进方面，开展 19149.3km 线路通道属地化维护，累计发现通道隐患 60 处，协助处理 48 处，包括 330kV 高西线 008 号杆塔村民烧荒引发山火（渭南韩城）、35kV 上黑线 40、58、69 号塔基础山体滑坡隐患（汉中略阳）、330kV 江张Ⅱ线和 110kV 张丹Ⅰ线山火隐患、110kV 十中线和柞水变电站 110kV 出线外破隐患、750kV 径道Ⅱ线 173 号塔基础沉陷（铜川印王）的发现上报和协助处置，有效抑制隐患的进一步发展，降低了线路安全稳定运行风险。

设备本质安全水平提升方面：重点开展复合绝缘子防掉串、线路通道清理等隐患治理，完成 11008 处隐患治理，完成 750kV 信洛Ⅰ、Ⅱ线 201 套江东金具公司预绞式悬垂线夹更换。推进“三跨”隐患治理及可视化改造，完成“三跨”非独立耐张段治理 15 处，绝缘子单串、导地线接头等其他隐患改造 65 处，耐张线夹 X 光检测 72 处，完成“三跨”可视化 121 处；开展“三跨”区段杆塔螺栓紧固专项检查，在迁改工程中落实“三跨”要求，杜绝“三跨”隐患增量。完成 330kV 玄草Ⅰ、Ⅱ线配合北客站枢纽工程迁改、庄寨Ⅰ、Ⅱ线改接训善变工程、鹤张线和柞鹤线全线地线更换、750kV 信山Ⅰ、Ⅱ线及 330kV 山滈Ⅰ、Ⅱ线配合南环高速迁改等重点工程项目。

• 2021 年 8 月 27 日，经过连续奋战，国网咸阳供电公司圆满结束 330kV 凌汤线 15 号基础坍塌抢险工作，防汛重大安全隐患得到彻底消除。

输电线路智能运检方面：开展无人机协同巡检，完成无人机巡检线路杆塔 9685km，发现缺陷 3526 处，其中销钉级缺陷 1577 处。组织 32 人参加 AOPA 资质培训，储备驾驶员累计 266 名。推进通道可视化系统应用及集中监控，配置在线监控装置 2311 套，累计达 5899 套。各运维单位完善在线监控室值班管理制度，及时发现外破、山火、覆冰等各类隐患，提升输电线路通道运行状态管控能力。完成 750kV 彬乾Ⅰ、Ⅱ线智慧线路建设，通过国家电网公司验收，充分应用移动互联、人工智能等现代信息通信技术，构建地市级输电全景智慧监控应用群，实现输电线路设备台账、巡视检测、监测感知、检修记录和专业管理等全业务场景线上运行，提升线路故障、缺陷和隐患的自主预警和智能处置辅助能力，促进输电设备管理向数字化、智能化管理迈进。

输电线路带电作业，加快带电作业装备升级，健全工器具管理体系，强化专业队伍建设，累计开展带电作业 1936 次，共计 986.2 小时，其中 330kV 及以上线路等电位作业 23 次。首次采用直升机在特高压线路上开展等电位带电作业，消除 ±800kV 昭沂线三处金具类缺陷，提升检修效率。

（云霞皓月　余华兴　胡攀峰）

2. 高压电缆线路

组织完成十四运会保电工作。完成高压电缆线路停电检测 109 条，第一轮附件带电检测 1325 组、第二轮附件带电检测 979 组，发现草农线 7 号电缆终端 A 相与其他相间温差大于 10℃，发现 25 组中间接头环流过大、两处局放量超标，均在规定时间内完成修复检修工作，避免事故发生。隐患排查及治理方面，累计发现缺陷隐患 89 处，消除渭毕、渭穆Ⅰ电缆路径缺少标桩、大韦、渭良终端杆杂草堆积，良毕、咸毕电缆户外终端尾管存在虚焊、咸

2021年11月7日，大雪过后、气温骤降，国网陕西超高压公司员工在洛川750kV变电站开展雪后特巡。

2021年5月28日，国网咸阳供电公司十四运会保障工作人员正在敷设电缆。

毕电缆终端杆树木堆积等缺陷隐患89处，消除率100.0%。

完成西安东北部330kV架空线路落地工程第一阶段工程建设。2021年2月2日、2月5日、3月12日完成杏渭路段330kV北乐Ⅰ、北奥Ⅰ、北奥Ⅱ线架空线落地投产任务，共计新投运330kV电缆3回20.1km，同期完成国内首座超高压电缆集中补偿站，即330kV林溪高抗站投运任务。5月完成奥体中心周边原奥北Ⅰ、乐北Ⅰ线导地线及铁塔拆除工作，阶段性完成西安东北部330kV架空线路落地工程第一阶段工程建设任务。国家电网公司董事长、党组书记辛保安以及陕西省委副书记、省长赵一德调研西安东北部330kV架空输电线路工程林溪高抗站、奥体大道电缆隧道现场的情况，陕西省省长赵一德给了工程“四个最”（标准最高、效率最高、决心最高、学习意义最高）的高度肯定。

开展110kV及以上架空输电线路、高压电缆避雷器专项排查。下发《国网陕西电力设备部关于组织110kV及以上架空输电线路、高压电缆避雷器专项隐患排查的通知》（陕电设备综〔2021〕6号），组织国网陕西电科院牵头开展110kV及330kV架空输电线路、高压电缆避雷器红外成像专项培训，参培43人。完成110kV及以上架空输电线路、高压电缆避雷器专项排查，对全部1620组在运110kV及330kV架空输电线路、高压电缆避雷器开展了人员地面+无人机红外测温。

开展高压电缆线路“六防”工作，组织全陕西省高压电缆专业力量完成国网西安供电公司报验的8次262条267.1km高压电缆通道应急整治工作验收，验收合格242条217.88km，按长度分、总体合格率为81.6%。防火方面：年内完成377条、360.88km输电通道应急防火填沙，加装灭火弹1513个、安装防火隔板22236m^2、包裹防火毯1260m^2、刷防火涂料12500kg，安装防爆壳110个、防火槽盒146km，沙袋填埋电缆接头及盗剥电缆268处，新砌及修复小沟74.8km，更换安装镀锌角铁支架4200个。防外破方面：2021年，国网陕西电力区域长期存在超过40余处外破点，利用区域化辅助运维力量，充分进行隐患排查，个别高风险工地安排人员进行24小时不间断监护，全年累计巡视次数超过2300余次，现场设立警示标志、完善电缆线路防护设施120余处，多次开展电力设施保护及防外破宣传等工作。防水方面：2021年，国网陕西电力完成封堵渗水点38余处，抽水150余次，全面核查低洼电缆通道防倒灌措施，组织人员全面检查通道内渗水点，国网西安供电公司多次对接市应急局、住建局等部门协调解决污水管道渗漏问题，针对自强变站外长期积水，建设通道智能排水系统，通道内的水位超限警戒值后自动启动排水泵，有效避免了水浸对电缆绝缘性能的损伤。防过热方面：2021年，国网陕西电力在迎峰度夏、十四运会保电、迎峰度冬期间，高压电缆运检中心对重载、过载及保电线路开展特殊巡视及红外测温，对1410组接头及电缆终端测温，发现因线夹松动导致节点严重发热等问题，在紧急处理后均未造成隐患扩大。防附属设备异常方面：2021年，组织对易被盗地区重点安保巡视100余次，发现5起附属设备被盗事件，并第一时间进行紧急消缺，确保未

发生因附属设备异常导致的线路故障跳闸事件；组织人员进行易被盗地区入沟巡视，针对输电电缆通道加装防盗井盖，完成2445个防盗井盖加装，基本实现输电电缆通道防盗井盖全覆盖；在西部大道等14条通道21.3km内安装电缆及通道在线监测系统，实现对通道内附属设备的遥感遥测，通过分析接地环流，实现对电缆接地系统工作状态的有效监控。防有害气体方面：2021年，规范人员入沟测气行为，规范有毒有害气体检测仪使用，严格要求人员工作全过程佩戴；利用电缆及通道有毒有害气体在线监测系统，330kV电缆隧道内共设60个通风分区，安装96台气体传感器，并将数据传送至后台进行实时监控。对21.3km110kV电缆通道进行不间断气体监测，发现异常立即处理。

完成高压电缆工程生产准备及验收工作。严格把控高压电缆生产准备及验收工作，实现高压电缆工程审查全覆盖；审查电缆工程图纸58项，提出合理化意见120余条，采纳意见60余条，未采纳的条款纳入审查差异化条款；开展电缆工程验收，其中参与中间验收100余次、竣工验收60余次，提出验收意见200余条；针对电缆入沟审批及验收工作，审核电缆工程100余项，完成施工验收50余次，提出合理化意见150余条，全部整改。

陕西高压电缆精益化管控平台建设工作，完成平台建设、调试运行等工作，高压电缆精益化管理综合平台进入实际应用阶段。

（云霞皓月　余华兴　林　涛）

【变电管理】完成陕北换流站750kV项目投运。国网陕西电力全程驻站组织协调、指导国网陕西超高压公司开展陕北换流站生产准备、全过程技术监督、验收以及调试配合工作，完成现场运行规程及12项站内管理实施细则编审，编制《特高压直流输电换流阀设备技术规范》，指导陕北换流站完善管理机制。针对建设过程中发现的7644断路器内部闪络等89项重点问题，逐一落实闭环整改；调试启动期间，完成操作项数36924项，完成工作票175张，“两票”合格率100%，无一差错，确保陕北换流站750kV交流场部分顺利投运。

完成春检工作。2021年春检工作自3月10日至6月15日，历时98天，共安排10kV及以上停电工作3011项，同比增加13.20%。设备部组织各单位严格坚持“一板一眼、一丝不苟、严精细实、专业专注”工作作风，落实“四双”管理，做到“四个管住”，深入推进标准化作业，完成各类停电工作2875项，春检计划完成率95.48%，同比提升2.3个百分

• 2021年12月9日，330kV壶口变电站主变压器扩建工作在现场，施工人员依次爬杆、吊装新变压器。330kV壶口变电站240000kVA变压器增容工程的投运，将彻底解决宜川地区单电源供电问题，大力提高宜川地区的供电可靠性，满足能源并网需求，对宜川地区乃至延安市的经济发展保驾护航。

点。本年度春检，完成乾县变乾宝Ⅱ线电压互感器均压环断裂、信义变7540断路器内部异常放电等设备隐患治理4658项，完成330kV高明变330kV母线接线方式优化调整等项目，完成104条高故障率配电线路治理。

完成迎峰度夏任务。从加强重过载设备运维监督、设备带电检测等方面安排48项度夏重点措施，落实“一站一案”“一线一案”要求，对单母、单主变及重载变电站、单线及重载线路，逐站、逐线完善防范措施，投运91项迎峰度夏项目，提高供电能力3138.2MVA，落实执行24小时安全生产值班制度；增加110kV及以上114座重载变电站巡视检测频次，电网设备安全通过3074万kW大负荷考验。推进供电可靠性提升和供电质量专项治理，整治低电压配变33台、三相不平衡配变78台、过载配变34台，故障抢修效率同比提升4.11%；落实“一故障一分析”“一投诉一分析”，有效减少重复故障线路数量，全口径用户平均停电时间1.69小时/户，同比下降47%。

完成迎峰过冬任务。结合2021年度夏期间电网设备暴露的问题、迎峰过冬负荷预测等，统筹谋划秋检工作。以日控计划管理为抓手，坚持每日、逐项开展检修作业风险评估，共发布各类日控工作计划6311项，评估各类风险18933项。组织开展750kV泾信2线首检、±660kV银东直流极1、2线路年检、灵绍直流极1、2线路年检、黄陵变1号主变变压器抗短路能力不足返厂大修、张村变第三串设备综自改造、定边变一键顺控改造等秋检工作657项。

加快设备管理专业业务融合。成立设备管理专业融合工作小组，按照国网陕西电力融合发展实施方案，完成设备管理专业融合工作方案编制，明确职责分工、推进计划和工作质效；健全设备专业管理标准体系，组织开展电网设备资产信息排查，做到账、卡、物对应。组织开展原南区西安供电公司、榆林电力分公司输变电设备评价工作，通过设备状况及运维模式评估，分别完成原南区西安供电公司28座、榆林电力分公司166座35kV及以上变电站设备评估，完成原南区西安供电公司58台、榆林电力分公司294台主变压器隐患排查及治理，共整理缺陷132条。

监控职责移交与集控站建设稳步推动。建立健全标准制度方面，印发《变电集控站管理实施细则（试行）等4项管理规范的通知》（陕电设备〔2021〕19号）分别包括《国网陕西省电力公司变电集控站管理实施细则（试行）》《国网陕西省电力公司无人值守变电站集中监控管理细则（试行）》《国网陕西省电力公司有人值守变电站监控管理细则（试行）》（750kV变电站）、《国网陕西省电力公司变电设备主人制及运维一体化实施细则》，优化变电运维模式，推进变电集控站建设，组织11家地市供电公司完成集控站管理制度建设，明确了各岗位工作职责、工作流程和业务内容等。推进主辅设备监控系统改造方面，公司层面统一组织协调，各地市公司为主体责任，规划43座集控站建设；采用主辅助设备全面监控一体化系统、“D5000延伸+KVM”“D5000延伸”等模式完成全部监控系统的建设和验收工作，稳妥推进变电设备监控职责移交及“无人值班+集中监控”变电运维模式构建。监控权移交方面，11家地市公司完成监控职责移交，稳妥推进变电设备监控权移交及“无人值班+集中监控”变电运维模式。

开展标准化作业专项行动。印发现场标准化作业2021年行动方案（陕电办〔2021〕6号），明确宣贯培训、试点示范、观摩推进、劳动竞赛、奖惩通报等全年标准化建设11项重点工作。组织各单位结合实际梳理、修编作业卡、操作票等标准化相关作业文本6451份。标准化作业培训累计培训输电、变电、直流、水电等专业886人次。积极落实现场作业“六统一”（统一现场着装、统一工作标识、统一工器具管理、统一现场布置、统一质量标准、统一作业流程）管理要求，强化现场“三种人”（工作票签发人、工作票许可人、工作负责人）履责，标准化执行各类作业票23536张；规范作业现场“看板”管理，明确现场展示工作内容、危险点、风险点及防控措施等，累计布置看板7822块。在公司网站首页搭建标准化作业专题网页，及时宣贯标准化作业最新动态、规章制度及培训资料。在国网渭南供电公司组织召开2021年标准化作业现场示范会，扎实推进标准化作业体系建设。

组织各单位做好消弧线圈治理开工。印发《国网陕西电力35~110kV变电站消弧线圈治理行动方案》，组织各单位做好消弧线圈治理，成立国网陕西电力消弧线圈治理专家组，开展集中办公，指导国网西安、西咸等供电公司开展现场勘查工作。组织专家组讨论制定现场实施关键技术环节和危险点控制措施。召开各供电公司设计和一、二次现场管理等帮扶人员参加的国网西安供电公司消弧线圈治理协调推进会，细化分工和时间节点，开展消弧线圈治理现场勘查、实施方案及项目编审工作。印发《变电站消弧线圈治理专项行动周报》，全部完成117台消弧线圈及接地选线装置的安装调试，35~110kV变电站消弧线圈治理329项治理任务全部完成。

常态化开展消防能力提升。建立健全变电站消防隐患排查治理长效机制，开展主变排油注氮灭火装置质量评价，完成3台质量评价C级排油注氮系统防误动改造、34座变电站充油设备附近电缆沟防火延燃措施落实、9座变电站火灾报警系统改造及大修工作。开展750kV变电站消防能力提升措施研究，750变电站消防应急做到“一站一案”。

（辛　蕾　余华兴　李良书）

【技术改造与大修管理】

1. 技术改造

2021年国网陕西电力资产电网生产技改项目投资计划648项91066万元。截至2021年年底，完成电网生产技改工程投资91066万元，占全年投资计划的100%；国家电网公司资产生产技改项目投资计划24项4644.19万元。截至2021年年底，完成投资4644.19万元，占全年投资计划的100%。

国家电网公司资产生产技改中，完成在线监测装置改造1站，换流站防火隐患治理4站，直流设备故障更换1站，通道环境监测预警体系建设61套，输电线路智能运检技术应用254套，老旧等其他原因2站。

2. 设备大修

2021年国网陕西电力资产电网生产大修项目共606项、资金总计38699万元。截至2021年年底，实际完成投资38699万元，完成年度计划的100%。

2021年国网陕西电力资产生产技术改造完成情况一览表

一次/二次	专业	技改完成情况
电网一次	输电专业	线路改造53条、杆塔410基、在线监测装置1048套置、电缆附属设施缺陷治理5条
	变电专业	开关柜46面、隔离开关426组、变电站改造164站
	配电专业	配电线路27条882.1km，配电台区标准化治理260个台区，配电加装一、二次融合开关385台，老旧等其他原因改造24条
电网二次与其他		变电站改造136站、新技术应用5站281台设备、省级OTN网络优化14.14km、会议电视系统优化39台、通信网络18km、通信电源146套、无线专网网络优化51套、保护设备就地化改造14站128台保护装置

2021年国网陕西电力资产生产设备大修完成情况一览表

一次/二次	专业	技改完成情况
电网一次	输电专业	线路3447条、2236.8km、导地线181km、绝缘子16898串、杆塔5544基
	变电专业	变电站消防系统治理33座、变电站运行环境综合整治98座、五防系统维护166套、交直流系统检修152套，老旧及其他原因治理主变压器本体81台、主变附属设施49套、主变套管39支、互感器692支、避雷器33支、电容器44组、电抗器11台、断路器249台、组合电气14间隔、隔离开关大修331组，高压开关柜反措治理299面等
	配电专业	老旧及其他原因大修柱上开关203台、配电变压器250台、配电架空线路506km、开闭所交直流系统73套等，水泥杆防撞治理6020基、开关柜反措落实及隐患治理140面、配电站房整治58座、配电电缆通道治理145km、配电分支箱大修43台、配电智能终端加装及更换60台、线路标准化建设8km等
电网二次		继电保护及安全自动装置797台、调度系统64台、自动化装置351台、通信光缆治理65.2km、通信设备43台、通信电源10套，通信设备运行环境治理2站

2021年国家电网公司资产大修计划项目16项，投资3537万元。实际完成投资3537万元，完成年度计划的100%。

国家电网公司资产生产大修中，完成老旧及其他原因大修断路器3台、换流站冷却系统治理12套、平波电抗器附属设备大修2套、保护装置治理1套，运行环境整治换流站1座、绝缘子防掉串治理297串、倒挂串耐张压接管治理53基、524只，数据中心电梯大修2台、数据中心生产环境修缮。

3. 重点项目安排及实施

限上生产技改项目4项，完工投运2项（国网宝鸡供电公司330kV雍城变电站110kV配电装置及二次系统改造和国网陕西检修公司750kV洛川变电站750kV电子式互感器改造），施工1项（国网宝鸡供电公司330kV雍城变电站330kV配电装置改造），前期准备1项（国网延安供电公司330kV黄陵变电站110kV配电装置改造，完成初设审批）。督办项目4项，3项（国网宝鸡供电公司330kV雍城变电站110kV配电装置及二次系统改造、国网陕西检修公司±800kV祁韶线加装防山火高清图像监控装置、国网陕西检修公司1000kV横山站GIS局放及油色谱在线监测数据接入改造）完工投运，1项（国网延安供电公司330kV黄陵变电站110kV配电装置改造）按里程碑计划完成。

（辛　蕾　余华兴　张文星）

【技术监督】 技术监督体系稳定运转。切实发挥技术监督办公室作用，组织完善省、地、县三级技术监督管理网络，定期召开技术监督工作例会，强化各相关部门协同，发布国网陕西电力年度技术监督重点工作计划。全面深化全过程技术监督精益化管理实施细则应用，各单位累计完成106个输变电工程，1086项技术监督工作，共发现问题902项次，平均问题发现率为0.84，与2020年持平。针对330kV及以上新建、扩建工程开展竣工验收阶段专项技术监督工作，组织专家对±800kV陕北换流站输变电工程交流场、330kV平利新建输变电工程、330kV咸阳东新建输变电工程等9项工程竣工验收阶段进行专项技术监督评价，有效发挥技术监督“关口前移”作用。

高标准开展特高压监督工作。做好陕北±800kV换流站建设全过程技术监督工作，编制下发《陕北换流站全过程技术监督工作实施方案》，建立全过程技术监督组织体系，成立监督工作组，重点针对六种核心设备（换流变、变压器、平抗、组合电器、换流阀、直流控保）、两类首台首套设备（直流断路器、750kV电压互感器）及其他两类需重点关注设备（交流滤波器组断路器、直流穿墙套管）开展全过程技术监督工作；深度参与工程前期设计，严把设备技术参数关口，参加陕北换流站设备设计评审会53次（第一、第二批招标设备评审会31次、22次）、初设收口会1次，积极协调解决了800kVABB罐式断路器液压机构储能齿轮材质、750kV西开GIS设备防冻防风沙等问题；组织运检人员全过程参与许继、西高院、沈变等重要设备厂内试验监督工作，发现各类问题527条；派专人驻扎施工现场，全程做好现场交流主设备安装过程的监督，同步完成换流变安装注油前后油样测试、GIS组合电器内的SF_6新气气体全分析抽检试验及电气设备安装后的常规试验等监督项目，发现交流主设备重大缺陷及问题12项；组织评估专家组开展±800kV陕北换流站竣工验收阶段专项技术监督工作，发现缺陷51条，全力保障特高压工程顺利投运。开展±800kV祁韶线特高压直流线路防冰工作，编制±800kV祁韶线固定式融冰装置设计和地线融冰方案。按国家电网公司周期要求完成了横山开关站带电检测、绝缘油色谱分析及避雷器阻性电流测试等工作。

专项监督方面：电气、金属和土建监督范围由330kV及以上新建工程向110kV新建工程延伸，全年针对宝鸡换流站等35个工程开展隔离开关触头镀银层测厚等31类监督检测，抽检各类设备1734台次，发现问题61项，完成问题整改131项，问题检出率3.52%，较前两年呈（2020年为5.45%，2019年为12.11%）下降态势。西安东北部电缆工程监督方面，规划可研阶段，制订《330kV高压电缆及通道规划与建设规范》等2项技术管理规定；制造阶段，多次赴电缆生产厂家开展电缆及附件生产环节现场监督，审核监造周报63期；设备验收阶段，完成25批次电缆防火槽盒、300个接地环流传感器和183个高频局放传感器等设备的抽测抽检，检出问题35项；安装调试阶段，开展电缆交流耐压试验、电缆附件的局放及环流带电检测等监督性试验。小电流接地系统治理专项监督工作方面，建成全陕西省接地信息监测平台，制定消弧线圈建设和运维规范，规范国网陕西电力消弧线圈的管理。“十四运会”及残特奥会保电技术监督方面，编制下发《国网陕西省电力公司十四运会和残特奥会主网设备技术监督保障工作方案》，明确输变电专业监督重点，组织各单位开展保电专项技术监督工作；加强监督过程管控，重点关注监督发现的问题及整改情况，汇总编制 7 份国网陕西电力保电专项技术监督月报（4~10 月份）；多次抽调技术监督专家深入保电一线开展专项督查，印发督查报告 13 份，发现问题 118 项，推动专项监督与保电工作协同高质高效开展。

质量抽检监督方面：完成 2021 年两期电网设备供应商运行绩效评价，评价 63 类 27.5419 万台设备，完成国网陕西电力电网设备供应商绩效评价排名公示，引导供应商提高设备质量。梳理编制 ABB 断路器类设备历年问题汇总及技术监督分析报告，强化分析认定，发布北京 ABB 高压开关设备有限公司 750kV 及 330kV 罐式断路器制造环节管控不良家族缺陷两项，及时督促设备供应商落实治理计划及措施。支撑开展 GIS 及变压器技术符合性评估工作，完成西开电气 330kV 及以上 GIS 及西安西电变压器有限责任公司 500kV 变压器技术符合性现场评估。扎实开展新入网物资、仪器仪表及安全工器具检测，抽检 28 类物资 2638 件，发现不合格试品 152 件；校验运检仪器仪表 45 类 935 台次，检出不合格仪器 76 台；完成带电作业车、绝缘安全工器具等送检试品检测 12096 件，发现不合格试品 201 件，有力保障电网基础安全。

承担总部试点工作方面：牵头试点开展变压器绕组变形不停电检测技术，联合西安交通大学，开展基于振动法绕组变形检测方法研究，通过在 750kV 宝鸡换流站、330kV 奥体变电站、330kV 上郡变电站、330kV 段家变电站实地检测，完成大量振动声纹基础数据积累；完成暴露法大气腐蚀试点增设和试验数据年度收集，稳定运行动态法大气腐蚀环境监测终端，开展输变电设备防腐蚀与治理常态化检查工作；开展土壤腐蚀等级分布图绘制工作，完成 152 个变电站所在区域 3 万多试样（碳钢、热镀锌钢、铜棒、铜包钢、柔性石墨接地材料等）满 1 年数据的收集工作。

监督队伍培养方面：综合利用线上、线下资源，组织开展技术监督实施细则、供应商绩效评价、金属监督等各类培训 36 期，累计培训 1000 余人次；强化金属专业建设，召开年金属监督专业年会，印发《国网陕西省电力公司关于印发地市公司级金属监督试验室建设实施三年计划的通知》，组织地市供电公司级金属监督试验室建设；与浙经等兄弟单位开展线下、线下技术监督工作交流，学习先进工作经验。

（任　婷　余华兴　李　旭　郭　歌）

配网管理

【高质量推进配电网建设】 全面落实《配电网工程管理办法》（修订）（国网陕电企管〔2021〕8 号）工作要求，2021 年两网融合后，利用集中培训、陕电大讲堂及处级领导干部培训等契机，累计组织宣贯培训 4 次，约 529 人，促进新办法入脑入心。强化常态化储备，推进勘测设计“自己干”。推进配网工程项目常态化储备，落实配网项目需求，拓展勘测设计 App 及标准化设计软件应用。提高项目灵活性，提升投资规模，将项目需求发起到可研批复完成时间从至少 3 个月缩短为 1.5 个月，将工程物资采用实物储备。设立应急项目，全权由县供电公司主导，需求由一线提出，减少重过载、三相不平衡及应急抢修项目实施周期。推进配网施工数字化管理，构建配网工程全过程数字化管控体系，将配网工程按照设计态、施工态、竣工态、运行态四大关键业务环节进行管控，实现承载能力科学分析、安全质量云端督察、计划进度智能管控、竣工验收辅助结算、履约评价公开透明。

（徐嘉鹏）

【电网资源基础数据治理】 开展现场采录核查、源端系统数据规范性治理两项工作，实现现场数据移动端采集、治理环节平台化管理，大幅提高工作效率，为基层班组减负。辅助提升供电可靠率，用户平均停电时间同比减少 56%，超额完成压减 40% 的工作目标，以数据质量提升为抓手，全面提升业务管理水平，推动数字化转型升级。

采录核查工具应用方面：优化升级数据采录 App 2.0，设备模型可视化，采录流程更简洁。优化全流程管控平台，提升基层班组采录核查效率。

现场采录核查方面：2021 年数据治理工作共采集完成 10kV 线路 5152 条，采集完成台区 49675 个，采集完成整线 2936 条，规范业务流程 38 项，共编发电网资源基础数据治理月通报十四期，周通报四十六期。通过对数据治理的全流程管控和同源维护上线应用，实现归档数据与现场一致，数据可用率 100%。

源端系统数据规范性治理方面：为全面支撑电网资源业务中台建设，实现“数据一个源”。依据业务中台数据校验规则，开展 PMS2.0、GIS1.6 源端系统问题数据治理工作，2021 年共计治理问题数据 142033 条。

（李雪源）

【推进电网资源业务中台建设】 依据《国家电网有限公司关于做好 2021 年电网资源业务中台建设应用的通知》（国家电网设备〔2021〕235 号）要求，国网陕西电力严格按照总部电网资源业务中台建设要求，以服务支撑营配调贯通、资产全寿命以及新一代设备精益管理（PMS3.0）等应用为主线，坚持以用促建、以用促治、以用提质，成立电网资源业务中台专班联合工作组，明确各专业工作职责，规范业务流程，强化各专业场景建设及实用化，因地制宜推进电网资源业务中台深化建设及应用，推动电网资源业务中台从“建设好”向“应用好”转变为目标，全面开展 2021 年电网资源业务中台建设应用工作。重点开展电网资源业务中台同源维护应用基础功能迭代完善，完成 PMS2.0、营销、ERP 等 4 套业务系统集成方案编制与系统改造工作。作为总部电网资源业务中台与 GIS2.0 协同试点验证单位，完成增量与全量两种模式同源维护与 GIS 数据回写验证工作。在国网西安市临潼区供电公司、国网铜川市耀州供电公司开展电网资源业务中台同源维护应用试点应用工作。完成供服系统中台化一期功能改造完善，启动配电自动化系统中台化改造与“电网一张图”建设工作。

（李雪源）

【加强同源维护公司推广应用，实现“数据一个源”】 国网陕西电力于 2021 年 3 月份开展同源维护应用部署，通过联调测试，已具备设备图形维护，台账录入，营配对应等共计 190 个功能点，满足试点应用条件。7 月下发《国网陕西电力关于推进同源维护应用在数字化县公司试点应用工作的通知》，12 月完成试点单位耀州公司单轨上线。

（李雪源）

【落实台区智能融合终端建设，构建配电物联网的核心】 按照国家电网公司统一部署，坚持“一台区一终端”，以“工单驱动业务”为出发抓手，以配网业务“五个一”（电网一张图、数据一个源、业务一条线、指挥一平台、作业一终端）为建设思路，以实现“终端全覆盖、营配全交互、业务全上线、光伏全监控”为目标，全面开展融合终端建设应用。先后编发了《国网陕西省电力公司 2021 年台区智能融合终端建设应用方案》《关于成立智能终端 App 开发平台运营柔性团队的通知》等总体工作部署和队伍建设规划文件，编发了《国网陕西电力台区智能融合终端检测管理办法》《国网陕西省电力公司台区智能融合终端安装规范指导书》《台区智能融合终端集中器功能试点应用方案》等融合终端建设应用规范文件，对融合终端建设全过程开展规范性指导。

（刘　浩）

电网运行与电力市场

电网调度运行

【电网调度运行】 全力以赴做好疫情防控工作。常态化开展疫情防控工作，严格执行调度运行人员“双场所值班、不见面交接班”。2021 年 12 月，西安疫情防控形势异常严峻，国网陕西电力迅速启动调度员封闭集中管理隔离值班措施。陕西省调、西安地区调度人员采取“分场所值班、不见面交接班、分场所封闭居住”的封闭值班模式。全体封闭人员逆行而上，冲锋在前，以强烈的责任感投身抗疫保电一线，连续奋战四十个日夜，为战疫胜利提供可靠的电力供应，有力诠释了“人民电业为人民”的企业宗旨。

完成各项重大保电任务。完成中国共产党成立 100 周年、十四运会和残特奥会、第五届丝绸之路博览会保电等重大保电任务。保电期间，各级调度上下协同配合，调控运行人员紧盯重要地区、重要线路和重要时段，特级保电时段省、地两级调度实施主；备调同步值守，确保陕西电网调度运行安全万无一失。

做好电力保供工作。2021 年以来，全国电力供需形势持续偏紧，陕西省调坚持源、网、荷各环节同向发力，全力以赴守住电网安全生命线和民生用电底线。强化机组运行管理，确保机组应发尽发。强化电网运行管理，严肃调度纪，严禁超稳定限额、超设备能力运行，确保电网运行留取足够的安全裕度。强化需求侧管理措施，严格落实需求侧管理各项安排部署，编制完成《超计划用电限电序位表》《事故限电序位表》，全面理清序位表中涉及居民、公用事业及重要用户馈路，确保“限电不拉闸”“限电不限居民”。

新能源消纳能力持续提升。积极应对新能源装机及发电量快速增长态势，努力保障新能源高效利用，保持了“量率一体”向好态势。优化策略，积极推进市场化消纳，强化“度电必争”意识，充分发挥调峰辅助服务市场作用，千方百计消纳新能源。2021 年全网新能源发电量 311.2 亿 kWh，同比增长 46.8%，占用电量比例 14.1%，新能源利用率 97.5%，高于 95.5% 的预期目标。

完成监控业务移交。按照国家电网公司统一安排，2021 年 11 月 17 日 15 时 30 分，陕西电网 330kV 及以上设备监控业务由调控中心移交至 11 家地市公司及国网陕西超高压公司。《国网陕西省电力有限公司关于做好设备监控业务调整后调度运行工作的通知》同步下达，全面明确了业务调整后电网运行业务流程及相关要求。至此，从 2013 年 2 月 25 日开始共计 3189 天，330kV 及以上变电站监控业务未发生漏监、误操作、人为原因责任事故，圆满完成了历史使命。

完成调规修编工作。2021 年 8 月 6 日，随着国网陕西省电力公司与陕西省地方电力公司“融合发展”，陕西电网迈出了新的步伐，实现了全省电网统一调度、统一管理；全省 35kV 及以上变电站监控业务进行了优化调整，监控业务由调度机构调整至设备管理部门，电网调度管理职责发生改变。为适应陕西电网发展和管理模式变革的新形势，省调控中心对原《陕西电网调度管理规程》进行了修订完善，规范了调度运行、电网操作、故障处置和调度业务联系等涉及调度管理相关的各专业的活动，进一步规范了陕西电网调度管理。

（王　玮）

【发用电及电力供需】 2021 年是陕西发展进程中极不平凡的一年。在严峻复杂的国内外环境、罕见汛情以及新冠疫情多重冲击的不利影响下，全省经济持续稳定恢复。2021 年电网经历了年初寒潮、中国共产党成立 100 周年保电、十四运会、保电两网融合、罕见汛情、电煤持续紧张、严重疫情、电力保供等考验，保持了长周期安全可靠供电。

在陕西省内经济良好态势和极端天气因素共同影响下，2021 年陕西电网用电负荷超预期增长，最大负荷达 3485 万 kW（8 月 2 日，原口径最大负荷 3074 万 kW），同比增长 7.3%，较 2020 年夏季增长 16.3%。全年创历史新高 5 次，其中冬季 3 次（1 月 4 日、1 月 6 日、1 月 7 日），夏季 2 次（7 月 14 日、8 月 2 日）。

2021 年陕西电网全口径用电量 2204.4 亿 kWh，同比增长 10.8%。日最大用电量 7.3 亿 kWh，出现在 7 月 14 日，同比增长 3.2%；日最小用电量 4.6 亿 kWh，出现在 9 月 21 日，同比增长 3.9%。月度用电量方面，9 月份最小，为 159.3 亿 kWh，同比降低 1.2%，1 月份最大，为 207.1 亿 kWh，同比增

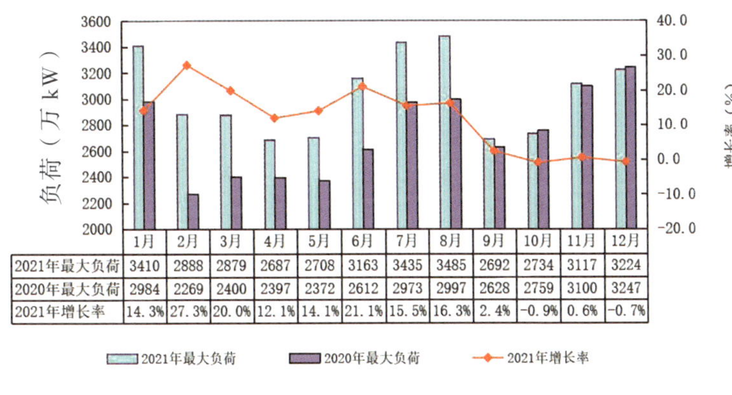

	1月	2月	3月	4月	5月	6月	7月	8月	9月	10月	11月	12月
2021年最大负荷	3410	2888	2879	2687	2708	3163	3435	3485	2692	2734	3117	3224
2020年最大负荷	2984	2269	2400	2397	2372	2612	2973	2997	2628	2759	3100	3247
2021年增长率	14.3%	27.3%	20.0%	12.1%	14.1%	21.1%	15.5%	16.3%	2.4%	-0.9%	0.6%	-0.7%

2021 年陕西电网分月最大用电负荷及增长率

长 16.3%。

分月来看，上半年新冠肺炎疫情的有效控制，全省经济快速恢复且动能强劲，消费市场增长明显，用电需求持续保持高速增长，平均增速高达 16%。受 2020 年一季度新冠疫情拉低用电基数影响，2021 年一季度陕西省内用电量增长速率高达 18.5%，其中 2、3 月增速均在 20% 以上，月度用电量最大增速为 21.4%，发生在 2 月。二季度用电增速有所放缓，平均增速仍达 13.6%，月度用电量最大增速 17.2%，出现在 6 月份。迎峰度夏期间，7~8 月份全省平均气温较去年同期偏高，共经历四轮全省范围的中等持续高温天气，月度用电量增速分别达到 18.5%，10.4%。2021 年秋雨异常偏强，雨量达到历史之最，秋雨期自 8 月 30 日至 10 月 21 日共持续 52 天，降雨量为常年秋雨量的 3.5 倍，为 1961 年以来历史同期最多。入秋后关中地区降温明显，未出现“秋老虎”，此外 9 月 18 日榆林市政府发布年度能耗“双控政策”，全省用电负荷下降约 150 万 kW，直到 10 月中旬陆续恢复，综合以上两方面影响 9、10 月用电量增速明显放缓，其中 9 月份出现负增长，较去年同期下降 1.2%，10 月份用电量基本与去年持平。11 月平均气温高于去年同期，仅在上旬出现一场全省范围的降温天气，用电量较去年呈现小幅增长（3.4%）。12 月份中上旬全省平均气温不及预期，用电量延续 11 月份的小幅增长，下旬西安地区遭遇突如其来的新冠肺炎疫情，此次疫情是继武汉疫情以来国内最为严重的一次。12 月 23 日开始西安市所有单位、校区实行封控管理，随后咸阳、延安也实施较为严格的疫情防控政策，陕西省内用电需求显著回落，用电负荷较去年同期下降约 200 万 kWh，日均用电量下降 0.5 亿 kWh，12 月月度用电量较 2020 年同期下降 2.1%。

（乌鹏涛）

【**冬夏双峰运行**】 2021 年陕西电网“冬夏双峰”特点明显。2021 年迎峰度夏、迎峰度冬负荷高峰期全网电力供需呈现紧平衡。全年未发生因电力供需失衡引起的有序用电。在经济增长和空调降温负荷双重动能带动下，夏季全省用电负荷十创夏季新高、两创历史新高，7 个地市（区）用电负荷 21 次创历史新高。迎峰度夏期间，负荷日高峰在 17 时左右，晚高峰在 21 时左右。日高峰负荷 2 创历史新高，8 月 2 日达到 3485 万 kW，同比增长 16.3%，期间光伏发电电力（约占总装机的 25% 左右）较为可靠，形成电力支撑，全网供应略有富余。晚高峰阶段负荷较日高峰略有下降，陕西省内发电能力基本满足用电需求，呈现紧平衡态势，部分时段依靠风电保证了电网备用达标。

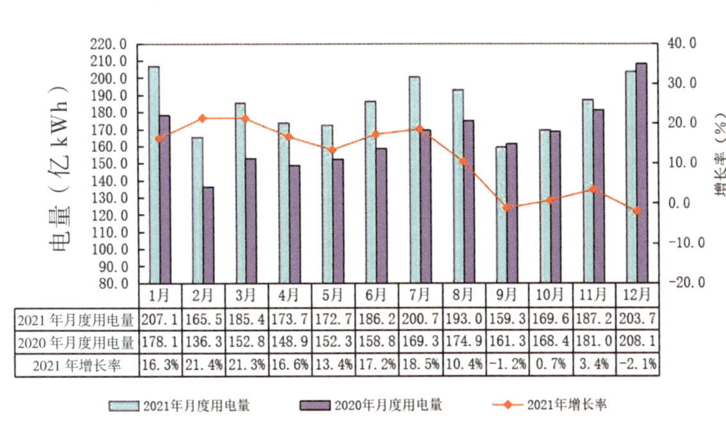

	1月	2月	3月	4月	5月	6月	7月	8月	9月	10月	11月	12月
2021 年月度用电量	207.1	165.5	185.4	173.7	172.7	186.2	200.7	193.0	159.3	169.6	187.2	203.7
2020 年月度用电量	178.1	136.3	152.8	148.9	152.3	158.8	169.3	174.9	161.3	168.4	181.0	208.1
2021 年增长率	16.3%	21.4%	21.3%	16.6%	13.4%	17.2%	18.5%	10.4%	-1.2%	0.7%	3.4%	-2.1%

2021 年陕西电网分月用电量及增长率

迎峰度夏期间西安、咸阳地区因部分 110kV 线路、主变压器重过载部分时段采取了有序用电措施。西安地区因110kV昌明变电站、瓦胡同变电站、大白杨变电站、奉元变电站、海池变电站、机场变电站、乳庄变电站、沙井村变电站、水沟变电站、未央湖变电站、盐张变电站、阅江变电站、少陵变电站的供电能力不足采取了有序用电及需求侧响应措施，咸阳地区因110kV高新变电站、玉泉变电站供电能力不足采取有序用电及需求侧响应措施。7月下旬至8月上旬，共计10天采取有序用电措施，均为错避峰负荷，最大电力18.9万kW，合计电量615.7万kWh；共计4天采取需求侧响应措施，最大响应电力1.0万kW，合计电量24.6万kWh。

年初陕西省内遭遇罕见寒潮天气，1月7日最高负荷达到3410万kW，同比增长14.3%。陕西发电能力不足，国调、西北网调协调通过跨区跨省电力支援，极其艰难地确保了1月份高峰阶段用电需求。2021年冬季初期未发生较大规模持续性寒潮天气，气温较往年同期偏高，用电负荷维持2%~3%的低速率增长。12月，西安、咸阳、延安等地受新冠肺炎疫情影响，用电负荷出现大幅明显回落，冬大高峰用电需求未充分释放，最大负荷3224万kW，出现在12月17日。

（乌鹏涛）

【供需形势及电力保供】 2021年是近年来电力供需形势最复杂、矛盾最突出的一年，陕西电网供需总体平衡，迎峰度夏、迎峰度冬负荷高峰期全网电力供需呈现紧平衡。

受全球新冠肺炎疫情及多国量化宽松货币政策影响，以煤炭为代表的国际大宗商品价格持续走高，在市场传导作用下国内一次能源供应不足逐步加剧。发电企业边际成本上升，在销售侧电价没有增长的情况下发电企业利润空间不断压缩，部分边际成本较高的电厂出现亏损，面临巨大经营压力，发电意愿不强。同时迫于经营压力，发电企业不得不长期加大劣质煤掺配比例，造成设备磨损加大，发电能力降低，机组故障率升高，缺煤停机、故障停机数量雪崩式扩大。受需求超预期增长、电煤供应不足、煤价高企等因素影响，煤电机组发电能力严重下降，特别是三季度末，全国出现较大范围电力紧缺情况，国家电网公司系统共有20个省级电网采取了有序用电、需求侧响应等措施，这是近年来首次在用电淡季出现较大面积电力缺口，引起了较大社会影响。国家发改委、能源局组织自上而下实施了一系列电力保供措施，加大电煤供应，提升电煤库存，提高火电机组可调能力，取得了明显效果。

陕西主力火电厂存煤从2021年年初的382万t一路走低，最低降至206万t（8月12日），满发可用天数仅有7.7天（30天平均10.9天）。

陕西10月中上旬，受用电需求快速增长、电煤供应持续紧张、暴雨洪涝灾害频发等多种因素叠加影响，陕西省内先后有6台199万kW机组缺煤停机，7台301万kW机组故障停机，受此影响，陕西省内电力供应出现阶段性偏紧，部分时段依赖省间电力支援以及陕西省内新能源出力保证电网备用水平。国网陕西电力以《中共国网陕西省电力有限公司委员会关于秋冬季全省电力有序供应保障工作的报告》《国网陕西省电力有限公司关于加强电煤供应协调保障迎峰度冬电力可靠供应的报告》向陕西省委、省政府进行专题汇报，促请政府开展专项协调。在省政府的坚强领导下，国网陕西电力认真贯彻落实各项保供工作要求，积极应对用电需求快速增长、电煤供应持续紧张、暴雨洪涝灾害频发等挑战，超前分析研判，精心组织部署，从电煤监测与分析、设备运维管理、发电机组运行管理等方面采取了多项有力措施，10月中下旬陕西省内电力供应能力恢复正常，电煤库存快速回升，统调主力机组及热电机组有序开机，确保了大电网安全和电力平稳有序供应。

（乌鹏涛）

【跨区、跨省联络线运行情况】 2021年1~12月，陕西省间交易电量累计达到876.6亿kWh，较2020年增加231.7亿kWh，同比增长35.9%。其中省间送出689.8亿kWh，同比多送185.5亿kWh，增长36.8%，占交易总量的78.7%；省间购入186.8亿kWh，同比多购46.2亿kWh，增长32.9%，占交易总量的21.3%。

2021年陕西省间外送电量中，榆横特高压外送173.4亿kWh，占比25.1%，同比少送13.0亿kWh，降低7.0%；府谷、锦界点对网外送333.5亿kWh，占比48.4%，同比多送144.6亿kWh，增长76.5%；主网送出181.5亿kWh，占比26.3%，同比多送55.5亿kWh，增长44.1%；周边低压网外送1.4亿kWh，占比0.2%，同比少送1.7亿kWh，降低54.9%。

2021年陕西省间主网外送电量181.5亿kWh，较计划多送电 70.7 亿 kWh，计划完成率 163.8%。其中，通过跨区通道完成中长期交易外送华中、华东、西南地区电量共 86.0 亿 kWh，西北区内通过跨省通道完成中长期交易外送 33.0 亿 kWh（送青海 31.0 亿 kWh，送西藏 2.0 亿 kWh）；通过西北区内短期交易外送 60.4 亿 kWh，省间调峰送出 0.8 亿 kWh，网损补偿送出 0.6 亿 kWh，联络线奖惩送出 0.7 亿 kWh。

2021 年陕西省间购入电量中，主网购入 145.1 亿 kWh（国网陕西电力外购 67.4 亿 kWh、跨省替代外购 2.5 亿 kWh、点对点外购 75.3 亿 kWh），占比 77.7%，同比多购 40.0 亿 kWh，增长 38.1%；原南区低压网购入 41.7 亿 kWh，占比 22.3%，同比多购 6.2 亿 kWh，增长 17.5%。

2021年陕西省间主网购入电量145.1亿kWh，较计划多购电25.4亿kWh，计划完成率121.2%。其中，通过跨区通道购入四川、江苏电量14.5亿kWh（中长期环节购入14.4亿kWh、短期环节购入0.1亿kWh），西北区内通过跨省通道完成中长期交易购电106.6亿kWh（购青海20.0亿kWh，购甘肃0.5亿kWh，购宁夏36.7亿kWh，购新疆44.5亿kWh，购西藏4.9亿kWh），通过西北区内短期交易购电17.2亿kWh，省间调峰购入1.8亿kWh，跨省清洁替代购入2.5亿kWh，网损补偿购入2.4亿kWh，联络线奖惩购入0.2亿kWh。

（乌鹏涛）

【水电及新能源运行】

1. 水电运行

气象情况。2021 陕西省气候复杂极端天气事件多发、广发，重大气象灾害频现。我省经历冷空气、干旱、沙尘、高温及雾霾等灾害性天气，特别是强对流天气导致暴雨频发、极端性强，气象灾害严重，是全国暴雨的重影响区域之一。4 月 22 日入汛以来，陕西是全国降水明显偏多的省份之一，36 县区降水量位居历史首位，全省平均降水量 963.4mm，较常年平均偏多 336.6mm，是 1961 年以来最强降水年份，秋淋期间平均降水量达450.2mm，降水量、暴雨日数和站次、华西秋雨量均破历史纪录。全省年平均气温 14℃，较常年比较偏高 0.9℃，属气温异常偏高，与 2013 年并列历史最高。

来水分析。2021 年陕西汉江主要断面总体来水较去年偏多一倍以上。汉江流域一季度来水比多年同期略偏枯一至两成。二季度春汛偏晚，受 4 月最强的区域性暴雨过程和 5~6 月关中、陕南等地多次出现强降水影响，汉江干流来水较多年同期偏多 5 成。三季度进入主汛期，陕南出现 15 轮暴雨及强降雨过程，间隔时间短，极端性强，多站日降水量突破历史极值，强降水造成灾害严重。汛末至四季度汉江流域出现长时间强秋淋，华西秋雨为 1961 年以来历史最多。

水库运用情况。陕西省调加强与气象部门的合作，关注重大灾害预警，发布高温、强降雨天气预报，优化水电运行和检修方式安排，按照水库调度图制定控制水位计划，严格执行防汛抗旱指挥部下达的汛限水位，科学开展流域梯级水库联合调度。省调采取多种手段优化水电调度，一是加强对各分中心站水调自动化系统的巡查，网厂水电调度人员密切关注雨、水情，实行水电站运行方式滚动安排和中长期计划相结合，严格执行汛限要求。二是加强与气象部门及地方防汛部门的沟通、协调，召开汛前、汛后“气象与水情会商会议”，做好信息搜集，发布暴雨预警信息，提前做好腾库和汛后拦蓄，尽可能让直调水库低水位起涨，高水位回蓄。三是科学调度梯级电站，动态控制水位，压缩火电发电空间，错峰安排线路检修，在保证汛期水电满发中起到了重要作用。

落实社会责任，重视流域的综合利用，6 月中旬配合陕西安康市第二十一届中国安康汉江龙舟节做好水位控制和开机方式安排。汛期始终保持与水利部长江水利委员会（简称长江委）、陕西省水利厅以及地市防汛办沟通，建立“陕西电网水电调度”微信群，强化流域上下游水库联动，配合直调电厂水调人员充分利用水库有限的防洪库容为下游城市错峰、削峰、滞洪。7 月 27 日应长江委要求，协调安康水库减少下泄，配合完成下游丹江口水库隐患处理工作，确保国家南水北调中线重点工程的安全。在 9 月 27 日汉江上游十年一遇的洪水中，直调电站安康、石泉、喜河、蜀河充分发挥自身调洪能力，为下游错峰滞洪长达 14h，成功避免安康市在夜间发布城区防洪 1 号令，为确保沿江群众生命财产安全发挥重大作用。安康水库在整个汛期，利用有限的防洪库容，全力为下游陕西重点工程，旬阳水电站二期基坑施工进行控泄削峰。年末枯水期，省调应省水利厅要求，配合国家环保督察工作，增加流域直调电站发电流量，解决了下游水体生态环保问题。

2021 年陕西水电调度口径总发电量 138.2 亿 kWh，

同比增加 14.9%，统调水电平均利用小时数 4529h，同比增加 839h。其中统调水电发电量 83.5 亿 kWh，同比增加 24.4%；地区小水电发电量 54.69 亿 kWh，同比增长 18.9%。直调电站通过厂网配合优化调度，安康、石泉、喜河、蜀河等直调水电站发电量创历史新高，其中国网安康水电厂累计发电量达 40.06 亿 kWh（含小机），连续两年创建站以来发电最高纪录，全年直调水电站节水增发电量 4.27 亿 kWh。年末汉江流域各主要直调水库汛末蓄至高水位运行，用来满足电网迎峰度冬和保供需要以及来年的灌溉、生态、景观等民生综合用水需求。

（陈　路）

2. 新能源运行与消纳

优化新能源装机布局，新能源保持稳定发展。坚持“以消纳定装机”的原则，科学评估国网陕西电力系统新能源消纳情况，合理安排新增并网规模和时序，引导新能源合理有序发展。2021 年，国网陕西电力经营区新增新能源装机 866 万 kW，其中风电新增 513 万 kW、光伏新增 353 万 kW。新能源累计装机 2430 万 kW，同比增长 29.7%，在总装机容量中的占比达到 37%。

分布式光伏有序发展。依据《分布式电源接入电网承载力评估导则》组织各地市供电公司开展分布式电源的电网承载力计算，指导分布式电源有序接入。分布式光伏累计装机容量 221 万 kW，占光伏总装机的 16.8%。

新能源利用水平提升。新能源发电量持续增长。2021 年，新能源发电量 311.2 亿 kWh，同比增长 50%，占总发电量比例达到 14.1%，同比增长 3.6 个百分点。其中风电调度口径发电量 176.4 亿 kWh，同比增长 84.3%，光伏调度口径发电量 134.9 亿 kWh，同比增长 20.6%。

新能源消纳高效合理。2021 年，陕西电网新能源利用率 97.5%（弃电量 7.0 亿 kWh），其中风电利用率 97.7%，光伏利用率 97.3%，顺利完成年度目标。

（郑永恒）

【电网“三道防线”】 随着系统电网规模不断扩大，特高压电网快速发展，国家电网公司电网现已成为世界上规模最大、电压等级最高、运行控制最复杂的特高压交直流混联电网。电网安全防御从独立、分散、面向设备的单一元件继电保护逐步发展成为由继电保护、稳控装置（系统）、频率电压紧急控制装置和失步解列装置共同构成的“三道防线”全方位防御体系。

1. 第一道防线

国网陕西电力继电保护装备和运行情况保持较高水平。截至 2021 年年底，国网陕西电力 220kV 以及上电压等级继电保护装置达到 5535 台，同比 2020 年（5310 台）增加 225 台，增幅为 4.24%。装置微机化率 100%。

2. 第二道防线

为提高电网安全稳定运行水平、提升电网输送能力，促进新能源消纳，2021 年，国网陕西电力安全稳定控制装置装备水平和规模得到显著提升。截至 2021 年年底，国网陕西电力 220kV 及以上安全稳定控制装置达到 145 台，同比 2019 年（132 台）增加 13 台，增幅为 9.85%。稳控装置微机化率和国产化率已达到 100%，但核心芯片等重要元器件的国产化率较低。稳控装置在设计理念、原理、性能以及调试维护方面达到国际先进水平。2021 年，陕西电网稳控装置（系统）共动作 7 次，正确动作率保持 100%。稳控装置缺陷率为 2.35 次 /（百台・年），及时消缺率为 91.88%。因制造质量不良造成的缺陷占比最高，为 36.7%，其中因插件损坏导致的缺陷约占 58.6%，集中于电源（30.2%）和通信（28.4%）两类插件。

稳控系统已成为保障电网重要输送断面安全稳定运行的必备技术措施，并在过渡期提升电网输电能力方面发挥了不可替代的重要作用。目前，跨区直流稳控覆盖率 100%，陕武、德宝、灵宝等跨区直流输送能力均需相应的稳控系统支撑保证。陕北电网、陕南电网、关中西部及汉中电网、铜川及渭北电网以及各地市重载 330kV 主变压器下网等重要断面，也均通过加装稳控系统提升输电能力，保证电网安全稳定运行。稳控装置可靠运行、正确动作，直接影响区域间、省间重要输电断面的稳定限额，对于大电网安全稳定运行至关重要。2021 年，为严格贯彻国家电网公司年度安全生产工作部署，加强陕西电网安自装置运行管理，提升现场运维水平，保障迎峰度夏期间电网安全稳定运行，国网陕西电力组织开展了陕西电网迎峰度夏前安全稳定自动装置大检查活动。以查设备缺陷、稳控策略、稳控通道、装置定值、装置压板、检验维护、备品备件、二次回路及反措执行、运行管理、人员培训为重点，全面排查电网安全稳定自动装置运维管理，及时消除设备缺陷，健全稳控管理体系，强化现场管理责任落实，规范工作流程，强化技术支撑，保障电网安全运行。

3. 第三道防线

截至2021年年底，国网陕西电力全电压等级第三道防线装置达到990台，国产化率达到100%。其中，频率电压紧急控制装置共984台，失步解列装置共6台。频率电压紧急控制装置主要集中在110kV及以下电压等级，占总数量的99.58%，主要为集中式和分散式两类。其中：集中式装置970台，占比98.57%；分散式装置14台，占比1.43%。2021年全电压等级频率电压紧急控制装置缺陷率为1.68次（百台·年），及时消缺率为88.98%。各种缺陷原因中，因制造质量不良造成的缺陷占比最高，为79.15%，其中因插件损坏导致的缺陷占88.0%，集中于电源（占56.0%）和CPU（35.0%）两类插件。针对低频低压减载装置生产厂家众多、型号复杂，质量参差不齐、技术性能不规范的现状，推进低频低压减载装置标准化设计和老旧及分散式装置改造工作，强化装置运行维护和缺陷管理，加快改造老旧设备和分散式装置，确保电网第三道防线作用可靠发挥。

以“巩固第一道防线、提升第二道防线、加强第三道防线”为指导思想，筑牢电网安全三道防线。建立隐患排查常态机制，加快老旧设备改造，强化检验计划过程管控，推动检验计划刚性执行，提升设备健康水平。健全稳控装置全过程管理体系，推进标准化设计及运行评价，加强现场运行管理，加快信息化技术手段应用，提升稳控装置专业管理水平。健全低频低压减载/过频过压解列装置标准化设计、检测标准体系，落实定期检验制度和带开关实际传动要求，定期开展专项整治工作，不断夯实电网第三道防线。

（钱乙卫）

【调度自动化系统建设及运行】

1. 自动化系统运行

运行指标。陕西省调度自动化主站系统总体运行平稳，未发生主要功能（SCADA、AGC）失效、与上级调度实时数据通信中断和模型与数据质量事件，各类系统与功能运行可用率、合格率均保持100%，35kV以上调度数据网覆盖率达到100%。全年事故遥信正确反应168次，无一误动。年底投运的子站设备套数为461套，PMU344套。全年状态估计合格率99.88%。

运行保障机制。强化7×24小时自动化及网络安全联合值班管理。完善主站值班监视系统，提高应急响应处置能力。落实疫情防控工作要求，制定《陕西省调自动化及网络安全应急值班方案》，适时启动分批独立值班措施，确保系统安全稳定运行。修编《调度自动化系统故障应急处置方案》和《电力监控系统网络安全防护应急处置方案》，开展应急演练，提升运维人员应急处置能力。加强外来人员管理，落实国网陕西电力“四双”管理和“四个管住”要求。

运维保障能力。开展自动化系统安全提升专项行动，排查治理各类调度自动化主站硬件设备隐患。完成SCADA系统管理功能优化，完成资源定位服务功能与服务器负载监视功能部署，对运行年限较长、老化严重的主站系统硬件进行更换。完成机房外供电源改造，将空调供电电源增加至3路，保障机房空调安全稳定运行。完成自动化春秋季安全大检查，排查厂站970座，自动化系统及装置29911台（套），发现并整改完成主要问题34项。

系统运行可靠性。开展主备调系统可靠性和应急能力提升部署，切实做好系统应急可靠性提升。通过主调延伸方式完成了位于西安市尚德路的省调第二值班场所技术支持系统建设，应对大型自然灾害、重大疫情等突发情况，并在全国省级第二值班场所建设推进会上分享“同城双活+异地灾备”备调体系建设经验。

2. 完成重大活动保电安全保障任务

建设基于调控云的十四运会全景保电专题监视系统，完成56个比赛场馆、53家酒店等重要保电场所供电路径信息和设备量测信息的可视化展示，以及各类告警事件推送。联合支撑单位构建省地高效协同工作机制，加强调度自动化系统防范措施，做好运行保障、风险研判和应急处置，为国网陕西电力保电系统提供安全、准确、可靠的电网运行数据。

3. 推进两网融合自动化专业工作

实现各调度主站系统安全互联和数据互通，完成陕西全口径发用电数据计算展示。深度摸排原陕西地电系统主站及厂站现状，制定并实施“先建模、后转发、改造完成再直采”三步走自动化系统融合技术方案。编制计划、逐步实施原陕西地电系统厂站改造。

4. 自动化技术支撑系统建设

持续开展调控云模型数据治理。建立省地协同的技术组织架构，对全省电网模型数据进行专项治理。完成国网陕西电力 35kV 及以上厂站所有电网模型参数及图形的维护、历史数据及实时运行数据的上云工作。开展 330kV 及以上厂站实时数据和状态估计治理，为主网一张图智慧电网运行指挥系统建设奠定模型与数据基础。

持续开展调控云应用功能建设。完成调控云前端应用程序负载均衡功能部署及调试，完成 D5000 至调控云模型贯通功能以及模型源端维护功能部署测试。完成调控云实时数据平台采集点表文件自动同步功能部署调试。开展数据交换平台构建和切换，完成与国网陕西电力数据中台数据推送。

开展调控云平台虚拟机运行分析，对照评估标准组织开展调控云应用情况自评估。调整调控云内部网络结构，划分业务层私网并与传统架构业务私网打通，实现气象等业务数据在内部共享互通。组织编制调控云 B 节点基础设施建设可研报告。

编制下发主网一张图智慧电网运行指挥系统建设工作方案和技术方案。开展主网一张图基于 GIS 的电网运行、新能源消纳、保供电监视场景功能建设，支撑国网陕西电力十四运保电工作高效开展。

完成基于主网一张图的全电量系统数据采集及智能研判功能建设。实现省地两级主网电量数据的“分布采集、集中应用”。通过 GPRS、北斗短报文、数据网多渠道接入电量数据，实现厂站电量数据采集全覆盖。制定新陕西 102 电量采集通信标准，扩展电表全数据和全事件采集，支持购售同期、现货交易与故障研判等应用。打破调度与营销专业壁垒，实现电量采集消缺跨部门业务线上流转。开展基于主网一张图电量平衡监视，智能研判失压、失流、采集中断等计量故障。

完善主网一张图源网荷储协同系统功能，实现与国家电网公司车联网平台交互，接入充电站 688 座、充电桩 3370 个，总容量 209.5MW。

开展断面输送能力动态增容计算功能建设，实现输电线路微气象环境数据和运行状态的实时监视，基于新的线路输电限额可实现电网静态安全评估及设备自身状态的安全评估，进一步提升新能源消纳能力。

完成集中并网新能源场站 AGC/AVC 联调，完成 AGC 联调 66 家、AVC 联调 48 家。持续推进陕西电网 AVC 省地协调控制模式建设，完成地调 AVC 省地协调模式联调，接收省调优化策略并执行。完成主站常规及新能源电厂 AGC 功能提升。

完成调度数据网设备、通道异常短信告警功能开发，实现与上级调度实时数据通信全面监视。完成省地调接入网双出口切换测试与省调二平面核心路由器升级改造。完成集控系统建设典型组网方案，配合推进集控站设备监控系统建设，加强集控站自动化专业管理。

加强省地一体化全电量采集系统维护，保持分线、母平的同期线损达标率在 98% 以上，分压同期线损达标率 100%，全年得分保持满分。完成全电量采集系统主站安全接入区改造，与原南区系统核心路由器建立链路，变电站电量采集终端具备接入调试条件。组织各供电公司开展变电站电量采集终端改造升级。

编制下发《10kV 单相接地拉路辅助决策及小电流接地选线装置信息交互技术规范》。组织各地调部署完善 10kV 接地推拉辅助决策功能。按照消弧线圈、选线装置最新技术规范要求，配合国网陕西电力配网部，将各地调遥信、遥测、图形、模型转发至配调自动化系统。

完成全省紧急限电及事故断电序位表数据统计和校核，开发部署电网拉路限电监视统计功能。实现调度自动化系统与营销智慧能源服务平台互联互通，完成有序用电实际执行情况（包括执行有序用电用户的基准负荷、目标负荷和实际负荷）接入与监视。

5. 夯实专业基础，确保系统安全可靠运行

修编《陕西自动化专业标准化作业规范》，制定主、厂站 2 大类，18 种作业小类，合计 55 种自动化专业标准化作业指导书（卡）。编制《陕西调度自动化主站系统运维管控实施细则》，强化运维行为管控。省调、地调开展执行标准化作业 446 项，编制标准化作业指导书（卡）499 份，现场观摩 7 次，累计治理隐患缺陷 189 项，提升自动化设备可靠性。修编《陕西电网新（扩）建工程二次专业设计审查要点》，规范新设备自动化接入标准。

加强监控业务移交后主站系统功能和信息管理。组织地市公司结合实际情况制定监控业务移交方案，

6家地市公司采取D5000系统终端延伸方式支持集中监控业务，5家地市公司新建新一代集控系统。优化调度命令接转、事故异常汇报、缺陷处理闭环等工作流程，制定并下发《国网陕西电力调控中心关于明确监控业务移交后厂站调度信息接入范围及要求的通知》，加强调度信息接入管理。

强化自动化检修管理和新设备并网维护与调试。优化自动化检修流程管控方式，全面梳理电力监控工作票签发人和工作负责人，通过OMS系统与安监专业安全管控平台互通校验，保证检修负责人资质可靠。全年共审批检修单1954余张，消除缺陷30余项。完成330kV林溪高抗站、锦屏变、澎王变、750kV陕北换流站等4座变电站、62座新能源场站并网接入。

（乐焕白）

【继电保护管理】

1. 保护装置及运行指标

截至2021年年底，陕西电网220kV及以上系统继电保护装置共有5535台（变压器、电抗器、发电机\发变组保护统计包含后备保护以及非电量保护），较2020年保护设备数量增加225台，同比增长4.24%。交流保护5400台（常规保护3885台，智能站保护1515台），直流保护135台。220kV及以上电压等级继电保护装置微机化率100%。

5400台保护装置中，750kV电压等级保护装置共计631台，占2021年陕西220kV及以上系统继电保护装置总数的11.66%，330kV电压等级保护装置共计4738台，占220kV及以上系统继电保护装置总数87.58%，220kV电压等级保护装置共计31台，占220kV及以上系统继电保护装置总数0.57%。

截至2021年年底，陕西电网220kV及以上系统在运的5400台保护装置中，国产保护装置5371台，进口保护装置29台；220kV及以上系统保护装置国产化率为99.46%。220kV电压等级线路保护光纤通道占比率为100%，330kV电压等级线路保护光纤通道占比率99.04%,750kV电压等级线路保护光纤通道占比达到100%。

截至2021年年底，陕西公司直流保护共135台（含直流录波器设备），其中宝鸡换流站61台，陕北换流站74台。

2021年陕西电网共发生59起故障，保护动作共计595次，均为正确动作，全年继电保护正确动作率、录波完好率、故障快速切除率均为100%。

2. 专业管理

专业队伍建设。2021年公司系统共补充39名保护班组人员，夯实了专业队伍基础；积极引导继电保护人员提高专业技术技能，共有4人被评为国网陕西电力“三级专家”“三级工匠”；结合工作实际，开展继电保护专业规程规定上门培训6次，组织专业管理人员培训2次，组织线上专业人员培训2次，提高了人员水平；总结近年来的培训经验，组织编写了《智能变电站继电保护运维培训教材》，为现场培训提供了参考。

专业标准管理体系修订完善。编制印发了《国网陕西省电力公司关于明确继电保护运行操作、二次

2021年陕西电网各电压等级不同保护装类别分布

电压等级 / 保护类型	220kV		330kV		750kV	
	台数	占比（%）	台数	占比（%）	台数	占比（%）
变压器保护	4	12.90	689	14.54	62	9.83
电抗器保护	0	0.00	41	0.87	94	14.90
短引线保护	0	0.00	286	6.04	26	4.12
断路器保护	3	9.68	1341	28.30	243	38.51
发变组保护	0	0.00	190	4.01	0	0.00
过电压及远方跳闸保护	0	0.00	512	10.81	30	4.75
母线保护	4	12.90	410	8.65	44	6.97
线路保护	20	64.52	1269	26.78	132	20.92
总计	31	100.00	4738	100.00	631	100.00

安措实施和现场定值管理要求的通知》，修订了《国网陕西省电力有限公司继电保护工作标准化作业指导书》等专业规定文件。

继电保护基础数据管理。持续开展继电保护基础数据治理，打通 OMS 系统与继电保护运行统计分析系统的数据壁垒；积极推进继电保护实物 ID 贴码工作，完成 37881 个 330kV 及以上保护设备的贴码。

整定计算工作。编制下发《陕西电网 2021 年度继电保护整定方案》《陕西电网 2021 年度继电保护运行说明》，规范继电保护整定计算的原则、方法和具体要求；编制下发《2021 年陕西省调直调电网母线等值阻抗以及直调电厂（用户站）上报定值备案的通知》，开展定值核查工作，提升电网运行安全性；组织各单位开展十四运会比赛场馆供电设备保护定值校核工作；完成西安东北部电缆落地、锦屏变工程等多座新建、改扩建厂站接入工程投运的继电保护定值计算及启动配合工作，完成 330kV 牵引变供电线路保护定值的校核调整和 330kV 变电站保护更换的定值计算工作。

第三道防线设备管理。梳理核查电网第三道防线设备运行及配置情况，将第三道防线设备信息、软件版本、检验情况及缺陷记录等基础信息录入继电保护统计分析系统。评估第三道防线设备运行状态，结合精益化查评结果，将运行年限长、运行状态差的设备优先列入改造计划，加快推进第三道防线老旧设备和问题设备改造。依据评价细则深入排查第三道防线设备管理、运行管理、检验管理和反措落实等方面存在的安全隐患，完成 25 套 220kV 及以上低频低压减载装置精益化评价工作，完成 453 套 110kV 及以下装置精益化评价工作，发现问题共 548 条。完成 D5000 系统中低频、低压减负荷监视系统的试点，提升第三道防线在线监测水平。

老旧保护改造完成情况。会同通信专业完成宝鸡换流站周边高频保护的改造工作，为宝鸡换流站 PLC 拆除创造条件，组织开展电流互感器暂态一致性试验，完成洛川、河寨、草滩等重要枢纽变电站老旧保护改造，2021 年共完成老旧保护更换 778 台（计划 489 台）。

专项检查、隐患排查工作情况。开展 330kV 及以上变电站老旧保护改造技改项目作业关键环节的安全督查，对实施老旧保护改造后的现场进行后评估专项排查，共检查继电保护作业现场 27 个；开展两网融合后继电保护专业检查和设备评价，对榆林地区 3 座 220kV 变电站和相关涉网电厂进行继电保护专项排查，完成 86 座 330kV 及以上电压等级变电站继电保护运行专项检查；开展特高压陕北换流站验收调试阶段直流控保专业技术监督和特高压直流保护风险辨识，完成 82 条直流保护风险辨识。

继电保护和安全自动装置国产化替代。2021 年，陕西电网共有 8 台国产化继电保护装置挂网，均为 750kV 电压等级，分别在 750kV 洛川变电站（7 台）和榆横变电站（1 台），其中母线保护 1 台、变压器保护 1 台、高抗保护 1 台、线路保护 2 台、断路器保护 2 台、智能终端 1 台。

（付鲁川）

【配电网调控管理】

1. 推动配网基础系统建设，促进配网电子接线图全覆盖

全面推进 10kV 配变及以上配网调度管辖设备电子图模全覆盖，推动配电自动化系统 I 区主站图模完善，开展配变终端接入一区主站调试、单线图优化等工作，促进全省配网“图实一致、状态相符”，提升配网图模实用化水平，制定分公变、专变的图模推送及挂接拓扑关系稽查方案。

2. 紧抓配网透明化率，提升配电网感知水平

以配网运行状态感知率指标为抓手，全面推进各地市配电自动化系统与营销用电采集系统互相贯通，充分利用营配贯通梳理治理成果，开展配变用采信息（配变停复电、有功、无功、三相电压、三相电流等信息）全面接入配网调度技术支持系统，开展配网图模、台账等基础数据核查，精准评估基础数据质量，加大基础数据异常治理力度。按月发布配网运行状态感知率月度通报，增加地市企业负责人关键业绩指标，召开双周例会听取各单位汇报工作开展进度。2021 年实现配网透明化率由 0 至 53.1% 的突破。

3. 聚焦两网融合，做好配县调融合统一部署

根据公司各项融合工作要求，编制陕西电力配网调控专业业务融合工作方案，梳理配网调控专业融合面临的问题，横向沟通公司配网部、营销部，对于建立标准同一的专业管理体系、构建标准业务流程、完成自动化、信息系统融合、统一制度标准及人员培训等方面制定工作方案，对于融合各项具体工作提出时间节点要求，有序指导各地市完成配县调业务的融合。

4. 开展配网高级应用试点，提升配网技术支撑水平

开展西安、汉中、延安三家试点地市网络化下令和智能操作票重点工作，完成配网调度网络发令功能省级部署功能设计及建设方案，具备智能成票、网络发令、程序化操作、安全防误及统计查询等功能。目前试点地市在测试版开发及线上测试阶段。

5. 提升技术创新工作，开展配网新业态研究

引导全省各地市公司调度典型经验评选及调度创新成果申报，加强全省电力调控创新成果培育，共有4项创新成果入选《电力调度创新应用成果汇编（2021版）》，共有1项地市典型经验入选国调地县级优秀典型经验，参与中心1项成果获得国网陕西电力青创赛金奖并推荐参加国家电网公司青创赛。开展“整县屋顶分布式光伏”背景下的有源配电网调管新业态新模式研究，对分布式光伏接入及实现配网“可观可测可控”提出方案。

6. 加强配网调度队伍建设，打造配网人才梯

联合国网延安供电公司依托配网培训开发项目，结合配电网管理现状及有源配电网发展方向，重新梳理修编配网调控课程设置，形成11门新课程成果。组建配网调控运行专家团队，深入参与全省配网调控业务培训、有源配电网管理，发挥引领示范作用。

（党莱特）

【电力通信网建设及运行】 2021年，国网陕西电力光缆总长度38878km，通信设备总量8404台（套），通信业务通道总量12318条，同比分别增长10.68%、4.09%、3.93%。

1. 通信安全生产

通信系统运行情况。2021年，国网陕西电力通信系统运行平稳，未发生通信原因影响电网安全与公司级别经营事件，通信网运行率、业务保障率均保持在99. 999%以上。全网开展通信系统检修612次，同比增长3.1%。面对新冠肺炎疫情，加强疫情期间通信调度管理工作，19余名通信人员封闭值班，坚守岗位。推广电视电话会议应用，累计保障会议2197场，同比增长14.97%。完成十四运会及残特奥会保电、国网陕西省电力有限公司揭牌仪式暨陕北—湖北 ±800kV特高压直流工程启动送电等36场重要活动通信保障。及时调配通信抢险人员、4G应急会商系统、卫星电话、集群对讲系统等应急通信设备驰援“7·20”郑州特大暴雨灾后电力通信恢复，彰显通信责任担当。

风险隐患排查治理。2021年，加快推进ADSS光缆“三跨”、站内光缆单沟道、通信电源、光缆引下线接地等风险隐患治理工作，年内累计完成风险隐患治理474项，年度计划完成率91.3%，隐患存量大幅减少。推进线路保护光纤化改造，330kV线路保护通道光纤化率分别达99.04%，累计增配330kV及以上线路保护通道“第三路由”96条，化解业务重载风险，支撑“三道防线”作用有效发挥。

2. 通信工程建设

重点通信工程建设。配合国网陕西信通公司特高压通信系统互联互通优化改造工程，完成陕西境内鹤城变等6个站点设备安装调试。依托一级骨干通信网马可尼设备升级改造工程，完成银东直流龙洲中继站整体退运。完成陕北—武汉 ±800kV特高压直流光纤通信工程及配套750kV交流送出工程，330kV林溪高抗站、白石变电站、锦屏变电站、澎王变电站及太极城水电厂接入等输变电工程配套通信工程建设、联调及验收投运工作。结合陕北—武汉 ±800kV特高压直流工程，组建2.5G神郝、陕绥光环网，提升网络自愈水平，解决了长期以来750kV榆横变以北区域单点与主干通信网连接问题。完成硖栖线73.6km地线改造OPGW光缆技改项目，解决了330kV栖凤变无本体光缆问题，退运高频保护通道，保障宝鸡换流站进线PLC滤波装置按期拆除，同时优化了陕西西部区域省、地光缆网架结构。完成铜川、安康SDH传输网建设改造二次专项。

两网融合通信建设。按照“两网融合，通信先行”的指导思想，全面启动原南区电力通信专网建设，打造“通信一张网”。完成原南区公司本部、9个地市公司、70个县公司通信互联建设，726座供电所（营业厅）租用通信电路建设，支撑信息系统、视频会议等应用在原南区的延伸和部署。

3. 通信管理

运维支撑手段建设。一是依托国家电网公司GIS2.0平台，建设光缆线路运维支持系统，开发移动App，并结合电子标签应用，实现全省通信光缆资源一张图，提供运行、检修、分析三大主题9个典型应用场景，与TMS进行数据双向贯通，支撑通信专业数字化建设。二是完成TMS通信资源数据上调控云工作，完成基于TMS的通信电源在线安全校核和自动隐患分析的设计、研发、应用指导等试点建设任务，并已在国家电网公司系统正式部署。三是完成通信电源省级集中统一监测平台三年建设方案编制和项目储备工作。

检修管理规范化。下发《国网陕西电力调控中心关于规范电网基建、改造通信检修管理工作的通知》，落实建管单位配套通信项目建管责任，通信专业参与配套工程业主项目部工作，优化通信检修协同机制，确保通信网运行检修安全。

现场作业标准化。组织开展通信专业标准化作业试点和推广应用，编制新版标准化作业文本36项，覆盖通信设备、电源、光缆和网管四类作业对象，检修、巡视、业务投退、工程验收四类作业类别。编制落实生产作业现场“十不干”通信专业措施清单，强化现场作业安全管控。

并网电厂接入和运行管理。编制并网接入服务“三张表”，规范新能源厂站接入管理。修订《陕西电网调度管理规程》（通信部分），按照“网络分级监视、统一调度和故障处置指挥”的原则，落实省地、厂网单位通信运维职责，提升新能源厂站通信运行效率和技术服务水平。

（贺　军）

电力市场建设和运营

【电力市场建设】

1. 规范化运作

2021年，陕西电力交易中心有限公司（以下简称交易公司）召开股东会1次、董事会2次、监事会1次，审议并表决通过了股东会、董事会议事规则；选举产生了监事会主席、非职工董事、非职工监事；通报了职工董事、职工监事的民主选举情况等。

2021年6月23日，召开2021年第一次董事会（第一届第二次董事会）。会议审议了《关于聘任及解聘陕西电力交易中心有限公司高级管理人员的议案》；表决通过了有关高级管理人员任免事项，即聘任陈永平同志为交易公司副总经理，解聘王万军同志的交易公司副总经理职务。

2021年12月16日，召开2021年第一次股东会。会议审议并表决通过了《陕西电力交易中心有限公司股东会议事规则》；增选张惟、牛拴保、高明、曹云为交易公司非职工董事，增选张伟、吕江波、付建辉为交易公司非职工监事；通报了交易公司2021年股份制改造及电力交易工作报告、2021年财务经营情况、并新增赵明、周庆庆为职工监事。

2021年12月17日，召开2021年第二次董事会（第一届第三次董事会），会议审议并表决通过了《陕西电力交易中心有限公司董事会议事规则》。同日召开2021年第一次监事会（第一届第二次监事会），会议选举张伟为公司监事会主席。

2. 市场管理委员会

严格履行市场管理委员会秘书处工作职责，加强与市场管理委员会委员的日常沟通协调，广泛收集各类市场主体的建议和意见，协调市场分歧和矛盾，团结各方力量共同促进陕西电力市场和谐、健康、有序发展。2021年陕西电力市场管理委员会共召开2次全体会议。会议审议通过了《陕西省电力市场管理委员会换届方案（2021年）》《陕西省电力市场管理委员议事规则（2021年）》《陕西发电企业超发欠发电量期末清算细则（2021年）》《陕西省2021年新能源发电企业参与市场化交易实施细则》《陕西省淘汰关停煤电机组发电权电量补偿办法》及《陕西电力市场电力交易临时补充规定》。

3. 市场主体注册

2021年，交易公司按照“一承诺、一注册、一公示、三备案”流程和“一地注册、信息共享”要求，办理市场主体平台注册。全年新增发电企业64家，新增售电侧市场主体1172家（售电公司10家、电力用户1162家），售电侧市场主体数量增长13.84%。至12月底，陕西电力交易平台注册市场主体合计10291家，其中发电企业649家，售电公司200家，电力用户9442家。

4. 交易规则制定

主动配合政府主管部门，持续完善陕西电力市场规则体系，充分发挥电力市场管理委员会议事作用，2021年，先后发布了《陕西省淘汰关停煤电机组发电权电量补偿办法》及《陕西电力市场电力交易临时补充规定》2项市场化规则，修订了《陕西发电企业超发欠发电量期末清算细则（2021年）》，有效保障陕西电力市场健康有序运行。

（王　玮）

5. 交易平台建设

在国家电网公司统一组织下，陕西交易公司全力推进新平台建设工作，新平台于2021年3月23日上线试运行，为非试点单位第七家申请上线试运行单位，新平台实现了“业务运作实时化、市场出清精益化、交易规则配置化、市场结算高效化、基础服务共享化、数据模型标准化”等目标，更好统筹并满足省间及陕西省内、中长期及现货、批发及零售等各类交易业务需求，新平台的上线有力地支撑陕西中长期交易合同“六签”及电力市场信息披露等新业务需求。

2021年9月18日，新交易平台正式单轨运行，全面支撑陕西电力市场注册、交易、结算、信息披露、市场合规等核心业务开展。2021年10月，随工商业用户全面放开，新平台市场成员注册完成功能扩展，满足了陕西省各类市场成员的注册需求。

2021年11月，按照《国家发展改革委办公厅关于组织开展电网企业代理购电工作有关事项的通知》（发改办价格〔2021〕809号）文件精神，陕西交易公司周密组织、精心筹备，上线了代理购电集中竞价交易、挂牌交易等功能，高质量完成了代理购电交易工作任务。

（王　楷）

6. 合规管理

贯彻落实北京电力交易中心“合规管理建设年”工作要求，编制了《陕西电力交易中心“电力交易合规管理建设年”工作方案》，对照合规管理建设年具体实施要求，编制了《售电公司注册信息违规情况处理典型案例》，入选全国电力交易合规案例汇编。

陕西交易公司按照有关规定在交易开始前收取履约保函，保证交易风险可控、在控。2021年参与交易的售电公司共69家，收取保函及保险额度共计1.785亿元，其中保函63家，共计1.525亿元。保险6家，共计0.26亿元。

2021年全面梳理交易全业务流程，在北京交易中心指导下按照有关要求，完成陕西交易公司电力交易风险管理、内部控制与合规管理操作指南的编制工作。

（陈　斐　王　玮）

7. 市场政策研究

加强电力市场政策分析和前瞻性研究，开展研究课题《陕西电力交易中心建立电力中长期分时段连续交易体系的研究与应用》《建立适应双碳目标的陕西电力市场建设方案及配套制度的研究》。完成管理创新成果《陕西经营性电力用户全电量放开下的市场主体动态管理体系构建》《政企联动高效协同陕西电力外送体系建设实践》及《陕西电力市场基于“互联化、高效化、精细化”的交易电量结算管理优化与提升》，为政府主管部门决策提供参考和有力支撑。

（王　玮）

【电力交易及结算】

1. 市场化交易规模

2021年，陕西跨省区交易电量（包含外送和外购）达到876.6亿kWh，同比增长35.9%，创历史新高，其中外送电量689.8亿kWh（主网外送181.5亿kWh，配网外送1.4亿kWh，榆横特高压外送173.4亿kWh府谷、锦界点对网外送333.5亿kWh），省间购入186.8亿kWh，主网购入145.1亿kWh（国网陕西电力购入67.4亿kWh，跨省点对点购入75.3亿kWh，跨省替代购入2.5亿kWh），原南区配网购入41.7亿kWh。组织开展电力直接交易33次，成交电量770.3亿kWh，同比增长23%。组织电网企业代理购电交易1次，成交电量47.3亿kWh。组织完成陕西省内发电权替代和合同电量转让交易77.8亿kWh。

（何方波）

2. 跨省区交易

2021年，国网陕西电力深入贯彻落实国家能源安全保供工作部署，持续加大跨省区交易协调力度，超前谋划、找准市场切入点，2021年跨省区交易规模创历史新高。一是坚持省间形势精准分析。注重省间供需形势情况收集和标准分析体系构建，针对性制定省间交易策略，把握省间交易工作主动权；二是坚持合作共赢。注重加强与各方沟通，建立常态化沟通机制，充分听取各方意见，形成良好省间交易工作氛围；三是坚持省间、陕西省内交易的优化统筹。注重省间交易与省内供

2021年陕西电力交易主要指标一览表

单位：亿kWh

指标	2021年	2020年	同比增减（%）
跨省区外送电量	689.8	504.3	36.78
跨省区外购电量	145.1	105.1	38.06
电力直接交易电量	186.8	140.6	32.86
电网代理购电交易电量	47.3	—	—
发电权及合同转让交易电量	77.8	122.7	-36.59

● 2021 年 6 月 11 日，陕西延安清洁电力送上海红色场馆专项交易签约仪式在国网上海电力顺利举行。本次协议的签订是以“绿色电能”保障上海红色场馆用电，是实现红色基因传承与绿色发展理念的相融共促，对延安革命老区新能源发展和上海可再生能源消纳具有积极的促进作用。

需协同，合理优化交易曲线，提高电网安全稳定运行水平，促进新能源消纳；四是坚持不断创新。2021 年利用陕西新火打捆模式成功组织外送江苏交易，首次实现陕西新能源大规模外送；顺应“双碳”战略实施，促成国网陕西电力与国网上海电力签订《2021~2025 年陕西延安绿电送上海红色场馆战略合作框架协议》；2021 年 12 月利用电网企业合同转让方式加大外购，有效缓解电网高峰供电紧张形势。

（郑　睿　周庆庆）

3. 电力直接交易

2021 年，陕西省电力市场化交易规模继续扩大，交易品种不断丰富，形成年度交易、多月交易、月度交易、周交易互相衔接、相互补充的交易体系。全年，共组织开展电力直接交易 33 次，其中：年度双边 1 次、月度竞价 12 次、新增用户双边 12 次、陕西智慧车联网平台绿电交易 1 次、煤改电用户电采暖 3 次、十四运会绿电交易 1 次、十四运涉赛酒店绿电交易 1 次、陕西省内红色革命场馆绿电交易 1 次，跨省“点对点”交易 1 次，累计成交电量 770.3 亿 kWh，同比增长 23%，2021 年 10 月国家发改委 1439 号文、809 号文等新政出台后，陕西交易公司完成首笔电网企业代理购电挂牌交易，国网陕西省电力有限公司挂牌电量 47.3 亿 kWh 全额达成交易，有力保障了代理购电用户电力可靠供应。

（裴力耕　张寓涵）

4. 清洁能源消纳

2021 年陕西总量消纳责任权重实际完成值为 26.70%，非水消纳责任权重实际完成值为 17.90%，均高于国家下达的总量、非水消纳责任权重指标值 25%、15%。

2021 年国网陕西电力聚焦“双碳”目标，服务低碳转型，多点发力提升绿电交易规模。绿电规则先行，促请陕西省发展和改革委员会、国家能源局西北监管局印发《陕西省 2021 年新能源发电企业参与市场化交易实施方案》，标志着陕西新能源市场化交易时代正式开启。陕西交易公司随后发布《陕西省 2021 年新能源发电企业参与市场化交易实施细则》，进一步明确新能源交易流程和实施要点。规模大幅突破，省间、省内新能源首次实现大规模市场化交易“零的突破”，省间组织完成陕西送江苏年度新火打捆外送交易、延安绿电送上海红色场馆等新能源交易电量 4.2 亿 kWh；陕西省内组织完成智慧车联网平台充电设施、十四运会和残特奥会赛事场馆及重要场所、关中“煤改电”用户电采暖多年绿电交易、陕西省内红色革命场馆等新能源交易电量 35.9 亿 kWh，切实将有限的新能源市场化电量用在空气污染治理作用显著的电动汽车、农村电采暖和对社会清洁用能宣传示范作用明显的十四运会及红色旅游场馆方面，为“双碳”目标下以新能源为主体的陕西电力市场运作做出有益探索。

（张寓涵　郑　睿）

5. 发电权替代和合同电量转让交易

2021 年，为落实国家“双碳”战略部署，加快推进能源低碳转型，国网陕西电力创新陕西省内替代交易品种，加大省间清洁能源购入力度，清洁能源消纳水平显著提升；缩短转让交易周期，实现发电侧合同电量转让 24 小时连续交易，提高交易组织效率。全年，共组织陕西省内发电权替代和合同电量转让交易 77.8 亿 kWh，共节约标煤约 59.46 万 t，减少二氧化硫排放约 1506t，减少二氧化碳排放约 154.59 万 t。

（郑　睿）

6. 合同管理

按照《关于印发〈西北区域电力运营合同与协议签订、备案管理办法（修订稿）〉的通知》（西北监能市场〔2017〕69 号）要求，按季度向西北能源监管局报备购售电合同、直接交易合同、跨区跨省外送合同、发电权替代协议、合同电量转让协议签订情况。全年，共签订各类合同29224份，其中，年度购售电合同50份，电力直接交易合同27556份，发电权及合同转让交易合同406份，跨省区交易合同1212份。

（阎贺刚）

7.交易结算

依托新一代交易平台，推进市场化交易电量（发用两侧）"月结月清"常态化开展，直接交易结算工作实现全线上开展，在电量、用户数量、合同数量激增的情况下实现"月结月清"。全年参与用户侧结算的用户共7964家，售电公司65家，独立参与交易的大用户12家，共涉及56419份合同。按照国网陕西电力购售电同期管理总体实施方案，全力配合国网陕西电力发展、财务、营销等部门统筹开展购售电同期过渡期内的市场化交易工作，并做好交易组织及电量结算工作。

建立健全结算规则体系，充分利用柔性团队建立常态化协调研究机制，不断提升结算精益管理水平。一是加强业务合作，与国网陕西电力调控中心、财务部、东区及南区营销部成立柔性专项工作团队，协同各专业共同推动处理电量结算到电费结算一系列长链条中的薄弱环节。二是针对国家和省发改委关于电力中长期合同"六签"工作要求，研究偏差电量结算机制，做好向新型"照付不议、偏差结算"结算机制转变准备，不断推动结算逻辑简单明晰，便于市场主体核对。

推进结算标准化建设，优化市场统计体系。一是积极配合北京电力交易中心结算标准化建设工作，统一结算科目和结算凭证，规范电子结算档案，建设全流程可溯源的结算管控体系。二是依托新一代交易平台，优化市场统计体系，做好结算和统计功能衔接，开展分行业市场化电量统计，确保各类市场信息统计分析的规范性、准确性、完整性、时效性，常态化开展分行业市场化电量统计，实现统计分析、数据报表上报工作准确率和及时率均达到100%。

（赵　明）

【电力市场服务】

1.服务窗口建设

为持续提升优质服务水平，制定《陕西电力交易中心优质服务提升实施方案》，细化15项具体措施，进一步增强市场服务意识、健全市场服务体系、完善市场服务标准，提升市场主体参与交易便利性、满意度和获得感。

加强服务窗口建设和运营。丰富交易大厅展示内容，统筹交易大厅、交易平台网站、微信服务号"三位一体"展示窗口，创新展示方式，突出展示交易中心在落实国家电改政策、电力市场建设运行、能源优化配置等方面的成效，展现电力交易机构良好的品牌形象，交易平台推送各类工作信息1349条，微信公众号推送信息187条，《陕西公司打造绿电交易体系服务"双碳"目标》及《陕西交易中心风险内控建设工作取得阶段性成效》等2篇文章被国家电网工作动态采用。不断加强交易大厅优质服务意识，牢固树立"以客户为中心"的服务理念，积极做好政策宣贯、问询答复服务，全年完成问询答复22178次，疫情期间积极协助市场主体高效办理相关工作。针对主体注册流程、平台操作、零售代理、交易规则等业务开展各类培训8期，8次，参培人员2124人次，保障各类市场主体顺利参与市场交易，有效提升市场参与者的业务技能。依托市场管理委员会、网厂联席会、电力运行分析座谈会，充分听取各类市场主体意见建议，并及时研究答复。定期开展服务满意度调查，响应市场主体关切，优化业务办理流程，让市场主体"少跑路、不跑路"，积极为市场主体提供了一个"公平、公正、公开、透明"的电力市场，树立良好社会形象。

2.信息披露

为全面推进陕西电力市场信息披露工作，不断提高市场信息公开度和透明度，持续提升市场服务品质，5月28日，印发《国网陕西省电力公司关于印发电力市场信息披露工作方案的通知》（陕电交易〔2021〕3号），该方案涉及国网陕西电力发展部、财务部、安监部、营销部、建设部、互联网部、调控中心等部门，陕西交易公司归口电力市场信息披露管理工作，互联网部负责网络安全归口管理，负责信息披露平台与相关业务系统集成管理。调控中心负责电力系统运行、现货及辅助服务市场相关信息的披露管理，发展部、财务部、营销部、安监部、建设部分别负责本专业相关信息的披露管理。2021年全年完成信息披露6类，17项，522条，除现货信息以外，电力中长期交易市场信息实现应披尽披。

（姚 建 张 媛）

电力市场营销

【电能替代及综合能源服务】 电能替代。2021 年，国网陕西电力完成电能替代项目 2070 个，替代电量 40.34 亿 kWh，建成全国首个装配式零能耗游泳馆、黄陵山地自行车近零能耗赛场、铭帝光伏等 53 个“双碳”示范项目，376 个“热泵 + 蓄热”、271 个电厨炊、355 个绿色校园、709 个乡村电气化重点领域项目。实现削减燃煤 62 万 t，削减燃油 37 万 t，减排二氧化碳 284 万 t，二氧化硫 5.08 万 t，氮氧化物 2.7 万 t。一方面，国网陕西电力通过深化专业协同，高效开展了十四运会场馆、电动汽车、“煤改电”“红色场馆”绿电交易 30 多亿 kWh。另一方面，国网陕西电力加强政企协同，成功争取支持政策 18 项，将电能替代写入《西安市人大常委会有关决定》，将农村电气化写入《新时代支持革命老区振兴发展若干措施》及《“十四五”陕南绿色循环发展规划》。

综合能源服务。2021 年，国网陕西电力通过深化“供电 + 能效服务”协同工作机制，实施四项能效服务举措，在 60 个班组设置“能效经理岗”，成立综合能源铜川分公司，收集 108 项能效服务需求，将能效服务指标纳入供电公司企业负责人考核指标。承办国家电网公司西北区域综合能源现场会，与国网福建电力签订战略合作协议，聚焦重点业务领域，完成京东亚洲一号屋顶光伏建设、略阳钢铁客户变电站能效提升等实体项目，开展中国电信数据中心变电站运维、城市立方客户配电资产运维等增值服务，全年完成营收 7.5 亿元。推行综合能源公司职业经理人机制，设置绩效指标 37 项，签订《任期目标责任书》，明确 9 类社会化项目开拓奖励标准，建成上线陕西省智慧能源服务平台，打通与“绿色国网”数据链路，陕西省综合能源公司取得负荷聚合商资质，全面提升综合能源服务核心竞争力。

（巨 健）

【电费回收】 2021 年 7 月，国网陕西电力实施购售同期，实现自然月同期核算，购售同期后，压缩了各单位电费回收时长，由购售同期前的一个月或者 15 天缩短至 9 天，回收压力逐步加大。按照《国家发展改革委关于进一步深化燃煤发电上网电价市场化改革的通知》，2021 年 12 月电网企业取消工商业目录电价，实施电网企业代理购电，代理购电后电价较目录电价均有所增长，政策变化带来电费回收风险加剧，资金回收出现滞缓。针对业务发展、政策变化等对电费回收工作带来的影响，国网陕西电力扎实做好风险防控工作。严格落实电费回收主体责任。2021 年 7 月实施购售同期后，针对收费延迟情况强化用户沟通与政策告知，责任明确到户到人，确保用户充分理解购售同期带来的交费时间变更。铁路等重点用户提前研判电费回收风险，及时了解客户用电情况，严格落实领导包抓督办机制，确保及时足额回收电费。深化电费金融服务。持续优化策略精准实施停复电，推广低压电费代扣业务，全面减轻低压催费压力。同时针对高压用户全面推行分次划拨，加大托收、分次划拨推广力度，满足缴费需求的同时逐步缓解催费压力。稳步提升抄核收智能化水平。实现电费省级直收全覆盖，开展电费账务专项稽查，建立电力客户信用评级及电费回收风险预警系统，梳理分类分压分场景“四自”规则库 42 项，全量用户 5 日内完成当月电费核算，逐步实现抄核收账智能化管控。

（王海燕）

【营业普查】 根据《国家电网有限公司关于印发营销普查和规范两年工作方案的通知》〔2021〕77 号工作要求，国网陕西省电力以“进度服从质量”为原则对原东区经营区域内全量用户开展为期两年的营销普查专项工作。印发《国网陕西省电力公司关于印发营销普查和规范两年工作方案的通知》（陕电营销〔2021〕29 号）、《国网陕西省电力公司关于加强营销普查和规范管控的通知》（陕电营销〔2021〕47 号）等文件，按照既定阶段性目标任务，开展现场普查工作。注重发现问题、问题整改，坚决杜绝超短工单、坐标集中工单、采录信息为空工单，按周、月管控普查质量与进度，压紧压实普查工作。

截至 12 月底，各单位参与普查 3363 人，普查归档累计 105.78 万户（人均完成普查约 315 户），其中高压累计归档 2.25 万户，低压非居民累计归档 19.64 万户，分布式电源累计归档 0.69 万户，居民小区建档累计完成 0.41 万户。

对普查时间超短（普查工单时长小于2分钟）开展核查校验，全年超短工单14.07万件，占比13.30%。全年共发现问题数量32.07万件，已整改问题数量30.46万件，问题整改率为95.00%。根据稽核规则，对营销业务应用系统用户档案信息进行体检校验。全年数据不合格工单数量4.38万件，数据合格率为95.86%。

（卢　帅）

【智能用电】 截至2021年年底，国网陕西电力建成集中式充电站260座，充电桩4500台，充电量突破8000万kWh。积极开展充电设施“进政府、进企业、进高校、进景区、进园区、进小区”建设，与陕西交通控股集团有限公司合作推进全省“米字型”高速公路服务区充电站建设，提升电动汽车充电服务基础保障能力。受陕西省发改委委托牵头编制陕西省充电基础设施“十四五”发展规划；与西部机场集团开展合作，在西安咸阳机场三期扩建工程配套建设3300台充电桩，覆盖停机坪、办公区、航站楼等区域。持续做大做强陕西智慧车联网平台，截至2021年年底该平台累计接入充电桩2.8万台，占全省充电桩总数85%以上，依托平台开发“联行秦e充”App，为客户提供便捷高效的充电、导航、结算等服务，打造全省“充电服务一张网”，依托陕西智慧车联网平台组织77家充电设施运营商和69家新能源发电企业开展“绿电”交易，签约交易电量达5.68亿kWh，创国内新纪录。通过平台数据分析功能，编制陕西省充电基础设施运营分析月报，定期向陕西省发改委报送。积极落实国家电网公司与西安交通大学合作框架内容，在西安交通大学创新港开展有序充电、V2G双向充电、源网荷储多能互动、智能楼宇等多个试点项目建设，打造校园级智慧能源服务平台；在延安枣园、西安咸阳机场、临潼兵马俑等地建成多座“光、储、充”一体化充电站，依托车联网平台，试点开展电动汽车充电负荷参与电网辅助调峰、需求侧响应。

（郭　鑫）

●2021年12月2日，国网陕西电力实施“煤改电”帮助用户将煤锅炉更换为电锅炉。

【“煤改电”工程】 2021年，国网陕西电力继续认真贯彻落实《北方地区冬季清洁取暖规划（2017—2021年）》以及陕西省散煤治理任务计划，完成2.93万户“煤改电”确村确户工作（原东区1.22万户，原南区1.7万户）。全年完成“煤改电”配套电网工程计划新增及改造106个台区，8条10kV线路，为“煤改电”电力保供工作提供了坚实保障。2021年采暖季“煤改电”用户电量完成5.34亿kWh，同比增长7.47%。一方面，国网陕西电力充分发挥用电信息采集系统大数据分析功能，对全量“煤改电”用户，多维度、多层次量化分析用电情况，形成《2020—2021年采暖季陕西电网“煤改电”大数据专题分析报告》，为陕西省及政府主管部门优化完善相关政策提供了有效支撑，得到陕西省发改委的高度认可。促使政府出台了进一步优化补贴发放模式、提高补贴标准、电量打包交易等系列政策，进一步降低了“煤改电”用户电费成本。全力配合政府提高运行补贴资金发放效率创新通过电e宝代发“煤改电”运行补贴702.15万元，惠及咸阳、渭南、宝鸡3市3.04万户居民，有效解决政府补贴“到位难”问题。另一方面，国网陕西电力积极向政府提出稳妥有序做好“煤改电”工作建议，促请陕西省发改委在《关于做好我省2021—2022年采暖季清洁取暖工作的通知》中提出合理确定技术路线，因地制宜推广“煤改电”，并将集中式电采暖纳入统计。同时，针对突如其来的疫情，国网陕西电力制定下发疫情防控期间“煤改电”客户温暖过冬电力保障6项工作措施，实施采暖季期间“煤改电”客户欠费不停电，建立“煤改电”日例会工作机制，及时处理“煤改电”工单157件。通过“煤改电”数字化转型平台开展日监控，提供预警信息8152条。全心全意服务客户，切实保障电力持续供应，确保群众清洁温暖过冬。

（巨　健）

【电价管理】 2021 年，持续深化电价相关政策管理及实施落地。强化销售电价执行管理。持续推进国家新核定的 2021 年销售电价、输配电价标准精准落地，优化整合系统电价码库，制定下发分类电价执行说明，利用各类线上线下渠道，强化电价政策宣传解释。开展峰谷电价、基本电价和功率因数考核等专项稽查，完善营销系统电价逻辑校验关系和稽查系统电价稽核规则，规范业扩等前端业务电价执行准确率，提级新增用户电价审批权限，消灭电价执行“顽疾”。组织各地市公司开展电价政策专题培训，严格做好电价执行管控，同时国网陕西电力常态化开展电价执行稽查和专项检查，严肃电价差错考核追责，确保电价执行到位。全力配合做好转供电加价清理。2021 年国网陕西电力持续配合政府部门做好转供电主体及覆盖终端用户的摸底排查、信息统计和坐标采集工作，完成转供电主体信息统计及地理坐标采集，确保商业综合体、写字楼、工业园区等重点转供电主体用户全覆盖。持续深化“转供电费码”推广应用，强化“转供电费码”日常运行管理，及时向省级市场监管部门、各地市公司提供“转供电费码”数据，开展转供电清理省级宣传，积极助力转供电清理。

● 国网陕西电力员工推广转供电费码应用。

（王海燕）

【电能计量管理】 精益计量资产管控，夯实计量管理基础。统一国网陕西电力计量封印管理技术规范并实现电商化采购，实现计量封印全过程管理。加强计量资产全寿命周期管理，新装计量器具 62.60 万只（电能表 54.98 万只、互感器 4.88 万只、计量箱 2.74 万只），有序推进 65.97 万只 2009 版电能表更换，全年更换计量器具 100.45 万只（电能表 98.75 万只、互感器 1.56 万只、计量箱 0.14 万只），分拣拆回电能表 116.57 万只。组织开展错接线排查，累计排查 13.32 万户，发现并整改错接线 221 户。制定计量设备主人制工作方案，计量设备主人覆盖率 100%，全年完成巡视计量设备（表 + 箱）数量 145.10 万只。深化用电信息采集三级监控到位、闭环管控到位、标准作业到位、培训帮扶到位、标准评价到位“五到位”管控机制，公司原东区采集成功率提升至 99.93%，高压用户需量采集成功率提升至 99.03%，分布式发电用户反向有功采集成功率提升至 98.78%。滚动修编采集故障消缺调试处理手册，规范采集故障现象甄别、分类处置方法。清理长期不用电、虚拟户档案 7124 户，采集闭环管控异常治理工单 110 万余条，工单异常处理率 99.36%；更换 HPLC 通信单元 811.96 万户，实现原东区 HPLC 覆盖率 82.85%；升级集中器 4.79 万台，累计完成 14 批、5.4 万台终端数据采集功能异常消缺，曲线采集成功率较年初提升 11.27%；通过“定协议、推标准”的方法开展采集终端参数任务优化配置工作，完成终端参数配置档案校核 9.6 万台次；通过采集系统发现错接线等计量故障、负荷超容及客户违约用电 617 起，涉及电费追补及违约金 104.72 万元。以问题为导向动态开展国网陕西电力用户用电信息采集系统功能优化迭代，完成“需求侧管理负荷监控”“煤改电用户监测”“台区线损综合看版”能等 10 余项功能开发。部署“量价费损综合管理平台”，帮扶基层单位树立采集“标杆”示范台区 5216 个，覆盖居民用户 56.34 万户，实现台区自动抄表、费控成功率、线损合格率、时钟准确率以及曲线采集完整率均达到 100%。

HPLC 高级功能应用覆盖 642.42 万低压用户，实现高频全量采集、重点用户监测、台户及相位识别、停电事件主动上报等高级功能，有效支撑配网故障抢修、供电质量监测、可靠性管理、有序用电等业务实施。创新在单相通信单元中增加电能表零火线电流存储计算功能，生成“电流异常”事件并主动上报采集系统，在支撑开展低压用户疑似窃电用户查处上创造实效。

发挥国网陕西电力用户用电信息采集“感知数据

总入口、控制命令执行总出口”作用，做好采集数据支持及技术支持。支持“双碳”目标落地衔接，实现“煤改电”用户负荷远程监测，在冬季采暖期间及时发现并告警用电安全隐患 278 户・次，提升分布式光伏用户 15mIn 级负荷采集成功率至 99.02%。完善采集系统有序用电功能支撑需求响应工作，实现 4214 户 15 分钟频次负荷实时采集监测及调峰成效实时反馈。保障购售同期、新电价政策执行，电能表时钟准确率达 99.66% 以上，支撑电费“四自”抄表成功率提升至 99.55%，基于采集系统开发远程调整电能表例日功能，支撑购售电实现同期管理；数据采集、入库效率平均提升 66.7%，助力电费核算发行工作高效开展。支撑新电价政策落地，完成原东区 47.32 万只工商业用户电能表参数调整、原南区 42.87 万只工商业用户电能表本地费控转远程工作。支撑提升供电服务质效，远程停复电综合成功率提升至 95.97%，日均复电时长 10 分钟以内。高质量推动计量采集专业融合，完成原东区采集系统扩容改造并部署原南区加密机，统筹制定原南区采集终端网络切换方案，完成第三方安全接入区采集通道扩建，以信息化系统功能升级带动远程充值、数据采集、电价政策执行、线损分析、配网监测、电费结算等业务融合。

（雷婧婷）

【营销信息化建设】 率先提出“手机 + 背夹”作业模式，该模式已被国家电网公司采纳。首提“165”移动办公管理理念，完成国网陕西电力“165”营销移动作业程序开发，通过“手机 + 背夹”模式实现了营销人员现场开展低压业扩报装、计量故障处理、客户档案查询、抄表、复电、台区看板等功能，大幅减轻了基层人员工作负担，提升了基层人员工作效率。

完成 SG186 营销业务应用系统省级集约功能改造，实现电费省级核算、省级直收、省级账务处理，完成 SG186 营销业务应用系统的电价代码优化，精简电价代码 325 条，大幅降低了员工选取用户电费电价的业务差错。2021 年 6 月完成营销系统购售同期功能改造，实现全省 1143 万用户购售同期业务的开展。

完成市场化售电系统与交易平台接口开发与上线，实现国网陕西电力市场化用户全省集约结算。完成量费平台程序开发和程序部署，完成了由按抄表册抄表管理向按户抄表管理的转型，实现了电费抄 1 户、算 1 户、发行 1 户的实时抄表核算发行新模式。修订完善营销业务应用系统电费审核规则 88 条，实现电费异常工单由系统自动派发，完成市场化用户电费结算模式由退补模式向同期结算模式的转变。

配合国家电网公司完成了办电 E 助手、营业普查、阳光业扩个人充电桩办电等营销系统适应性改造与上线工作。

完成营销系统、费控系统代理购电业务、尖峰电价系统改造，实现全省 50.36 万用户代理购电业务首次结算和 45.5 万用户执行尖峰电价业务的正常开展。

（郭彦军）

【稽查监控管理】 稽查体系建设。2021 年，建立了省、市、县、所四级稽查监控体系，组建了 40 人的省级稽查柔性专家团队，成立市国网陕西电力现场稽查队伍 19 支。按照省级稽查监控运营管理办法及标准化作业闭环管控机制，应用国家电网公司稽查二期与省侧智能稽查系统两个监控平台，线上筛查国家电网公司侧 28 项主题、省侧 33 项量价费主题、142 项监控预警主题异常问题。落实在线、专项和现场“三位一体”稽查要求，累计稽查数据 50198 件，查实整改 49729 件，堵漏增收成效 21561.12 万元。

稽查质量评价。稽查工作质量纳入国网陕西电力量价费专项治理通报及指标体系，对地市公司万户异常数及下降率、稽查规范率、成效完成率实行月度打分通报。对县公司通过两化指标业务质量管控指数、整改完成率发布季度通报。完成稽查对专业工作质量评价 6 次，召开市级稽查分析例会 113 次、县级稽查分析例会 147 次。省市两级通过管理建议书、督办单、视频分析例会、运营通报形式对闭环质量进行监督。

数字稽查建设。完成了稽查二期系统 56 个稽查主题规则及 11 项功能建设，完成省侧智能稽查系统 33 个量价费损主题规则及监控主题部署上线。实现了稽查穿透营销、采集系统核查问题，稽查系统发现问题在核查处理环节自动触发营销系统六项关联流程。采取省、市、县三级派单模式，问题工单可直派到台区经理移动作业终端。应用 RPA 流程实现智能稽查系统自动派单，工单环节时长缩短 40%。构建稽查系统 AI 智能检索典型案例库，便于稽查人员参考借鉴、防范风险。

（屈一凡）

【重要活动保障】 2021年，组织各地市公司完成全国卫生考试、全国"两会"、清明祭祖、全国会计考试、丝博会、中高考、航天发射任务以及各类全国假期等重要活动保电任务14次，下发保电任务通知书11份，组织各地市公司建立保电工作领导小组，编制保电工作方案，建立保电团队，未发生重大活动停电事件，未发生重大舆情事件。

（杨　哲）

【95598、96789热线】 2021年12月26日，陕西电力96789服务热线全量转接95598服务热线，由国家电网公司客服南中心统一受理，积极稳妥实现了全省95598和96789服务热线两号合一。

融合之前，原东区为95598服务热线，由国家电网公司客服南中心客服接听客户电话，由省营销服务中心统一受理，派发各地市供电服务指挥中心流转，到具体县（区）公司执行办理。原南区为96789服务热线，具体由属地市公司接听客户电话，客户各项用电需求办理转为线下转派各县（区）公司执行。

为确保热线顺利切割，国网陕西电力营销部制定《国网陕西省电力有限公司融合发展优质服务保障方案》《国网陕西省电力有限公司"两网"融合95598渠道服务整合方案》2个总体方案，从供电服务品牌形象、供电服务标准、供电服务行为、社会信息公开、检查评价标准、专业化管理六个方面统一管理。自2021年12月26日零时起，停止96789供电服务热线人工接听客户电话服务（96789服务号暂时保留），客户拨打96789服务号后，将自动转接到95598服务热线，由国家电网公司客服南中心统一受理，标志着国网陕西电力服务渠道融合发展进入到新的篇章。

（吴　洁）

【履行社会责任】 两网融合后国网陕西电力承担着汉中合力团团长单位、榆林合力团成员单位、澄城和米脂两个县帮扶牵头、100个村的驻村帮扶工作，共派驻帮扶人员256人（含2名挂职副县长）。帮扶任务虽较重，但国网陕西电力党委和主要领导高度重视乡村振兴工作，强化领导小组在乡村振兴工作中的统筹作用，上下一心，全力以赴，2021年承担的各项任务全完成、指标全达标、目标全实现，成为年度考核获得"好"等次单位最多的中央驻陕企业。持续提升农村地区供电服务水平。全年中央预算内资金及国网陕西电力自有资金投资共计11.3亿元，农村地区平均供电可靠率和农网综合电压合格率持续提升。全力支持帮扶产业发展和收入水平提升。消费帮扶完成1486.59万元，定点帮扶米脂县、澄城县及各级100个帮扶村各项任务按要求落实，省国资委助力脱贫攻坚汉中合力团、榆林合力团任务高质量推进。工作得到上级高度肯定。汉中合力团作为全省9个合力团唯一代表，被中央、国务院授予"全国脱贫攻坚先进集体"荣誉称号。先后荣获"陕西省脱贫攻坚先进集体""陕西省驻村联户扶贫工作考核省级优秀单位""陕西省助力脱贫攻坚优秀企业"荣誉称号，成为陕西唯一获得三项荣誉的企业。1名同志荣获"三秦楷模"称号并得到省委书记接见。1名同志荣获陕西省优秀挂职副县长，2名同志荣获全省优秀第一书记，9名同志荣获全省优秀驻村工作队员，5名同志荣获全省脱贫攻坚先进个人，14名同志荣获国家电网公司服务脱贫攻坚先进个人。

● 米脂县七里庙村百姓首次拿到了光伏产业扶贫项目的分红。

（郝佳楠）

【乡镇供电所管理】 2021年，国网陕西电力落实国网公司乡镇供电所"五大突出问题"整改要求，深化乡镇供电所建设标准化提升，推动供电所数字化转型，提升供电所整理管理水平和服务能力。一是强化乡镇供电所综合保障支撑。依托"两化"建设工作平台，实现省市县三级综合协调机制全覆盖，协同推进解决乡镇供电所管理过程中的突出问题。建立乡镇供电所综合管理指标体系，加大核心业务日常考评比重，扎实开展星级乡镇供电所动态考评。二是推动乡镇供电所数字化转型。在“165”平台实现了对营销5大专业、35类作业现场的数字化管控，建立台区数字看板，RPA流程自动化应用“同期线损（T-0）测算分析机器人”等3个业务场景，数字化工作台建设形成典型功能场景65项。三是提升乡镇供电所员工队伍能力。以指标、任务为双驱动，将乡镇供电所核心指标、日常任务项进行量化，全面推行“工分制”绩效考评，在原东区乡镇供电所实现100%覆盖，激发员工工作内动力。对第二轮次1760名“全能型”员工按照每人每月500元进行待遇兑现，组织各单位进一步明晰“全能型”员工履责要求，激励员工不断提升自身业务能力。遴选发布乡镇供电所创新创效小成果12项，并予以表彰。四是年度重点工作任务务期必成。推动县所融合发展，明确县供电企业融合发展30项重点工作内容。开展农时保供服务，完成84处排灌台区供电风险隐患整改，累计出动春耕春灌保电服务人员1.8万人次，配合完成灌溉农田1010.9万亩。11个乡镇供电所获评第六届“最美供电所”，西安鄠邑石井等9个供电所获评国网五星级供电所。

（吴　敏　郝佳楠　杨　萍）

科技及数字化

科技创新

【科技项目管理】 2021年，科技类项目共104项，经费合计6795.8万元。其中国家电网公司项目47项3908万元，国网陕西电力项目45项，专项成本项目7项，参加国家重点研发计划1项共30万元，国家自然科学基金项目2项共107.8万元，国防科技创新特区项目1项150万元，陕西省重点研发计划1项65万元。

召开国网陕西电力“创新破难”技术大会。积极推进解决相关技术问题，以“走进电网的田间地头”为目标，充分发挥科技对生产的支撑作用，储备了一批解决电网生产一线实际问题的科技项目。结合国家电网公司科技创新工作要求，聚焦新型电力系统建设，立足国网陕西电力的发展战略，联合西安交通大学知名专家，组织召开参与新型电力系统科技攻关计划的专题研讨会，总结凝练出响应国家电网公司《新型电力系统科技攻关行动计划》的研究课题16项，对应《行动计划》中的5个重大项目，1个重点示范工程。

强化重点科技项目管理。有序推进牵头和参与的国家重点研发项目、国家自然基金项目、陕西省政府项目，保障项目高质量实施；加强在研国家电网公司总部、国网陕西电力科技项目全过程管控，组织专家对34个项目进行专业督导，对项目实施过程中存在的问题及时纠正，有力保障各项目高质量推进，确保按计划完成阶段性任务并如期验收。

联合组建“新型电力系统研究中心”。精心筹备，与西安交通大学电气学院确定建设方案并积极推进各项工作，进一步增强科研实力；户外试验场二期项目顺利通过国网陕西经研院评审，为后续项目储备立项奠定基础；组织7个项目参加2022年科研技改项目评审。

（薛　军）

【科技成果和知识产权】 2021年获得第22届中国专利奖银奖1项；牵头获得国家电网公司科技进步二、三等奖各1项，参与获得科技进步二等奖1项、三等奖2项；牵头获得中国电力奖三等奖1项，参与获得二、三等奖各1项；参与获得中国电力创新奖一等奖1项，牵头获得二等奖3项；完成第23届中国专利奖申报；5个项目进入2021年陕西省科学技术奖终审；5项牵头承担的国家电网公司科技项目进展顺利。

2021年由第三方机构中国电力企业联合会鉴定3项科技成果；申请发明专利90项，实用新型专利6项；授权发明专利29项，实用新型8项，外观设计1项；授权软件著作权24项；各种期刊会议发表论文89篇，其中SCI检索5篇，EI检索3篇，中文核心62篇。

（代晓辉）

【技术标准管理】 牵头完成4项技术标准编制。包括：《电力工程接地用铜覆钢使用导则》1项行业标准；《数字化计量系统第4—18部分：电能计量监测分析方法》《特高压直流输电换流阀技术规范》等2项企业标准；《10kV配电网人工单相接地试验技术规范》1项中电联团体标准。牵头完成5项技术标准的立项工作。其中《水电厂自动发电控制技术要求及试验导则》1项团体标准获得中国电器工业学会立项；《全氟异丁腈绝缘气体急性吸入毒性试验方法》《新能源场站无功补偿装置故障电压穿越技术条件与能力验证导则》2项团体标准获得中国电机工程学会正式立项；《杆塔混凝土用接地降阻材料技术规范》《高压直流接地极综合状态评价与维护技术导则第4部分：运维与风险排查》获得中电联立项。参与完成8项技术标准的编制工作。其中包括《电力系统稳定器整定试验导则》等5项国家标准，《电力工程接地用导电防腐涂料技术条件》等3项技术标准。

持续推进能源行业电网接地标准化技术委员会（简称接地标委会）工作。接地标委会完成4项技术标准初稿审查、意见征求、送审稿审查工作，完成2项技术标准立项工作，多次组织技术专家就电网接地领域技术发展进行交流，成功召开2021年度接地标委会年会。

积极推动技术标准国际化。在IEC/TC85工作框架下，推动“电力系统输变电设备状态在线监测”国际标准立项工作；开展“开关类设备暂态电磁骚扰标准模拟试验方法研究”，完成CigreB5.59工作组"Requirements for Near-Process IntellIgent Eiectronic Devices"技术报告中变电站开关类设备操作暂态电磁骚扰模拟试验方法技术内容的试验验证和报告编制，并被纳入相关标准。

加强技术标准科研。开展“基于主变状态的110kV及以上电网风险分析和优化标准化流程研究”

项目，形成相关技术论文；与西安交通大学联合开展标准化科研项目，持续开展“测量链及系统不确定度的基础理论研究”“基于时序控制理论的油中溶解气体分析数据质量分析方法研究”项目研究，启动“电力设备状态监测测量方法的适应性研究”“基于在线监测数据分布特性的变压器状态评估方法研究”2个项目研究工作。

加快技术标准验证实验室建设工作。开展技术标准验证工作，2021年完成国家计量技术规范《冲击电压、电流测量技术　第2部分：冲击电压测量系统校准规范》以及行业标准《电力工程接地用铜覆钢使用导则》技术标准验证工作。

（代晓辉）

【环境保护工作】 2021年，深入贯彻学习习近平生态文明思想，全面落实国家生态文明建设决策部署，环保管理基础不断夯实，管理水平稳步提高，环保“三同时”（建设项目环境保护、水土保持设施措施与主体工程同时设计、同时施工、同时投产使用）得到有效落实。

强化电网环保责任清单落实。按照《国家电网有限公司电网环境保护责任清单（通用）》（国家电网科〔2020〕224号）要求，督促各相关部门、单位按照国网陕西电力电网环境保护责任清单及各下属地市级单位下发责任清单，进一步压紧压实公司电网环境保护主体责任。

强化环保管理制度建设。参与国家电网公司企业标准《电网企业危险废物暂存场所环境保护技术规范　第2部分：模块化箱式暂存仓》编制，修订发布《国网陕西省电力公司电网建设项目竣工环保验收工作实施规范及水土保持设施验收工作实施规范》（陕电互联〔2021〕33号）。国网陕西电力现行有效的环保管理制度共有6项：《国网陕西省电力公司电网建设项目竣工环保验收工作实施规范》《国网陕西省电力公司电网建设项目水土保持设施验收工作实施规范》《国网陕西省电力公司110kV及以上电网建设项目环保工作全过程管理指导意见》《国网陕西省电力公司输变电工程水土保持监测费用计列指导意见》《国网陕西省电力公司电网环境保护责任清单》《国网陕西省电力公司突发环境事件应急预案》。

强化环保工作计划制订及落实。认真贯彻落实国家电网公司2021年环保重点工作要求，全面部署年度环保重点工作，3月30日，印发2021年环境保护工作要点（陕电互联〔2021〕9号）。2021年环保工作实现“两个100%”，即110kV及以上（除跨省特高压外）电网建设项目开工前环评批复率100%，110kV及以上（除跨省特高压外）电网建设项目竣工环保验收及时率100%；确保检修、退役六氟化硫电气设备中六氟化硫气体回收率不低于96.5%，六氟化硫气体净化处理率不低于98%；危废品（废铅酸蓄电池、废变压器油）暂存合规率100%；变电站环保（水保）设施运行完好率100%；做到了“四个不发生”，即：不发生一般及以上环境污染事件；不发生国网陕西电力电网建设项目未批先建、未验先投、久拖不验、带病验收等环保（水保）违法行为；不发生被省级生态环境和水行政主管部门通报、处罚的事件；不发生因工作失误导致生态环境和水行政主管部门对国网陕西电力采取限批措施的事件。

创新环保工作管理。开展重点工程开工前环水保技术交底及建设期专项监督检查，促进工程规范开工规范管理；严密追踪项目过程中发现的环水保问题整改，协同推进环水保工作进度质量；对工程环保技术监督过程发现的重大问题，及时印发环保工作联系单、工作督办单，将问题整改情况纳入绩效考核；积极推动环保技术创新，科研创新、管理创新成果丰硕，为电网建设项目稳定运行提供保障。

（刘子瑞）

数字化发展

【数字基础设施建设】 持续提升基础平台支撑能力。持续扩容云平台计算、存储资源，敏捷支撑数据中台、电网资源业务中台、电力交易等40余套系统上云；配合国家电网公司总部开展国网云架构优化研究与验证。

数据中台能力不断提升。累计接入57套业务系统，数据表26944张，汇聚175TB数据，电网资源中台同源维护上线应用，物联平台接入终端6.7万台，共享数据主题412个，中台支撑能力全面提升，数据全链路监测、“三中心”建设、数据服务能力提升等7项试点任务成果得到国家电网公司总部认可；打造数据微应用，为基层创新与专业管理提供数据应用服务。

坚定企业中台技术路线，编制国网陕西电力高质量推进企业中台建设与应用工作方案，构建“业务、技术”双牵头的组织模式，全面提升中台服务能力和基础支撑能力，促进中台由建设为重向建设与运营并重模式转变。业务数字化初显成效。

大力推进系统建设应用。深化网上电网、网上国网、基建数字化管控、多维精益、智慧供应链、“四全四化”协同监督、数字化审计等核心系统建设应用，数字技术在促进生产提质、经营提效、服务提升等方面作用逐步显现。解决运检、营销等9大专业、29套系统、535项系统应用问题。推进基层“多终端、多应用”减负，集中纳管内网移动作业终端6858台，i国网上架19个外网应用，实现基层现场一机通办、应用一个入口，完成外网移动门户（i国网）切换升级并推广应用，从便捷认证方式、小程序生态引入、移动应用敏捷开发等方面全面提升了“i国网”核心能力，实现了App端与微信生态的互联互通。

（刘　嘉　魏　星　胡　迪）

【数字化转型建设】 以“分层分类转型”为总体思路，坚持“自上而下与自下而上相结合”原则，聚焦县供电公司堵点、痛点，围绕“五个一”建设目标，以国网西安市临潼区供电公司、国网铜川市耀州区供电公司为数字化县供电公司建设突破口，积极探索具有陕西电力特色的数字化转型之路。采取整合多维数据资源，绘制“电网一张图”；统一安装智能融合终端，依托数据中台，实现“数据一个源”；打通业务流程断点，实现“业务一条线”；以“搭积木”的形式，构建数字化工作台，实现“应用一平台”；整合移动应用，实现“作业一终端”，保证现场作业“一机通办”的方式，成功打造了县域数字化转型“陕西样板”，试点单位10kV线路抢修时长同比减少36%，业扩平均接电时长达标率100%，配网运维效率同比提升30%，智能融合终端等感知类设备覆盖率均达到100%，并形成了统一建设模式。

2021年4月8日，国家电网公司董事长、党组书记辛保安来陕调研时充分肯定国网陕西电力数字化转型工作“有创新、有亮点”。10月12日，在国网临潼区供电公司召开县公司数字化建设工作座谈会上，国家电网公司副总经理庞骁刚对国网陕西电力“一台区一融合终端、一系统一手持终端”典型做法给予高度肯定。

● 2021年10月12日，国家电网公司副总经理庞骁刚调研国网临潼区供电公司数字化县公司建设工作。

总结国网西安市临潼区供电公司、国网铜川市耀州区供电公司数字化县供电公司建设成果，印发《数字化县公司建设白皮书》《国网陕西省电力有限公司县（区）供电公司数字化建设评价指导意见》《国网陕西省电力有限公司数字化县公司推广实施方案》，启动国网陕西电力所属115家区县公司分梯队、分批次推广实施，成功实现建设工作转段，加快建设成果转化应用。

印发《国网陕西省电力有限公司数字化转型奖励考核实施办法》，设置数字化转型专项奖励基金，充分调动广大干部职工参与数字化转型建设的积极性、主动性、创造性。组织开展国网陕西电力数字化转型劳动竞赛，加强32项重点成果培育，提高全员数字化思维、素质和能力。

（党　瑞　胡　迪）

【数据管理与应用】 健全数据管理体系。完善数据标准管理细则和标准管理流程；制定运营管理细则和运营管理流程，梳理形成数据需求收集、评估方案、评估报告等12项业务流程。

深化完善数据目录。开展结构化数据在线化盘点工具与盘点工作流程、制度梳理；结合业务化、场景化要求，推进数据目录深化完善。设计构建非结构化数据目录，累计盘点数据文件227万余个，完成“施工合同项目编码、合同编码一致性分析”典型场景关键技术验证。

构建数据全景视图。建立数据资源全景视图体系框架，涵盖营销、设备等专业系统42套、数据表19万张；构建形成“电费回收风险防控、客户信用评价、营销全业务智能检索与全景展现”数据全景视图。

推进数据能力成熟度评估。选取企业标准5个能力域、12个能力项，完成国网陕西电力数据管理成熟度自评估，形成《数据管理能力自评估报告》和《评估工作总结报告》。

打造数据负面清单。组织梳理营销、设备等专业33套系统的数据负面清单，形成涵盖数据表1388张、字段1734个的负面清单，构建敏感词库，按照"最小化"原则，实现负面清单动态更新、在线维护。

开展数据合规风险评估。聚焦重点业务领域及关键环节，结合数据合规业务场景，对数据获取、数据存储、数据传输、数据加工、数据使用、数据交换等风险点进行合规风险识别、评估和整改。

建立数据应用众创模式。坚持来源基层、服务基层整体原则，建立数据应用需求两级统筹机制，收集基层一线业务需求203项。整合国网陕西电力互联网部、国网陕西信通公司、地市公司员工，组建一支懂技术、懂业务、懂数据30余人的柔性开发团队，建立基于数据中台构建数据微应用敏捷开发模式，依托数据应用门户累计发布数据微应用成果96项，涵盖营销、运检、线损、用采、配电等多个专业，初步形成数据微应用池。激发调动全员数据应用热情，日均访问量超过500人次/天，营造了"用数据说话、用数据管理、用数据决策、用数据创新"的文化氛围。

（陈潇一　唐　超）

【网络与信息安全】 高效完成信息网络系统先行融合工作。率先完成原东南两区视频会议系统互联、重点岗位协同系统开通，保障融合期两区办公衔接有序，助力国网陕西电力本部两地融合运作，有效支撑各专业融合工作加速推进。

完成全国两会、中国共产党成立100周年、十四运会及残特奥会等重大活动网络安全保障。完成网络安全宣传周参展活动，牵头策划国家电网公司参展方案，设计布展"公司概况、人才建设、自主装备、联动防御"等八大展区，完成国家电网公司参展任务。

持续推进全场景态势感知平台深化应用。联合西安交通大学自主研发基于S6000平台的辅助分析决策系统，在数据采集、业务系统监测、攻击源归并等方面开展深入分析，实现安全设备集成管控，防护策略一键下发，提升网络安全监测分析效率。

强化网安队伍建设。从国网陕西电力红蓝队选拔9人参与网络安全运行分析中心、信息安全实验室轮岗交流，通过"师带徒"、网络安全专项培训等形式提升人员技能水平，补强国网陕西电力网络安全人才储备短板。选拔优秀选手参加"陕西省工业互联网安全技术技能大赛"，斩获团体及个人一等奖。

健全完善信息系统管理机制。编制下发《国网陕西省电力有限公司信息系统上下线落地实施方案》《国网陕西省电力有限公司信息系统第三方测试合规性审查细则》《国网陕西省电力有限公司信息系统红线指标评审细则》，有效提升信息系统运行管理水平。

深度开展信息系统"瘦身健体"专项行动。编制《国网陕西电力僵尸系统评估标准》，全年梳理并下线僵尸系统9套，腾退硬件设备55台，设备利旧率18.18%。回收虚拟服务器253台，回收存储资源33T，压缩数据库授权26核，腾退机架资源586U，机柜14面，节约机房物理空间20.16㎡，节约各类成本共计1322.35万元，有效提升信息资源实用化水平。

（杨海文　刘　鹏）

【新技术融合应用】 智慧物联体系初步建成。完成物联管理平台部署搭建，开发"全场景、全链路、全要素"物联全景状态监测平台及一系列场景应用，注册建档32160台智能融合终端，建成21条电缆通道综合监测、输电架空线路在线监测等3个典型应用场景。多源数据融合数字化供电所能源互联网示范建设在27家供电所铺开试点，并申请软著权12项。研发基于云编排技术的物联终端App柔性开发平台，开发云编排组件100余个，21款App在全陕西省28000台终端上应用，申请专利1项，荣获国家电网公司第六届青创赛互联网专业一等奖。作为国家电网公司物联终端统一App开发平台，在9省开展试点，实现成果跨"省"共享。"云编排技术"被第五届中国配电技术高峰论坛列入配电侧能源互联网建设"9项关键技术"之一。云编排App已被纳入国家电网公司边缘物联计算框架，云编排App、运行引擎、App柔性开发平台等相关技术写入《电力物联网边缘侧App开发规范》。

积极推动新技术推广应用。完成人工智能"两库一平台"部署，打造可视化监拍、无人机智能巡视等典型场景，6项RPA成果在一线应用。完成北斗综合服务平台部署及53座北斗地基增强站建设、组网，初步建成国网西安、铜川公司北斗示范区。完成杆塔倾斜、线路风偏舞动、变电站沉降监测、无信号区域图监拍、变电站人员管控等运检专业领域626个北斗终端部署。完成基于700MHz 5G电力切片专网的5G+

差动保护测试，将配网差动保护装置的故障处理时间由“分钟级”提高到“毫秒级”，验证了700M 5G网络在高精度授时、超低时延、超可靠性的商用能力，入选国家电网公司5G成果集。

（戴 光 彭 琴 吴 军）

【新兴产业拓展成效】 新业态构建取得新突破。2021年，实现231基杆塔、1.8万km沟道、2447对芯·km光缆纤芯共享运营，营收8189万元；打造“陕电大数据”品牌，签订数据服务增值合同141份，营收1535万元。

排查基础资源分解落实年度任务。制定基础资源运营体系建设、共享运营、数据增值服务、运营管理平台建设等4大类14项重点工作任务，完成国网陕西电力杆塔、微波塔、站房等资源梳理排查，积极对接中国铁塔股份有限公司、电信运营商资源需求，国网陕西电力各单位在多站融合建设、杆塔共享方面达成多项合作。

协同组建陕西思极科技公司。完成陕西思极科技公司入驻“秦创原”创新平台，9月28日正式揭牌运营，现场发布5款拳头产品；明确陕西思极科技公司与地市供电公司业务职责范围，完善基础资源运营机制，激发市场化单位发展活力。

数据增值服务发挥倍增效应。助力国家乡村振兴战略实施，推进电力大数据服务乡村振兴数据套餐的落地，与国网大数据中心合作，从巩固脱贫攻坚成果、助力乡村建设、服务农业农村产业现代化等方面研发数据产品，打造革命老区乡村振兴“样板间”。积极对接陕西省信合，联合国网大数据中心拓展金融信贷数据分析产品。持续推进电力数据助力电力装备企业智能制造、金融信贷等数据产品的研发进度，依据客户需求，优化完善产品功能。

深化电力大数据应用。重点围绕服务政府科学决策、支撑社会经济发展、促进社会治理、服务特色产业、提升民生改善、赋能电网转型等6个方面开展18项课题研究，主动融入数字陕西建设，挖掘电力大数据价值，为经济发展赋能。相继推出电力看旅游、电力看园区等专题分析报告，定期给地方政府文旅、环保等部门提供专报。聚焦革命老区乡村振兴目标，打造电力大数据赋能乡村振兴“样板间”，延安市政府相关部门特发感谢信对工作成果高度肯定。

（梁 潇）

产业管理

【概述】 2021 年，公司印发《国网陕西省电力公司关于优化省管产业单位管理的意见》（陕电办〔2021〕4 号），设立产业管理办公室，与陕西华兴能源产业管理有限公司（陕西大秦电能集团有限公司）合署，承担省管产业单位归口管理职能，负责省管产业改革改制、企业运营、产业升级、发展规划、财务资产、投融资等重大事项的归口监管及安全生产、财务资产、工程物资、统计分析、教育培训、信息化建设、电商化采购、车辆管理等业务的生产运营监管。省、市公司本部办公室、财务部、安监部、物资部、审计部、法律部、人资部、组织部、党建部、纪委办、工会等部门，将省管产业单位信访稳定、财务资产、安全生产、物资管理、审计、法律体改、人力资源、领导人员、党建、纪检、工会等工作纳入省、市公司本部管理，实现专业全覆盖、管理同质化。优化省管产业单位管理模式，建立健全纵向贯通、横向协同、职责明确、流程清晰的省管产业单位监管体系，建成“1+1+*N*”集团化产权架构，实现资产集中管控、规范运营。编制首个省管产业五年规划，与公司“三个强、三个先、四个大”战略落地总体思路充分结合。落实安全管理“同质化”要求，坚持“谁主管谁负责、管业务必须管安全”，全年安全形势保持平稳态势。完成施工企业施工能力标准化建设，累计建成 5 家国家电网公司级施工能力标杆单位，12 家施工类省管产业单位全部达到国家电网公司级建设标准。开展省管产业专项整治，累计整改专项整治问题 468 个、整改率 91%。开展闽陕省管产业结对合作，制定“一清单、一公司、一中心”结对合作方案，建立合作发展关系。开展财务清查，累计清查资产 127.37 亿元，调增权益 0.4 亿元。围绕工程管理、关联交易、物资采购、财务资产、安全生产、市场拓展等六个重点领域开展依法合规建设。规范省管产业物资管理，实现所有采购上平台、实物库存“一本账”、现业财融合一体化管理，物资“同质化”管理取得实效。建设财务基础管理及信息化体系，持续加强预算、往来、资金安全、资产、税务、资产负债率及内控管理等工作。加强党建引领聚合力，坚持党建引领产业，落实“第一议题”制度，确保正确发展方向。高质量完成全年目标任务，主要经营指标创历史最好水平，业绩考核位列国家电网公司最高档级，实现了“十四五”良好开局。

截至 2021 年年底，公司省管产业实现营业收入 107.76 亿元，同比增加 36.84%，首次迈上百亿大关；实现利润总额 3.84 亿元，同比增加 96.41%；资产负债率 88.19%，较年初压降 6.34%。

公司省管产业单位从业人员共计 7871 人。其中，主业支援集体职工 5429 人，占比 68.97%；集体职工 797 人，占比 10.13%；直聘职工 1602 人，占比 20.35%；劳务派遣 30 人，占比 0.40%；其他非全日制用工 13 人，占比 0.16%。

在从业人员中，研究生以上学历 278 人，占比 3.53%；本科学历 3715 人，占比 47.20%；大专学历 2068 人，占比 26.27%；中专及高中学历 1308 人，占比 16.62%；初中及以下学历 320 人，占比 4.06%。

（韦　明）

【省管产业产权改革】 根据国家电网公司优化调整省公司本部机构编制和产业管理模式通知要求，按照《国网陕西省电力公司关于优化省管产业单位管理的意见》（陕电办〔2021〕4 号），组织开展省管产业产权改革工作，将原有“1 户出资人企业（陕西电力西

- 陕西电力西京公司
  - 陕西大秦电能集团有限公司
    - 子公司
      - 西安亮丽电力集团有限责任公司
      - 咸阳亨通电力（集团）有限公司
      - 宝鸡先行电力（集团）有限责任公司
      - 渭南光明电力集团有限公司
      - 汉中汉源电力（集团）有限公司
      - 陕西汉水电力实业（集团）有限责任公司
      - 商洛丹源电力（集团）有限责任公司
      - 铜川易源电力实业有限责任公司
      - 延安通和电业有限责任公司
      - 榆林华源电力有限责任公司
      - 陕西中试电力科技有限公司
      - 西北（西安）电能成套设备有限公司
      - 西安明珠电力安装工程有限公司
      - 陕西电力科隆发展有限责任公司
    - 子公司
      - 陕西大秦电能集团有限公司安康大禹公司
      - 陕西大秦电能集团有限公司检修分公司
      - 陕西大秦电能集团有限公司信息通信分公司
      - 陕西大秦电能集团有限公司西咸新区分公司

公司省管产业单位产权关系图

京公司）+若干公司制企业（省级平台企业陕西秦电集团公司及各地市级平台企业）+若干子（分）公司（直属单位省管产业）”的“1+N+N”管理架构优化为“1户出资人企业（陕西电力西京公司）+1户公司制省级平台企业（陕西秦电集团公司）+若干子（分）公司（各地市级平台企业及直属单位省管产业）”的“1+1+N”管理架构。

即通过股权划转（转让）的方式，将10户地市级平台企业股东由陕西电力西京公司变更为陕西大秦电能集团有限公司。2021年4月底，产权管理架构优化工作全面完成。产权改革工作完成后，省管产业单位实行两级公司制管理，各方资源有效利用，省管产业运营更加合规，有关机构职能定位更加清晰。

（岳　军）

【编制首个省管产业五年规划】 2021年6月，根据国家电网公司“十四五”规划总体安排，组织开展省管产业“十四五”发展规划研究和编制工作。规划核心内容包括施工安装、勘测设计、工程监理等重点业务，以及电网支撑和新兴产业等电网业务产业链上下游延伸业务，涵盖电网运行维护、新型数字基础设施建设、智慧物资供应业务、综合能源服务业务、新能源汽车服务业务、电力管道建设运维业务、新能源等行业领域，范围包括全省10家地市26户省管产业单位。规划期为2021~2025年（以2020年为基准）。

省管产业“十四五”发展规划作为公司16个专项规划报告之一，纳入公司整体规划体系。至“十四五”末公司省管产业单位资产总额预计达到94亿元，总体增长35.58%，年均增长率6.28%；营业收入预计达到105.66亿元，总体增长41.98%，年均增长率7.26%；利润总额预计达到3亿元，总体增长53.06%，年均增长率8.89%。

（汪亚军）

【落实安全管理“同质化”要求】 2021年，省管产业共执行计划14715项，未发生各级人身安全事故（事件），未发生负主要责任的电网、设备事故（事件），未发生责任性火灾、交通事故，未发生信息系统安全事件，安全生产形势平稳。各省管产业单位牢固树立安全发展理念，坚持以人为本，坚持“谁主管谁负责、管业务必须管安全”，开展安全生产专项整治三年行动、“聚一线、盯现场、防事故”专项活动等一系列活动，累计开展安全培训956期次，参培人员19062人次；检查作业现场3714个，发现问题935项，整改935项，整改率100%。

● 省管产业单位严格按照“四双”“四个管住”开展现场作业。

2021年5月，陕西华兴能源产业管理公司柔性安全督查队正式成立，按照“归口管理与专业管理相结合”“管业务必须管安全”原则，不断充实安全监督力量。督察队常态化开展省管产业单位承揽作业“远程视频+现场”安全检查，2021年发布安全检查通报40期，认定无违章现场9个，认定违章164条，执行警示约谈7次，有力促进“四个管住”“四双”管理要求落实，有力促进“十不干”条文、安全看板落地规范，有力促进安规执行等，省管产业单位的安全氛围明显提升。另一方面，团队队员来自不同省管产业单位的安全管理部门，在产业公司安全督查队开展反违章期间，通过反违章分析会机制，学习不同单位在安全管理上的优点，总结发现所属单位在安全管理存在短板，回所属单位后，作为“安全传经人”，有效提升原单位安全管理水平。

（张　了）

【施工企业施工能力标准化建设】 2021年5月24日，印发《省管产业单位施工企业能力建设工作方案的通知》，成立以国网陕西电力副总经理为组长、产业办主任和各相关职能部门负责人为成员的施工企业能力标准化建设领导小组；组织能力建设标杆单位资深专家赴各单位现场帮扶指导，围绕组织管理、安全生产、业务承载和管理创新4个核心维度、55项指标，

对照评价标准，补短板、强弱项、促提升，累计建成5家国家电网公司级施工能力标杆单位，全省12家施工类省管产业单位全部达到国家电网公司级建设标准，达标率为100%。三年累计发布制度397项，修编制度177项，培训1226人次，投入工器具购置费用1.08亿元；新增中级及以上专业技术人员309人，高技能人员207人，作业层班组骨干人员355人，标准化作业班组321个；累计成立创新工作室9个，获得国家级QC创新成果2个、省部级QC创新成果20个、市级（省公司级）QC创新成果23个，获得国家级优质工程2项、省级（国网公司级）优质工程14项、市级（省公司级）优质工程77项，发明专利96个。

● 2021年7月，国网陕西电力省管产业单位在河南郑州参加防汛抢险保供电工作。

省管产业单位始终围绕安全开展生产检修、基建（小型基建）、配农网、迁改、小型基建工程等作业，为主业生产保障提供支撑。省管产业单位全力支撑主业完成十四运会保电和中国共产党成立100周年重大活动保电任务；7家省管产业单位赴郑州开展“7·20特大暴雨”防汛抢险保供电工作，出动人员175人次、应急电源车10辆、工程抢修车26辆，恢复13个台区、4200余户用电；省管产业单位积极参与汉中、商洛地区暴雨灾后抢险工作，为77474户受灾群众及时送电。

（樊　玉）

【省管产业专项整治】 2021年6月7日，公司成立由董事长任组长的领导小组，由分管领导任组长的工作小组，全面启动专项整治工作。6月17日，印发《国网陕西省电力公司关于印发省管产业专项整治工作方案的通知》（陕电产业〔2021〕6号）。

7月28日，按照《国网产业部关于报送省管产业专项整治自查报告的通知》要求，向国家电网公司报送了《国网陕西省电力公司关于报送省管产业专项整治工作组织开展情况的报告》（陕电产业〔2021〕8号）。8月下旬至9月上旬，组建7个督查组，编制内部督查工作手册、督导检查标准，现场督查15家单位、线上检查3家单位。9月中旬，按照《国网产业部、巡视办关于加强省管产业专项整治自查整改工作的通知》（国家电网产业综〔2021〕20号）要求，组织各单位再次开展自查自纠，深查典型案例和违规违纪事件，编制形成了公司专项整治自查新发现问题清单及违规问题调查处理情况表，并经公司党委会审议通过。

10月中旬，产业办、纪委办对各单位专项整治开展情况进行阶段性验收评价，约谈排名靠后的3家单位。11月23日至12月2日，国家电网公司专项整治第五督导组进驻国网陕西电力开展督导检查，并反馈了检查发现的问题清单。督导组认为，公司省管产业单位内控合规管理初见成效，总体情况较为规范，未发现“小金库”、靠企吃企、利益输送等方面突出问题。2021年公司省管产业单位累计整改专项整治问题468个、整改率91%。

（汪亚军）

【开展闽陕省管产业结对合作】 2021年7月15日，在国家电网公司产业部组织下，国网陕西电力承办国家电网公司省管产业支援合作签约仪式暨座谈交流会，8家省级电力公司参加会议。国网福建电力和国网陕西电力签订省管产业支援合作协议，同时分别选取6家省管产业单位开启“6+6”结对合作深入交流。

● 2021年8月30日，国网陕西电力与国网福建电力举行省管产业结对合作签约仪式。

2021年8月18～31日，国网福建电力董事长、福建亿力集团董事长分别带队走访陕西，国网陕西电力董事长、总经理、分管领导及有关部门负责人参加会谈。双方围绕省管产业管理模式、改革发展思路、业务布局优化、体制机制创新等进行了深入交流。为充分发挥闽陕两地在专业技术、管理经验及市场资源方面的优势，双方以各自省级平台企业（福建亿力集团、陕西秦电集团）为主体，建立“一清单、一公司、一中心”结对合作方案，一是制定合作发展业务清单，涵盖基础管理、传统重点业务、支撑业务、战略新兴业务4个方面12个方向的合作内容。二是陕西秦电集团公司参股福建亿力集团下属福建和盛高科技公司，借助合作发展契机，围绕双方优势资源及在全国范围内具备竞争力的产品，通过市场化运作，双向进入对方市场，共同打造现代高科技企业，实现互利共赢。三是设立福建亿力集团西北市场营销中心，整合福建省管产业优势资源，组建立足陕西、面向西北、辐射全国的营销网络。

（董　拓）

【扎实开展财务清查】认真贯彻落实国资委和国家电网公司管理要求，印发《国网陕西省电力有限公司关于开展省管产业财务清查工作的通知》（国网陕电产业〔2021〕5号）和《国网陕西省电力有限公司关于印发省管产业单位财务清查工作指引的通知》（国网陕电产业〔2021〕6号），组织18家省管产业单位开展财务清查工作。赴国网西安、渭南供电公司等单位开展现场督导，召开专题工作会听取清查情况汇报，汇总编制上报清查工作报告，实现了清查单位、清查内容全覆盖，确保认定流程规范有序。

财务清查工作涵盖11个地市、企业26户，累计办理各类函证11222份，梳理往来款项19433笔，核查应收和应付款项各35亿元，组织确定应补提坏账、认定减值情况。累计梳理工程19237项，组织开展工程状态判断，加快结算手续，提高企业收入成本配比度，反映企业真实利润情况。实地盘点房屋土地448处、库房69个，盘点固定资产、无形资产14.43亿元，核查股权投资1.43亿元。累计清查资产127.37亿元，负债116.59亿元，所有者权益10.78亿元，最终调增权益0.4亿元。

（马长伟）

【依法合规建设】2021年4月，编制下发《国网陕西省电力公司关于进一步强化省管产业内控合规管理的通知》（陕电产业〔2021〕3号），落实国家电网公司强化省管产业内控合规工作要求，常态化开展内控合规风险识别、防范和排查整治，对审计检查中发现的问题实现挂牌督办、“销号”管理，完善相关佐证材料，确保按期整改。

2021年5月，首次组织19家省管产业单位开展信用管理培训，夯实省管产业单位信用管理工作基础，强化企业守信意识，提高省管产业单位信用管理水平。2021年6月，印发《关于加强建设领域信用管理的通知》，针对省管产业单位因违法使用林地、未按期公示企业年报、未经审批占用土地等行为被通报甚至处罚的情况提出工作要求，进一步防范信用风险，促进省管产业单位信用体系建设工作开展，加强依法合规经营管理。

（韦　明）

【规范省管产业物资管理】深化省管产业物资业务流程线上管控，持续提升物资规范化、精益化管理水平。在规范省管产业物资计划提报、所有采购上平台、实物库存“一本账”、评标专家库等物资“同质化”管理方面取得了显著成效。

构建“主业统采统购、省市两级实施”物资管理模式，加强物资全流程信息化管理，省管产业SG-NC系统与ETP系统正式贯通，实现从请购计划到招标采购全过程线上管控、公开透明。组织运维人员开展系统数据贯通流程测试、分批次组织培训、印发操作流程和指导手册，建立准精度物资类别、采购方式、采购金额统计个性化报表，实现对各省管产业单位采购精益化分类统计，全面提升物资统计的精益化管理水平。

组织省管产业单位梳理物料主数据，形成了17.68万条省管产业单位物料主数据库，导入省管产业新一代信息系统。5至6月建立了物料主数据审查专家库和新增修订审查机制，首次选拔21个专业167名专家。组织召开主数据审查暨技术规范编审会，评审通过54条物料主数据、15项特征项、20项特征值的新增；评审通过技术规范50本、物料主数据939条，初步建立了省管产业技术规范标准体系。

组织严格梳理核实各省管产业仓库面积、资产属性、存放物资类型等仓库基本信息，同步调整 SG-NC 系统仓储网络架构，建立省管产业单位集团级的仓储网络及基本信息库。督促省管产业单位与财务部门开展核对，确保存货出、入库及结余信息一致。一对一指导各省管产业单位优先选用退库可用物资，及时消纳结余物资，提升库存周转率，进一步盘活利库规范存货出入库管理。

2021 年，实现省管产业所有采购“两头上平台”，实现省管产业与主业物料主数据一码同源，全面启用省管产业新一代信息系统物资模块，完成省管产业采购项目 1403 项金额 33.7 亿元，通过国网商城履约 9.7 亿元。利用财务清查完成 14 家单位实物盘点和差异核查，确保实物库存、财务账面、物资业务数据一致性，实现业财融合一体化管理。

（郭静宜）

【财务基础管理及信息化体系建设】印发《陕西华兴能源产业管理有限公司关于印发 2021 年财务工作要点的通知》（陕西产业财务〔2021〕4 号），明确预算、往来、资金安全、资产、税务、资产负债率、内控管理共 7 项重点工作任务。

持续压降资产负债率，动态更新往来款项台账，存量款项清理率超过 90%；编制工程管控清单，梳理工程项目 19237 项。强化资金安全基础，建立银行余额调节表、票据台账月报机制，组织开展资金安全检查，通过线上线下、交叉互查等方式，累计发现 5 大类 38 项 69 个问题，推动问题全面整改。统筹开展资金运作，构建集中统一的资金管控体系，依托资金池归集全省资金，开展委贷等资金运作业务，累计运作资金 16.5 亿元。开展资产盘点，组织各省管产业单位开展物资模块与财务模块数据核对，涉及企业 26 户，规范业务财务流程，提高数据可靠性。累计盘点存货（不含合同履约成本）4.9 亿元，固定资产 13.72 亿元，无形资产 0.71 亿元，涉及库房 69 处、房屋土地 422 项、软件 28 项。

按照国家电网公司关于省管产业单位部署新一代信息系统的有关要求，召开新一代信息系统推广应用暨 2021 年数字化工作启动会，成立平台数字化工作领导小组及省管产业单位数字化工作小组，组织人资、财务、物资、工程等专业部门，细化实施方案，制定工作目标，分解工作内容，提出工作要求，统筹协调各专业部门与对应模块间的需求对接，逐项推进合同管理、安全生产、运营分析、协同办公等 8 大模块落地应用。

（马长伟）

【党建引领聚合力】2021 年 1 月 29 日，省管产业党总支召开党员大会，采取差额无记名投票方式进行选举，产生 7 名党总支委员。新一届总支部委员会召开第一次全体会议，选举产生党总支书记、副书记，并进行了委员分工。省管产业党总支坚持党建引领产业，落实“第一议题”制度，确保正确发展方向。紧扣“学党史，践行初心；敬延安，赋能三秦”主线，扎实开展党史学习教育。

2021 年度开展首次省管产业先进评选工作，其中西安亮丽电力集团有限责任公司、咸阳亨通电力（集团）有限公司、西北（西安）电能成套设备有限公司 3 家单位荣获“先进集体”；陕西大秦电能集团有限公司西咸新区分公司、陕西中试电力科技有限公司荣获“提质增效先进集体”；商洛丹源电力（集团）有限责任公司、铜川易源电力实业有限责任公司荣获“安全生产先进集体”；汉中汉源电力（集团）有限公司、渭南光明电力集团有限公司荣获“能力建设先进集体”；陕西大秦电能集团有限公司信息通信分公司、延安通和电业有限责任公司荣获“管理创新先进集体”；77 名员工荣获“先进工作者”荣誉称号。陕西产业管理公司省管产业安全督查柔性团队获评省公司 2021 年二季度地市级优秀柔性队伍称号。

陕西秦电集团公司本部 2 人分别荣获国网陕西电力 2020、2021 年度先进工作者，1 人荣获国网陕西电力 2020 年度“巾帼建功标兵”荣誉称号，1 人荣获 2020 年“安康杯”劳动竞赛先进个人。2 人分别荣获公司本部党委“优秀党务工作者”“优秀共产党员”荣誉称号。

11 个省管产业单位获评“陕西省行业优秀企业”“陕西省工人先锋号”等省部级及以上荣誉称号；涌现出中国红十字会“疫情防控优秀志愿者”“陕西省诚信企业家”等一批先进个人。

（郝丽霞）

党的建设和精神文明建设

党建工作

【强化政治建设】 深入学习宣贯习近平总书记“七一”重要讲话精神和党的十九届五中、六中全会精神，深刻领会习近平总书记在全国国有企业党的建设工作会议上的重要讲话精神，严格“第一议题”和党委理论中心组学习制度，各级党委“第一议题”学习374次、中心组学习751次。突出“学党史，践行初心；敬延安，赋能三秦”主线，高标准高质量开展党史学习教育，在延安举办国网陕西电力领导班子专题读书班，在中国延安干部学院举办党史学习教育示范培训班，各级党组织举办专题读书班206期、专题学习4986次。完成“我为群众办实事”5个专项行动115项工作任务，组织巡回宣讲团宣讲50余场。编发国网陕西电力党史学习教育简报44期，刊发稿件2160余篇。建成国家电网公司首个数字化党性体检（党史学习教育）中心，党史学习教育工作经验入选中央党史学习教育内参、在国家电网系统做交流。

（李　骞　察志涛）

【落实党建责任】 印发“旗帜领航·提质登高”行动计划实施方案，部署9方面69项任务。逐级开展640名书记抓党建述职评议考核，完成融合后所属43家单位、44个部门党建绩效考评。编制“十四五”党建规划，深化党建量化计划管理，全力推进全国国企党建会议精神贯彻落实“回头看”工作。弘扬“支部建在连上”优良传统，构建支持改革、服务改革、保障改革的坚强组织体系，促进党建工作与中心任务目标同向、管理同步、责任同当。建立“融入式、科学化”党建工作机制，以党建融合先行全力推动和保障国网陕西电力整体融合工作，印发国网陕西电力党委1号文件，制定党建业务融合方案，完成党组织融合任务。

（李　骞　察志涛）

【健全组织体系】 扎实推进“基层党建创新拓展年”，全面加强基层党组织标准化建设，确保组织延伸到班组、作用发挥到一线。贯彻《中国共产党国有企业基层组织工作条例（试行）》，做好党内法规和国家电网公司党建制度的宣贯培训、执行应用和监督检查，推进制度治党、依规治党。下发《关于规范融合后基层党组织设置的通知》，落实党组织属地管理工作，新设24个本部党组织、13个直属单位党组织，更名本部党委和13个直属单位党组织。截至年底，设置党委103个（国网陕西电力及本部党委2个，直属二级单位党委27个，县公司及内设党委74个），党总支82个，党支部910个，党员总数19358名。国网陕西电力党委下辖二级单位非党委设置的有8个（分别为国网陕西综合服务中心党总支、国网陕西电动汽车公司党总支、陕西思极科技公司党总支、陕西电力投资控股公司党总支、陕西电力物资公司党总支、陕西电力工程咨询公司党支部、陕西电力项目管理公司党支部、陕西股权投资公司党支部），县供电公司（城区供电分公司）共有115个，其中党委设置的有64个，党总支部设置的有36个，党支部设置的有15个。

（李　骞　察志涛）

【发挥引领作用】 围绕特高压工程建设、重大保电任务等，实施“党建+”工程566项。148名党员不畏艰险、冲锋在前，全力驰援河南抢险救灾。积极应对陕西近60年最强降雨天气，成立防汛救灾临时党委，组建救灾突击队166支，第一时间抢修恢复电力供应，为168万户受灾群众送去光明与温暖。面对十四运和残特奥会保供电大考，成立共产党员服务队28支、党员突击队166支、青年突击队57支，出色完成重大保电任务。深化张思德共产党员服务队建设，努力把张思德共产党员服务队打造成干事创业的先锋力量、为民服务的金字招牌、基层党建的战斗堡垒。历经22年，张思德共产党员服务队发展壮大到46支、队员近千人，在十四运会保电、河南防汛抢险等重大任务中发挥了攻坚作用，展示了电网铁军风采。张思德共产党员服务队坚持“四个统一”，落实“五个服务”，推行“五心”特色做法和内务军事化管理，实施“党建+”工程，建立管理“五项机制”，探索建立党代表工作室，创办张思德式员工培训基地，编制规范手册，形成了“公司党委统一领导、基层党委分级推进、各类专业融合发展”的管理格局，荣获“国网楷模”称号，培育出延安枣园、西安电靓古城、榆林大客户等一批优秀张思德共产党员服务队，149个集体（个人）获省部级以上表彰。国网陕西电力董事长、党委书记胡卫东在“习近平总书记视察国

● 2021年3月31日，国家电网陕西电力张思德（延安枣园）共产党员服务队走访困难群众。

（张博文　摄）

家电网共产党员服务队十周年学习座谈会”上做交流发言，国家电网公司董事长、党组书记辛保安对国家电网陕西张思德共产党员服务队的突出表现做出批示肯定。

（杨石峰　刘　伟）

【加强党员管理】 围绕国网陕西电力生产经营，实施“三个深化”专项行动，累计创建党员责任区、示范岗4300余个，通报“党员双带头”典型做法36条，组织47名违章党员说清反思。开展“三亮三比”活动，在保电一线、施工现场、基层站所等组织党员亮诺践诺，公开党员承诺51000余条，引导广大党员在改革发展中担当作为。积极构建“国网陕西电力党委示范培训、直属单位党委重点培训、基层党支部普遍教育”三级教育网，建立“课堂+基地”实训模式，举办讲座161场、线上培训664场。各级领导班子成员以普通党员身份参加专题组织生活会，731个党（总）支部召开专题组织生活会，12832名党员深入开展批评与自我批评。向“光荣在党50年”获得者159人颁发纪念章，走访慰问生活困难党员、老党员、老干部、基层一线员工等285人，发放慰问金25.67万元，隆重表彰国网陕西电力“两优一先”19名个人，12个集体被陕西省委、国资委、国家电网公司授予“两优一先”荣誉称号。

（杨石峰　刘　伟）

【抓好统战工作】 坚持把学习贯彻习近平新时代中国特色社会主义思想贯穿统战工作全过程，组织国网陕西电力统战成员深入学习党的十九届六中全会精神，巩固拓展党史学习教育成果，引导统战成员更加紧密地团结在以习近平同志为核心的党中央周围。贯彻落实《中国共产党统一战线工作条例》，自觉履行统战工作主体责任，印发统战工作要点，制定统战工作责任清单，建立“公司党委统一领导、统战工作领导小组统筹协调、党建部门牵头负责、有关部门各负其责”大统战工作格局。利用陕西红色资源优势，分批邀请113名统战成员参加“寻心梁家河·传承延安魂”现场体验式教育活动，不断增强统战成员团结奋斗的思想自觉、政治自觉、行动自觉。围绕电网建设、安全生产、经营管理、优质服务、科技创新等方面，深入开展“爱企业、献良策、做贡献”主题活动，征集意见建议168条，为国网陕西电力改革发展添思路、出方案、增动力。借鉴“李卫工作室”实践经验，在国网陕西电力党外知识分子集中的国网陕西电科院、国网陕西技能培训中心探索建立党外知识分子建言献策工作室。截至年底，国网陕西电力统战人士581人，其中，民主党派成员55人，党外知识分子176人，少数民族职工数259人，出国和归国留学人员数88人，归侨侨眷数3人。

（柏云波）

【推进精神文明及企业文化建设】 将精神文明建设纳入国网陕西电力公司年度工作计划，制定《2021年精神文明建设工作计划》，细化分解工作任务及措施，成立精神文明建设指导委员会，研究和协调解决精神文明建设方面的有关问题，推动国网陕西电力创建工作目标明确、组织有力、开展顺利。贯彻落实《新时代公民道德建设实施纲要》，常态化开展道德讲堂活动，引导干部职工积极参与文明交通、文明旅游、文明餐桌、文明上网等行动，践行文明规范，弘扬时代新风。大力开展向“三秦楷模”张雷威同志学习宣传活动，积极营造崇尚先进、学习先进、争当先进的浓厚氛围。贯彻《志愿服务条例》，深化“岗位学雷锋”“青春光明行·奉献十四五”等志愿服务活动，组织开展“我为群众办实事”实践活动，依托张思德共产党员服务队“五项服务”深化“五心”特色，扩大志愿服务范围，把为民服务延伸到企业、社区、家庭。积极开展国家电网有限公司第七届文明单位申报工作，4个单位获国家电网公司第七届文明单位荣誉称号。依据

《陕西省文明单位创建管理办法》有关规定，有序开展两网融合后省级以上文明单位的合并、更名和续创工作，确保精神文明创建工作平稳度过融合期。截至年底，国网陕西电力公司共有全国文明单位31家，省级文明单位标兵38家，省级文明单位47家。深入推进国家电网公司优秀企业文化宣贯和国家电网公司战略落地，推动“百年电力文化遗产”建设工作，1个集体入选国家电网公司首批文化遗产名录，3个单位入选国家电网公司“红色基因、电力传承”经典案例。印制《企业文化一本通》宣传册，开展企业文化理念宣贯4次，编辑录制专题课件3个、视频6个。

（刘紫剑　符　婋）

纪检巡察

【党风廉政建设责任制】 落实“两个责任”。国网陕西电力党委坚持将党风廉政建设与中心工作同部署、同落实、同检查，年内召开党委会议18次专项研究党风廉政建设工作。主要领导带头履行第一责任人职责，专题听取全面从严治党工作汇报。党政纪负责人聚焦巡视巡察、纪律审查等典型问题，主动约谈9家单位党政负责人，领导班子成员约谈分管领域领导人员131人次，织密廉政风险防控网。国网陕西电力纪委积极协助党委推进党风廉政建设，围绕工作部署，明确年度38项全面从严治党主体责任重点任务，安排部署42项纪检监察重点工作。实施“6项纪律22个严禁”，深入推进党的建设与改革发展协同发力。围绕责任落实，研究制定监督履职责任追究实施细则，倒逼监督工作质效提升。规范开展党风廉政建设责任制考核，强化结果应用，“点对点”下发整改建议书21份，推进责任落实和管理提升。出台基层单位纪委纪检工作评价办法，印发纪委书记履职专项考核实施方案，规范基层纪委和纪委书记履职尽责。坚持纪检监察专项工作协同实践积分季度通报，有效激发基层工作活力。

2021年2月8日，国网陕西电力召开2021年党风廉政建设和反腐败工作会议。

践行“两个维护”。国网陕西电力党委坚持以政治建设为统领，建立健全公司贯彻落实习近平总书记重要指示批示台账，召开13次党委会贯彻“第一议题”制度，研究制定重大决策落实措施，制定监督问责工作方案，确保习近平总书记重要指示批示在公司不折不扣落实。围绕“一把手”和领导班子监督、政治生态分析研判、“碳中和、碳达峰”行动实施、疫情防控监督、能源电力保供、安全生产等重大决策部署情况，细化分解监督要点，印发实施意见，跟进执行落地，有力发挥保障作用。坚决落实国家电网公司党组和陕西省委省政府关于陕西电网融合发展的重大决策，制定融合发展配套方案、指导意见，明确73项重点任务，促进管理融合、文化融合、人心融合。

深化廉洁宣传教育。扎实推进《中华人民共和国监察法实施条例》学习贯彻“五个一”活动，组织系统全体纪检干部参加网络答题测试，切实增强党员干部遵法守法意识。深入开展贯穿全年的“树牢底线思维、严守纪律规矩”主题廉洁宣传教育，举办“秦风清韵”和“好家风好家训”廉洁文化作品展，42幅作品获省纪委、省国资委奖项。持续推进廉政审核和干部任前教育，对94名国网陕西电力党委拟提拔任用的干部进行任前廉政考试、廉政谈话。连片打造党性体检（党史学习教育）中心、廉政教育基地，推动党性党纪教育常态开展。各级纪委书记下沉基层班站，讲授廉政党课65次。深入开展“酒驾”“醉驾”问题专项整治，加强警企交流合作，强化教育的贴近性和震慑力。完善发放9类警示教育手册，用身边事教育身边人。编印《中国共产党历史上的廉洁故事》《廉洁从业100问》，坚持廉洁短信每周一发，厚实秦风清韵廉洁文化价值认同。加大国网陕西电力廉洁文化外部宣传力度，在各级媒体刊发稿件270余篇。

强化干部队伍建设。严格执行领导人员“凡提四必”要求，强化廉政审核和干部任前教育，完成廉政意见回复502人次，任前廉政谈话500余人次。深入开展“靠企吃企”问题排查起底和惩治工作，细化15项工作举措，对涉及问题线索逐个筛查、逐一认定，建立专门台账、优先办理、动态管理。严格执行纪委书记、纪委副书记提名考察办法，4名纪检干部提职使用，1名年轻骨干参加驻组“以干代培”专项锻炼。配齐配强4个巡察组组长、副组长共8人，巡察力量进一步加强。建立纪检监察常态化教育培训工作机制，集中举办两期脱产培训，实现“全覆盖”培训。更新优化纪检监察、巡察专家人才库，建立“以干代培、交叉办案、案例解析”培训模式，提升人员能力。

（刘　楠）

【纪律审查工作】 规范执纪审查，建立“三级信访、两级办案”工作机制，积极协调驻组与陕西省纪委监委签署审查调查工作协作配合文书。编发《纪律审查实务手册》，将上级制度规定延伸为基层纪委执纪审查、问责处理工作的规范参考。注重以案促改，研究制定深化标本兼治推进以案促改工作的指导意见，通报国网陕西电力典型案件8件，扎实开展“以案示警、以案促改、举一反三”专项警示教育活动。围绕巡视整改、车辆管理及省管产业单位外协工队管理，下发《纪律检查建议书》91份，推进专项治理、专项监督、专项教育密切结合，同步发力。运用“四种形态”（让咬耳朵、扯袖子、红红脸、出出汗成为常态，党纪轻处分、组织调整成为大多数，重处分、重大职务调整成为少数，严重违纪涉嫌违法立案审查成为极少数）。全年国网陕西电力接收信访举报264件。累计处理333人次，给予党纪政务处分37人次。第一种形态处理297人次，占比89.2%；第二种形态处理32人次，占比9.6%；第三种形态处理3人次，占比0.9%；第四种形态处理1人次，占比0.3%。“第一种形态”运用更加充分，抓早抓小、红脸出汗的成效更加显著。

（李明栋）

【专项监督工作】 提升监督质效。制定《立体协同监督工作规定（试行）》（陕电办〔2021〕11号）《监督履职责任追究实施细则（试行）》（国网陕电党〔2021〕20号），促进监督工作制度化、规范化。严明“6项纪律22个严禁”工作纪律（严肃政治纪律、严肃组织纪律、严肃财经纪律、严肃工作纪律、严肃廉洁纪律、严肃保密纪律。严禁有令不行、有禁不止，上有政策、下有对策，搞变通、打折扣，拖延融合发展改革部署的执行；严禁发表、散布、传播与融合发展决策相违背的言论；严禁传播道听途说的小道消息；严禁违反组织程序和议事规则、违反重大事项请示报告制度，擅自决定重大事项；严禁“跑官要官”，“封官许愿”或者为“跑官要官”的人说情、打招呼、拉关系，以不正当手段谋取职务和岗位安排；严禁违规擅自调整干部；严禁对干部人事变动等敏感问题妄加猜测、随意传播；严禁拒不执行组织决定，不服从组织安排，跟组织讨价还价；严控大额资金使用，严禁漏报、瞒报、隐匿和违规处置国有资产；严禁以各种名义突击花钱，或者巧立名目滥发津补贴、福利等；严禁违规更换公务用车、办公设备、办公家具；严禁不作为、慢作为、乱作为，因“庸、懒、散、浮、拖”造成工作断档；严禁消极懈怠，干扰、拖延正常工作交接；严禁擅离职守、服务态度差、推诿扯皮、敷衍塞责、工作效率低下，甚至漠视侵害群众利益等问题；严禁不报、瞒报、故意拖延或弄虚作假改革相关信息资料；严禁在融合发展过程中违反规定谋取私利；严禁借融合发展之机公款吃喝；严禁借岗位变动、部门调整、单位交流等，举办“欢送宴”“欢迎宴”，以及与迎送有关的高消费娱乐活动；严禁接受管理服务对象各种名义的吃请、旅游、娱乐等安排；严禁对外透露融合发展内部情况和有关工作，擅自扩大知悉范围；严禁在微信、微博等媒体平台擅自发布、传播未经许可公开的信息；严禁私自带走、涂改、留存、转移和销毁融合工作相关资料和档案），确保融合发展顺利开展。围绕十四运会电力保供、“碳达峰、碳中和”行动、安全生产等重大决策部署开展专项监督，约谈19名领导人员，加大失职问责力度，以查促改、以改促治。面对12月9日西安突发严峻疫情形势，制定《关于进一步加强疫情防控监督工作的通知》，压紧压实各级防控责任，确保“双零”目标，国网陕西电力抗疫保供监督工作受到驻国网纪检监察组主要负责同志批示肯定。自主开展车辆管理、业扩报装管理、省管产业单位外协工队管理等专项监督，下发《纪律检查建议书》

91份，对主要负责人或关键岗位提醒谈话340余人次。组织开展领导人员亲属经商办企业、“影子公司”“影子股东”等问题集中排查，开展4家单位选人用人专项检查。构建“四全四化”数字化立体协同监督体系，组建柔性团队，定期召开推进会，分批建立监督主题，实现系统初步搭建及试运行。发布并督导整改预警信息122条，完善制度4个、问责处理4人，数字化监督经验在学习强国、中国电力报等多家媒体报道，初步形成大监督格局。

夯实行风建设成果。第一时间学习传达国家电网公司治“四风”树新风工作会议精神，制定落实中央八项规定精神正负面清单，深化应用中央八项规定监督检查指导书，查处通报1起公车私用问题。开展“靠企吃企”问题排查起底和惩治工作，建立问题线索台账，细化15项工作举措，推动任务落细。制定深化供电服务建设管理监督工作的指导意见，强化供电服务管理日常监督，处置相关问题线索8件，处理责任人9人。持续开展各节假日常态化监督提醒，落实“节中检查、节后通报、逢节必查”要求，遏制节日腐败。组织“抓作风、强素质”专项行动，大力弘扬“一板一眼、一丝不苟、严精细实、专业专注”工作作风。

（成莹莹）

【巡视巡察工作】 国网陕西电力党委高度重视巡视整改工作，专题安排、扎实推进，学习贯彻国家电网公司董事长、党组书记辛保安听取巡视汇报时点人点事讲话精神，建立“双周总结、每月推进”“五步整改”“四级验收”工作机制，92项问题整改清零。国网陕西电力纪委认真履行巡视整改监督责任，“点对点”下发建议书62份、问责处理函54件。注重标本兼治，在“当下改”的同时立足“长久立”，修订完善规章制度、规范性通知68项。梳理巡视通报问题102个，在国网陕西电力开展全面排查，推动问题整改举一反三。抓实靠企吃企，细化15项工作举措，明确责任分工，推动任务落细。深化内部巡察，年内对11家直属单位开展“常规+专项”巡察，同步开展巡察工作、选人用人专项检查，发现受理问题线索40个，累计处理78人次。强化内部监督管理，开展机关本部巡察整改“回头看”，梳理巡视问题42项，组织机关本部逐项排查，坚决消除“灯下黑”。国家电网公司巡视巡察工作交流2次刊发国网陕西电力巡察典型经验。

（刘睿洁）

宣传工作

【对外宣传】 聚焦重要节点、重大工程、重点任务开展主题宣传，全年总发稿12460篇，央视发稿170次，新华社高管信息发稿14次，人民日报等整版宣传17次，十四运保电新闻以5种语言向国际传播，策划实施“全国人大代表说电力”“党史学习教育”“今冬明春保供电”等重大选题30余项，均创历史新高。

开展党史学习教育主题宣传。深入基层挖掘党史学习教育典型做法，主动邀请新华社记者深入国网陕西电力采写党史学习教育典型经验稿件并入选新华社政务智库报告，在全国高端政企受众圈得到强劲传播。围绕党史学习教育开展情况进行主题宣传策划，在新华网、陕西日报等省部级以上媒体发稿数百篇。在学习强国平台推出“学党史·力行”系列稿件，大力宣传各单位典型做法。结合陕西红色地域文化，围绕庆祝中国共产党成立100周年，以张思德电力服务队为切入点，推出《为什么这里的群众都叫他们“张思德”？》《延安张思德电力服务队：用心为民二十载》《国网陕西省电力公司：红色火种生生不息 “寻心”之旅示范先行》,《国家电网陕西张思德（铜川照金）共产党员服务队：保电冲锋传承红色精神 守护老区万家灯火》《学党史 感党恩 跟党走 陕西各地开展“心向党”教育活动》《守护三秦大地“光明路”——记国家电网陕西张思德（铜川照金）共产党员服务队》等系列报道。

开展融合发展主题宣传。按照总部统一安排对外发布“国网陕西省电力有限公司成立”新闻通稿，新华社、人民网、国际在线和陕西日报、陕西电视台播发相关新闻，人民日报刊发《国网陕西省电力有限公司：“融”出电网发展新局面 服务陕西“碳达峰、碳中和”》，陕西日报专题刊发《“融”出陕西发展新局面——国网陕西省电力有限公司促进融合发展服务陕西追赶超越综述》等报道。

开展十四运会保电主题宣传。瞄准高端媒体、

2021年国网陕西电力在中央媒体发表重要稿件篇目一览表

序号	日期	媒 体	标 题
1	1月31日	央视“晚间新闻”	“牛经济”扶贫见实效　分红增收暖人心
2	2月5日	新华社通稿	守护“红色画布”上的一抹碧水蓝天
3	2月14日	央视“新闻直播间”	春节假期留守岗位　守护节日用电安全
4	3月15日	新华社通稿	陕湖特高压直流输电工程陕西1标段全线贯通
5	4月3日	新华社通稿	延安张思德电力服务队：用心为民二十载
6	4月27日	央视“人物故事”	人物故事：“最美奋斗者”周红亮
7	5月1日	新华社通稿	五一期间陕西电网最大负荷将达2065万kW
8	5月2日	央视“晚间新闻”	“牛脾气”老张：66岁，重新出发
9	5月5日	央视“中国新闻”	节日工地忙，为十四运会保电加上“双保险”
10	5月15日	新华社通稿	第五届电力大数据高峰论坛在西安召开
11	6月2日	《人民日报》	铭记党的历史　弘扬延安精神　奋力谱写陕西新时代追赶超越新篇章
12	6月7日	央视“中国新闻”	第十四届全运会迎来倒计时100天
13	6月24日	央视“今日环球”	陕西：5G智能巡检机器人正式上岗
14	7月1日	央视“道德观察”	信仰与力量——“背篓电工”
15	7月9日	新华社通稿	陕西：今夏电力供需平衡偏紧　预计最大日用电量超6亿kWh
16	7月20日	央视“新闻直播间”	陕西延安：“消失”的黄土高原
17	7月26日	新华社通稿	国网陕西电力：开展电力抢险救助，助力居民正常用电
18	7月31日	央视“晚间新闻”	排查安全隐患　保障电网汛期稳定运行
19	8月2日	央视“中国新闻”	陕西咸阳援豫抢险队顺利完成任务
20	8月6日	央视“新闻联播”	陕北送湖北特高压直流输电工程启动送电
21	8月24日	新华社通稿	国网陕西电力：全力开展勉县防汛保电抢修工作
22	9月13日	央视“新闻简讯”	陕湖特高压陕北换流站配套送出工程建成投运
23	9月14日	新华社通稿	七站联发为十四运会充电　陕西再添七座汽车充电站
24	9月16日	《人民日报》	服务十四运会　奉献我的城
25	10月6日	新华社通稿	“陕”亮湖北　沉浸式体验陕湖特高压直流输电工程
26	10月30日	央视“新闻联播”	关注残疾人事业取得长足进步　宝鸡供电公司员工走进残疾儿童学校
27	10月30日	央视“今日环球”	残特奥会闭幕　供电部门圆满完成保电任务
28	11月10日	央视“朝闻天下”	为人民服务　让张思德精神薪火相传
29	11月13日	新华社通稿	国网陕西电力：高质量保障重点企业需求　助力区域实体经济发展
30	12月18日	央视“新闻联播”	脱贫攻坚精神：不忘初心　人民至上
31	12月30日	央视“新闻直播间”	新闻特写：电力工老赵　疫情下的17个小时

抓住主流媒体，围绕国网陕西电力十四运会和残特奥会保电工作开展主题宣传，三次组织中省媒体到十四运会保电现场进行深度采访报道，累计在中省媒体刊（播）发十四运会保电主题稿件1323余篇（条）。其中中央电视台（含央视频和央视客户端）16条，人民日报、新华社（含客户端）、新华网、人民网、学习强国等中央权威媒体累计刊发226条。陕西电视台累计播发新闻12条。《记者探访十四运会“发电”奥秘》等稿件三次被十四运会组委会官方网站采用刊发。十四运会保电新闻被央广国际在线英文网、阿拉伯文网、俄文网等转载刊发。

开展万家灯火掌灯人主题宣传。聚焦优质服务、急速抢修、服务生产用电等主题，加强策划，做精宣传。特别是在春节、国庆、中高考保电等关键时段集中开展“万家灯火掌灯人”主题传播，央视东方时空新闻直播间、央视频客户端等进行广泛报道。在陕西广播电视台策划播出专题节目《万家灯火掌灯人》，

• 2021 年 6 月 7 日，CCTV4 播出《第十四届全运会迎来倒计时 100 天》。

• 2021 年 12 月 18 日，CCTV1 新闻联播播出《脱贫攻坚精神：不忘初心　人民至上》。

对国网陕西电力确保节日可靠供电的举措和成效进行了深度报道。陕西省人民政府网站、陕西日报头版刊发《万家灯火背后的“掌灯人”》，彰显责任央企良好形象。围绕国网陕西电力援豫保电工作，在央视、人民日报客户端、学习强国平台等刊发主题稿件数十条。

开展陕湖特高压工程主题宣传。重点策划宣传陕北—湖北 ±800kV 特高压直流工程建设进展，央视新闻联播、晚间新闻、新闻直播间、中国新闻等多栏目播发《陕北送湖北特高压直流输电工程启动送电》，学习强国平台刊发《“湖北你好！陕北来电，请查收！”陕北—湖北 ±800kV 特高压直流工程启动送电》，陕西广播电视台陕西新闻联播栏目播发《陕北—湖北 ±800kV 特高压直流工程启动送电》。同时围绕变电站建设、投运开展电网建设主题宣传，人民日报海外版刊发《电从远方来（百年辉煌）》，新华社客户端刊发《陕西咸铜铁路将迎来电气化时代》等。

• 2021 年 9 月 13 日，CCTV1 晚间新闻播出《陕湖特高压工程陕北换流站配套送出工程建成投运》。

开展典型模范事迹主题宣传。深入宣传“扶贫老黄牛”、榆林供电公司张雷威同志先进事迹，聚焦三秦楷模感人事迹、奋斗精神、示范效应，在全系统乃至全社会大力宣传“三秦楷模”先进事迹，树立精神榜样，获得广泛关注。组织各单位对全国劳模、国家电网公司劳模等先进典型进行广泛宣传，央视人物故事栏目播发《全国劳动模范・周红亮》，新华社客户端刊发《宁启水的年三十》《老百姓评价这位供电员工：我没见过张思德，觉得他就是张思德》等。

开展抗疫保供电主题宣传。针对陕西打响疫情防控阻击战，紧紧围绕国家电网公司党组和国网陕西电力党委工作部署，加强抗疫保电主题策划，对《国网陕西电力八项举措全力支持疫情防控，保障供电服务》《欠费不停电、先复电后抢修 国网陕西电力保供电助战疫》等进行集中宣传报道，对《国网陕西电力从严从紧做好疫情防控 确保电力供应》等开展密集传播，将镜头对准抗疫保供一线，全方位讲述陕电人逆行出征的感人故事，先后在中央电视台播发重要新闻 16 条，彰显了国网陕西电力“顶梁柱、顶得住”的央企担当，得到国家电网公司多次表扬。

（惠　悦）

【内部宣传】 围绕全国两会、国家电网公司及国网陕西电力公司“两会”，聚焦中国共产党成立 100 周年及十四运会，紧扣安全生产、春秋网检、电网建设、电力设施保护、冬夏迎峰、防汛救灾和稳定能源供应等重点工作，通过设置专题专栏大力贯彻重要部署和宣传特色亮点工作，在推动两网融合、统一思想、展示品牌、提升形象等方面发挥了重要作用。国网陕西电力网站开展“奋斗百年路　启航新征程”主题传播，集中展示国网陕西电力公司党史学习教育成果，为庆祝中国共产党成立100周年营造良好舆论氛围。围绕保供电、保安全主题，设计制作“建功十四运会·领航新征程”“标准化作业”“安全生产月”等专题网页，为安全生产营造良好舆论氛围。开展“融合发展”“抓培训·强素质”“保暖保供”等主题宣传，推动国网陕西电力重点工作上传下达。陕电动态全年发布新闻总数600余条，围绕中国共产党成立100周年、十四运会保电、两网融合、河南特大暴雨抢险保供电等多项重点工作，奔赴前线扎实开展电视新闻报道，完成国网陕西电力“两会”专题片、“三秦楷模”张雷威专题片、《智慧电力》期刊建设研讨会专题片以及百岁老人曹素人专访活动。

（张　祺　李建炜）

【新媒体传播】 国网陕西电力官方新媒体宣传强化“三贴近”，推出一批沾露珠、接地气、带泥土的优秀作品。官方微博在中国共产党成立100周年之际，通过视频、海报等形式，对42支张思德共产党员服务队进行全方位立体展播。精心运营“全力护航十四运会”话题，阅读量1034.7万次，4条信息阅读量突破100万。微信订阅号关注人数升至40676人。微信视频号及抖音号“爆款”频出，单条播放量10万+的短视频作品24条，累计播放量超1000万次，点赞40余万次。微信服务号策划推出“网上国网”充电日系列宣传，围绕代理购电、高校毕业生招聘等国网陕西电力重大事项发布公告，增加企业信息公开透明度，持续加强和用户互动，围绕新年愿望、母亲节、校园安全用电等主题推出留言赠礼活动，拉近与用户的情感距离。策划推出五一劳动节“致敬平凡致敬不凡”海报、陕湖工程“你好陕电侠”短视频，展现国家电网责任担当和员工风采。加速队伍融合壮大传播体系，联合英大传媒电网头条App开展“消灭无稿县活动”，形成融合奋进良好态势，电网头条App传播力一度跃居全国第三，40家无稿县区级供电公司首次在电网头条登稿。全面完成融媒体信息系统（一期）研发工作，实现了媒体互联、人员互联、数据互联、场景互联、技术互联和运营互联。系统在省、市、县三级单位全面应用，单月可处理稿件约400余篇，并可一键分发至各媒体平台，实现“前方记者一次采集、后方编辑多种生成”的新闻生产方式，实现工作效率、传播效果最大化。

（张　祺　李建炜）

【舆情管理】 全面加强党对意识形态工作的领导，建立完善意识形态工作制度体系。密切关注十四运会、电网融合、中国共产党成立100周年等重点议题，监测预警舆情风险197条次，组织开展迎峰度夏、防汛减灾、电网建设等专项舆论引导168次，编发各类信息报告398期，处置各类舆情信息213条次，积极争取媒体与公众理解支持。强化西三环架空线路建设、融合发展、电力保供、电价政策等专项舆情监测，协同国网陕西电力公司办公室、安监部、建设部、营销部、财务部等专业部门指导责任主体单位稳妥开展舆情管控，全年未发生重大舆情事件，国网陕西电力舆情态势保持平稳。

（曹　宇）

【品牌传播】 组织策划“百年华章·党旗飘扬”系列宣讲活动，受到国网陕西电力公司干部职工充分肯定。红色文化主题微电影《追光者》等作品获“学习强国”微影视大赛优秀作品奖等荣誉。持续拓展实验室与高等院校、科研机构等机构的技术合作，实施校企共建创意项目孵化，完成国家电网品牌文化、品牌生态等重大课题研究4项，为国家电网公司“十四五”

● 2021年9月17日，国网陕西电力品牌标识融合工作率先发力，召开标识应用现场推进会，与会人员在试点单位国网三原县供电公司观摩品牌标识建设成果。

品牌战略规划提供有效理论支撑。高质量、高标准推进“国家电网”品牌标识应用融合，创新开展管理人员线上线下多种形式业务培训，以“试点先行”带动国网陕西电力系统办公、生产、经营等多场所标识应用规范建设，初步实现陕西“一张电网、一个品牌”工作格局。

（李　强）

【社会责任】 面向全社会发布《服务陕西经济社会发展报告 2021》，从助力三秦高质量发展迈出新步伐、助力三秦改革创新实现新突破、助力三秦青山绿水焕发新生机、助力三秦品质生活迈上新台阶四个方面展现国网陕西电力公司在服务陕西发展方面的贡献。

• 面向全社会发布国网陕西电力《服务陕西经济社会发展报告 2021》，积极展现其服务陕西发展的贡献。

主动关注服务民生回应社会关切，6 个社会责任根植项目获评国家电网公司 2020 年社会责任根植优秀项目，成果案例《共建共享，筑起生态“防护网”》入选中电联电力企业社会责任优秀案例集。选树、推荐国网商洛、铜川、延安三家供电公司优秀责任展示窗口，开展示范基地“第二梯队”建设，为国家电网公司级示范基地评选打下坚实基础。积极开展“国网赋能乡村工程”“国网光明工程”等四大公益主题行动，推进 51 个对外捐赠项目在陕落地。全力支持河南防汛救灾工作，捐赠 300 万元为当地筹措救灾物资、实施紧急救援和灾后重建工作做出积极贡献。积极与团省委、省残联等开展深度合作，在西安、商洛、榆林等地实施“小桔灯”公益品牌项目 10 个，公益覆盖密度和实施效果显著提升。

（李　强）

【期刊建设】 持续加强品牌理论研究，大力支持科技期刊发展，主管科技期刊《智慧电力》入编《中文核心期刊要目总览》2020 年版、收录于《中国科技核心期刊》，并荣获第六届陕西科技期刊精品期刊奖。国网陕西电力成功举办《智慧电力》期刊建设研讨会，得到来自全国各地共 40 多名与会院士专家高度评价。《信息化助力〈智慧电力〉打造国内电工类知名期刊的创新实践》获第二十七届陕西省企业管理现代化创新成果一等奖。在 2021 年第 19 卷《中国学术期刊影响因子年报》（自然科学与工程技术），在电气工程类 122 种期刊中学科影响力指数排序第 8，在国家电网公司系统省公司主办的期刊中排序第 1 名。

（张　祺）

【获评获赞】《智慧电力》评价指标达国家电网公司第一、行业领先，得到国网陕西电力领导和院士专家高度评价。国网陕西电力微博、微信服务号连续三年获“央企最具影响力新媒体二级账号”，微博入选“全国十大国资委微博”。《服务陕西经济社会发展报告》连续十年发布，1 项社会责任实践成果入选国家级优秀案例集。持续开展企业社会责任管理实践，提升企业透明度，彰显国家电网品牌良好形象。国网陕西电力首次获得中国电力行业企业公众透明度“责任信息披露卓越企业奖”，公司社会责任与品牌战略课题首次获得“中国能源研究会能源创新奖”。陕西记者站荣获英大传媒 2021 年度十佳记者站。吴长宏报告文学《永远的张思德》在中国电力文学艺术协会、中国电力作家协会、《国家电网报》《脊梁》杂志联合举办的庆祝中国共产党成立100周年“百年风华·光明颂歌”征文中获二等奖。

（刘　莉）

工会工作

【综述】“两网融合”全面开启了陕西电网发展新篇章，国网陕西电力工会坚决贯彻公司融合发展“一张网”“一盘棋”决策部署，立足融合发展新起点，主动作为，在组织做好工会组织体系融合发展的同时，积极关注职工思想动态，通过组建柔性团队、关心关爱职工、开展丰富多彩的文化活动等促进职工广泛深入交流，全力促进“管理整合、文化融合、人心聚合”，为国网陕西电力融合发展做出了重要贡献。在去年以来的十四运会保电、应对陕西近60年来最强降雨天气、抗疫保供电等大战大考中，国网陕西电力干部员工“一盘棋”“一条心”，统一指挥、统一协调、优势互补，充分展现出“1+1>2”的融合效果。

（王建波）

【民主管理】完成融合后国网陕西电力工会组建工作。坚持围绕中心、服务大局，按照公司融合发展目标要求，坚持民主管理、民主参与、民主监督，主动参与公司融合发展，制定工会系统融合方案，2021年12月2~3日，国网陕西省电力有限公司工会第一次会员代表大会召开。陕西省人大常委会副主任、省总工会党组书记、主席郭大为应邀出席会议并讲话，省总工会党组副书记、常务副主席王瑞峰出席会议并宣读国网陕西省电力有限公司工会成立批复文件，国网陕西电力董事长、党委书记胡卫东致大会开幕词，公司董事、总经理、党委副书记张薛鸿参加会议，公司董事、党委副书记林一凡主持会议。公司职工董事、党委委员杨桦全票当选国网陕西省电力有限公司工会第一届委员会主席。会议选举产生了国网陕西省电力有限公司工会第一届委员会委员、经费审查委员会委员及工会常务委员会委员；选举产生了公司新一届工会主席、常务副主席、副主席，及工会经审委主任、副主任，研究确定了女工委主任和女工委委员。公司系统全面完成融合后国网陕西电力工会组织体系组建工作，所属31家单位完成工会换届和更名注册工作。

（王建波）

【女工工作】充分调动和发挥好“半边天”作用。围绕庆祝中国共产党成立100周年、两网融合，举办“巾

●2021年12月2~3日，国网陕西电力工会第一次会员代表大会召开，图为全体代表合影留念。

帼建功‘十四五’、建党百年展芳华”女职工主题读书活动。建立25人“红娘”志愿者队伍，为国网陕西电力公司单身职工提供婚恋服务。建设“爱心妈咪小屋”，国网陕西电力被评为省级母婴关爱示范点。

（亢　音）

【职工文体】 开展丰富多彩的文化活动，增进职工人心聚合。2021年，围绕庆祝中国共产党成立100周年、两网融合，国网陕西电力系统开展职工文化成果展示、演讲、创作、读书分享等活动20余场，形成书画、音乐、征文、舞蹈、曲艺、微视频等职工文艺作品500余个，45个作品在上级单位组织的活动中获奖。国网陕西电力系统举办职工足球、篮球、乒乓球、羽毛球、健步走比赛等活动70余个，在让职工充分享受快乐运动、健康生活的同时，营造了融合发展良好氛围。国网陕西电力荣获陕西省职工舞蹈及曲艺小品大赛优秀组织奖。

（王建波）

【服务职工】 关心关爱构筑职工温馨家园。大力开展建家活动，对国网汉中、商洛供电公司和陕西送变电公司、国网陕西超高压公司等11家单位拨付专项费用864万元，建成“职工之家”和偏远站所“职工小家”42个。广泛开展“冬送温暖、夏送清凉、平时送帮助”活动，走访慰问班站、工地1216个，慰问职工3.65万人次，慰问金额509万元。赴十四运会和残特奥会保电、防汛现场开展慰问，发放慰问品105万元。

精心细心组织专业力量，做好职工心理援助服务。组建职工幸福大师柔性团队，开展职工访谈和心理援助，舒缓职工的心理困惑，取得了很好效果。幸福计划柔性团队是国网陕西电力工会主导组建，团队由国网陕西电力公司系统内35名具有心理咨询资格的志愿者、爱好者组成。2021年，团队完成了国网陕西电力公司系统10家基层单位的心理健康访谈，个人访谈242人，团体访谈139人，并完成了29家单位10270份网络问卷访谈工作。2021年12月疫情暴发以后，积极关注长时间在岗值守职工的心理健康需求，推出“陕电幸福大师工作坊”公众号，启动“幸福陪你”职工心理关爱活动，连续5天开展心理健康知识直播讲座，为职工提供全天候的心理咨询线上服务，上线职工8000余人。收听收看直播讲座的职工超过4万人次，日最大在线职工人数达到1.1万人。

成立“陕西省光明工程志愿者协会”，做好困难职工帮扶工作。对国网陕西电力公司系统因大病、残疾等致贫的困难家庭，在生活、助学等方面进行精准帮扶。光明工程志愿者协会是在国网陕西电力公司工会的主导下去年建立的，属陕西省文明委管理，协会整合了陕西“029”宝鸡“917”咸阳“小桔灯”西安“爱在路上”四个公益平台，是正式注册、合法合规的公益组织。在各爱心企业的大力支持下，2021年，光明

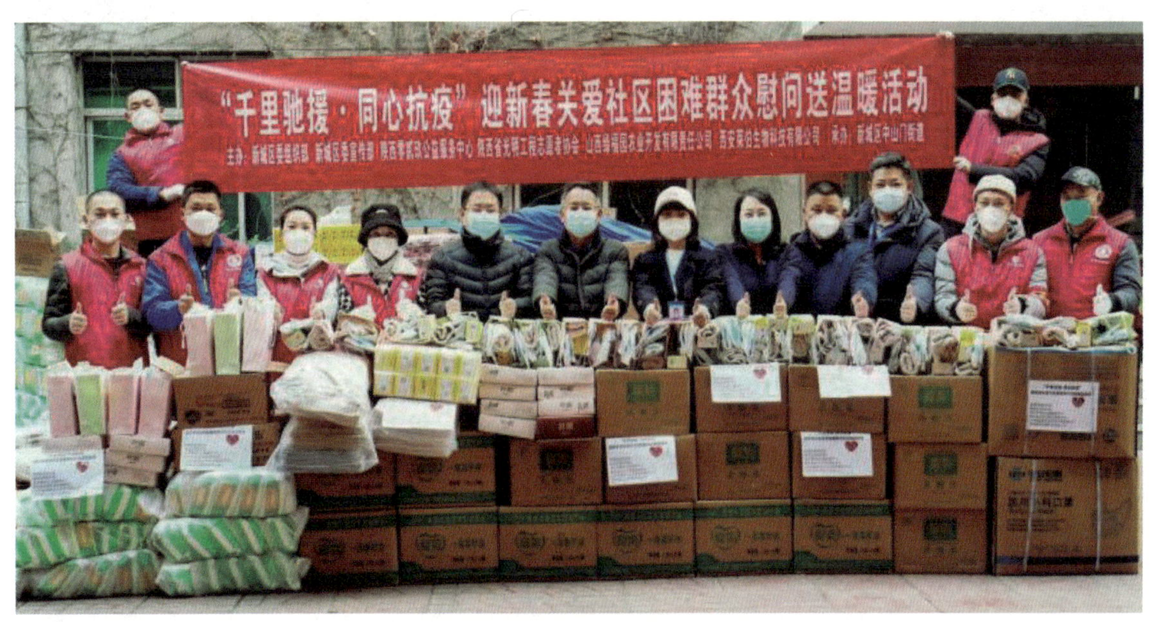

● 陕西省光明工程志愿者协会开展“千里驰援　同心抗疫”迎新春关爱社区困难群众慰问送温暖活动。

协会开展了多场社会公益活动，帮扶特别困难职工36人，金秋助学19人，发放慰问金、助学金总计185万元，有效提升了国网陕西电力系统内特困职工的生活质量。

用心用情加大工会投入，开展为职工办实事工作。按照中央党史学习教育“为群众办实事”实践活动总体要求，国网陕西电力工会主动作为，真心实意为职工办实事，2021年，投入864万元完善11家单位“职工之家”，建成42个偏远站所“职工小家”，有效改善职工的工作、生活环境。

（王建波）

【劳动竞赛与先进、劳模评选工作】 劳动竞赛热火朝天，建功立业全面丰收。围绕“夯基础、补短板、控风险、提质效”主题，2021年组织开展标准化作业、电网前期、供电可靠性提升、量价费损精益化管理、数字化转型等14项劳动竞赛和“全力促进电量增长、有效防范电费风险”主题劳动竞赛，职工参赛率达到90%以上，国网陕西电力荣获陕西省劳动竞赛优胜集体、陕西省第六届职工科技节优秀组织单位等称号。郭营芳荣获国家电网国网陕西电力第七届优秀供电“服务之星”。大力弘扬劳模精神劳动精神工匠精神，开展“职工大讲堂”活动30余场，时晶、陈炳勤等三个劳模宣讲视频在国网家园平台展播，国网陕西电力5人荣获国家电网公司劳模，3人荣获国家电网公司“巾帼标兵”，1人荣获国家电网公司工匠，1人荣获陕西省“巾帼标兵”，2个班组荣获陕西省“巾帼标兵岗”，6个班组荣获陕西省能源化学地质系统工人先锋号。

（王建波）

【职工创新活动】 创新创效激发职工创造活力。广泛开展职工创新活动，与陕西省光明工程志愿者协会联合，2021年完成首批10个职工技术创新成果的转化应用。贯彻落实国网陕西电力公司《“十四五”班组建设新跨越行动方案》，推进“班组建设新跨越、战略落地争先锋”主题活动，开展班组基础调研及同质化管理课题研究制定创建“六型”班组标准，促进班组基础管理、员工技能和作业方式不断提升。国网陕西电力荣获陕西省第六届职工科技节优秀组织单位，被中国能源化学地质工会授予职工创新成果转化孵化基地称号，13个职工创新项目和先进操作法在陕西省职工科技节获奖，周红亮输电线路创新工作室荣获陕西省首批创新工作室联盟。

（王建波）

共青团工作

【深化“号手岗队”创建】 国网陕西电力各级团组织聚焦“双碳”目标和“十四五”开局，把“青年文明号”创建活动作为服务青年成长成才、推动企业改革发展的重要抓手，深入实施青春建功行动，引领广大青年在基层一线弘扬职业文明、矢志奋斗进取。围绕国家电网公司“一体四翼”发展布局，深入开展青年思想动态调研，深化“共青团+”工程建设，制定《关于在“党建+”工程中切实发挥团青生力军作用的实施方案》，明确“八个一”专项举措。发布节约用电、青年安全生产倡议书，开展“青年安全生产示范岗”创建。围绕守牢安全底线、优化营商环境、推动创新突破、防汛抢险、十四运会保电等重点任务，开展“青年大学习”行动、“安全生产·青年先行”“青春光明行·奉献十四五”“青助十四运会保电我担当”“我为青年做件事”等活动。先后成立57支青年突击队，推动驰援河南抢险救灾、迎战陕西近60年最长汛期、最强降雨天气以及十四运会、残特奥会保电等急难险重任务高质量完成。国网西安供电公司环城东路营业厅、国网延安供电公司变电二次检修一班荣获第20届“全国青年文明号”。7个基层班组、5名个人分别荣获“陕西省技术能手”“陕西省优秀青年岗位能手”“陕西省青年安全生产示范岗”“陕西省青年文明号”等称号。

（梁　茜　杜思洋）

【加强青年志愿服务】 持续深化“国网陕西电力张思德青年志愿者服务队”品牌建设，全年累计开展志愿服务254次，5700余人次参与。印发《关于开展“青春光明行·奉献十四五”志愿服务活动的通知》，明确9项服务内容。举办优秀青年志愿者培训班，完善“互联网+志愿服务”管理机制，常态化推进青年志愿者网络注册管理，实现青年志愿者、志愿服务活动线上全寿命周期管理，国网陕西电力公司青年志愿者在团中央“志愿汇”注册率达

● 国网延安供电公司青年志愿者在延安市洛川县槐柏镇度固村开展安全用电“入户宣传”活动。

（董 昭 摄）

到 100%。广泛开展“青春光明行·奉献十四五”青年志愿服务行动、“小桔灯”志愿服务活动，其中国网延安供电公司组织青年志愿者集体诵读《为人民服务》、观看电影《雷锋》，并赴枣园等红色革命旧址开展志愿服务；国网咸阳供电公司“小桔灯”走进乡村开展“暖心衣橱”自选捐赠活动；国网安康公司“电保姆”走进江北忠义小学、旬阳县第四幼儿园开展用电安全隐患排查；国网安康水电厂走进安康慈幼康复托养服务中心，为特殊儿童送爱心；国网陕西物资公司组织“供应商服务中心志愿服务日”，以实际行动创造良好的电力营商环境；陕西送变电公司、国网陕西信通公司走上街头开展文明示范活动，分发用电安全、电能替代、电力设施保护宣传单，为实现“碳达峰、碳中和”目标做贡献；物业公司围绕疫情防控工作需要，组织志愿者在本部办公场所开展扫码测温、清洁消杀等活动都收到了良好效果，相关活动先后在“学习强国”、今日头条、电网头条、三秦都市报及相关地市媒体中报道。

（梁 茜 杜思洋）

【强化思想政治引领】 深入组织学习党的十九届六中全会精神，坚持用习近平新时代中国特色社会主义思想统领共青团工作，扎实推动“学党史、强信念、跟党走”学习教育，围绕“学党史，践行初心；敬延安，赋能三秦”主线，突出“学、忆、讲、行、做”，实施“红色青年行动”，组织各级团组织开展党史学习会 358 场，组织国网陕西电力公司团干部和优秀青年带头讲党史、谈感悟 1066 人次，开展“沉浸式”主题团日活动 350 次，组织国网陕西电力团员青年开展党史知识百问百答网络挑战赛等活动。发布《砥砺奋进百年路·青春建功新征程》倡议书，召开纪念五四运动 102 周年暨第二届“青年岗位能手”表彰大会，按照“五个倾斜”要求评选表彰国网陕西电力公司第二届“青年岗位能手”和年度“两红两优”。加强阵地建设、内容建设、队伍建设，打造“国网陕西电力青年之家”团属新媒体，采取聘期制组建第三届青年新媒体运维团队，围绕党史学习教育、安全生产、重点工程、应急保电等主题，聚焦团员青年关注的热点、焦点、兴趣点，累计推送团情团讯 76 期，推荐 1 名新媒体团队优秀青年赴团中央新媒体中心轮训学习。启动国网陕西电力公司青年创新创效活动，发挥“青年创新工作室”阵地作用，组建青创导师团，开展青创专业培训 2 期。成功举办国网陕西电力公司第六届“青创赛”，完成生产、信通、物资、基建、营销 5 个专业 101 个项目评审，遴选 10 个高质量创新项目和 1 个重点揭榜项目参加国家电网公司大赛，获得 1 金 4 铜的优异成绩，获奖数位居国家电网公司并列第一。围绕国网陕西电力数字化转型，依托青年创新工作室等载体，挖掘培养数字化青年员工，组建青创柔性团队，开展联合创新攻关，国网陕西电力公司青工在数字化转型中走在前列的创新事迹在《中国青年》刊发。

（梁 茜 杜思洋）

供电单位

国网西安供电公司

【企业概况】1958年3月22日，陕西省电业局西安电网管理所、营业所、输变电工程队合并成立陕西省电业局西安供电局。1999年4月西安供电局分离组建了西安供电公司（局）和西安高压供电公司（局），2005年9月两者重新合并组建国网西安供电公司（局）。2021年10月，国网陕西省电力有限公司西安供电公司（简称国网西安供电公司）由原国网陕西省电力公司西安供电公司与原陕西省地方电力（集团）有限公司西安供电分公司合并成立，担负着西安11区2县的电网建设运营及供电服务工作，供电区域面积9870km^2，用电客户446万户。现设职能部门13个、业务支撑和实施机构21个（含网格化供电公司5家）、县供电企业8家、省管产业单位2家，现有全口径用工7178人，其中长期职工4100人、产业单位526人、供电服务人员2552人。管辖35kV及以上变电站202座、容量30.90GVA，其中330kV站16座、110kV站146座、35kV站40座；35kV以上线路467条、5312km；10kV线路2471条、17638km；公网配电变压器27013台；设立城市营业厅18个、城区中心供电所39个、乡镇供电所98个。2021年完成售电量42.35TWh，全口径供电可靠率99.963%。截至2021年年底，电网最大负荷9427.9MW（2021年7月14日），电网保持安全平稳运行。

国网西安供电公司作为具有基础性、公益性、服务性特点的电网企业，近年来在国家电网有限公司和国网陕西省电力有限公司的正确指导下，紧紧围绕市委、市政府工作大局，以服务经济社会发展为己任，强化电网设备运行与维护，确保全市安全可靠供电；加快电网建设改造步伐，电网投资稳步增长；大力提升优质服务水平，树立公司良好形象。先后荣获全国五一劳动奖状、全国文明单位、国家电网公司先进集体、陕西省先进集体、西安市先进集体等荣誉，连续13年名列西安市行风测评公共服务行业第一名。

【电网概况】

1. 电网结构及负荷特点

西安电网是陕西电网的负荷中心及全省电力传输的重要枢纽，属于典型的受端电力系统，以近区大型火电厂以及陕北、陕南的清洁能源为主要电能来源。运行中，西安电网以750kV为电源支撑，330kV输电网为主干网架，110kV作为负荷主力供电网，通过10kV电网向负荷供电。330kV系统采用“双环网”接线方式，110kV系统采取由枢纽变电站辐射状供电或小环网供电运行方式，全网分区、分片运行，互为备用。

西安电网负荷占全省总负荷近三分之一，约占西北电网总负荷十分之一，位列西北城市之首。西安地区负荷受气候影响明显，呈现夏冬双峰负荷特性，夏季高峰略高于冬季高峰，具有明显的峰谷特性。2021年，西安电网最大负荷及日供电量双创历史新高，最大负荷9427.9MW，较2020年增长17.18%，最大日供电量0.19TWh，较2020年增长22%。2021年全年供电量42.92TWh，较2020年增长14.4%，供电量创历史新高，增速创近十年新高。

● 2016~2021年西安电网夏季最大负荷增长情况示意图。

（张竞帆）

2. 供电能力

2021年西安地区新投运330kV主变压器1台，新增容量150MVA。新投运110kV变电站7座、主变压器15台，增容110kV变电站2座、主变压器1台，合计新增容量871.50MVA。

新投运330kV局属输电线路6条，总长106.33km。新投运110kV局属输电线路43条，总长362.70km。新投运35kV局属输电线路2条，总长24.25km。

2021年年底，西安地区共运行330kV变电站16座、主变压器47台，容量14670MVA；110kV变电站146座、主变压器330台，容量15475MVA；35kV变电站40座、主变压器76台，容量752.80MVA。西安电网330kV主变压器容载比1.61，110kV主变压器容载比1.62，负荷高峰期间，供需形势较为紧张。

2020～2021年国网西安供电公司35~330kV电网输变电设施规模一览表

电压等级（kV）	变电站座数（座）		变压器台数（台）		变压器容量（MVA）		输电线路条数（条）		输电线路长度（km）	
	2020年	2021年	2020年	2021年	2020年	2021年	2020年	2021年	2020年	2021年
330	16	16	46	47	14520	14670	64	70	1396.40	1502.74
110	139	146	314	330	14603.5	15475	275	318	2621.45	2984.15
35	40	40	76	76	752.8	752.8	77	79	801.07	825.32

注：表中电网设施仅统计公用设施。

国网西安供电公司所属配电网10kV和少量20kV设备统计表

类别	配电线路		配电变压器		配电开关设备
	条数	长度（km）	台数	容量（kVA）	台数
配网设备	共2484，其中：联络线1179条；满足N–1线路834条	共17820.64，其中：架空裸线路4145.7km；架空绝缘线6907.23km；电缆线6767.71km	27013	13540.87	共39512，其中：柱上断路器4883台；柱上负荷开关500台；室内断路器10939台；室内负荷开关23190台

共运行维护330kV线路70条（含电缆线路），长度1502.74km；110kV线路318条（含电缆线路），长度2984.15km；35kV线路79条（含电缆线路），长度825.32km。10kV和20kV配电线路共计2384条，长度17820.64km，配电变压器27013台，容量13540.87kVA，配电开关39512台。

（张竞帆）

3.用电结构及用电水平

2021年，西安市全社会用电量累计43.60TWh，同比上升17.51%，其中，工业用电量13.89TWh，同比增长31.87%。第一产业用电量0.23TWh，同比下降15.06%；第二产业用电量15.13TWh，同比上升15.26%；第三产业用电量16.44TWh，同比上升21.21%。城乡居民生活用电11.80TWh，同比上升16.58%。

2021年1~12月，西安市第一、二、三产业和城乡居民用电量增长趋势呈“三正一负”，第二、三产业和城乡居民为正增长，第一产业为负增长。

第一产业：用电量0.23TWh，同比下降15.06%，其中农业用电量0.19TWh，同比下降19.30%。

第二产业：用电量15.13TWh，同比上升15.26%，去除线损因素同比上升23.09%。其中，工业用电量13.89TWh，同比上升14.76%，去除线损因素同比上升23.29%；建筑业用电量1.25TWh，同比上升20.27%。工业用电构成中采矿业用电量0.36TWh，同比上升19.71%；工业制造业用电量11.40TWh，同比上升24.68%。工业制造业31个行业中，增长趋势呈“28正3负”。

四大高耗能行业用电全部正增长，其中，化学原料加工业、非金属矿制品业、黑色金属冶炼业、有色金属冶炼分别增长17.63%、29.14%、20.93%、29.42%。

西安市2021年用电结构分析表

行业名称	2021年度用电量（kWh）	用电结构比（%）	2020年度用电量（kWh）	用电结构比（%）	增长率（%）
全社会用电合计	43600620440	100.00	37083936715	100.00	17.57
第一产业	231459142	0.53	272502890	0.73	–15.06
第二产业	15127711121	34.70	13125004808	35.39	15.26
第三产业	16438373505	37.70	13561879617	36.57	21.21

续表

行业名称	2021 年度用电量（kWh）	用电结构比（%）	2020 年度用电量（kWh）	用电结构比（%）	增长率（%）
城乡居民生活	11803076672	27.07	10124549400	27.30	16.58
城镇居民	8504799671	19.51	7155579163	19.30	18.86
乡村居民	3298277001	7.56	2968970237	8.01	11.09
全行业用电分类	31797543768	72.93	26959387315	72.70	17.95
一、农、林、牧、渔业	592635146	1.36	621048799	1.67	–4.58
其中：排灌	243121741	0.56	231370144	0.62	5.08
二、工业	13893430870	31.87	12106190467	32.65	14.76
采矿业	361217220	0.83	301751948	0.81	19.71
制造业	11400015071	26.15	9143090033	24.66	24.68
电力、热力、燃气及水生产和供应业	2132198579	4.89	2661348486	7.18	–19.88
三、建筑业	1249738922	2.87	1039069538	2.80	20.27
四、交通运输、仓储和邮政业	2090461299	4.79	1647876906	4.44	26.86
五、信息传输、软件和信息技术服务业	1125135373	2.58	996083166	2.69	12.96
六、批发和零售业	4333988935	9.94	3528511340	9.51	22.83
七、住宿和餐饮业	971073468	2.23	815332784	2.20	19.10
八、金融业	142384485	0.33	134855316	0.36	5.58
九、房地产业	2285919726	5.24	1748648744	4.72	30.72
十、租赁和商务服务业	356463250	0.82	336678693	0.91	5.88
十一、公共服务及管理组织	4756312294	10.91	3985091562	10.75	19.35

西安市工业制造行业用电增长情况表

行业名称	增长率（%）	行业名称	增长率（%）
农副食品加工业	3.63	橡胶和塑料制品业	8.06
食品制造业	0.00	非金属矿物制品业	29.14
酒、饮料及精制茶制造业	22.88	黑色金属冶炼和压延加工业	20.93
烟草制品业	1.55	有色金属冶炼和压延加工业	29.42
纺织业	8.12	金属制品业	13.63
纺织服装、服饰业	33.82	通用设备制造业	14.74
皮革、毛皮、羽毛及其制品和制鞋业	–24.79	专用设备制造业	22.76
木材加工和木、竹、藤、棕、草制品业	27.24	汽车制造业	12.46
家具制造业	16.91	铁路、船舶、航空航天和其他运输设备制造业	17.26
造纸和纸制品业	2.15	电气机械和器材制造业	83.54

续表

行业名称	增长率（%）
印刷和记录媒介复制业	3.78
文教、工美、体育和娱乐用品制造业	26.87
石油、煤炭及其他燃料加工业	15.57
化学原料和化学制品制造业	17.63
医药制造业	17.35
化学纤维制造业	-8.37
计算机、通信和其他电子设备制造业	30.81
仪器仪表制造业	21.89
其他制造业	24.80
废弃资源综合利用业	1.12
金属制品、机械和设备修理业	-23.68

工业用电构成中的电力、热力、燃气及水生产和供应业电量2.13TWh，同比下降19.88%。线损电量累计为1.30TWh，同比下降31.25%。

第三产业：用电量16.44TWh，同比上升21.21%。第三产业中的8个行业全部实现正增长。其中交通运输仓储业同比上升26.86%；信息传输、软件业同比上升12.96%；批发和零售业同比上升22.83%；住宿和餐饮业用电量同比上升19.10%；金融业用电量同比上升5.58%；房地产业同比上升30.72%；租赁和商务服务业同比上升5.88%；公共服务及管理组织用电量同比上升19.35%。2021年“十四运会”对西安的一般工商业刺激较大，其次2020年疫情对商业影响导致的低基数，在疫情恢复后快速发展的旅游业、批发零售、文娱交通等行业带动下，增速除了几次疫情反复时期外始终处于较高的状态。

城乡居民生活：用电量11.80TWh，同比上升16.58%，占比27.07%，其中城镇居民生活用电量同比上升18.86%，乡村居民生活用电量同比上升11.09%。

（董沫如）

【特色亮点工作】　高标准完成十四运会保电工作。十四运会是中华人民共和国成立以来中西部地区首次全国性顶级体育赛事活动保电，首次在疫情背景下开展大型赛事保电，首次大规模应用数字化智慧保电指挥系统，荣获国网陕西电力十四运会保电突出贡献单位。

全面提速电网攻坚。促请西安市主要领导挂帅成立电网攻坚领导小组，出台《加快建设国家中心城市坚强电网的攻坚方案》，将84项工程纳入政府督办体系和季度观摩活动，电网建设模式迈入“政府挂帅、企业实施”新阶段。成功举办陕西省历史上单次项目资金最高、规模最大的集中开工仪式。历经多年建设受阻的330kV西郊工程架空部分全线贯通。“十四五”电网项目首年完成项目前期任务近50%。

西安东北部架空线路迁改落地工程创建政企典范工程。促成政府投资77亿元，打造西安东北部330kV架空线落地项目。仅用时9个月完成一期工程，建成国内首个超高压电缆集中补偿站，标志西安市进入330kV电缆组网运行时代，实现了拆塔净空和网架优化的政企“双赢”。

●西安市2021年电网攻坚项目集中开工仪式。

（呼　啸　摄）

数字化建设成效显著。创造性实施“五个一”建设路线，建成临潼数字化县公司样板，实现智能融合终端覆盖率100%、配网自动化率100%、数字化供电所全覆盖，36项典型成果在全省推广。

抗疫保电彰显担当。组建“1+5+13”防疫保电指挥体系，各级领导及2900名员工连续34天24小时驻岗值守，迅速打通向阳沟等10个集中隔离安置区和省体方舱等29个核酸检测中心供电；将286家防疫一线单位、183个供热站点以及全市党政机关纳入重点保电范围；“营配舆”紧密联动，实施“先复电、后抢修”、欠费不停电等优质服务举措，实现了全员“双零”、全市供电安全可靠，得到政府和社会各界高度赞誉。

• 2021 年 11 月 24 日，国网陕西电力监事会检查国网西安市临潼区供电公司秦俑供电所数字化建设与优质服务工作。（王 超 摄）

度峰度汛保持平稳。签约需求侧响应负荷 610MW，迅速实施 65 项应急工程，在全网负荷 6 创历史新高、最大达 9427.9MW 的情况下，有效保障了大电网主设备安全运行。选派 3 批 96 人支援郑州、商洛防汛救灾，安全高效恢复蓝田、周至等地 3 万洪灾用户供电，荣获国网陕西电力防汛抢险先进单位。

两网融合快速稳妥。编制落实 6 大类 56 项业务 24 个应用系统整合方案，储备 246 项、7.8 亿元融合计划项目，全省率先完成人员机构整合、薪酬套改并轨和电网规划修编，初步实现管理整合、文化融合、人心聚合，打造地市融合实施样板。

（张昊泽）

【人力资源】 成立跨专业、跨层级协同攻坚柔性团队 46 个，团队成员 1040 人。完成 19 个管理技术岗位公开招聘。分解关键业绩指标 12 类 35 项，下达各部门、单位目标值 822 个，完成 40 家单位业绩考核责任书签订工作。完成“五个倾斜”差异化分配 2320 万元。选拔聘任首批 342 人专家工匠及 20 人 2021 年度地市级“工匠种子”。修订相关办法制度，选优配强各级领导班子，调整四级正副职领导人员 319 人次，组织 26 名干部员工挂职锻炼及 137 名各级职员任聘，完成人事档案专项审核 3027 人。科学规划领导人员队伍年龄和素质结构，新提四级副职 7 人中，80 后占比 85.7%，四级领导人员中本科及以上学历人员占比 94.3%，中级及以上职称人员占比 85.4%，构建 166 人四级正、副职优秀年轻领导人员队伍。

（李 堃）

【电网建设与发展】 进一步深化政企协作，促请成立全市电网攻坚领导小组，出台《西安市加快建设国家中心城市坚强电网攻坚方案》。与长安区等签订战略合作协议，电网发展进入“政府挂帅、企业实施”新模式。

成立并充分发挥“大前期、工程实施、运行支撑”三个柔性团队作用，统筹做好组织、资金、技术、人员、物资储备支撑，进一步落实区县、网格化公司属地责任。全年取得 37 项可研、45 项核准批复，超过 2018~2020 年之和。

成功举办西安电网建设攻坚第一批 29 项、33.9 亿元电力项目集中开工仪式，投运 110kV 苍游变电站、330kV 奥体送出等 22 项工程，新增变电容量 1.02GVA，其中 4 个月建成 110kV 丹凤变电站，刷新国网西安供电公司主网输变电工程施工最快纪录。

（张昊泽）

【经营管理】 全省率先成立新国网西安供电公司，超前完成机构人员整合和薪酬套改并轨，“一张网”修编全市电网规划，避免重复投资 7.8 亿元。成立配网部、营销“一部两中心”，建成 39 个城区中心供电所，实现网格化公司全覆盖。接收 330kV 监控业务。实施购售同期管理。建成物资供应链运营中心、“检储配”一体化基地。

持续深化基础治理，国网西安供电公司首次进入国家电网公司“进步十佳市”，所属 24 个单位 41 次入选国家电网公司“百强”。“网上电网” 4 期管控任务获国家电网公司大型供电企业第一。

深入实施提质增效“升级版”，反窃查违堵漏增收 1755 万元，涉法诉讼挽回损失 272 万元；加压清理挂账项目 24.7 亿元，竣工决算 1059 项，彻底解决历史遗留问题；清理往来账款 4.24 亿元，民企账款实现“零拖欠”；转增固定资产 32 亿元，为输配电价核定提供支持。完成杨家村变电站用地征迁，置换办公面积 1 万㎡。

（李 堃）

【安全生产】 完成十四运会保电任务，组建“1+14”供电保障团队，高质量实施组织保障、设备运检等 126 项保电任务，完成保电核心区域 39 项 27 亿电力配套基建项目。高效运转“两级指挥中心 + 九大战区 +13 个基层指挥部”立体化保电体系，累计出动人员 8 万人次、各类车辆 1.6 万辆次，完成 4 场开闭幕式和全部 48 项赛事保电任务，实现“六个零四确保”目标。

开展安全生产专项整治三年行动，排查治理问题隐患 412 项。深入实施“四双”管理、“四个管住”和标准化作业，建成市县两级安全管控中心，监督检查作业现场 1.3 万处，创建无违章现场 38 个，全年未发生电力安全事件。

全年完成全口径作业任务 2 万余项，超额实施 2589 项春秋检任务，同比增长 46%；更换老旧保护 246 套，超往年近 3 倍；19 座 110kV 变电站加装链式备自投装置，118 座变电站实施小电流、小电阻选线改造有效，提高电网本质安全水平。

（邵尉哲）

● 国网西安供电公司共产党员服务队开展第十四运会保电。（呼　啸　摄）

【电力保供】 全力实施抗疫保供，组建“1+5+13”防疫保电指挥体系，超过 2900 名员工 24 小时驻岗值守，投入 1.9 万人次对 96 站、512 线开展不间断特巡特护，消除危急缺陷 37 处，保证了电网平稳运行。鏖战数夜打通向阳沟等 10 个集中隔离安置区和省体方舱等 29 个核酸检测中心供电，累计投资约 2440 万元。将 286 家防疫一线单位、183 个供热站点以及全市党政机关纳入重点保电范围，900 名保电人员、69 辆应急发电车全天候值守做好托底保障。累计出动抢修人员 8716 人次、发电车 121 台次，奋力实现用户停电无感知。

科学应对度夏保供，精准开展负荷预测、电网运行情况分析，签约需求侧响应负荷 610MW，高效实施 65 项应急工程，开展关闭景观照明、压减商业综合体用电等举措，在夏季全网负荷 6 次突破历史峰值，最大达到 9427.9MW 的情况下，有效保障了大电网主设备安全运行。

积极投身抗洪保供，面对陕西 60 年来最强降水冲击，快速高效恢复蓝田、长安等地 3 万洪灾用户供电。先后选派 3 批 96 人支援郑州、商洛防汛救灾。

（邵尉哲）

● 国网西安供电公司员工疫情期间检查封闭小区配电设施。（张　奔　摄）

【营销与优质服务】 持续优化电力营商环境，入驻二手房交易市场助力实现“水电气暖一件事”办理，“网上国网”用户注册超 120 万户，高压单电源客户办电时间压缩至 17 个工作日，低压居民和小微企业客户办电实现“三零”服务全覆盖，全年新增报装 22.5 万户、5.43GVA。深入开展“零投诉”行动，服务投诉压降 60%。实施带电作业 2857 次，城区配网故障率压降 62%，户均停电时长缩短 53%。

服务政府招商引资，提前完成 28 项省市重点项目配套供电，实施纬零街快速路迁改等 113 项市政工程，为火车站北广场、幸福林带等全运重点项目抢下工期。按期完成迎全运 87 条 242km 一级道路架空线落地。完成 791 个小区 35 万户“三供一业”及 43 个老旧小区升级改造。在供暖季来临前按期完成剩余 51 项“煤改电”配套工程。

助力“双碳”目标，建成大功率充电站 1 座，完成电能替代 1.83TWh；服务乡村振兴，选派 3 名业务骨干接续开展驻村定点帮扶，投资扶贫项目 40 万元，采购

● 国网西安供电公司秦俑QC小组《提高县公司供电所线损合格率》成果荣获2021年国际ICQCC成果发布金奖。（潘世策 摄）

扶贫农产品115万元，消纳光伏扶贫电量6.20GWh，足额结算电费374万元。

（张昊泽）

● 国网西安供电公司员工为农村用户提供优质服务。（呼 啸 摄）

【科技与信息化】 编制科技创新管理方案、科技攻关柔性团队实施方案及西安公司科技工作专项奖励办法，全年申请科技专利8项（其中发明6项），新增授权专利6项。开展高压电缆、配电网一二次融合、安全管控系统、断路器状态监测及变电运维检修等专业技术攻关，一个实验室、两个攻关团队获得国网陕西电力授牌（“绝缘监督技术实验室”“变电运维联合科技攻关团队”“继电保护及自动化联合科技攻关团队”），《基于LoRa+UWB物联传输技术的电力沟道综合监测系统研究》《基于云计算的客户信用评价体系及居民用能行为研究与应用》等成果获得陕西省科技厅三等奖和国网陕西电力科技创新二等奖、三等奖、专利三等奖等荣誉。

（张昊泽）

【党的建设与精神文明建设】 严格落实“第一议题”制度，召开党委会50次，中心学习16次。扎实开展党史学习教育，组织40期“党史教育进一线”轮训班，深化“我为群众办实事”5个专项行动，13项典型案例入选国家电网公司及国网陕西电力党史学习教育简报。加强基层党组织建设，制定“旗帜领航·提质登高”实施方案，组织52个党组织结对帮扶，15个党组织对外联建共创。深化“双培养一输送”，结合十四运会保供电、防汛救灾等工作发展党员41人，获国网陕西电力“红旗党委”、西安市国资委“先进基层党组织”等荣誉。

扎实推进巡视巡查问题整改，滚动更新问题台账，制定393项整改措施。落实“四全四化”立体协同监督要求，梳理供电所“小微权力”廉洁风险防控清单，强化对基层一线的监督管理。先行试点“树牢底线思维 严守纪律规矩”廉洁宣教活动，以“1+2”协同模式辐射24家基层党组织，建设教育基地、编纂廉政读本，打造“思廉长安”文化品牌。

将意识形态工作责任制纳入考核体系，积极开展十四运会保供电、抗击疫情及蓝田防汛救灾等主题宣传，在中央媒体发稿73篇，8条新闻在中央电视台播出。创新开展“旗帜领航 电亮全运”主题活动，成立22个前线党支部，实施89个“党建+”工程，发挥14支共产党员服务队“一区一品”特色化发展优势，致信国家电网公司董事长、党组书记辛保安并获肯定批示。建成用好“职工诉求中心”。开展5期“青马学员进一线”宣讲活动，连续5年举办新员工入职礼，

● 国网西安供电公司共产党员服务队检查景区用电设施。（呼 啸 摄）

环城东路营业厅获评第20届全国青年文明号。大力弘扬优秀企业文化，建成西安供电发展馆，通过中央文明委“全国文明单位”复审。

（卫昕卓）

国网咸阳供电公司

【企业概况】 国网陕西省电力有限公司咸阳供电公司（简称国网咸阳供电公司）成立于1972年4月1日，是国网陕西省电力有限公司直属供电企业，负责对咸阳市2区（秦都区、渭城区）2市（兴平市、彬州市）9县（泾阳、三原、礼泉、乾县、永寿、旬邑、长武、淳化、武功）以及杨凌农业高新技术产业示范区实行直供电，供电区域面积10331km^2，用电客户239.79万户。现设职能部门15个、业务支撑和实施机构13个（含管办合一3个）、县供电企业13个、省管产业单位1个，中心供电所6个、乡镇供电所122个。

近年来，先后荣获“全国五一劳动奖状”“全国文明单位”“国家电网有限公司先进集体”“陕西省安全生产工作先进企业”“陕西省电力公司综合先进单位”等荣誉。

（罗文轩）

【电网概况】 国网咸阳供电公司管辖范围内共有变电站125座，容量923.8万kVA，其中330kV变电站5座、110kV变电站63座、35kV变电站57座。35kV以上线路343条，4323.26km；10kV线路771条，11672.98km；公网配电变压器16381台。共有330kV输电线路39条，总长度1072.028km；110kV输电线路195条，总长度2285.5216km；35kV输电线路177条，总长度1743.376km。2021年咸阳公司售电量完成150.39亿kVA，同比增长9.94%；完成营业收入69.90亿元，同比增长9.57%；线损率5.54%，同比降低0.28个百分点；电费回收率99.68%；供电可靠率性99.804%；最大用电负荷276.51万kW，实现连续安全生产5877天。

（胥　静）

【特色亮点工作】 **十四运会供电保障。**2021年9月15~27日，国网咸阳供电公司为保障十四运会涉及的咸阳奥体中心体育场、杨凌水运中心及杨凌网球中心的比赛项目顺利举行，积极编制电力监控系统安全防护排查计划，重新核对330kV庄头变电站、后稷变电站，110kV永安变电站、马庄变电站、杨凌变电站及茂陵变电站9条110kV线路，2条35kV线路以及7条10kV线路保电设备保护定值，完成场馆通信网络建设工作。同时，编制了详细的保电方案，并完成调度实时系统中各场馆供电路径监控保电示意图，为十四运会顺利举行保驾护航，荣获国网陕西电力十四运会及残特奥会“保电先进单位”荣誉。

● 国网咸阳供电公司十四运会保电人员待命集合。

（张　奔　摄）

基建重点工程建设获奖。2021年10月28日“国网陕西电力2021年度基建重点工程建设专项劳动竞赛”，国网咸阳供电公司荣获“竞赛优胜单位”，咸阳西330kV输变电工程荣获“竞赛优胜项目”；武镇330kV线路工程荣获“国网陕西电力2021年度输变电优质工程金奖”及“国家电网公司2021年输变电优质工程金奖”。在国网陕西电力“电网工程大前期、土地证专项治理”的统筹安排下，2021年自贸110kV输变电工程率先实现在项目开工前取得“两证一书”，该项目“开工准备阶段”的节点任务均提前或按期完成。依托武镇330kV变电站工程，在陕西省内率先探索基建专业数字化建设工作，圆满完成国网陕西电力首个数字化移交试点工作。

（王晓伟）

【人力资源】 国网咸阳供电公司现有全口径用工5149人，其中长期职工3155人、占比61.27%。长期职工中，研究生及以上学历209人，本科学历1663人，专科学历 744 人，高中及以下学历 539 人，高级职称 323 人，中级职称 551 人。高级技师 184 人，高级工 732 人，中级工 515 人。建立公司、部门（单位）、班组层级 3 级培训实施队伍。开启“明星课堂”活动 4 期，发挥优质人力资源传承育人作用，助力员工能力提升。完成县供电公司间营配专业 4 个赛季“竞季赛”，以“一个季度、一项技能、一场竞赛”形式，不断推进营配融合，努力提高人员适应新业务需求的能力。全年完成 12 家单位的抽考抽测工作，涉及各类班组 17 个，共 362 人。开展“2021 年电网基础资源数据治理培训”等 73 期培训班，参培人数 2085 人次；组织参加国网陕西电力“2021 年电子化合同管理培训班”等 145 期培训班，送培人数 529 人次。职工培训经费实际执行 349.51 万元。3 人入选国网陕西电力三级专家（工匠）。19 人通过高级职称，37 人通过中级职称。拓宽干部职工成长路径，选派 1 名领导人员任长武县南峪村第一书记驻村帮扶，职务转任三、四级职员各 2 人，评聘五至七级职员 56 人。

（冯　娇　康凤霞）

【电网建设与发展】 2021 年完成电网基建投资 34663 万元，完成“开 7 投 6”既定目标，投运容量 35 万 kVA、线路长度 49.7km。

迎峰度夏前陆续完成乾县、永安、兴城三座变电站的主变压器增容工作；按期完成咸阳西 330kV 输变电工程、咸阳东 330kV 池阳间隔扩建的阶段性目标任务。全年累计跟踪三级风险 482 项，各级领导干部和管理人员到位履职；扎实开展“五查五严风险隐患排查整治”专项活动，顺利通过国家电网公司验收。电网工程“大前期”工作按计划节点稳步推进，取得高新 110kV 变电站增容改造、咸阳西 330kV 变电站 110kV 送出等 6 项可研批复，完成彬长 CFB 电厂 330kV 送出工程、武镇变 110kV 间隔扩建工程核准批复 8 项，规划、选址、用地等各类手续 26 项，投运咸阳永安 110kV 变电站增容改造、咸阳兴城 110kV 变电站增容改造等工程 6 项，完成全年既定目标。

5 月 8 日，国网陕西省电力公司与咸阳市人民政府战略合作框架协议签订，开启了政企“十四五”合作发展的新篇章；9 月 27 日完成国网陕西电力首批地市公司融合发展，深化研究“十四五”融合规划，按照“网架优先、差异分析、优化资源”的规划思路，通过调研 14 个县区电网实际及 35~110kV 电网规划需求，结合各县区经济发展状况，整合电网资源，统筹安排规划项目并制定目标网架，为公司电网发展提供科学指导依据；启动国土空间电网专项规划工作，结合公司电网中长期规划成果，开展规划变电站（2020~2035）选址选线工作，编制咸阳国土空间电网专项规划，为规划站址和线路廊道预留用地奠定基础。

• 2021 年 5 月 8 日，国网陕西电力与咸阳市政府签订“十四五”战略合作协议。（张　奔　摄）

2021 年国网咸阳供电公司投产的重点输变电工程一览表

序号	项目名称	电压等级(kV)	工程规模		投产时间
			线路(km)	变电(万 kVA)	
1	咸阳永安 110kV 变电站增容改造工程	110	0	10	2021-03-26
2	咸阳武镇 330kV 变电站 110kV 送出工程	110	31.94	0	2021-05-30
3	咸阳乾县 110kV 变电站增容改造工程	110	0	5	2021-06-01
4	武功大庄变—金沙河 110kV 线路工程（原南区）	110	10.36	0	2021-06-04
5	咸阳兴城 110kV 变电站增容改造工程	110	0	10	2021-09-24
6	咸阳双照 110kV 输变电工程	110	7.4	10	2021-12-15

2021 年国网咸阳供电公司开工的重点输变电工程一览表

序号	项目名称	电压等级 (kV)	工程规模		开工时间
			线路 (km)	变电 (万 kVA)	
1	咸阳东（秦汉）330kV 输变电工程—池阳 330kV 变电站间隔扩建工程	330	0	0	2021-03-20
2	咸阳自贸 110kV 输变电工程	110	21.52	10	2021-05-28
3	咸阳淳西 110kV 变电站改造工程	110	0	0	2021-10-25
4	咸阳武功 330kV 武镇（后稷）变至 110kV 大庄变双回线路工程	110	21	0	2021-08-10
5	泾阳宝峰寺 110kV 输变电工程	110	31.01	6.3	2021-04-10
6	陕西和风 35kV 风力发电项目送出工程	35	3	0	2021-05-28
7	兴平生活垃圾焚烧发电项目 35kV 送出工程	35	12.16	0	2021-06-21

2021 年，国网咸阳供电公司圆满解决西安北 330kV 送出工程 5072 号民房拆除、上跨正大集团的两处长期阻挡的难点问题，确保该工程顺利施工、投产；在咸阳东 330kV 线路工程中按期完成了咸阳区域 101 基铁塔的进场施工工作，为该工程的顺利实施奠定了坚实基础。依托在建工程，分别在 110kV 双照变电站电气安装、电缆敷设和 330kV 咸阳西线路基础施工环节组织现场标准化作业现场观摩会，确保公司基建标准化作业的落地执行。

（王选利　王晓伟　张　静）

【经营管理】 2021 年，国网咸阳供电公司全年实现营业收入 10.65 亿元，同比增长 9.57%，可控费用 4.10 亿元，同比增加 0.23 亿元，增幅 5.81%。大力开展提质增效专项行动，制定实施细则，通过增收入、调结构、增效益、提质效等四个方面 19 项 53 条具体措施，实施开展“4573”工程，纵深推进工作开展。深化内部模拟市场应用，开展最小经营单元价值评价工作。协同营销部推进电费代收渠道改造进度，加快实现电费省级直收单轨运行的工作进度，实现电费省级直收单轨运行的工作目标，年内电费直收占比 100%。积极参与“柔性团队”建设，研究六大专题分析应用场景，形成业财全链条管控合力。

（吕琳辉）

【安全生产】 坚持“一板一眼、一丝不苟、严精细实、专业专注”工作作风，强化“四双”管理，抓好“四个管住”。4 月 27 日，承办国网陕西电力 2021 年标准化作业现场推进会，国网陕西电力董事长、党委书记胡卫东、国网陕西电力总工程师窦晓军参加会议并现场观摩茂陵变主变压器例行试验标准化作业。全年现场标准化作业率达到 100%。组织完成 1691 项春、秋检计划，较 2020 年同比增加 1.2%，完成率 106.7%，确保电网平稳度夏、过冬，咸阳电网顺利通过 276.517 万 kW 历史最大负荷考验。完成技改 38 项，项目资金 3664.89 万元，大修 46 项，项目资金 2387.81 万元。完成十四运会和残特奥会各项赛事和活动保电任务。完成永安变电站增容改造、杨凌赛区 2 个场馆第二电源建设等 26 项主配电网建设项目。完成电网侧隐患治理 23 项。对 18 座重点变电站、55 条重要输电线路，完成 5 个特级保电时段，46 个一级保电时段保电任务，实现“六个零、四确保”保电目标。有序完成值班场所和运维班站业务合并调整，同步完成 343 条 35kV 及以上输电架空、137 段 35~110kV 电缆，4552.1947km 输电线路，126 座 35kV 及以上变电站运检业务融合。顺利完成变电站监控业务移交，实现集控站“无人值守 + 集中监控”的运行新模式。完成大杨变电站，庄头变电站智能巡检机器人建设，实现两座变电站“机器人 + 高清视频联合巡检”全覆盖。开展 110kV 云光线、新光线无人机自主巡检技术试点应用，大幅提高了线路巡视精准度和工作效率，陕西省内首家地市公司成功应用此项技术。深化实物“ID”增量全流程应用，有效提高了公司实物资产管理水平。快速完成重大设备异常

故障处置，及时发现处置 330kV 大杨变电站第五串 ABB 罐式断路器内部异物，110kV 乾县变电站 1 号主变压器绝缘击穿、茂陵变电站 GIS YH 匝间短路、云彩云茂电缆故障等设备异常故。

（王宝乐）

【配网农网升级改造】 2021 年咸阳市配电网建设工程计划投资 8567.66 万元，共 107 项，新建 10kV 架空线路 15.4km，新建 10kV 电缆线路 12.4km，新建 0.4kV 架空线路 1.96km，新建 0.4kV 电缆线路 8.27km；改造 10kV 架空线路 57.4km，改造 0.4kV 架空线路 83.5km，改造 0.4kV 电缆线路 0.15km；新增配电变压器 99 台 /28.66MVA。

截至 2021 年底，咸阳电网 10kV 线路共计 966 条，其中公用线路共计 713 条，专用线路 253 条，公用线路总长 10561.302km，公用线路电缆线路总长 654.956km，电缆化率为 0.06%，架空线路总长 9906.346km，绝缘化率为 36.52%，平均线路长度为 14.81km，平均供电半径为 6.63km，架空线路 600 条，电缆线路 113 条，线路联络率为 55.68%。电缆线路主要分布在市区、高新区和杨凌区，主要接线方式为单环网和单辐射，包含单环网线路 35 条，单辐射线路 78 条，联络率 30.97%；架空线路主要分布在兴平市及南区十县，主要接线方式为单联络和单辐射，包含单联络线路 284 条，单辐射线路 238 条，多联络线路 78 条，联络率 60.33%。

10kV 公用线路装接配电变压器共 27260 台，容量共计 7765.536MVA，公用配电变压器 14734 台，总容量 3511.721MVA，专用配电变压器 12526 台，总容量 4253.815MVA。线路平均装接配电变压器容量为 10.89MVA/ 条。

2021 年配电自动化机房的建设已全部完工，已完成杨凌区、兴平市及市区三个县局公司的远程工作站部署；终端已建成 DTU 121 个，FTU 1206 个，自动化覆盖率 72.52%。

（余　娜）

【营销及供电服务】 全年售电量累计完成 161.86 亿 kWh，累计净增容量 96.36 万 kVA，采集成功率 99.974%，采集覆盖率 100%，台区同期线损总体达标率 99.49%，追补“量价费损”问题电费及违约使用电费 1255.15 万元，2021 年度业绩指标位居国网陕西电

咸阳市各区县 10kV 变电线路统计表

序号	名称	区域面积（km^2）	有效供电面积（km^2）	总负荷（MW）	负荷密度（MW/km^2）	公网线路回数	开关站	环网箱、分支箱	配变		公变		专变		中压公用线路长度		中压平均供电半径（km）	中压平均线路长度（km）	电缆化率（%）	绝缘化率（%）	联络率（%）	“N-1”通过率（%）
									台数（台）	容量（MVA）	台数（台）	容量（MVA）	台数（台）	容量（MVA）	架空线路（km）	电缆线路（km）						
1	高新区	164	69.51	153.79	2.21	60	0	49	803	487.09	216	90.79	587	396.30	107.03	129.04	3.36	3.93	54.70	52.50	28.33	16.67
2	市区	331	85.19	392.19	4.6	126	16	87	2526	1374.16	932	562.36	1594	811.80	270.49	199.43	2.58	3.73	42.42	100.00	60.31	55.56
3	兴平市	395.46	395.46	261.35	0.66	60	0	0	2832	774.24	2157	568.26	675	205.98	748.53	53.63	5.16	13.37	6.69	48.40	71.67	65.00

续表

序号	名称	区域面积（km^2）	有效供电面积（km^2）	总负荷（MW）	负荷密度（MW/km^2）	公网线路回数	开关站	环网箱、分支箱	配变		公变		专变		中压公用线路长度		中压平均供电半径（km）	中压平均线路长度（km）	电缆化率（%）	绝缘化率（%）	联络率（%）	“N-1”通过率（%）
									台数（台）	容量（MVA）	台数（台）	容量（MVA）	台数（台）	容量（MVA）	架空线路（km）	电缆线路（km）						
4	杨凌区	134	134	138.47	1.03	45	0	108	1838	758.66	814	324.64	1024	434.02	291.10	162.62	4.69	10.08	35.84	98.16	86.67	62.22
5	淳化县	983	983	32.33	0.45	35	0	9	1131	214.74	730	121.00	401	93.74	772.53	3.80	4.35	22.18	0.40	17.98	62.80	22.86
6	彬州市	1184	1125	244.92	0.22	32	1	18	1256	278.04	742	113.35	514	164.69	737.53	25.63	11.25	23.85	3.30	26.45	46.87	34.37
7	旬邑县	1811	1811	65.78	0.04	27	0	2	1288	234.35	800	132.58	488	101.77	655.33	4.20	7.48	24.43	6.30	34.88	48.10	29.60
8	永寿县	889	889	80.45	0.09	30	0	0	1301	318.57	725	158.02	576	160.55	682.56	4.11	10.89	22.89	13.71	43.25	80.00	20.00
9	长武县	567.1	567.1	157.3	0.28	28	1	19	807	171.46	294	40.10	513	131.37	463.50	19.70	5.20	17.26	4.10	49.00	75.57	46.42
10	泾阳县	575	575	262.82	0.46	57	3	0	2739	573.79	1579	274.71	1160	299.08	583.55	14.10	7.23	10.49	2.40	36.45	45.61	8.77
11	礼泉县	1018	1018	132	2.25	45	0	0	3120	618.613	1507	227.26	1613	391.36	1365.57	5.86	29.26	30.48	0.43	38.49	53.33	0
12	乾县	1002.7	1002.7	18.55	0.02	51	0	10	3156	566.55	1773	271.15	1383	295.40	1142.00	11.21	3.25	22.61	0.97	33.40	37.25	3.92
13	三原县	576.9	576.9	125.4	0.22	68	0	3	2879	847.54	1555	392.64	1324	454.90	1115.35	15.08	4.42	16.62	0.92	27.73	33.82	0
14	武功县	397.8	397.8	203.48	0.65	49	0	0	1584	547.75	910	234.90	674	312.855	971.28	6.55	6.08	19.96	0.67	13.30	87.75	10.20
合计		10028.96	9629.66	2268.83	0.24	713	21	305	27260	7765.54	14734	3511.72	12526	4253.82	9906.35	654.96	6.63	14.81	0.06	36.52	55.68	28.21

力系统第一。创新应用“四优五快”报装接电服务举措，践行“三零三省”承诺，服务“金秋季”“百企进咸 投资兴业”重点招商项目，中国电子西部智谷、金沙河面业等137项供电工程建成投运。全省首家实现95598渠道业务同质化融合发展办公模式，“网上国网”推广注册用户32.16万户，成立供电服务提升柔性团队，量化分解投诉管控目标，受理95598投诉同比降压81.81%，并获得国网陕西电力三季度专项嘉奖。建立社区服务点15个，志愿帮扶2083人次，服务客户43970人次。全面实施购售同期工作，稳步推行代理购电。推广配电设施“共享”服务案例，大力开展乡村振兴帮扶，巩固夯实脱贫成果。

全力保障114项重大活动的供电服务工作，定期检查107户高危及重要客户，对防疫定点医院等137户疫情防控场所实行“三级”管理，完成方舱医院配变投运，坚持疫情防控保供电重点客户“一对一”24小时电话服务机制，完成“六零四确保”工作目标。编制咸阳电网有序用电预案，需求响应签约客户152户，共储备约时需求响应削峰能力24.10万kW，全年实现反窃电成效428.35万元，完成年度指标142.78%，高损督办台区治理率达到93.33%，成功创建国家电网公司同期线损“百强供电所”22次、“十强市公司”1次、“百强县公司”12次。

● 国网咸阳供电公司抗疫保电人员在咸阳市中心医院保电。（张　奔　摄）

全年开展冬季清洁取暖“煤改电”入户服务工作65569次，完成电能替代项目285个，增加电能替代电量5.08亿kWh。全省首批发文建立“供电+能效服务”团队，成功建成全省首个智慧农业园电气化农业大棚示范项目，智能温室大棚保供群众“菜篮子”受到中央4台中文国际中国新闻报道。

● 2021年7月17日，郑州遭受特大暴雨袭击，郑州电力设施受损严重。按照国网陕西电力安排部署，国网咸阳供电公司先后分3次派遣48名抢险队员驰援郑州。7月29日，抢险队员圆满完成了抢险工作任务，赢得郑州市人民群众的高度赞誉，再一次用自己的实际行动诠释了“人民电业为人民”的企业宗旨。（张　奔　摄）

（刘思宇）

【科技与信息化】 申请科技专利7项，其中发明专利2项；新增授权专利2项。QC小组活动获奖成果36项，分别获得全国行业级奖4项，省部级奖16项，陕西省行业奖11项，国网陕西电力级奖5项。《基于大数据分析技术的多切入点线变关系研究》等2项成果通过国网陕西电力验收。《一种防止产生悬浮电压的电流互感器》获2021年度国网陕西电力科学技术奖专利奖三等奖。联合西安交通大学等单位开展《北斗差分精确定位在变电站智能运检中的应用研究》等4项课题研究，研究开发项目投资208万元。承担国网陕西电力“攻坚克难”重点工作任务《变电站钢结构安装效率低、规范性不足》研究。持续强化科技项目立项储备，《基于图计算的电池网络快速重构式数字储能系统》等3项科技项目列入国网陕西电力2022年科技项目储备。

完成330kV后稷变电站接入咸阳华为光传输网络10G环等通信系统接入与调整、330kV一次线路池聂线光缆更换熔接测试等光缆线路迁改和调整优化，光缆运行率100%、传输网运行率100%、支撑网运行率100%、业务网运行率100%。

（赵航武宇）

【党的建设与精神文明建设】 认真开展党的十九届四、五、六中全会精神学习宣贯会6次、专家解读3次、研讨交流3期26人次、答题测试3次。持续强化基层党组织“三会一课”制度，倡导党务人员开展微宣讲、微党课、微学习，把习近平总书记的重要讲话和指示批示精神、国家电网公司党组的部署要求，迅速传达给广大干部职工党员。

扎实开展党史大学习、大讲堂、大宣传、大实践，在公司内网设置“党史学习教育”专栏，编发学习简报13期，组织参加国网陕西电力党史教育百问百答网络挑战赛5期，举办“四史”专家专题辅导大讲堂4次，推动“四史”入脑入心。坚持读原著、学原文、悟原理，组织领导班子专题学习研讨5次，读书班2次，发挥“关键少数”的示范和表率作用。依托主题党日活动组织参观红色教育基地3次，举办“学党史、悟思想，红色基因、电力传承”党史知识竞赛和“永远跟党走、奋进新征程”庆祝中国共产党成立100周年职工文艺演出2次。组织策划自编、自导、自演的视频MV《廉风吹》《兴少年、新征程》、党史微视频《凤凰台上的红色电波》，有力推进了党史学习教育向纵深发展，党员参与学习教育“全覆盖”。全面开展“赋能三秦·优服务惠民生”专项行动，落实33项工作任务。开展“赋能三秦·为基层办实事”活动，协调解决“五小”供电所建设、配备班组常用和急救药品、开展业务培训等实事4件。开展“赋能三秦·为职工送温暖”活动，一线职工慰问91人次，开展5次集中接种新冠疫苗服务、4次核酸检测服务。开展“赋能三秦·光明行志愿情”活动。国网咸阳供电公司“小桔灯”公益服务中心先后在25个区县开展了273场捐赠活动，直接受益人口超过4万人。开展“赋能三秦·驻一线践初心”主题活动。2021年三季度，国网咸阳供电公司21名中层干部分批分期派驻一线岗位、班组站所，开展“五个一”工作，帮助解决基层急难愁盼具体问题，切实提高党员干部服务基层、服务职工群众的能力和水平。积极营造文明创建氛围，引导员工树立新意识、养成好习惯，开展4期道德讲堂活动，志愿者上街协助交警指挥交通。深化共产党员服务队和党员先锋队、青年突击队奋战在疫情防控、十四运会保电、支援河南暴雨灾情第一线，全力保障电力供应、服务社会民生需求。

先后荣获“咸阳市创建全国文明城市工作先进集体”“咸阳市礼仪风采展示大赛优秀奖”等荣誉，13个基层党组织、59名党员受到上级党组织表彰，7职工荣获“咸阳市创建全国文明城市工作先进个人”“陕西省优秀青年岗位能手”“中国好人”“陕西省五好家庭”等荣誉。

（刘建伟）

国网宝鸡供电公司

【企业概况】 国网陕西省电力有限公司宝鸡供电公司（简称国网宝鸡供电公司）始建于1959年，隶属国网陕西省电力有限公司，属国有大型骨干企业，担负着宝鸡地区电网的规划、管理、建设、调度、运营、服务和抢修等工作，供电面积1.82万km^2，供电人口332万。

宝鸡电网是南北水火电互济的咽喉，承担着全地区和五条铁路以及航空仪表、烽火通信等重要军工企业的供电任务，通过750kV宝乾Ⅰ、Ⅱ线与咸阳联网，750kV宝山线与西安联网，±500kV宝德直流与四川联网，330kV硖汉Ⅰ、Ⅱ、Ⅲ线向汉中供电，通过750kV宝麦Ⅰ、Ⅱ线向甘肃供电。

截至2021年年底，企业固定资产原值121.13亿元，净值51.18亿元，售电量98.44亿kWh，共有员工4431人，设有职能部门14个，业务支撑机构11个，县（区）供电公司11个。辖有35kV至330kV变电站115座，总容量8155.8MVA；35kV至330kV输电线路247条，总长4092.4km；10kV线路729条，总长11614km。

2021年10月，原国网陕西省电力公司宝鸡供电公司和原陕西省地方电力（集团）有限公司宝鸡供

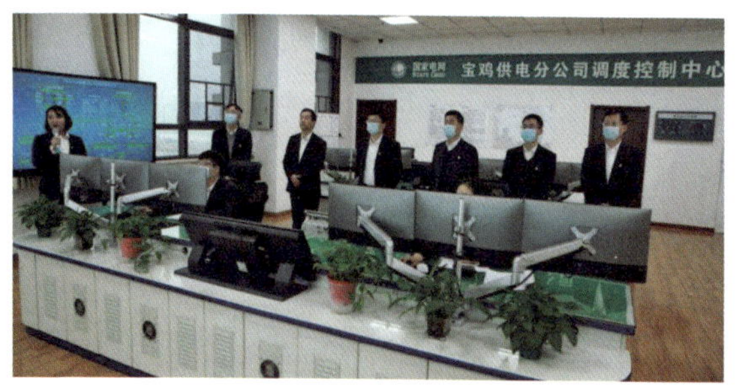

● 2021年10月26日，国网宝鸡供电公司新任领导班子到国网宝鸡供电公司南区调研，深入调控中心、市场营销部等11个部门、5个中心，了解电网概况、负荷运行情况、安全管控体系、营销服务工作、信息化联通以及融合推进等方面情况，听取有关工作汇报，安排融合工作。（柴永杰 摄）

电分公司合并为“国网陕西省电力有限公司宝鸡供电公司”，实现管理体制统一，开启宝鸡电网融合发展新篇章。通过上下学党史、悟初心、担使命，把握“三个导向”，加强“三个建设”，抓融合、夯基础、保安全、优服务、促提升，国网宝鸡供电公司发展取得了新突破。全年完成售电量 98.44 亿 kWh，同比增长 9.64%；线损率 4.54%，与国网陕西电力融合调整下达指标持平；固定资产投资 7.67 亿元，完成率 95.85%。

国网宝鸡供电公司坚持稳中求进工作总基调，全面履行电网企业政治责任、经济责任、社会责任，积极践行“人民电业为人民”企业宗旨，各项工作业绩名列前茅。企业员工相继荣获“党的十九大代表”“全国劳动模范”“国家电网公司特等劳模”“大国工匠”“国家电网公司十佳服务之星”“陕西省五一劳动奖章”“三秦工匠”“陕西省脱贫攻坚贡献奖”等多项荣誉；多个班组被授予“全国工人先锋号”“全国质量信得过班组”“陕西省质量信得过班组”；公司先后被授予“全国实施卓越绩效先进组织”“国家电网公司标杆企业”“国家电网公司文明单位”“陕西省文明单位”“陕西省五一劳动奖状”“陕西省驻村联户扶贫优秀单位”“陕西省责任目标考核 A 级单位”“陕西省改革攻坚突出典范”“陕西省脱贫攻坚先进单位”“陕西省抗疫促生产、夺取双胜利优秀单位”“全国信用建设 3A 企业”等殊荣。

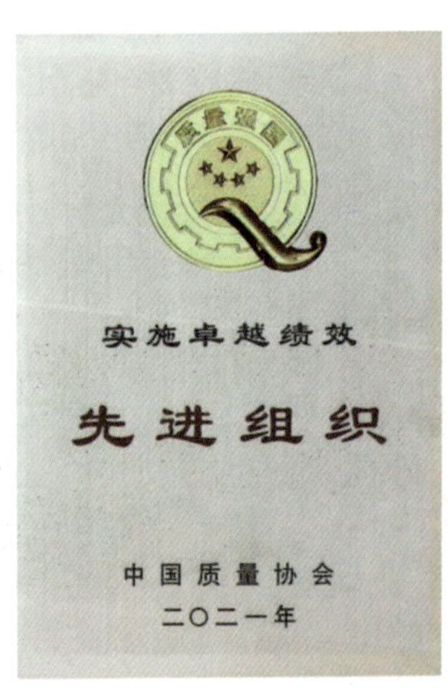

• 2021 年 12 月 8 日，从中国质量协会传来喜讯，国网宝鸡供电公司首获 2021 年度“全国实施卓越绩效先进组织”荣誉称号。 （周 川 供稿）

（刘之扬 黄 倩）

【电网概况】 宝鸡电网位于陕西电网西部，不仅是陕西电网的重要组成部分，同时是西北电网的重要枢纽。主网电压等级 750、330、110kV 等。宝鸡电网不仅承担着境内工农业生产生活和三线建设的军工企业以及陇海、宝成、宝中、西兰客专等电气化铁路的供电任务，同时肩负着国家西电东送和陕、甘、青、宁、川电网水火电功率互送及交换任务。

宝鸡电网西部通过 2 回 750kV 线路与甘肃电网相连，西南部通过 1 回 500kV 德宝直流与四川电网连接。内部通过 2 回 750kV 线路与咸阳电网连接，1 回 750kV 线路与西安电网相连，3 回 330kV 线路与汉中电网相连。

截至 2021 年年底，宝鸡电网形成以 750kV 宝鸡变和 330kV 马营变、段家变、雍城变、硖石变、汤峪变、归心变、栖凤变为七个供电区，各供电区间分列运行，330 kV 变电站直接出线或 110 kV 枢纽变电站出线的多电源、多馈路、互联互备的配网结构。

截至 2021 年年底，宝鸡电网电源总装机 4944.6MW，其中，火电装机规模 3880MW、水电装机规模 143MW、风电装机规模 294.1MW、光伏发电 501MW、其他装机规模 126.5MW。

截至 2021 年年底，宝鸡电网辖有 35 至 330kV 变电站 115 座，变电总容量 8683.8MVA，其中 330kV 变电站 7 座、变电容量 3120MVA，110kV 变电站 75 座、变电容量 4991MVA，35kV 变电站 33 座、变电容量 572.8MVA；35 至 330kV 输电线路 247 条、总长 4092.4km，其中 330kV 线路 31 条、长度 1277.7km，110kV 线路 179 条、长度 2563.68km，35kV 线路 63 条、长度 686.74km。

宝鸡电网 2021 年全年供电量 100 亿 kWh，全社会最大负荷 2010MW。

（王 晖）

【特色亮点工作】 2021 年，国网宝鸡供电公司紧扣“四抓四强”工作主线，坚持“一板一眼、一丝不苟、严精细实、专业专注”工作作风，抓重点、夯基础，补短板、强弱项，以重点突破带动整体提升，聚焦思想再务实、作风再求实、工作再落实、基础再夯实，高质高效推进全年 112 项重点工作，实现了“十四五”良好开局。

安全生产取得“新成效”。以“四个管住”“四双管理”和标准化作业为重点，以安全生产专项整治和“五查五严”为抓手，推行作业现场“看板”管理，创建无违章现场37个，获评国网陕西电力无违章现场11个，兑现安全生产过程奖励1975万元，违章同比压降28%。安全生产专项整治整改率97.31%。电网负荷8次刷新夏季记录，最大负荷174.29万kW，创历史新高。同质化、全覆盖开展标准化作业演示66次，陕西省内唯一实现330kV变电站独立监控运行，建成3座集控站，全面完成变电站监控业务移交，运维模式进一步优化。圆满完成十四运会、防汛抢险保电任务，荣获国家电网公司援豫抗洪抢险突击队称号、国网陕西电力十四运会保电突出贡献奖和防汛抢险先进单位。

● 国网宝鸡供电公司圆满完成十四运会开幕式、火炬传递、女子U18足球、水球以及群众赛事等相关电力保障工作。（范文斌 摄）

电网发展迈入“快车道”。建立大前期“三个干”管理机制，在全省率先完成项目前期计划，率先完成可研初设一体化评审试点，完成“十四五”陕西省内首个330kV工程（千河）核准。全省首家实现110kV户内变电站GIS设备无尘化安装，投运5站16线。开工率、投产率100%。川陕路110kV输变电工程获国网陕西电力输变电优质工程金奖、宝鸡市“水土保持示范工程”。公司荣膺全省基建重点工程建设专项劳动竞赛“优胜单位”。181项配网工程全面竣工。与市政单位通力合作，高效完成清姜路、渭滨大道改造电力杆线迁改工作。

供电服务按下“快捷键”。宝鸡全域173万客户购售同期稳步实施，多轮次电价改革有序推进。促请政府出台小微企业接入“免审备案”政策，“获得电力”水平持续攀升。深入开展“三指定”专项治理，积极服务省市重点项目，顺利完成宝坪高速供电工程等重大项目投运。全力确保疫情防控保供电，全年完成重大保电任务21次。开展投诉压降专项行动，同比下降87.5%。强化意见工单闭环管控，总量同比下降11.35%。服务“双碳”目标成效显著，完成电能替代3.87亿kWh，7个新能源项目如期并网，实现全额消纳。自建充电桩充电量突破20万kWh，累计充电量243.82万kWh，同比增长142%。完成72个秦岭小水电治理。持续推进“两化”建设，高新贾村、岐山凤鸣2个供电所荣获“中国最美供电所”称号。

精益管理展现“新作为”。稳步推进提质增效76项“升级版”重点举措。同期线损8次入选国网“十强市”，3个县公司26次入选国网“百强县”，19个供电所58次入选国网“百强所”，市、县、所三级创建次数均列陕西省内第一。全口径（原东区+原南区）供电可靠率99.914%，同比提高0.066个百分点，排名国网陕西电力第一。累计堵漏增收1502.28万元，完成全年目标任务的242.3%。实施审计项目546项，清理债权债务8390.49万元，收回资金1831.73万元。1项数字化转型成果入围国家电网公司卓越管理典型案例。全省率先启动基于一线需求的众创众享“数据微应用”开发建设，上线率、访问率均列国网陕西电力第一。数据治理率达到99.6%。运检业务数字化达到90%以上。试点建成输电全景智慧管控平台。24项数字化转型成果、173人次获国网陕西电力奖励。危废物品管控水平进入国家电网公司前列。深入推进改革创新，国企改革三年行动任务按期推进，落实“五个倾斜”政策，兑现10kV配网运维包干工资59.7万元。创建全国五星级现场1个、四星级现场1个，获批授权专利14项，1项QC成果荣获ICQCC国际金奖，11项管理创新成果、3项科技成果、15项QC成

46th INTERNATIONAL CONVENTION ON QUALITY CONTROL CIRCLES - 2021
ICQCC-2021 HYDERABAD, INDIA
24th to 27th November, 2021

● 国网宝鸡供电公司筑梦陈仓QC小组《提高陈仓电网负荷预测准确率》成果获2021年ICQCC成果发布金奖。（蔡昕 摄）

果获国网陕西电力级及以上奖项，供电所“五小工具箱”创新成果在全省推广转化，科技创新和管理创新指标均居国网陕西电力第一。

党建登高提振“精气神”。深入学习贯彻习近平总书记“七一”重要讲话精神和党的十九届六中全会精神，全面开展党史学习教育，实施“党建+”工程35项，“我为群众办实事”5个专项行动77项任务全面完成，得到国网陕西电力、宝鸡市党史学习教育指导组高度评价。构建“四全四化”立体协同监督体系，高效完成国网陕西电力党委巡察配合，深入排查整治“靠企吃企”问题，全面从严治党各项要求延伸至专业末端。巩固拓宽帮扶村脱贫攻坚成果，扶贫帮困捐款15.6万元。实施“旗帜领航·组织登高”工程和“源水池”计划，聘任五级职员4人，组建柔性团队8支，1人入选“国网工匠”，1人荣获“三秦工匠”称号。深入实施“工学一体”实训练兵，变电运维、输电线路无人机作业技能竞赛获国网陕西电力团体三等奖。持续打造文化示范点，长乐塬抗战遗址—百年电力展厅建设取得重要进展。强化人文关怀，走访慰问党员、劳模、一线班组、“十四运会”保电等现场430个、4500余人次，帮扶困难家庭16个。丰富文化生活，唱响“主旋律”，凝聚“正能量”，职工凝聚力、企业向心力进一步增强。

（黄　倩）

【人力资源】 截至2021年年底，国网宝鸡供电公司设置内设机构27个。其中，职能部门14个，业务实施机构13个。设置县区公司11个。全口径用工总量4518人，其中长期职工2684人（含主业支援省管产业单位职工527人），供电服务职工1549人，集体职工173人，省管产业单位直签职工112人。现有行业、中央企业技术能手5人，陕西省技术能手16人，其他各类技术能手12人。国网工匠2人，三秦工匠3人，陕电工匠4人，宝鸡市首席技师3人，国网陕西电力专家人才7人。高技能人才比例86.8957%，人才当量密度1.1235。

2021年，人力资源支撑国网陕西电力融合发展，完成市县两级组织机构、人员配置、薪酬福利等融合；持续优化干部队伍结构，健全内部人力资源市场流动机制，建立柔性团队管理模式，优化多元化用工机制，进一步提升人力资源效率效益。持续加大薪酬绩效考核激励，落实“五个倾斜”指导意见，保障职工福利待遇。

持续加强人才队伍建设，持续健全内部人力资源市场流动机制，突出队伍结构优化，建立“85后”青年骨干库、优秀年轻人员“435源水池”，开展跨部门、跨专业挂职锻炼，积极组织参与东西人才交流、援藏（甘）帮扶、智库课题研究及内部地县公司交流培养等多种历练，丰富挂职人员岗位经历，持续为公司发展储备后备力量。畅通员工发展“四个通道”，新聘任4名五级职员，6人入选国网陕西电力三级专家（工匠），3人被国网陕西电力推荐至国家电网公司参与“首席专家”评选，1人入选“国网工匠”，1人获“三秦工匠”称号。

有序推进人资专业数字化转型，开展人资2.0系统深化应用。全面推广劳动合同电子化，完成在职长期职工人事档案数字化，建设人事档案数字化管理平台，累计审核1760卷。

率先启动“学技术 练技能”岗位练兵，开展岗位练兵培训29期，共1087人次。1名职工代表国网陕西电力参加现代智慧供应链知识竞赛获团体第八、个人第七，国网陕西电力变电运维技能竞赛、输电线路无人机作业技能竞赛获团体三等奖。推荐10名青工参加国网陕西电力级“工匠种子”评选，推荐9人参加国网陕西电力青年人才托举工程；139人通过不同层级技能等级考试，13人完成在职学历学位提升，77人通过不同层级职称评定程序。

（樊　晨　赵茜梦）

【电网建设与发展】 2021年，是“十四五”即将起始之年，国网宝鸡供电公司以“十四五”电网规划为抓手，以宝鸡市经济社会发展为依据，在国网陕西电力统一部署领导下，实现碳达峰、碳中和的目标，2021年完成凤翔鑫能40MW农光互补光伏项目、凤翔县40MW农光互补发电项目和宝鸡钛睿旭光新能源有限公司宝钛工业园屋顶12MW分布式光伏发电项目并网。建成投产川陕路110kV输变电工程，新增变电容量100MVA，优化硖石变和姜城变之间110kV电网结构；建成投产新拓110kV变电站2号主变扩建工程，新增变电容量31.5MVA，解决新拓变电站单变单线问题；建成投产八鱼110kV变电站3号主变扩建工程，新增变电容量50MVA，解决八鱼变电站主变压器重载问题；建成投产柳巷110kV输变电工程，新增变电容量63MVA，解决眉城35kV变电站重载问题；建成侯家 110kV 变电站 2 号主变扩建工程，解决侯家变电站单变问题。另外开工建设汤峪 330kV 变电站 2 号主变压器扩建工程和凤翔、西虢 110kV 变电站改造工程、汤峪—常兴Ⅰ、Ⅱ回 110kV 线路改造工程。

● 2021 年 8 月 15 日，110kV 川陕路输变电工程顺利竣工。这是在“十四五”开局之年国网宝鸡供电公司顺利投运的第一座 110kV 变电站，优化了区域网架结构，为社会经济发展提供坚强电力保障，为宝鸡“四城”建设做出新贡献。（范文斌 摄）

（王 晖）

【经营管理】 2021 年，国网宝鸡供电公司各部门、各单位围绕年初既定目标，贯彻“一板一眼、一丝不苟、严精细实、专业专注”的高质量发展要求，团结一致、高效协同，重点工作有序推进。完成售电量 98.44 亿 kWh，线损率 4.54%，营业收入 47.01 亿元，可控费用 4.16 亿元。年度下达投资计划 9.4709 亿元，完成 8.3154 亿元，完成率 87.8%；其中：固定资产投资下达 8.8132 亿元，完成 7.6682 亿元，完成率 87%。全年严格综合计划和预算考核，优化投资结构，突出投资重点，把握投资时序，坚持实行项目全过程管控，公司经营管理情况良好，实现“十四五”良好开局。

（李 斌）

【安全生产】 2021 年，国网宝鸡供电公司深入学习贯彻习近平总书记关于安全生产的重要指示、批示精神，全面落实国家电网公司、国网陕西电力各项安全工作部署，紧扣“四抓四强”工作主线，大力弘扬“一板一眼、一丝不苟、严精细实、专业专注”的工作作风，以 73 项安全管理重点工作为抓手，压紧压实各级安全责任，持续提升作业现场风险管控。把确保安全放在融合发展首位，制定融合发展安全保障方案，结对帮扶、对标促融。修订《安全工作奖惩实施细则》，全年兑现安全奖励 1975 万元。坚持“以创降违”，获评国网陕西电力无违章现场 11 个，表彰公司无违章现场 37 个。按照“先降后控”的原则，合理压控电网风险 12 项，全年完成 14 项五级、86 项六级电网风险预警管控。统筹推进安全生产专项整治三年行动集中攻坚，问题隐患整改率达到 97.31%。开展外包企业管理专项整治，准入企业 144 家，准入考试 3100 人。修订完善公司“1+29”项应急预案，升级改造市县（陈仓、凤县）两级应急指挥中心，建设智慧保电指挥系统。联合宝鸡市发改委、应急局等部门开展大面积停电应急演练，荣登央视五套新闻报道。度夏期间启动生产应急、防汛一体值班模式，发布极端天气预警 14 期。圆满完成中国共产党成立 100 周年、十四运会、防汛抢险保电任务，荣获国家电网公司援豫抗洪抢险突击队称号、国网陕西电力十四运会保电突出贡献奖和防汛抢险先进单位。

● 2021 年 7 月，面对河南罕见的暴雨特大灾害，国网宝鸡供电公司积极行动，先后派员 80 人紧急驰援，圆满完成了帝湖花园米兰小区、帝湖花园西王府小区 4900 余用户的抢修复电及河南自然资源监测院等 5 个小区 4800 户的应急发电工作。（李玉朋 摄）

（李 鑫）

【营销与优质服务】 2021 年完成售电量 99.14 亿 kWh，同比增长 9.64%；电费总额 54.49 亿元，同比增长 16.96%，电费回收率 100%；业扩报装累计完成新装、增容 5.54 万户，增加容量 149.22 万 kVA。扎实开展电力营商环境优化提升三年行动和“深化创新年”活动，促请政府出台小微企业接入“免审备案”政策，“获得电力”水平持续提升，营造良好市场环境。扎实开展投诉压降专项行动和“赋能宝鸡·优服务惠民生”专项行动，修订《供电服务奖惩细则》，强化投诉意见工单闭环管控，客户服务满意率完成99.86%，投诉工单量同比压降87.5%，意见工单量同比压降11.44%。推广应用“网上国网”，注册率达到47.62%，绑定率达到71.31%，大力推进“办电e助手”、移动作业终端应用及新建智能库房等新兴设备应用，提高工作效率。开展“供电+能效服务”，推进需求侧响应，完成电力需求响应签约22.04万kW。开展“煤改电”客户信息核对和保供电服务，深化电能替代，完成电能替代4.25亿kWh。提升充电服务，自建充电桩年度充电量243.82万kWh，同比增长142%。开展有序用电演练，全力保供电，圆满完成十四运会、残特奥会保电，实现“六零四确保”目标。大力开展营销稽查、营销普查和反窃查违，累计堵漏增收1502.28万元。深化台区线损治理，累计19个供电所58次入围全国同期线损百强供电所，台区线损达标率99.73%。提升计量精益化水平和电费“四自”成功率，电量采集成功率稳定在99.999%。

（贯莉君）

【科技与信息化】 2021年，国网宝鸡供电公司科技创新各项指标位于国网陕西电力第一。拥有专利授权91个，2021年授权专利12项，完成2020年5个科技项目技术验收工作，《科技创新成果孵化转化管理》，被国网陕西电力列为2021年度重大管理创新示范项目，完成供电所的“五小”工具成果转化，形成成品“五小工具箱”500套。国网陕西电力省管产业单位组织对“应急箱变”成果进行转化11台。推荐两个科技项目申报陕西省科技奖，已经通过了初审、网评，为申报高质量成果积累经验。周红亮创新工作室获全国总工会命名。继电保护及自动化联合科技攻关团队被授予国网陕西电力科技攻关团队，荣获国网陕西电力专利奖2项（一等奖1项），科技进步二等奖1项。

在信息化方面，组织完成南区“1+8”（本部、县）、41座变电站、105个供电站所的网络建设、信息机房改造及综合布线项目方案。在全省地市公司率先实现视频会议双向互通，累计布放信息点位5300个，完成率100%，安装各级网络设备194台，实现原南区市、县公司、供电所信息网络100%全覆盖。开通公用业务系统账号2297个，同步配置协同办公、邮件等通用业务系统模块，累计新增配置计算机567台，开通调试内外网终端614台。全面提升信息通信融合支撑保障能力。

（白晓斌　罗晨曦）

【党的建设与精神文明建设】 以习近平新时代中国特色社会主义思想和党的十九届六中全会精神为指导，大力推进“旗帜领航·提质登高”行动计划，以政治建设为统领，以党史学习教育为载体，以庆祝中国共产党成立100周年为契机，以融合发展为重点，全力打造“党委坚强、支部先锋、党员模范、党建促融”的工作格局。落实“第一议题”制度，召开党委会27次、中心组学习研讨12次、夜学15次，各基层召开“三会一课”1793次、主题党日475次。开展庆祝中国共产党成立100周年23项系列活动，狠抓党史学习教育，分3批组织80名党员赴国网陕西电力党校开展党性体检，“我为群众办实事”77项照单履责、限时办结。按照融合发展工作实际，新建成立92个基层党组织。聚焦中心，结项“党建+”35项。面对急难险重，80人千里援豫，38支突击队冲锋十四运会保电现场，“两个作用”发挥明显。加强文化引领，开展企业文化示范班组建设，推进统一企业文化和品牌标识，精心建设长乐塬百年电力展厅，组织开展道德讲堂9期、职工大讲堂4期、班组微讲堂550余次，先后举办职工欢乐跑、合唱比赛、职工书画交流、篮球联谊赛等活动。以“工会搭台 专业领衔”模式统推15项劳动竞赛，“青创赛”获国家电网公司三等奖1个，获国网陕西电力1金2银1铜。荣获“国家电网公司文明单位”“国网陕西电力先进集体”“宝鸡市思想政治工作先进单位”“宝鸡市五一劳动奖状”等殊荣。

（张丽扬）

国网渭南供电公司

【企业概况】 国网渭南供电公司成立于1972年，是国网陕西省电力有限公司下辖的国家大一型供电企业，负责渭南所辖2个区、2个县级市、7个县共计

$13134km^2$ 范围内的电网规划建设、运行管理、电力销售和215.3万客户的供电服务工作。2021年10月25日，原国网陕西省电力公司渭南供电公司与原陕西省地方电力（集团）有限公司渭南供电分公司正式合并，成立国网陕西省电力有限公司渭南供电公司（简称国网渭南供电公司）。融合之后的新国网渭南供电公司下设10个县（市、区）公司、13个职能部门、15个业务支撑机构，用工总量5774人，其中长期职工3405人、供电服务职工2369人。

截至2021年年底，国网渭南供电公司所属35kV及以上变电站166座、主变334台、总容量12373.35MVA，其中330kV变电站9座、主变压器20台、容量4800MVA；110kV变电站85座、主变压器168台、容量6538MVA；35kV变电站72座、主变压器146台、容量1035.35MVA。35kV及以上输电线路418条、总长度6541.764km，其中330kV线路59条、长度2244.953km；110kV线路203条、长度2765.894km；35kV线路156条、长度1530.917km。6~10kV线路898条，长度14143km。

2021年，国网渭南供电公司坚决贯彻国家电网公司、国网陕西电力和渭南市委市政府各项决策部署，聚焦“一体四翼”发展布局，紧扣“四抓四强”工作主线，夯基础、提管理、促融合、谋发展，完成售电量177.26亿kWh，实现营业收入81.79亿元，当年电费回收率100%，线损率3.1%，供电可靠率99.85%，年度业绩考核进入国网陕西电力前三名，荣获国网陕西电力“先进集体”称号。

● 国网渭南供电公司荣获2021年度国网陕西电力“先进集体”称号。（常　征　摄）

【电网概况】 渭南电网是陕西电网重要的电源基地。全网总装机容量1159.1万kW，占全省装机的21.3%。其中韩城二厂、蒲城电厂、怀德电厂、乐天电厂、秦岭电厂五大火电厂装机782万kW，占全省火电装机的23.4%。新能源装机规模298.67万kW，占全省新能源装机的14.5%，占全市总电源装机的25%。2021年底，渭南电网已形成以750kV信义变电站为中心、9座330kV变电站为支撑、110kV电网链式结构的供电格局。

渭南电网是陕西电网西电东送的主通道之一，通过330kV罗灵、信灵Ⅰ、Ⅱ线与华中电网联网运行，外送电力111万kW。同时也是陕西电网重要的保电主战场，承担着西安卫星测控中心渭南测控站、国家授时中心、18座铁路牵引变、蒲白矿务局等三大煤矿企业、陕西龙门煤化等四大化工企业、陕西龙门钢铁集团、金堆城钼业公司以及华山旅游景区等重要客户供电任务。2021年电网最大负荷329万kW，最大日供电量6474万kWh，均创历史新高。

【融合发展】 遵循“一张网、一盘棋、一条心”原则，统筹推进管理整合、文化融合、人心聚合各项工作。认真贯彻8月26日国家电网公司董事长、党组书记辛保安在国网富平县供电公司调研讲话精神，加快落实地市融合发展指导意见，成立融合发展领导小组，编制实施渭南融合发展总体方案、4个配套保障方案和18个专业方案。10月23日国网渭南供电公司新一届领导班子成立，11月10日，完成国网陕西电力工商注册设立登记，12月底完成市级机构合并、人员划转、业务整合及场所搬迁工作。县级供电公司融合发展任务同步推进，“结对帮扶”机制助力同质化管理目标实现。国家电网企业文化宣贯及标识应用有序推进，各项制度标准全面落地，“1+1>2”的融合成效逐步显现。

● 2021年8月26日，国家电网公司董事长、党组书记辛保安赴国网富平县供电公司调研两网融合工作。（靳高良　摄）

【人力资源】 重视人才队伍建设，建立公司、部门、班组三级培训体系，建成华阴农电实训基地，开展核心业务“自己干”技能竞赛，变电运维、输电线路无人机专业在国网陕西省电力有限公司竞赛中分获团体第一、第三名佳绩。开展“今冬明春”全员练兵培训83项，夏练冬训涵盖7个主营专业、33项重点科目。举办“微课堂”、营销专业夜校培训60期，组织跨专业外送交流、上派下挂30人。540名工匠和工匠种子钻研技艺，277名职工专业技术资格和学历得到提升。目前长期职工中，本科及以上学历人员占比66%，中级及以上职称人员占比31%，高级工及以上技能人员占比58%。

● 国网渭南供电公司开展标准化作业大练兵。

（王宝宁 摄）

积极推进机构改革，设立营销服务“一部两中心”，成立带电作业分公司，组建19个中心供电所，推进10kV配网属地化运维，营配服务体系更加完善。调整变电设备监控职责，搭建“无人值守+集中监控”变电运维管理模式，电网安全保障能力得到提升。优化安全监督和安全管控机构设置，设立安全督查中心，安全监督体系进一步完善。加快柔性团队建设，组建大前期等柔性团队9支。持续深化绩效考核，全年共计考核1456项，过程考核与工资总额直接挂钩达40%，多劳多得、奖勤罚懒的观念深入人心。

【电网建设与发展】 全年完成固定资产投资8.54亿元，同比增长14.32%，其中电网基建投资6.53亿元。紧紧围绕渭南市经济社会发展需求，完成“十四五”电网融合发展规划，39个项目列入省市重点建设项目库。合理布局远景年电力设施空间规划，80个项目纳入区域国土空间规划。加紧开展“大前期”工作，取得渭南南330kV变电站110kV送出工程等4项可研批复、潼关330kV变电站110kV送出工程等6项核准批复，前期时间同比压减20%。主动与各级政府对接座谈，协同推进电网建设攻坚，110kV下吉等5项工程按期开工，330kV桢州变电站扩建、110kV蒲城王台变电站、大荔黄庄变电站、富平淡村变电站等10项工程顺利投运，新增变电容量46.6万kVA。330kV潼关输变电工程获评国家电网公司安全管理“五好”示范工地。持续开展配网改造升级，443项配网工程如期投运，新建及改造配网线路802km，新增配变容量18.16万kVA。积极服务“双碳”目标，完成新能源接入批复22项，新增装机容量110.9万kW。助力353万kW国家级大型风电光伏基地落地渭南，白水等6县（市）列入国家整县分布式光伏试点名单。

● 330kV高明变电站330kV主接线完善工程现场。

（常 征 摄）

【经营管理】 对外服务市场增供扩销，全年完成业扩报装4.63万户、新增容量204.15万kVA，售电量同比增长14.42%。完成电能替代6.01亿kWh，清洁替代7584万kWh，服务充电车辆7.15万车次，充电电量142.1万kWh。对内紧盯管理挖潜增效，深入推进提质增效专项行动，开展“量价费损”10项攻坚治理，内外部审计问题整改完毕，“合规管理深化年”行动取得实效，增收节支共计9128.06万元。同期线损综合监测率达到99.75%，较年初提升1.64个百分点，进入国网十强行列，4个县公司6次、23个供电所42次入围国网百强。扎实推进“三清理两提高”，清理工程往来

2802.75万元，转增固定资产6.62亿元，非零购项目自动竣工决算转资应用率100%。

【安全生产】 健全安委会工作机制，成立10个专业委员会，滚动修订安全责任清单，落实主体责任，守牢安全底线。扎实推进安全生产专项整治三年行动，集中治理问题隐患159项，上级关注问题隐患整改率100%。加快实施网架补强工程，扎实开展设备检修消缺，故障停电大幅缩减，重过载和低电压治理成效突出，老站改造"罗敷经验"在全省推广应用。高质量承办国网陕西电力标准化作业推进会，健全标准化作业体系，"四个五"作业流程更加规范。严格现场安全管控，开展"落实十不干，争做人身安全吹哨人"行动，确保"四双"管理和"四个管住"要求落地落细，累计现场安全督查3908次，查纠违章问题186起，各类安全事件同比下降7.69%，顺利实现全年安全生产目标。

• 2021年3月4日，国网陕西电力在渭南召开标准化作业现场示范会。

（常 征 摄）

坚决扛起电力保供责任大旗，健全政企联动预警机制，强化全网统一调度，细化保电方案和应急预案，全力保障高峰期电网安全可靠运行。高效开展韩城"9·22"大风冰雹、大荔"10·8"抗洪抢险等灾后抢修和援豫、援洛抢险工作，圆满完成十四运会及残特奥会、中国共产党成立100周年、神舟十三号发射等70余项重大保电任务，被国网陕西电力授予保电突出贡献单位和防汛抢险先进集体，31名职工、16个集体获得表彰。严格落实防疫保电"八项举措"，强化网格化分片服务、应急抢修及防控措施，保电服务得到渭南市委市政府批示肯定。

• 国网渭南供电公司开展十四运会及残特奥会保电启动仪式。

（杨 锦 摄）

• 国网渭南供电公司援豫防汛抢险保供电突击队争分夺秒恢复供电。

（刘 洋 摄）

【营销与优质服务】 认真贯彻国家"放管服"改革和优化营商环境要求，全面落实大中型客户"三省"服务和小微企业"三零"服务政策，开展省市重点项目"一对一"服务，8个项目按期投产用电。首创阳光办电中心，建立负责人办电日进大厅工作机制，打造用电办理"一站式"服务，业扩时限达标率100%，全省排名第一。积极推广"网上国网"App，实现近百项业务"一网通办"，绑定客户数量超过70万，全省排名第二。开展管理人员下沉站所、客户经理上门服务专项活动，推行"中心所+供电所"管理模式，网格化抢修责任进一步夯实，用户平均停电时间同比减少3.97小时/户，长期低电压配变同比减少88%，5次及以上过载配变同比减少89%。对投诉意见工单实行"事不过夜""三级核查""四不放过"，95598投诉同比压降82%，万户投诉率降至0.35件/万户。供电服务合规率业绩指标全省排名第一，连续两年被评为渭南市“12345”快速响应平台工作先进单位。积极助力乡村振兴，扎实开展12个贫困村驻村联户扶贫工作，投入消费扶贫资金200余万元，协助完善帮扶产业链，经验做法两次入选央视新闻，获得省市“脱贫攻坚先进集体”荣誉。

【科技与信息化】 加大科技研发力度，首次出台群众性科技创新“四小”项目管理办法，申请科技专利10项（其中发明5项），新增授权专利8项，实施研发项目8项。积极开展QC活动和管理创新工作，获得中国水电质协QC成果奖3项、国网陕西电力QC成果奖4项、陕西省质协优秀管理小组奖4项、陕西省电力行协QC成果奖10项。获得国网陕西电力管理创新成果奖3项，陕西省电力行业企业管理创新成果奖8项。

积极推进数字化转型，实现数字化柔性团队全业务全县区覆盖，初步建成数据师、数据员队伍，13个成果、121人次受到数字化转型专项奖励，12项数据微应用上线运行，1项成果在国网陕西电力数字化劳动竞赛中获奖。加强信息网络建设，实现原南区6个县级公司、81个供电所内部网络全覆盖。强化数据质量管理，累计治理问题数据13.62万条，原东区核心数据可用率达到99.99%。大力拓展数字化新兴业务，完成基础资源商务拓展660万元，新能源代维模式纳入国家电网公司典型经验。

【党的建设与精神文明建设】 高举习近平新时代中国特色社会主义思想伟大旗帜，深入开展党史学习教育，举办专题党课61人次、现场体验式培训4期。组织开展“驻一线，接地气”和“六个一”活动，落实“我为群众办实事”任务清单24项，解决基层难题598项，典型经验在全省刊发11次。以“基层党建创新拓展年”为契机，加快落实“旗帜领航·提质登高”行动计划，创新开展“安全稳定全覆盖，党员示范一带二”包联行动，10项“党建+”重点工程推动党建与公司发展相融共进。持续丰富“党员双带头”内涵，推广典型做法421条，带动形成党员无违章现场32个。坚持全面从严治党，细化基层党风廉政建设“两个责任”清单，推动管党治党责任全面覆盖。开展酒驾醉驾、靠企吃企及省管产业专项整治，严格供电服务领域和受电工程“三指定”治理，整改各类巡视巡察反馈问题17项，追责问责46人次。加强工会组织建设，召开融合后第一次会员代表大会，选举产生新一届工会委员会，三级工会管理体系进一步完善。开展“团员身边无违章”等活动，创建国网陕西省电力有限公司“青安岗”1个、渭南市“青年文明号”1个。推进企业文化和精神文明建设，累计建成全国文明单位3个、省级文明单位标兵4个、省级文明单位2个，涌现出“国网先锋”工程公司党支部、“国网劳模”王战红、陕西省“优秀共产党员”王刚等一大批先进集体和个人。

● 国网渭南供电公司开展党史学习教育现场体验式培训。（杨博超 摄）

● 国网渭南供电公司举办庆祝中国共产党成立100周年职工合唱汇演。（常 征 摄）

（郭乙琳 王旭佳）

国网汉中供电公司

【企业概况】 国网陕西省电力有限公司汉中供电公司（简称国网汉中供电公司）成立于1972年，2021年9月26日，国网陕西电力首批宣布汉中公司融合。截至2021年底，全口径用工3890人、党员840人。负责汉中地区2区9县2.72万 km^2 范围内的电网规划建设、运行管理、电力销售和173万客户的供电服务工作。内设13个职能部门，4个管办合一机构，8个业务实施机构和2家受委托管理集体企业[汉中汉源电力（集团）有限公司、汉中汉源电力设计咨询有限公司]。

汉中电网位于陕西电网末端，属受端电网，以主网输送为主、电源就地平衡为辅，330kV主网环网运行，以6条线路与陕西主网连接，110kV电网以5个330kV变电站为电源点，自西向东形成顺正、武侯、汉中、光义、洋县5个供电区。截至2021年年底，境内并网发电厂220座177万kW；35kV及以上变电站119座686.6万kVA、线路314条5381.2km；10kV公网线路561条1.36万km。电网冬季最大负荷192.4万kW（2021年1月7日），夏季最大负荷181.6万kW（2021年8月3日）。

全年完成售电量101.68亿kWh、同比增长13.29%；营业收入46.25亿元，同比增加7.33%；完成线损率4.61%；当年电费回收率100%；供电可靠性99.863%；最大用电负荷192.4万kW，实现连续安全生产6256天。

企业连续13年保持“全国文明单位”，创建全省首家地市公司中电联5A级标准化良好行为企业，国家电网公司系统唯一一家荣获十四运会和残特奥会志愿服务优秀组织单位，连续9年获“支持地方经济建设”优秀单位，荣获国家电网公司东西人才帮扶工作先进集体等高级别荣誉。

● 国网汉中供电公司首获中电联5A级标准化良好行为企业。（邓　锐　摄）

（鲜　栋　刘江涛）

【电网概况】

1. 地理位置

汉中电网位于陕西电网西南部末端，属典型的受端电网，境内±800kV祁韶及青豫特高压直流东西横贯，±500kV宝德超高压直流纵穿南北，是连接西北电网和华中电网、连通西北电网与西南电网的重要通道。

2. 电源

汉中电网主要电源来自陕西主网六回330kV线路，分别是330kV汉栖Ⅰ线、汉硖Ⅱ、Ⅲ线，330kV萸骆Ⅰ、Ⅱ线及洋喜线，西部电网并网一座由陕西省调统调的火电厂，即大唐略阳电厂（装机66万kW），东部电网并网陕西第二大水电厂，即大唐石泉电厂（装机24万kW）。同时，汉中电网各电压等级并网小电源（小水电、光伏、企业自备电厂等）众多（总装机73万kW），其发电出力就地平衡。

3. 电网结构

汉中电网以330kV主网架为电源支撑，以110kV电网为骨干分区开环运行，全网以五座330kV变电站（洋县变、汉中变、武侯变、顺正变、光义变）为电源中心形成五大供电区，区域内以辐射状或小环网方式供电，电网覆盖汉中市两区九县。

东部洋县供电区主要向洋县、佛坪、西乡、镇巴四县域及城固部分县域供电；中部汉中供电区主要为汉台区、留坝县及城固县供电；中西部武侯供电区主要为勉县、宁强县域供电；西部顺正供电区主要为略阳县域供电；南部光义供电区主要向南郑区域及汉台区部分区域供电。

通过两座330kV开关站（元墩、茱萸开关站）带五座330kV铁路牵引变电站（铁锁关牵、龙江牵、龙亭牵、肖家庄牵、分水牵）和一座330kV用户变电站（陕钢变）运行。

4. 负荷特点

电网用电负荷以工业为主，约占全社会用电总量的75%；其次是市政、居民生活、商业等用电，约占全社会用电总量的13%左右；交通运输用电占全社会用电总量的12%左右，主要为电气化铁路牵引负荷。

从地域特点来看，汉中西部地区矿产资源丰富，金属冶炼企业集中，电气化铁路负荷较重，这一区域负荷占到汉中全网的50%以上，用电量所占比例超过全网的65%；汉中中部地区以汉中市区为中心，主要以轻工业和第三产业及市政、居民生活用电为主，负荷约占全网的30%左右，而且随着城乡居民生活水平不断提高，冬夏取暖降温负荷的占比逐年增大；东部地区以农业产业为主，负荷约占全网的20%，而且东部电网并网小水电较多，丰水季节机组满发，就地平衡大量负荷，区域最大负荷一般出现在冬季枯水期。

2021年汉中电网最大负荷192.4万kW，出现在1月7日11时11分，同比增长2.36%，最大日供电量3468.21万kWh，出现在1月7日，同比增长2.42%。

5.供电能力

截至2021年底，汉中电网共有35kV及以上变电站179座，主变压器351台，变电总容量8893.1MVA。其中：330kV系统变电站7座，主变压器12台，变电容量2880MVA；110kV系统变电站52座，主变压器99台，变电容量3219.5MVA；35kV系统变电站60座，主变压器104台，变电容量766.15MVA。330kV用户变电站1座，主变压器3台，变电容量450MVA；110kV用户变电站20座，主变压器37台，变电容量1026MVA；35kV用户变电站39座，主变压器96台，变电容量551.45MVA。

汉中电网共有35kV及以上电压等级输电线路314条，总长度5381.19km。其中：330kV公司系统线路28条，长度1110.91km；110kV公司系统线路113条，长度2149.95km；35kV公司系统线路92条，线路长度1365.03km；330kV大用户线路2条，长度37.26km；110kV大用户线路21条，长度209.48km；35kV大用户线路58条，线路长度508.56km。

（曹　轩　冯晓伟）

【特色亮点工作】 **高质量开展党史学习教育。**举办示范培训班、“线上重走来时路”、党史故事“上餐桌”等，108项办实事高质高效完成，获汉中市委指导组好评。

自我加压践行“四个转变”。实施作风转变“5项行动、8项任务”，制定“员工行为八点要求”，全员签订承诺书，下发劳动考勤通报，从严肃纪律、规范着装等行为入手，倒逼全员形成“靠作风说话、靠结果吃饭”奋进状态。

“一张网”修编“十四五”电网规划。合理压降11座变电站布点，避免重复投资8.5亿元，携手攻坚实现330kV西乡变电站进场复工。

扛牢央企责任担当。紧急驰援河南“7·20”抗灾抢险保供电。成功夺取勉县“8·21”、南郑“10·5”等防汛抢险保卫战胜利，汉中市委书记钟洪江现场称赞国网员工“是真正的光明使者！”。圆满完成十四运会及支援西安保电任务，汉中市长张烨赞誉公司“为汉中赛事做出了重大贡献”。

助力“双碳”战略落地。协助政府高效清理秦岭小水电，组织完成97座水电站上网线路解列任务，建成投运电动汽车充电桩619个，获汉中市委市政府肯定。

● 汉中勉县“8·21”汛后国网汉中供电公司抢修人员在110千伏高潮变电站检修。（邓　锐　摄）

（鲜　栋　刘江涛）

【人力资源】

1.基本情况

国网汉中供电公司共有全口径职工3890人，其中长期职工2511人，占比64.6%。长期职工中，研究生及以上学历113人，本科学历1554人，专科学历558人，中等职业学历100人，高中及以下学历186人；高级职称198人，中级职称524人；高级技师120人，技师598人，高级工552人，中级工295人。

2.培训教育

坚持“人资归口、专业主导、分层分级”原则，健全公司“一盘棋”培训体系，梳理明确覆盖至班组的各级专兼职培训队伍，按月发布培训简报，举办培训班85期，培训3475人次，有力支撑公司人才发展。张家村变电运检、草堰变配电运检两个实训基地建成投入使用，开展实训基地配套课件开发，完成12个实操课件和3个VR课件制作，填补实训基地课件空白。组织实训资源摸底调研，申报铺镇供电所营配实训基地项目需求。举办党史学习教育示范、“汉电大讲堂”、先进劳模工匠等培训班，结合干部融合培训，首次开展干部管理人格、行为风格和胜任素质测试。滚动调整“师带徒”培训练兵名单，开展两次共215对“师带徒”工作过程考评，兑现师傅待遇32万余元，激励一线员工技能水平不断提升。创新采用现场评选模式择优选拔地市公司级“工匠种子”9人，3人入选国网陕西电力青年人才托举工程。

（叶小江　陈　举）

【电网建设与发展】

1. 电网建设

电网建设项目投产4项（汉中大河坝110kV变电站110kV间隔扩建工程、大河坝110kV变电站至引汉济渭三河口水利枢纽升压变110kV线路工程、汉中洋县330kV变电站110kV间隔扩建工程、汉中葛石110kV变电站110kV间隔扩建工程），新增线路5.4km，新开工6项工程，分别是元墩（杨家山）330kV开关站主变扩建工程、汉中大河坝110kV变电站110kV间隔扩建工程、大河坝110kV变电站至引汉济渭三河口水利枢纽升压变110kV线路工程、汉中洋县330kV变电站110kV间隔扩建工程、汉中葛石110kV变电站110kV间隔扩建工程、汉中西乡330kV变电站110kV送出工程，累计完成主网建设投资2.68亿元。

● 国网汉中供电公司330kV元墩开关站主变压器扩建工程。　（邓　锐　摄）

2. 电网规划

完成了《“一张网”融合实施汉中电网“十四五”配电网发展规划（2021年版）》《汉中地区110kV及以下电网设施布局规划报告》《2020年110kV及以下电网规划四季度安全监督报告》《2022—2024年电网基建投资项目论证》《2021年电力市场供需分析预测（春季）》《2021年电力市场供需分析预测（秋季）》《2021年汉中市级电网发展诊断分析》的编制及评审，并开展了《电网110kV及以下*N*-1分析报告》《黄沙变炼锌Ⅰ、炼锌Ⅱ线路优化方案》《汉中锌业110kV总变电站接入系统》《汉中公司电网业务高质量发展评价》《汉中公司“十四五”农村电网巩固提升规划》《城东片区110kV线路现状及规划落地研究》等研究报告。完成了110kV龙岗变等5项输变电工程可研方案。完成了西乡330kV变电站110kV送出工程、付家营变110kV输变电工程等10个基建项目的初步设计。完成35kV及以上工程可研批复2项、核准3项。完成项目评审191项，其中110kV基建工程32项，技改工程79项，配网12项，接入系统26项，“三跨”治理及用户线路工程48项。

● 2021年6月10日，国网陕西电力与汉中市政府签署“十四五”战略合作框架协议。　（周　琼　摄）

3. 配电网建设

2021年完成配网基建项目投资2.2亿元，总计下达315项单体工程。共新建及改造10kV线路259.38km；新建及改造0.4kV线路823.76km；新建及更换10kV环网箱31座，新建及更换柱上断路器109台；新建及更换10kV配电变压器213台，共6.22万kVA。

农网方面，对产业扶贫、异地扶贫搬迁后续建设等项目提供充足的电力保障，满足脱贫村发展小型加工和养殖等家庭产业用电增长需求，进一步构建坚强农村电网，加强电力基础设施建设。城网方面，汉台、勉县、略阳3家单位实现公网配电变压器融合终端全覆盖，专变全部加装控制器。新建设备全部按照一二次融合进行设计选型，自动化程度显著提高。

（段美强　贾　森　李国峰）

【经营管理】

1. 分行业用电量分析

大工业电量同比增长 19.47%, 增长 8.74 亿 kWh，电量增长贡献率 56.25%。

钢铁行业用电同比增长 31.83%, 增长 6.07 亿 kWh, 对全社会用电量增长贡献率为 48.05%；铁合金行业用电同比增长 11.14%, 增长 2.69 亿 kWh，对全社会用电量增长贡献率 2.13%。

锌冶炼行业用电同比增长 7.03%, 增长 8645.55 万 kWh，对全社会用电量增长贡献率为 6.85%；主要是市场好转企业增产和同期受疫情影响用电基数小影响。

趸售电量同比增长 10.25%, 增长 2.30 亿 kWh，电量增长贡献率 14.78%。主要是同期受疫情影响，用电较少。

水泥行业同比增长 –0.55%, 增长 –208.06 万 kWh，对全社会用电量增长贡献率为 –0.16%。肥料制造行业同比增长 –28.11%, 增长 –1,161.83 万 kWh，对全社会用电量增长贡献率为 –0.92%。主要是市场影响部分企业停产。

2. 业扩报装

业扩报装完成 2.86 万户 64.32 万 kVA，较 2020 年 3.61 万户 114.81 万 kVA 减少了 0.75 万户 50.49 万 kVA。主要影响因素为大工业业扩减少 21.2 万 kVA，趸售业扩减少 13.7 万 kVA，居民业扩减少 9 万 kVA；减容销户 2595 户 21.19 万 kVA，较 2020 年 1518 户 14.46 万 kVA 增加 1077 户 6.73 万 kVA。

（蒲剑峰）

【安全生产】

1. 电力保障

聚焦庆祝中国共产党成立 100 周年、十四运会保电工作，制定保电方案，成立电力保障工作领导小组，采取“桌面推演 + 实战演练”方式，开展赛事场馆突发停电事件应急演练。累计投入人员 3911 人次、车辆 442 台次，对 71 条线路、12 座变电站、2 个比赛场所、16 个保电重要场所进行保电值守，圆满完成十四运会保电任务。

2. 巩固安全基础

组织 4593 人次参加全员《安规》普考，赴各县供电公司送培上门 10 场次、700 余人，实施安全管控中心学培轮值，累计培训 50 人次，组织开展安全工器具专项核查，及时补充安全工器具、劳动防护用品共计 891 万元。举办安全大讲堂，开展“一把手”讲安全课。规范安全警示约谈机制，组织约谈 11 家县区公司，及时解决苗头性、倾向性的问题，防范违章和事件发生。

3. 标准化作业

落实“四双”“四个管住”和“看板”管理。深化作业现场管控，省管产业单位同质化管理，全面加强“四不两直”安全督查、视频检查，大力开展“人身安全吹哨人”行动。深化市县两级安全管控中心建设和实体化运作，配备专职安全督查人员，增配布控球数量，确保视频监督全覆盖。修订国网汉中供电公司反违章工作方案，加大严重违章处罚力度，全年共查处违章 280 起，处罚 53.49 万元，事件考核 6 起，处罚 13.59 万元，创建无违章现场 136 个、标准化作业现场 204 个，兑现奖励 158.26 万元。

● 国网陕西电力在汉中开展基建标准化组塔观摩活动。

（邓　锐　摄）

4. 专项整治集中攻坚

累计排查问题隐患 264 条，已整改 219 条，纳入长期风险管控 11 条，整改率 86.56%。高效完成 1824 项春秋检任务，发布七级及以上电网风险预警 104 份，落实管控措施 364 条，平稳应对冬夏负荷新高，有力保障电网安全稳定。

（张　京　何瑞延）

【营销与优质服务】

1. 基本情况

全额收回电费 52.22 亿元，回收率 100%；电能替代电量 4 亿 kWh；投诉总量同比下降 61.8%，业扩报装 2.86 万户 64.32 万 kVA；堵漏增收 1012 万元；400V 低压线损率 2.56%，同比压降 0.27%；台区线损达标率99.44%，同比提升1.21%；采集覆盖率100%，采集成功率99.94%。

2. 优化营商环境

出台《业扩报装“四优一快”实施方案》，全面推广“一站式”办电服务，客户经理主动上门提供办电咨询到接电全过程服务。全省率先实现居民客户“刷脸办电”，“房产+电力”联合过户。实行160kVA及以下小微企业低压接入，累计投入业扩配套资金1415万元，全面实现低压客户“零投资”；延伸电网投资界面至省级以上园区、充电站桩、电能替代、光伏扶贫项目客户红线，为“引汉济渭”水利工程、创智产业园区等企业客户节约办电成本2400余万元。

3. 优质服务

严格落实疫情防控期间供电服务保障八条措施，坚持营业网点“不打烊”，为138个营业厅配置透明隔板，对3.9万户欠费居民客户执行不停电柔性催费。圆满完成中国共产党成立100周年、十四运会、中央领导考察等148项重要保电任务。开展优质服务明察暗访47期，全省首创工单闭环管控日例会制度，营配专业协同落实“事不过夜、日清日结、闭环销号”。强化“网上国网”推广应用，新增注册16.37万户、绑定27.43万户。

（郭正坤　刘　辉）

【科技与信息化】

1. 科技、管理成果

科技成果入围国网、省政府评审各1项，获国网陕西电力专利奖3项，新增专利申请8项，授权国家发明专利1项、实用新型专利7项及软件著作权1项；管理创新成果获陕西省政府、国网陕西电力、陕西省电力行协一、二、三等奖共16项。

2. 支撑电网全息感知运行

超前开展167项信息通信设备巡检运维工作，三年专项整治整改率87%，立项率100%，高效完成“8·21”受灾高潮变通信信息设备抢修、恢复运行。

3. 服务融合发展

2021年8月底率先完成2个本部之间24芯双光缆建设，服务600余人次搬迁网络、电话调整，完成了二、三楼等5套会议系统改造升级，率先完成8个区县信息内、外网综合布线施工及开通。

（林学兵　姜　辽）

【党的建设与精神文明建设】

1. 党史教育

高质量开展党史学习教育，组织赴井冈山、西柏坡、遵义开展党史学习教育示范班，举办庆祝中国共产党成立100周年线上“重走来时路”、党史故事“上餐桌”“七微”方式学党史等系列特色活动，108项办实事任务清单高质高效完成。建成公司党史学习教育馆，统筹公司内外部红色资源，打造形成“三个三”党员教育实践体系。党建工作“看得见、听得着、有成效”获国网陕西电力董事长、党委书记胡卫东肯定。

2. 主题活动

牵头开展“学制度、用制度，知敬畏、守纪律，强责任、勇担当”主题活动，完成公司党委层面16项制度修订，细化完善各级党建、党廉责任清单，初步建成党建制度、责任、工作“三个体系”，推动党的领导深度融入公司治理各个环节。实施党员干部安全履职评价，44个“党建+”项目通过国网陕西电力验收，55个党员突击队、责任区和示范岗在“十四运会”保电、抗洪救灾保供电等工作中发挥作用、赢得赞誉。

3. 团青工作

陕西省省委委员，团省委书记、党组书记段小龙到国网汉中供电公司调研团青工作，充分肯定国网汉中供电公司共青团和青年工作。7个青年集体和个人分获陕西省“青年文明号”等荣誉。斩获国网陕西电力“青创赛”1银3铜。

4. 精神文明

开展企业文化宣贯培训和融合发展专题思想动态调研，及时将调研征集的问题及意见建议反馈给专业部门进行解答，为“管理整合、文化融合、人心聚合”提供有力保障。国网汉中供电公司连续13年保持“全国文明单位”称号，徐家坪县级爱国主义教育基地被略阳县委宣传部授予新时代文明实践基地，略阳县供电公司“光明卫士”志愿服务队被授予略阳县文明实践志愿服务队。青工杨堃荣获陕西省学雷锋最美志愿者，全国道德模范刘波光荣当选“十四运会”火炬手，1市1区8县公司持续保持国家、省部级文明单位称号。

（李晓东　马　戎）

国网安康供电公司

【企业概况】 国网安康供电公司始建于1970年。2021年10月25日，经国网陕西省电力有限公司批复，由原国网陕西省电力公司安康供电公司、陕西省地方电力（集团）有限公司安康供电分公司融合组建国网陕西省电力有限公司安康供电公司（简称国网安康供电公司），是国网陕西省电力有限公司二级单位。主要担负安康市1区8县1县级市的电网建设运营及供电服务工作，供电面积2.35万km^2，总用电客户127.67万户。

先后获得“全国五一劳动奖状”“全国文明单位”、国家电网公司“抗灾救灾恢复重建功勋集体”“电能替代先进单位”“脱贫攻坚先进集体”“抗洪抢险保电先进突击队”、陕西省“先进集体”“廉政文化示范点”、安康市“先进集体”“脱贫攻坚先进单位”“社会扶贫先进集体”“易地扶贫搬迁先进单位”等荣誉。连续多年名列安康市党风政风行风测评优秀单位。

（蔡　军）

【电网概况】 安康电网网架结构以330kV金州变电站、香溪变电站、月河变电站、锦屏变电站和国网安康水电厂为依托，以110kV网络为骨干网架，通过330kV金柞Ⅰ、Ⅱ回、香鹤线及月—喜—洋线与陕西主网联络。辖区有35kV及以上变电站117座（其中330kV变电站4座、110kV变电站42座、35kV变电站71座），主变容量5219MVA；35kV及以上输电线路234条5192km（其中330kV线路14条、110kV线路99条、35kV线路121条）；10kV配电网线路528条15910km，10kV配电变压器13587台，户均配电变压器容量2.35kVA。境内水电站共153座、容量219.6万kW，约占全省的68%。2021年全网最大负荷130.7万kW，最大日供电量2244.5万kWh，售电量55.76亿kWh。

（焦　阳）

【特色亮点工作】 **融合发展高效推进。**加快推进管理整合、文化融合、人心聚合，在东区、南区轮换召开融合办周例会，编制融合发展总体方案、18个专业方案和重点任务清单，全面开展领导班子和领导人员综合考评，提前51天完成融合发展任务，实现电网统一规划、统一调度、统一管理。优化调整组织机构及党组织、工会组织设置，公司本部办公场所、信息通信网络全部优化调整到位。立足“一张网”新起点，编制完成“十四五”电网融合发展规划，落实安全管理防控措施，推进服务“同网同质”，加强信访和舆情管控，实现了“安全不出事、服务不滑坡、队伍保稳定”。

标准化作业全面覆盖。构建“1+5”标准化工作体系，强化标准化作业督办考核，月度绩效考核兑现27.3万元。在国网陕西电力率先开展“综合不停电作业法更换变压器”标准化作业现场观摩会，分专业组织开关防拒动、保护定检等观摩活动17次，发布标准化作业月报周报50余期。修编标准化作业指导书、作业卡365项，建立生产计划与标准化作业卡同步审核机制，严肃处理未持卡作业行为，全年严重违章同比减少31%。选派20名优秀年轻管理人员前往各县（区）公司任实职挂岗锻炼，承担生产营销管理职责，精准实施指导帮扶。开展党员争创标准化作业现场等实践活动，全面开展标准化作业培训练兵和劳动竞赛，分层分级培训3369人次。标准化作业成效获国网陕西电力6期月度通报表扬，在外部权威媒体围绕标准化作业发稿11篇，5类标准化作业卡被国网陕西电力评为优秀作业卡，典型经验在国网陕西电力标准化作业提升示范会上交流。

服务质效持续提升。推行“像抓安全生产一样抓优质服务、像抓投诉一样抓意见工单压降、像抓抢修一样抓频繁停电和低电压治理”的工作机制，制定提升优质服务水平十项措施、供电服务奖惩实施细则，通过压责任、重奖惩解决客户痛点治理服务堵点，2021年投诉数量同比减少71.13%，连续6个月实现95598、12398全口径零投诉，服务管控“安康经验”在全省推广。聚焦客户需求推动服务升级，深化“供电+能效服务”，投运21台电动汽车充电桩，充电量突破960万kWh。

电网前期快速推进。按流程节点科学制订大前期工作计划，以任务清单制、政企合作磋商制、专业协同联动制、激励考核制“四个机制”为抓手，从团队建设、机制流程创新、依法合规管理、计划执行、工作质量、数字化转型等方面，将大前期工作和劳动竞赛紧密结合，推动“两个前期”深度融合，实现“共谋共建、协调并进”的电网发展建设新局面。圆满完成安康750kV输变电工程和镇安抽水蓄能电站330kV

送出工程属地化项目前期工作，完成大前期节点任务 94 个，排名保持全省前列。荣获国网陕西电力 2021 年度大前期劳动竞赛先进集体。

专项治理成效显著。综合同期线损达标率提升至 99.51%，白河县供电公司入选国网同期线损“百强”县公司，5 个供电所 14 次入选国网同期线损“百强”供电所；全面完成 596 台不良工况配变攻坚治理，用户平均停电时间同比压降 42.99%；问题数据较年初减少 18.46 万条，4 项数据“微应用”成果在国网陕西电力数据门户平台上线应用；“量价费损”堵漏增收 633.29 万元。联合安康市公安局建成全省首家地市级反窃电警务中心，查处各类违窃案件 397 起，追补电费 165.54 万元。

• 2021 年 11 月 30 日，陕西省首家地市级警电联动反窃电警务中心揭牌成立。（马志君　摄）

（黄　晨）

【**人力资源**】 2021 年年底，共设 13 个职能部门、12 个业务机构（含汉滨区供电分公司）、9 个县级供电公司以及省管产业单位汉水集团公司，现有全口径用工 3286 人，其中全民工 1918 人，供电服务员工 1368 人。研究生学历学位人员 87 人，本科学历 1311 人，大专学历 820 人，中等职业技术教育 325 人。高级职称 195 人（其中正高 7 人），中级职称 354 人；高级技师 90 人，技师 573 人，高级工 544 人。

2021 年，扎实开展青工培训工作，先后举办线上、线下青年员工大讲堂 6 期，通过新员工职业生涯规划、公司企业文化与战略目标、职场价值提升等课程的学习与辅导，有效提升青年员工的职业化素养、专业化水平和综合分析处理问题能力。公司 2 人获评国网陕西省电力公司三级专家，1 人获陕西省技术能手称号，2 人获国网陕西省电力公司技术能手称号；3 人取得高级职称、49 人取得中级职称、104 人取得初级职称；12 人取得技师资格、4 人取得高级技师资格。

（熊　鑫）

【**电网建设与发展**】 构建电网工程大前期工作体系，安康 750kV 输变电工程、汉滨 330kV 输变电工程等一批重点项目纳入市级国土空间总体规划，区域源网荷储协调发展局面加速形成。落实“双碳”、新型电力系统建设目标任务，促成国网陕西电力与安康市政府签订“十四五”战略合作协议，为电网发展建设营造良好外部环境。

2021 年完成固定资产投资 4.77 亿元，其中电网基建投资 3.45 亿元。年度 35kV 及以上主网工程续建 3 项，开工 5 项，投产 3 项。锦屏 330kV 输变电、新江华 110kV 接网等一批重点工程按期投运，竣工投产 383 项农网升级改造项目，开展 35 项电力线路迁改工程，全年转资 6.96 亿元，全面完成电网投资和开工投产目标任务，督办基建工程和 2020 年以前配网工程全部清零，平古 110kV 线路工程荣获国网陕西电力输变电优质工程银奖。“网上电网”实现 21 个功能场景在线运用，配电自动化覆盖率达到 85.58%，创新打造配网数据应用中心，自研自建 11 项配网数据应用场景，有力推动电网数字化转型。

（焦　阳　翟　杰）

【**经营管理**】 国企改革三年行动扎实推进，“五个倾斜”激励举措全面落地，兑现专项考核激励 850 万元，供电所 10kV 业务包干工资兑现 395.77 万元，充分激发队伍活力。打造提质增效“升级版”，外供十堰电量 0.91 亿 kWh、同比增长 21.44%，电能替代电量 1.44 亿 kWh，有效对冲减利影响。开展用户无偿移交资产梳理和资产评估，新增资产 1.60 亿元。

持续提升营销风险防控能力，累计分析问题数据 3696 条，查实异常问题 2199 条，整改完成率 100%，完成经济成效 710.09 万元。强化信用风险管理，《加强风险过程管控提升信用管理水平》获“2020 年度全国最佳诚信企业案例”（国网系统仅两家荣获该奖项）、《供电企业信用风险管理的研究》荣获中国电力企业管理创新实践二等优秀论文；公司社会信用代码信息“微应用”成功上线国网陕西电力网站，有效防范失信行为可能造成的经营损失。

（代文君　张晓辉）

【安全生产】 结合“两网”融合后机构、岗位调整，组织完善市县领导干部“两清单”及全员安全责任清单，梳理编制组织安全责任清单128项、岗位安全责任清单545项。制定发布“四双管理”、现场“六统一”、安全奖惩实施细则、0.4kV及以下营销类、运检类现场管控实施细则等制度规定，开展反“习惯性违章、重复性违章”专项行动，查纠违章1186起，查处违章137起，处罚265人，共计35.43万元，对4起严重违章比照6~8级安全事件严肃考核，开展安全约谈4次，3个单位“早会起立”，1家外包队伍被列入“黑名单”。对8起安全事件处罚45人（其中35人为领导干部），经济处罚14.4万元。加大无违章现场、三种人、突出贡献、百日安全等奖励力度，兑现安全奖励1564万元。

● 国网安康供电公司主要负责人现场督导安全生产工作。

（柳润才　摄）

大力开展安全隐患专项整治行动，入库隐患185项，治理177项，治理率96%，完成金州变13套330kV保护、蓄电池更换和香溪变2台隔离开关气室大修等工作，设备健康水平得到提升。有力应对5轮次暴雨灾害，累计恢复223条10kV线路（总条数583条）、36.55万户居民供电（总户数123.76万户）。公司援豫工作受国家电网公司表彰，圆满完成中国共产党成立100周年、十四运会及残特奥会保电等78项保电任务。

（孟　彬）

● 国网安康供电公司举行驰援河南出征仪式。

（马志君　摄）

【营销与优质服务】 做实做细供电服务工单管控，2021年累计受理投诉41件，同比减少101件，万户投诉率压降至0.59件/万户。大力推行优化电力营商环境三年行动服务举措，深入开展“三指定”问题专项治理，深化“政务+电力”数据贯通融合，推广“网上国网”26.95万户、绑定率56.58%，客户用电便捷度和获得感不断提升。投运58项省市重点项目用电工程，新增业扩报装容量46.88万kVA，同比增长17.62%。

积极挖掘市场潜力，将新能源推广应用融入城市发展中，主动服务电动汽车市场，抢占先机，科学布局，合理规划，成功促请安康市政府出台安康区域内所有充电桩接入智慧平台的支持文件，扩大智慧车联网平台信息覆盖面，实现与各类运营平台的互联互通。巩固脱贫攻坚成果助力乡村振兴，积极开展驻村帮扶、消费扶贫，下达2.02亿元实施农网巩固提升工程，有力支撑民生改善。

● 国网安康供电公司开展形式多样的网上国网推广活动。

（尚　聪　摄）

（代文君）

【科技与信息化】 积极组织申报科技项目，有序推进5项科技项目研究，完成3项专利申请，取得6项专利授权，“输电智能运检科技攻关团队”成为国网陕西电力命名的5个科技攻关团队之一。

加强信息网络安全管控，完成信息通信安全性评价专家自查评、电网调控安全生产保障能力评估；常态开展信息通信隐患排查，治理隐患12条，发布信息通信网预警通知单8份。优化公司数据网结构，新增330kV锦屏变、月河变网络节点，完成了原南区本部信息、通信网临时建设方案、两网融合信息、通信网络建设方案、综合布线实施方案、信息网融合实施方案编制，克服现有资源不足的困难，利用运营商资源采取租建并举模式，解决7个县公司及所属供电所(营业厅)通道资源。

按照融合进度管控要求，完成国网安康供电公司原南区本部、7个县公司及所属供电所（营业厅）共计3000个信息点位的综合布线，180台网络设备、24台语音接入设备的安装调试，为7县公司重点岗位人员安装调试34台信息网络终端和41部办公电话，顺利实现原南区本部、县公司、供电所及5个运维站（变电站）信息通信网络延伸覆盖，支撑两网融合跑出加速度。

（张晓辉）

【党的建设与精神文明建设】 深入学习贯彻习近平总书记“七一”重要讲话和党的十九届六中全会精神，组织庆祝中国共产党成立100周年系列活动，扎实开展“旗帜领航·提质登高”行动和“基层党建创新拓展年”各项任务，深入推进23个“党建+”工程，党建与生产经营深度融合，党建优势充分发挥。

强化政治监督，深入整改巡视巡察反馈问题，构建“四全四化”立体协同监督体系，扎实开展“树牢底线思维、严守纪律规矩”廉洁宣教活动和“靠企吃企”问题专项整治，精准运用“四种形态”，全年处置问题线索13件，处理人员23人次，保持惩治高压态势。持续加强干部队伍作风建设，厚植“一级抓一级”管理理念，修订业绩指标、月度绩效及督查督办考核制度，组织优秀年轻管理人员挂职锻炼，以“两票”、《安规》等为重点开展培训练兵，干部队伍作风和业务素质明显提升。

关心关爱职工，建成瀛湖综合培训基地，运检综合楼建设、办公区和供电所环境整治、健康食堂等“为群众办实事”方案落地实施。中央主流媒体报道公司工作和干部职工风采35篇，“小马走基层”等新媒体宣传引起广泛关注，展现了责任央企良好形象。2021年荣获国家电网公司“服务脱贫攻坚先进集体”“抗洪抢险保电先进突击队”、国网陕西电力“十四运会、残特奥会保电及防汛抢险先进单位”。安康供电公司党委荣获安康市“先进基层党组织”。安康供电公司2名职工分别荣获国家电网公司“劳动模范”和国家电网公司“东西人才帮扶先进个人”。调控中心自动化守护者QC小组勇夺国际质量管理小组活动最高奖，供服指挥中心项目获国网陕西电力青创赛金奖，白河茅坪供电所获评国家电网公司“2021年度管理提升优秀实践百强供电所”。

（王　琳）

国网商洛供电公司

【企业概况】 商洛市因境内有商山洛水而得名，位于陕西东南部、秦岭东段南麓，与鄂豫两省交界。东与河南省的灵宝、卢氏、西峡、淅川接壤；南与湖北省的郧县、郧西相邻；北与渭南市的潼关、华阴、华县相连。革命战争年代，商洛是鄂豫陕和豫鄂陕革命根据地的中心区域，李先念、徐向前、贺龙、王震等老一辈无产阶级革命家曾在此浴血奋战，播下了革命的火种。商洛地跨长江、黄河两大流域，辖商州、洛南、丹凤、商南、山阳、镇安和柞水1区6县，98个镇办，总面积1.93万km^2，人口204万。

截至2021年年底，国网商洛供电公司共有职工2603人，其中长期职工1487人，占比为57.13%。长期职工中，研究生及以上学历68人，本科学历1009人，专科学历216人，高中及以下学历194人；高级职称194人，中级职称292人。高级技师70人，技师311人，高级工322人，中级工326人。

（唐志林）

【电网概况】 2021年年底，商洛电网35 kV及以上电压等级变电站共计120座，主变压器219台，容量6085.55 MVA。其中330 kV变电站4座，主变压器9台，容量1980 MVA；110 kV变电站47座，主变压器88台，容量3311.5 MVA；35 kV变电站69座，主变压器122台，容量794.05 MVA；公司属35 kV电压及以上等级变电站共计88座，主变压器163台，总容量4590.5MVA。大用户35 kV及以上电压等级变电站共计32座，主变压器56台，总容量1490.05MVA。

35 kV及以上电压等级输电线路194条，总长度3680.033 km。其中，330 kV输电线路15条，维护长度773.618 km；110kV输电线路85条，长度1608.3615 km；35 kV输电线路94条，长度1328.2565km。商洛供电公司属35 kV及以上电压等级输电线路160条，总长度3381.158 km。大用户35 kV及以上电压等级输电线路34条，总长度329.077 km。

接入商洛电网的发电厂（站）总装机容量1797.31MW，接入330kV电网火电厂1座，容量1320MW，接入110kV及以下配电网的各类电站共计227座，机组244台/组，总装机容量477.31 MW（含省调直接调管的35kV卫东光伏电站、35kV龙山光伏电站、水兴光伏电站）。其中水电站14座，装机容量94.25 MW，光伏电站210座，装机容量372.56MW；用户自备余热电站3座，装机容量10.5 MW（尧柏水泥余热电站、秀山水泥余热电站、龙桥水泥余热电站）

（刘小波）

【特色亮点工作】安全生产平稳有序。修订《安全工作奖惩实施细则》和全员岗位安全责任清单，严格执行安全生产“一票否决”。实现平安春秋检，消除输变电缺陷隐患2187项，安全生产专项整治“二下二上”隐患治理率100%。高效应对“7·22”“8·23”等多轮强降雨灾害，完成中国共产党成立100周年、十四运会等重大保电任务，公司疫情防控保持“双零”目标。

电网建设加快攻坚。促成国网陕西电力与商洛市政府签订“十四五”战略合作框架协议，37项电网项目有效纳入中长期国土空间规划。项目前期节点完成率100%；主网基建工程按期开工率、竣工率、结算率、达标投产率保持100%；原东区10kV线路*N*−1通过率57.5%，较去年末提升12.79个百分点。

服务意识持续增强。排查上报转供电加价主体144户，集中督导38个受电工程“三指定”问题整改。投产省市重点项目配套工程7个，配合政府完成秦岭区域小水电整治。高低压非居民用户报装环节分别压缩至4个、2个，95598投诉总量同比压降77.32%，结算光伏上网电费4690万元、光伏扶贫补贴3101万元。

基础管理显著提升。全面实施购售同期管理。完成电能替代1.83亿kWh，签订需求响应协议8.5万kW。数据整体可用率99.99%，五个专题数据可用率排名全省第一；国网陕西电力前三批督办高损、频停问题提前见底清零；累计1个县公司、43个次供电所入围同期线损“国网百强”（含规模下）；通过反窃查违、“量价费损”专项稽查，堵漏增收511万元。盘活利库工程结余物资1889万元。

党建引领成效显著。开展党史学习教育和“三讲到班站、服务进一线”百日主题活动，完成国网陕西电力巡察配合，深化党风廉政建设问题“五同时”机制，开展“靠企吃企”“影子公司”等问题排查整治，“四全四化”立体协同监督体系落地落实。开展“冬训夏练”，实操类培训占比53%。输电线路无人机作业、智慧供应链运营、变电运维专业技能竞赛分别获国网陕西电力团体一、二、三等奖。

（王中华）

【人力资源】2021年推进机构人员融合，建立全面、完善的国网商洛供电公司地县两级组织机构，完成地县两级组织机构设置及全口径人员配置工作。加强干部队伍建设，完善以《领导人员管理办法》核心的“1+*N*”领导人员管理制度体系，并加强制度的刚性执行。开展领导班子和领导人员的综合考评，将考评结果与选拔任用、评先选优结合起来，达到鼓励先进、鞭策落后的目的。持续优化公司人员配置，完成2021年度岗位竞聘工作，全年完成内部人员流动485人次。发挥绩效激励约束作用、完善供电所绩效管理体系，不断深化绩效考核与薪酬分配的挂钩。全方位落实培训工作，完成“冬训夏练”“师带徒”、专业技能竞赛、技能人员“三年过关”岗位能力测评等活动，依托国网学堂PC端、“i国网”开展陕电大讲堂线上学习等，常态化开展员工岗位技能轮训和实操培训。全年，累计培训超3000人次，完成了69对师徒的阶段考评。

（龙小卫）

【电网建设与发展】2021年基建安全保持稳定，落实“四双管理”实现“四个管住”，组织三级以上风险踏勘40余次（邀请外聘专家勘察2次），落实“双辨识”要求，全年开展各种检查260余人/次。推进标准化作业，开展A、B作业卡制，全力推动深基坑“一体化装置”全面应用。刚性执行“先降后控”风险管控要求，实现色河线路工程、竹林关变增容等工程作业风险降级管控。开展春、秋季安全检查及“五查五严”等系列专项活动；开展“党建+”活动，在色河输变电工程成立临时党支部、党员突击队、青年突击队，实现“党建”“基建”互促双荣，充分发挥党员先锋模范作用。

建设任务全面完成。以计划为引领，按照年初制定的《2021年基建工程内控进度计划》，35~750kV项目大前期计划执行率100%。4名同志获得国网陕西电力2021年基建重点工程专项劳动竞赛先进个人称号。电网工程按计划开工率100%，按期投产率100%，按期结算率100%。基建管控系统应用情况良好，数字化移交工作排名全省靠前。

2021年6月20日，洛南县100MW光伏农场项目。（祝　赫　摄）

（刘　斌）

【经营管理】 2021年开展提质增效再提升专项行动，持续强化基础治理，顺利完成各项经营指标。两篇典型经验获国网陕西电力主要领导肯定。强化预算执行跟踪考核，可控费用执行率国网陕西电力排名靠前。全年对冲减利影响超1200万元，模拟利润“双向”减亏。跟踪服务丹宁高速等44个省市重点项目，投产配套工程10个。完成替代电量2.1亿kWh。配网不停电作业234次，多供电量70万kWh。开展工程结余物资利库工作，全年累计完成结余物资利库2498万元。推动物资数字化转型，完成供应链运营中心建设任务，圆满完成7·22水灾物资跨区调拨工作。超额完成全年转资任务，结余物资利库2498万元。基础治理取得新成效。五个专题数据可用率全省第一，整体数据可用率99.99%。2021年频停线路同比下降96%，实现长期低电压“零配变”，5台长期过载配电变压器“全清零”，运检类投诉同比下降78.5%；实现了“三零一全一压降”供电质量治理工作目标。全面消除长期低电压配电变压器，季节性低电压配变同比降低24.44%，5次及以上频停线路治理率100%。95598投诉同比压降81.6%。台区线损达标率99.6%，同比提升3.48%。两个县公司、15个供电所50次入围“国网百强”（含规模下）。反窃查违209件，整改业务问题1013件，堵漏增收592.72万元。

2021年8月23日，国网山阳县供电公司员工在板岩镇抢修10kV耿村线跨河放线。（祝　赫　摄）

（周海朝　杨　帆）

【安全生产】 安全生产工作落实“三管三必须”，发挥各级安委会作用，落实全员岗位安全责任清单863个。严格安全生产“一票否决”，全年处罚14.9万元。举办安全知识竞赛，组织2400余人参加安规普考。完成128家外委企业资信报备和2080人准入考试。隐患排查不留死角。扎实推进“五查五严”，整治各类缺陷隐患813条，全面完成“二下二上”专项整治任务，安全生产巡查“回头看”92项问题见底清零。张村变、柞水变110kV电网全解环，43条配网重过载线路全面治理。突出现场从严管控。严格“四个管住”“四双”管理、“十不干”和看板管理，大力推进标准化作业，完成361项春秋检任务和128项大修技改项目。“现场+视频”督导检查作业现场4356人次，创建无违章现场45个（国网陕西电力8个）。救灾保供冲锋在前。高效应对“7·22”“8·23”等多轮强降雨灾害，及时恢复24.3万户受灾群众供电。选派突击队员分赴郑州、西安支援抗洪抗疫保电。编制“一馆一册、一站（线）一案”，圆满完成中国共产党成立 100 年、十四运会会等重大保电任务。强化科学调度和精益运维，签订需求响应协议 8.64 万 kW，有力保障冬季保供和民生用电。国网商洛供电公司众志成城战疫情、抗洪灾、保供电，安全生产突破 5700 天。

（王　辉）

【营销与优质服务】 2021 年，国网商洛供电公司以“获得电力”指标提升为抓手，人民群众办电用电满意度显著提升。营商环境不断向好。瞄准市政府“营商环境最优区”建设目标，完成 2020 年度用户“获得电力”专项监管通报问题整改。强化供电服务领域专项监督，排查上报转供电加价主体 116 户。全年累计受理新装、增容 1.03 万户、41.22 万 kVA。为民服务践行初心。积极宣传落实新电价政策，全面开展代理购电。推行疫情期间“欠费不停电”和防疫用户“先接电后办手续”服务举措。网格化推广“网上国网”，累计注册 34.62 万户，绑定 48.67 万户。配合完成秦岭区域 98 座小水电整治。开展“两拆一提升”城市空中“蜘蛛网”排查治理。助力乡村振兴发展。实施 98 项农网升级改造工程，加快补齐农村地区供电服务短板。签订 112 万元“国网阳光扶贫”捐赠项目，消费扶贫 69.17 万元，结算光伏扶贫用户电费 1.16 亿元。调整驻村第一书记及工作队员 12 人。国网商洛供电公司扶贫工作被陕西省评为“优秀”等次，杨飞、杨李周同志分别荣获陕西省、国家电网公司脱贫攻坚先进个人。

● 2021 年 9 月 8 日，国网商洛供电公司为十四运会保电共产党员服务队授旗，推动更好发扬“全心全意为人民服务”的张思德精神。（祝　赫　摄）

（高　挺　雷瑞雪）

【科技与信息化】 2021 年度完成科技项目任务 2 项、总投资 86 万元；4 项科技项目纳入国网陕西电力储备，总投资 105 万元。《区块链物联网在山阳电网地质灾害实时监测预警系统中的应用》获得国网陕西电力科技进步奖三等奖。

2021 年，狠抓数据质量治理，促进供电服务品质持续提升。确定“10+2”项年度数据治理和“四个数字化”工作思路和目标，累计完成 21 期数据清单 34.54 万条问题整改，数据可用率达到 99.99%，较年初提升 0.96 个百分点，五个专题数据可用率排名全省第一。上报典型案例 10 篇，一项数字化劳动竞赛项目纳入国网陕西电力重点培育库，山阳十里供电所数字化转型取得阶段性成果。深化隐患排查整改，信通保障能力大幅提升。开展安全生产专项整治和隐患排查治理，完成 21 座通信站点 63 套设备的检修和隐患缺陷整改 22 项。完成城区光环网及镇柞西部光通信路由 1+1 光路优化，交换机更换及 64 个站点的调度电话业务割接和 UPS 电源系统改造，互联互通网络先行，筑牢安全防护篱笆。做到信息网络延伸、信息运维管理融合、基础资源共享，实现南区双光缆、双路由覆盖，综合数据网业务、调控业务及行政电话业务延伸，“一市三县”内网网络接入全覆盖。

（巩　谦　李　宏）

【党的建设与精神文明建设】 2021 年，国网商洛供电公司党委不断强化政治建设。坚持党对国有企业的全面领导，严格执行党委会“第一议题”制度，及时传达学习习近平总书记重要讲话文章和重要指示批示 12 项。深入学习贯彻习近平总书记“七一”重要讲话、来陕考察重要讲话指示精神和党的十九届六中全会精神，党委理论中心组集中学习 20 次，举办商电大讲堂 5 期。扎实开展党史学习教育。组织中心组党史专题学习 13 次，读书班 1 期，专题宣讲 6 场次。领导班子成员分别到分管领域及党建工作联系点讲专题党课 23 场次。开展“我为群众办实事”“三讲到班站、服务进一线”百日主题活动，了解并解决班站所存在的现实问题 65 项。持续强化组织保障。全面加强党的组织建设，合理优化党组织机构设置，规范换届选举和党支部的届中调整工作，完成 15 个党支部换届选举工作。2021 年发展党员 18 人。积极选树先进典型，开展“两优一先”评选和推荐，14 个集体和个人获上级组织表彰，31 个集体和个人获得国网商洛供电公司表彰。

● 2021 年 2 月 11 日，国网陕西电力领导到国网商洛供电公司 330kV 张村变电站调研慰问并与一线员工包饺子欢度春节。（祝 赫 摄）

（谢 丰）

深化党风廉政建设。对 33 名部门（单位）负责人廉政约谈，办理审计发现问题线索移交、95598 工单满意率问题线索核查，问责处理 53 人次。完成国网巡视反馈问题整改和国网陕西电力巡察配合。发展动能持续凝聚。完成 3 批次领导人员选拔任用，优选 2 人东西人才帮扶，竞聘选配 8 人，供电服务直聘用工补员 21 人。完成 29 项“我为群众办实事”实践，常态化开展冬送温暖、夏送清凉。策划“万家灯火掌灯人”主题传播，中央权威媒体发稿 52 篇。

截至 2021 年 12 月 31 日，国网商洛供电公司共创建全国文明单位 3 个，省级文明单位标兵一个，省级文明单位一个。

2021 年度山阳县供电分公司获 2021 年度陕西省省国资委“文明单位”和商洛市文明委授予“市级文明单位”荣誉称号；丹凤县供电分公司获 2021 年度中共陕西省委精神文明建设指导委员会办公室“最佳志愿服务组织”；镇安县供电公司电力志愿服务队获“镇安县优秀志愿服务组织”表彰，青年职工张浩荣获“镇安县 2021 年度优秀志愿者”荣誉称号；商州区供电分公司“国家电网陕西商州电力张思德共产党员服务队”获商洛市最佳志愿服务组织。公司荣获“陕西省五一劳动奖状”“陕西省电力公司红旗党委”。宁启水同志荣获“全国最美城乡社区工作者”，张玉红家庭被评为“全国最美家庭”。

国网铜川供电公司

【企业概况】 国网陕西省电力有限公司铜川供电公司（简称国网铜川供电公司）成立于 1970 年，担负着铜川市“四区一县”及周边富平、白水、旬邑县等部分地区的供电任务，供电营业区面积约 4500km^2，供电人口约 90 万。公司设置职能部门 12 个，业务实施机构 12 个，县（区）公司 3 个、城区供电分公司 1 个。在册员工 1138 人，供电服务职工 423 人。2021 年完成售电量 43.78 亿 kWh。近年来，在铜川市委、市政府和陕西省电力公司的领导下，国网铜川供电公司始终坚持把履行社会责任、推进可持续发展融入日常运营中，把保障安全供电放在工作首位，视优质服务为企业生存和发展的生命线。先后获得“全国文明单位”“全国五一劳动奖状”“全国模范职工之家”“全国青年文明号”等荣誉称号。

（山 开）

【电网概况】 铜川电网是连接关中电网和陕北电网的枢纽，以金锁变、桃曲变、东塬变 3 个 330kV 变电站为中心分三个供电区运行。截至 2021 年年底，铜川电网共有变电站 81 座，变压器 151 台，变电容量 5691.08MVA，其中局属变电站 38 座，主变压器 77 台，容量 3554.8MVA，客户变电站 43 座，主变压器 74 台，容量 2136.28MVA。

铜川电网现有新能源电厂 15 座，其中分布式电站 4 座，总容量 1017.2MW，35kV 及以上输电线路 158 条，长度 1629.239km，配网线路 194 条，总长度 2881.01km。

（李小宇）

【特色亮点工作】 **安全生产攻坚行动持续发力。**固化入库标准化作业卡 271 项，标准化作业成效受到国网陕西电力主要领导肯定。“无票、无计划不工作承诺制”“老虎口”警示标识等典型做法在全省推广。设立无违章创建“红黑榜”，自查违章同比增加 69%，创建两级无违章现场 44 个，无违章率 1.38%，排名全省领先。

（张 丽）

利用照金红色资源，创新开展“五个一”（补补钙，忆一段辉煌党史；加加油，走一程红军路；照镜子，讲一个红色故事；强信念，唱一首红色歌曲；见行动，亮一份党员承诺）党员教育培训，广大党员参与现场沉浸、感悟、互动教学培训，丰富了公司党员教育培训形式，解决党员教育“方法单一、内容陈旧、吸引力和实效性不足”等问题。

（孙耀娟）

推进卓越服务“珠峰”行动，全面促进服务规范提升。细化80项具体工作，创建26项创新点和突破点，以开展“学党史、举党旗、提服务、登珠峰”劳动竞赛贯穿始终，在服务质量提升暨“零投诉月”“两学两降”百日攻坚、“庆华诞、迎全运”故障压降专项行动成效基础上，针对差异性问题继续推进“攻坚克难补短板、专业专注提服务”电力保供专项行动，形成工作亮点26例，入选国网陕西电力典型经验库2例。

（樊　迪）

扎实开展数字化市公司建设。制定数字化转型行动方案和13个专业子方案。重构9个典型业务场景。推进耀州数字化县公司样板建设，安装一二次融合柱上断路器207台，智能融合终端、营配控制器、HPLC智能电表全覆盖。完成55条10kV线路向融合终端态势感知平台推图，11个供电所完成数字化供电所推广。应用数字化工作台49项场景，真正实现“图上决策、数据说话”，实现耀州“五个一”建设目标。

2021年5月28日，国网铜川供电公司党委理论中心组“学党史 悟思想 办实事 开新局”主题教育活动。

（杨　鹏　摄）

（孙　鑫）

【人力资源】 截至2021年年底，全口径用工总量1684人，其中，职工1138人，平均年龄41.3岁，农电用工423人，集体企业用工（包含集体身份职工、集体企业聘用职工、非全日制用工）123人。人才当量密度1.0866，人才引进指数0.9476，女职工325人。

（金　柳）

【电网建设与发展】 构建公司“四级规划、五级参与”的工作体系，完成市、县两级“十四五”电网滚动规划工作。推进铜川电网高质量、可持续发展。2021年按期完成焦坪110kV增容工程、梅家坪牵引站110kV供电工程、雷塬35kV输变电工程等3项工程核准。

2021年4月20日，国网陕西电力与铜川市政府签署战略合作框架协议。（杨　鹏　摄）

超前介入项目可行性研究，全过程参与110kV瑶曲牵引变供电工程、赵家塬升压工程和35kV雷塬变电站可行性研究，提出优化方案建议13条。全年完成大前期年度计划节点16个，取得梅家坪牵引站供电工程、焦坪增容工程等2项初设批复和施工图专审意见，使两项工程按期顺利开工建设。

（李芝默　倪冬康）

【经营管理】 固定资产投资2.67亿元，完成年计划的100%；售电量43.78亿kWh，完成年计划的100.64%；线损率4%，与年计划持平，同比降低2.1个百分点；营业收入21.44亿元，完成年计划的123.6%；电费回收率100%。业绩指标考核排名全省第三，同业对标综合排名全省第一。

财务资产数字化，基于数据中台，组织接入ERP、PMS2.0、营销业务应用、同期线损、财务管控、投入产出平台等系统业务数据，集成“站—线—变”维度资产价值画像。将设备台账、运行数据、资产价值、投入产出价值数据与地图强关联，利用“电网一张图”直观掌握资产变动全貌，实时查看每台设备价值。

（李芝默　康　俞）

【安全生产】修订完善安全责任清单共计1060份，持续开展三级安全述职，累计述职达590人次。开展专题安全日活动23次，深刻汲取各类安全事故教训，强化安全意识和措施。制定国网铜川供电公司《安全警示约谈实施方案》，对7个部门、个人进行约谈，4人在安委会、月度安全例会上做检查，真正拧紧了知责履责追责链条。

全年下发三级及以上作业风险管控单15份，发布电网风险预警单27份。全面开展隐患排查治理，累计发现隐患1479条，治理1007条，治理率68%，并按照一患一档进行管理公示。扎实开展专项隐患排查，发现并整治110kV金焦、宜马等639处输配电防汛隐患。

制定现场“十不干”承诺书、“老虎口”警示标识等受到了国网陕西电力高度肯定并推广应用。建立无违章创建“红黑榜”和“反违章看板”。全年查纠违章369条，同比增加44.7%。创建国网陕西电力级无违章现场9个，同比增加2个。强化“双准入”要求，全年组织准入考试109场，准入2832人次，开展特种作业类型梳理，确保人员持证上岗。

明确年度应急演练任务11项、应急培训任务3项、应急重点项目4项。结合国家能源局应急能力建设督查工作，修订完善国网铜川供电公司突发事件总体应急预案，协同铜川市能源局、应急局组织开展铜川市2021年大面积停电演练，完成2021年应急能力评估。

（张　丽）

【设备管理】年度累计开展带电作业273次，作业时间116.5小时，完成率105%。330kV线路等电位作业12次，国网陕西电力排名第一。8月15日，绿巨人铁路专线梅家坪牵引站110kV牵耀T线路建成投运，线路长度2.75km。11月17日，原110kV关稠线路开π接，新建110kV桃稠线路、桃关Ⅱ线路建成投运。

完成35kV阿庄变增容改造投运，新建广阿Ⅱ线路，完善了阿庄变单线单变电网设备隐患，降低了阿庄变全停风险，增强了35kV阿庄变电站、110kV广阳变电站、红土变电站10kV负荷互供能力。集控站

●绿巨人铁路专线梅家坪牵引站110kV牵耀T线路建成。（杨　鹏　摄）

建设并通过国网陕西电力验收，变电运维中心成立桃曲监控班，采用调度“D5000延伸+KVM”方式实现38座变电站设备监控。

生产技改项目，22项已完成物料需求提报，19项完成施工合同签订，现场开工18项，竣工5项，关闭4项。累计完成投资1603.64万元，完成年度计划100%。生产大修项目，完成全部44个项目合同签订，43项已全部开工，结算43项，项目结算率100%，资金发生1928.92万元，资金发生率100%，项目进展均按照里程碑计划完成。

（周　玲）

【配网管理】圆满完成十四运会和残特奥会保电工作。编制完成8条10kV线路“一线一案”，完成保电线路带电检测66次，发现缺陷隐患96处，带电消除紧急缺陷5处，开展巡视及带电检测70次，制止外破风险6处，保证了十四运会和残特奥会保电期间线路设备安全运行。

●2021年5月14日，国网铜川供电公司开展十四运会测试赛保电现场誓师大会，党员服务队吹响十四运会保点集结号。（杨　鹏　摄）

国网铜川供电公司全口径供电可靠率 99.9448%，用户平均停电时间 4.6343 小时 / 户（剔除异常气象），同比压降 56.60%，较年度目标压减 10%，累计开展合环倒负荷 107 次，不停电作业 345 次，审核超 100 时户停电方案 49 项，优化施工方案 57 项，年度熔断超月度计划停电 4 次，配网月度停电计划执行率 80.68%（剔除异常气象），10kV 线路 *N*–1 通过率提升至 83.42%，配电自动化开关安装率 70.13%，馈线自动化覆盖率 57.92%，电网资源基础数据采集整线完成率 98.48%。新区高可靠性示范区供电可靠率 99.99%，用户平均停电时间 0.833 小时 / 户。

（张　鑫）

【营销与优质服务】 配合铜川市能源局出台《铜川市“获得电力”试点工作方案》，为铜川“获得电力”试点城市建设打好基础。完成冀东、尧柏万吨线等 36 个省市重点项目接电投运，被铜川市政府授予 2020 年度铜川市重点项目建设要素保障先进单位。全面使用“办电 e 助手”，推进“阳光业扩”服务建设，应用率 94.87%。连续两月入选市营商环境宣传较好单位。

电能替代项目 732 个，累计替代电量 11567.2184 万 kWh，完成年计划 9600 万 kWh 的 120.49%。

完成铜川市客运总站公交充电站等 7 座充电站，121 台充电桩建设，并协助铜川市能源局完成《铜川市电动汽车充电基础设施“十四五”规划》编制。

开展煤改电宣传，制作发放煤改电宣传册 10 万余份，宣传煤改电相关政策，联合地方政府开展电采暖安全用电、节电宣传。

组织完成营销系统电价调整，配合政府部门，全年组织 2 次对转供电主体及覆盖终端客户进行摸底排查、信息统计和“转供电费码”推广工作。

国网铜川供电公司年度 95598、96789 热线万户投诉量指标排名全省第一，万户意见量指标排名全省第三。

完成国网阳光扶贫捐赠项目 49 万元，惠及 1765 人。国网铜川供电公司 2 名同志获 2020 年度陕西省脱贫攻坚先进个人，1 名同志获 2020 年度铜川市脱贫攻坚先进个人，国网铜川供电公司获 2020 年度铜川市脱贫攻坚先进集体。圆满完成中国共产党成立 100 周年、十四运会、残奥会等保电任务 55 次。农村光伏并网 611 户，容量 1.82 万 kVA，结算光伏电量 6058.02 万 kWh，发放补贴 2314.66 万元。

（高　翔）

【科技与信息化】 2021 年国网陕西电力下达科技项目 5 项，共计 184 万元。申报发明专利 3 项，实用新型 3 项；授权发明专利 2 项，实用新型 5 项。“以加快推进重要企业数字化转型为目标的智慧电网企业建设管理”获国网陕西电力管理创新二等奖、“架空输电线路紧固悬垂线夹退出螺帽专用工具”获陕西省科协、工信厅、国资委联合举办的 2021 年陕西省企业“三新三小”创新竞赛二等奖。申报陕西省科学技术奖 1 项通过形式审查。申报 2021 年国网陕西电力科技进步奖 4 项，专利奖 2 项。

部署 3356 台智能融合终端、33.6 万块 HPLC 智能电表。完成配电自动化主站系统一、四区切换，馈线自动化覆盖率提升至 76%。建成 442 人数字化工作

●2021 年 10 月 21 日，国网铜川供电公司当好残奥会场馆保电先行官。（杨　鹏　摄）

●2021 年 8 月 17 日，铜川市客运总站公交充电站建设调试。（杨　鹏　摄）

台权限配置、数据写入，绘制供电区域图37张，完成33个供电所智能融合终端态势感知平台部署，县公司、供电所数字化水平不断提升。数据管理居全省前列，数据可用率综合排名全省第二。264条线路数据迁移至电网资源业务中台，完成264条线路、4702个台区数据采录，数据接入率、采集完成率均达到100%。治理数据质量问题1602条，客户档案数据47291条。25项数据微应用、5个监测分析主题、3个RPA机器人开发、应用，开展45次专题分析工作，编制11期38项监测分析报告，派发协同处置工单14份，处置异动问题401项，全年追补电费7.20万元，监测分析价值不断提升。

•2021年8月20日，国网铜川供电公司召开2021年数字化转型阶段性建设成果发布演示汇报会。

（孙　鑫　摄）

（李迎华　孙　鑫）

【党的建设与精神文明建设】 国网铜川供电公司围绕“一三六三”工作主线，抓工作从党建入手，抓党建从工作入手，在“融入”上下功夫、在“内嵌”上做文章，深入推进党建工作与生产经营融入融合。坚持“造形”与“铸魂”一体推进，“夯基础”与“强功能”一体推进，把公司各级党组织建设成坚强战斗堡垒。

发挥党建引领作用，助力安全攻坚行动，推进“三个深化”专项行动，实效开展党员“双带头”活动。结合管理精品打造行动，抓好九大专业“党建+”项目落地。持续组织开展学史力行“下连当兵”活动，推动党建工作在与业务工作的融合发展上创造价值、在攻坚克难上体现价值、在提升品牌形象上彰显价值。

•2021年6月3日，国网铜川供电公司党史学在现场、标准讲在现场、安全控在现场，各党支部开展“学党史 践初心 实施三个深化 推进标准化作业”主题党日活动。

（杨　鹏　摄）

（孙耀娟）

召开国网铜川供电公司党团两级代表大会。编制党委、党支部两级标准化指导手册，修订《党支部月度量化积分考评细则》，试行党员积分管理。制定党员教育计划，利用“三会一课”、红色党员教育平台。对党员进行党风廉政教育、党性教育。精神文明建设处于铜川市前列，完成精神文明广告宣传的大型公益广告2处，更换公益广告牌35块，2021年精神文明网传资料得分110分。

建成“客户服务”党代表工作室，跨专业解决服务难点，全环节推进重点工作，数字化提升工作质效。探索开展数字化党建，深化党建信息系统应用，承接智慧化分析、互动化共享、全景化展示等应用，实现党建数字化转型。

开展“弘扬劳模精神”宣传月活动，召开主题座谈会，全年共评选国网陕西电力工人先锋号2个，铜川市工人先锋号1个，公司级工人先锋号10个，陕西省能源化工系统工人先锋号1个；2人被评为国网陕西电力级劳模，10人被评为公司级劳模，2人被评为国网陕西电力先进工作者，1人被评为铜川市工匠，国网铜川供电公司被评为陕西省先进集体。

印发《国网铜川供电公司创新工作室进退与评价管理建议（试行）》，全年开展创新活动27项，4项成果入选国网陕西电力十大创新转化项目；完成“炳勤”创新工作室的升级改建工作，并举行炳勤创新工作室揭牌仪式，极大程度的夯实了职工创新平台。

（孙耀娟　崔　鑫）

国网延安供电公司

【企业概况】国网陕西省电力有限公司延安供电公司（简称国网延安供电公司）成立于1972年，是国网陕西省电力有限公司直属供电企业，负责延安地区37000km^{2}范围内的电网规划建设、运行管理、电力销售和40.5447万客户的供电服务工作。国网延安供电公司内设12个职能部门、11个业务支撑机构及1家受托管理集体企业。

●2021年11月12日，国网延安供电公司新任领导班子在调度中心听取电网运行方式报告。（杨 鹏 摄）

【电网概况】国网延安供电公司管辖范围内共有变电站152座，其中750kV 2座，容量4200MVA；330kV9座，容量4530MVA；110kV56座，容量3739MVA；35kV85座，容量898.95MVA；10kV配电变压器1.15万台，容量2019MVA。750kV线路9条，926km；330kV线路32条，1594km；110kV线路136条，3350.7km；35kV线路142条，1950.7km；10kV架空线路496条，15594km。

全年完成售电量116.05亿kWh，同比增长10.9%；完成营业收入54.32亿元；完成线损率4.23%；当年电费回收率100%；城市供电可靠性99.9302%，农村供电可靠性99.6455%；最大用电负荷200.76万kW，实现连续安全生产1934天。

（李 明 王 瑜）

【特色亮点工作】**电网建设促发展。**加快能源互联网建设，助力延安追赶超越“十四五”战略合作框架协议。国网延安供电公司充分发挥延安政治优势、区位优势、能源优势，以延安精神建设延安电网，主电网“建强主网、扩大外送”、配电网“提高标准、建成A类供电区”，成为全省首家促成国网陕西省电力有限公司与地方市政府签订“加快能源互联网建设 助力延安追赶超越‘十四五’战略合作框架协议”的单位，推动延安电网向能源互联网发展实现新跨越，建成国家西电东送的重要起点、陕西北电南送重要枢纽、革命老区高可靠性城市配电网的典范，推动延安新时代追赶超越高质量发展。

●2021年3月15日，国网陕西电力与延安市政府签署战略合作框架协议。（刘 浩 摄）

政企联动保安全。建立政企联动长效机制，治理森林火灾隐患。延安公司联合延安市森林草原防灭火指挥部办公室、延安市林业局、延安市应急管理局、延安市发展和改革委员会印发《延安市森林草原区输配电设施火灾隐患专项排查治理实施方案》，建立政企联动机制，扎实做好森林草原火灾隐患防治和输电线路通道隐患治理提升，有效提升森林火灾隐患治理时效，稳步提升设备运行健康水平。

全心全意保供电。成立保电领导小组和12个专业工作组，建立“1+*N*”供电保障团队，编制电力安全保障总体工作方案和专业子方案，明确职责，挂图作战。超前安排保电期间延安电网运行方式、备自投运行方案，累计完成30座变电站、55条线路、7座开闭所“一站一案”“一线一案”编制，圆满完成建党百年、全国政党大会延安分会场、十四运会会等特级保电任务。

创新创效得实效。共获得全国电力行业QC成果一等奖1项，陕西省成果一等奖2项、二等奖1项，3项优秀成果在国网陕西电力成果评选中全部获奖，质量管理小组活动成果连续四年名列国网陕西电力系统前列。崔航、张华健在陕西省人社厅、陕西省总工会、陕西省科技厅、陕西省团委举办的2020年陕西省职业技能大赛中，分别取得计算机网络管理专业第四名和第五名的好成绩。在国网陕西电力组织的2021年法律专业知识考试中，国网延安供电公司荣获团体第一名，张博文荣获个人第一名，李伊璇、王丽进入前20名。

● 国网延安供电公司在十四运会期间开展设备巡查。

（刘　浩　摄）

红色基因续传承。国家电网陕西电力张思德（延安枣园）共产党员服务队荣获“国网楷模”荣誉称号。2021年6月30日，国家电网陕西电力张思德（延安枣园）共产党员服务队被国家电网公司党组授予“国网楷模”荣誉称号（国网系统仅3家单位获此殊荣）。22年来，服务队将践行党的宗旨和企业宗旨相结合，以“党建引领，服务先行，管理为基，文化作魂”为建设思路，强基固本、突出特色，依托红色资源打造坚强战斗堡垒的同时深化“五项服务”，成为国网延安供电公司在延安革命圣地为民服务的“金色名片”。

（陈　龙　刘卫涛）

【人力资源】国网延安供电公司共有全口径职工1434人，其中长期职工1085人，占比75.6%。长期职工中，研究生及以上学历44人，本科学历787人，专科学历146人，高中及以下学历108人；高级职称164人，中级职称262人。高级技师77人，技师316人，高级工157人，中级工210人。深入推动标准化理念进班组、进站所、到岗位，大力推广柔性团队考核激励模式。拓宽人才成长通道，研究制订技术专家、技能工匠通道建设实施方案，17名员工获国家电网公司、国网陕西电力专家人才和“陕电工匠”称号，4名职工参加“青马工程”培养；深入盘活内部人力资源市场，开展内外部挂职锻炼、东西人才帮扶、驻村扶贫。开展岗位竞聘，选拔15名人员；拓宽多元化补员通道，52名新入职毕业生补充到一线空缺岗位；深入推进“五个倾斜”落地见效，持续加大薪酬分配向安全生产责任大、生产一线、高端人才、艰苦边远地区和克难攻坚者倾斜力度，激发一线班组“自己干”和“多劳多得”动力。

（胡　鹏）

【电网发展】按照“一县一站、两纵两横”330kV目标网架，规划110kV项目27项，35kV项目16项，优化投资7.89亿元。以计划刚性管理为抓手，持续推进“大前期”工作，完成11个项目共28个节点。330kV宜川开关站主变扩建、110kV南泥湾输变电、黄龙土基变电第二电源等12项工程已全部竣工投运，330kV永康变电站主变压器扩建等2项工程均按期推进，222项配网工程按期竣工投产，进一步提升配电网供电能力。克服新能源项目建设晚、时间紧、启动投产密集、任务重、疫情防控压力大等困难，积极主动对接用户，优化并网服务流程，合理规划启动时序，按期顺利完成20项69.71万kW新能源项目并网工作。深入开展黄龙330kV汇集站建设方案研究，推动市发改委、黄龙县政府、新能源企业与陕西省电力公司座谈，统筹研究黄龙县新能源接入方案、330kV汇集站建设方案，为汇集站建设奠定基础。

● 国网延安供电公司克服新能源项目建设晚、时间紧、启动投产密集、任务重、疫情防控压力大等困难，积极主动对接用户，优化并网服务流程，合理规划启动时序，按期顺利完成20项69.71万kW新能源项目并网工作。（刘　浩　摄）

（苏晨飞）

【经营管理】 2021年，完成固定资产投资7.23亿元，其中电网基建投资4.44亿元；线损率4.23%；营业收入54.32亿元。同期线损管理水平实现新突破，同期线损监测率完成99.06%，同比提升2.94%，在国家电网公司331家参评地市级供电企业中位列第21名，入选国网十佳市。3家县公司累计8次入选国网百强县，9个供电所累计23次入选国网百强所，11个供电所累计19次入选国网百佳所。持续推进“10+2”项专题基础数据治理，累计完成各类问题数据治理9.4万余条。深入实施供电可靠性提升行动，10kV线路跳闸率同比压降46.84%，运检类投诉同比压降77.78%，自动化覆盖率同比提升20.12%。累计查处“量价费损”问题289个，追补电量416.39万kWh，堵漏增收1038.27万元。

●国网延安供电公司带电作业现场。 （刘 浩 摄）

（王喜刚）

【安全生产】 成立国网延安供电公司安全生产委员会，优化市县安全监督机构和安全管控中心设置，修订安全工作奖惩实施细则，奖励重点向基层一线、关键岗位倾斜。修编全员安全责任清单，推动省管产业和外包队伍同质化管理，严格执行现场安全管理“三条纪律、六项要求”，认真落实“十不干”承诺和措施清单，细化“四个管住”“四双管理”落地执行，补充规定25类“双勘察”、47类“双到位”标准，修订标准化作业文本436项，执行安全看板1389块。严格执行“四不放过”，对10起电网设备事件、3起严重违章的责任单位和相关责任人进行严肃考核。坚持将保人身作为首要任务，开发应用“人身安全吹哨”App，累计吹哨219人次。全力开展安全生产专项整治集中攻坚，治理问题隐患198条、十八项反措隐患660条、防汛隐患41条。召开安全风险管控督查会53次，审核三级及以上作业风险334项，落实风险防控措施9760条。安全有序完成春秋检计划661项。政企联动，高效协同，联合延安市发改委、林业局、应急管理局、森林草原防火指挥部办公室等部门印发《延安市森林草原区输配电设施火灾隐患专项排查治理实施方案》，提升森林火灾隐患治理效率。截至12月31日，延安公司连续安全生产1934天。

（刘卫涛 陈 龙）

【市场营销与优质服务】 制定购售电同期管理营销专业实施方案及行动计划，完成3080户高压用户购售电同期抄表例日变更宣传告知，确保用户应知尽知。深化电费“四自”应用，完成3776户手工抄表的现场核查及整改，电费四自成功率达到99.8%。全力落实国家电价改革代理购电工作，高压用户签约率61.72%，按期完成了1084户一般工商业电价用户本地费控表的表计更换，全部具备分时计量条件，满足代理购电执行要求。以同业对标为抓手，深化星级供电所创建，县公司管理水平持续提升。完成2021年营商环境“获得电力”线上测评工作，客户服务满意率99.26%，业扩平均接电时长达标率100%，获得电力指数100%。

（刘卫涛）

【科技与信息化】 全面落实国网延安供电公司“两会”精神，整合内外资源，围绕解决生产、建设、营销重点领域的突出问题，科技创新管理水平稳步提升，获得国网陕西电力科技进步三等奖1项，申请国家专利4件，专利获得授权2件。开展安全隐患整治、传输网管集约化建设、通信网管等保测评、光缆线路运维支持系统数据治理。持续推进“10+2”项专题基础数据治理，2个常态监测专题增量数据得到有效控制，3个新增专题存量问题清零。通过“可靠组网＋租赁收费”光传输通道综合新模式，促进数字基础建设质效和生产效益最大化。稳步推进电网资产实物ID数据清理贯通，贯通率均达到98%以上。累计完成1313个“i国网”用户App升级、1417个U盘标签升级，完成原南区500余个企业门户账号创建、3132个点位综合布线，实现工作效率最大化。

（王喜刚 侯克峰）

【党的建设与精神文明建设】 严格“第一议题”制度，

全覆盖宣贯党的十九届五中、六中全会精神，及时组织学习传达习近平总书记重要讲话和指示批示精神 10 次。邀请中国延安干部学院教授举办党史教育专题辅导 3 次，在宝塔山等革命旧址开展现场体验教学 6 次。创新党建绩效考核形式，开展国企党建工作会议贯彻落实“回头看”，党的组织和工作覆盖率、党委和党支部标准化达标率保持 100%。深化实施“党建 +”工程，组建“南泥湾输变电工程、援豫抢修”等 3 个临时党支部和“中国共产党成立 100 周年保电”“十四运会保电”“抗疫保电”42 支党员突击队，助力国网陕西省电力公司高质量完成各项重点工作任务。开展“树牢底线思维、严守纪律规矩”主题廉洁宣传教育活动。持续深化作风建设，严查重要节点和关键领域廉洁纪律执行情况，把党风廉政“教育常有”和纠治“四风”贯穿始终。扎实推进国网巡视和国网陕西电力巡察问题整改，推动巡察工作与纪检监督统筹衔接。坚持党建带群团建设，健全和完善基层工会组织，召开公司第一次工代会，开展“我为群众办实事”实践活动，持续为职工办好“十件实事”。充分发挥宣传引导作用，中央媒体宣传取得历史性突破，中央电视台新闻联播、新闻直播间等栏目先后报道公司工作 47 次。

● 国网延安供电公司利用红色资源开展党史学习教育现场体验教学。（刘　浩　摄）

（高　攀）

国网榆林供电公司

【企业概况】 国网陕西省电力有限公司榆林供电公司（简称国网榆林供电公司）隶属国网陕西省电力有限公司，成立于 2021 年 10 月，由原国网陕西省电力公司榆林供电公司、陕西省地方电力（集团）有限公司榆林电力分公司融合设立。负责榆林市全市 4.3 万 km^2 范围内的电网规划建设、运行管理、电力销售和约 385 万客户的供电服务工作。内设 15 个职能部门、15 个业务支撑机构、平台企业 1 家、子公司 1 家、分公司 7 家、15 家县级供电公司。

【电网概况】 国网榆林供电公司电网以 750、330kV 电网为主骨干网架，通过 4 条 750kV 线路和 4 条 330kV 线路与陕西主网相连。陕能赵石畔、榆能横山两座电厂通过 1000kV 特高压交流输电通道向山东送电，神木锦界、府谷庙沟门两座电厂通过 500kV 交流输电通道以点对网方式向河北南网送电。公司辖区范围内共有变电站 459 座，其中 750kV 变电站 3 座，容量 12600MVA；330 kV 变电站 19 座，容量 12446MVA；220kV 变电站 3 座，容量 960MVA；110 kV 变电站 264 座，容量 22275.3MVA；35 kV 变电站 170 座，容量 2833.405MVA。750kV 线路 16 条，长度 1258.86km。330 kV 线路 46 条，长度 1866.293km。220 kV 线路 6 条，长度 433.25km。110 kV 线路 702 条，长度 9892.13 km。35 kV 线路 440 条，长度 3555.29 km。

● 榆林电网全年新能源新增装机 2220MW，总装机达 13400MW，占全省新能源总装机的 55.7%，年发电量 207 亿 kWh，占全省新能源年发电量的 66.5%，图为高家堡风力发电场。（王泽宁　摄）

（窦生根）

【特色亮点工作】 **能源清洁低碳转型**。统筹电力保供和能源清洁低碳转型，积极构建新型电力系统，助力推进“双碳”目标。陕湖直流工程建成投运，榆林市电力外送规模达到 18240MW，全年外送电量 723.49 亿 kWh，陕西—河南外送通道纳入国家“十四五”电力规划。全年新能源新增装机 2220MW，总装机达

13400MW，占全省新能源总装机的 55.7%，年发电量 207 亿 kWh，占全省新能源年发电量的 66.5%；新能源利用率 98.05%，高于全省 0.55 个百分点；有力支撑陕西省完成国家下达的非水可再生能源消纳责任权重指标。全年累计完成电能替代项目 93 个，替代电量 10.72 亿 kWh，同比增长 11.2%。

电力保供取得实效。落实榆林市政府抗旱保粮重点工作，调增配网资金 2071 万元，新投运农灌线路 25 条 /52km，按期完成 20 项防汛抗旱治理工程，32 项迎峰度夏度冬工程。高质量完成全运会保电，组织高新公司完成 13 条 10kV 保电线路“一线一案”编制工作，与榆林市政府、榆林职业技术学院完成《重大活动场所供用电安全责任书》签订，编制比赛场馆“一馆一册”保电方案，圆满完成拳击、排球 2 个项目的保电任务，实现“六零、四确保”目标。援豫抢险工作受到前线指挥部、受灾群众的高度赞扬。设立 34 个“抗疫保电先锋岗”，高效完成全市 1099 个核酸采样点电力接入，榆阳供电公司、高新供电公司防疫保供工作得到政府充分肯定。推进 5 个领域 39 项提质增效任务。

经营质效稳健提升。全年完成固定资产投资 15.89 亿元，其中电网基建投资 14.24 亿元；售电量 416 亿 kWh、同比增长 24.67%；线损率 3.6%；营业收入 177.74 亿元。安全生产保持长周期记录。同期线损创历史最好水平，进入国家电网公司“十强市”，两个供电所累计 7 次进入国家电网公司“百强供电所”，综合达标率国网陕西电力第一。拓展三、四类带电作业项目。“量价费损”堵漏增收 1603.42 万元。

融合发展有力有序。全面实现机构整合到位、合署办公到位、人员融合到位，县公司机构调整、产业单位优化调整工作稳步推进。标准化作业有序推进，成立公司标准化作业领导小组，修订作业文本 117 份，新编作业文本 49 份。坚持示范引领，各专业开展标准化观摩 8 次，其中 110kV 双河变电站 1102 开关分合闸线圈更换标准化现场在全省线上开展观摩。累计培训 2568 人次，布置“看板”569 块，标准化执行作业票 1439 张，各级人员到位持卡监督 3397 人次。完成各类检修例试工作 2707 项，消除隐患缺陷 1484 条。强化信访稳定和舆情管控，融合发展保持稳定局面，在中央媒体、各类主流媒体发稿 3112 篇。

【人力资源】 共有全口径职工 5981 人（含产业单位），其中长期职工 4383 人，占比 73%，供电服务工 1354 人（原农电工），集体工 134 人，直聘工 50 人，劳务派遣 60 人。研究生 199 人，本科 2708 人，专科 1224 人，高中及以下 1730 人。高级职称 265 人，中级职称 555 人，高级技师 98 人，技师 600 人，高级工 683 人，中级工 619 人。

融合后，全面完成 15 家县级供电公司组织机构及人员规模批复，开展人员调整及定岗工作。按照融合发展要求做好国网榆林供电公司本部各部门及各县公司、原电建公司人员核对及划转工作并全量导入人资 ERP 信息系统。同时完善各部门、各单位上报的人员调整及定岗信息在 ERP 信息系统内进行建立岗位、人员调整。组织实施各类专项人才培养计划，完成 2021 年“工匠种子”评选工作，向国网陕西电力推荐 4 人。完成青年人才托举评选推荐工作，向国网陕西电力推荐 2 人。连续 11 年举办榆林市“供电杯”技能大赛。全年报名参加技能等级评价达 2000 余人。制定安全生产专题培训计划 283 项。组织开展“安全大讲堂”直播培训，累计 2500 余人次参加。组织“陕电大讲堂”直播培训，建立国网榆林供电公司直播培训分课堂，各县供电公司共计建立 15 个县供电公司级培训分课堂。制定编制国网榆林供电公司大培训实施方案，明确 6 大版块 19 项重点工作。开展全员培训练兵，举办 15 个专业 9 期融合培训，累计参培人数超过 1000 人次。

（米　渊）

【电网建设与发展】 完成“十四五”电网融合规划和县公司配电网规划，紧密对接各级政府，促请榆林市政府印发《榆林市十四五电网补强工作方案》《2022 年度电力补强工程任务清单》，与市政府签订重点工程推进合作协议，推动各级政府将电网建设工程纳入市、县重点建设项目，出台符合当地实际的补偿标准，组建成立“大前期”柔性工作团队，完成“十四五”规划项目 301 个前期工作节点任务。建立“政府挂帅、企业实施”模式。保障陕北—湖北 ±800kV 特高压直流输电工程及其配套 750kV 送出工程按时启动送电，陕北—河南特高压通道纳入国家规划，完成陕北至关中 750kV 第三输电通道可研等各项属地任务，取得 9 项工程核准批复。提前开工 330kV 锦界输变电工程，攻坚投运 330kV 榆林变电站和龙泉变电站扩建、

●陕西—湖北 ±800kV 特高压直流输电工程陕北换流站航拍图。（王泽宁　摄）

110kV 榆溪变电站和五台变电站等一批重点项目，新增变电容量 1675MVA、110kV 及以上线路 457km，有效提升区域供电能力。330kV 榆阳平价、榆林西、榆林南输变电工程启动征地。建立审批绿色通道，推行容缺受理、并行办理、承诺审批、联合审查工作机制。制定《榆林坚强电网落地建设攻坚方案》，建立重点项目"领导包抓、专业协同、倒排工期、挂图作战"管控机制，公司主要领导挂帅成立攻坚协调领导小组，对接市、县政府加快受阻问题突破和规划项目落地攻坚。

（窦生根　王　波）

【经营管理】 全年实现营业收入 177.74 亿元，总量居国网陕西电力第二，增速居国网陕西电力第一。可控费用完成 6.04 亿元，完成率 100%。新增固定资产 14.19 亿元。投放生产运检 7611.72 万元、营销项目 577.84 万元、信通费用 382.9 万元，保障十四运会保供电、防汛抢修、隐患整治、基础治理以及数字化专项等重点投入。全年管理费用占比下降 0.12 个百分点。配合国网陕西电力完成标准成本本地化改造，增加 330kV 检修作业条目 2 项，修订作业频次 39 条。推进"三清理两提高"专项行动，制定印发专项工作方案。超额完成转资目标，清理长期挂账工程 19 项 1066 万元，清理工程结余物资 328 万元。加强工程项目竣工决算管理，完成 67 项决算编制、7 项农网审计决定执行，完成转资 14.19 亿元。持续开展资产基础数据治理，完成异常资产卡片数据治理 1136 条。全年开展各类审计项目 481 项，发现问题 240 个，提出意见建议 101 条，整改率 84.6%，完成中央审计署对国家电网公司开展可再生能源电价附加补助资金收支情况专项审计迎审工作。荣获国网陕西电力 2021 年度数字化审计先进单位，5 名同志荣获国网陕西电力数字化审计劳动应用竞赛先进个人。

（张雪桃　贺　涛）

【安全生产】 全年实现安全生产长周期 7100 天，创历史最高水平。未发生人身轻伤及以上事故，未发生同等及以上责任的重特大交通事故，未发生五级及以上电网、设备、信息事件，未发生火灾交通消防事件。组织两批次人员、车辆、物资奔赴郑州执行抗洪应急抢修工作。修订安全工作奖惩操作规范，检查作业现场 183 个，查处违章 83 项，扣罚违章积分 65 分，处罚金额 1.98 万元。贯彻新《安全生产法》，加大安全生产考核力度，兑现奖励 210.88 万元、处罚 15.31 万元。坚持全口径作业计划管控，全面推行标准化

●国网榆林供电公司员工正在检修输电线路。

（王泽宁　摄）

作业，“四不两直”督查和飞行检查作业现场237个，查纠各类问题92个，创建国网陕西电力无违章现场15个，国网榆林供电公司评定无违章现场24个。开展安全教育，编制两期《安全管理制度汇编》，组织全员安规普考，有效促进安全管理“四统一”。安全生产专项整治问题隐患治理率93%。全年新安装一、二次融合开关168台，改造一、二次融合环网柜85台，完成61条线路馈线自动化配置，107条10kV线路级差保护配置工作。竣工配电网工程383项，金额2.2亿元，有效解决了线路供电半径过长、联络率低等问题。投运14条10kV、7条0.4kV抗旱保粮线路，确保抗旱工作顺利开展。

（屈　军　姜宪卫）

【营销与优质服务】 编制2021年综合能效及电能替代工作方案，促成国网陕西综合能源服务有限公司与恒聚鑫铁合金签订综合能源服务合同，累计完成替代电量10.72亿kWh，完成全年任务的151.41%，完成示范项目45个，完成全年任务的118.42%。大力推动能效账单，高压客户能效账单覆盖率100%。全年消纳新能源电量超过200亿kWh，结算光伏扶贫电站电量2.43亿kWh，消费扶贫431.04万元。

● 国网榆林供电公司志愿服务队上门为村民更换老旧线路。（王泽宁　摄）

大力优化营商环境，获得电力指数100%，用户平均停电时间同比减少47%。96789并入95598统一运行，供电服务热线实现“一口对外”。深化“三零”“三省”服务，节约客户办电成本2044万元。开展代理购电工作，累计直接交易电量突破150亿kWh。编制全口径有序用电方案，推行需求响应机制。按期完成7县30个行政村“煤改电”配套电网改造，惠及群众2200余户。以“七个全力、两个实施”为抓手切实解决用电客户烦心事、揪心事，着力推广“网上国网”App，累计注册及绑定客户43817户，线上办电率100%，客户满意度100%，在城乡营业厅设置老年人服务绿色通道，设置兼职引导人员，“一对一”为老年人、残疾人等特殊群体提供全程引导、咨询、协助服务。

（尚　腾）

【科技与信息化】 完成6项科技项目实施，《柔性扁带型铜覆钢材料的研发与应用》获科技进步一等奖，《一种变压器有载开关绝缘油带电置换及净化系统》《一种特高压输变电绝缘子零值检测、清扫机器人》《一种用于拆装梅花触头弹簧的工具》获专利三等奖。持续开展“10+2”数据质量专项治理。“一周一主题”常态进行数据质量监测、分析、整改、评价闭环管控，发布数据质量监测报告9期、问题数据清单31期、数据质量规则5129条，整改问题数据2.85万条，公司核心数据可用率提升4.46个百分点。培育数据思维模式，发布38期运营监测通报，形成微应用成果25项，7项微应用被国网陕西电力采纳并集成至数据门户。持续打造数字化转型成果18项，2项入选国网陕西电力重点成果培育库，1项成果被评选为数字化转型劳动竞赛优秀成果；安监部获国网陕西电力数字化转型劳动竞赛先进集体，2名员工获数字化转型劳动竞赛先进个人。组建懂技术、业务、数据的数字化转型柔性团队，提报RPA数字化场景建设需求12项、自主研发项目成果1项，获得数字化专项奖励28.4万元。深化数字化审计、安全生产风险管控平台、营销稽查系统、智慧供应链、人资2.0等系统应用。

● 国网榆林供电公司共产党员服务队走进靖边波浪谷景区上门服务。（王泽宁　摄）

（魏春艳　闫能鑫）

【党的建设与精神文明建设】 国网榆林供电公司党委带头落实“第一议题”制度和国家电网公司党组加强政治建设30项措施，学习习近平总书记重要讲话重要指示精神28次，党委理论中心组集中学习研讨13次，领导班子成员分赴党建联系点讲授专题党课25人次，各级党支部书记讲授专题党课89人次。认真落实6个方面27项工作任务，开展庆祝中国共产党成立100周年“五个一系列”活动（一系列党性教育活动、一系列岗位建功活动、一系列先进宣讲活动、一系列宣传展示活动、一系列凝心聚力活动）。大力实施“赋能三秦”5个专项行动、78项任务，被国网陕西电力党委党史巡回指导组评为A+，在国网陕西电力组织的职工群众测评中满意度达100%。开展党委六个标准化（班子建设、组织建设、党员管理、党内生活、工作体系、基础保障）和党支部五个标准化（组织建设、组织生活、党员管理、信息台账、活动阵地）建设，完成本部和直属单位46个党组织设置。实施“党建+”工程59项。组织召开“榆林电力党建联盟”第二届交流论坛，受到市委充分肯定和高度评价。在十四运会保电中，成立7支保电党员突击队，设立7类保电党员示范岗，划分12个党员责任区。设立34个“抗疫保电先锋岗”。坚持宣传理念，制作16部陕北说书曲艺作品，在党建联盟、陕湖特高压脱贫攻坚等方面单条传播突破6000万次，在中央权威媒体发稿303篇。国网榆林供电公司党委开展体验式研学2次，各级党组织开展主题党日活动70余次，开展红色教育60余次。

2021年，国网榆林供电公司党委被国家电网公司授予“红旗党委”，被榆林市委授予“先进基层党组织”，国网榆林供电公司地区调度班被评为全国总工会“五一巾帼标兵岗”，大客户共产党员服务队、神木公司团支部分别荣获国家电网公司“金牌共产党员服务队和“五四红旗团支部”荣誉称号，贺耀茜、张雷威、郭营芳三位同志分别被授予全国“五一劳动奖章”、陕西省“三秦楷模”、陕西省“五一劳动奖章”。

（薛　瑜）

国网西咸新区供电公司

【企业概况】 国网西咸新区供电公司于2016年1月正式成立，承担着西咸新区电网建设、运营及供电服务职责，肩负着为“现代化大西安新中心”提供坚强电力保障的光荣使命，供电面积882km^2，用电客户45.74万户。

截至2021年12月底，国网西咸新区供电公司员工944人（其中长期职工718人，供电服务职工225人，整体配置率72.8%），下设11个职能部门，13个业务机构（包含3个供电分公司），1个县公司，17个乡镇供电所。管理省管产业单位秦电西咸分公司。管辖35~330kV变电站35座，变电总容量6060MVA，35~330kV输电线路95条，总长度818.421km，10kV配电线路363条，总长度2652.699km；公网配电变压器3140台。电网历史最大负荷110.43万kW（2021年7月14日）。2021年完成售电量51.33亿kWh。国网西咸新区供电公司成立以来，紧紧围绕新区党工委、管委会工作大局，以服务新区经济社会发展为己任，超前规划建设电网，不断完善电网网架，电网投资持续增长；强化设备运行维护，加快电网改造步伐，电能质量稳步提升；深化政企互动合作，优化电力营商环境，树立国网品牌形象。2019、2021年先后荣获“西安市文明单位”“国网陕西电力先进集体”称号。

（康　娜）

【电网概况】 西咸新区电网作为西北和陕西电网的重要组成部分，主要担负着西咸新区5座新城及2座园区的居民生活和工农业生产供电任务，是支撑国家“一带一路”战略、服务西咸新区创新发展和陕西省追赶超越的重要能源保障。西咸新区电网通过330kV沣草Ⅰ、Ⅱ线与西安电网联网，通过330kV谷乾Ⅰ、Ⅱ线、谷庄Ⅰ、Ⅱ线、渡池Ⅰ、Ⅱ线与咸阳电网联网，由区内的330kV沣河变、云谷变、古渡变、澎王变和区外的330kV草滩变、河寨变、池阳变为电源支撑，形成7个供电区。供电区内以110kV电网为主要供电网络，并依托330kV变电站分片分区运行，实现互供互带、互为备用，满足可靠供电要求。截至2021年年底，西咸新区电网共有330kV变电站4座，主变压器10台，总容量3240MVA；110kV变电站42座，主变压器89台，总容量3746.5MVA(其中系统变电站29座，主变压器61台，总容量2758MVA)；35kV变电站6座，主变压器13台，总容量107.4MVA（其中系统变电站2座，主变压器5台，总容量62.5MVA）。共有330kV线路11条，总长度129.05km；110kV线路98条，总长度743.074km（其中公司线路71条，长度563.991km）；35kV线路14条，总长度93.347km（其中公司线路11条，长度86.416km）。共有110kV发电厂3座，机组8台，装机容量285MW；10kV光伏电站7座，总容量28.2MW，沼气发电站1座，容量1.56MW。2021年，西咸新区电网最大负荷及日供电量双创历史新高，最大负荷110.43万kW（2021年7月14日），较2020年增长17.54%，最大日供电量2158.14万kWh（2021年7月14日），较2020年增长11.75%。2021年全年供电量52.15亿kWh，较2020年增长20.59%。

（李　立）

【特色亮点工作】 建机制攻难点，经营管理成效显著。抓安全管理，违章数量同比下降19.7%；抓供电质量，用户平均停电时间同比压降46.38%；抓数据治理，整改问题数据4万余条，数据可用率达到99.99%；抓“量价费损”，精益化管理指数全省第一，堵漏增收550.09万元；抓同期线损，集全公司之力抓国家电网公司同期线损十强市、百强县、百强所创建。全年累计成功创建百强所28次，实现全覆盖；创建百强县19次，3个月实现全入围；刚性入围十强市5次，其中8月份取得了国网第一名的好成绩，成为国网陕西电力系统内创建次数最多、成绩最好的地市公司。

谋转型求创新，数字化建设加速推进。大力培育数字化思维，深化数据分析，强化图表运用。着力夯实数字化基础，新建改造配电自动化设备3065个，配电自动化覆盖率提升28个百分点，达到69%。完成配网自动化主站软硬件搭建，配电线路新型一二次融合开关全保护功能全部投入，站内跳闸同比下降23.84%。换装HPLC高速模块10.01万只，覆盖率提升至99.83%，采集成功率稳定在99.9%以上。加快创新成果应用，在全省范围发布数据微应用9项，单车核算微应用成果登上“国网财务家园”，累计获得国网陕西电力数字化转型专项奖励25.6万元。配网精准投资管理实践获陕西省电力行业协会管理创新成果二等奖，3项成果获陕西省电力行业协会质量管理活动成果奖。

提质效促融合，改革发展再上台阶。稳步推进国企改革三年行动，总体任务完成率超过80%。优化内设机构，成立供应链运营中心，营销专业分设“一部一中心”，变电运维“无人值守+集中监控”新模式调整到位，支公司全部升级为城区分公司。优化内部人力资源配置，分步实施技术及重要技能岗位竞聘。健全产业单位内控合规管理体系，全面实行项目经理制，开展直聘（签）用工招聘，建强助力公司发展“第二梯队”。统筹推进融合发展，创新实施“三先行两评估”，率先完成公司及泾河分公司更名，业务资产、机构设置、四级领导人员融合及党组织关系转接全部到位，安全管控、信息内网实现全覆盖，95598、96789服务热线并轨运行，各专业同质化管理有序推进，开启“一张网”融合发展新阶段。

（康　娜）

【人力资源】 截至2021年12月底，职工总量944人，其中长期职工718人，供电服务职工225人，整体配置率72.8%；人才当量密度：1.087；职工劳动生产率：74.15万元/（人·年），排名全省第三。优化企业内设机构，分设营销专业“一部一中心”，成立供应链运营中心，沣东、沣西、秦汉空港三个支公司全部升级调整为城区供电分公司，优化调整43个非常设机构，构建“无人值守+集中监控”新模式，推行业务外包“计划申请+专业审核”新机制。考核激励成效明显，创新实施“三统筹、一加强”考核机制，深化过程管控，紧盯短板攻坚，实现季度业绩考核新突破和挣工资水平“上台阶”，全面支撑“十强”“百强”创建和投诉压降等重点工作质效提升。优化调整月度、季度、年度考核事项及标准，精准穿透考核，扩大分配差异，激发全员干事创业的激情与活力。进一步加强领导班子建设，选优配强四级正职，加大干部横向交流及优秀年轻人员使用力度。制（修）订6项干部管理制度，健全组织人事专业管理体系。优化内部人力资源配置，分步实施21个技术及重要技能岗位竞聘，分3批次开展产业单位直聘（签）用工招聘，建强“第二梯队”。坚持培训先行，聚焦生产、营销等主营业务，精心组织开展“融合奋进第一课”27次、标准化作业轮训21次，全年累计培训人次计划2261人，职称评（认）定100人，有效促进融合发展，营造风清气正的干事创业环境。

（王　滋）

【电网建设与发展】 立足“一张网”“一盘棋”发展，修订“十四五”电网发展规划，完成两网融合电网滚动规划修编，规划总投资39.21亿元，并成功纳入西咸新区经济社会发展规划。促成国网陕西电力与西咸新区管委会签订“十四五”战略合作协议。全年开工3项工程，开工输电线路79.389km，变电容量82万kVA（咸阳东330kV输变电工程、咏佳变电站110kV增容改造工程、南朱刘110kV输变电工程）。全年投产3项工程，投产输电线路20.11km，变电容量92万kVA（西宝110kV输变电工程、云谷330kV变电站110kV间隔扩建工程、咏佳变110kV增容改造工程）。接收原南区在建项目（符瑞110kV输变电工程）属地协调任务，将原南区已规划的4个110kV输变电工程纳入国网陕西省电力公司“十四五”电网工程大前期计划。深化配网网格化规划应用，2022年项目储备排名国网陕西电力第二。新建改造配电线路186km，投运配网工程225项，2020年及以前遗留工程全面清零，2021年工程竣工率达到94%，10kV线路联络率达到91%，大中型小区全部实现双电源或手拉手供电，电网基础不断夯实。

（杨　波）

【经营管理】 配合完成第三监管周期输配电定价成本监审，落实国家上网电价市场化改革及代理购电政策，模拟利润业绩指标全省排名第三。深入推进提质增效，深化项目“双审核”机制，项目化管控率100%，可控费用入账率同比提升21个百分点，“三公”经费及会议费同比压减30.78%；14项管理短板超额完成年度目标，工程结算审核节支750万元，废旧物资变价收入254万元，全年保险理赔收入97.76万元；持续压降“两金”，完成三年及以上往来挂账款项清理；累计转增固定资产7.5亿元，长期挂账项目全部清零；实现现金流“按日排程”，资金预算平均偏差率同比压降70.29个百分点。深化单车核算微应用，精准控制车辆使用成本。完成3项经济责任及专项审计、巡视巡察、发票检查问题整改。统筹推进融合发展，创新实施“三先行两评估”（人员培训先行、信息通信网络先行、办公体系先行，设备状态评估、系统承载力评估），率先完成国网西咸新区供电公司及泾河分公司更名，业务资产、机构设置、四级领导人员融合及党组织关系转接全部到位，安全管控、信息内网实现全覆盖，95598、96789服务热线并轨运行，各专业同质化管理有序推进，全面开启“一张网”融合发展新阶段。

（张　洁）

【安全生产】 牢固树立“一板一眼、一丝不苟、严精细实、专业专注”的工作作风，压紧压实“我要安全、我懂安全、我会安全”的主体意识、主体责任和“要你安全、为你安全、使你安全”的管理意识、管理责任。强化安全责任落实，制定领导班子“责任清单”和年度“工作清单”，层层签订安全责任书，修订全员339项岗位安全责任清单。组建8个专业安全委员会，设置安全分析会“议题”制度，专题研究讨论安全生产深层次问题。印发7项安全制度，梳理70余项现行安全制度清单。坚持“每周一学”制度，全年开展6次全员安全主题学习。强化安全责任、目标与工资总额挂钩，设立913万元安全奖励基金，树立全员抓安全的鲜明导向。安全生产专项整治“二下二上”成效显著，省级管控问题隐患整改率98%，总体整改率88.39%。发布六级及以上电网风险31份、三级及以上作业风险487份，有效防控安全风险。开展电网“三道防线”和电缆沟道缺陷隐患排查治理专项行动，推进频繁停电线路治理和配网定值级差优化，加强客户侧设备安全检查，圆满完成各项保供保民生任务。大力推行标准化作业和看板管理，强化“四双”管理和“四个管住”，推动产业单位和外包队伍同质化管理，实施“十不干”落实措施清单、作业现场“危险点”警示标志等措施，完成春（秋）季检修374项。投产3项电网大反措工程。实体化运作安全督查中心，实施“全覆盖、不间断”飞行检查及远程视频监控，检查现场4366个，查处违章现场101个、违章144起，违章查处效率和现场管控能力大幅提升。组织无违章创建、争做“人身安全吹哨人”行动，全年兑现“三种人”及无违章奖励71.5万元、违章处罚2.9万元。强化保供电应急机制，组建120余人次应急抢修队伍，储备应急物资304万元。紧急驰援河南防汛抢险，第一时间为受灾群众送去光明和温暖。

（王晨宇）

● 国网西咸新区供电公司进行环网柜隐患排查。

（王泽宁　摄）

● 国网西咸新区供电公司对 10kV 线路开展高温特巡测温工作。

（王　军　摄）

【营销及供电服务】 全年完成售电量 51.33 亿 kWh，同比增加 9.89 亿 kWh，电费回收超额完成 99.95% 的目标任务。深入推进“阳光业扩”服务举措，业扩平均接电时长达标率 100%，投运高压客户 537 户、容量 121 万 kVA，同比增长 9.2%。实现政企数据贯通共享应用，陕西省内率先实现二手房交易“房产 + 用电”户名同步变更。服务管控能力有效加强，建立投诉分析周例会和全量工单业务处理满意率回访机制，全年累计受理投诉 21 件，同比压降 85%；万户投诉率 0.5059 件，同比下降 88.53%；95598 业务处理满意率 94.60%，全省排名第四。“网上国网”App 推广应用持续深化，2021 年度累计注册用户 17.07 万户、绑定户号 23.28 万户，月活率 21.58%，线上交费占比 38.95%，综合排名全省第三名。客户侧保电圆满完成，落实“六零四确保”的保电要求，完成十四运会和残特奥会等 62 项重点保电任务。疫情期间实施营业网点“不打烊”、居民客户“欠费不停电”、保障单位“先装表接电、后完善手续”服务，期间紧急恢复 5.3 万余户客户供电，充分展示企业社会担当。查实“量价费损”问题 994 件，堵漏增收成效 550.09 万元。完成电能替代电量 1.44 亿 kWh，高压客户能效账单应用覆盖率 99% 以上，推动社会节能 551.59 万 kWh；超目标完成需求响应协议签约 64 户、负荷 8.97 万 kW，可调节负荷资源库得到进一步的充实。大力推广电厨炊、电采暖、电锅炉等项目，累计完成替代电量 1.44 亿 kWh，落地全省首个箱变租赁综合能源项目。

（秦　瑶）

【科技与信息化】 以“完善数据、深化应用、提升管理”为主线，把加强数据治理作为基础，把深化系统应用作为手段，把优化业务、提升管理水平作为目标，狠抓数据治理工作，整体数据可用率达到 99.99%，服务公司数字化建设和转型发展。深化系统深化应用，累计开展 4 次系统应用专项调研，反馈和解决基层问题 32 项。服务公司同期线损“十强市”、配电网云主站建设等重点任务攻坚，开发营销业扩辅助工具、“服务 e 助手”等微应用，建成政务大厅至公司专用网络。积极创新创效，在国网陕西电力发布数据微应用 9 项，自主创建 5 项。发挥数据价值，配合西咸新区管委会完成特定企业用电情况分析。推进基础资源商业化运营，签订基础资源出租合同 3 份，收益 140 余万元，超额完成国网陕西电力下达的目标任务。全年共获得国网陕西电力科技进步奖 3 项，其中二等奖 1 项、三等奖 2 项。年度共申请专利 7 项（发明专利 5 项），授权实用新型专利 6 项。

（杨铭辰）

【党的建设与精神文明建设】 深入学习贯彻习近平总书记“七一”重要讲话和党的十九届六中全会精神，高标准开展党史学习教育，扎实推进“我为群众办实事”实践活动 88 项，举办庆祝建党百年系列活动，组织读书班 8 期、现场教学 56 次、主题党日 320 余次。实施“旗帜领航 · 提质登高”行动，优化公司党组织架构，全面构建“党委坚强、支部先锋、党员模范”的党建工作格局。压紧压实党风廉政建设“两个责任”，扎实推进“三不”建设，认真开展省管产业单位、“靠企吃企”专项整治，建成公司党风廉政教育体检室，为推动公司各项工作高质量发展提供了有力保障。深入推进“文化铸魂、文化赋能、文化融入”专项行动，以公司本部搬迁和新办公大楼入住启用为契机，举办“创业里程碑、奋斗新起点”系列活动，广大干部员工精神饱满，干事创业氛围更加浓厚。举办“学党史、强信念、跟党走”青年演讲比赛，建成“创 e 西咸”青年创新工作室。高规格打造职工之家、职工诉求中心、爱心妈咪小屋。启动申创“陕西省 2021~2023 年社会主义精神文明建设先进集体”（省级文明单位），文明创建、文明实践、文明培育有力夯实，职工文明素质和企业文明程度有效提高。

（车兴舟）

● 国网西咸新区供电公司共产党员服务队在 330kV 沣河变电站进行宣誓仪式。（王　军　摄）

直属单位

国网陕西经研院

【企业概况】 国网陕西省电力有限公司经济技术研究院（简称国网陕西经研院）成立于2012年6月，是国网陕西电力发展和电网发展的服务支撑单位，同时负责2个全资子公司(陕西汇鑫电力科技咨询有限公司和西安亮丽电力工程设计有限责任公司)经营工作。2018年，陕西省发改委批复依托国网陕西经研院设立“陕西省电力发展研究中心”。2021年8月18日，陕西省发改委批复依托国网陕西经研院设立“陕西电力需求侧研究中心”。

国网陕西经研院主要负责陕西电网发展总体规划和专项规划的研究与编制；支撑国网陕西电力智库建设及电改工作，开展能源发展研究和政策研究，为国网陕西电力决策提供服务支撑；负责组织电网建设、信息、科技等投资类项目评审，负责110kV及以上电网建设工程结算复核，开展工程技术经济评价与研究；承揽110kV及以上电网工程勘察设计。

国网陕西经研院下设“五部五中心”。“五部”分别为办公室(党委办公室)、计划经营部(经研体系平台)、财务资产部、党委组织部(人力资源部)、党委党建部(党委宣传部 纪委办)；“五中心”分别为规划评审中心、能源与发展研究中心、技术经济中心、设计中心、综合服务中心。依托内设专业机构，挂靠国网陕西电力能源研究中心、博士后工作站、定额站办公室及《电网与清洁能源》期刊编辑部。

（唐　兴）

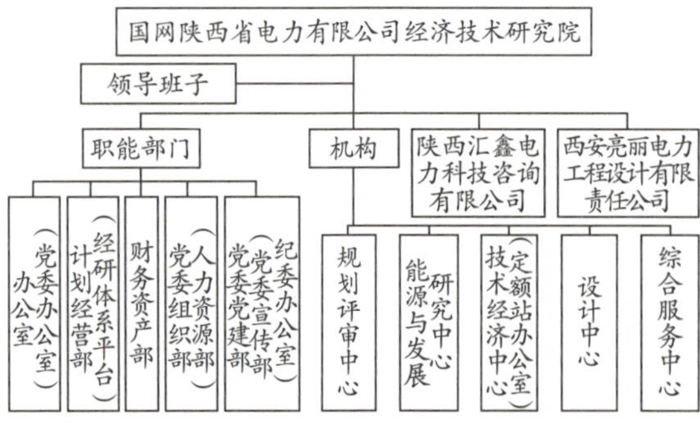

国网陕西经研院组织机构图

【特色亮点工作】 全面强化党建引领。党史学习教育成效显著。印发《关于突出“学党史，践行初心；敬延安，赋能三秦”主线进一步深化党史学习教育工作的通知》，实施5个专项行动81项工作任务，积极开展“读书班”活动，全院配发“四史”学习书目1300余册。选树典型，积极发挥模范引领。党委党建部主任张书茜获“国家电网有限公司优秀党务工作者”、陈全杰获“国网陕西省电力有限公司2021年度劳动模范”、技经党支部获“国网陕西省电力有限公司先锋党支部”称号。党员团队成绩突出。实施“省级规划仿真实验室，打造前沿技术研究党员团队”“党建领航，融合赋能，全面推进甲级设计院建设”等11个“党建+”项目，推动党建与中心工作融合互促。宣传工作取得突破。学习强国发稿6篇，新华网、人民网等央省媒体发稿185次，《电力需求响应的补贴来了》作品在新华社平台点击量突破150万次。

• 2021年3月5日，国网陕西经研院开展“光明行志愿情”学雷锋爱心捐助主题活动。（张天宝　摄）

（杨　霞）

全力支撑电网发展。规划评审专业：全年内模完成106%、业绩指标双100%，完成重大电网规划工作15项、专项研究35项、科技项目17项。研究成果获各类科技进步奖7项，授权专利4项，发表论文8篇。建设国网陕西电力电网规划与仿真实验室，成立陕西电网规划设计科技攻关团队，并获得国网陕西电力双授牌。陕西省电动汽车充电基础设施“十四五”规划已面向社会正式发布。开展陕西电网“十四五”发展规划暨融合规划，编制陕西省全电压等级电网规划。形成陕西电网全电压等级新能源（含分布式、分散式和集中式）接入技术原则。支撑省能源开展储能选点规划，支撑陕西省“双碳”目标落地落实。成立服务西安（含西咸）电网攻坚建设柔性团队，截至2021年12月底，西安（西咸）攻坚项目可研完成77%；初设完成63%。全年完成全网评审5533项，完成原南区项目5批次评审1175项。形成评审工作常见问题库，收录可研类问题 58 项、初设类问题 72 项。编制陕西经研体系规划、评审工作指导手册。规范开展陕西各电压等级项目评审工作流程及人员培训等使用操作指南。

● 2021 年 8 月 13 日，国网陕西经研院规划评审中心开展服务“双碳”目标专题研究。（张天宝　摄）

（赵　瑜）

能源研究专业：完成《国家电网战略国网陕西电力落地实施情况自评报告》《国家电网战略国网陕西电力落地实施方案（2021 年版）》以及国网陕西电力“十四五”发展规划总报告；编制“电力大数据透视陕西国庆商圈经济”研究报告及宣传材料，通过国网陕西电力“卓越陕电”微信公众号对外发布；做实需求响应研究，促成陕西省发改委依托国网陕西经研院设立“陕西省电力需求侧研究中心”；做优期刊和博士后工作站管理，促成《电网与清洁能源》期刊入选中文核心，成为“双核心”（中文核心、中国科技核心）期刊，完成 1 名在站博士后培养并顺利出站，博士后工作站综合评估结果为“良好”等级。2 项成果分别荣获陕西省第二十七届企业管理现代化创新成果一等奖、三等奖，1 项成果荣获国网陕西电力第六届青年创新创意大赛优秀项目成果银奖。

（杨　凯）

技经专业：2021 年共计评审项目 4205 项，评审投资 531.64 亿元，审减投资 11.01 亿元，审减率 2.07%；共计开展 110kV 以上工程结算复核 44 项，复核金额 44.28 亿元，核减金额 4367.54 万元，核减率 1%；支撑国网陕西电力开展 6 批次工程量清单集中审核，审核施工类项目、服务类项目清单累计 285 项，审核金额 37 亿元；审核重大变更签证 64 项，审核金额 4928.62 万元；配合国网陕西电力完成国家电网公司造价管理成效监督检查迎检、整改工作，实施国网陕西电力技经专业整改措施 42 项，建立长效机制 8 项，编制印发管理文件 5 份；牵头编制并下发国网陕西电力管理办法《陕西公司招标工程量清单及限价集中审查管理办法》和《陕西公司招标工程量清单及限价审查细则》，构建招标阶段工程量清单管控新模式。5 名人员取得国家造价、咨询注册证书，1 名人员获得国网陕西电力级专家人才称号，1 名国网陕西电力级三级专家。结合国家电网公司、国网陕西电力基建数字化管理要求，拟建设并成立《技术经济研究实验室》。

● 国网陕西经研院技经专业攻关团队开展合规评审。（张天宝　摄）

（邓怡卿）

设计专业：取得电力行业（送电、变电工程）专业甲级资质，取得电力工程咨询乙级资质。通过三标一体化年度审核。承担国网陕西电力新基地选址、项目建议书编制及方案比选等项目立项工作。武镇 330kV 输电线路工程创新采用四层横担异型塔，实现 330kV 线路同塔交跨，项目荣获 2021 年国家电网公司输变电优质工程金奖。获国网陕西电力科技进步奖 1 项，国网陕西电力优秀 QC 成果奖 3 项。完成模块化建设 2.0 版陕西示范项目千河 330kV 变电站工程设计工作，应用新技术 17 项，撰写 14 项专题报告，攻克 5 项重大技术课题。推进陕西电力三维设计数据中心实验室建设，以三维数据实验室为平台，探索设计企业数字化转型新途径。10 人通过国家执业资格考试并成功取证，其中一级注册结构工程师 1 人，注册咨询工程师 6 人，二级注册建造师 3 人。

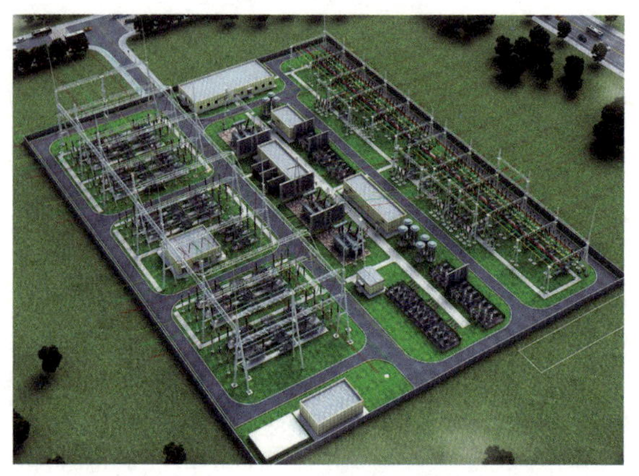

● 国网陕西经研院设计中心完成模块化建设 2.0 版陕西示范项目千河 330kV 变电站工程设计规划模拟图。

持续加强基础管理。持续推进科技创新工作。一是将科技创新与数字化建设相融合，构建“一专业一平台”创新架构，打造四个专业实验室。二是打破专业壁垒，组建五个柔性团队，为解决复杂问题提供了智力支撑。三是出台《创新工作管理规范》和《创新工作考核管理规范》，设立 100 万元创新奖励基金。四是与国网陕西电科院开展合作，推动设计研究成果落地；与西安理工大学签订了科技创新合作协议。开展提质增效。聚焦“两个”支撑，围绕增强“四个能力”，制定《国网陕西省电力公司经济技术研究院进一步提质增效专项行动实施方案》(陕电经研财〔2021〕3 号)，细化制定四个方面 26 项任务 35 条具体措施，加强工作宣传，上报“科技创新”“需求侧管理”“多元化评审”典型经验，“赛马制”创新团队激励作为工作亮点被国网陕西电力采纳。

（李　晨　张珩月）

【人力资源】 国网陕西经研院共有长期员工 184 名，平均年龄 38.5 岁。大学本科及以上学历人员占比 98.9%，其中博士 13 名、硕士 118 名。中级及以上职称人员占比 84.8%，具有各类执业资格证书 56 个。人员整体呈现高学历、高职称和年轻化的特点。共产党员 146 人，占长期职工总人数的 79.8%，共设立 9 个党支部。

（张乙戊）

【经营管理】 执行“战略 + 运营”的管控机制，编制综合计划管理规范，做好发展规划与年度计划的有效衔接，健全计划管控机制，“月度通报、季度考核”。2021 年各指标完成既定目标，综合计划总体执行良好。生产辅助技改 2021 年下达 1 个项目 145 万元，费用执行 133.71 万元，执行率 92.21%；零星购置 2021 年下达 5 个项目 54.1 万元，费用执行 52.41 万元，执行率 96.88%；电网数字化 2021 年下达 2 个项目 145.64 万元，其中 1 项完成执行，经国网陕西电力批准，1 项结转至 2022 年，费用执行 101.09 万元，执行率 69.4%；研究开发 2021 年承担国家电网公司科技项目 2 项，费用 6 万元，承担国网陕西电力科技项目 6 项，费用 378 万元，研究开发费总投资共计 384 万元，费用执行 359.84 万元，执行率 93.71%；教育培训 2021 年下达计划 120 万元，内控教育培训预算 55 万元，费用执行 57.62 万元，执行率为 104.76%。

2021 年国网陕西经研院、子公司均完成收入指标，其中：2021 年下达国网陕西经研院模拟收入指标 11978 万元，完成 13225 万元，完成年计划的 110.41%；下达子公司营业收入指标 1825 万元，完成 1860 万元，完成年度计划的 101.92%。

（袁弈晨）

【安全生产】 强化本质安全建设，规划方面，在“十四五”电网规划中落实《电力系统安全稳定导则》，开展短路电流超标专题研究，研究制定关中负荷中心区域供电能力提升方案、330kV 电网系统性解环方案等，推进 2021 年电网“大反措”计划落实；评审方面，编制项目评审手册，完善评审要点，明确系统方案、站址路径、设备选型等设计论证原则，在设计方面，强化设计文件管理，严格现场勘察，优化设计方案，防范设计深度不足带来的人身及电网风险，为电网安全稳定运行提供服务支撑。树立大安全理念，加强信息系统安全管理，落实信息网络安全技术规范，优化提升安全策略配置，开展桌面终端、移动介质、防病毒软件、访问控制、准入控制及通信信息机房等重点部位安全环境等 6 方面专项检查，制定外委巡检工作标准，夯实网络安全运行基础。加强应急值班管理，做好安全生产信息报送，累计完成迎峰度夏值班日报报送 223 期，确保中国共产党成立 100 周年、十四运会保电和迎峰度夏期间等节假日活动的各项工作有序运转。扎实开展安全生产专项整治三年行动，开展“二下二上”阶段工作，问题隐患整改率达到 100%。

（李　旭）

【党的建设与精神文明建设】 完成国网陕西经研院党委和9个基层党支部更名，按期完成5个党支部换届选举，发展党员1名，转正2名。建立健全“月通报、季考核、年总评”党建工作绩效考核体系。组建西安（西咸）和榆林电网建设攻坚、实验室建设等6个党员攻关团队、5个专业柔性团队。开展“党课开讲啦”专题活动，班子成员带头讲党史专题党课11人次，组织主题党日84次，现场体验式教育5次。完成“我为群众办实事”实践行动16项具体任务，建成“职工诉求中心”，实施“四季关怀”工程，组织慰问437人次。开展“永远跟党走”群众性主题宣传教育活动，举办“红歌颂党恩 奋进新时代”职工歌咏比赛，建设“榜样的力量”专栏。荣获国网陕西电力“青创赛”银奖1项、铜奖2项。严肃查纠“四风”，针对车辆管理、值班纪律等关键领域累计现场检查16次，抽查6次，开展廉政审核36名、廉政考试11名，组织1次任前集体廉政谈话，累计组织开展廉政三级约谈132人次。组织“树牢底线思维、严守纪律规矩”主题廉洁宣传教育活动，征集廉洁作品36件参与国网陕西电力巡回展出。

●2021年7月7日，国网陕西经研院举办“党课开讲啦”党史学习教育专题党课。 （张天宝 摄）

（杨 霞）

【打造省级“实战型”需求侧研究中心】 促成陕西省发改委依托国网陕西经研院设立“陕西省电力需求侧研究中心”。配合国网陕西电力、协助陕西省发改委编制政策文件《2021年陕西省电力需求响应工作方案》（陕发改运行〔2021〕663号）；深化需求侧机制研究，配合国网陕西电力编制《公司电力需求响应两年工作方案》《陕西省紧急可调用负荷管理办法》《公司有序用电工作指导意见》等十余项管理制度和方案；开展关键技术攻关，持续推进《电力市场环境下面向新兴负荷的电力需求侧管理策略研究》等专项课题研究，立项国网陕西电力科技项目1项、国家电网公司管理咨询项目1项。持续推动研究中心实体化建设，促请国网陕西电力拨付500万元建设陕西电力需求侧管理实验室。

（杨 凯）

【经研体系建设】 召开2021年国网陕西经研体系座谈会，编制国网陕西经研体系2021年工作要点，提出陕西经研体系2021年的建设目标以及工作任务。搭建经研体系工作交流平台，组织经研体系各单位参加经研院“经研大讲堂”和“专业小课堂”专业培训，线上线下同步开展交流培训10余次，共享《经研参考》《能源与发展研究》等信息及研究成果，经研体系建设得到各地市经研所的普遍认可。建立经研院技术标准体系，共梳理规划评审专业标准33项、技经中心专业标准39项、设计专业标准105项共计177项现行在用技术标准。

（袁弈晨）

【定额站工作】 参编《电网技术改造工程预算定额 第五册 调试工程（2020年版）》《电网技术改造工程概算定额 第五册 调试工程（2020年版）》和《电网检修工程预算定额 第四册 调试工程（2020年版）》；牵头编制《输变电工程调试计价办法》（DL/T 5574—2020）并下发执行；参编的《电力建设工程工程量清单计算规范 变电工程》（DL/T 5341—2021）已下发执行；牵头编制了国家电网公司企业标准《35~750kV输变电工程安装调试定额应用等2项指导意见（2021年版）》（GDFB-2021-01）《输变电工程监理费计列指导意见（2021年版）》（GDFB-2021-04）；参与编制《基建造价管理专业题库》；多项论文获得电力工程经济专业委员会2021年年会优秀论文奖：《输变电工程经济效益与社会效益协同优化方法研究》获得一等奖；《基于信息熵的输变电工程监理工作成果计价方法研究》《环境监测及环境保护验收和水土保持监测及验收费用研究》获得二等奖；《架空线路改造工程跨越高速铁路、高速公路补偿费研究》《陕西输电线路工程塔基占地计量参考标准研究》获得三等奖。

（邓怡卿）

国网陕西电科院

【企业概况】 国网陕西省电力有限公司电力科学研究院（简称国网陕西电科院）源于1958年成立的西北电力试验研究院，是科研技术型支撑机构，主要从事技术支撑和科技创新两大核心业务。致力于为陕西电网安全生产及国网陕西电力经营管理提供坚强的技术支撑和服务，聚焦于电网，通过应用基础、应用技术及技术开发研究，为电网建设及运行水平的持续提升提供先进适用的技术解决方案、新技术产品，推动电力科技进步。

截至2021年12月，国网陕西电科院设置“七部五中心”组织结构，7个职能管理部门，分别为：办公室（党委办公室）、财务资产部、党委组织部（人力资源部）、科技部（技术服务中心）、发展安监部、党委党建部（党委宣传部）、纪委办公室；5个业务机构，分别为：电网技术中心（二次设备评价中心、信息通信技术中心）、设备状态评价中心（物资质量检测中心）、电源技术中心（新能源技术中心）、国网（西安）环保技术中心有限公司、综合服务中心。另有一个集体企业平台公司——陕西中试电力科技有限公司，以及一个虚拟机构电动汽车服务中心。

科技创新平台。国网陕西电科院拥有国家电网公司级四个实验室，分别是：两个国家电网公司联合实验室，一个国家电网公司重点实验室，一个国家电网公司实验室；拥有两个国家电网公司标准验证实验室，一个校企合作创新平台、两个国家电网公司科技攻关团队，一个行业技术标委会，一个国家电网公司标准创新基地，一个省级工程技术中心，一个中文核心期刊。

（丁小龙）

【特色亮点工作】 支撑西安配电网运行水平提升。全面完成西安市三环内56座110kV变电站单相接地故障快速处置改造方案编制、实施、现场验收测试，编写《变电站消弧线圈及接地选线装置运维管理实施细则》等多项技术标准规范，完成消弧线圈、接地选线信息监控平台建设。改造后，选线装置正确率达95.2%，居全国前列。

• 2021年5月12日，国网陕西电科院在西安市三环内110kV变电站开展单相接地故障验收测试。（梁倩妮 摄）

完成陕北—武汉 ±800kV特高压直流工程调试测试等任务。根据国网陕西电力年度重点工作安排，圆满完成陕北—武汉 ±800kV特高压直流工程特殊试验、站系统稳态及暂态调试、直流偏磁测试等重点支撑任务，国家电网公司西北调控分中心、中国电科院先后就国网陕西电科院支撑工作发来表扬信。

取得多项省部级科技奖项。2021年获得国家电网公司科技进步二、三等奖各2项，5项成果进入陕西省科技奖会评，为国网陕西电力首次获得中国专利银奖，《简单配电网》入选中国电力出版社成立70周年70种精品图书，2项成果进入国家电网公

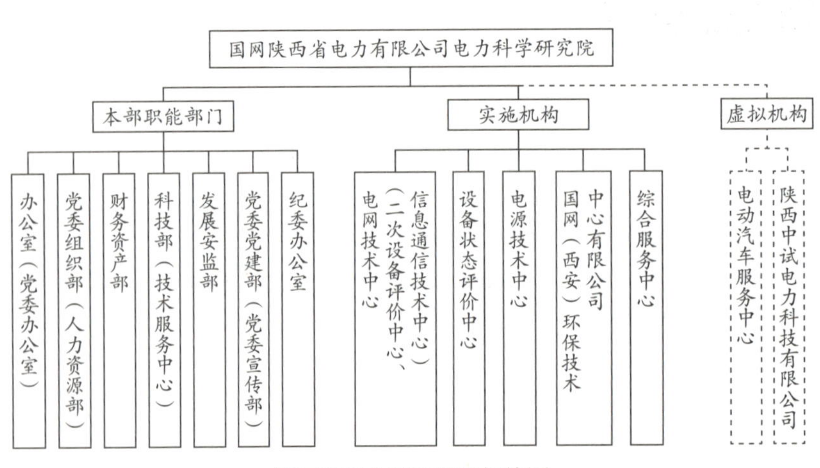

国网陕西电科院组织机构图

●2021 年 8 月 18 日，国网陕西电科院进行陕北—武汉 ±800kV 特高压直流工程调试测试。（梁倩妮　摄）

司青创赛总决赛。

完成十四运会和残特奥会智慧保电指挥系统建设。组织成立保电系统建设专班，开展智慧保电指挥系统建设，采用专家 + 研发团队一体化办公方式，高效保质完成保电系统原型图设计、界面开发、数据接入、数据治理、系统应用培训等大量工作，完成 59 个比赛场馆用电监测全覆盖，首次实现从 380V 配电网到 750kV 骨干网架的电网一张图建设。

●2021 年 9 月 16 日，十四运会和残特奥会智慧保电指挥系统。（梁倩妮　摄）

推动技术专家“服务生产一线”工作方案落地实践。建立技术专家“服务生产一线”工作机制，安排三名技术专家赴国网西安、延安供电公司、国网陕西超高压公司挂职、驻点支撑交流，组建新能源、增量配电市场、电磁暂态检测技术科技支撑团队，研究解决三家单位相关问题；编制完成《公司二三级专家解决现场难题行动方案》，确保技术专家走入电网生产的“田间地头”。

（杨玉军）

【人力资源】 2021 年在职员工 395 人，硕士及以上学历 220 人，其中博士 36 人、硕士 184 人；国网陕西电力级及以上专家人才 16 人，其中国家“百千万人才”1 人、享受政府特殊津贴 2 人，陕西省“三五人才”1 人、国家电网公司级中央企业技术能手 1 人。拥有副高级职称以上者 203 人，其中正高级 35 人、副高级 168 人。

融合发展任务全面完成。按照国网陕西电力的统一安排部署，与原南区能源研究院合力推进相关业务人员融合，按时间节点顺利完成两个部门 9 人融合任务，确保融合快速平稳。

职务职级专家通道得到畅通。完成五批 31 人四级领导人员调整，彻底解决“三超两乱”历史遗留问题；聘任三级职员 2 人、五级职员 25 人，拓宽优秀人才成长通道；9 人被选拔为国网陕西电力二级、三级技术专家，占全部技术专家的 32%，彰显了国网陕西电科院作为国网陕西省电力公司人才高地的效果。

（丁小龙）

【经营管理】 敢攻坚、勇决断，技术支撑成效显著。全力支撑国网陕西电力重点项目，配合提升西安配电网电缆运行水平，基本完成陕北—武汉 ±800kV 特高压直流工程启动调试，开展西安东北部 330kV 架空输电线路落地迁改工程全过程技术监督，圆满完成中国共产党成立 100 周年、十四运会及残特奥会等重大活动保供电支撑任务，为电网安全稳定运行提供坚强的技术支撑。运维检修业务方面。完成电网各类支撑工作 1861 项，独立开展或主要参与 ±1100kV 吉泉线子导线断线等应急抢修及故障分析工作 51 次。完成 330kV 以上变电站带电检测 77 座，发现危急及严重缺陷 925 处，精准定位在运设备潜伏性故障，有效避免潜在电网事故。调控运行业务方面。完成 2023~2024 年陕西电网滚动校核及主网重要设备检修等安全稳定计算校核 26 项。完成陕西电网首次 330kV 系统人工接地短路试验，实际检验新能源机组低电压穿越和主动响应能力，为双碳目标落地和新型电力系统构建积累经验。完成雍成变电站等 25 座变电站 330kV 老旧保护改造现场技术监督。

抓创新、解难题，科技创新再创佳绩。2021 年共获得 16 项省部级科技奖项；首获中国专利银奖 1 项；牵头发布团体标准 2 项，参与制修订标准 41 项；获得国网陕西电力科技进步奖27项；授权专利49项；发表论文150篇（SCI检索8篇、EI检索17篇）；1部专著入选中国电力出版社成立70周年70种精品图书。主动支撑国网陕西电力组织召开“创新破难”研讨会，征集四大类57项技术问题作为“攻坚破难”目标，提升了科技创新解决现实问题的针对性。建立技术专家“服务生产一线”工作方案，安排三名技术专家赴国网西安供电公司、国网延安供电公司、国网陕西超高压公司挂职、驻点支撑交流，编制完成《公司二三级专家解决现场难题行动方案》，确保技术专家真正走入电网生产“田间地头”。全面落实国家电网公司董事长、党组书记辛保安“做实中国西部科技创新港”“用好中国西部科技创新港能源互联网创新实验平台”的要求，与西安交通大学就落实“双碳”目标共同凝练16项攻关课题。加快推进共建新型电力系统研究中心，以“做实做强做长”为目标，与西安交通大学在高等级人才培养、高等级项目合作、高水平成果转化等方面持续发力。

强管理、提质效，经营管理保持稳健。坚持把改革创新作为根本动力，不断破除制约高质量发展的各种桎梏，持续增强可持续发展能力。精益精细管理措施逐步落实。迅速分解落实重点工作，结合国网陕西电力“两会”年中会精神、董事长及总经理对国网陕西电科院的具体要求，动态分解调整相关重点工作67项，确保上级要求切实落地落实。推动班子碰头会制度落实落地，有效发挥领导班子合力，增强了政策执行力、穿透力。借鉴系统内外优秀国企典型经验，研究制定适合实际且科学有效的量化专业岗位工作绩效的方式方法，把真正埋头苦干的技术人员工作成绩展现出来。提质增效持续深化。牢固树立过紧日子思想，优化经营策略和成本结构，主动应对预算批复管控模式调整，重新梳理整合核心业务清单及成本动因，完成44项核心业务标准成本测算上报，经营发展保持良好态势。融合发展任务全面完成。多方努力协调，完成园区土地更名。加强与政府沟通交涉，完成“三小块地”购地工作，取得土地证。加快推动项目环水保、消防、国安、地震等外部审查，为项目尽快开工建设夯实了基础。

（杨玉军）

【安全生产】 抓现场、严标准，安全管控持续加强。深入贯彻国网陕西电力安全生产工作会议精神，细化国网陕西电科院安全生产工作要点，明确安全生产目标和重点工作。完善安全生产奖惩实施细则、危化品及特种设备管理办法，修订领导干部及管理人员到岗到位要求。落实“四个管住”“四双”管理、标准化作业等工作要求，修编完成222份现场试验及实验室工作标准化作业指导书，创建7个典型标准化试验现场。组建国网陕西安全技术中心并正式运转，进一步提升对国网陕西电力安全监督体系的支撑力度。

（丁小龙）

【党的建设与精神文明建设】 学党史、践初心，党建质量有效提升。将党史学习教育贯穿始终，严格落实全面从严治党各项要求，将党建优势转化为融合发展优势。党建工作水平不断提升。深入学习习近平新时代中国特色社会主义思想，认真宣贯十九届六中全会精神，深刻把握“两个确立”，坚决做到“两个维护”。党风廉政建设持续加强。细化完善从严治党主体责任和监督责任清单，动态调整党风廉政责任区。全面完成国网陕西电力党委巡察发现问题整改，顺利完成十四运会保电、省管产业单位专项整治等13次检查，有效提升企业治理效能。围绕廉政风险点，开展集中约谈31人次。积极宣贯践行国家电网公司战略目标，统一广大干部员工思想行动。

扎实做好脱贫攻坚乡村振兴工作的衔接。严格落实陕西省乡村振兴工作要求，持续帮扶米脂县桃镇黑圪塔村。2021年选派3名优秀青年骨干组成博士帮扶工作队开展驻村，投入帮扶资金30万元，结合帮扶村乡村振兴工作制定新的三驾马车振兴帮扶规划，

2021年5月7日，国网陕西电科院举办第一期党史学习教育大讲堂。（梁倩妮 摄）

完成2014~2020年帮扶村脱贫攻坚档案收集移交工作。坚持开展消费帮扶，组织农产品现场推介会帮助黑圪塔村杂粮合作社开展特色农产品销售，累计销售40余万元。国网陕西电科院主要领导开展驻村工作检查3次；开展脱贫攻坚“回头望”组织历届队员回村开展座谈；春节慰问走访慰问残疾家庭和空巢老人20户。

（杨玉军）

陕西送变电公司

【企业概况】 陕西送变电工程有限公司（简称陕西送变电公司）成立于1950年9月，是国网陕西电力全资子公司，国家电力施工一级总承包资质企业，具有国家能源局颁发的承装（修、试）一级电力设施许可证，注册资本金36728万元。

负责陕西省内14972.89km线路的运维检修业务，其中包括309条330kV输电线路(11987.57km)、8条跨区直流线路(2631.31km)及4条跨区交流线路(354.01km)；负责榆林地区11座330kV变电站的日常维护检修以及陕西省330kV及以上电网应急抢修任务。按照国网陕西电力批复的机构设置，设9个职能部室、11个专业机构。

2021年，陕西送变电公司认真贯彻落实上级各项决策部署，紧扣“四抓四强”工作主线，以做优做实做精企业为目标，抓重点、夯基础、强管理、提能力，完成各项重点任务，实现“十四五”良好开局。全年中标项目金额32.92亿元，创历史新高。全面完成各项指标任务。

（路　坤）

【特色亮点工作】 抓业务、强电网，支撑能力显著增强。当好“电网建设主力军”。以重点项目挂点督办、电网攻坚柔性团队等方式有力推动重点工程建设，西郊输变电工程架空线贯通，南郊变电站7号主变压器、龙泉变电站1号主变压器等迎峰度夏、迎峰过冬工程按期完工，南昌—长沙、陕北—武汉等29项输变电工程顺利投运，得到国家电网公司特高压部、国网江西省电力公司以及国网陕西电力系统内兄弟单位充分表扬和认可。西安北变电站荣获中

●2021年10月24日，陕西送变电公司在1000kV南昌—长沙特高压工程采用落地双摇臂抱杆组塔。

（高浪舟　摄）

国安装之星奖。

制定《业绩考核实施细则》，健全周（月）例会模式，优化工作督办机制，加快推动各项工作落实落地。明确自主施工项目部建设方案，成立桩基施工、高压电缆施工、导引绳展放专业化班组，“自己干”能力有效提升。坚持创新推动发展，获得2项国家专利，3项科技创新、QC成果分别在国网陕西电力、陕西省质量协会等平台获奖。

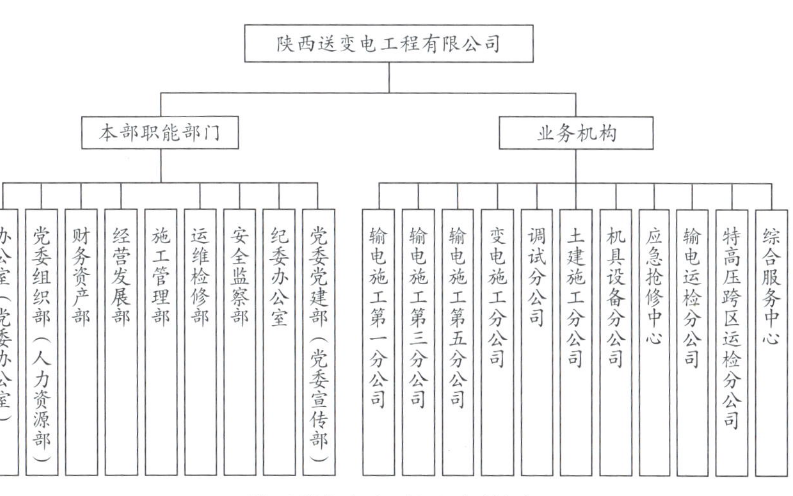

陕西送变电公司组织机构图

践行“运维检修主攻手”。助力电网补强攻坚，完成西安地区110kV变电站接地系统改造，高标准实施98项电网大修技改项目和91条线路停电检修。圆满完成十四运会、习近平总书记来陕视察等53项重大保电任务。

勇担“应急抢修排头兵”。积极应对陕西近60年来最强降雨天气，快速抢修受损电力设施。制定疫情期间应急抢修实施方案，分区域成立线路、变电两个专业5个应急分队。安全高效完成吉泉线子导线断线故障、泾道Ⅰ线应急迁改等18项应急抢修任务。

●2021年9月3日，十四运会前夕陕西送变电公司共产党员服务队在场馆区举行主题党日活动。（高浪舟　摄）

以“项目制”为抓手的经营提升工作成效突显。2021年，进一步健全项目制管理体系，组织修订《项目制管理实施细则》，通过开展调研和集中讨论，规范考核奖惩标准和实施流程，明确各相关单位岗位职责，补充制定预兑现实施方案，确保一线职工收入稳定。根据国网陕西电力党委巡察意见，组织技经中心及相关专业机构修订《项目内控费用指导价》，结合国家最新版定额及国网陕西电力施工管理水平，按工程类型、施工工序等分类制定基准单价和调整系数，合理测算项目内部控制费用，指导项目部成本预控管理。

25项工程完成费用指标核定，15项工程签约（线路6项，变电6项，土建3项）。11项工程完成竣工核算，其中平利、武镇等10项工程完成了成本控制目标。

坚持“四双、四管”要求，稳步推进标准化作业。严格坚持落实“四双管理、四个管住”管理要求，大力推进标准化作业现场实施，年初完成输电专业各项标准化作业卡、作业指导书的编制工作，对周期巡视、无人机巡视、停电检修和应急抢修等工作规范作业步骤、细化作业流程。在国网陕西电力大力支持和帮助下，牵头，应急、运检专业机构具体负责承办了国网陕西电力应急抢修及标准化作业现场观摩会。期间公司标准化运维、标准化检修、应急抢修故障进行了全流程展示。应用无人机消除异物装置、无人机巡视数字化平台、3D雷达建模现场演示。对规范运检专业现场管理，提升现场标准化作业水平，起到了良好的示范效应。

●2021年7月29日，330kV南郊变电站7号主变压器工程竣工投入运行，从根本上解决南郊变电站主变压器过载问题，缓解西安南郊地区供电压力。

（高浪舟　摄）

（路　坤）

【人力资源】2021年，陕西送变电公司共有全口径职工1422人，其中长期职工1180人，占比82.98%。长期职工中，研究生及以上学历35人，本科学历664人，专科学历300人，高中及以下学历181人；高级职称126人，中级职称169人。高级技师59人，技师293人，高级工152人，中级工147人。

加大薪酬分配力度，以提升用工效率和人力资本效率为目标，建立内部“挣工资”机制，合理拉开收入差距；安全专项奖累计奖惩总额369.21万元，其中一线人员奖励占总奖励额度的89.55%，安全专项奖发放重点向艰苦偏远地区、关键核心和一线岗位倾斜，实现精准奖惩激励。完善绩效考核体系，编制《2021年度企业负责人业绩考核管控手册》，修订并发布《陕西送变电工程有限公司业绩考核实施细则》，将考核结果与部门绩效工资挂钩，真正实现业绩升、薪酬升，业绩降、薪酬降。

（陈海燕）

【经营管理】 2021年，消化历史工程8108万元，累计消化历史工程1.78亿元。

修订《项目制管理实施细则》，编制《项目内控费用指导价》，考核兑现10个项目管理团队284.09万元。努力争取政策支持，促请国网陕西电力现金注资1亿元。积极跟进工程前期，统筹做好内外部结算、收支工作，有序合规、良性循环的经营局面基本形成。

成立自主施工项目部，探索自主施工管理新模式，着力解决过度依赖外包用工现象，不断提高“自己干”能力，提升基建实力。调整基层内设机构，以变电施工分公司为试点，依据其生产经营和实际业务情况，调整内设机构和岗位设置，优化变电施工业务管理模式。深化柔性团队建设，全年组建柔件团队4个，已完结2个，其中市场开拓柔性团队获得国网陕西电力4.32万元专项奖励。

●2021年5月14日，陕西送变电公司在敷设西安港务区330kV电缆。（高浪舟 摄）

（路 坤）

●2021年12月11日，陕西送变电公司在南阳—荆门—长沙1000kV特高压工程采用500t吊车组装特高压铁塔。（高浪舟 摄）

全面落实2021版安全强制措施，切实加强8类关键工况和特殊气象条件、特殊地理条件下的作业管控，持续加大施工装备投入，购置125套深基坑一体机、2套双平臂抱杆和36套落地摇臂抱杆，全面推广深基坑一体机、机械开挖、落地摇（平）臂和吊车组塔施工工艺，切实压降施工风险。

持续强化作业单元管控长效机制建设。落实“双培训”管理要求，常态化组织送教到一线活动，不断提升班组规范化水平。严把作业层班组入场、转序、过程管控，持续开展作业单元管控排查，坚决清理不合格班组。

持续推动自有施工力量培育壮大。自有班组建设效果逐渐显现，在急难险重任务发挥了尖刀利剑作用。成立无人机飞绳专业班组，在330秦汉输电线路工程首飞成功。

（路昀菲）

【安全生产】 动态修订《安全工作奖惩实施办法》等16份制度文件，完成273项“五查五严”隐患排查治理，开展重点工程现场安全帮扶活动，安全管控能力有效提升。全力推动现场标准化作业，有力保障65项二级风险作业安全高效完成。深入实施“争做人身安全吹哨人”行动，累计开展各类检查740次，查出问题1236条，获评国网陕西电力“无违章现场”29个。

完善“人、机、料、法、环”五方面风险管控措施，确保“四个管住”“四双”管理要求有效落地，全年共安全有序完成62项二级风险作业。

【党的建设与精神文明建设】 抓党建、强队伍，强根铸魂砥砺前行党史教育成效显著。深入学习贯彻习近平总书记“七一”重要讲话和党的十九届六中全会精神，突出“学党史，践行初心；敬延安，赋能三秦”主线，全面完成4个专项行动、30项任务，开展红色现场体验式教学32次、主题党日98次，启用党建领航·企业文化馆，引导全体党员坚定理想信念、凝聚干事热情。

扎实开展“旗帜领航·提质登高”行动和“基层党建创新拓展年”，实施32项“党建+”工程，成立党员突击队85支，设立党员责任区、示范岗194个，

●2021 年 5 月 20 日，陕西送变电公司在施工现场举行主题党日活动。（高浪舟　摄）

3 个基层党组织、5 名同志荣获陕西省国资委、国网陕西电力“两优一先”先进集体、先进个人。

探索建立“五五六”工作法。经历上级巡视、巡察、审计四次“大考”，始终坚持“四好三不”工作要求，完成问题整改 76 项、完成率 93%，处理 42 人・次。做好巡视巡察“后半篇”文章，推动建章立制，17 项新修订细则、办法陆续出台。

依托重点工程建设，组织 58 名大学生参加输电、电缆施工专业现场实操集训。开展“四个管住”“四双”管理培训 8 次。实施人才培养“三大工程”和“青马工程”，入选国网陕西电力“工匠种子”2 人，组建柔性团队 4 支。

（马永新）

陕西建设集团公司

【企业概况】 陕西电力建设集团有限公司（简称陕西建设集团公司）成立于 2019 年 12 月，原陕西省地方电力（集团）有限公司陕西电力建设集团有限公司，属国有全资子公司，注册资金 5 亿元。依据国家电网公司“一体四翼”的战略布局，陕西建设集团公司整合了原南区系统 2 个设计公司、3 个建设公司、67 个县级工程公司，收购了陕西元成电力有限公司，并随业务发展相继设立新疆分公司、四川分公司，形成以公司本部 7 个管理部门为平台，下属 4 个分公司、3 个子公司、9 个市级事业部、70 个县级项目部（67 个县级工程公司）的管理架构。按照“统一原则，综合研判，一企一策”的思路，国网陕西电力将对陕西建设集团公司业务和组织机构进一步优化调整，具有电力行业变电工程甲级、送电工程设计乙级、工程勘察、测量专业乙级、工程咨询乙级资信，电力工程施工二级资质，电力工程承装二级资质。2020 年 9 月，取得质量、环境、职业健康安全管理体系认证证书。

【特色亮点工作】 获评“AAA”级信用企业称号。2021 年 6 月，陕西建设集团公司成功获评电力行业信用建设 AAA 称号。诚信是立企之本。陕西建设集团公司自成立之初起，即将企业信用作为企业生存与发展的根本，在

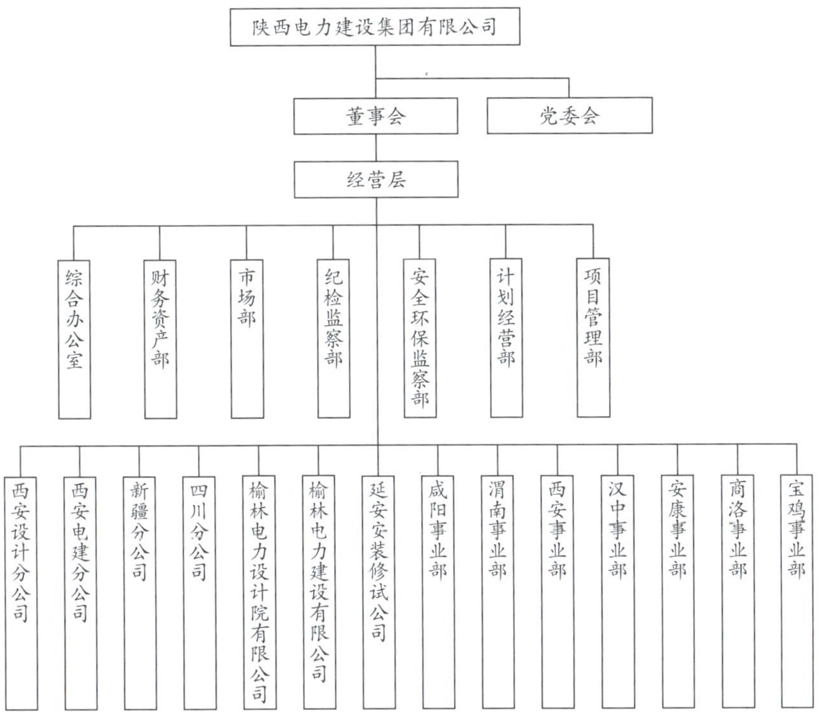

陕西建设集团公司组织机构图

积极开展各项业务的同时，完善组织架构、提高行业资质、经营合规、管理规范、守法诚信，认真履行社会责任，着力提升企业信用程度，各方面均取得了长足发展，营业收入、利润总额均在原南区单位前列。

变电专业设计资质成功升为甲级。陕西建设集团公司组建以来，始终坚持以集约化转型为理念，统筹布局"十四五"发展战略和企业远景目标，坚决将资质升级建设作为提高核心竞争力的一项重要工作，稳扎稳打、持续发力，为推动陕西建设集团公司高质量发展积蓄澎湃动能。经过不懈的努力和充分的准备，陕西建设集团公司在2021年上年度增办岩土工程勘察和设计资质、劳务部分等级3项资质的基础上，于9月被住建部批准：电力行业（变电工程）专业设计乙级资质升级为甲级，提前3年实现了"十四五"规划任务的第一步目标。

• 2021年6月18日，陕西建设集团公司赴富平习仲勋纪念馆开展主题党日活动。（马舒洋　摄）

市场拓展能力进一步增强。2021年，陕西建设集团公司以培育核心竞争力、落实"走出去"战略为着力点，持续强化外部市场开拓。与神木市政府签订5项、总金额1.2亿元供电工程施工合同，开创了政企合作新纪录。发挥资源整合优势，中标引汉济渭二期工程、隆基5GW项目、榆林黄河东线马镇引水工程等国家级、省级重点项目的供电工程。设立四川分公司，与四川省输变电工程公司签订战略合作协议。设立新疆分公司，取得国网新疆公司、新疆生产建设兵团等5家企业核心分包商入围资格，签订工程合同2544万元。

近年来，陕西建设集团公司积极拓展外部市场，先后取得光大环保能源（富平）有限公司35kV接入系统送出工程EPC项目、大荔旭彤生物质发电项目110kV单回上网线路工程设计施工EPC项目、宝鸡秦能锂电110kV开关站EPC项目、榆林榆阳芹河镇50MW光伏电站EPC项目等工程，在电力工程EPC总承包方面积累了丰富的经验。此外，由陕西建设集团公司西安设计分公司承接的加纳电力公司ECG私有化项目，标志着陕西建设集团公司已经迈出国门，走向国际市场。

陕西建设集团公司先后取得用于冻土地基的散热降温基础、用于冻土地基的斜桩锚固基础，一种配电网的运行控制方法及装置等多项专利；取得分配式电源接入配电网保护定值计算软件、自律分散的即插即用数据平台及管理方法和应用、智能调度技术支持系统、电力交易技术支持系统、需求响应技术支持系统等多项计算机著作权；先后获得全国工程勘察设计优质奖，优秀工程咨询成果奖，两个优秀工程咨询成果

奖，陕西省优秀工程设计奖等多项行业奖项。

【人力资源】 陕西建设集团公司在册员工 964 人，具有本科及以上学历者占员工总数的 72%，具有中级以上职称者占员工总数的 81%，各类国家注册工程师 129 人。陕西建设集团公司鼓励员工在岗提升，2021 年开展各专业继续教育培训 269 人次，17 人实现学历提升，18 人取得高级职称，为 25 名取得相关注册资格证书人员发放奖励 44.57 万元。加强技能人才培养，18 人取得特种作业人员证书，322 名主配网施工关键人员取得安全质量培训证书。

【经营管理】 陕西建设集团公司以提高管理效率、改善管理绩效为着力点，持续强化内部管理，健全内部管理体系。修订党委、董事会、经理办公会议事规则，严格落实党委会前置审议 23 项事项清单，党委会、董事会、经理办公会有序运作、高效开展。优化调整 7 个分、子公司组织架构，完成 9 市 67 个县（市、区）级工程公司出资人变更，完成对陕西元成电力公司的股权收购、吸收合并工作。发挥考核指挥棒作用，建立以经营业绩为导向的考核激励办法，按照挑战值、奋斗值、目标值将经营计划分为三档，指标权重与工资总额挂钩，按月考核、按季兑现绩效工资。设立经营指标双过半专项奖，激励各单位挖潜创效。按月对各单位计划完成情况排序通报，促进预算执行。将取得与岗位相匹配的执业资格、服务基层发展纳入员工绩效考核。提质增效成效显著。建成库存物资管理平台，加强配网物资采购管理，采购成本压降 10%。清收投标保证金 330 余万元。建立两级资金池，归集资金 5.7 亿元。加强财务风险管控，下发预警通报 12 份。加强成本管控，压减管理费用 210 万元。加强财务创效，节约财务费用 105 万元。充分运用审计结果，整改共性问题 10 项，个性问题 68 项。

2021 年，陕西建设集团公司完成营业收入 24.85 亿元，同比增加 5.4%，位于原南区五大集团之首。

【安全生产】 陕西建设集团公司以压实安全责任、落实“四个管住”为着力点，持续加强安全生产。陕西建设集团公司先后完成榆林 220kV 有色动力站、榆林 220kV 白云变电站，泾渭毗沙 110kV 输变电工程、泾渭 110kV 榆楚输变电工程、镇安 110kV 水源输变电工程、西安吉利 110kV 输变电工程、高陵通远 110kV 输变电工程、三原 110kV 高渠输变电工程等百余项陕西省重点电网工程的设计施工任务，为陕西省 66 县区的社会经济发展和人民生活需要提供了更加安全可靠的供电保障。

坚决筑牢安全生产防线。建立各级人员安全责任清单和 2021 年安全工作清单。投入安全生产措施费用 1586 万元。开展安全警示教育活动 20 余次，开展安全生产教育培训 2786 人次。成立安全督查飞检梯队，建立安全监控平台，通过“现场 + 视频”的方式开展监督检查 276 次，查处违章 92 起，处罚 2.7 万元、136 人次。制定突发事件应急总体预案和 12 个专项预案，成立三支应急救援队伍，组织开展应急演练。着力提升现场管控能力。扎实推进标准化作业，按照自身承

●2021 年 6 月 28 日，陕西建设集团公司举行“奋斗百年路　起航新征程”文艺汇演活动。　（刘婧雯　摄）

载力组建 7 个主网工程标准化项目部，配齐配强项目管理人员。在建项目严格执行“五步工作法”“六统一”标准要求，完成 952 项三级及以上风险作业。加强分包队伍管理。组织建设单位、监理单位和施工项目部对分包单位按月开展考核评价，将 46 家发生违章的分包队伍列入“负面清单”。创新举措保障线路投运。群策群力，攻坚克难，创新生态环境保护措施，历时三年的眉县 110kV 汤潼输电线路工程建成投运，35kV 镇坪瓦子坪输电线路建成，展现“电建铁军”精神。

【党的建设与精神文明建设】 陕西建设集团公司以融入中心促发展、全面从严治党为着力点，持续提升党建质量。党史学习教育成效显著。坚持把开展党史学习教育作为贯穿全年的重大政治任务，配发学习读本 1341 册，组织中心组学习近 50 次，隆重庆祝中国共产党成立 100 周年，开展专题讲座、读书班、“七微”活动等多形式培训 224 场次，深入推进“党建 +”活动。抓细抓实日常党建工作。建立健全党委领导班子成员分区包片联系基层工作制度，常态化检查督导、发现问题、指导发展。坚持党建引领融合发展。制定融合工作推进方案，成立移交工作领导小组，明确进度节点，建立每周五工作例会通报制度，推动移交工作平稳开展。全面开展“用主动学习助推融合发展”主题活动，建立融合期学习资料清单，边学边改进、边学边规范。纪律建设更加严明。召开第一届纪检工作会，开展基层党政“一把手”述职述责述廉工作，落实基层党支部纪检委员责任。开展查处违规利用公司资源“接私活”专项整治活动，提醒谈话 14 人。开展“4321”廉洁风险防控工作，43 位领导干部做出廉洁从业承诺。纪检、安监、财务、计经等部门联合对各项目部工作进行全面检查，集体座谈 6 次 42 人，形成调研报告 2 篇，做实大监督。

在精神文明建设方面，自 2017 年成功创建省级文明单位后，陕西建设集团公司不断丰富创建内涵，优选特色载体，开展形式多样的文明活动，有效激发创建活力。2021 年以开展学雷锋志愿服务，组织志愿者服务队，深入开展文明交通、文明旅游、文明餐桌、文明上网等为载体，积极承担社会责任，开展形式多样的活动。一是在 2021 年“结对帮扶特困户”活动，与榆阳区红山长虹路 3 户特困老人结成了帮扶对子，为他们送去米面油、棉被等生活必需品；二是积极开展消费扶贫工作，2021 年累计购买扶贫产品 34 万余元，以实际行动助力乡村振兴；三是引导青年职工积极参与志愿者服务，组织开展“学雷锋　擦靓公交车”志愿服务活动，通过清洗车体、车厢消毒等方式，为疫情防控期间公交车安全运营贡献电建力量；四是开展“悠悠献血情，浓浓博爱心”无偿献血活动，广大干部职工积极响应，踊跃参与，展现电建人无私奉献精神；五是坚持在春节、重阳节等节日期间，探望慰问离退休老干部、老同志，发放慰问金并赠送书籍杂志，送去组织的关怀。

（马芳芳）

国网陕西超高压公司

【企业概况】 国网陕西省电力公司检修公司成立于 2012 年 2 月 15 日，是国网陕西电力直属二级单位，肩负着保障陕西主网和跨区电网安全稳定运行的重要职责。2021 年 11 月 16 日，正式更名为国网陕西省电力有限公司国网陕西电力超高压公司（简称国网陕西超高压公司）。

• 2021 年 11 月 16 日，国网陕西超高压公司揭牌。

（于樊雪　摄）

国网陕西超高压公司主要负责 750kV 及以上（含 ±500kV、±800kV）输变电设备资产管理及运检业务实施，跨区特高压交直流线路资产管理及业务委托监管。

现有职能部门 7 个、基层单位 10 个，协管省管产业单位 1 个，共有员工 931 名，平均年龄 33.17 岁，本科及以上人员占比 92.16%，人才当量密度 1.122。现运维超（特）高压变电站（换流站）12 座，变电容量 4200 万 kVA，输电线路 54 条 7580.54km，外送通道 4 个，外送能力 1411 万 kW，运维总资产 490.1 亿元。其

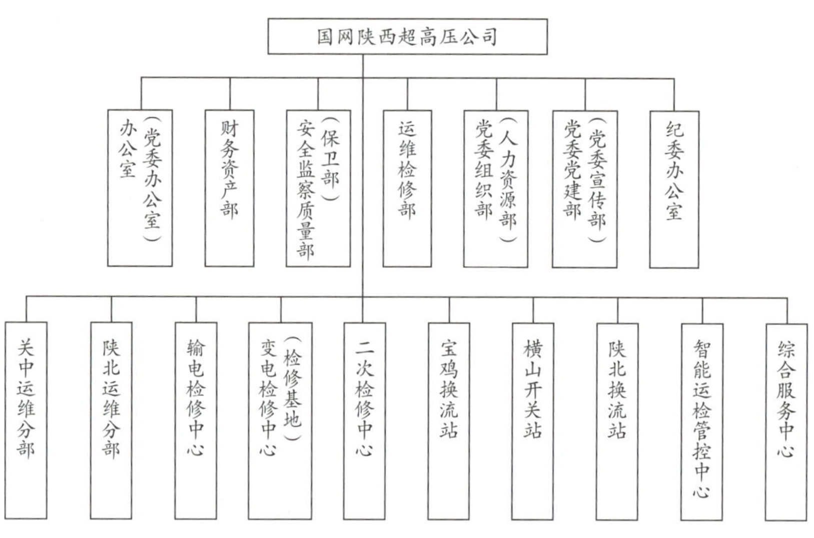

国网陕西超高压公司组织机构图

中750kV宝麦、乾凉线与甘肃电网相联，330kV信灵线至河南灵宝直流背靠背与华中电网相联，±500kV德宝直流与西南电网相联，1000kV横洪线与华北电网相联，±800kV陕武直流与华中电网相联，另有受委托运维的7条跨区直流线路与华东电网、华中电网相联，是国网陕西电力形象的“窗口”、电网安全的“关口”、西北能源外送的“支点”，为推进全国清洁能源优化配置、服务人民美好生活发挥着重要作用。

2021年，国网陕西超高压公司全年完成跨区交换电量393.3亿kWh；营业收入总额13.4亿元，完成率108.97%，同比增长15.97%；换流站平均能量可用率97.75%；主网停电计划执行率100%；输电线路故障停运率0次/（百公里·年）；变电设备故障停运率0.08次/（百公里·年）。顺利完成“六杜绝、三防范、一实现”年度安全目标，实现连续安全生产1334天。

【特色亮点工作】 跨区大电网清洁能源输送创历史新高。组织陕北换流站完成现场运行规程及12项站内管理实施细则编审，指导陕北换流站完善管理机制。完成宝鸡换流站站际竞赛自查评估，发现并整改30项，提升运维管理水平。组织编制《特高压直流输电换流阀设备技术规范》，完成国网陕西电力首个换流站现场运行通用规程编制，填补国网陕西电力直流专业管理领域空白。圆满完成国家电网公司系统内首次潮流日内多次反转实践，18天32次潮流反转，开展设备特巡特护252次，实现德宝直流交换电量1500亿的“高光”历史突破。

超特高压电网设备健康水平有效提升。陕西750kV洛川变电站是延安电网与陕西主网连接的枢纽站，直接影响着延安电网的安全稳定和陕北新能源消纳能力，全站电子式互感器改造项目被列为2021年国家电网公司重点技改项目。历时半年、汇集各方力量、克服重重困难，顺利完成750kV洛川变电子式互感器改造重点项目，显著提升设备运行稳定性。完成±500kV德宝线968号、±800kV灵绍线212、335号杆塔等基础滑坡隐患治理，消除重大设备隐患，提高设备可靠性。利用陪停检修、年度检修机会，搭车消除了阀塔避雷器接头发热、内水

2021年6月14日，洛川地区出现强降雨天气，为确保降雨后全站设备稳定运行，雨停后国网超高压公司750kV洛川变电站运维人员立即开展特殊巡视，保障电力可靠供应。 （于樊雪 摄）

2021年4月7日，750kV洛川变电站电子式互感器改造工作正式开始。 （张靖钰 摄）

冷软件类等共 114 条缺陷、27 项隐患，停电范围内消缺率 100%；年累计消缺 136 条。完成乾县变电站、南山变电站行波测距装置安装，完成行波测距主站分析平台调试，提高线路故障点定位精度。

陕北—武汉 ±800kV 特高压直流工程顺利启动投运。2021 年 8 月 1 日，陕北—武汉 ±800kV 特高压直流输电工程陕北换流站双极低端直流站系统调试顺利完成，首次通过直流线路送电 20 万 kW，进行端对端系统调试。这标志着该工程开始具备远距离送电能力，陕北的清洁电能可以从革命老区输送到湖北地区，向工程顺利投运迈出坚实一步。

● 国网陕西超高压公司完成陕北换流站设备验收。（于樊雪　摄）

创新实践工作取得新突破。首次成功开展 ±660kV 银东直流导线接续管鼓包直升机带电消缺，克服了传统带电作业方法存在的局限，缩减了作业人员攀爬杆塔、进入强电场、走线等时间，大幅提升了检修效率，为陕西大电网应对突发自然灾害等应急抢修积累了宝贵经验。3 项成果分获国网陕西电力数字化转型一、二、三等奖，4 个专业应用典型案例、优秀成果在国家电网公司及国网陕西电力推广展示。2 个 QC 成果荣获全国电力行业一、二等奖，1 个创新项目荣获国网陕西电力第六届青创赛银奖。

标准化作业提升运维工作精益度。组织编制直流运检专业生产现场“十不干”细化落实清单，完善直流运检专业标准化检修作业指导书、作业卡，提升现场标准化、规范化作业水平。结合直流异常故障特点、优化强化处置步骤，明确异常处置工作流程中各单位工作要点以及注意事项，切实提高应急处置能力。圆满完成中国共产党成立 100 周年、十四运会和残特奥运会保电工作。

● 国网陕西超高压公司开展国网陕西电力首例直升机带电作业。（于樊雪　摄）

【人力资源】 国网陕西超高压公司优化基层单位业务职责，调整陕北换流站、省管产业内设机构，完成安全管控中心机构设置，增设安全监督及专职安全员 13 个，成立基层单位专业室 13 个。全面推行岗位竞聘制，完成 5 个管理岗位、14 个重要技能岗位公开竞聘。配强核心专业用工力量，59 名新入职员工精准分配，榆林地区班组人员配置率大幅提升。“五个倾斜”全面落地，印发技能岗位岗级管理细则，完成全员薪档测算调整，405 人实现提档升薪（一线技能人员占比 79.5%）。强化安全奖惩向一线技能人员倾斜，全年精准兑现 1299.41 万元（一线人员占比 89.78%）。人均收入较上年增幅 8%。培训练兵成效彰显。建立培训“一盘棋”体系，实施培训项目 614 个。高质量举办向解放军学习体验式教学、四级副职及优秀年轻人员培训班，全员素质能力有效提升。扎实开展冬夏实战练兵、竞赛比武集训，变电运维技能竞赛和输电无人机技术比武均获国网陕西电力团体二等奖，直流运检技能竞赛获国家电网公司集体三等奖。

● 国网陕西超高压公司职工参加国家电网公司直流技术比武获佳绩。（高　璐　摄）

【经营管理】 2021年，国网陕西超高压公司深化提质增效专项行动，推进26项重点任务落实落地，全年累计增利952.46万元。强化费用归口审核，从源头把关项目质量，非生产性支出同比压降9.78%。严格预算“双控”管理，执行进度同期增长40.17%。加快推进“三清理两提高”，完成长期挂账项目24项，较上年增加2亿元；应付账款余额压降0.64亿元，降低14.37%。智慧转型纵深推进。积极构建智能运检体系，配合国网陕西电力完成变电源端系统数据接入，有力支撑后期业务中台运转。加快推进智慧变电站、智慧线路建设，6座变电站完成一键顺控改造，倒闸操作率提高66.7%；陕西省首条超高压智慧线路彬乾线通过国家电网公司现场验收；3座变电站在线智能巡视系统上线运行；7条750kV线路实现无人机自主巡检。全力推进运检综合园区建设，电网小型基建年度投资完成率、转资率均居国网陕西电力系统第一。

【安全生产】 2021年，国网陕西超高压公司发布领导班子“两个清单”，修订全员安全责任、安委会工作规范，成立八个专业委员会。扎实开展安全生产专项整治，排查问题隐患172条，整改率95.0%，重点完成洛川变电子式互感器改造、信洛线绝缘子串单改双等重大隐患治理。现场管控全面加强。大力推行标准化作业、“四双”管理、“四个管住”，加强外包队伍“同质化”管理，检查作业现场4575个，查处违章352起，创建国网陕西电力无违章现场11个、国网陕西超高压公司无违章现场35个。安全完成停电检修计划144项，陕武直流工程实现向华中送电。电力保供力度空前。面对庆祝中国共产党成立100周年、十四运会暨残特奥会重大政治任务，修订专业应急保障方案，严肃应急值班和信息报送，顺利实现“六个零四确保”保电目标。面对今冬明春保供电严峻考验，扎实开展设备特巡特护，高效处置泾道Ⅰ线259号杆塔基础滑坡、吉泉线子导线断裂紧急缺陷；疫情期间，组建10支58人应急预备队，抽调115名业务骨干组成应急队驻守铜川、榆林等地待命，全面保障了陕西大电网安全稳定运行。

• 国网陕西超高压公司举行十四运会保电出征誓师活动。 （弓鸿飞 摄）

【党的建设与精神文明建设】 国网陕西超高压公司严格执行“第一议题”制度，贯彻落实党的十九届六中全会、习近平总书记系列讲话精神。深入开展党史学习教育，中心组专题学习11次、交流研讨发言50人

• 国网陕西超高压公司举办“颂歌唱给党　奋斗新征程”歌咏比赛。 （于樊雪 摄）

次，围绕党史讲党课30人次，“送培上门”8个班站、200余名党员群众现场培训交流。抽调21名管理人员“驻一线、践初心”，分赴16个班站驻站调研、解决问题。深化“基层党建巩固提升年”活动，完成党建量化8方面34项任务，不断夯实党建基础。深入推进“三个深化”专项行动，在生产一线成立15支党员突击队，实施“党建+”项目23个，有效引领广大党员干部冲锋在前，党的政治优势和组织优势在大战大考中得到充分彰显。国网陕西超高压公司党委荣获国网陕西电力“红旗党委”，1人荣获国家电网公司劳模，4人荣获国网陕西电力劳模、工匠、先进工作者，3个班组荣获陕西省、国网陕西电力工人先锋号。

● 国网陕西超越压公司在生产检修现场进行党员突击队宣誓。（高 璐 摄）

队伍作风及廉政建设取得成效。国网陕西超高压公司扎实开展培育优良工作作风专项行动，完成四级领导人员作风体检亮诺，195项作风体检问题得以整改，31项基层反馈意见建议均有答复，本部服务基层意识进一步增强。全面推进立体协同监督体系落地，深入开展“酒驾醉驾”“靠企吃企”等专项排查整治和纪委廉政约谈，丰富廉洁宣教形式载体，实施项目全过程审计，国网陕西超高压公司环境风清气正。

（郭 玮）

国网陕西建设公司

【企业概况】 国网陕西省电力有限公司建设分公司（简称国网陕西建设公司）成立于2018年4月20日，作为国网陕西省电力有限公司二级管理单位，与陕西诚信电力工程监理有限责任公司两个公司按照“两块牌子一套人马”、职能部门和业务机构合并设置的方式合署运行。其中，国网陕西建设公司履行建设管理单位职责，受托负责国家电网公司总部和国网陕西电力直接管理330kV及以上电网工程项目的建设管理；诚信监理公司保留法人主体和资质，通过市场竞争，承接各电压等级电网工程监理业务。设置5个职能部门，分别为综合管理部、党委党建部（党委宣传部、纪委办公室）、计划财务部、安全监察部（质监中心站办公室）、工程管理部；设置3个业务实施机构，分别为项目管理一部、项目管理二部、项目管理三部。

2021年是“十四五”开局之年，国网陕西建设公司共同经历了庆祝中国共产党成立100周年、融合发展、十四运会、疫情防控等一系列大战大考，全面完成了全年电网建设和安全生产任务，各项工作保持了良好的发展态势，连续两年绩效考评综合单位排名第一，连续两年荣获“安全生产先进单位”，安全生产突破1000天，全年未发生安全生产事故（事件）。

（郭 磊）

【特色亮点工作】 电网建设全面完成。国网陕西建设公司负责建管工程18项，其中特高压工程1项、750kV工程5项、330kV工程12项，开工变电容量720MVA，开工线路长度145.8km，开工率完成100%。投产工程9项，投产变电容量258万kVA，投产线路长度515.22km，投产率完成100%。全年完成基建投资10.16亿元，完成投资计划的105%。完成11项输变电工程竣工结算，结算金额40.95亿元，结算完成率100%。全年刚性执行750kV主网停电计划5条，计划执行率100%。西安北750kV变电站工程荣获中国电力优质工程奖、国家级“中国安装之星”奖，西安南—信义Ⅱ回750kV线路工程获得2021年国网陕西电力输变电优质工程银奖。12项工程通过国网陕西电力环保验收，9项工程通过国网陕西电力水保验收和黄河水利委员会、陕西省水利厅专项督查。陕北换流站750kV配套送出工程及陕湖特高压线路工程提前建成，为陕北换流站8月6日正式向湖北送电奠定了基础，受到国家电网公司、国网陕西电力表扬和肯定。精心策划，统筹组织，举全公司之力开展西安、榆林电网建设攻坚。

●2021 年 8 月 26 日，国网陕西建设公司承建的陕北换流站一标段全线贯通。（何广奇 摄）

西郊 330kV 输变电工程成立以党政负责人为组长的攻坚柔性团队，加强参建单位及国网陕西建设公司部室协调沟通，取得政府部门大力支持，政企联动推进工程攻坚；聘请技术专家组，保障地下施工安全，召开专家评审会 4 次，制定专项方案 8 项，开展每日巡查、专项安全检查 40 余次，开展应急演练 2 次，为安全、高效、优质完成建设任务保驾护航；建立“日协调、周例会”攻坚工作机制、两级值班制度，组织各参建单位实施 24 小时“两班倒”模式，国网陕西建设公司领导及相关部门负责人、专责每晚对施工现场开展夜间巡查，协调现场存在问题，检查现场安全措施、疫情防控措施执行情况，保障工程按计划节点高效推进；根据架空线路工程实施难点，有针对性地制定《攻坚组织实施方案》，成立现场指挥部，每日召开碰头会梳理存在问题，逐一落实部署措施，重要跨越、外围阻工等制约因素全部协调解决，工程取得突破性进展。理顺大前期工作机制，印发《“大前期”工作实施方案》，组建“大前期专业技术柔性工作团队”和“大前期项目推进柔性团队”，柔性团队协同工作机制运行顺畅。建立以国网陕西电力统筹管控、国网陕西建设公司和属地公司协同推进、设计和咨询单位专业支撑的“三位一体”深度融合大前期工作机制，合力推进大前期工作任务。编制 8 期“大前期月报”，编制 4 项工程“工程前期信息标准化手册”，实现“清单制”口袋书式成果共享，大前期规范化、标准化管理机制逐步形成。完成 36 个大前期任务节点，其中超前完成 16 个，任务完成率 105.88%，超额完成大前期工作任务。环水保治理取得成效，依法合规建设水平提升。宝鸡 750kV 主变压器扩建等 12 项工程通过环保验收；平利 330kV 输变电等 9 项工程通过水保验收。完成定靖 750kV 变电站 330kV 送出工程等 7 项工程“黄河流域生产建设项目水土保持专项整治”，并顺利通过榆林市水利局现场核查，蒙华铁路（榆林段）330kV 供电工程等 2 项工程顺利通过榆林市水利局水保验收核查，完成神木 750kV 变电站 330kV 送出工程 2 项工程环评水保重大变动报批，完成府谷清水川低热值煤发电项目 330kV 送出工程等 32 项工程水保初步设计并完成备案。陕北地区环水保问题专项整治工作取得成效，受到榆林市水利水保综合执法支队书面表扬。成功申请 1 项环水保专业研究课题，完成 1 项工程生态修复方案编制和评审，完成渭南北 330kV 输变电工程等 5 项工程环水保技术交底。18 人取得“生态环境部环境工程评估中心建设项目环境监理”培训合格证书并取得环境监理资格。

●2021 年 11 月 9 日，国网陕西建设公司在西安 330kV 西郊输变电隧道工程夜间攻坚。（何雨豪 摄）

监理改革见成效。2021 年监理公司监理参建主网基建工程 91 项，其中开工 41 项，竣工 35 项；参建配网及运检工程 3446 项，竣工 2470 项。参与监理的西安北 750kV 变电站工程获得 2021~2022 年度中国安装工程优质奖，武镇 330kV 线路工程获得国家电网公司 2021 年度优质工程金奖，汉中明珠 110kV 输变电工程获得 2021 年中国电力优质工程奖，咸阳西 330kV 输变电工程在国网陕西电力劳动竞赛中获得优胜项目奖。监理公司摸索实施的驻队监理管控模式被国网陕西电力收录为典型经验，并被国家电网公司建设部点名表扬采纳在国家电网公司推广，同时落实驻队监理和安全总监制度。组建变电、土建、线路、环水保、配网 5 个专家组，在设计监理、初设审查等方面收效良好。开展监理人员履职检查，选拔97名优秀监理人员组建“核心监理人员库”。实施渭南北330kV输变电工程“业主监理一体化运作”试点。组建项目前期监理部，开展设计监理、环水保监理、项目造价管理工作。赴杨凌技术学院、西安电力高等专科学校招聘33名应届大学生。开展新进监理人员培训，实施配电网监理人员履职调考两期。挑选10名青年重点培养监理管理业务，选派2名青工扎根陕北—湖北±800kV特高压直流输电工程，学习专业管理技能。结合“八大工况”“两个气象条件”“五项安全通病”“七类高危作业”编制下发现场作业检查监督卡。制作“十八项禁令”和“三十条措施”动画视频及口袋书，受到国家电网公司表扬，在国网陕西电力进行推广。参建国内最长330kV泾玄Ⅰ、Ⅱ线高压电缆工程，针对西郊330kV电缆隧道工程地下交叉跨越施工难题，与长安大学合作，开展电缆隧道顶管法上跨既有结构微扰动技术服务，积累330kV电缆隧道工程施工经验。制定“监理信息化平台建设”方案，建成“陕西诚信监理数智平台”，开展信息化平台试点应用。

（张艳丽　艾恪帆）

【人力资源】国网陕西建设公司现有员工139人，其中企业负责人10人，职能部门35人，业务机构94人。年龄结构：平均年龄38.1岁。55岁及以上9人，占比6.47%，50~54岁12人，占比8.63%，40~49岁37人，占比26.62%，30~39岁48人，占比34.54%，29岁及以下33人，占比23.74%；学历结构：研究生42人，占比30.22%；本科88人，占比63.31%，专科9人，6.47%；职称结构：高级职称37人，占26.62%；中级职称40人，占28.78%；初级职称20人，占14.38%；无专业技术资格42人，占30.22%。国网陕西电力评聘专家人才5人（国网陕西电力级优秀专家人才1人、国网陕西电力级后备优秀专家人才1人、地市公司级优秀专家人才1人、地市公司级后备优秀专家人才1人、国网陕西电力三级技术专家1人）；国网陕西建设公司技术专家10人（其中：四级专家2人，五级专家8人）。

（何金阳）

【经营管理】诚信监理公司完成深化队伍建设、制度标准、业务流程、薪酬激励等51项改革措施落地。加大监理人才队伍建设力度，积极推进人才储备，鼓励员工积极考取执业注册证书，制定《国网陕西省电力公司建设分公司（陕西诚信电力工程监理有限责任公司）执业资格证书管理办法》，共计21人考取注册监理工程师、咨询师、环保、水保工程师、注册安全工程师等各类执业注册证书，18名总监理工程师取得生态环境部环境工程评估中心组织的建设项目环境监理培训证书，确保国网陕西建设公司监理业务稳步发展。监理公司优化投标机制，整合资源，完善流程，在投标策划、组织编标、评审、修改、出版等环节开展多重措施、层层把关，定期组织编标人员业务能力提升培训，切实提高投标文件质量，共参与投标150项，中标102项，中标率68%，累计中标金额2.5亿元，全年签订合同308项共3.38亿元，2021年中标金额及签订合同金额均创历史新高。监理公司营业收入完成9693万元，完成预算的110%；利润总额2252万元，同比增长20.44%。制度改革稳步推进，颁布单项工程费用管控实施方案、项目费用控制激励考核方案等6项制度，形成成本计划引领、过程管控、定期考核、正向激励的闭环管理机制，同时加强监理公司资金周转率，系统内历史应收账款压降1273万元。

（孟庆德　艾恪帆）

【安全生产】2021年，全体干部员工攻坚克难，不断强化安全体系建设、制度建设，严格落实“四双”“四个管住”，高效完成安全生产专项整治行动“二下二上”“坚守底线、夯实基础、创新提升”等专项活动，国网陕西建设公司安全目标及疫情防控“双零”目标顺利实现，连续两年获得国网陕西电力“安全专项活动先进单位”。安全管理基础不断筑强，通过制度引领强化安全体系建设，修编全员安全责任清单、国网陕西建设公司班子成员安全生产责任清单和2021年安全生产工作清单，形成“一岗位、一清单”责任体系；修订安全奖惩细则，增加安全奖励基金至160万元，获得安全奖励178万元。编制“四双”“四个管住”实施细则等7项制度，安全监督及保证体系持续加强。安全监督体系作用有效发挥，提升安全管控中心管理效能，全年开展现场巡查89次，远程视频检查2396次，有效查处现场违章。完成2021年中国共产党成立100周年、十四运会、融合发展三场保电攻坚战，获得国网陕西电力保电先进单位。安全管理标

准化持续推进，开展网络夜校 34 期，有效培训 2125 人次；开展“秦电培训”“应急普法竞赛”等学习活动，编制《安全应知应会手册》《复工、防疫手册》等口袋书，开展全员安全规程普考及安全规章制度考试。完成 29 项二级风险作业、1170 项三级风险作业。开展基建工程安全分级预警，发布预警 10 次，约谈参建单位 9 次，扣除安全违约金 96.81 万元。良好安全工作氛围基本形成：通过安全竞赛评比提升安全管理工作效率。开展工程安全质量月度考评、“四双”管理、“四个管住”工作评价，评选安全之星 9 名；开展“五好”示范工地创建，黄陵店头电厂 750kV 送出工程获得国网陕西电力唯一一个国家电网公司最佳“五好”示范工地称号。完成府谷清水川低热值煤发电项目 330kV 送出工程等 3 项工程标准化示范工地创建，国网陕西电力基建单位线上观摩；编制试行基建作业《标准化流程卡》，在国网陕西电力基建系统推广应用。通过安全专项活动提升安全管控水平。开展“四色”安全管理提升行动，开展“落实‘十不干’，争做‘人身安全吹哨人’”活动，违章同比下降 23%，7 项工程获评国网陕西电力无违章工地，9 项工程获评国网陕西建设公司无违章工地。

●2021 年 2 月 27 日，国网陕西建设公司在平利 330kV 输变电工程线路工程现场开展防触电应急演练。

（喻熠洋　摄）

（李永福）

【党的建设与精神文明建设】 紧扣习近平新时代中国特色社会主义思想主线，高质量开展党史学习教育。以上率下。通过党委“第一议题”、中心组学习等形式，学习习近平总书记重要讲话和指示批示精神 12 次，研讨发言 40 人次，举办读书班 2 期共 3 天。内外结合。邀请省委党校、国网陕西电力宣讲团开展专题辅导 1 次、党史宣讲 1 次，国网陕西建设公司领导班子和各支部书记讲党课 23 人次。职能部门和临时党支部开展联建 5 次，组织参观培训 5 次、志愿服务 2 次。印发《“赋能三秦·为基层办实事”活动方案》及任务清单，涉及职工福利、工程管理等方面 26 项内容。评选表彰“两优一先”22 人。一个支部获国网陕西电力“电网先锋党支部”，一人获国家电网公司“优秀共产党员”，一人获省国资委“优秀党务工作者”。评选表彰“两红两优”2 人，国网陕西建设公司团支部获国网陕西电力“五四红旗团支部”，一人获“优秀共青团员”，一名团干部获“优秀共青团干部”。国网陕西建设公司党委坚持党建融入安全生产、电网建设、监理履职等中心工作，实现同频共振。以“五覆盖六融合五直达”工作法，深入实施“党旗在工程现场飘扬”工程，持续加强临时党支部建设。

●2021 年 5 月 8 日，国网陕西建设公司举办提升青年素质培训。

（王小侠　摄）

在 8 个党支部和 5 个临时党支部全覆盖实施“党建 +”工程，完成国家电网公司“党建 + 电网建设”交叉检查，得到国家电网公司好评。聚焦为群众办实事，提升获得感幸福感。在工程现场开展全覆盖式慰问，提供车辆年检上门服务。在监理公司开展“一贺二到三必访”活动，并为 495 名监理人员办理意外伤害保险。在一线项目部全覆盖打造职工小家，在本部打造“妈咪小屋”，不断提升职工的幸福感、获得感。

（何申琪）

陕西电力项目管理公司

【企业概况】 陕西电力项目管理有限公司（简称陕西电力项目管理公司）成立于1997年10月，原陕西省地方电力（集团）有限公司陕西电力项目管理有限公司，注册资本5000万元，拥有电力工程监理甲级、房屋建筑工程监理乙级，工程造价乙级资质。陕西项目管理公司是陕西省监理协会常务理事单位，是陕西省监理行业唯一的安全生产标准化二级企业，2013年通过三体系认证（ISO 9001质量管理体系、ISO 14001环境管理体系和OHSAS18001职业健康安全管理体系认证）。曾获得中国工程建设监理协会“全国工程建设优秀监理企业”“全国优质监理工程奖”等。

共设五个部门：综合管理部、财务经营部、人力资源部、工程监理部、安全监察部。目前全口径用工233人，其中全民长期工43人；社会化用工190人，包括主网工程监理人员120人，配网工程监理人员70人。拥有注册监理、造价、安全工程师37人次，一级、二级建造师4人，陕西省专业监理工程师142人。依据国家电网公司“一体四翼”的战略布局，按照“统一原则，综合研判，一企一策”的思路，国网陕西电力将对陕西电力项目管理公司业务和组织机构进一步优化调整。

（尹学卫）

【特色亮点工作】 **荣誉奖项。**2021年9月获得2021年度中国监理行业诚信建设先进企业。2021年11月获得工程监理企业信用等级证书。

科技创新工作。印发《陕西电力项目管理有限公司电气开关设备监造实施细则》，实施科技创新项目《陕西电力项目管理有限公司设备监造流程管理系统》工作，参与《陕西电力项目管理有限公司物资采购标准》的审核。

创建党员示范项目部。陕西项目管理公司加强党员队伍管理，有效实施《陕西电力项目管理有限公司党员积分制管理办法》等激励制度，充分发挥党员模范带头作用，完成党员示范项目部和模范党员评选活动，表彰陕西项目管理公司5名优秀党员和3个党员示范项目部。

（尹学卫　武春娟　王　贞）

【工程管理】 2021年陕西电力项目管理公司全面完成工程项目监理任务。全年承担工程建设监理项目168项。推行监理项目部标准化建设，编制监理项目部标准化管理手册。目前已设立标准化监理项目部33个，建设完成标准化监理项目部18个。推广应用陕西电力项目管理公司“智慧监理”系统，进一步提升项目监管能力。加强配网工程监理工作，组织开展配网监理业务培训9次。

（张红运）

【安全生产】 2021年陕西电力项目管理公司积极组织业务部门认真学习国家电网公司各项规范规程，落实国网陕西电力安全生产各项要求。结合安全生产专项整治三年行动工作要求，完成《陕西电力项目管理有限公司安全生产主要问题整改方案》《陕西电力项目管理有限公司全年安全轮训实施方案》的编制工作，全面开展为期一年的安全问题整改专项工作。推动“互联网＋安全监督”，通过“智慧监理”系统，改善安全监督局面。强化日常检查和整体监督，实现安全督查全覆盖。开展两个“安全生产月”活动，在建项目督查活动共27次，完成季度安全轮训活动4次，事故、事件警示教育活动各7次。全体管理人员全部通过安全普考，现场监理人员173人通过安全普考。组织全体监理人员学习国网陕西电力现场检查快报、通报等文件共28次，并按要求对照整改落实，全年未发生任何生产安全事故（事件）。

（武春娟）

【党的建设与从严治党】 2021年陕西电力项目管理公司党支部将党史学习教育和中国共产党成立100周年各项活动结合起来，高度重视，认真组织，制定《陕西电力项目管理有限公司党史学习教育活动实施方案》和《陕西电力项目管理有限公司党史学习教育工作任务清单》，细化活动内容和要求；深入学习习近平总书记“七一”重要讲话和党的十九届六中全会精神；组织全体党员观看庆祝中国共产党成立100周年大会；组织开展“坚定文化自信、提高文化修养”“听红歌，学党史”和“永远跟党走 奋进新征程”等各类主题党日活动；同时充分用好陕西红色资源，组织参观“扶眉战役烈士陵园”，现场开展党史教育学习，推进党史学习教育持续往深走。

不断加强党建工作。陕西电力项目管理公司党支部认真落实“三会一课”各项要求，制定《陕西电力项目管理有限公司党支部工作要点》，召开支部党员大会与主题党日融合开展12次，中心组学习11次，支部会议15次，党小组学习26次，领导干部讲党课3次，开展组织生活会1次，意识形态工作分析研判2次。充分发挥党员先锋模范作用，开展党员示范项目部和模范党员评选活动，对4名优秀党员和1个党员示范项目部进行表彰，激励党员发挥模范带头作用。

全面从严治党。陕西电力项目管理公司党支部制定了“党风廉政建设主体责任清单”，落实主体责任。坚持党风廉政建设，开展纪律教育学习宣传，全年开展警示教育活动14次，组织干部职工36人参加省纪委监委党纪法规知识测试，总体成绩优秀。

（王　贞）

国网陕西信通公司

【企业概况】 国网陕西省电力有限公司信息通信公司（简称国网陕西信通公司）前身是成立于1999年的陕西电力信通有限责任公司，2004年，股权改制，增资扩股，由陕西电力银河投资集团公司控股，更名为“陕西银河信通有限公司”。2012年6月，成立国网陕西省电力公司信息通信公司，正式更名为“国网陕西省电力公司信息通信公司”。2021年11月改为现名。

国网陕西信通公司是国网陕西电力直属信息通信专业化支撑单位。主要负责支撑保障国网陕西电力安全生产、经营管理、电网建设等核心业务，负责国网一级、西北分部二级在陕通信网及国网西安数据中心调管业务，负责国网西安数据中心、国网西北分部信息建设及运维检修工作，指导各地市信通公司开展属地化运维工作，开展主要业务数据的汇集、存储、加工、分析、服务等工作。截至2021年年底，设5个职能部门，8个专业机构，受托管理1家省管产业单位，有在职员工160人。其中，本科及以上学历151人（硕士研究生53人，博士研究生3人）。

国网陕西电力信息通信系统以通信基础网络为平台，建成覆盖国网陕西电力本部、地市供电公司、其他直属单位的高速、畅通、安全、可靠的三级数据通信网。已建成的通信基础网络覆盖330kV及以上变电站和各级调度中心站点，初步形成“四横两纵三环网”的750kV骨干网络架构。2021年国网陕西电力通信网络新投运通信站38座，新增通信光缆42条，新增光缆长度1296km。截至2021年年底，陕西境内共有通信站474座，330kV及以上通信光缆318条，光缆长度15767km。

2021年，国网陕西信通公司未发生人身伤亡事故，未发生八级及以上信息通信安全事件，信息通信系统各项运行指标均优于考核值。截至12月31日，已连续安全生产3376天，未发生违规违纪事件，未发生影响企业形象的负面事件，职工队伍保持和谐稳定。荣获2021年国家电网公司“先进集体”。

（朱　铭）

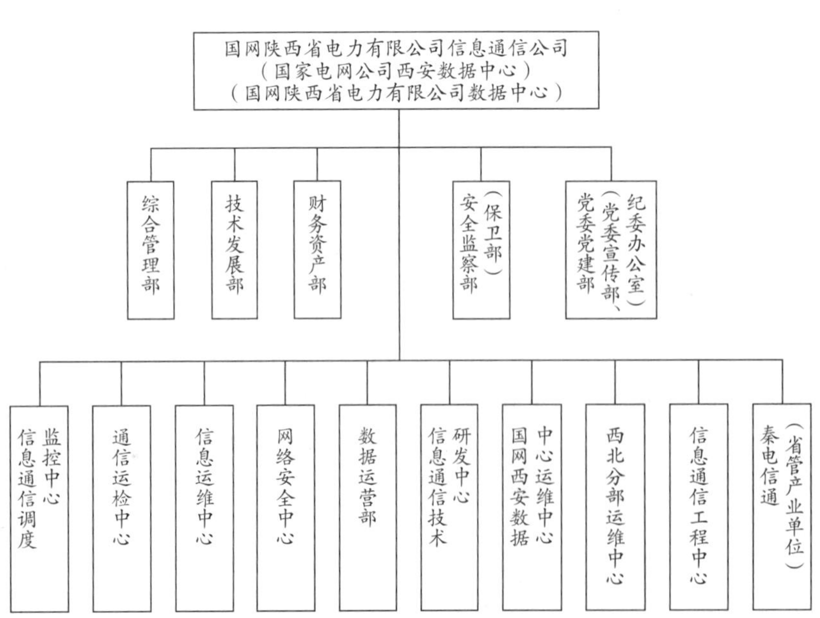

国网陕西信通公司组织机构图

【特色亮点工作】 强融合、促发展，支撑保障能力显著增强。高质量完成国网陕西电力“云揭牌”视频会议等“四会连保”任务，获上级

●2021 年 7 月 5 日，国网陕西电力网络安全运行分析中心揭牌仪式暨网络安全保障党员突击队授旗仪式举行。（徐小璐 摄）

领导高度赞扬。全年完成各类音视频会议保障任务 2563 次，实现“零差错”。完成唐延路和柿园路办公会商系统建设及办公区终端设备保障支撑服务。建成网络安全运行分析中心，形成网格化网络安全预警处置机制和实时指挥机制。

国家电网公司西安数据中心机房三期建设竣工投运。国家电网公司西安数据中心机房三期建设项目作为“新基建”核心项目，工期仅有半年，时间极紧，难度极大，任务极重。为保证各项建设任务如期完成，国家电网公司西安数据中心运维中心调整计划、克服疫情影响，所有项目人员连续奋战 100 多天，圆满完成西安数据中心 6 个机房模块建设，装配机柜资源 849 面。此次机房三期建设工作以绿色节能为目标，融入微模块、超高密机柜、水冷系统、磁悬浮制冷系统、先进的物联网等技术，新建机房 PUE 将降至 1.4 以下。同时，引入的机房人员定位、巡检机器人、机柜 U 位管理等智能管理工具，实现了机房内自动化、精细化巡检，IT 设备快速定位、敏捷部署。新建成的机房是目前国家电网公司功率密度最高，新技术运用最多，数字化监控覆盖面最广，智能化运维程度最高的机房，建设成果多次荣获国网陕西省电力公司总部领导表扬。

（陈　果）

“三台”运营成效显著。持续开展云平台扩容工作，2021 年共扩容云平台计算、存储节点 121 台，云平台总体规模 264 台。完成云平台核心网络架构升级，云平台可容纳节点规模上限由 300 台左右提升到 1000 台。截至 2021 年年底，已有 54 套业务系统完成上云工作。推进数据中台运营能力提升，实现了结构化数据、非结构化数据和量测类数据的接入。通过基于数据中台对数据进行分析和挖掘，为各地市供电公司提供了高可用的数据服务支撑，解决各地市单位需求和中台数据的矛盾，累计访问超过 150260 人次，日均访问量达 1019 人次。建成物联管理平台，夯实数字化转型基础。物联管理数据“来源基层、服务基层”，共享发布 681 个主题服务，形成跨专业数据共享共用生态，填补电网企业跨专业物联技术支撑的空白。

●2021 年 1 月 6 日，国家电网公司西安数据中心机房三期建设竣工投运。（徐小璐 摄）

（朱　铭）

【人力资源】 截至 2021 年 12 月 31 日，国网陕西信通公司全口径用工 160 人（其中 5 名主业支援集体员工），女职工 59 人，占比 36.87%，男职工 101 人，占比 63.13%。本科及以上学历员工 151 人，占比 94.38%；中级职称及以上员工 119 人，占比 74.38%。

人才当量密度 1.2165，高技能人才比 91.5663%，中级及以上职称占管理技术人员比例 82.3529%。各类优秀专家人才共计 8 人次，占总人数的 6%。其中获得中央企业技术能手称号 2 人；获得陕西省技术能手称号 1 人；获得国家电网公司网络安全红队尖兵称号 1 人；国网陕西电力级三级专家 1 人；国网陕西电力级三级工匠 1 人；获得国网陕西电力级专业领军人才称号 1 人；获得国网陕西电力级优秀专家人才称号 1 人。

2021 年企业负责人业绩考核指标数量达标率 100%，企业负责人业绩考核指标量化率达到 100%，全员绩效合约签订率100%，评优、晋升应用率均优于国网陕西电力规定的标杆值。

（赵　阳）

【经营管理】深入落实国网陕西电力“三清理两提高”工作要求，计划执行完成率100%。加快推进完工项目转资，年度累计转增固定资产20565万元，完成全年计划任务146.1%。完成各部门专业仓备案和库管员备案，建立专业仓库存“一本账”。秦电信通自主研发“电厂管家App”提供客户增值服务。承揽国网陕西电力重要数字化项目建设运维，支撑营销、设备、人资等专业，通过组建专业团队、开展贴身服务，有效发挥“第二梯队”作用。

（朱　铭）

【安全生产】建成安全管控中心，完成信息标准化作业现场全省示范工作。深化智慧保电指挥系统建设应用，圆满完成十四运会及残特奥会、支援河南防汛抢险保供电、中国共产党成立100周年等重大活动信息通信及网络安全保障工作。完成公安部网络安全演习，为国家电网公司获得500分加分。获国网陕西电力“控风险、压责任、保安全、促融合”安全专项活动先进单位。

完成十四运会重大保障任务。2021年9月，以“全民全运、同心同行”为主题的十四运会在陕西隆重举行。为完成十四运会和残特奥会通信保障任务，国网陕西信通公司提前数月开展十四运会保电指挥101会场音频系统及陕西电力十四运会应急无线通信系统建设工作。建成国网陕西电力总指挥部展示大屏，安装67台统一监控指挥平台终端设备，形成“国—省—市”三级协同联动的应急监测指挥机制。落实十四运会安全运行保障“一站一案”保障要求，成立了10支应急保障党员突击队，组建“4+2+1”保障团队，分赴变电站、西安城区、奥体中心、101保电总指挥部等保障地点执行现场应急保障任务。保障期间，共开展系统巡视8116余次、光缆特巡650余km，无线数字集群通信系统累计通话18100余次，以“零故障、零中断”的成绩完成十四运会及残特奥会保障工作。

2021年8月24日，国网陕西信通公司完成十四运会开幕式彩排保电指挥部通信保障工作。（王　晨　摄）

【党的建设与精神文明建设】2021年，国网陕西信通公司党委理论中心组融合“支部书记上讲台讲制度”和“信息通信专业技术讲堂”两项特色学习项目，累计开展15项专题学习。组织广大党员赴照金开展现场体验教育活动，老、中、青党员畅谈学习心得，交流工作经验。办好为民实事，突出“学党史，践行初心；敬延安，赋能三秦”主线，落实“我为群众办实事”5个专项行动58项工作任务。国网陕西信通公司领导班子成员带头制定办实事清单71项，各党支部形成办实事清单45项。国网陕西信通公司领导班子带队赴铜川耀州数字化县公司现场调研，帮助解决处理云及数据中台性能等5项问题。扎实开展驻一线践初心活动，组织13名党员干部有序派驻一线班组开展“五个一”工作，开展一线调查研究13人次，解决问题13项。在国网陕西电力党史学习教育简报刊发3条典型经验，《学党史　促实干　全力助推陕西电网数字化转型》在学习强国和中国电力报刊登。

2021年5月19日，国网陕西信通公司组织开展“学党史　强信念　跟党走”学习教育活动。（徐小璐　摄）

高标准推动党史学习教育落实“我为群众办实事”5个专项行动58项工作任务。周密策划庆祝中国共产党成立100周年系列活动。支撑国网陕西电力“四全四化”立体协同监督系统上线。青创项目获国网陕西电力“一金一银两铜”佳绩，其中《App开发“魔术师”——基于云编排的物联App柔性开发平台》喜获国网第六届“青创赛”优秀青创项目一等奖，创造了国网陕西电力在国网青创赛互联网专业历史最好成绩。荣获国家电网公司第七届文明单位称号。1个支部获国家电网公司电网先锋党支部，5名同志分获国网陕西电力陕电工匠、先进工作者、优秀共产党员、优秀党务工作者和青年岗位能手，1个班组获国网陕西电力工人先锋号。

●2021年10月14日，国网陕西信通公司参加国家电网公司第六届“青创赛”并荣获优秀青创项目一等奖。（徐小璐 摄）

（朱 铭）

国网陕西物资公司

【企业概况】 国网陕西省电力有限公司物资公司，前身为西北电业管理局物资公司，成立于1980年。2021年11月，国网陕西省电力有限公司物资公司（简称国网陕西物资公司）正式完成工商登记并取得营业执照。国网陕西物资公司和国网陕西招标有限公司合署办公，两块牌子，一套机构。

国网陕西物资公司负责国网陕西电力系统物资供应服务工作，负责配合国网陕西电力做好物资计划申报、招标采购、物资供应、应急物资管理和废旧物资处置工作，负责履约服务、催交催运、配送仓储、移交验收、现场服务、质量监督、材料核算等具体业务工作。

按照国网陕西电力批复的机构设置，设4个职能管理部门，6个业务实施机构，1个省管产业单位。

2021年，国网陕西物资公司坚决贯彻落实国网陕西电力党委决策部署，克服困难、勇挑重担，助力电网保持安全稳定运行，支撑电网建设攻坚战取得突破性进展，有效抵御了内外部风险挑战，一批数字化创新取得阶段性成就，完成全年经营目标。全年模拟收入11516.16万元，同比增长12.15%；模拟利润累计实现2490.42万元，同比增长81.47%。招标公司全年营业收入10380.77万元，同比增长6.64%；利润总额6950.72万元，同比增长14.81%。省管产业单位全年营业收入6025.77万元，同比增长36.34%；利润总额1277.80万元，同比增长204.35%。

国网陕西物资公司获现代智慧供应链创新与应用示范先进集体、国网陕西电力2021年度先进集体、十四运会保电先进单位荣誉称号。

（周 茜）

【特色亮点工作】 发挥专业价值，全力保障电网“急难险重”建设任务。面对疫情封控，组建13人应急小组抢驻办公楼、完成国网西咸新区供电公司110kV电缆抢修物资供应；年终统购物资支付2.7亿元，付款1800多余笔，确保了2021年所有统购物资供应商款项按期全部清零目标；完成年底4个新增批次的评标工作及线上完成2954条28亿计划审核，高质量完成特殊时期的物资保障任务。面对60年来最强降雨，高效协调7家地市公司向河南、商洛发运6批、8类物资601万元，首批物资3小时完成匹配、6小时装车发运、13小时送抵灾区，圆满完成应急救援任务。面对十四运会和残特奥会高标要求，发挥前置支撑，增设4个专项批次，完成相关采购项目61项，采购金额3113万元；紧急采购发电车17台，编发保电项

●2021年3月30日，国网陕西物资公司开展十四运会应急物资保障演练。（霍浩伟 摄）

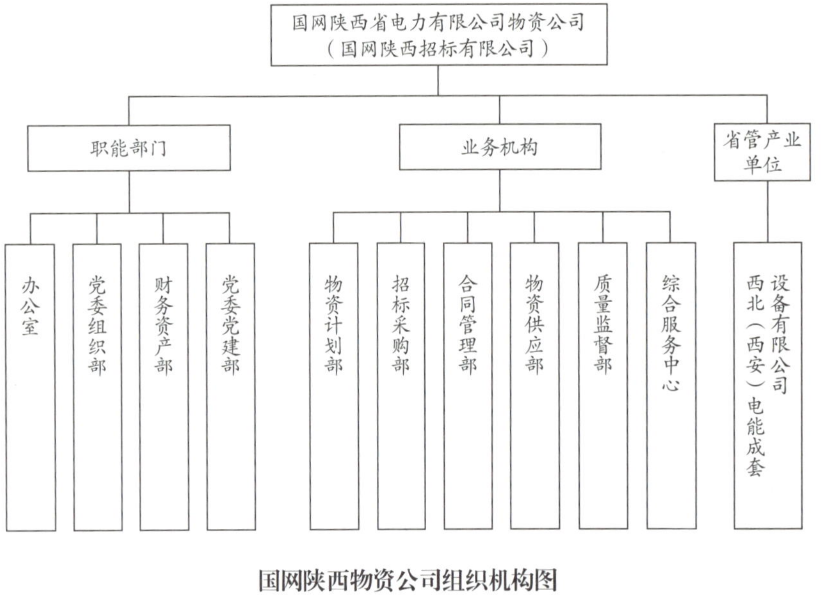

国网陕西物资公司组织机构图

目物资供应周报17期，保障47项主配电网补强工程顺利投产。

融入物资大局，全力加快供应链运营体系数字化转型。深化供应链运营巩固提升。加快省级供应链运营中心建设，优化完善200余个功能点，面向省、市、县三级用户提供运营、分析、决策支持，54个关键节点业务状态“一目了然”。推动建立11家市级供应链运营中心，跨专业治理149项功能点数据，通过国家电网公司供应链运营中心达标评价，在国家电网公司现代智慧供应链知识竞赛中获团体第八名。拓展服务供应链生态圈。将电力物流平台延伸至社会物流网络，全流程监控750kV神木变、陕北换流站等9项国网陕西电力重点工程主设备运输。将电工装备物联平台延伸至供应商制造生产系统，在11家制造厂加装通信网关12个，对试点订单开展数据跟踪、智能监造、质量评价应用。持续推进现代智慧供应链成果迭代优化，完成AR抽检、数字评审等5个典型应用场景建设；实现评标现场管理平台与两级ESC数据交互。“云采购、云签约、云检验、云物流、云结算”，现场业务网上办成新常态。

•2021年12月8日，国网陕西物资公司为国网西咸新区供电公司调配的抢修物资110kV电缆送达现场。
（霍浩伟　摄）

深化专业专注，物资支撑保障向纵深推进。申报国家电网公司绿色通道，保障7142万元融合发展项目提前3个月开始采购；稳妥有序处理融合过渡期统购物资合同执行问题；提前一个月实现所有采购活动上平台，以“选优选好”为导向，国网陕西电力经营意志在采购中充分体现。全局支持西安电网攻坚，成立保障小组，一站一册为34项提级管控项目提供前置性支撑。有力保障78项电网基建及迎峰度夏、度冬工程物资及时有序采购和按期投运。跨省调剂电缆2800余万元，解决地市燃眉之急；梳理两级三类目录清单，组织完成采购标准、固化ID修编，基层单位物资计划申报更加便捷高效。完成物资抽检2261项，成盘电缆检测1950盘。上线应用智能采购平台，供应商投标实现“一次都不跑”；全批次应用投标保证保险保函，释放供应商资金5.8亿元；调整协议库存价格联动基准，保障供应商权益同时防范合同履约风

•2021年1月7日，国网陕西物资公司利用AR智能抽检系统现场取样。
（张浩渊　摄）

险；健全完善ESC逾期货款管控机制，业财协同清理逾期货款3928条，金额2.45亿元，实现无争议物资合同款项动态“清零”。

（李文杰）

【人力资源】 截至2021年年底，国网陕西物资公司共有全口径职工220人，其中长期职工216人，占比98.18%。长期职工中，研究生及以上学历58人，本科学历123人，专科学历28人，高中及以下学历7人；高级职称49人，中级职称76人。技师8人，高级工1人，中级工2人。

实施“抓作风、强素质”专项行动，夏季全员培训练兵累计520人次；推动领导人员上讲台，深入打造“四优五过硬”干部人才队伍。开展职员、专家年度考核，修订专家管理办法。编制《“五个倾斜”实施方案》，树立优良作风激励导向。优化绩效考核方式，关键业绩指标传递一贯到底。建立岗级晋升积分制，全年升薪101人，占员工人数49.75%；专项奖励总额58万元，个人累积最高受奖1.8万元。组建柔性团队5个，有效推动解决供应链管理难题。5人入选国网供应链运营专家库，入库专家数量位列网省首位。成立技术经济委员会，发布科技创新实务指南，建立科技、技术管理工作体系和组织结构。青创赛项目获国网陕西电力金奖、国家电网公司三等奖。4项数字化成果入选数字化转型劳动竞赛重点成果培育库，数量位列全省首位；组织供应链运营分析“红蓝对抗”揭榜竞赛活动，以赛促学、以赛促进。2篇论文入选中国电力企业管理创新实践；管理创新成果首次获国网陕西电力一等奖；6项现代智慧供应链创新实践，全部入选国家电网公司成果案例集。获国家电网公司、国网陕西电力、兄弟单位表扬信、感谢信27封，铁军队伍、专业能力进一步获得各方认可。

（李 东）

●2021年10月16日，国网陕西物资公司参加国家电网公司第六届青年创新创意大赛决赛。（赵宁波 摄）

【经营管理】 狠抓基础管理。配合完成国网陕西电力党委巡察、经济责任审计，整改问题35项，问责到人19名，修订5项规章制度，“当下改”的同时形成“长久立”的机制。规范各类会议，理顺日常工作推进管控机制；优化综合计划管理和全面预算通报执行机制。全面提升专业支撑能力，6方面21条措施全面落地，初步形成顺畅有序的专业一体化运作局面。

狠抓经营管理。牵头完成国网陕西电力2021年度提质增效纪实手册，挖潜增效理念深入人心。制定28项风控任务，做实风险预警监控。追回全部长期应收款项181.72万元。建立“三清理两提高”长效机制，清理长期统购物资暂估款1.6亿元。高效完成会计信息质量专项整治。上线应用4项财务核算记账功能，工作耗时缩短一半；争取“发票池”、移动报销财务试点。

狠抓产业单位管理。吸纳政策红利，全力发挥招标代理专业优势，完成招标采购项目40个批次，采购金额30.5亿元，与32家单位签订采购代理合同，代理市场占比86%，实现市场与口碑双丰收。深入推进监造班组化、标准化建设，完成监造项目206项，发现质量问题10起，出厂试验一次通过率99.86%。

深入开展产业单位专项整治行动，完成28项问题整改，修订完善制度规范12项，整治成效位居首位。完成19家省管产业单位评标专家入库工作，入库专家559人。督查各产业单位物资采购情况，推动产业单位物资管理依法合规。

（李文杰）

【安全生产】 2021年，持续筑牢安全基础，制定领导班子两个清单，滚动修订全员安全责任清单。落实安全生产专项整治三年行动工作部署，形成“两个清单”，完成4项“五查五严”隐患排查治理，完成十四运会及残特奥会等保电任务，上报各项保电日报384期，获国网陕西电力“保电先进单位”。

开展“安全生产月”“安全生产万里行”及“消防宣传月”活动，组织开展了《安规》考试2次，共参加228人次，一次通过率达到99%，建立全员培训档案，做好安全培训宣传工作。全年累计开展各类检查52次，查出并完成整改问题41项。

落实常态化疫情防控措施，完成全员新冠疫苗

"两针"接种，确保"双零"态势。

2021 年 11 月 9 日，国网陕西物资公司组织安全员在中心库进行灭火救援演练。（张 隆 摄）

（张 隆）

【党的建设与精神文明建设】 2021 年，国网陕西物资公司始终坚持把政治建设摆在首位，实施"旗帜领航·提质登高"行动计划。严格"第一议题"和党委理论学习中心组制度，深刻领会习近平总书记"七一"重要讲话和党的十九届六中全会精神，贯彻落实国网陕西电力党委各项决策部署，以高质量党建引领国网陕西物资公司高质量发展。

突出"学党史，践行初心；敬延安，赋能三秦"主线，完成 6 方面 70 项任务。举办庆祝中国共产党成立 100 周年职工文化展示活动，开展专题主题党日活动 8 期，分赴红色革命旧址教育 9 次，团结团员青年、统战人员参加"学党史、强信念、跟党走"学习教育。把"党建 +"与中心工作深度结合，完成"党建 +"项目 12 项，落实 54 件"我为群众办实事"活动清单。

深入开展全国国有企业党建工作会议精神贯彻落实情况"回头看"，开展"党建创新拓展年"行动，"1+4+X"主题党日活动，设立党员示范岗和责任区 36 个，组建十四运会物资保障共产党员突击队。1 人获得国家电网公司优秀共产党员荣誉称号，1 个基层党支部、2 名同志分别荣获国网陕西电力"两优一先"先进集体、先进个人。

汇聚大党建工作发展合力，继续保持全国文明单位荣誉称号。各有 1 人获得国家电网公司优秀团干部、巾帼建功标兵荣誉称号。国网陕西物资公司新闻首次在学习强国、人民网等权威媒体登稿，庆祝中国共产党成立 100 周年档案微视频入围"国家档案局 200 部优秀作品"。

2021 年 8 月 12 日，国网陕西物资公司共产党员服务队队员在供应商服务大厅向供应商宣讲投标保证金保险业务。（史宏超 摄）

不断压紧压实"两个责任"，构建"四全四化"立体协同监督体系，梳理供应链风险指标 8 项。深化"以案示警、以案促改、举一反三"专项警示，抓"重点领域""关键岗位"廉洁意识教育，编印《物资领域案例警示手册》。推动 35 个问题"见底清零"，党风廉政约谈干部 75 人，坚持把纪律规矩挺在前面。

（翟婧宇 张 恒）

陕西电力物资公司

【公司概况】 陕西电力物资有限公司（简称陕西电力物资公司）成立于 1990 年，原属于陕西省地方电力（集团）有限公司（名称为陕西省地方电力物资有限公司），注册资本 6 亿元，主要承担工程项目所需要输变电设备材料的集中采购供应，应急和备品配件物资保障、仓储配送，办公、信息化、工器具等通用物资电商化采购及运营业务。自 2021 年"两网融合"以后，公司改制为国网陕西电力的分公司，更名为陕西电力物资公司，依据国家电网公司"一体四翼"的战略布局，按照"统一原则，综合研判，一企一策"的思路，组织机构变更为 2 个职能部门，即综合管理部、财务资产部；2 个业务管理职能部门，即实物资源管理部、废旧物资管理部；1 个业务机构，即仓储配送管理中心，作为国网陕西电力物资管理的专业支撑服务单位，主要负责物资仓储、实物资源、物流配送、废旧物资等业务，并按工作需要承担相关工作。

（霍小闽 王润英）

【人力资源】 截至2021年12月底，陕西电力物资公司共有全口径职工81人，其中长期职工81人，占比100%，长期职工中，研究生及以上学历17人，本科以上学历32人，专科学历25人，高中及以下学历7人；高级职称11人，中级职称16人，高级技师0人，高级工0人，中级工1人，劳务用工共9人。其中35岁及以下7人，占比9%；36~45岁人员为22人，占比27%；46~55岁人员为44人，占比52%；56岁及以上人员10人，占比11%。2018~2020年退休人员20人，2021年退休人员1人，新进人员7人。

（霍小闽　王润英）

【管理创新】 为充分发挥管理创新基础性、系统性、牵引性、推动性的作用，陕西电力物资公司构建电商平台，目标是建成具有电网企业特色的现代化物资管理体系，覆盖需求申报、平衡利库、招标采购、合同履约、仓储配送、资金结算、废旧物资处置等关键流程节点，为了提高陕西电力物资公司“人、财、物”三要素中“物”的管理水平，实现物资采购和管理“集约统一、精细高效”，提供一个集中、统一的物资采购和管理平台，显著提升了物资供应链管理效能和满意度，规范采购流程，降低采购成本和采购风险，实现物资采购和数据的实时管控、物资履约的动态管控。集中创新优势，申请管理创新项目，从制订方案、组织实施、总结验收、培育申报四个阶段开展项目全过程管控，凝聚专业部门、内外部专家合力，《电网企业电子商务平台建设与创新应用》获得陕西省电力行业2021年企业管理现代化创新成果二等奖、《电网企业基于区域特色的“陕电大集”电商平台构建与实施》获得国家电网公司2021年度管理创新成果二等奖。

（段　新　王润英）

【学习培训】 按照国网陕西电力“大培训年”总体部署，陕西电力物资公司第一时间落实部署制定全员培训实施方案，将陕西电力物资公司各专业培训与国网陕西电力培训相结合，梳理相关制度，将安全、业务、行政等培训相结合，组织全员专业培训12次，同时把培训任务落实到部门，压实压牢培训任务，培训有专人组织、专家培训、专人考核，另外，利用中心组、党员学习、安委会、安全生产例会深入学习习近平总书记关于安全生产重要论述，宣贯《安全生产法》，并运用现场“看板”、视频案例、“秦电培训”App和典型事故案例，适时开展警示教育，举一反三、吸取教训，让员工迅速进入国网工作模式，在良好的融合氛围里砥砺前行。

（霍小闽　王润英）

【安全情况】 按照国网陕西电力对安全工作的各项部署，第一时间组织学习相关会议讲话及文件精神，陕西电力物资公司领导班子成员能够坚决贯彻落实上级党委关于安全生产的决策部署和工作要求，严格履行“党政同责”“一岗双责”，在两网融合的关键时期，坚持“管业务必须管安全”，将安全工作同业务工作同安排同检查，坚持在周例会、月度例会上强调安全，针对安全责任落实、安全管理、消防和车辆安全、迎峰度夏等工作要求，查漏洞、补短板。成立安全隐患排查领导小组，建立安委会统筹领导、安委办综合协调、各部门各负其责的隐患排查治理工作体系。对违章行为详细进行分类，对班组违章行为，制定相应的处罚措施，纳入日常考核，对责任性事故事件和9种违规管理行为纳入负责人业绩考核，开展安全警示约谈，实行一票否决。

陕西电力物资公司领导对物流园区进行“四不两直”检查（周　江　摄）

严格落实国网陕西电力关于安全隐患排查和严重违章治理的各项文件要求，压实各级安全责任，对照“三管三必须”和“四个管住”标准，按要求制定“抓班组、控现场、保安全”实施方案，成立专项行动领导小组，主要针对装卸、配送、强化反违章管理、现场作业“十不干”等内容，加强监管落实。制定年度消防、防恐、防汛应急演练培训计划，全年共开展演练培训4次。根据国网陕西电力安全生产专项整治三年行动方案，印发《安全生产专项整治三年行动方案》，截至 2021 年年底，15 项问题隐患治理已全部清零，2021 年全年无安全事故发生。

（王润英　周　江）

【融合工作】 为推进陕西电力物资公司融合发展，争取高质量完成融合任务，并有效推进配网项目建设物资供应工作平稳过渡、有效衔接，陕西电力物资公司于 2021 年成立了电网物资项目推进专项工作组。专项工作组由专人负责项目推进工作，对往期所有年份的物资供应及结算数据进行排查，并以周为单位进行物资供应及结算数据的更新，每周四下午提交当周项目推进数据的完成情况，以表格的形式上报，并于每周一以周报形式通过会议进行结果通报、下达任务清单、定期进行结果分析及整改，通过细化合同履约过程主要业务节点，对分公司未下单情况、分公司未入库情况、国网陕西电力未拨付、供应商未发货情况、分公司未签收情况、物资财务发票未登记情况、国网陕西电力已拨付项目单位未付款情况等以上 7 个重点业务节点进行精细化跟进管控，逐一核对清理，截至 2021 年 12 月，推进未履约完成合同总金额约 10 亿元，即从初期的 20 余亿元未履约完成合同总金额减少至今日 10 余亿元未履约完成合同总金额，效果显著。

（石若文　王润英）

【信用管理】 抓好陕西电力物资公司质量信用建设，逐步建立推广标准化体系，倡导“知信用、守信用、用信用”的良好氛围，多次开展失信工作排查行动，建立健全失信监测监管专项工作，开展关于失信行为的培训学习，对员工多次开展警示教育，定期定时督导，学习信用体系知识，做到以作风建设为抓手，致力于构建事前预防，事中控制，事后总结的失信闭关管理体系，全年未发生失信案件。

（霍小闽　王润英）

【物资供应保障、疫情防疫】 坚决树牢安全红线，切实履行国网陕西电力相关规定，精准施策，陕西电力物资公司领导超前谋划，多次在物流中心进行物资供应保障沙盘推演行动，并对物资配送班组进行有效训练。在疫情封闭期间，为确保疫情期间决策部署贯彻落实，物资供应能够及时迅速，各业务口专责克服困难，强化物资供应过程管控，持续推动“标准化、规范化、精细化”管理，为电网的平稳运行提供强有力的物资保障。压实责任，疫情防控工作防微杜渐，严格执行防疫相关要求，定期为员工、场所、车辆配足防疫物资，执行定期消杀，全年实现疫情防控的“双零”目标。

（霍小闽　王润英）

【党建工作】 坚持“第一议题”制度，开好党总支前置会议，落实重大事项集体研究决策，总支召开前置会议 4 次，专题研究决定重大议题 5 个。成立教育专班，制定学习方案，坚持读原著、学原文、悟原理，主动联系个人思想和工作生活实际，落实每周学习情况小结报告 43 次，组织党员应知应会闭卷考试 2 次、上党课 3 次，专题研讨 6 次。班子成员扎实认真召开专题组织生活会，保证了主题学习教育质量和成果转化，依托“学习强国”平台，定期通报“学习强国”学习得分情况，深入宣贯党的十九届六中全会精神，要求党员个人将党的十九届六中全会精神同陕西电力物资公司“十四五”发展相结合，同党史学习教育相结合，同实际工作相结合，开展党小组学习讨论会，就热点问题进行研讨。党课以现实思想现状和时事政治特点为切入点，陕西电力物资公司领导班子成员担任授课人，亲自备课讲授 6 次。

• 2021 年 5 月 26 日，陕西电力物资公司党总支组织党员前往渭南市华州区高塘镇魏华起义纪念馆开展红色教育主题党日活动。（祝　浩　摄）

利用多媒体组织全体职工观看《古田军号》《第一大案》，观后组织讨论并撰写观后感，开展“党史故事大家读，先烈事迹人人传”活动，在党小组轮流讲党史故事活动中，“半条被子”“背着黄金乞讨”等感人至深的红色小故事在职工思想上留下了烙印。严格“三会一课”制度。截至目前组织、参加中心组学习20余次，领导人员讲党课6人次。认真落实上级党委、纪委工作部署，始终把党风廉政建设和党员干部廉洁自律工作摆在重要议事日程上来紧抓不放，每半年召开一次专题会议，分析研究部署陕西电力物资公司党风廉政建设和反腐败工作，及时传达各级反腐工作会议精神，开展谈心谈话和廉政约谈活动，有效发挥了监督作用。开展“党建+”活动，开展“党建＋风险防控、党建＋服务一线、党建＋进度保障、党建＋安全生产、党建＋融合发展”等工作，推动党建与经营深度融入。积极参加国网陕西电力组织的党建专业融合培训，加强各层级党建管理人员业务技能、管理制度、标准流程的指导培训，同步宣贯国家电网企业文化和管理理念，解决工作中的重点难点，助推陕西电力物资公司发展。

（霍小闽　王润英）

国网陕西管理培训中心

【企业概况】国网陕西管理培训中心前身分属国网陕西省电力公司培训中心、陕西省地方电力（集团）有限公司培训中心两家单位。2021年10月，国网陕西电力党委研究决定，将中共国网陕西省电力公司党校与中共陕西省地方电力（集团）有限公司党委党校、中共国家电网公司党校西安分校、西北电业职工大学合署办公，并挂靠至原陕西省地方电力（集团）有限公司培训中心，依托原东区培训中心文艺路校区相关资产及场地开展业务。2021年12月15日，国网陕西电力党委正式下发《关于优化调整党校及培训机构》批复文件。至此，“公司党校＋管培中心”的组织框架基本形成。

1. 功能定位

国家电网公司党组赋予国网陕西管理培训中心的主要功能定位是：依托中国延安干部学院和陕西革命老区红色教育培训资源，打造主要面向国家电网公司系统处级以上领导人员和优秀基层党组织负责人的革命传统教育、党性党风党纪教育和党史国情教育培训基地。国网陕西管理培训中心作为党的政治学校，坚持履行“领导人员党性教育的主阵地、党建理论研究的制高点、服务国网陕西电力党委决策的智力库”，坚持国有企业党建工作实践教研室和示范基地发展方向，致力培养造就适应国网陕西电力“一体四翼”发展布局及战略落地的忠诚干净担当的高素质专业化领导人员队伍，持续提升中国共产党的领导科学研究和企业党建研究的核心能力，为国网陕西电力党的建设及领导人员队伍建设提供专业服务支撑。

国网陕西管理培训中心自独立运作以来，紧跟国网陕西电力融合发展步伐，明确了“一流企业党校”的发展目标，提出了“1234（一室、两基地、三中心、四名工程）”发展路径。“一室”即创建“国企党建工作教研室”，“两基地”即打造“弘扬延安精神教育示范基地、公司党务干部培训基地”，“三中心”即建设国网陕西电力“管理培训中心、党性体检（党史学习教育）中心、党的创新理论研究中心”，“四名”即深化“名师、名课、名作、名校”工程。通过加快一流企业党校建设，为国网陕西电力推进“一体四翼”高质量发展、加快建设具有中国特色国际领先的能源互联网企业提供更强保障。

2. 机构设置

根据《国网陕西省电力有限公司关于优化调整党校及培训机构的通知》，有序推进公司教育培训机构融合，决定优化调整公司党校及培训机构设置。将西北电业职工大学与国网陕西电力党校合署，根据业务调整，将国网陕西电力党校、原南区培训中心相关内设机构整合后，内设机构共9个，其中职能部门5个、业务实施机构4个。职能部门5个：办公室（党委办公室）、财务资产部、党委组织部（人力资源部）、党委党建部（党委宣传部、纪委办公室、工会、团委）、教务部（质管部）；业务实施机构4个：党建教研部（党建研究中心）、领导科学教研部（党风廉政教育研究中心）、企业管理教研部、综合服务中心。中心党委现有党支部8个，在职党员97名。

【人力资源】 截至2021年12月31日，国网陕西管理培训中心全口径人员134人，其中长期职工134人（企业负责人8人）。员工队伍平均年龄为47.51岁，其中50岁以上63人，占比47.02%；41~50岁34人，占比25.37%；31~40岁30人，占比22.39%；30岁及以下7人，占比5.22%。员工队伍中，博士学历3人，占比 2.24%；硕士学历 16 人，占比 11.94%；本科学历 92 人，占 68.66%；专科及以下学历 23 人，占比 17.16%。

（李　慧　薛　鹏）

国网陕西技能培训中心

【企业概况】 国网陕西省电力有限公司培训中心（简称国网陕西技能培训中心）挂靠西安电力高等专科学校、陕西省电力技工学校、西安电力工业学校、西安电力技工学校和咸阳电力技工学校，实行一套班子六块牌子，主要承担国网陕西省电力有限公司技术技能培训以及职业教育任务。具有中华人民共和国人力资源和社会保障部授权的 109 个电力行业特有工种技能等级认定资质、国家电网公司 37 个工种技能等级评价（双备案）资质、陕西省应急管理厅授权的电工类、高处作业类特种作业培训取证资质，是国网陕西电力 7 个技能鉴定站之一，承担着国网陕西电力职业技能鉴定指导中心及其办公室管理职能。先后被全国总工会、中电联、国家电网公司认定为“全国职业技能实训基地”“电力行业仿真培训基地”“国家电网公司高技能人才培训基地”，2021 年荣获“国家电网公司职业教育和技能人才队伍建设先进集体”“第二届陕西高校团干部素质能力大赛一等奖”“陕西省终身学习品牌项目”“百姓学习之星”等荣誉称号，国网陕西技能培训中心党委被国网陕西电力授予“红旗党委”。

（郭　涛）

【人力资源】 国网陕西技能培训中心共设机构设置 25 个，其中职能部门 11 个、业务机构 14 个，另受托省管产业单位 1 家。

截至 2021 年 12 月 31 日，国网陕西技能培训中心共有全口径职工 724 人，其中长期职工 684 人，占比 94.5%。长期职工中，研究生及以上学历 129 人，本科学历 440 人，专科学历 80 人，高中及以下学历 35 人；高级职称 197 人，中级职称 203 人，高级技师 9 人，技师 109 人，高级工 60 人，中级工 75 人。印发《推动人才高质量发展若干举措》《柔性团队建设管理实施方案（试行）》等 4 项制度，引领队伍结构升级，加强师资队伍建设，培养和造就高质量人才队伍。

（李　恺）

【培训创新】 制定《培训质效提升实施方案》《培训质效考核管理办法》，开展培训大数据多维度分析，编制支撑国网陕西电力主营业务专项行动方案 11 项，形成 9 大类 78 项成果。参与组建 6 个国网陕西电力柔性团队，开展 5 个专业“标准化作业”指导书编审，组织生产技能人员“三年过关”测评，克服疫情影响举办 5 项竞赛调考，完成安全准入考试 7.38 万人次。完成各类培训 339 期 25.2 万人・天。其中，国网陕西技能培训中心培训 260 期 18 万人・天，委托培训 79 期 7.2 万人・天。实训基地使用 3.6 万人・天，网络培训达到 4

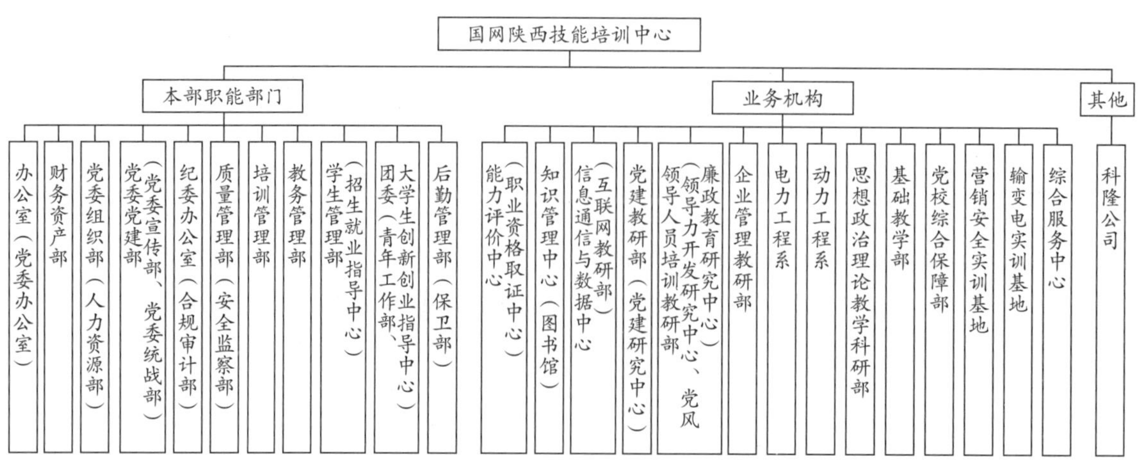

国网陕西技能培训中心组织机构图

万人次。支持国网陕西电力培训数字化转型，优化“国网学堂—陕西专区”，完成“陕西线上大培训”“陕电大讲堂”培训4万人次。

在国家电网公司第四届优秀网络培训资源评选中，获成果奖8项，其中，标课一等奖2项，系列课二等奖1项、三等奖3项，微课三等奖2项。

（张　亮　郝　伟）

【职业教育】 深化教学改革研究，创新试点《劳动教育》实践课程，开展思政课程资源平台建设，进行《电气运行维护》《钳工基础》《大学英语》等课程思政示范课建设。《基于电力职业需求导向的高职学生身心素质培养模式探究》《基于“产教融合”的民族区域电力类人才“三定”培养模式研究》《基于“互联网+”的扩招生混合式培养模式研究与实践》3个项目，获批全国电力职业教育研究专项课题。课程《配电线路施工运行与维护》被认定为省级在线精品课程，成果《“两平台、三步走”电力职业教育国际化发展路径的探索与实践》获电力教指委教学成果特等奖。《机械制图与CAD》《电力系统继电保护技术》《电力系统继电保护与自动装置》3本教材入选高职能源动力与材料大类“十三五”国家规划教材。荣获“陕西省校园阳光心理系列活动”三等奖、优秀奖、优秀教案奖。指导学生参加各类竞赛，荣获“全国大学生数学建模大赛”国家级二等奖、陕西省一等奖，“全国大学生电子大赛”陕西省三等奖，“全国电力职业教育教学指导委员技能竞赛”二等奖，“国网现代供应链智慧运营技能竞赛”优秀组织奖，“国网公司职业教育及技能人才培养先进单位”，入选“一带一路电力丝路学院联盟副理事长单位”。

● 西安电力高等专科学校组织学生参加2021年全国大学生数学建模竞赛。（朱　腾　摄）

（孙红涛）

【招生就业】 合理调整2021年单独考试招生和分省招生计划，努力提升考生生源质量，招生规模950人，实际录取946人（高职扩招录取47人），招生计划完成率99.58%；招生省份14个，招生专业8个。2021年普通高考统招录取总体生源数量充足、生源质量良好，录取分数位居陕西省高职高专院校第四位，国家电网公司所属职业院校在陕招生第一位。2021届毕业生就业率94.94%，其中电力行业学生就业率72.64%。建档立卡家庭经济困难学生100%就业，给予74名困难学生求职创业补贴，就业率及就业质量保持较高水平。坚持以服务地方经济为宗旨，做好毕业生就业安置工作，高效发挥专业优势，促进学生岗位实践能力和创新能力发展，增强学生就业竞争力，为培养高素质应用技能型人才提供保障。

● 2021年7月30日，西安电力高等专科学校开展“精准资助基层行”走访活动。（何　厉　摄）

（常　斌）

【团青工作】 组建“青年马克思主义者培养学校”，培养德智体美劳全面发展的高素质技术技能型人才打造思政育人“一盘棋”。举办“青马学校”学生骨干培训班，培训人员150人。举办团课学习18期。获第二届陕西学校团干部素质能力大赛“百名团干讲党史”高校团委书记组一等奖、陕西省“三下乡”活动省级优秀团队和先进个人。《检修“小飞侠”——一种用于输电智能检修的新型无人作业飞行器》项目获国网陕西电力第六届青年创新创意大赛银奖。1人获国网陕西电力“优秀共青团干部”荣誉称号。

（曲　拓）

【科技与数字化】 强化网络与信息安全管控，成立网络安全与信息化工作领导小组，编制“十四五”数字化建设、智慧校园建设三年规划。实现网络安全责任书与承诺书签订率100%，信息化运维项目服务人员保密协议与安全责任书签订率100%，信息通信指标任务完成率100%，进行重大节假日、事件期间的网络信息保障，全年未发生网络信息安全责任事故。实施《网络融合建设—网络设备购置项目》等5个项目建设，夯实中心网络基础设施建设，完成门户网站等级保护测评，增强信息系统的业务保障能力，实现校园移动虚拟卡功能，试点建设5个智能教室和10个智慧直播录播教室。获陕西电力行业协会及国网陕西电力管理创新一等奖2项、三等奖4项，QC成果二等奖1项、三等奖1项，取得发明专利4项、实用新型专利6项，国网陕西电力职工技术创新成果转化孵化基地挂牌落户中心。

• 2021年9月24日，国网陕西电力职工技术创新成果转化孵化基地在国网陕西技能培训中心揭牌。（何 房 摄）

（薛 晶）

【安全管理】 深入开展安全生产专项整治三年行动集中攻坚年各项工作，滚动修改安全生产专项整治三年行动问题隐患清单和制度措施清单，推进“1034”工程（10个专题专项、34项重点任务）“二下二上”阶段工作按期完成，排查问题隐患11项（设备安全2项、消防安全3项、网络安全2项、专题4项），截至2021年底，已完成整改8项，其余3项工作按进度推进。编制《落实“四个管住”工作细化落实方案》《推进安全生产“四双”管理的细化落实方案》，进一步强化现场安全管控工作。落实“谁主管谁负责”，印发《国网陕西省电力公司培训中心领导班子成员安全生产责任清单和2021年安全生产工作清单》，推进领导人员履职尽责。修订《安全工作奖惩实施细则》《安全生产委员会工作规则（试行）》等7项制度方案，贯彻“安全第一、预防为主、综合治理”的方针，坚持“管业务必须管安全”“党政同责、一岗双责”，体现“举一反三”及“严管、重处、狠罚”要求，进一步强化激励约束机制。开展“安康杯”劳动竞赛，6个部门获“先进集体”、10名员工获“先进个人”。

（段先锋）

【党的建设与精神文明建设】 深入实施“旗帜领航·提质登高”“基层党建创新拓展年”行动计划，不断强化“党委坚强、支部先锋、党员模范”的党建工作格局。聚焦学懂弄通做实习近平新时代中国特色社会主义思想，落实“第一议题”制度，党委中心组学习12次，读书班12次，领导班子带头研学，推动学习走深走实。国网陕西技能培训中心领导班子成员全年深入基层一线为基层党员干部和教师学生讲授专题党课11次。开展国企党建“回头看”，党务人员和党员培训6期、党建督查35次。制定《党组织积分制管理实施规范》，层层压紧压实责任。深化“三亮三比”，开展“一支部一品牌”创建，实施“党建+”项目30个，试点推进“五型”党建。加强党外知识分子政治引领，建成建言献策工作室。举办党史宣讲会7次，党支部开展“三会一课”学习420余次，103名党员到红色教育基地现场学习。开展“我为群众办实事”实践活动，党委层面办好10件大事，各党组织清单式办实事86件。

• 2021年6月29日，国网陕西技能培训中心举办庆祝中国共产党成立100周年座谈会。（何 房 摄）

开展“我们的节日”系列主题活动，举办“道德讲堂”，好人事迹分享会，组织各类志愿活动80余次，总服务时长达85306.5个小时；广泛开展文艺汇演、手工制作、职工趣味运动会、书画摄影展览、诗歌朗诵、健步走、球类比赛等系列活动，通过丰富多彩的活动和员工喜闻乐见的载体，使员工在参与过程中获得精神文化享受，营造了团结进取、健康向上的良好风气，持续保持全国文明单位荣誉称号。

●2021 年 6 月 30 日，国网陕西技能培训中心举办“永远跟党走　奋进新征程”庆祝中国共产党成立 100 周年职工歌咏比赛。（何　厉　摄）

健全工作机制，巩固宣传阵地，提升宣传质量。2021 年累计对外发稿 339 篇，其中人民日报客户端、学习强国等中央媒体 12 篇，《陕西日报》等重要党刊 5 篇，陕西省电视台现场采访 2 篇，国网媒体 16 篇，行业媒体 12 篇，人民网等其他主流媒体 57 篇，国网陕西电力各类媒体 235 篇，树立良好品牌。

（王宏波　赵　健）

国网陕西营销服务中心

【企业概况】 国网陕西省电力有限公司营销服务中心（计量中心）（简称国网陕西营销服务中心）成立于 2020 年 6 月 28 日，是国网陕西省电力有限公司直属分公司，为省级营销业务支撑与集约化业务实施机构，是国网陕西电力营销集约业务实施中心、营销服务监控中心、营销创新实践中心。负责陕西地区 20.56km^2 范围内的国家法定电能计量传递与检定工作，国网陕西营销服务中心内设 3 个职能部门、7 个业务支撑部门。

【特色亮点工作】 十四运会和残特奥会保电。2021 年，国网陕西营销服务中心市场及客户服务部获得国网陕西电力“十四运会及残特奥会保电先进集体”称号。

组建客户侧保电专班，组织营销、调控、运检、通信等多专业完成比赛场馆“一馆一册”集中评审。督导完成 17 个单电源场馆建设，消除客户侧隐患 1320 条。实现了 9 月 13 日至 28 日“十四运会”保电时段“服务零投诉”的目标，创国网陕西电力零投诉历史最长纪录。

●国网陕西营销服务中心开展十四运会保电工作。

（何　鑫）

强化四项基础治理。持续推进“量价费损”专项治理工作，在线稽查管控查实整改问题 23999 件，整改完成率 99.73%；专项稽查 28 项，查实问题 78639 件。开展“四不两直”督导检查 12 次，查实问题 11 类 359 项，提报国网陕西电力管理建议意见书 12 份。堵漏增收 2169.73 万元，助力国网陕西电力完成稽查成效 1.872 亿元；推行“一台区一指标”管理模式，完成赋值功能建设。台区线损合格率提升至 99.77%，国家电网公司排名第一。

（张院锋）

优化电力营商环境。印发《国网陕西省电力公司营销服务中心（计量中心）关于印发电力营商环境优化提升三年工作方案的通知》，深入督导地市公司扎实推进“三零”“三省”“三公开”服务举措，压环节、减时间、降成本、提高供电可靠性，全面助力打造高效率办电、高品质服务、高质量供电的电力营商环境。对接政府服务平台通道，实现政务平台用电申请、电费缴纳“一网通办”。

（何　鑫）

【人力资源】 国网陕西营销服务中心共有全口径职工 164 人，其中长期职工 148 人，占比 90.24%。长期职工中，研究生及以上学历31人，本科学历109人，专科学历7人，高中及以下学历0人；高级职称33人，中级职称62人。高级技师7人，技师32人，高级工19人，中级工34人。

（严　睿）

【经营管理】推广营销RPA技术应用，提升基层单位工作效率超过70%，荣获国家电网公司“RPA优秀设计团队银奖”。开展营销系统问题治理，提升远程费控停复电成功率至95.6%，比2020年提升8.0%。完成省级智慧能源服务平台建设，接入陕西省有序用电用户5767户，实现有序用电用户负荷实时监测，累计降低电网高峰负荷31.21万kW。

全面完成陕西省电费“省级直收”；全面完成原东区缴费渠道改造，实现银营财三方电费账务自动化处理。至12月31日，实现全年725亿元电费资金实时归集省级账户，电费账务自动化处理比率提升至99.9%。

2021年5月12日由陕西省公安厅与国网陕西电力共建的反窃电警务中心在国网陕西营销服务中心揭牌成立，同时市县两级分别建立51个电力警务室，形成省市县三级反窃电打击网络。

QC质量管理不断提升，中心QC质量管理团队将采集终端自动化检测时间由原来的389分钟降低至270分钟以内，提高采集终端自动化检测效率，该成果荣获中国水利电力质量管理协会“2021年电力行业质量管理小组活动成果交流评价”特等奖、陕西省电力行业协会“2021年陕西省电力行业质量管理小组活动成果”一等奖。

（王婧丹　段艳娜　艾　华　苏东萌）

【安全生产】国网陕西营销服务中心印发2021年安全工作要点等6项安全管控文件。安排部署十四运会保电、残特奥会保电联合值班期间有关工作，制定5个方面108项检查细则，督导完成17个单电源场馆建设，消除客户侧隐患1320条，助力实现客户侧隐患消缺率100%，牵头组织多专业完成比赛场馆“一馆一册”集中评审，对11家地市公司、56个场馆及重要场所开展客户侧保电现场检查。2021年9月13日至2021年9月28日和2021年9月30日至2021年10月30日，共安排249人次全天候24小时开展值班保供电任务，实现“六个零四确保”保电目标。

（魏　宇）

【党的建设与精神文明建设】2021年2月19日，组织召开国网陕西营销服务中心第一届工会会员代表大会，选举产生工会主席、第一届工会委员会、经费审查委员会、女职工委员会及委员，国网陕西营销服务中心工会组织成立。2021年4月26日，召开中共国网陕西营销服务中心党员大会进行换届选举。选举产生新一届党组织班子成员9名，其中党委委员5名，包含党委书记、副书记各一名；纪委委员5名，包含纪委书记一名，纪委书记由党委委员兼任。

●2021年4月26日，国网陕西营销服务中心召开第一届党员大会。

2021年4月，国网陕西营销服务中心组建国网陕西张思德（营销服务中心）临时共产党员服务队。通过打造十四运会及残特奥会直通式服务，践行社会责任“五心”志愿服务等措施，圆满完成保电任务。

（张　曼）

国网安康水电厂

【企业概况】国网陕西省电力有限公司安康水力发电公司（简称国网安康水电厂）成立于1982年，是国网陕西电力下辖的国家大Ⅰ型发电企业，固定资产原值40.37亿元。现设职能部门10个，业务支撑部门8个，省管产业单位1个。安康水电站位于汉江干流上游，是国家“七五”重点建设项目，汉江陕西境内梯级（7级）开发的第4级，是保持南水北调水源地水质安全的重要屏障。安康水库是陕西省最大水库，控制流域面积3.57万km^2，正常高水位330m，总库容25.85亿m^3，肩负着安康城区及下游城镇的防汛减灾重任，历年来始终是陕西省防汛攻坚决战决胜的主战场。电站兼有防洪、航运、旅游等综合效益，是“生态瀛湖、绿色安康”的重要名片和形象窗口，也是综治安保、反恐防暴的关键区域和重点对象。电站总装机 80 万 kW（4 台 20 万 kW 机组），设计年发电量 28 亿 kWh，实际运行多年平均发电量 22.66 亿 kWh。以 3 回 330kV 出线与西安和汉中电网相连，7 回 110kV 出线与安康电网相连，是陕西电网调峰调频和事故备用主力电厂，是保障陕西电网安全稳定运行的重要支撑。国网安康水电厂连续 14 年荣获安康市目标责任考核优秀单位，先后荣获“全国五一劳动奖状”“全国文明单位”“国家电网公司先进集体”等荣誉 300 多项。

（孙　敏）

【特色亮点工作】 经营管理提质增效。牢固树立效益意识、价值理念，多发电创效益，深挖“调度、设备、创新、管理”潜力，经营业绩创历史最好。强化精益运维管理，全面推行电站数字化转型和设备主人制，年累发电量 37.43 亿 kWh，内模收入 7.41 亿元，内模利润 2.98 亿元，均创历史记录。精益水库调度管理，紧跟引汉济渭工程、旬阳水库蓄水等形势，深入研究电站经济运行策略，实施水库精益调度和月度发电量目标管理，逐月细化水位控制区间，库水位年内实现 2 次满蓄，保持高水头发电效益，年均发电耗水率 5.46m^3/kWh，创历史最低，全年节水增发电量 2.8 亿 kWh，做强国网陕西电力效益支撑。

防洪度汛力保安澜。坚持“防汛第一、发电第二”原则，编制《安康水电站 2021 年汛期水库调度运用计划》，组织两轮次防汛自查整改，精心维护防汛设施，开展防汛综合演练，全面做细防汛准备工作。有效应对降水突破历史极值的严峻防汛形势，落实“早、小、匀”泄洪原则，充分发挥电站削峰、错峰、滞洪作用。2021 年 9 月以来，汉江上游连续出现强降雨过程，安康水库 9 月份入库水量 121.78 亿 m^3，为多年 9 月份平均入库水量的 4.5 倍，列历年第 1 位。2021 年 9 月 27 日，水库迎来近 10 年来最大洪水过程，最大洪峰流量 18093m^3/s，洪水总量 41 亿 m^3，过万入库流量持续时长 52 小时，超 15000m^3/s 流量持续时间近 10 小时，洪水上下叠加，峰高量大。电站紧盯安康城区警戒水位，夜间微调闸门 16 次，错峰、滞洪长达 14 个小时，保障下游 3000 余户群众有序撤离，将十年一遇洪水消减为五年一遇，有力保障十四运会闭幕式期间安全度汛，确保了夜间安康城区不发布防汛一号令，获得市委、市政府主要领导多次批示肯定。分别荣获安康市、国网陕西电力防汛抢险先进单位。

● 2021 年 9 月 8 日，国网安康水电厂组织党员干部 200 余人，及时打捞漂浮物，维护汉江水质，为十四运会的顺利进行创造良好的水环境。（崔　航　摄）

企业发展取得突破。坚持清洁低碳、安全高效的可持续发展，紧抓有利形势谋发展，积极加强与省、市发改委及国网陕西电力主要领导汇报沟通，安康混合抽蓄、汉滨抽蓄项目分别纳入国家能源局抽水蓄能“十四五”“十五五”重点建设项目。生产综合用房列入国家电网公司投资计划，为一流智能化水电厂建设奠定发展基础。首台机组（2 号机组）增容改造平稳推进。全力孵化培育创新项目实施，2 项创新成果荣获全国级荣誉，实现“国优”成果零的突破。国网安康水电厂荣获全国大型水电厂（站）“节能环保”专项劳动竞赛先进单位。

优质服务彰显担当。坚决贯彻“绿水青山就是金山银山”，建立库区漂浮物打捞长效工作机制，全年累计打捞漂浮物 5 万余 m^3；积极服务“南水北调”，全力错峰保证丹江口水库首次满蓄，为“一江清水送京津”贡献国网力量，长江委发来感谢信表示充分肯定。开展“护航十四运会，赋能美丽三秦”“保护母亲河”主题党日活动，科学统筹防汛安全及水位控制，一周内打捞漂浮物 8000 余 m^3，有效确保了“十四运会”游泳马拉松比赛瀛湖赛区水质干净，无漂浮物。精益精细调度水库，全力保证汉江生态流量，完成安康汉江龙舟节、城市扮靓等重要调水任务。完成十四运会及残特奥会保电工作，荣获国网陕西电力十四运会和残特奥会保电先进单位。助力乡村振兴，驻村联户扶贫工作获评陕西省优秀等次。

安全生产保持平稳。坚持常态化事故案例警示教育，深入宣贯《安全生产法》，扎实推进安全生产专项整治“二下”阶段问题隐患治理，时刻紧绷安全思想弦。截至 2021 年 12 月 31 日连续安全生产 8152 天，长周期安全纪录翻开历史性新篇章。安全高质完成 3 号主变压器更换及机组 B 修等 27 项春、秋检任务，330kV 1 号电抗器顺利投运。保持高压态势严反违章，“线上线下”督查现场 2095 个、安全约谈违章责任部门负责人 7 次，违章处罚 50 人次。厚植标准化理念，编制完成 258 个标准化作业指导书及 354 个指导卡，组织开展标准化示范演练 31 次。落实疫情防控各项措施，扎实做好治安反恐、消防、交通工作，严格保电值班纪律，完成庆祝中国共产党成立 100 周年、十四运会及残特奥会期间保电任务。

（毛雅莉）

●2021 年 8 月 11 日，国网安康水电厂举办新员工“入职礼”暨座谈会。（崔　航　摄）

（董红春）

【人力资源】 截至 2021 年 12 月 31 日，国网安康水电厂共有长期职工 748 人。其中大学本科及以上学历 517 人，高级职称 109 人，中级职称 147 人，高级技师 124 人，技师 285 人。中级及以上职称占管理技术人员 63.8037%，技师、高级技师占技能人员 67.0068%，高技能人才比例达 94.898%，人才当量密度 1.0917。现有国家级专家人才 1 人。全年以“增活力、调结构、提素质”为重点，扎实推进“三项制度”改革。全面实施管理、技术及重要技能岗位聘任制管理，签订聘任制协议 128 份。持续优化绩效考核评价体系，完善部门月度“重点工作任务 + 专业工作 + 奖金包”考核模式，强化一线班组量化积分考核机制。实现工作积分考核兑现与绩效工资正相关，年度绩优员工业绩考核奖励上浮 15%，省管产业单位挣工资机制进一步深化，完成 299 人薪档调整 18 人薪档积分消纳。“契约制 + 劳动合同”持续强化，签订电子劳动合同 23 份，劳动合同电子化全面实施应用。

加强干部队伍建设，加大年轻人才培养选拔力度，扎实推进干部轮岗交流，建立一般管理干部厂内交流培养机制，推选优秀年轻人员入选“435 源水池”。强化人员岗位培训，以机组 A 修为契机开展青年员工专项培训，全年完成培训教育项目 101 项。培训开发项目 1 项，项目执行率 100%，实现培训计划 0.825 万人 / 天。新增高级职称 5 人，中级职称 12 人，选评“三秦工匠”1 名，省公司级“工匠种子”3 名。

【经营管理】 精益目标管理，以提升综合计划的广度和深度为突破，拓展计划覆盖范围，严格管控计划过程执行，综合计划指标任务、月度工作任务全面完成。开展月度发电量目标寻优管理，向“调度、设备、创新、管理”要效益，发电量 37.43 亿 kWh。依托项目带动，加快智能化水电厂建设。加强项目储备，注重机组增容、重大技改、环境提升、智能化电厂建设等方面的项目进展，安全高质完成 3 号主变压器更换及机组 B 修，330kV 1 号电抗器等重点工程项目。

●2021 年 3 月 1 日，国网安康水电厂举行 2 号机组增容改造及 B 修现场启动仪式。（崔　航　摄）

建厂以来最大技改项目（首台机组增容改造）顺利开工，平稳推进。工程计划指标总体完成良好，成本、大修等项目整体完成和执行情况均优于往年。紧跟数字化转型发展步伐，以智能化水电厂建设为切入点，开展设备运检、人财物管理等业务前端数据价值挖掘，“安康水调日电量分配程序”“财务机器人”等

16项成果获国网陕西电力数字化应用成果奖。创新驱动发展，激发经营活力。水滴QC小组《降低直流系统故障报警次数》，首获“2021年全国优秀质量管理小组”；《精益管理保发电以质为本促提升》，被中国质量协会授予“质量信得过班组”，2项创新成果实现自建厂以来“国优”成果零的突破。

（穆少敏）

【安全生产】 2021年，国网安康水电厂安全生产态势平稳，未发生轻伤及以上人身事故，未发生8级及以上电网、设备、网络信息安全事件，未发生一般及以上火灾事故，未发生交通事故。健全安全责任体系，编制领导班子“两个清单”，开展两轮安全责任清单全面修订，动态完善724份清单，实施岗位关联展示，做到明责、知责、履责。完善安全制度体系，开展年度“废改立”“安全生产合规性检查”，修订《安全工作奖惩实施办法》，印发《特种设备安全管理办法》《有限空间作业安全工作规定》。

•2021年8月20日，国网安康水电厂安瀛Ⅰ、Ⅱ线保护更换现场标准化作业正式启动。（崔 航 摄）

全面管控安全风险，一丝不苟推进标准化作业，落实“四双”管理、“四个管住”要求，组织制度培训7次，标准化作业示范展示27场。严把队伍、人员准入关，审核报备外包外委队伍86家，安全准入考试3016人次；在安全监督中积极使用数字信息化技术，采用人脸识别技术管控人员进出作业现场，安全管控中心于2021年3月1日投入实体化运作，采取现场检查和远方视频监控的方式对所有作业现场开展“全覆盖”安全监督检查；加强对作业现场和“双到位”人员履职情况安全检查，全年副总以上领导干部检查作业现场458人次，安全监督管理人员检查作业现场累计1703个，发布现场安全检查通报216期。反违章工作重奖重罚，加大无违章现场奖励力度，实行严重违章在评先选优中“一票否决”，严格落实《国家电网公司关于加大安全生产违章惩处力度的通知》进行违章追责。创建国网陕西电力无违章现场3个，国网安康水电厂内表彰无违章现场23个。坚持常态化事故案例和典型违章学习，全年组织安全活动53次，提升安全意识，强化安全责任。强化应急能力建设，开展应急资源调查和应急能力评估，滚动修订应急预案，参加国家电网公司、国网陕西电力应急指挥中心联动操练，搬迁应急救援装备物资库房。

（兰永斌）

【党的建设与精神文明建设】 深入学习十九届六中全会精神、习近平总书记“七一”及来陕考察重要讲话精神，严格“第一议题”制度。扎实开展党史学习教育，典型经验7次获国网陕西电力党史学习教育简报刊发。

•2021年3月12日，国网安康水电厂开展“学党史、悟思想、守初心、担使命”主题党日活动。

（崔 航 摄）

聚焦“学党史·力行”5项实践活动，为群众办实事解难事115项。完成“基层党建创新拓展年”各项任务。强化党建工作量化计划管理，推进党支部、党员积分“双对标”，完成26个“党建+”项目，促进党建与生产经营同向聚合、深度融合。深入学习宣贯《监察法实施条例》，构建“四全四化”监督体系，一体推进“三不”机制建设。开展内部巡察，深入推进“靠企吃企”“空转贸易”等自查自纠。积极开展廉洁宣传教育，持之以恒加强作风建设，大力营造“水清人洁”廉洁文化品牌。助力乡村振兴，派驻3名党员干部驻村帮扶，荣获陕西省驻村联户扶贫工作优秀等次。紧紧围绕中国共产党成立100周年红色主题，营造浓厚爱党爱国氛围，开展“永远跟党走、奋进新征程”系列职工文化活动。承办国网陕西电力“职工文学培训班”，读书分享比赛荣获国网陕西电力一等奖，两篇作品入选2021年《国家电网公司职工文学作品丛书》。

大力培育和践行社会主义核心价值观，深入开展文明单位创建、学雷锋志愿服务、“道德讲堂”弘扬优秀传统文化等形式多样的精神文明建设活动，保持全国文明单位荣誉称号，2021年度文明单位创建工作测评成绩位列安康市中省市直单位A段。践行“人民电业为人民”企业宗旨，深化共产党员服务队“五心”服务。推进“文化铸魂、文化赋能、文化融入”专项行动，创建国网陕西电力企业文化建设示范点2个，《打造“三位一体”传播模式，推动企业文化落地实践》评为国家电网公司思想文化建设优秀案例，持续打造“汉江明珠党旗红”党建品牌。选树一批先进典型，2个集体被国网陕西电力授予“电网先锋党支部”称号，2人分别被国网陕西电力评为优秀共产党员和优秀党务工作者，1个集体荣获安康市先进基层党支部称号，1人被评为安康市优秀共产党员。

（李文娟）

【防洪度汛】 2021年除5月份外，各月来水普遍偏丰，8、9月为特丰月份。全年共发生15场洪水过程，其中有5场洪峰流量过万的大洪水，一场达五年一遇（9.4洪峰15259m^3/s），一场达十年一遇洪水（9.27洪峰18093m^3/s），入库水量360.0811亿m^3，比去年同期181.8560亿m^3偏多98.00%，比多年同期173.2663亿m^3偏多107.82%。

发电耗水率5.44m^3/kWh，较上年同期5.53m^3/kWh减少1.63%，水能利用提高率7.52%，节水增发电量2.8013亿kWh。汛前积极完善防汛组织体系，根据人员岗位变动情况及时修订厂防汛领导小组及其下设组织机构相关人员信息，落实防汛工作责任。全面开展防汛自查，消除防汛隐患。先后组织两轮次防汛自查，自查存在的问题全部完成整改。完成度汛计划和应急预案编审。按照省防总时间节点要求编制、上报《安康水电站2021年汛期水库调度运用计划》和《安康水电站2021年防洪抢险应急预案》，在汛前获得了省防总的批复。扎实开展防汛应急演练工作，提高应急抢险能力。组织国网安康水电厂防汛相关部门完成19个子项目的防汛综合演练，6月组织防御五十年一遇洪水全厂综合演练，通过预案演练，提升各部门应急处置和协同作战能力。开展防止水淹厂房隐患专项排查。认真吸取小浪底水库水淹厂房事件教训，组织开展防止垮坝、水淹厂房事故反措问题排查工作，经排查无垮坝、水淹厂房事故隐患。加强防汛物资储备。对防汛库房进行物资储备消耗情况的梳理排查，在汛前完成补充、更换。汛期通过内网外网包括中央电视台、人民日报、新华社客户端等多个媒体平台宣传防汛50余次。

• 2021年9月26日，国网安康水电厂提前预测石泉上游强降雨，逐步增大泄洪下拉水位腾库迎洪，分别增开2个底孔加大下泄流量。（崔　航　摄）

（石静涛）

【设备管理】 机组增容改造正式起步。2021年4月26日完成最后一台主变（3号主变压器）增容改造，主变压器容量由原来的240MVA增至260MVA。

• 2021年10月26日，国网安康水电厂2号机组增容改造施工现场，重达600多t的2号发电机转子被成功起吊。（崔　航　摄）

2021年10月16日2号机组增容改造开工，实施改造105项，主要有发电机整体更换、水轮机整体更换、尾水管里衬改造、机组监控、励磁、保护改造及发电机出口母线改造等，改造后机组将增容10%。计算机监控系统改造收尾。实施330kV 6个间隔、110kV 10个间隔电气量接入新监控LCU对点、调试及传动试验，完善后方监控中心建设，实现监控系统双网络、双设备、双数据库运行，消除监控系统通信经常中断，部分元件老化，技术落后等安全隐患，为实现“少人值守，无人值班”奠定基础。2021年8月20日完成水调系统升级改造，智能化数据存储、统计、分析功能为水库精益化调度提供了有力技术支持，经历5场较大洪水检验，洪峰准确度及峰现时间预报准确率达90%以上；2021年9月30日中控室18台60英寸全高清一体化拼接大屏投运，实现业务信息数据的集中显示与交互；机组在线监测数据分析与应用、水电厂主设备状态信息查询移动端程序等8项数字化转型成果获国网陕西电力奖励。精细设备检修。历时55天完成3号机组B修，其中检修项目220项，非标项目27项，通过对发电机组设备进行全面检查、维护和保养，消除机组存在的安全隐患，机组修后技术指标优于修前，顺利实现“四零一优”检修目标；实施首次330kV 1号电抗器大修，消除1号电抗器C相总烃含量超过注意值、电抗器本体渗油及A、C中性点套管柱头过热等缺陷。精益设备运维。认真做好13个专业64项技术监督重点工作，扎实开展设备带电检测，全年发现和消除设备缺陷1077项，开停机1764台次，确保汛期2、3、4号机组满发天数分别为67天、95天和94天，其中1号机组连续满发138天，创建厂以来机组连续安全运行最长周期。

（郭谋孝）

陕西发电集团公司

【企业概况】 陕西发电集团有限公司（简称陕西发电集团公司）成立于2019年12月，原陕西省地方电力（集团）有限公司陕西发电集团有限公司，注册资本金200000万元。陕西发电集团公司负责陕西省内小水电、风力发电、光伏发电及储能项目建设运营，截至目前含控股项目已运行装机容量157.72MW（风电100MW、小水电55.72MW，光伏2MW），控股在建风电40MW。设7个管理部门，4个子公司，其中下属水电股份管理分子公司9个；新能源科技公司管理控股子公司11个。陕西发电集团公司荣获2021年度安全生产先进单位。

依据国家电网公司“一体四翼”的战略布局，按照“统一原则，综合研判，一企一策”的思路，国网陕西电力将对陕西发电集团公司业务和组织机构进一

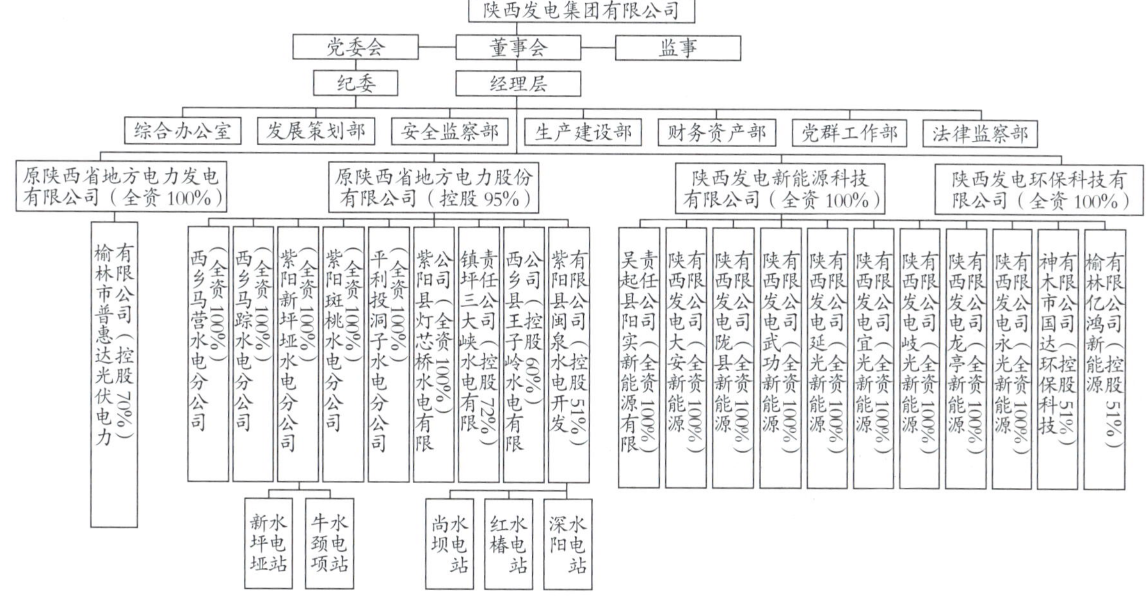

陕西发电集团公司组织机构图

步优化调整。

2021 年，完成发电量 4.58 亿 kWh，同比增长 14.79%，综合厂用电率 2.30%；营业收入 1.83 亿元，同比增长 13.32%；完成股权投资额 2.03 亿元，安全生产费用累计投入 555 万元。年内按计划开工建设的 2 个自建项目，3 个代管项目均按计划进度完成，其中 4 个风电项目均按期并网发电。较好地完成年度各项工作任务。

（蒲开宇）

【特色亮点工作】 积极开展防汛救灾。2021 年陕西省遭遇近 60 年不遇的洪灾，陕西发电集团公司多座水电站不同程度受损，在抢险过程中，上下一心，迎难而上，紫阳灯芯桥电站、镇坪三大峡电站都以最快的速度、最小的投入，完成抢修恢复生产。保障水电板块超额完成年度发电量目标。

拓展经营范围，确保持续发展。先后取得了武功和大荔分布式光伏整县推进试点项目开发权；与榆林市政府初步达成开发佳县金龙山 300MW 抽水蓄能项目意向；与中国盐业集团有限公司初步达成合作开发榆林盐穴压缩空气储能项目协议。

• 厂房受灾情况。

• 灾后恢复工作。

规范法人治理结构，去粗存精，瘦身健体。积极落实“一企一策”初步研判意见，原 53 个分子公司缩减保留经济效益好、风险可控的 17 个；压减产权层级，实现三级管理；甄别投资风险，注销、退出存在重大隐患、经营效益差、尚未实际运营的公司，使陕西发电集团公司放下包袱，轻装上阵再出发。

（蒲开宇）

【人力资源】 2021 年，陕西发电集团公司共有全口径职工 293 人，其中长期职工 125 人，占比 42.6%。长期职工中，研究生及以上学历 12 人，本科学历 30 人，专科学历 28 人，高中及以下学历 55 人；高级职称 21 人，中级职称 9 人。高级技师 59 人，技师 2 人，高级工 44 人，中级工 6 人。

（吴海燕）

【经营管理】 2021 年，陕西发电集团公司以项目制为抓手，外拓市场，内强管理，经营管理工作稳步推进，各项经营指标达到预期目标。累计实现营业收入 1.83 亿元，同比增长 13.32%；资产负债率 34.67%。

积极对接各类金融机构，多渠道筹措资金，强化财务管控，防范财资风险，通过贷款、融资租赁、ABS 债券发行等多渠道筹措资金，保证并购和基本建设项目的资金需求。完成“业财一体”部分功能试点建设，开展全面账户清查，实施资金归集，强化各分子公司资金管理。

从制度和流程入手，完善陕西发电集团公司“三重一大”议事规则和决策执行；依法依规处置股权投资遗留问题，解除高风险合作协议，全额收回股本及项目投资；按照国网陕西电力与国资委安排完成了所属 11 家控参股企业股权债权资产的整体划转，陕西发电集团公司投资经营风险大幅降低。

理顺组织架构，做实二级子公司。根据融合发展需要，优化部门及分子公司设置，夯实三级管理模式。集中精力做实做强水电及抽水蓄能、风力光伏发电、环保储能新技术三大业务板块；推动双向选择，组织中高层管理人员内部竞聘，充实子公司人才队伍。

（蒲开宇）

【安全生产】2021年，陕西发电集团公司全面落实安全生产要求，积极推动融合发展。坚决贯彻国网陕西电力安全工作部署，狠抓班组、严控现场，深入推进标准化作业与“四双”管理，狠抓“四个管住”和“十不干”落地落实；以全员安全轮训为契机，推进班组安全文化建设，强化风险分级管控及事件应急处置，通过制定作业施工标准化流程，逐级抓好基建、检修、试验现场安全管控，严格执行“看板”管理。累计实现安全生产运行天数732天，实现了“六不发生”安全生产目标，完成《安全目标责任书》各项承诺。

全年开展安全生产专项整治三年行动、安全生产主要问题整改、“落实十不干，争做人身安全吹哨人”等活动30余项，开展专项、季节性检查19项，陕西发电集团公司领导班子带队开展现场督查、检查149站次，覆盖18个水电站、4个光伏电站、3个风电场和2个基建现场，下发督查通报11份。

构建以陕西发电集团公司本部、二级子公司和各生产单位为框架的三级安全管理架构，制定《安全生产委员会工作管理办法》，编制《岗位安全责任管理制度》《公司领导班子成员安全生产责任清单和2021年安全生产工作清单》，逐级签订安全责任书，修订新增《安全隐患排查治理管理办法》《防汛应急管理办法》《安全技术劳动保护措施计划管理办法》等规章制度14项。

汛期遭遇60年一遇的强降雨，陕西发电集团公司2座水电站主厂房进水，7座水电站线路、渠道等不同程度受损，直接经济损失约300余万元，间接经济损失约400余万元。10月28日受灾电站全部恢复发电，得到了国网陕西电力充分肯定。

（高小建）

【党的建设与精神文明建设】2021年，陕西发电集团公司积极组织党员职工贯彻落实习近平总书记来陕重要讲话精神，扎实开展党史学习教育和中国共产党成立100周年系列庆祝活动；持续推进基层党组织建设和党建联系点工作，领导下沉开展“基层锻炼日”活动，参加基层组织生活；紧扣“学党史、悟思想、办实事、开新局”要求，以“我为群众办实事”为落脚点，解决基层场站反映的4类12项“急难愁盼”问题。

制定配套考核办法，严格落实十六字工作作风要求。加强信访与舆情管控，确保队伍稳定。水电公司积极协调，妥善解决了5个拆除水电站43名职工的安置问题；陕西发电集团公司筹措款项，按时为榆林热电公司留守职工发放保障工资，并依托律师依法依规处置遗留问题。

●陕西发电集团公司参加建党一百周年系列活动。

●陕西发电集团公司组织开展“基层锻炼日”活动。

发挥工会职能，体现群工力量。组织基层单位开展各类文体活动；结合生产经营安排，开展“夏季送清凉、冬季送温暖”活动；结合传统节日职工福利，采购扶贫产品，慰问一线班组，帮扶困难职工。

组织常态化疫情防控工作，完善防疫措施与应急预案。面对新一轮新冠肺炎疫情，陕西发电集团公司党委第一时间倡议全体党员立足岗位做示范，积极投身防疫工作。西安封城时，多名党员挺身而出，带动身边群众勇当防疫志愿者，服务社区保“双零”。陕西发电集团公司具备接种疫苗条件的职工100%接种，无人员感染，无违反防疫规定情况，实现“双零”目标。

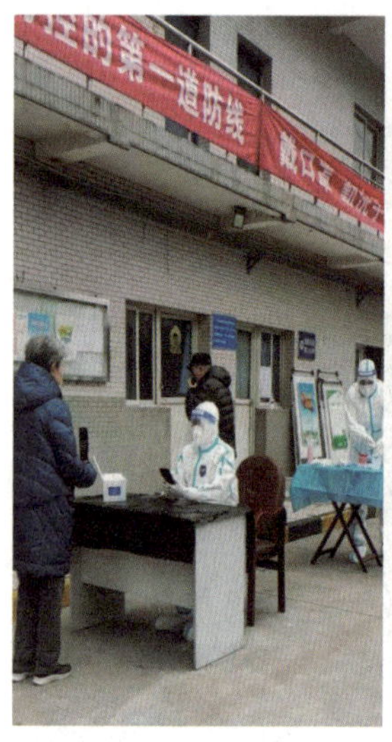

● 疫情期间员工下沉社区践初心，志愿抗疫担使命。

（阎　妮）

陕西电力投资控股公司

【企业概况】 陕西电力投资控股有限公司（简称陕西电力投资控股公司）成立于2002年，原陕西省地方电力（集团）有限公司陕西电力投资控股有限公司，注册资金11.3亿元。经营业务涵盖物业管理、房屋租赁管理、酒店经营、地产开发与经营以及其他项目投资等，具有房地产开发二级资质。

党总支　董事会　监事

经理层

基层支部　工会委员会

综合办公室　人力资源部　财务经营部　市场运营部　安全环保部

陕西电力物业运营管理有限公司　大雁塔假日酒店分公司

参股公司：陕西地方电力房地产有限责任公司（36%）　陕西省地方电力水电股份有限公司（5%）

地产事业部：陕西省地方电力滨江置业有限公司　榆林光大电力房地产开发有限公司　定边地方电力光明置业有限公司　心桥佳苑2号楼项目部　宝鸡项目部　渭南项目部　延安项目部

陕西电力投资控股公司组织机构图

本部设5个部门，下属4家全资子公司、2家参股子公司、1家分公司。依据国家电网公司“一体四翼”的战略布局，按照“统一原则，综合研判，一企一策”的思路，国网陕西电力将对陕西电力投资控股公司业务和组织机构进一步优化调整。

融合以来，陕西电力投资控股公司认真贯彻落实国网陕西电力各项决策部署，紧扣“四抓四强”工作主线，以做优做实做精企业为目标，完成了各项重点工作任务。

（苏　阳）

【特色亮点工作】 改制有序推进。围绕“一体四翼”，加快建立现代化企业制度，完善法人治理结构，优化组织架构，转变管控模式，形成“本部+事业部+项目部”的管理模式，推进资源、人员、管理的专业化集聚，更好发挥公司治理，管控、协调，推动陕西电力投资控股公司高质量发展。

（苏　阳）

后勤服务保障。在各类接待、后勤保障、物业服务、搬迁入住等一系列工作中发挥了举足轻重的作用。协助国网陕西电力圆满完成国家电网系统领导干部延安培训的接待引导，做到“一人一方案”接待安排。

协助国网陕西经研院共同开展新大楼选址调研的工作，发挥陕西电力投资控股公司地产开发建设的经验优势，在人力、技术设备、后勤物资上提供强有力的服务，做好支撑保障。

与国网陕西电力后勤部反复开展交流座谈，及时掌握入驻职工办公生活等基本需求，解决就餐、门禁、车辆停放、休息健身等急难愁盼的问题，逐步实现了“一卡通”的使用和管理，以优质的“店小二”服务，支撑融合发展。

疫情防控。在西安疫情大考中，陕西电力投资控股公司慎终如始，坚决压实“四方责任”，严格贯彻执行陕西省、西安市和国网陕西电力各项防控要求，对管理的办公楼及小区坚持常态化和分级精准防控，突出重点区域、管辖社区、岗位人员的差异化管理举措，明确闭环管理流程、环节、措施，加压加力推进疫情应急处置，科学规范做好各项后勤保障任务，从严从细保障国网陕西电力防疫安全，同心协力稳固“双零”目标。

●2021年12月25日，西安封城，陕西电力投资控股公司众志成城抗击疫情。（苏　阳　摄）

（靳潇飞）

【人力资源】 2021年，陕西电力投资控股公司共有全口径职工838人，其中长期职工57人，占比6.8%。长期职工中，研究生及以上学历16人，本科学历32人，专科学历8人，高中及以下学历1人；高级职称14人，中级职称7人。高级技师1人，技师1人。

（惠晓娟）

【经营管理】 2021年，陕西电力投资控股公司经营管理工作稳步推进，全面完成各项经营指标。实现营业收入30855.96万元，同比增长1.28%。

发挥财务管理在经济管控中的中心作用，着力提升财务工作对整体经济运行的把控能力。定期组织开展经济活动经营分析会，重点关注财务的规范管理和资源统筹，加强资金的集中管控，细化制定月度资金计划，严格把控资金成本，实现降本增效。

修订完善《陕西电力投资控股有限公司业务事项办理申请与资金支付报销审批管理办法》《陕西电力投资控股有限公司工程款支付管理办法》，全面提升资金管理的风险预判力。

开展应收款项清理工作，有效降低“两金”占比。每季度进行应收款清理专项工作，落实每项应收款责任人。做好民营企业欠款清理工作，落实企业社会责任。积极关注与民营企业合同，严格执行合同，绝不拖欠农民工工资。每季度结束进行资金安全检查。

全面开展资金安全常规检查及资产清查工作，强化内部控制，做到逐一整改、对账销号，切实有效地堵塞管理漏洞。常态化开展往来账务清理工作，对长期往来挂账采取账销案存，2021年核销长期挂账4643.47万元。

（车　威）

【安全生产】 2021年，陕西电力投资控股公司落实国网陕西电力安全管理要求，明确各层级安全职责，按照“管业务必须管安全”要求，细化分解安全目标任务，落实安全生产重点工作，修订各部门各岗位安全责任清单。落实检查督查，加强安全履责，组织开展“四不两直”“二下二上”检查排查，组织开展春秋季安全生产大检查，发现并整改安全隐患。制定安全生产“两项清单”，“分层分级”规范安全生产制度标准，有力助推“四个管住”“四双管理”与安全生产深度融合。加强新安全法的学习宣贯，逐步实现“要我安全”向“我要安全”和“我会安全”的转变，全年安全生产事故、事件“零发生”。

（靳潇飞）

【党的建设与精神文明建设】 2021年陕西电力投资控股公司围绕抓党建、强队伍，全力推动党建思想引领。深入学习贯彻习近平总书记“七一”重要讲话和党的十九届六中全会精神，突出“学党史，践行初心”；开展“中国共产党成立100周年”党史学习教育，抓好“七一”重要讲话精神宣贯，开展党史学习教育中心组学习13次，利用陕西红色资源，丰富学习模式，教育党员缅怀先烈、感知党恩，组织了一系列党性教育活动。

丰富“党建+安全”工作载体，落实安全生产“一岗双责”。陕西电力投资控股公司领导切实联系基层支部，走一线、下基层，与各个工作点党员干部座谈，调研19次，专题宣讲6次，上党课7次，解决实际问题21项。充分发挥党员先锋模范作用，推动陕西电力投资控股公司安全水平提升。

• 2021 年 7 月 1 日，陕西电力投资控股公司举办中国共产党成立 100 周年大合唱。（李丹阳 摄）

启动“党建嘉年华”活动，压实“我为群众办实事”，解决实际问题 5 项。深化企业文化和精神文明建设，2021 年省级文明单位通过“复审”，以群团青年干部为带头引领，组织开展多个文体活动，丰富职工业余生活。

（靳潇飞）

陕西综合能源集团公司

【企业概况】 陕西综合能源集团有限公司（简称陕西综合能源集团公司）成立于 2019 年 12 月，原陕西省地方电力（集团）有限公司陕西综合能源集团有限公司，是一家集电、热、冷、气等能源供、配、售、用一体化综合服务的国有企业，注册资本 15 亿元。融合之后，陕西综合能源集团公司以国家电网公司“一体四翼”发展布局为引领，遵循“供电 + 综合能效服务”的发展模式，立足陕西区域特点及能源资源禀赋、产业基础和战略使命，争做能源绿色发展的先行者、引领者、推动者。新时期，陕西综合能源集团公司战略聚焦涉电综合能源业务，推行轻资产运营模式，涉及的业务有“光（光伏）储（储能）能（节能）电（运维）气（天然气）暖（供热及工业蒸汽）”等领域。

本部下设综合办公室（董办、党办）等 4 个职能部门；有子公司 15 家，其中全资子公司 6 家、控股子公司 7 家，代管子公司 2 家。依据国家电网公司“一体四翼”的战略布局，按照“统一原则，综合研判，一企一策”的思路，国网陕西电力将对陕西综合能源集团公司业务和组织机构进一步优化调整，2021 年，陕西综合能源集团公司坚持“稳中求进、真抓实干”的工作总基调，以管理提升为抓手，以高质量发展为引领，夯基础、补短板、强弱项，各项目标任务圆满收官。全年完成营业收入 34671.24 万元，资产负债率 18.43%。截至 2021 年底，实现连续安全生产 889 天。

（刘　姣）

【特色亮点工作】 2021 年，陕西综合能源集团公司强化项目管控，加强工程进度管理和现场安全管控，细化时间表路线图，夯实安全责任，实现眉县常兴蒸汽利用项目负荷接入和宁强天然气长输管道通气运营，宁强县清洁能源多能互补项目、扶风县科技工业园多能互补智慧微能网等项目按计划进度顺利推进。

2021 年 8 月 25 日，陕西综合能源集团公司广坪至宁强 81km 天然气长输管道建成通气，结束宁强县通过槽车运输天然气的历史，使宁强县 25 万群众用上稳定的管道天然气，改善居民的生活质量。该工程是汉中、安康、商洛等三市天然气管网建设的关键性枢纽工程，对陕南能源清洁化供应及工业经济绿色发展至关重要。项目设计年输气量 16 亿 m^3，运营城网中压管道 23km，低压管道 40km，综合能源站一座（压缩天然气、液化天然气、充电站 3 站合一），城市燃气年供气量 700 万 m^3，目前管道年输气量约 1.6 亿 m^3。

• 宁强旭日天然气综合开发有限公司年产 10 万 t 液化天然气及汉中地区应急调峰储备项目。

（王浩志）

【人力资源】陕西综合能源集团公司共有职工 696 人，其中长期职工 391 人，直签社会化用工 292 人，劳务派遣 13 人。长期职工中，硕士及以上学历 22 人，本科 44 人，专科 74 人，中专及以下 251 人；高级及以上职称 17 人，中级职称 20 人，初级职称 25 人。

（李宏飞）

【经营管理】组织开展低效资产清理，全年督促完成股权投资清理 6 项，有效控制经营风险，及时止损，确保产权管理规范，经营合规。配合国网陕西电力完成 3 项股权投资划转，涉及金额 3.04 亿元。

完成 15 亿元注册资本金的全部认缴工作，为陕西综合能源集团公司市场开拓奠定坚实的资信基础，为项目投资建设提供充足的资金保障。协助控股子公司取得 8 年期、年化利率 4.35% 的银行信用贷 1.7 亿元，以较低的资金成本推动项目顺利建设。协助控股子公司取得更低利率的短期科技贷，解决流动资金周转问题。

积极利用政府奖补及税务优惠政策，取得管理效益。子公司长城数字能源（西安）科技有限公司通过技术开发合同认定、技术贸易奖励、规上企业研发奖补等方式取得 74 万元收益；合理使用增值税留抵退税政策，子公司宁强旭日新能源有限责任公司自 2019 年 4 月国家开始试行增值税期末留抵退税制度以来，累计申请退税次数 5 次，累计实现退税金额 1459.51 万元，其中 2021 年申请退税次数 2 次，申请退税金额 360.42 万元。

（朱　锐）

【安全生产】组织企业负责人及安全管理人员参加一季度、二季度安全轮训。落实国网陕西电力安全普考视频会议要求，陕西综合能源集团公司 692 人次完成注册，在各级安全监督部门牵头组织下，合格人员 660 人，通过率 95.3%。

实施“安全周管控计划”，做到施工现场、人员、风险、措施“心中有数”。开展安全检查 15 次，查出安全隐患 31 项，整改 28 项。全年安全生产零事故，安全形势稳定。

组织开展“五一”假期应急值班、十四运会及残特奥会、夏季防汛、2021 年迎峰度冬安全生产值班等重大保电工作。

（王必琛）

【党的建设与精神文明建设】深入开展党史学习教育，认真学习贯彻习近平总书记“七一”重要讲话精神和党的十九届六中全会精神，以中国共产党成立 100 周年为契机，举办 20 余次党史学习教育会、党员主题日活动及党史题材观影活动。通过成立党史学习教育领导小组，发放党史学习书籍，组织党员前往西迁博物馆参观学习及红色观影，开展“中国共产党党史学习”专题党课等，积极开展党史学习教育。

突出廉政指引，下发《加强安全生产领域监督执纪问责工作管理办法》，针对工程领域 16 个廉政风险点，编制了“安全生产领域监督执纪问责清单”。组织开展深化整治化公为私、“影子公司”“影子股东”自查工作，排查中层以上及关键岗位人员 88 人。针对基建项目点多面广线长的特点，强化纪检“大监督”工作，督促项目管理流程标准化、规范化。

（张晓寒　高　卉）

国网陕西后勤服务中心

【企业概况】陕西银河物业管理有限公司成立于 2003 年 10 月，于 2005 年 3 月 20 日由陕西省建设厅批准为物业管理二级资质。包括房屋资产、服务设施的管理、办公楼、住宅小区的物业管理等后勤保障服务。

2006 年 12 月“陕西银河物业管理有限公司”更名为“陕西电力物业管理有限公司”。物业服务范围在银河物业公司原有的基础上增加国网陕西省电力有限公司调度大楼和综合楼。2014 年 7 月“陕西电力物业管理有限公司”更名为“国网陕西省电力公司物业分公司”。2021 年 4 月经国网陕西电力第 11 次党委会审议通过，将国网陕西物业公司更名为国网陕西后勤服务中心，设置 7 个职能部门，2 个业务支撑部门，6 个服务部门。

（王　文）

【特色亮点工作】学党史办实事成效显著。解决职工停车难问题，综合楼增加临时车位 45 个，投运尚德路办公区独立车库 21 个地下车库 14 个；盘活沙坡小区公寓对员工租赁，促进房屋资产保值增值和高效利用；做好“三供一业”改革过渡期间“齐抓共管”工作；建设“智慧餐厅”，提升职工就餐体验；结合本部配电装置增容改造，安装电动汽车充电桩100台；强化温馨服务，设立保洁温馨服务台；成立车辆“保养服务队”；调度大楼电梯更新项目纳入储备并列入2022年投资计划；完成“8·6”国网陕西电力揭牌等重大活动保障，完成十四运会、防大汛、战疫情等重大任务后勤保障，完成中心更名过程中生产公务车辆ETC过户“保畅通”，完成两网融合改革服务保障，完成16名人员并入国网陕西后勤服务中心车辆服务部，完成国网陕西电力原东区和南区234人安全平稳搬迁服务。

坚持精益精细，经营管理提质效。明确“补短板、强弱项”38项任务53条具体措施，全年共收集提质增效工作动态96条，形成典型案例3篇。大力促进开源，增加外部市场收入，提升资产盘活使用效率，累计盘活出租房屋34间，实现增收房屋租赁收入115万元，同比增长41.26%。积极向国网陕西电力争取融合费用预算调增，完成更名后税务登记和账户开立工作。成立全面风险管理委员会，编制内控重点工作计划21项，建立重大风险预警机制，加强重大风险联防联控。

● 国网陕西后勤服务中心开展国网陕西电力本部大楼设施设备检修。（铁明超　摄）

坚持常抓不懈，抗击疫情筑防线。坚持守好门、管好人、服好务的总体要求，“一板一眼”落实常态化疫情防控政策，实施并不断完善空调设备、电梯、公共环境、会议室、食堂等消杀消毒标准，“一丝不苟”落实门禁扫码测温查验身份等措施，完成中央空调及新风系统和电梯轿厢出风口消杀等。各区域进入人员扫码、验码、测温18.9万人次，实现了全员零感染零疑似。在城市封控管理、电力保供和陕西省电网调度指挥机构封闭管理期间，国网陕西后勤服务中心领导与各部门驻守人员站在前排、走在前列，真正做到疫情防控守阵地，后勤服务不间断。成立疫情防控应急小分队（党员突击队），保持24小时待命状态，本部院内和应急场所全面消杀。先后完成国网河北、上海、湖北、四川、吉林、黑龙江、宁夏、新疆电力等单位提供的19车200t援助物资的装卸搬运、进出库工作，同时为本部封闭管理人员采买生活物资及防疫物品，做到了保障有力。

● 国网陕西后勤服务中心对国网陕西电力本部调度大楼电梯进行消杀。（铁明超　摄）

（王　文　侯　露）

【人力资源】 国网陕西后勤服务中心用工性质分为长期职工和劳务外包两大类。主业长期职工定员57人，其中公司领导10人（在岗领导5人，二级职员4人，一级协理1人）。物业服务实行劳务外包，与陕西新易通物业管理有限责任公司签订了物业管理服务合同，劳务外包项目共设7个部门，劳务外包员工397人。国网陕西后勤服务中心共有7个党支部，分别为党群党支部、办公室党支部、财务资产部党支部、组织部党支部、工程采供部党支部、车辆管理党支部、万年办党支部，党员共计54人（含预备党员1人）。劳务外包员工党组织关系均在合同主体单位新易通公司。

2021年11月，根据《国网人资部关于陕西电网融合发展需要支持事项的复函》（人资计函〔2021〕7号）及公司2021年第7次党委会精神，因两网融合改革划入国网陕西后勤服务中心的原南区总部小车班人员15人。

（王　文）

【经营管理】深入开展提质增效，推动经营高速发展。将财务提质增效专项行动与后勤提质增效工作结合，从六个方面细化制定38项任务53条具体措施，突出“为员工办10件好事”，明确“补短板、强弱项”提升措施，大力促开源，增加外部市场收入，提升资产盘活使用效率，开展“党建+提质增效”工作，精准发力、以点促面，以服务提升推动管理质效提升。

强化风险控制管理，提升内控稽核能力。进一步优化国网陕西后勤服务中心内控体系，成立全面风险管理委员会，编制全年内控重点工作计划21项，定期召开风委会，建立重大风险预警机制，加强重大风险联防联控，深入开展2021年内控体系监督自评价工作，推进问题缺陷整改治理，构建内控“免疫系统”。

（侯　露）

【安全生产】落实各级安全责任，修订全员岗位安全责任清单，完善安全工作奖惩办法，出台安委会工作规则。加强分包队伍同质化管理，牢牢把控作业风险。落实“抓班组、控现场、保安全”专项行动，设置班组和部门安全员32名，发动全员争做“吹哨人”。加强隐患排查治理，从“被动抢修”向“主动预防”转变，全年共开展144项专项隐患排查，已整改完成124项，完成设备报修2208项；办理工作票20张，操作票26张。开展各类实战演练8场，参与演练325人；处置上访事件5起；完成全国“两会”、中国共产党成立100周年、十四运会等重要活动及节假日的保电值守工作。

（杨紫雯）

【党的建设与精神文明建设】举办“共庆建党百年、共创优秀业绩”文艺汇演和职工“红色文化艺术创作展”。开展党员领导干部及党支部书记讲党课33次、主题党日80次。大力实施“旗帜领航·提质登高”行动计划，实施“党建+”工程6项，创新开展“党支部共建交流月”活动。对党员干部、重点岗位45人逐一对照梳理，未发现相关问题现象。开展党风廉政教育约谈74人次，覆盖面100%。

（何　亮）

陕西秦电集团公司

【陕西大秦电能集团有限公司】

1. 公司概况

陕西大秦电能集团有限公司（简称陕西秦电集团）成立于2017年4月，根据《国网陕西省电力公司关于组建国网陕西省电力公司集体企业经营平台的通知》（陕电人〔2017〕70号）要求，以“陕西中试电力科技有限公司”为平台企业，组建国网陕西省电力公司集体企业经营平台。2017年11月，由于陕西中试电力科技有限公司业务资质不能满足设立要求，根据《国网陕西省电力公司关于调整国网陕西省电力公司集体企业经营平台机构职责的通知》（陕电人〔2017〕169号）精神，调整原安康水电厂主办的原“陕西安康大禹电力实业有限公司”为省级平台企业。国网陕西电力承继的原西北电管局主办的集体所有制企业“陕西电力西京公司”，为平台出资人，持有100%股权，履行股东职权。2018年7月，经国网陕西电力公司第22次党委会研究决定，依据《国网陕西省电力公司关于变更国网陕西省电力公司集体企业经营平台机构名称的通知》（陕电人〔2018〕73号），将“陕西安康大禹电力实业有限公司”更名为“陕西大秦电能集团有限公司”，履行国网陕西省电力公司集体企业经营平台职能，办理工商税务变更。陕西秦电集团注册资本4800万元，持有电力工程、建筑工程施工总承包三级，电力设施承装二级、承修一级、承试二级资质，三标体系认证，软件企业证书。

陕西秦电集团作为地市层面省管产业单位的母公司，承担省级平台公司职责，为产业办实施运营监管提供支撑服务，负责协助产业办做好省管产业单位的生产运营监管工作。陕西秦电集团下属14家子公司，4家分公司；本部内设综合管理部、经营发展部、财务资产部、安全监察质量部、工程管理部、党建工作部（监察部、工会办公室）6个部门，现有企业负责人7人，部门负责人11人，一般管理人员13人。

2. 经营情况

2021年，陕西秦电集团公司认真落实“一体四翼”发展布局，紧扣“四抓四强”工作主线，深化改革创新、推动转型升级、奋力提质增效，高质量完成全年目标任务，主要经营指标创历史最好水平，实现了“十四五”良好开局。全年实现营业收入 107.76 亿元，首次迈上百亿大关，同比增长 45%；利润总额 3.84 亿元，同比增长 92%；资产负债率 88.19%，较年初压降 6.35 个百分点。

3. 特色亮点工作

2021 年，陕西秦电集团公司面对复杂的经济社会形势和繁重的改革发展任务，在公司党委的坚强领导和大力支持下，认真落实“一体四翼”发展布局，紧扣“四抓四强”工作主线。

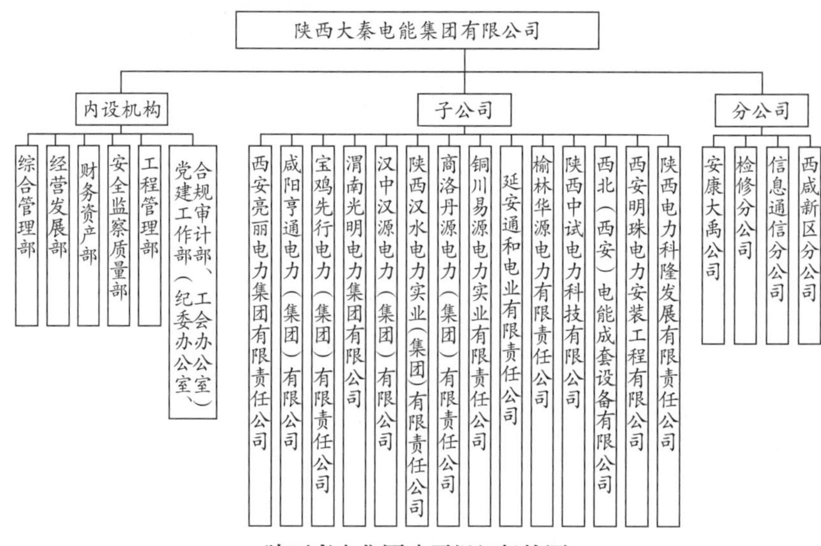

陕西秦电集团公司组织机构图

支撑保障作用凸显。围绕主责主业补强产业链，组建不停电作业机构，推进配网不停电作业，有序承接电建集团人员和业务；全力支撑主业圆满完成建党 100 周年、十四运会等重大活动保电任务，积极协同主业高效完成郑州特大洪灾和陕西省内多地特大暴雨电网应急抢险。

深化改革取得实效。制定省管产业落实“四抓四强”工作举措，印发优化省管产业单位管理意见，建成“1+1+N”集团化产权架构，实现资产集中管控、规范运营。印发省市两级平台企业公司章程模板，完善“三会一层”议事规则及权责清单，完成法人企业党建进章程，法人治理体系进一步规范。

安全局面持续平稳。宣贯国家新《安全生产法》，成立省管产业安全专委会，发布各级领导班子“两个清单”。组建省级层面柔性安全督查队伍，开展地市层面常态化安全交叉互查，构建“三纵三横”安全督查体系，全面推行标准化作业、“四双”管理，狠抓“四个管住”“十不干”禁令执行。

经营管理成效明显。修订各单位企业负责人业绩考核指标体系，印发省管产业单位业绩考核管理办法，完成业绩考核体系构建并高效运转。开展全面预算管理、往来款项清理、资产负债率压降等 7 个专项行动，试点建成“453”单项工程全过程数字化管控体系，完成财务清查、年度预算分解下达等工作，财务“稳经营、提质效、促发展”作用凸显。

升级发展实现突破。围绕“四个做好”和打造“三强三优”省管产业集群，全力支撑服务“一体四翼”发展布局落地实施。推动产业协同发展，与福建亿力集团公司签署合作发展协议，与安徽继远软件公司、福建和盛高科技公司签订市场合作框架协议。深化产融资本协同，投资参股国网上海能源互联网研究院混改专项基金，提升资金运作效益。

（韦　明）

【秦电安康大禹公司】

1. 公司概况

陕西大秦电能集团有限公司安康大禹公司（简称秦电安康大禹公司）成立于 1993 年，注册资本 4800 万元。下设职能部门 5 个，业务部门 8 个，现有员工 191 人。秦电安康大禹公司具备电力工程、建筑工程施工总承包三级资质，西北能源局颁发的电力设施承装二级、承修一级、承试二级资质。

秦电安康大禹公司具有 28 年水利水电、电力工程等相关施工经验，拥有一支专业配套、实践经验丰富的优秀人才队伍。先后承揽汉江流域 4 个中、小型水电站运维。以“四零一优”标准完成陕西省内外 10 个电站机组大修 35 台次、小修 285 台次、重大技术改造 86 项。参与陕西电网和新能源产业重点工程项目建设，优质高效完成西咸新区多个 110kV 输变电工程，服务镇安抽蓄电站建设期 35kV 变电站运维及仓储项目，获得业主广泛赞誉。

秦电安康大禹公司先后荣获“国家电网集体企业管理先进单位”“陕西省守合同重信用企业”“安康市劳动保障守法诚信 A 级企业”等多项荣誉称号。

2. 经营情况

2021 年累计实现营业收入 11939.58 万元，完成预算 97.87%，同比增加 860.58 万元，涨幅 7.77%。利润同比增加 8.79 万元，同比增长 16.57%。

3. 特色亮点工作

安全生产。安全管理持续加强。严格执行“四双”管理和“四个管住”，落实现场“六统一”、管理看板以及标准化作业，扎实开展省管产业“聚一线、盯现场、防事故”“五查五严”风险隐患排查整治等安全专项活动，加强全员安全培训，开展作业现场安全培训 465 人次，组织 6 次防汛、消防、急救等应急演练。副总经理以上安全督查现场 150 余人次，发布安全通报 40 期，从严整治违章行为 23 起。秦电安康大禹公司在省管产业三季度安全互查排名第一。

经营管理。聚焦关联交易、资产管理等重点任务，开展多轮次梳理排查，持续优化经营风险预警机制。积极开展合同管理自查、工程分包专项提升、空转贸易业务等自查自纠工作。加大往来款项清理力度、加快工程结算进度，多措并举压降资产负债率。不断提升市场开发水平，持续做强小水电业务，积极拓展电网侧市场，企业经营活力不断激发。

工程建设。工程管理不断规范，核心竞争力逐步提升。先后完成西宝 110kV 输变电工程（新建变电站工程－电气、对侧扩建工程）、西咸新区咏佳 110kV 变电站土建工程、西贺变外部电源 110kV 出线间隔扩建工程等重点项目建设。精心组织完成汉中大关峡 3 台机组 A 修等 6 项水电运维检修项目，稳固水电运维检修品牌。

党建工作。强化党建促引领。学习贯彻十九届五中、六中全会精神，围绕中国共产党成立 100 周年，深入学习习近平总书记“七一”重要讲话，开展党史专题讲课，围绕“学党史，践行初心；敬延安，赋能三秦”主线，开展“护航十四运会，青春展风采”等主题党日活动，持续推进“党建＋”与生产经营任务的深度融合，发挥支部战斗堡垒和党员模范带头作用。大力建设公司党建文化阵地，布置宣传展板，展示文化理念，激发员工干事创业热情。

（邓　喆）

【秦电检修分公司】

1. 公司概况

陕西大秦电能集团有限公司检修分公司（简称秦电检修分公司）成立于 2017 年 11 月，于 2019 年 8 月开始实体化运营。秦电检修分公司具有住建部建筑工程施工总包三级、电力工程施工总包三级，国家能源局电力工程承装二级、承修一级、承试二级施工资质。主要承揽业务涵盖变电站、输电线路辅助设施修缮、土建修缮、标准化综合整治，超特高压输电线路巡视、验收、通道治理，用户输变电资产委托运维、输变电设备应急抢修支援，750kV 输变电设备检修等业务。

秦电检修分公司设综合管理部、财务经营部、安全监察质量部（保卫部）、工程管理部 4 个职能部门。现有职工 64 人（4 人为直签职工，其余均为主业支援人员），其中集中办公 49 人，管理（技术）人员 25 人（包含中层干部 9 人），技能人员 20 人，平均年龄 39 岁，中级及以上职称人员共计 22 人，占比 45%；技师及以上技能等级人员共计 11 人，占比 22%；注册安全工程师 1 人，初级会计师 2 人。

2. 经营情况

2021 年秦电检修分公司营业收入总额 7330.12 万元，利润总额 344.67 万元。

●2021 年 9 月 10 日，秦电安康大禹公司赴瀛湖开展“护航十四运会　青春展风采”主题党日活动。

●2021 年 4 月 10 日，秦电检修分公司召开党员大会组织开展党员“一对一”结对互助活动。

3. 特色亮点工作

秦电检修分公司结合实际，提出了“服从主业、服务主业、依托主业、支撑主业”的职责定位，“安全、精益、规范、发展”的安全运营思路，“业务水平优、协同效率优、能力素质优、队伍结构优”的“四优”发展目标。

安全生产。牢牢守住安全“生命线”。严格“四双”“四个管住”和标准化建设，狠抓员工安全规程培训和实操训练，强化“两种人”培训，补齐装备配置，坚持自有人员持票领着干、自己干，提升施工现场安全管控能力。加强外包队伍管理，严格外包队伍安全资信及人员资格能力审核、准入、报备管理，适时开展外包队伍约谈。加大违章违规查纠力度，严管重罚，刚性约束工作现场安全。

经营管理。坚持把内控合规作为规范运营、健康安全发展的重要举措，以问题、目标和结果为导向，强化重点岗位、关键领域和环节风险防控，定期开展资金管理、工程管理、物资采购、工程分包等“出血点”风险排查，及时自查整改风险隐患，确保问题整改到位、风险防得住，依法合规经营。深入推进全面预算管理，加大往来款项清理力度、加快工程结算进度，降低预算执行偏差率。

工程建设。坚持“做精工程、做强经营”。严格执行安全生产各项制度，严肃落实标准化作业各项规定，坚持样板工程现场创建，在标准化、常态化、规范化上下实功夫，着力打造具有鲜明特色的“精品工程”。积极拓宽主营业务，尝试在超特高压输电线路带电作业、无人机作业等领域开展专业化建设，助推秦电检修分公司发展。

党建工作。切实发挥党支部战斗堡垒作用和党员先锋模范作用，把“党员双带头”“党员身边无违章”，“党建+”等党建工作深度融入安全经营主营业务，全力凝聚“全员保安全、人人争效益”的思想认识和行动自觉。结合青工多的优势，将职工个人职业生涯发展规划与秦电检修分公司改革发展目标相结合，积极鼓励考取注建、注造、注安等执业资格，不断提升人员素质。

（宁少华）

【秦电信通分公司】

1. 公司概况

陕西大秦电能集团有限公司信息通信分公司（简称秦电信通分公司）成立于2017年，主要承接信息、通信工程，开展计算机软件开发、通信工程设计与建设、系统集成、运行维护、技术咨询、数据处理等服务，同时开展电力设备、物联网设备、电子设备的销售等服务。已通过ISO质量、职业健康安全、信息安全、信息技术服务和环境管理等“五体系”认证，并获得软件企业、软件产品“双软”认证和ITSS运行维护服务三级认证，注册资本4800万元。

秦电信通分公司设3个业务部门，1个职能部门。现有员工164人，其中大学本科及以上学历113人，中级以上工程师13人，二级建造师3人，高级信息系统项目管理师1人。

秦电信通分公司获得2021年省管产业“管理创新先进集体”荣誉称号，1项科技成果获国网陕西省电力公司2020年度科技进步二等奖。

2. 经营情况

2021年，秦电信通分公司实现产业收入6001.87万元，完成年度指标（5500万元）的109.12%。已持有ISO、软件企业及ITSS等9项资质，共完成内部投标17个批次及外部投标17项，共中标56个项目，中标总金额7101.4314万元。

3. 特色亮点工作

以人才优势，全方位打造信息业务“1344发展体系”。作为产业单位，秦电信通分公司以“第二梯队”更强的责任感、忠诚度，全方位支撑主业、国网陕西电力各专业部室。牢固树立服务数字化转型的目标，通过打造三大平台，树牢云平台、数据中台、物联平台运维根基；通过瞄准构建信息安全防护体系、丰富数据模型、发挥三台价值等方向，助推研发成果转化；通过建立业务服务及需求挖掘柔性团队，锻造项目管理优质服务团队，健全标准化、模块化作业研发团队，培养多元化技术支持运维团队，培育出四支精英团队。秦电信通分公司以项目参与和贴身服务双模式广泛支撑国网陕西电力、信通公司等重点部室，贴身服务60人；2021年吸引高技术人才60余名，其中国家电网公司专家2人；组建四支研发团队、三支实施团队，累计投入研发人员27人，实现了人才队伍质的飞跃。

以技术优势，实现通信业务“数字管理新形态”。围绕国家能源新政和“双碳”战略，通过“建运一体化”服务积极布局新能源电厂产业集群。一是大力拓展电厂通信运维广度和深度，用户遍及五大发电集团，陕西省内市场占有率节节上升。二是持续开展集控站建设，通过统一厂站监控平台建设，实现新能源电厂场站集约化管理。三是不断探索电厂侧增值服务，以AI、智慧物联、区块链产品打造电厂信息化管理新业态，通过动环监控平台建设，实现电厂通信机房远程运维和动环数据收集分析。四是瞄准通信技术与智能计量技术有效聚合的方向，探索源网荷储售一体化服务，部署虚拟电厂（VPP）资源整合业务。

● 秦电信通分公司开展新能源机房通信设备标准化运维。

以研发实施优势，实现创新成果“数字产业化”。强化对主业的人才支撑和市场支撑，深度挖掘数据增值潜力，对外联合开发、对内扶持孵化，打造“数据到产品，产品到商品”的数据开发体系。一是以深入地市开展数据核查、平台配置、实施培训及深化应用等工作，完成数字化工作台等创新软件产品的推广实施。二是结合实施和业务需求，开展基于融合终端数据融合的态势感知平台创新产品软件研发工作。三是以高层次人才队伍，紧跟“云大物移智链”、5G、北斗、GIS等新技术在电力领域的应用前景，在电网数字化发展规划、应用架构设计、项目管理等方面开展管理咨询服务，对内积极支撑国网陕西电力数字化管理工作，对外输出陕西数字化经验。

（李林虎　陈　琳）

【秦电西咸分公司】

1. 公司概况

按照《关于成立陕西大秦电能集团有限公司西咸分公司的通知》（陕电集体〔2019〕9号），陕西大秦电能集团有限公司西咸新区分公司（简称秦电西咸分公司）于2020年3月18日正式组建。秦电西咸分公司在陕西秦电集团公司资质许可范围内承揽项目，以支撑西咸公司电网建设、检修、营销业务为主。目前主要开展110kV及以下线路迁改工程、客户专线（变）工程、居民新建住宅供配电设施建设工程和西咸公司大修技改成本项目4类业务，后续将根据经营发展需要，逐步开展其他业务。

秦电西咸分公司共设置综合管理部、经营发展部、工程管理部和安全监察部4个部门，其中工程管理部内设带电作业班、调试试验班、供电服务业务班。共有各类用工46人（其中全民工44人，供电服务直聘2人），平均年龄38岁，本科及以上学历41人、占比89%；中级职称及以上27人、占比58%；技师及以上技能等级18人、占比39%。

2021年，秦电西咸分公司荣获“省管产业专项先进集体”荣誉称号，李健、邵登峰2名同志荣获省管产业先进工作者表彰奖励，刘超同志荣获国网西咸新区供电公司劳动模范荣誉称号。

2. 经营情况

2021年，秦电西咸分公司营业收入2.48亿元，完成年计划2.1亿元的118.10%，同比增长158.78%；电商化交易指标完成695.25万元，完成年计划550万元的126.41%。

3. 特色亮点工作

安全管理从严从紧。积极开展“聚一线、盯现场、防事故”、争做“人身安全吹哨人行动”“安全生产常态化交叉互查”等专项活动，完成整改2类6个问题。大力推行现场标准化作业，梳理标准化作业指导书28种，标准化资料模板13项。成立安全监督管理柔性团队，2021年共检查作业现场245个，下发违章通报35期，查处违章31个，创建无违章现场2个、标准化现场1个，作业现场实现安全监督全覆盖。

工程建设有序推进。2021年重点完成了110kV沣后Ⅰ、Ⅱ线12~31号迁改工程，10kV线路迁改完成37条，实施并顺利投运110kV电信变等160户居配及客户工程。严格落实国网陕西电力安全生产“四双”管理、“四个管住”要求，严格执行作业现场“看板”管理，所有作业按照标准化要求进行施工。

经营管理不断深化。以客户工程市场为经营工作重点，积极宣传品牌，主动“走出去”谈业务，累计签订各类合同297份，合同金额4.28亿元。加强合规管控，极开展国家电网公司“三指定”问题专项治理、省管产业专项整治和国家能源局“获得电力”等各项工作，建立并完善411份工程档案，发现问题45项，已整改完成41项，完成率91%。

财务管理持续夯实。扎实开展资金安全检查、往来款项清理、资产负债率压降、省管产业财务清查等专项工作。2021年共回收应收账款3259.75万元，达到计划回收金额的117.61%；清理应付账款3633.60万元，达到计划清理金额的110.43%。资金安全自查78项内容发现问题3个，已全部完成整改。积极推进省管产业单位单项工程全过程管理试点，实现财务凭证自动生成率达到每月98%以上，业财融合使用率达到100%。

党建引领全面加强。利用“三会一课”及国网大学云课堂、支部微信群等多种形式扎实开展党史学习教育。以“党员责任区”“党员示范岗”、党员“双带头”创建活动为载体，认真开展“党建＋安全”创新实践，充分发挥共产党员在施工作业工作中的先锋模范作用。抓好日常廉政教育监督管理，全年开展个人谈话约谈提醒20余人次，开展主管以上干部集体廉政约谈警示教育11人次。

2021年4月2日，秦电西咸分公司赴龙泉坊烈士陵园开展党史教育活动。

（张晓梦）

【西安亮丽公司】

1. 企业概况

西安亮丽电力集团有限责任公司（简称西安亮丽公司）为国网西安供电公司省管产业经营平台，现注册资本12000万元。按照国家电网公司“三会一层”组织架构要求，西安亮丽公司设董事会、监事会和高级管理层。设置7个职能部门（综合管理部、经营发展部、财务资产部、安全监察部、工程管理部、市场营销部、党委党建部）和4个业务支撑机构（合同预算中心、物资供应中心、车辆运维中心、后勤服务中心），下辖16个分公司和1个子公司。

主营业务为电力施工安装。具备陕西省住房和城乡建设厅电力工程施工总承包二级资质、陕西省住房和城乡建设厅建筑施工安全生产许可证、国家能源局西北监管局承装（修、试）二级电力设施许可证、西安市住房和城乡建设局电子与智能化工程专业承包二级资质和建筑工程施工总承包三级资质。通过了中国质量认证中心的质量管理体系、环境管理体系和职业健康安全管理体系认证。

截至2021年末，共有从业人员3036人，其中全民职工1044人，占全部用工的34.39%；集体职工160人，占全部用工的5.27%；直签聘用人员223人，占全部用工的7.35%；劳务分包及劳务派遣1609人，占全部用工的53%。从业人员中，全民职工大专及以上学历880人，占全民职工的79.56%；集体职工大专及以上学历61人，占集体职工的39.86%。直签聘用人员全部为大专及以上学历。

2. 经营情况

2021年末，资产总额44.96亿元，权益总额2.05亿元。资产负债率95.44%。2021年营业收入43.6亿元，较2020年的24.55亿元增加19.05亿元，增长77.61%。利润总额1.4亿元，较2020年利润总额5606.99万元增加8352.01万元，增长148.96%。

3. 工作特色亮点

全面贯彻落实上级单位关于省管产业单位的各项工作部署，秉持“从严管理、和谐共赢、创新发展”的理念，努力提升管理水平、踊跃承担社会责任，多年辛勤耕耘，成为省内电力设计、施工、建设、运行维护等业务的龙头企业，具有施工力量强、管理规范严、品牌效应强的特点和优势。集团公司与战略伙伴之间秉承“长期合作、高度互信、优势互补”的合作理念，遵循“全链条服务、精准服务、快捷服务、透明服务”的服务准则，实行“战略价格、科学组价、双方议价”的组价模式，为战略合作伙伴提供流程化的高品质服务。

2021年，先后开展“十四运会”、残奥会、幸福林带、火车广场等重点项目的线路迁改、施工安装、政治保电等工作。完成西安东北郊330kV架空线落地、地铁八号线电力管廊建设等坚强西安电网网架的核心工程。全运会保电项目中，完成110kV电网建设项目4项，10kV架空线路落地工程78项，敷设电缆

752km，安装环网柜 338 面、箱变 141 台，得到社会高度赞誉。抗疫保电中，保障场所 190 处、出动抢修及保障人员 7356 人次，建设隔离安置区、方舱等核酸检测中心供电，为保障西安经济社会高质量发展和居民群众正常生活做出积极贡献，为服务西安国家中心城市建设和国际化大都市建设贡献力量。

先后获得陕西省、西安市著名商标，连年荣获省工商局“守合同、重信用”先进企业称号。2021 年被评为陕西省行业优秀企业、陕西省重合同守信用企业和陕西省经济推动先进单位，同年再被评为陕西省文明诚信单位、陕西省诚信与社会责任共建单位，法定代表人也被评为陕西省诚信企业家。

2021 年 12 月 23 日，西安亮丽公司在西安建筑科技大学西门开展带电作业。（张　龙　摄）

（尹旭东）

【咸阳亨通公司】

1. 公司概况

咸阳亨通电力（集团）有限公司（简称咸阳亨通公司）成立于 2002 年，注册资本 5357.36 万元。

咸阳亨通公司具有电力工程施工总承包二级，建筑工程施工总承包三级、承装（修、试）电力设施许可证（承装二级、承修一级、承试二级）等施工资质和变电工程、送电工程乙级，建筑工程丙级设计资质。并取得国家 ISO 四大体系认证（ISO 9001 质量管理体系、14001 环境管理体系、45001 职业健康安全管理体系、50430 工程建设施工企业质量管理规范）。

咸阳亨通公司本部设置安全监察质量部、工程管理部、经营发展部、财务资产部、党建工作部、综合管理部 6 个部门，下设 1 家子公司为咸阳亨通电力设计有限公司，9 家分公司。现有员工 527 人，其中大学本科及以上学历 272 人，中级及以上职称 118 人，中级工及以上 257 人，一级建造师 2 人，二级建造师 31 人，注册安全工程师 3 人，注册一级造价师 1 人。

咸阳乾县 110kV 变电站增容改造工程、咸阳武镇—贞元 110kV 线路工程、咸阳武镇—庄凌 110kV 改接线路工程、咸阳武镇—杨凌 110kV 双回线路工程获国网陕西电力优质工程，获得国家电网公司省管产业施工能力标准化标杆单位、咸阳市 A 级纳税人，2021 年度省管产业先进集体等多项荣誉称号。

2021 年 7 月 1 日，咸阳亨通公司开展“七一”主题党日活动。（刘　敏　摄）

2. 经营情况

2021 年，咸阳亨通公司认真贯彻国网咸阳供电公司、陕西产业管理公司的决策部署，保安全、拼市场、强内控、提能力，团结协作、攻坚克难，各项目标任务圆满完成，经营业绩大幅提升。全年实现营业收入 10.65 亿元，同比增长 98.73%。

3. 特色亮点工作

强基础，控现场，安全局面保持平稳。扎实开展“聚一线、盯现场、防事故”安全专项提升活动，严格执行“四双”管理，完成“双勘察”1213 人次，辨识危险点、风险点 1819 项，组织开展各类安全培训 50 期 1228 人次，两级领导干部及管理人员下现场巡查、到位 5832 人次，高风险周闫线拆旧、多支线马双马肖线路迁改“双勘察”“双辨识”典范落实。认真落实“四个管住”要求，实行作业计划全口径线上管理，坚持安全风险预警和分级管控机制，全年累计实施作业计划 2763 项，完成三级作业风险 313 项。严格分包队伍履约管理，淘汰 17 家，压降率 30%。加大现场反违章力度，“四不两直”检查现场 349 个，下发通报 158 期，发现整改问题 25 项，修订《安全

奖惩实施细则》，加强现场作业人员负向考核、正向激励，累计处罚12.2万元，奖励144.7万元。

提能力、克艰难，工程建设推进有力。充分发挥咸阳亨通公司整体资源优势，主业项目专业承建，客户工程有序竞争，坚持主网连续性工程月推进，配网客户周推进，重点工程蹲守督导，各项工程建设任务高效推进。全年开工建设工程项目368（主配电网基建67项、生产检修62项、客户239项）项，完工305项，完工率83%。完成新建、迁改110kV线路21 km，10kV线路54km，增容改造变电站3座，完成30项大修技改任务，第二梯队支撑坚强。发扬铁军精神，攻坚克难，旬邑和风风电等4项新能源项目如期接入，得到用户锦旗感谢。丽彩万达、龙湖地产、西藏民族学院等多项客户工程、优质高效完成，受到用户好评。

强服务、塑品牌，市场开拓成效显著。积极对接主业部门，跟踪重点建设工程、成本项目立项，对标优秀投标书，规范投标文本，提升投标质量，全年中标主业项目19428万元，中标率92%。充分发挥两级营销合力，咸阳亨通公司加强与园区管委会、优质客户的对接，积极承接迁改项目，重点巩固房地产项目市场份额。分公司按照区域划分广泛收集项目信息，专人跟踪、超前服务，积极拼争工业客户项目。增强服务意识、提升服务品质，建立优质客户“绿色通道”，通畅重点客户、重大工程“应急通道”，积极打造“亨通电力”品牌形象，以品牌争市场。优化市场化业务奖励办法，融入年度生产总值、应收账款回收、经营业绩贡献等专项奖励，激励体系更加科学完善。落实优化营商环境要求，规范市场行为，规范预算定额计价，严格合同履约管理，依法合规承揽客户工程，通过国家能源局“三指定”问题专项治理检查。全年市场化业务同比增长15%，分公司自揽同比增长20%，实现持续双增长。

强管理，提质效，经营效益大幅提升。经营管理不断精细。实行可控费用、专项成本全面预算管控，单项工程设备材料、工程劳务限价采购，单项工程毛利率监督考核，大额工程劳务和成本项目外部事务所审计结算，精益精细管理。推进放管服，转变基建工程管理模式，强化承建公司经营管理责任落实，积极提升基建工程项目盈利水平，降本增效。逐项清查历史资料，建立清收台账，签约律师事务所专业协助，扎实开展陈欠应收账款清收活动，收回一年以上应收6511万元。全面梳理未决工程建设状态、合同资产、合同负债，完成1658项未决工程台账建立，规范决算833项，资产负债率压降4.46个百分点，完成既定目标。

强党建，促发展，前进合力有效凝聚。党建引领持续加强，实施“党建+”工程项目10项，开展“党员双带头”活动240人次，引导广大党员在工程建设、经营创效、创新管理等重大任务、重点工作中当先锋、做表率。助力扶贫攻坚，持续开展“扶贫手拉手·点亮微心愿”志愿活动，完成24名贫困儿童的“微心愿”，助学6名大学生，塑造良好的社会形象。

（张　杰）

【宝鸡先行公司】

1. 公司概况

宝鸡先行电力（集团）有限责任公司（简称宝鸡先行公司）成立于1997年10月，注册资本5080万元。具有电力工程总承包二级等6项工程施工资质，变电工程乙级等4项工程设计资质。以承揽电力客户工程为主营业务，主要从事110~0.4kV电力工程安装、调试、试验及客户故障抢修、代维，并以电工电气制造业务为辅助，以电力技术咨询等其他业务为补充。截至2021年12月，宝鸡先行公司设有6个管理部门、13家内设机构、2家分公司、1家子公司，共有员工941人。

2. 经营情况

2021年，宝鸡先行公司营业收入95635.54万元，完成国网陕西电力下达考核指标的109.93%，同比上年增长4.38%。

3. 特色亮点工作

成功创建中电联“5A级标准化良好行为企业”，当选陕西省企业信用协会常务理事单位。

安全生产。夯实安全基础，深入开展“聚一线、盯现场、防事故”活动，高效完成“安全生产月”与春秋安检查，深化“三个体系”建设。聚焦现场管控，“四双管理”“四个管住”落地见效，全面推行“看板”管理，提升现场规范化管理水平。充分发挥两级监督网和视频监控中心作用，累计检查作业现场453次，获评国网陕西电力无违章现场7个。向8县（区）租赁应急箱变8台，支撑县域电网抢修及保电。

经营管理。聚焦产业发展，推进产业优化升级，顺利取得电力行业（新能源发电）乙级工程设计资质，水电公司转型新能源公司。推进“双碳”落地，完成鑫能、亿林光伏等新能源项目上网工程。聚合市场开拓，深耕外部市场，中标西安芷阳变电站、北辰变电站及西咸110kV线路迁改等项目。拓展制造业市场，中标国网陕西电力产业单位物资协议库存。聚力财务管控，建设单项工程管控体系，主动承担国网陕西电力产业单位试点建设任务。提升往来款项管控能力，强化逾期账款风险防控。

工程建设。计划管理有度，全口径“一张表”管理100%，执行日控工作2689项，计划执行率98.75%。工程管理有质，强化工程创优策划，加大模块化设计和三维设计应用，推行全过程线上协作设计。严格质量过程管控，坚持“痕迹化”“三实管理”，做实“五必查六必验”强制措施，推行GIS无尘化安装、装配式围墙等新工艺，全年施工工期“零延误”、工程达标投产100%。川陕路110kV输变电工程荣获国网陕西电力基建优质工程金奖。

党建工作。坚持旗帜领航，深刻领会习近平总书记“七一”重要讲话和党的十九届六中全会精神，认真开展党史学习教育，自觉做到“两个维护”。坚持队伍强企，着力培育专业人才，补强一线专业力量。扎实开展专项培训，全年开展培训60期1200余人次，补齐一线技能短板。坚持正向激励，深化薪酬差异化落地，扶持职工立足一线成长成才。坚持和谐奋进，坚持“一板一眼、一丝不苟、严精细实、专业专注”的工作作风，大力弘扬劳模精神和工匠精神，典型示范引领成效显著。

2021年6月2日，宝鸡先行公司赴宝鸡长乐塬抗战工业遗址开展“学党史、悟思想、办实事、开新局”主题党日活动。 （孙 超 摄）

（孙 超）

【渭南光明公司】

1. 公司概况

渭南光明电力集团有限公司（简称渭南光明公司）成立于1998年5月，是国家电力工程施工总承包二级、房屋建筑施工总承包二级及电子工程专业承包二级企业，并通过质量、职业健康安全和环境管理“三个体系”认证，注册资本5100万元。

渭南光明公司设7个职能部门，所属分子公司19个、项目组3个。现有员工876人，其中大学本科及以上学历542人，中级及以上职称241人，中级工及以上654人，一级建造师2人，二级建造师52人。

渭南光明公司先后获得国家电网公司优质工程1项、国网陕西电力优质工程6项，获得国家电网公司省管产业施工能力标准化标杆单位、陕西省5A级信誉单位、陕西省服务质量诚信双满意单位、陕西省质量建设先进单位、陕西省重质量守信誉先进单位、渭南市A级纳税人等多项荣誉称号。

2. 经营情况

2021年，渭南光明公司总收入79714.78万元，完成国网陕西电力下达考核指标的106.28%，同比上年增长6.13%。

3. 特色亮点工作

获评陕西省“AAAAA”级信誉单位；获评国家电网公司省管产业施工能力标准化标杆单位。

安全生产。安全管理不断加强。深化“四双”管理、“四个管住”，落实“看板管理”及现场标准化作业等安全工作要求，扎实开展“五查五严”风险隐患排查整治、“聚一线 盯现场 防事故”安全专项活动等重点任务。2021年，共检查各类施工现场549次，远程视频检查施工现场1145次，领导班子成员带队检查159次，下发现场检查快报166期，

渭南光明公司带电作业分公司完成陕西省首次综合不停电法更换配电变压器。 （常 征 摄）

表彰无违章现场 58 次，查处违章现象 18 起，现场纠违 85 处。

经营管理。积极开展单项工程核算，推行全面预算管理体系，降低预算执行偏差率。加大往来款项清理力度、加快工程结算进度，多措并举压降资产负债率，指标完成情况居陕西省前列。坚持“资源共享、优势互补、合作共赢”的原则，与福建亿兴集团公司达成支援合作战略协议，积极布局新能源项目，逐步拓展市场业务范围。完成“检储配”一体化基地建设，并通过国网、国网陕西电力两级验收。

工程建设。施工企业承载力不断加强，工程管理不断规范，先后完成 110kV 陕西聚泰输变电工程、330kV 西金线迁改工程、110kV 桥龙线路 1~7 号及配套线路迁改工程等重点项目建设。组建带电作业分公司，积极开展配网不停电作业。

党建工作。突出党建促引领。贯彻落实渭南光明公司党委各项工作部署，开展“探寻足迹 缅怀先辈”主题党史教育活动，引导党员干部学党史、悟思想、办实事；开展“抓安全、稳经营、促业绩，党员队伍在行动”活动，有效发挥党组织的核心作用；落实党员驻一线活动，组织召开“驻一线、接地气”座谈会，通报经验做法，实时跟进问题整改落实情况。

（赵雷鸣）

【汉中汉源公司】

1. 公司概况

汉中汉源电力（集团）有限公司（简称汉中汉源公司）成立于 2017 年 3 月，是国家电力工程总承包二级、建筑总承包二级、输变电工程专业承包二级，建筑装修装饰专业承包、电子与智能化工程专业承包、电力安全生产许可证、承装二级承修一级承试二级，并通过质量、职业健康安全和环境管理“三个体系”认证，注册资本 4800 万元。

• 2021 年 7 月 5 日，汉中汉源公司开展“红心向党 致敬百年”主题宣讲活动。（蒲晋良 摄）

汉中汉源公司设 7 个职能部门，所属分子公司 15 个、项目部 2 个。现有员工 674 人，其中大学本科及以上学历 447 人，中级及以上职称 162 人，中级工及以上 350 人，一级建造师 2 人，二级建造师 33 人。

（王 伟）

2. 经营情况

2021 年，汉中汉源公司总收入 65869.45 万元，完成国网陕西电力下达考核指标的 154.99%，同比上年增长 41.48%

3. 特色亮点工作

获评国家电网公司省管产业施工能力建设标准化单位；自主开发的安全管控平台获中华人民共和国国家版权局计算机软件著作权登记证书；获得陕西省电力行业 2021 年企业管理现代化创新成果三等奖。

安全生产。安全管理不断加强。严格落实“四双”“四个管住”管理要求，落实“看板”管理，聚力双考核、双积分等措施，压实分包队伍同质化安全管理责任。2021 年，各级人员现场到位检查 7159 人次，查处违章 65 起，处罚 5.75 万元，兑现安全过程奖励 37.1 万元，创建国网陕西电力、省管产业和市公司无违章现场 72 个。

经营管理。规范企业管理，修订完善规章制度 44 项，发布应急预案 7 项和现场处置方案 12 项，实现制度体系与应急体系全覆盖。完成产权架构优化调整、平台企业公司章程修订、“三会一层”调整和股东变更；完成汉中汉源公司Ⅵ视觉识别设计，明确企业市场定位，推动品牌战略落地。以省管产业专项整治工作为抓手，开展供电服务领域专项督导检查、客户工程“三指定”专项检查等工作，合规管控力度持续加大。建成投运汉中汉源公司客户服务中心，实施客户经理柔性服务团队，为客户提供电力施工业务咨询和办理“一站式”服务，提升承揽客户工程竞争力。

工程建设。施工企业承载力不断提升，工程管理持续规范，高效建成大河坝 110kV 变电站间隔扩建工程、大河坝变至引汉济渭三河口水利枢纽电站线路等主网工程项目。有序推进汉源 110kV 输变电工程、汉中西乡 330kV 输变电四通一平工程等项目，支撑保障主网建设。积极争取客户工程，投运客户工程 166 项，承揽新建住配项目 20 项。

党建工作。突出党建促引领。深入开展党史学习教育，党委委员、班子成员党史教育和党风廉政专题党课9次，组织“红心向党、致敬百年”主题宣讲活动，引领全体党员筑牢理想信念之基、补足精神之钙。切实发挥好党委“把方向、管大局、保落实”的作用，召开党委会22次，汉中汉源公司各项重大问题通过集体讨论决定，确保党委领导作用有效发挥、上级部署切实落实。发挥党员“双带头”作用，设立35个“党员示范岗”和25个“党员责任区”，激励党员在安全生产、经营管理等各项工作中当先锋、做表率，确保各项工作扎实有效推进。

（王　莎）

【陕西汉水公司】

1. 公司概况

陕西汉水电力实业（集团）有限责任公司（简称陕西汉水公司），公司成立于2001年1月1日，注册资本2168万元，本部内设综合管理、党委党建、经营发展、财务资产、安全监察质量和工程管理六个管理部室，下设1个全资子公司，11个分公司和3个电力工程项目部。

主要经营范围涵盖110kV及以下输变电工程施工总承包；110kV及以下输变电工程勘察、设计、规划及咨询；小水电项目的投资开发及电力生产和销售；10kV及以下输变电设备（施）、电力线路、电力设备、配电设备（施）及电器的维护、运行业务；各类国标电力器材的供应销售及物业管理等。

陕西汉水公司具备电力工程施工和房屋建筑工程施工总承包三级资质，且具备国家电监会颁发的电力设施承装三级、承修一级、承试三级电力设施许可证。安全生产许可证连续有效，同时还获得中国质量认证中心（CQC）质量、环境、职业健康安全管理体系认证。

陕西汉水公司始终坚守发展电力、服务社会的责任，积极参与电网工程建设，依靠核心技术，优质高效完成小康高速供电工程、十天高速供电线路工程、安康电网接入330kV金州变工程、110kV西康复线线路施工、110kV双河口上网线路工程、110kV锦屏变工程、110kV阳安二线供电工程、110kV旬白线改造工程、35kV高桥输电工程、110kV西郊输变电工程线路、110kV大同输变电工程和110kV高新输变电工程等百余项重点工程。其中，110kV棕溪变电站工程、110kV老县输变电工程、110kV筒车湾输变电工程、110kV国心输变电工程、110kV东郊输变电工程及110kV蜀河水电站送出工程、110kV安北双回线路工程等数十项电力工程施工项目荣获国家级、省级优质工程奖。

2. 经营情况

2021年，全年累计完成营业收入39122.77万元，完成国网陕西电力下达年度预算批复37900万元的103.23%；资产负债率完成86.59%，较年度预算批复87.89%降低1.3个百分点。

3. 特色亮点工作

安全生产。安全局面平稳可控。严格把控“双准入”，完成45家外包单位资质审查，组织866人参加安全准入考试。着力队伍素质建设，开展各种形式安全教育培训174期，培训人员2272人次。完成“二上二下”安全生产专项整治，查出5条隐患问题全部整改到位；“四不两直”检查现场106个，违章处罚2.16万元。组织深基坑开挖标准化作业现场观摩，受到陕西省业内同行一致赞誉。完成驰援郑州抢险救灾任务，充分彰显企业社会责任担当。

经营管理。经营效益稳步提升。多措并举开拓市场，签订收入合同520项，合同总金额35355.89万元。持续拓宽业务领域，完成汉水e电服务项目46项，承建27台电动汽车充电桩全部顺利投入运营。认真落实“物资采购管理新规定”，全年年电商采购交易金额4443.18万元，超额完成年度批复计划10.42个百分点。

工程建设。基建项目方面：吕河变电站“四通一平”工程完成工程量80%，古堰、岚皋变增容改造完成工程量90%，阳安铁路Ⅱ线110kV供电线路工程（包二段）、330kV平利变110kV送出等主网基建项目按计划顺利推进。大修技改方面：承接大修工程27项竣工19项，在建8项；承接技改项目13项竣工10项，在建3项，工程效益得到及时转化。客户工程方面：24项重要客户工程已完成22项，在建2项，其中市政府重点扶贫项目110kV双河口水电站上网工程，铁路分局沈家岭小区等“三供一业”配套改造、万达广场供电、西郊高客站充电站等重要客户工程按期竣工投运，赢得政府及客户一致赞誉。

党建工作。突出基层党委党建主体责任，扎实组织开展“基层党建巩固提升年”活动，大力组织实施

"党建+"项目，深化党员"双带头"活动。贯彻中央全面从严治党要求，严格党风廉政建设责任制，认真落实"一岗双责"，营造风清气正的良好氛围。全面加强队伍建设，持续打造素质高、业务精、思想正的一流施工力量。

（杜世平）

【商洛丹源公司】

1. 公司概况

商洛丹源电力（集团）有限责任公司（简称商洛丹源公司）成立于2000年9月，是电力工程施工总承包二级、房屋建筑工程施工总承包三级及承装电力设施二级、承修电力设施二级、承试电力设施三级企业，通过质量、职业健康安全和环境管理"三个体系"认证，注册资本4080万元。

商洛丹源公司下设6个职能部门、2个业务支撑机构，下辖8个分公司、1个项目部、1个子公司。现有员工471人，其中大学本科及以上学历267人，中级及以上职称87人，中级工及以上179人，二级建造师22人。

商洛丹源公司先后获得国网陕西电力优质工程10项，获评国家电网有限公司企业能力标准化建设达标单位、商洛市建筑业协会先进企业、陕西华兴能源产业管理有限公司安全生产先进集体、国网商洛供电公司安全生产专项活动先进集体等多项荣誉称号。

• 2021年1月6日，商洛丹源公司开展庆元旦登山活动。

（周 敏 摄）

2. 经营情况

2021年，商洛丹源公司总收入30763.73万元，完成国网陕西电力下达考核指标的123.05%；利润完成国网陕西电力下达全年考核指标的171.49%。

（薛 莉）

3. 特色亮点工作

齐心协力，砥砺攻坚，高分获评标准化建设达标单位。全面梳理辨识上级有效制度文件114项，修订汇编各类制度105项。投资建成物资仓储、加工预制及机具仓储三个中心，建立施工机具标准化管理体系。持续加大新技术、新工艺应用，实现山区输电线路航拍勘测、无人机牵引架线、新型张力机放线等，1项QC成果荣获省级优秀奖，商洛丹源公司职工参与研制的3项设计发明获专利证书。

夯实基础，严控现场，安全生产形势保持平稳。组织安规普考和进场准入考试672人次，累计奖励279人次131530元、处罚28人次8100元。全面执行标准化作业等安全管控措施2862项，整治各类问题隐患20条，累计投入安全专项费用247.68万元，补齐安全工器具和安全设施短板。严肃现场到位干部履职尽责，累计"现场+视频"督导检查3315人次，纠正不安全行为60起，11个作业现场获评省、市公司"无违章"现场。

统筹安排，攻坚克难，圆满完成工程建设和应急抢险任务。正确把握安全、质量、进度的关系，主要承揽的2项主网基建工程竣工投运，30项主网大修技改和9项主网用户工程顺利完工。凤凰嘴110kV变电站增容改造等工程顺利通过国网陕西电力2021年度第一批输变电工程达标投产项目考核。积极组织62名应急抢险队员，出动抢险车25辆，完成5项应急抢险任务，用实际行动诉说着丹源人"关键时刻站得出来、危难时刻豁得出去"的忠诚与担当。

规范管理，开拓创新，全力促进省管产业创收增效。通过省管产业专项整治、"靠企吃企"等专项工作，进行再排查、再整治。密切跟踪重要用户及地方重点项目用电建设需求，2021年累计承揽客户工程139项，合同总金额6716.32万元。完成商洛丹源公司股权变更及章程修订，顺利通过"三标"认证年度复检。全面贯彻落实融合发展方案，与南区电建集团商洛事业部对接。全面推进全口径采购ECP2.0上线运行，累计完成电商化物资采购3003万元、服务采购6698.73万元。严格综合计划和财务预算管理，压降非生产性支出。

旗帜领航，强化作风，不断提升干部职工凝聚力。扎实开展党史学习教育，全年党委中心组学习14次，专题研讨26人次，解决一线困难问题19项。将"党旗引领安全稳"贯穿于实际工作，积极发挥项目部党员突击队作用。扎实开展"小微权力"专项治理等活动，配合完成国网陕西电力巡察及问题整改，针对性细化廉洁从业“三十条”禁令。切实把“一板一眼、一丝不苟、严精细实、专业专注”工作作风贯穿各项工作，常态化开展作风体检。

（武 勇）

【铜川易源公司】

1. 公司概况

铜川易源电力实业有限责任公司（简称铜川易源公司）成立于2002年10月，是国家电力工程施工总承包二级、建筑工程施工总承包三级及电力行业（送电、变电工程）乙级工程设计、工程咨询单位乙级资信预评价、工程勘察专业工程测量乙级企业，并通过质量管理、职业健康安全和环境管理体系认证，注册资本4249万元。

铜川易源公司设5个职能部门，所属分公司9个、子公司1个。现有员工396人，其中大学本科及以上学历171人，中级及以上职称61人，中级工及以上156人。注册电气工程师1人，一级建造师1人，二级建造师29人。

铜川易源公司先后获得中国企业联合会企业信用评价AAA级信用企业、国家电网有限公司省管产业单位施工企业能力标准化建设达标单位、陕西华兴能源产业管理有限公司省管产业安全生产先进单位、铜川市新区纳税先进单位等多项荣誉称号。

（田万里）

● 铜川易源公司职工精心准备配电网带电作业标准化示范现场。（陈世建 摄）

2. 经营情况

2021年，铜川易源公司营业收入完成42303.47万元，完成预算108.47%，剔除资产清查损益影响，实际完成40201.95万元，完成年度预算的103.08%，同比增加18228.34万元，增长75.71%；利润完成预算的373.21%，同比减少83.82万元，降低22.71%。

（张 英）

3. 特色亮点工作

获评国家电网有限公司省管产业单位施工企业能力标准化建设达标单位。

安全生产。2021年累计组织96人次参加特种作业人员培训，取证85人次，开展安全教育培训45期806人次。落实两措计划，全年安全生产投入63万元，购置安全工器具4500件。加强风险预警管控，完成9家施工单位及563人次安全准入考试。2021年共检查各类施工现场549次，远程视频检查施工现场987次，领导班子成员带队检查201次，全年共创建国网陕西电力级无违章现场2个，地市公司级无违章现场2个。

（李维强）

经营管理。以内模利润为核心的绩效考核体系初显成效，年内共兑现绩效奖金847万元。账款回收工作有序推进，全年共回收陈欠账款393.42万元。外部市场开拓取得一定成绩，承揽冀东、尧柏万吨线总降变及线路工程，海创垃圾电站送出工程，石马山风电送出工程等客户工程项目。

（郭建忠）

工程建设。施工企业承载力不断加强，工程管理不断规范，统筹电网项目建设，按期投产咸铜电气化铁路梅家坪牵引变110kV线路接入工程、桃稠110kV输变电工程，完成顺金工业园35kV临时用电工程、110kV惠富线12~15号线路迁改工程等15项技改、大修及成本工程；按期开工阿庄35kV增容改造工程、焦坪110kV增容改造工程。

（孙 成）

党建工作。将党史学习融入、延伸到不同层级，积极筹划协助铜川公司党委与延安王家坪革命旧址管理处、新闻纪念馆开展“学党史 悟思想 我为群众办实事”主题宣讲活动。把重点工程建设工作纳入“党旗引领”攻坚项目。在阿庄变增容改造、“绿巨人”梅家坪牵引站外线供电等工程项目中，以创建“无违章党支部”为载体，开展“党员双带头”活动。开展“党建+易源e电”工程，积极布局新兴业务；开展“心系职工办实事，安全卫生我承诺”签字活动，建立快递驿站、智慧便民服务厅。

（冉春雷）

【延安通和公司】

1. 公司概况

延安通和电业有限责任公司（简称延安通和公司）成立于1999年，是国家电力工程施工总承包二级，设计、咨询丙级、房建资质三级；有承装（修、试）电力设施许可证，承装三级，承试三级，承修三级，可承担110kV以下电压等级输（供、受）变电电力设施的安装调试和试验，所有电压等级（供、受）变电电力设施维修，注册资本4000万元。

延安通和公司设5个职能部门，所属分子公司（项目部）22个。现有员工520人，其中研究生及以上3人，大学本科184人，大学专科122人，高中及以下209人；高级及以上职称30人，中级56人，助理级113人；高级技师10人，技师53人。

2. 经营情况

2021年，延安通和公司实现营业收入34486万元，利润总额811万元；资产负债率76.06%，较年初压降0.85个百分点。

3. 特色亮点工作

延安通和公司运维检修服务分公司班组荣获陕西省劳动竞赛优胜班组奖，荣获陕西华兴能源产业管理有限公司省管产业提质增效先进集体，通和安监部荣获国网延安供电公司2021年度安全生产先进单位，四名员工荣获陕西华兴能源产业管理有限公司2021年度省管产业先进工作者，一名员工荣获国网延安供电公司2021年度先进工作者。

安全生产。坚守安全底线，强化能力建设，狠抓专项整治，打牢了安全规范发展根基。安全生产保持平稳，全面推行现场标准化作业，落地落实“四双”管理、“四个管住”等同质化要求，全年下发各类检查通报30期，查处问题117条，违章罚款1.68万元。创建“无违章现场”5个，奖励金额1.729万元。截至2021年12月底，延安通和公司产业单位安全生产保持平稳，连续安全生产2142天。

经营管理。与福建宁德东电公司签订互助帮扶协议，拓展经营思维；完成省管产业单位阶段改革改制任务；新增劳务派遣许可证和消防、电子与智能、起重设备安装相关资质；开展全面预算管理，跟踪督导预算执行，提升预算精准管控；推进往来清欠力度。2021年延安通和公司产业单位经营收入完成年初下达指标的140%；利润完成下达指标的116%，经营效益和发展质量实现“双提升”。

工程建设。实施施工能力标准化建设三年行动，按照国网陕西电力产业单位下发的4个核心维度、18个子维度、55项指标的评价体系，召开推进会5次，整改落实各类问题29项，顺利完成国家电网公司省管产业单位施工企业能力标准化建设达标验收。全年执行生产检修计划1122项，承揽新能源电网基建工程8项，承建35kV及以上线路40.36km、改造间隔4个，代运维客户线路144.2km，同时首次承担2座新能源项目升压站的运维工作。拓展配网不停电作业业务，成立组织机构、逐步配齐配全作业人员，参与开展配网不停电作业135次。

党建工作。狠抓党建管理，支部工作不断加强。开展党建工作标准化建设、党史教育、党建＋工程、“党旗在施工现场飘扬”活动。延安通和公司荣获陕西省“工人先锋号”荣誉称号，一名职工荣获延安市创建全国文明城市先进个人，《我们走在大路上》被学习强国延安学习平台选录并展播。

2021年4月28日，延安通和公司赴杨家岭开展党史教育活动。（高 翔 摄）

（田文林）

【榆林华源公司】

1. 公司概况

榆林华源电力有限责任公司（简称榆林华源公司）成立于2005年9月，是陕西大秦电能集团有限公司的全资子公司，注册资本金6000.00万元；具有电力工程施工总承包二级，承装、承修、承试二级，建筑工程施工总承包三级，施工劳务资质；取得了陕西省住房和城乡建设厅颁发的“安全生产许可证”；通过了质量管理体系“三标”认证。设计咨询公司目前具有输变电工程设计乙级、勘测乙级资质。

榆林华源公司设 6 个职能部门，所属分子公司 22 个。现有员工 725 人，其中大学本科及以上学历 416 人，中级及以上职称 201 人，中级工及以上 654 人，一级建造师 2 人，二级建造师 21 人。

●2021 年 7 月 8 日，榆林华源公司赴绥德开展党史学习教育活动 （高绥龙 摄）

2. 经营情况

2021 年，榆林华源公司全年累计完成营业收入 3.84 亿元，完成全年计划 3.12 亿元的 123.0%，利润总额完成 1238.61 万元。

3. 特色亮点工作

顺利实现国家电网公司施工企业能力标准化建设达标，承装（修、试）资质提升至二级安全生产。安全生产局面保持平稳。坚持与主业安全“同质化”管理，贯通落实“四双”“四个管住”管理、“看板管理”和现场标准化作业等安全工作要求，统筹推进“安全生产专项整治三年行动”“五查五严”风险隐患排查整治等重点任务，扎实开展“聚一线、盯现场、防事故”安全专项活动，加强基建和客户工程现场安全管控，组建产业公司柔性安全督查队伍并常态化运作，2021 年，全年共编发现场检查快报 31 期。检查作业现场 564 次，发现问题 269 项，已全部整改，约谈严重违章单位 3 家。

经营管理。经营管理实现新突破。深化“横向协同、纵向沟通”的工作机制，制定落实“点、线、面”的工作模式，拓宽市场，开辟阵地，累计承揽各类工程项目 513 项。实施“三级审核 + 二审定案”相结合的预结算管理模式，全面提高技经管理水平，完成 112 项工程结算。持续加大往来款项清理力度，全面排查，分析陈欠原因，完善清理方案，逐项予以清理。清理应收账款 9528.38 万元，应付款项 7634.59 万元。

工程建设。工程建设有序高效推进。统筹资源，多层次、多渠道、多角度解决青征迁阻工难题。建立领导“包抓”机制，优化施工项目部、班组核心柔性配置，采取集中力量打歼灭战的方式，确保重点项目建设有序推进。2021 年，累计续建、新建 35kV 及以上工程 32 项，投运陕北换流站 110kV 站外电源工程、靖神铁路古水牵 110kV 供电工程、110kV 榆溪输变电工程等 19 项重点工程。

党建工作。党建工作全面加强。以习近平新时代中国特色社会主义思想为指导，通过“三会一课”、主题党日、现场体验式教学等方式，扎实开展各类党史学习教育工作。落实党风廉政建设“两个责任”，对班子成员、部门负责人及关键岗位人员共计 19 人进行廉政常规约谈。加强务实担当工作作风，牢固树立“功成不必在我”的精神境界和“功成必定由我”的责任使命，持续凝心聚力，保障榆林华源公司高质量发展。

（郭懿文）

【陕西中试公司】

1. 公司概况

陕西中试电力科技有限公司（简称陕西中试公司）成立于 2000 年 6 月 22 日，是国网陕西省电力公司省管产业单位、省级平台企业—陕西大秦电能集团有限公司所属全资子公司，注册资本 5000 万元。主要面向电网、电源类市场开展生产技术服务，包括高压电气、电网规划咨询、热能动力、金属材料、化学环评技术、清洁能源、电网系统、电能计量等专业技术服务。

主要资质有：承试一级电力施工许可证、电力

●2021 年 5 月 15 日，陕西中试公司在 750kV 宝鸡变开展“现场安全主题党日活动”。

工程调试企业能力资格（电网工程类特级、电源工程类甲级）证书、工程咨询乙级资信、3A级信用证书等资质。截至目前职工总数223人，其中：主业借工193人；大集体10人；直聘青工20人。

（丁 彬）

2. 经营情况

截至2021年12月31日，陕西中试公司实现营业收入19902.94万元，同比增长29.61%。实现利润总额4308.17万元，同比增长323.89%。资产总额15868.85万元，所有者权益总额10049.17万元，资产负债率36.67%。

（朱小明）

3. 特色亮点工作

陕西中试公司成功升级并取得承装修试一级资质证书。

（蔺 瀑）

安全生产。深入贯彻国网陕西电力、电科院安全生产工作会议精神，细化陕西中试公司安全生产工作要点，明确安全生产目标和重点工作。安全生产持续加强。大力推行标准化作业、“四双”管理，努力做到“四个管住”，加强省外工程和外包队伍“同质化”安全管理，狠抓“十不干”禁令执行、“争做人身安全吹哨人”行动、作业现场危险点警示、岗位安全风险告知等管控措施。抓现场、严标准，安全管控持续加强。陕西中试公司已召开两次安委会，完成修订陕西中试电力科技有限公司安全责任岗位清单、安全生产考核实施意见和创建标准化现场演练。根据各专业科室劳保及安全工器具使用情况，及时投入安全生产资金采购安全工器具两批，确保现场人员劳保用品及安全工器具充足。

（张默涵）

经营管理。树牢经营管理意识，精益求精提质效。严格综合计划和预算管控。以支撑电网为依托，大力开拓市场业务，持续加强网源协调涉网安全领域业务。加大科技成果转化产品推广力度，深耕新能源业务领域。经营指标新增科技成果转化、利润贡献率、同期比等考核指标。完成中试公司第三批外委采购项目招标。完成外委招标项目招标资料上传NC和ETP系统。完成陕北红墩界电厂1000kV送出工程特殊试验项目和陕西渭河发电有限公司3、6号机组性能试验项目等项目投标。

（朱小明）

党建工作。强化作风建设。常态化实施“过程督导”，不折不扣落实陕西中试公司党委决策部署，以实干实绩赢得认可和口碑。深化党风廉政建设。持续推进管党治党责任落实，做好巡察、专项检查发现问题的整改工作，举一反三，从制度、流程、标准等方面固化整改成果，完善长效机制，提升管理水平。系统梳理党风廉政建设责任、任务、问题三类清单，压紧压实“两个责任”。开展专项监督检查，营造风清气正、有令必行的廉洁高效氛围。

（张 峰）

【西安明珠公司】

1. 公司概况

西安明珠电力安装工程有限公司（简称西安明珠公司）成立于1982年4月，工商注册时间为1990年，2020年3月经过公司化改制成为陕西大秦电能集团公司下属全资子公司，委托陕西送变电工程有限公司管理，具有输变电工程专业承包二级，地基基础工程专业承包三级，承装、承修、承试二级资质，注册资本4500万元。

西安明珠公司设10个职能部门，现有员工331人，其中大学本科及以上学历43人，中级及以上职称10人，中级工及以上30人，一级建造师6人，二级建造师9人。

西安明珠公司多次获得国网陕西电力、电建总公司、陕西送变电工程有限公司授予的“优秀施工企业”“先进企业”“功臣单位”“双文明单位”等荣誉称号，被莲湖区政府授予模范纳税户光荣称号，成为在西北地区电建行业中享有较高声誉的施工企业。

2021年5月21日，西安明珠公司党支部与陕西送变电公司安全监察部党支部在扶眉战役纪念馆联合开展“赋能三秦保供电”主题党日支部联建活动。

2. 经营情况

2021 年，西安明珠公司总收入 24750.67 万元，完成国网陕西电力下达考核指标的 107.61%，同比上年增长 44.55%；利润同比上年增长 22.09%。

3. 特色亮点工作

顺利通过国家电网公司省管产业施工能力标准化达标单位。

安全生产。安全管理不断加强。深化“四双”管理、“四个管住”，落实“看板管理”及现场标准化作业等安全工作要求，扎实开展“五查五严”风险隐患排查整治、“聚一线 盯现场 防事故”安全专项活动等重点任务。2021 年，共检查各类施工现场 65 次，远程视频检查施工现场 4 次，领导班子成员带队检查 15 次，下发现场检查快报 7 期，表彰无违章现场 7 次，查处违章现象 83 起，现场纠违 17 处。

经营管理。以新开基建工程为样板工程，学习陕送公司项目负责制先进管理经验，依托本单位生产经营实际现况，试行项目负责制，合理测算和控制单项工程成本，提高工程经营管控水平，实现工程成本管理与财务管理融会贯通，促进西安明珠公司降本增效。加大往来款项清理力度、加快工程结算进度，多措并举压降资产负债率，指标完成情况居全省前列。

工程建设。施工企业承载力不断加强，工程管理不断规范，2021 年先后完成春秋检修、夏冬保电、应急抢修任务；110kV 输变电西宝工程、330kV 张鹤线、±800kV 祁韶线、750kV 洛横线、750kV 信洛线等 5 项工程获国网陕西电力无违章现场，克难攻坚、高质量完成国家电网公司省管产业施工企业能力标准化建设达标企业及国家电网公司省管产业安全生产典型做法申报推荐。

党建工作。强化党建引领，建设工作有高度的党组织。贯彻落实国网陕西电力党委各项工作部署，开展“重温革命先烈事迹，庆祝中国共产党成立 100 周年”党史教育主题党日活动。“讲政治、强担当、做贡献”主题实践活动，激励党员在春秋检修、夏冬保电、应急抢修等业务上守初心担使命。组织学习劳模工匠精神，宣传“两优一先”事迹。加强工会建设，冬送温暖、夏送清凉，管好“职工之家”。坚持“五必谈五必访”，打造党群连心桥，让党员和职工感受到党组织的关爱，营造党群干群和谐氛围。

（杨晓凡）

【西北电能成套公司】

1. 公司概况

西北（西安）电能成套设备有限公司（简称西北电能成套公司）成立于 2003 年 5 月，是国网陕西电力系统内唯一一家主营设备监理的省管产业单位，具有陕西省质量技术监督局颁发的设备监理单位甲级资质和中国设备监理协会颁发的甲级资质，注册资本 500 万元。

西北电能成套公司主营业务范围包括设备监理、电力设备抽检、招标代理、会议服务、物业管理、餐饮服务、印制服务、房屋租赁等。多年来，积极开拓外部市场，先后与 17 家省公司及全国约 50 家制造厂开展监造业务合作，具有较高的行业认可度。

西北电能成套公司下设 5 个部门，分别为综合办公室、财务部、业务部、市场部、招标部。全民用工 59 人，其中大学本科及以上学历 43 人，中级及以上职称 27 人，注册设备监理师 17 人，专业设备监理师 3 人。

2. 经营情况

2021 年，西北电能成套公司营业收入累计实现 6025.77 万元，完成预算的 142.79%。利润完成预算的 425.94%。资产负债率 11.90%，较年初预算压降 11.18 个百分点，超额完成各项指标任务。

3. 特色亮点工作

2021 年，西北电能成套公司获国网陕西电力“省管产业先进集体”称号。

设备监造。坚持严精细实，提升监造专业技能。深入推进监造组班组化建设，优化用工结构。开展监造业务标准化建设，统一标准，展示出专业专注、作业规范的企业形象。全年开展监造项目 206 项，高质量完成十四运会相关供电工程、川藏铁路供电工程等重点工程的设备监造任务。

● 西北电能成套公司驻西安西电开关电气有限公司开展十四运会工程项目组合电器监造工作。

招标代理。发挥招标代理专业优势，构建一体化运营体系。充分发挥专业优势，坚持“同质化”管理要求，全面推动所有采购活动全面上线应用。协助国网陕西电力组建评标专家库，规范采购档案归档标准，切实提高了省管产业招标采购管理水平。全年共实施采购项目 41 个批次，采购金额约 30 亿元。

抽检服务。持续优化抽检服务质效，严把入网设备质量关。提升技术手段，全程监控取样送样全过程。制作新型一次性封样标签，确保标识唯一性。建立“日管控”工作机制，提升取样送样的实效性和规范性。深化 AR 智能抽检系统上线应用，加强 AR 系统培训力度，规范抽检操作流程。

市场拓展。全年中标 5 家省公司 2021 年度监造服务框架项目，稳固内部监造市场。中标中能建陕西设计院 3 个整站建设项目监造业务、3 个用户工程电缆监造项目及 5 个委托代理招投标档案服务项目，积极挖掘经济增长点。

经营管理。深化提质增效，全力提升运营效率。加强财务管控力度，深入开展提质增效专项工作，紧盯关键业绩指标执行情况，确保各项任务指标可控、在控。完善制度体系，健全合规管理长效机制，全年修订规章制度 5 项，新编制度、标准、工作手册 7 项，切实推动合规意识充分融入日常工作，促进合规管理稳步提升。

（闵渭博）

【科隆公司】

1. 公司概况

陕西电力科隆发展有限责任公司（简称科隆公司）成立于 1995 年 5 月，属省管产业平台企业。2020 年 3 月，通过股权划转、建立资本纽带关系，成为陕西大秦电能集团有限公司全资子公司，注册资金 130 万元。主要开展电网企业无人机维保及技术服务、配网不停电作业技术服务、电力行业培训教育服务、信息通信技术服务等业务。具有中国民用航空局无人机经营许可证、民用无人机驾驶员培训资质、UTC 电力巡检师培训资质、质量管理体系认证、信息技术服务管理体系认证和信息安全管理体系认证等证书。

科隆公司在册人员 82 人，其中主业支援 44 人，大集体职工 21 人，劳务派遣用工 17 人，其他从业人员 480 人。内设综合部等 5 个管理部门和 5 个事业部，为国网陕西电力线路运行与检修、安全管理、员工培训教育等提供支撑服务。

2. 经营情况

2021 年，科隆公司经营工作指标完成情况展现出了巨量增长，全年完成总收入 8384.39 万元；利润同比增长 1481.19%；资产负债率 85.85%，同比下降 1.88%，呈现良好发展态势。

3. 特色亮点工作

大力开展无人机技术服务业务。成立了无人机运营中心和应急救援小队，服务支撑国网陕西电力各专业无人机巡检业务。并且申请各类资质、认证、许可 8 项，申请软件著作权 20 项、专利 15 项，拥有各型号无人机 22 架，激光雷达、可见光、红外等云台挂载 17 台。为陕西各地市供电公司及陕西超高压公司、电科院、送变电公司等兄弟单位和社会企业提供无人机设备供应、维保、精细化巡检及自主巡检技术服务。先后与深圳大疆创新、北京数字绿土、成都纵横、陕西直升机股份、陕西秦汉通用航空、陕西大秦无人机技术等单位签订合作协议，持续做强做大无人机业务，积极探索抗洪救援现场无人机画面回传及建模等技术服务，为各类灾害提供救援指挥决策等快速应急支撑。

大力开展陕西电力系统内外教育培训业务。开发出无人机资质取证、无人机巡检作业、无人机应急救援、配网不停电作业等技术技能培训课程和党性教育、廉政教育、人力资源、法律知识、电力营销、物资供应、电力工程等管理培训课程，陕西科隆公司建设了无人机和配网不停电作业运营中心，外部合作建立了延安、照金等红色教育培训基地，为电网企业、党政事业单位、大型企业集团和高校提供电力类专业技能培训和管理类教育培训。

● 科隆公司组织开展无人机自主巡检标准化作业现场培训。（于　军　摄）

有效支撑国网陕西电力安全管理及准入考试工作。按照国网陕西电力“两网”融合总体部署，扎实开展了“抓班组、控现场、保安全”活动，着力健全外包队伍安全同质化管理机制，大力开展安全生产无违章创建活动。陕西科隆公司入围2021、2022年度国网陕西省电力有限公司培训教育框架单位，为统一安全管理标准，有效提升安全管理水平，陕西科隆公司承担国网陕西电力近6万名员工安规普考，以及外包施工单位人员的安全准入考试组织实施工作，为国网陕西电力电网安全运行奠定坚强基础。

（何　锐）

陕西综合能源公司

【企业概况】 国网陕西综合能源服务有限公司（简称陕西综合能源公司）成立于2018年5月，是国网陕西电力全资子公司，注册资本金3亿元。目前已取得电力工程总承包三级、电力工程承装（修、试）四级、安全生产许可、售电许可、危险化学品经营许可、软件企业及ISO质量、环境和执业健康安全管理体系认证等资质。

2020年根据“国家电网人资综〔2020〕7号”文件要求，陕西综合能源公司进一步优化管理模式，由国网陕西电力和国网综能服务集团共同投资陕西综合能源公司，持股比例为50%:50%。陕西综合能源公司按照《公司法》相关规定成立股东会和董事会。股东会由出资方组成，是陕西综合能源公司的权力机构，按照《公司法》和公司章程规定行使职权。董事会由5名董事组成，设董事长1人，3位外部兼职董事，1位职工董事，未设立监事会，监事1人（兼职）。根据《中国共产党国有企业基层组织工作条例（试行）》等相关规定要求陕西综合能源公司党组织管理隶属国网陕西电力党委，党组织书记由董事长兼任。内设3个职能部门，3个业务部门，另设地市分支机构1个（铜川分公司）。

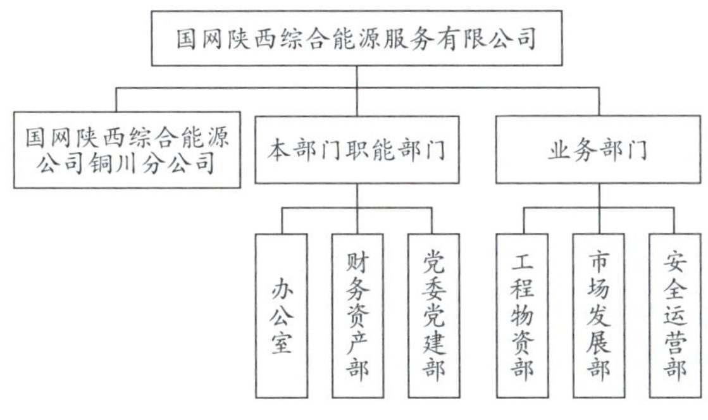

陕西综合能源公司组织机构图

（曹海东　郭　磊）

【特色亮点工作】 2021年，陕西综合能源公司紧抓国家“双碳”目标发展机遇，以国家电网公司“一体四翼”发展布局为指引，以“四抓四强”工作主线为遵循，聚焦六大重点业务领域，开启陕西综合能源公司高质量发展“基础年”“攻坚年”“提升年”（基础年：细化灵活高效的市场化运作机制；建设一批周期短、见效快的典型示范项目；实现收入不少于3.6亿元、利润210万元、核心业务占比达到70%，总体水平达到国网中游水平。攻坚年：深化与地市公司协同联动机制，进一步优化“承上启下、横向协同、纵向贯通”市场化运作机制；围绕六大核心业务，建成一批实施效果好、示范效应强的实体化项目；实现收入不少于4亿元，利润500万元，重点业务占比达到75%；总体水平持续保持在国网中上游水平。提升年：固化形成一套灵活、高效的市场化运作机制；实现行业上下游企业产品及服务资源全聚合，陕西综合能源公司营收、盈利水平良性循环；实现收入不少于5亿元，利润800万元，重点业务占比达到80%，总体水平实现西北领先，形成行业标杆）三年三步走行动，深化“供电＋能效服务”，健全市场化运作机制，围绕六大重点业务领域，积极优化产业结构和业务布局，以客户为中心，以市场为导向，强化内外部合作，细化高质量发展基础年28项重点任务及16个市场开拓重点项目，由陕西综合能源公司领导牵头开展七大重点项目“破冰行动”（绿电交易；移动公司能源托管；330kV汇流站建设；供电所屋顶光伏建设；省政府新城大院能源托管；延安大学附属医院能源托管；空港新城综合能源建设及新型负控系统建设等），市场开拓工作方向更加明确、业务重点更加清晰，积极推动一批重点示范项目高质量落地。

综合能效服务领域，陕西综合能源公司与中国电信陕西公司签订《电信云基地110kV变电站维护服务合同》。

陕西综合能源公司承接的神木恒聚鑫公司硅铁余热、兰炭尾气综合利用项目有序建设正在积极争取政府机关新城大院、延安大学附属医院智慧后勤能源托管项目。完成各地市中央空调节能改造项目方案编制。

以神木兴义源110kV开关站、西咸电信云计算中心变电站代运维项目为示范推进客户变电站、移动公司数据中心托管运维业务。

●陕西综合能源公司赴国网渭南供电公司进行配电网标准化学习交流。（刘军良 摄）

多能供应服务领域，陕西综合能源公司目前运营宝鸡御园华庭小区、咸阳供电公司家属区供暖项目，已实施了汉中略钢变电站综合能源项目，与汉中锌业集团就变电站综合能源投资改造项目达成合作意向。

清洁能源服务领域，实施华能集团铜川光伏项目（采购、施工合同额约1000万元），启动铜川、延安供电公司供电所屋顶光伏项目建设工作。力争实施榆林区域330kV汇流站建设项目，与大唐集团就华阴罗敷330kV汇流站项目达成合作意向。

能源交易领域，积极开展市场化售电业务，成功代理陕西省红色场馆、关中地区煤改电、陕西省小微企业与新能源挂牌交易。

电网设备租赁领域，为解决陕西电网局部过负荷卡脖子、设备重过载、配电网低电压等问题，提升陕西电网能效水平和供电可靠性，与国网陕西电力签订《电网租赁项目框架协议》，为西安、西咸2家地市供电公司配置10台10kV应急发电车。

●为国网西安供电公司交付的10kV应急发电车。（曹 伟 摄）

（曹海东 郭 磊）

【人力资源】 2021年，陕西综合能源公司现有人员42人，其中长期职工28人（含借用人员1人），业务外包人员14人。另有铜川分公司人员2人，由国网铜川供电公司员工兼任。其中长期职工占比66%，长期职工中，研究生及以上学历8人，本科学历19人；高级职称11人，中级职称7人，初级职称7人。

以柔性团队支撑市场开拓工作。积极营造“人人都是营销员”的工作氛围，按照领导带队、全员参与、跨专业协作的模式组建了地市对接柔性团队，建立与地市公司“周沟通、月走访、季总结”常态化交流机制，履行属地项目开发、跟踪实施等职责。

以协作机制凝聚市场开拓合力。完善“承上启下、横向协同、纵向贯通”的市场协作机制。以岗位为基础、以部门为单位建立定期向上级部门的定期汇报机制，将汇报质量和工作成效纳入作风建设专项考核当中；以地市柔性团队为抓手构建地市公司协作交流机制，发挥双方各自优势，在各地市打造一批可复制、可推广的典型示范项目。

以奖励机制激发市场开拓活力。修订《绩效考核管理实施细则》，设立市场开拓、作风建设专项奖励，对重点项目开发、重大工程建设、资质取得升级、重要工作质效提升做出贡献人员进行针对性激励，激发全员市场意识和工作活力，营造“挣工资”的工作氛围。

（曹海东 李 朝）

【经营管理】 指标完成情况。2021年，是公司与综能集团建立资本纽带关系实现集团化运作的元年，也是公司实现首家地市分支机构组建、与地市公司实现指标共担、合作更为紧密的一年。在这一年里，公司上下坚决贯彻省公司决策部署，以客户为中心，以市场为导向，以改革为动力，全面完成了上级下达的生产经营目标和革发展任务。

明晰公司发展定位。聚焦“双碳”目标，结合政策导向和上级要求，在国网陕西电力职能部门的指导下以及国网陕西经研院、各地市公司等兄弟单位的支持下，全员参与、群策群力，历时四个月完成陕西综合能源公司高质量发展三年攻坚行动方案，明确了2022~2024年的发展目标、业务开拓方向及重点项目内容，确定按照“基础年”“攻坚年”“提升年”三年三步走，实现陕西综合能源公司追赶超越、高质量发展。

落实责任、优化机制、提高服务水平。陕西综合能源公司坚持指标分解，完善考核兑现办法。坚持结果导向，业绩为先。层层分解业务指标，落实到人，要求全体员工同心聚力，共同开发市场，并紧密协同地市公司，提高服务能力，响应速度。在2021年陕西综合能源公司领导包抓形成的良好基础上，不断完善业务流程，协同机制。加强与地市人员的沟通协作，做好技术服务支撑，实现项目落地。让综合能源项目成为各地市营销工作的“加分项”，形成项目开发的良性循环。同时积极争取公司系统内项目。主动对接配网部、营销部、地市公司，寻求支持，做好项目立项和储备工作。组织好各批次投标合同签订、资金结算工作，以系统内项目促进利润提升。重点业务方向是省招工程技术服务特别是配网和营销的终端设备的运维服务、网内办公楼宇的节能改造、移动变和发电车租赁、供电所低碳智能电气化示范等。

（曹海东　郭　磊）

【安全生产】 全员安全责任持续强化。贯彻落实国家电网公司、国网陕西电力安全工作部署和要求，统筹安排陕西综合能源公司年度安全工作要点，层层签订安全责任书，将责任落实到部门、个人。高质量组织安委会议，各级领导干部带头分析安全生产存在的薄弱环节和主要问题，结合季节性和现场实际安全生产特点，针对性提出安全要求和开展安全工作。组织开展“夏季大练兵”安全学习讨论活动，通过“个人自学、员工互讲、集体讨论”，筑牢全员安全意识，夯实安全防线。修编领导干部“两个清单”、全员“安全责任清单”，做到全员安全责任清晰、安全履责有据可依。

安全体制机制不断完善。健全安全生产制度体系。为有效推动安全生产及责任的有效落实，印发《安全生产纠察队实施方案》，组建安全纠察柔性团队对各部门落实“四双”管理、“四个管住”、现场作业“看板”管理要求、现场标准化作业情况以及安全生产管理制度落实等情况，进行督导检查，确保现场作业万无一失。建立应急管理体系。按照国网陕西电力统一部署，梳理完成“1+11”“总体 + 分项”共计12项应急预案审议并发布，在节假日、重大活动，开展应急值班工作。健全车辆和消防安全管控体系。完善车辆管理制度，为租赁车辆安装GPS装置，录入并上线车辆管理平台2.0系统，利用平台实行车辆管理及统一调度，严格执行派车单制度，落实节假日车辆封存要求，加强日常用车安全规范管理；加强办公区域和施工现场消防安全管理，确保消防不留死角。

作业现场安全管控平稳有序。印发《公司2021年现场标准化作业实施方案》，结合业务实际，组织开展标准化作业体系建设工作，编制多能服务、屋顶光伏、用能监测、智能运维、楼宇用能五类典型作业场景的标准化作业指导手册、指导书，确保现场标准化作业有据可依、流程标准、作业可控。以公司、部门、支部等多维度全方位开展新《安全生产法》培训，确保全员掌握安全法规，提高安全意识。扎实开展春安、秋安大检查及“五查五严”工作，以“管专业必须管安全”为原则，以专项工作推进、安全责任落实、安全管理落实、专业管理落实为重点，组织进行新兴业务隐患排查，将综合能源服务六大重点领域作为排查重点，防范各类安全事故和风险事件。严把外包队伍准入关，严格审核外包队伍资产审核，对17个分包单位进行准入考试核查。确保管住计划、管住现场，编制公司现场作业计划管控细则，按月编制下达现场作业计划，开展“四不两直”检查，纠正现场违章，全年各级领导干部下现场88人次、查处违章31起、下发安全通报5期，考核处罚5000元。

（武艳军　陈　聪）

【党的建设与精神文明建设】 强化党建引领作用。持续加强党的政治建设，研究党建工作要点18项，全面从严治党主体责任重点任务32项，赴国网陕西电力党建体检中心进行党性体检，进一步锤炼党性修养。研究制定《党史学习教育实施方案》，深入学习习近平总书记在中国共产党成立100周年庆祝大会重要讲话精神等内容，创新开展了“学党史、悟思想、办实事、开新局”系列活动。稳步推进“基层党建创新拓展年”活动，严格落实“第一议题”制度。构建“四全四化”立体协同监督体系，聚焦重点任务、紧盯关键少数，对关键环节开展“嵌入式”监督。启动召开纪法宣传月动员会。深化“党建 + 能效管理”工程，推动党建与业务相融并进。

强化作风素质提升。陕西综合能源公司在国网陕西电力党建体检中心启动了“作风建设、能力提升年”专项活动。研究制定《“作风建设、能力提

升年”专项行动实施方案》，梳理“动员启动、提高认识”“学习对标、制定计划”“整改落实、能力提升”“总结提炼、巩固成果”四个阶段26项重点工作任务。结合经营目标和重点工作，就改进和提升作风公开做出承诺，严格“提诺、审诺、亮诺、践诺、问诺”流程，把作风建设不断引向深入。强化全员“一板一眼，一丝不苟，专业专注，严精细实”的工作作风，着力提升“一次把事情办好”的意识和能力，为陕西综合能源公司三年攻坚行动方案有效落地提供人力支撑。

● 2021年6月3日，陕西综合能源公司全体党员赴八路军西安办事处纪念馆开展“旗帜领航程　永远跟党走”主题党日活动。（杨潇雅　摄）

（刘军良　李孟霖）

陕西思极科技公司

【企业概况】 陕西思极科技有限公司（简称陕西思极科技公司）由国网陕西省电力有限公司与国网信息通信产业集团共同出资成立，注册资本金5000万元，于2021年7月12日在西咸新区完成工商注册；9月24日，作为入驻秦创原总窗口的重点招商引资项目与西咸新区管委会签约；9月28日，在陕西秦创原创新驱动平台的总窗口西咸新区揭牌成立。

负责陕西省内电力基础资源运营以及国网陕西电力数字化技术支撑工作，其中包括电力基础资源运营、大数据应用、数字化技术研发及成果转化等三大主营业务。设业务部门4个，分别为综合管理部（董

● 2021年9月28日，陕西思极科技公司成立揭牌仪式暨产品发布会在陕西秦创原创新驱动平台的总窗口——西咸新区举行。（李　磊　摄）

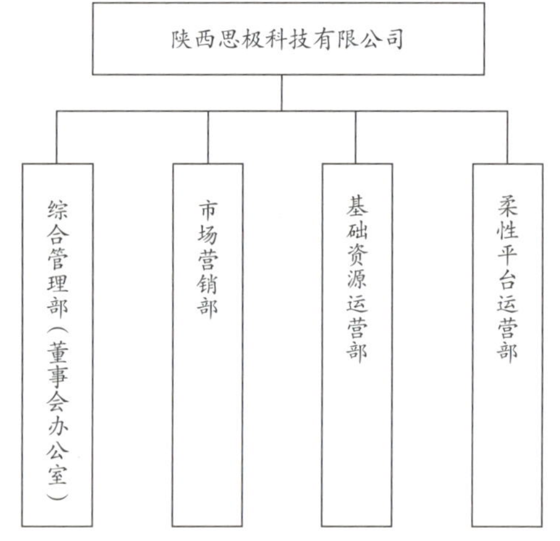

陕西思极科技公司组织机构图

事会办公室）、市场营销部、基础资源运营部、柔性平台运营部。

【特色亮点工作】 服务陕西电网融合发展，全方位支撑数字化转型。2021年，基础资源商业化运营实现突破，全面梳理陕西省电力基础资源台账，开展西安地区沟道光缆清查，强化与地市公司战略合作，积极与各运营商对接谈判，全年签订运营商光缆敷挂合同1872万元。云编排App柔性开发平台推广全面铺开，完成9个国网陕西电力推广实施的前期准备工作，山西公司实现推广应用。打造“电网一张图”的核心技术团队，负责国网陕西省电力数字化平台核心功能开发；完成铜川耀州公司11个多源数据融合数字化供电所推广任务。

在国家“双碳”目标下，为落实国家电网公司建设中国特色国际领先的能源互联网企业战略目标，围绕“一体四翼、全要素发力”战略部署，充分发挥管理创新对提升陕西思极科技公司管理水平和企业形象的牵引性作用，实施的《以构筑新兴产业发展新引擎为目标的电力资源商业化运营模式创新与实践》入选国家电网公司管理创新示范工程；参与国网陕西电力“揭榜挂帅”项目《基于工单驱动的市县网格化配网指挥管理体系融合建设与实施》。

【人力资源】 2021 年，陕西思极科技公司初创团队成立，共有领导班子 3 人，其中党员 3 名、正高级工程师 2 名、高级工程师 1 名，3 人取得硕士及以上学位。

2021 年 12 月，面向国网陕西电力系统公开竞聘，13 名同志配置到核心管理岗位，运用市场化用工机制，组建项目研发、市场开拓和支撑保障 3 支专业团队，高科技人才队伍初具规模。

【经营管理】 2021 年，陕西思极科技公司认真贯彻落实上级各项决策部署，以服务陕西电网融合发展，全方位支撑数字化转型为目标，紧扣“四抓四强”工作主线，超额完成了各项任务指标，实现了良好开局。全年签订合同额 3738 万元，完成营业收入 2346 万元，实现利润 1217 万元，完成全年预算的 142%，实现国网陕西电力业绩考核卓越目标；在全国二十余家省思极科技公司中综合评价第 9 名，荣获信产集团思极科技经营创新三等奖。

陕西思极科技公司深化内外部合作，先后赴陕西综合能源公司、陕西电动汽车公司等单位，以及重庆思极、江苏思极和湖北华中科技公司调研学习，启动编制陕西思极科技公司三年发展规划。

制定资质提升行动计划，先后取得 CMMI 三级和质量、环境、信息安全、信息技术服务管理体系认证等资质。

健全公司治理体系，完善法人治理机制，按要求设置“三会一层”，推进党的领导融入陕西思极科技公司治理各环节，进一步明确“三重一大”决策权责和程序，全面完成外部董事占多数的企业董事会建设。

【安全生产】 2021 年，陕西思极科技公司严格落实国网陕西电力安全生产要求，结合基础资源运营特点，梳理新兴业务安全职责并制定隐患防控措施，常态化组织安全教育培训学习，保证了公司安全稳定局面。

（秦至臻）

【党的建设与精神文明建设】 陕西思极科技公司于 2021 年 4 月 19 日成立陕西思极科技公司党总支，共开展集中学习 8 次，其中党史专题学习教育 4 次，开展党课学习 3 次，组织开展“学党史、悟思想、办实事、开新局”主题党日活动，党史学习教育主题组织生活会，利用国网陕西电力数字化党性体检中心开展全员党性体检，切实提升党员党性修养。

2021 年 10 月，陕西思极科技公司党总支在新办公区域利用专门场所建立党员活动室，悬挂党旗，张贴党建工作宣传标语，配备相关书籍，购置四史学习教育书籍，将党员活动室建成党内组织生活和主题活动的阵地，营造了浓厚的学习氛围，充分调动广大党员参加党内组织生活的积极性。

2021 年 11 月，党总支按要求申请设立综合、业务党支部共 2 个，组织党务工作人员学习《国家电网有限公司党支部标准化建设指导手册》，规范党内组织生活，强化支部对党员的教育、管理、监督职责，严格对照工作标准，推进支部工作标准化和规范化，夯实党建基础。

明确党风廉政建设责任区，开展监督中央八项规定精神落实情况，开展节假日提醒通知 4 次；开展化公为私、“影子公司”“影子股东”等问题排查，强化监督管理，建立健全防范治理的长效机制。

（雷娜娜）

陕西电动汽车公司

【企业概况】 国网电动汽车服务（陕西）有限公司（简称陕西电动汽车公司）成立于 2017 年 7 月，注册资本金 2.244 亿，由国网电动汽车服务有限公司与国网陕西省电力有限公司共同出资组建。主要从事充电设施的投资、建设及专业运营；新能源汽车的销售、租赁；光伏、储能等能源服务业务；陕西智慧车联网平台的建设、运营和管理；依托平台开展负荷聚合电量，开展绿电交易、电力辅助服务市场、需求侧响应等能源业务，服务以清洁能源为主体的新型电力

●陕西智慧车联网平台屏幕全景。（何浩滢　摄）

系统建设。陕西电动汽车公司研发建成陕西省唯一电动汽车服务平台—陕西智慧车联网平台，已接入充电桩 3.2 万台。运维充电站 589 座，自建充电桩 993 台，合营充电桩 423 台，累计充电量 6722.88 万 kWh。与西安咸阳国际机场集团、宝鸡公交公司、蔚来汽车公司等多家大型企业达成战略合作协议，拓展了陕西省内公共交通领域充换电网络布局，充电设施体量位列全省三甲。

陕西电动汽车公司定位履行央企社会责任，以构建国际一流的电动汽车服务公司为目标，积极运用“互联网+充电服务”，创新商业模式，强化数字赋能，全面提高电动汽车充电服务水平，为电动汽车用户绿色出行提供更便捷、更周到的服务，为陕西省政府平台提供数据支撑。努力打造健康可持续发展的新能源电动汽车产业生态，实现为美好生活充电，为美丽陕西赋能的企业愿景。

（康少华）

【特色亮点工作】 平台规模持续壮大。陕西智慧车联网平台汇集陕西省 90% 以上充电桩数据信息，组织 77 家充电设施运营商与 69 家光伏发电站完成签约及线上交易流程，首次实现清洁能源和电动汽车的“双新合璧”，成交电量 5.68 亿 kWh，有效缓解陕北弃风弃光问题，积极向充电运营商传导电价优惠，交易电量和交易运营商数均突破新高，规模位列全国第一。

充电市场布局加快。与多家政企达成战略合作意向，签订充电设施建设合作协议 43 份。充电业务兼顾公共、物流、网约、小区等各类充电场景，探索全方位充电方式，与西安交通大学创新港达成“充电＋车位管理”服务模式，获得近 1 万个停车位 15 年经营管理权，在国网电动汽车公司系统形成示范效应。

调峰试点有序开展。率先在西北地区引导电动汽车负荷参与电网调峰试点，选取西安何家营、机场腾飞、南二环沙坡 3 个充电站参与调峰辅助服务市场，消纳新能源电量 7986kWh。大力发展居民小区、商业综合体等有序充电、V2G 充电桩建设。

●2021 年 7 月 15 日，陕西电动汽车公司将 33 辆经营性租赁生产服务用车交付地市供电公司使用。（谢丽凡　摄）

出行服务稳步推进。线上线下多渠道拓展车辆销售业务，丰富电商平台车辆种类及品牌，与 4 家车企签订了四方协议，完成 5 家地市供电公司及省管产业单位 36 辆车线上平台选购，销售车辆 95 辆。

陕西省内省外“e 约车”稳步拓展，完成西安、渭南、铜川、汉中等供电公司出行服务协议签订，拓展甘

● 参与调峰辅助服务的西安咸阳国际机场腾飞充电站。（王　钦　摄）

肃、新疆两省 e 约车平台应用及在京交通保障服务。

（任　静）

【人力资源】 陕西电动汽车公司设 6 个部门，分别是综合管理部（董事会办公室）、财务资产部、发展建设事业部、出行服务事业部、平台运营中心、运维服务中心；按照《国网陕西电力关于协助开展电动汽车服务分公司组建工作的通知》，在宝鸡、渭南、汉中、安康、铜川、延安成立 6 个分公司。现有员工 11 人（其中长期职工 10 人、社会化直聘用工 1 人），男职工 6 人、女职工 5 人，本科及以上学历占比达到 100%，副高以上职称占比 55%。对核心业务外的车联网平台服务，运营监控管理、运营平台维护，电动汽车充、换电设施运维、项目建设、技术服务等业务采取外包的方式进行，2021 年业务外包人员 74 人。

陕西电动汽车公司积极响应国家电网公司“一体四翼”战略布局要求，加强人力资源基础管理。建立完善薪酬、绩效等实施细则，将员工工作业绩同收入水平挂钩，激励员工主动提高工作质效的积极性；以全员、全岗位职责梳理为基础，开展定岗、定责、定标准的“三定”工作，推动全员“明责、知责、履责、尽责”；结合岗位职责要求，制定公司、部门、个人三级培训清单，采取内培、外培、送培等多种方式，全方位提升员工核心能力水平。

（闫春莉）

【经营管理】 运营成效不断提升。经营指标超额完成，实现营业收入 10536.67 万元，营业收入利润率 13.83%，资产负债率 9.85%，净资产收益率 4.47%。“e 服务”深入推广，开展“e 约车”营销宣讲培训 10 次，与 12 家单位签订出行服务协议，平台注册人数累计达 1.6 万人次，订单累计突破 2 万单。e 充电注册用户 34.29 万个、交易笔数 211.1 万单，平台累计充电量 6059 万 kWh。运维能力有序提升，充电网络可用率 98.03%，巡检率 100%，检修执行率 100%。完成 3790 桩次零低电量充电桩治理，零低电量充电桩治理初步取得成效。

运维服务持续规范。推进实施充电站“站长负责制”，按季度与站长签订电量包干协议，确保场站运维管理更加高效合理。将充电设施按照场所保障级别、充电桩使用率和客户类型等进行等级分类，形成Ⅰ级充电站 70 座、Ⅱ级充电站 133 座、Ⅲ级充电站 386 座。针对不同等级动态调整巡视频率和抢修时限，将运维力量集中到站点级别高、使用率高的充电站，提高精准运维水平和运维成效。针对场站布局分散充电桩信号差造成的频繁离线问题，建立物联卡流量池管理方式，降低物联卡费用支出，达到降本增效作用。

市场拓展力度加大。积极抢占优质充电市场，发挥地市公司属地优势，积极对接做好公交、物流等专用充电站项目储备。强化充电站业扩报装信息收集力度，通过国网陕西电力各级营销窗口拓展合作信息 128 条。依托平台挖掘数据内涵，牢固树立“充电量就是生命线”理念，扎实开展全员下场站活动，不断加大充电市场拓展，充分与客户现场交流，及时快速解决客户诉求，累计下场站 897 人次，共收集问题建议 786 项，客户满意度大幅度提升。

2021 年 8 月 20 日，陕西电动汽车公司开展全员下场站征求充电客户意见现场。（李小青 摄）

2021 年 9 月 3 日，陕西电动汽车公司开展“开门纳谏 服务立信”主题实践活动现场。（李雅萌 摄）

积极开展充电站“揭榜挂帅”“开门纳谏 服务立信”主题实践活动，采用奖罚机制与站点电量挂钩激励方式，对 30 个站点进行试点活动，完成目标电量 313.06 万 kWh，完成率为 96.72%，累计兑现奖励 9483.27 元。

（康少华）

【安全生产】 紧抓安全管理工作不放松，组织安全学习培训 12 次，开展专题安全日活动 11 次，编制安全月报 12 期。梳理安全生产相关文件 8 份，安全管理制度体系进一步完善。常态化开展充电设施缺陷隐患排查及动态抢修维护，完成巡视（含特巡）工单 12383 条，巡视充电站 1897 座次、充电桩 13767 台次。开展现场安全督查及充电设施飞行检查 231 人次，完成 427 座次充电站、1256 台次充电桩检修，办结故障报修工单 3532 条。陕西电动汽车公司未发生人身、设备、交通、信息安全等各类安全生产责任事故，整体安全形势平稳有序。

2021 年 5 月 10 日，陕西电动汽车公司运维人员排查充电设施隐患。（陈筱筱 摄）

（李航飞）

【党的建设与精神文明建设】 陕西电动汽车公司党总支认真贯彻落实国网陕西电力党委各项决策部署，紧扣国网陕西电力“四抓四强”工作主线，聚焦提高党的建设质量工作主线，以规范化、制度化建设为抓手，坚持鲜明政治导向，突出政治功能，强化政治引领，努力将党建和陕西电动汽车公司发展紧密结合，保障促进高质量发展。

围绕习近平总书记“七一”重要讲话精神、党史学习教育“四个专题”等内容，开展集中学习研讨 5 次，陕西电动汽车公司领导带头讲专题党课 3 次，全体党员干部通过学习强国、国网学堂、内网专栏、党总支微信群等载体开展自学，从百年党史中汲取奋进的力量。以“学史力行、为品质充电”主题实践活动为主线，积极践行“我为群众办实事”活动，围绕“加强品牌营销、做好主题传播、推进质效提升、深化精益运维、开展劳动竞赛”5 个主题，分解工作任务 29 项，对内对外全力为群众办实事解难题。

2021 年 6 月 28 日，陕西电动汽车公司开展“学史力行、为品质充电”主题实践倡议活动。（任 静 摄）

围绕充电站建设标准化、施工规范化、运维精益化等方面，深入推进党建工作融入安全生产和提质增效。大力开展品牌营销和主题传播，为品牌添光增亮，使企业“诚信、责任、创新、奉献”企业价值观及国企责任形象更加深入人心。

（康少华）

荣誉录

2022 国网陕西省电力有限公司年鉴
国网陕西电力
支援吉林抗疫保电
荣誉证书
优秀组织单位
陕西省五一劳动奖状
陕西省总工会
2022年2月

国家级表彰

全国五一劳动奖章

胡卫东　国网陕西省电力有限公司董事长、党委书记
贺耀茜　国网榆林市榆阳区供电公司

全国五一巾帼建功标兵岗

国网榆林供电公司电力调度控制中心地区调度班

全国文明单位

国网渭南供电公司
国网安康水力发电厂
国网白水县供电公司
国网合阳县供电公司

全国老干部工作先进集体

国网陕西省电力有限公司离退休工作部

全国青年文明号

国网西安供电公司环城东路供电营业厅

全国最美家庭称号

张玉红　国网商洛供电公司

最美城乡社区工作者

宁启水　国网商洛供电公司

中国好人

侯　刚　国网咸阳供电公司

省级机构表彰

陕西省五一劳动奖状

国网陕西省电力有限公司
国网西安供电公司
国网商洛供电公司

陕西省文明单位标兵

国网韩城市供电公司
国网大荔县供电公司
国网富平县供电公司
国网澄城县供电公司
国网岐山县供电公司

陕西省文明单位

国网华阴市供电公司
国网华州区供电公司

陕西省职业技能大赛团体金奖

国网陕西省电力有限公司

陕西省“安康杯”竞赛优胜单位

国网陕西省电力有限公司
国网眉县供电公司

陕西省巾帼文明岗

国网陕西信通公司数据运营部信息应用班

陕西省青年文明号

国网西安市区供电公司
国网勉县供电公司营业班

陕西省先进基层党组织

国网泾渭供电公司党支部

陕西省首批创新工作室联盟

国网宝鸡供电公司
国网汉中供电公司
国网安康供电公司
国网咸阳供电公司

陕西省示范性劳模和工匠人才创新工作室

国网渭南供电公司卫德锋劳模创新工作室

陕西省“安康杯”竞赛优秀组织单位

国网陕西省电力有限公司

第十四届陕西省青年安全生产示范岗

国网渭南供电公司变电二次运检六班

陕西省安全文化示范企业

国网高陵供电分公司
国网泾阳县供电公司

陕西省脱贫攻坚先进集体

国网长武县供电公司

陕西省“人民满意窗口”

国网陕西省电力有限公司

陕西省文明诚信单位

西安亮丽电力有限责任公司
渭南光明公司

2021年度中国安装之星奖

国网陕西电力
国网陕西建设公司
陕西送变电公司

陕西省2021年度评定为“好”等次的省级定点帮扶单位

国网陕西省电力有限公司
国网西安供电公司
国网宝鸡供电公司
国网铜川供电公司
国网延安供电公司
国网陕西电力科学研究院
国网汉中供电公司
国网安康水力发电公司
国网榆林供电公司

三秦楷模

张雷威　国网榆林供电公司

陕西省五一劳动奖章

郭营芳　国网榆林供电公司
齐承绪　国网商洛供电公司
刘兴前　国网安康供电公司

三秦工匠

田　浩　国网宝鸡供电公司
李战荣　国网商洛供电公司
李　军　国网安康水力发电厂

陕西省优秀共产党员

时　晶　国网宝鸡供电公司
王　刚　国网渭南供电公司
宁启水　国网商洛供电公司
王　鹏　国网铜川供电公司

陕西省工人发明家

晁建辉　国网宝鸡供电公司

陕西十大公益大使

蔡瑞杰　国网宝鸡供电公司

陕西省技术能手

刘炜桢　国网西安供电公司
王　泉　国网咸阳供电公司
王安琪　国网宝鸡供电公司
谭耀东　国网宝鸡供电公司
陈　帅　国网宝鸡供电公司
崔　航　国网延安供电公司
张华健　国网延安供电公司
董浩天　国网安康供电公司
白　帆　国网陕西检修公司

陕西省优秀党务工作者

董艳娜　国网咸阳供电公司

第七届全国电力职工书法作品展优秀作品奖

张　伟　国网宝鸡供电公司

陕西省脱贫攻坚先进个人

谢　飞　国网安康供电公司
杨　飞　国网商洛供电公司
黄军锋　国网铜川供电公司

陕西省第六届职工科技节优秀组织工作者

洪　亮　国网陕西省电力有限公司工会

陕西省“安康杯”竞赛优秀个人

杨宝杰　国网陕西省电力有限公司安监部

陕西省带徒名师

李　军　国网安康水力发电厂

陕西省能源化学地质系统工人先锋号

国网陕西省电力有限公司铜川供电公司配网指挥班

国网陕西省电力有限公司汉中供电公司调度控制中心自动化运维班

国网陕西省电力有限公司西咸新区供电公司沣西新城供电分公司营业综合班

国网陕西省电力有限公司电力科学研究院环保技术中心

国网陕西省电力有限公司西安供电公司330千伏北郊运维班

电力企业新闻宣传先进单位

国网汉中供电公司融媒体业务中心

第十四届全国运动会 现代五项项目“贡献奖”

国网西安供电公司高新供电分公司

全国大型水电厂（站）“节能环保” 专项劳动竞赛先进单位

国网安康水力发电厂

中央企业优秀党务工作者

王齐龙　国网陕西省电力有限公司

新闻工作30年荣誉奖

庞　虎　国网陕西省电力有限公司
毕国先　国网陕西省电力有限公司

"华能睿渥杯"2021 年全国能源化学地质系统网络安全职业技能竞赛个人二等奖

张　超　国网陕西信通公司

陕西省 2021 年度评定为"优秀"等次的省级定点帮扶单位第一书记

邱　斌　国网陕西省电力有限公司
韩　文　国网陕西省电力公司电力科学研究院

陕西省 2021 年度评定为"优秀"等次的省级定点帮扶单位工作队员

薛宝弟　国网陕西省电力有限公司
周志强　国网陕西省电力有限公司
闫欣宇　国网西安供电公司
李　强　国网宝鸡供电公司
刘　飞　国网延安供电公司
李树芃　国网陕西电力科学研究院
周　悦　西安电力中心医院

国家电网有限公司表彰

国网工匠

李战荣　国网商洛供电公司

国家电网有限公司劳动模范

胡卫东　国网陕西省电力有限公司
朱敏奕　国网宝鸡供电公司
代云华　国网安康供电公司
王文超　国网陕西超高压公司
王战红　国网渭南供电公司

国家电网公司"新基建"劳动竞赛劳动模范

蔡雨楠　国网陕西电力互联网部

国家电网有限公司优秀共产党员

雷瑞雪　国网商洛供电公司
刘　曦　国网西咸新区供电公司
陈宗让　国网安康水力发电厂
尉　欣　国网陕西物资公司
郑　涛　国网陕西建设公司

国家电网有限公司优秀党务工作者

王齐龙　国网陕西省电力有限公司
张作鹏　国网咸阳供电公司

国家电网有限公司巾帼建功标兵

张　蕊　国网陕西省电力有限公司
马凌君　国网安康供电公司
罗　琼　国网陕西物资公司

国家电网公司供电"服务之星"

王佳飞　国网西安供电公司
郭营芳　国网榆林供电公司

河南特大暴雨抗洪抢险先进个人

翟晓凡　国网西安供电公司
牛彦峰　国网宝鸡供电公司
荆培征　国网渭南供电公司
田肖野　国网渭南供电公司
何小军　国网汉中供电公司
王　勇　国网安康供电公司
姚立懿　国网商洛供电公司
周卫峰　国网铜川供电公司

国家电网有限公司 2021 年现代智慧供应链知识竞赛计划管理专业优秀个人奖

王　兰　国网宝鸡供电公司

服务脱贫攻坚先进个人

苏羽佳　国网西安供电公司
黄耀军　国网汉中供电公司
杨李周　国网商洛供电公司
袁　欣　国网铜川供电公司
侯玉国　国网榆林供电公司

国家电网有限公司第五届“青年岗位能手”

畅　言　国网西安供电公司
张沿江　国网商洛供电公司

国家电网有限公司市场专业调考优秀奖

温　栋　国网铜川供电公司

国家电网公司职业教育和技能人才队伍建设先进个人

冯　椿　国网陕西省电力有限公司

国家电网有限公司东西人才帮扶工作先进个人

陆海龙　国网汉中供电公司
杨明明　国网安康供电公司

国家电网有限公司 2021 年网络攻防先进个人

张　超　国网陕西信通公司

国家电网有限公司 2021 年优秀培训师

孙　喆　国网陕西培训中心

国家电网有限公司 2021 年优秀教师

侯　梁　国网陕西培训中心

国家电网有限公司系统党校第二届“名师名课”

张佩华　国网陕西管理培训中心
雷　妮　国网陕西管理培训中心

国网“名师”

王　乐　国网陕西管理培训中心
张承雯　国网陕西管理培训中心

国网陕西省电力有限公司表彰

国网陕西省电力有限公司劳动模范

王　旭　国网陕西电力人资部
杨震强　国网陕西电力安监部
谢　睿　国网汉中供电公司
尚　琨　国网铜川供电公司
高　实　国网延安供电公司
李树洋　国网榆林供电公司
郭云涛　国网西咸新区供电公司
陈全杰　国网陕西经研院
牛　博　国网陕西电科院
吕　相　陕西送变电公司
李立鹏　国网陕西电力配网部（供电可靠性提升竞赛）
李文辉　国网西安供电公司（电网前期竞赛）
张宏科　国网宝鸡供电公司（“全力促进电量增长、有效防范电费风险”竞赛）
李　洋　国网铜川供电公司（标准化作业竞赛）
李志文　国网陕西超高压公司（数字化转型竞赛）
李建波　国网陕西营销服务中心（量价费损竞赛）
刘　佳　国网西安供电公司（十四运会和残特奥会保电）
翁骊轩　国网西安供电公司（十四运会和残特奥会保电）
张利强　国网宝鸡供电公司（十四运会和残特奥会保电）
郭建华　国网渭南供电公司（十四运会和残特奥会保电）
于　波　国网陕西省电力有限公司安全监察部（十四运会和残特奥会保电）
陈　冰　国网陕西省电力有限公司市场营销部（十四运会和残特奥会保电）
黄显兵　国网汉中供电公司（2021 年防汛抢险）

张国良　国网安康供电公司（2021 年防汛抢险）
李　涛　国网商洛供电公司（2021 年防汛抢险）
宋　洋　国网安康水电厂（2021 年防汛抢险）
蒙小胖　原南区宝鸡供电分公司
孙华文　原南区渭南合阳县供电分公司
孙换春　原南区延安供电分公司
王宇平　原南区西安供电分公司
李向军　原南区榆林供电分公司
李江锋　原南区咸阳供电分公司
朱代瑛　原南区商洛供电分公司
吕　栋　原南区汉中城固县供电分公司
代云华　原南区安康供电分公司
张鲜萍　原南区西安市泾渭供电分公司

国网陕西省电力有限公司陕电工匠

王　雨　国网西安供电公司
薛瑞龙　国网咸阳供电公司
何宇昕　国网安康供电公司
郭　亮　国网榆林供电公司
王　智　国网西咸新区供电公司
冯超宇　国网陕西超高压公司
朱大为　国网陕西建设公司
缑鹏超　国网陕西信通公司

国网陕西省电力有限公司先进工作者

钱　翊　国网西安供电公司副总工程师、发展部主任、党支部书记
何晓婧　国网西安供电公司组织部副主任
董　鑫　国网西安市临潼区供电公司营销部主任
段译斐　国网西安供电公司建设部工程技术管理
康耀元　国网西安市长安区供电公司营销部用电检查班用电检查
刘雨洋　国网西安供电公司二次检修中心变电二次检修三班变电二次检修
杨军社　国网周至县供电公司配网部专责
罗万兴　国网咸阳供电公司变电运维中心主任
高　丁　国网咸阳供电公司运维检修部实物资产全寿命及信息化管理
武　威　国网兴平市供电公司营销部主任
师大虎　国网咸阳供电公司输电运检中心市区输电运维班班长
杨　淮　国网三原县供电公司渠岸供电所所长
郭海涛　国网宝鸡供电公司副总工程师、运检部主任
许继敏　国网宝鸡供电公司变电运维中心段家变电运维班班长
何　欢　国网宝鸡供电公司电缆工程公司生产部工程专责、电缆二班班长
罗治俭　国网千阳县供电公司客户服务中心主任
田肖野　国网渭南供电公司配电工程分公司经理、党支部副书记
张军平　国网大荔县供电公司总经理、党总支副书记
罗　钊　国网渭南供电公司二次检修中心变电二次检修技术
林　晓　国网渭南供电公司电力调度控制中心配网停电计划技术
冯　萌　国网渭南供电公司市场营销部用电检查、营销安全管理
孙建彬　国网澄城县供电公司生技部主任
贺汉林　国网汉中供电公司后勤部主任、党支部副书记
陆海龙　国网汉中供电公司输电运检中心安全督查
徐　建　国网汉中供电公司办公室信息、保密管理
冯安源　国网洋县供电公司财经部主任
段双梅　国网安康供电公司营销部副主任
杨明明　国网安康供电公司变电运维中心变电运维三班班长
孙华聪　国网紫阳县供电公司生技部主任
吴志斌　国网商洛供电公司财务资产部主任
刘荔超　国网商洛供电公司市场营销部业扩报装和优质服务管理
谢　科　国网商洛供电公司输电运检中心丹凤输电运维班线路运维工
周卫峰　国网铜川供电公司配网部主任、党支部书记
张　鑫　国网铜川供电公司安监部配网安全管理
王晓伟　国网志丹县供电公司总经理、党总支副书记
王军旗　国网黄龙县供电公司市场营销部主任
张延军　国网延安供电公司项目管理中心电网建设项目室主管

王　涛　国网榆林供电公司供电服务指挥中心主任、支部副书记
刘　渊　国网榆横工业区供电公司副经理
周　毅　国网榆林供电公司变电运维中心 330 千伏统万运维班班长
郝培杰　国网榆林供电公司输电运检中心麟州输电运检班班员
王武昭　国网榆林供电公司输电运检中心保线站副站长
薛惊涛　国网榆林供电公司检修中心电缆班班长
雷　瑜　国网西咸新区供电公司互联网部信息与通信工程建设技术
谭　渊　国网西咸新区供电公司沣东新城供电分公司同期线损及采集质量技术专责兼沣东中心供电所所长
王　凯　国网西咸新区供电公司变电运维中心秦汉运维班班长
唐德谦　国网安康水电厂安全总监
李建儒　国网安康水电厂运行分场调控三值调度长
张广全　国网安康水电厂机械分场水轮机班班长
黄宗君　国网陕西经研院规划评审中心主任
苏　燎　国网陕西经研院技经中心技经二室主管
菅永峰　国网陕西电科院安全生产部主任
邓　俊　国网陕西电科院电网技术中心机网协调技术研究
付　彬　陕西送变电公司变电施工分公司副经理
吴　磊　陕西送变电公司输电运检分公司综合管理部电网运维专责
夏　波　陕西送变电公司土建施工分公司项目管理中心建筑施工副班长
刘海源　陕西电力建设集团有限公司榆林设计院总经理
杜永利　陕西电力建设集团有限公司西咸项目部经理
王　伟　国网陕西超高压公司关中运维分部洛川 750kV 变电站技术员
侯　沛　国网陕西超高压公司输电检修中心输电检修一班副班长
刘中书　国网陕西建设公司工程前期、环水保、科技管理
李建忠　陕西电力项目管理有限公司工程管理专责
黎亦凡　国网陕西信通公司信息通信技术研发中心新技术研发
吴　琛　国网陕西物资公司招标采购部专责
孙晓菲　陕西电力物资公司物流中心主任经济师
吴美林　国网陕西管理培训中心党建教研部（党建研究中心）政策理论教研室副主管
朱春强　国网陕西技能培训中心信息通信与数据中心主任、党支部书记
林创利　国网陕西技能培训中心电力工程系发电教研室教师
张　青　国网陕西营销服务中心电费业务部购售电结算室副主管
姚　璐　国网陕西后勤服务中心财务部预算管理
阎　妮　陕西发电集团公司综合办公室主任
李　敏　陕西发电集团公司劳资统筹专责
陈录峰　陕西发电集团公司水电站经理
程相锋　陕西电力投资控股公司市场运营部主任
李　颖　陕西电力投资控股公司综合办公室党建专责兼机关党支部书记
曹海东　国网陕西综合能源公司职工董事、总经理助理、办公室主任、综合党支部书记
张　瑶　陕西秦电集团公司财务部总账报表管理
豆　科　国网陕西电力物资部物资信息化管理
余坤兴　国网陕西电力法律部体制改革处处长
张保国　国网陕西电力人资部劳动组织处处长

国网陕西省电力有限公司先进集体

国网陕西电力党建部
国网陕西电力配网部
国网陕西电力审计部
国网宝鸡供电公司
国网渭南供电公司
国网西咸新区供电公司
国网安康水电厂
国网陕西物资公司
陕西电力投资控股公司

国网陕西省电力有限公司十四运会和残特奥会保电突出贡献单位

国网西安供电公司
国网宝鸡供电公司

国网渭南供电公司
国网延安供电公司
国网陕西检修公司
国网陕西信通公司

国网陕西省电力有限公司
十四运会和残特奥会保电先进单位

国网咸阳供电公司
国网汉中供电公司
国网安康供电公司
国网商洛供电公司
国网铜川供电公司
国网榆林供电公司
国网西咸新区供电公司
国网安康水电厂
陕西送变电公司
国网陕西建设公司
国网陕西电科院
国网陕西营销服务中心
国网陕西物资公司

国网陕西省电力有限公司防汛抢险先进单位

国网西安供电公司
国网宝鸡供电公司
国网渭南供电公司
国网安康供电公司
国网商洛供电公司
国网铜川供电公司
国网延安供电公司
国网安康水电厂

国网陕西省电力有限公司“工人先锋号”

国网西安供电公司电力调度控制中心地区调度班
国网西安市临潼区供电公司营业班
国网西安供电公司变电检修中心电气试验二班
国网西安供电公司电费计量中心采集运行班
国网蓝田县供电公司采集运维班
国网西安市高陵区供电公司榆楚供电所
国网西安供电公司亮丽电缆工程分公司电缆工程五班
国网咸阳供电公司电费计量中心采集监控班
国网旬邑供电公司职田供电所
国网兴平市供电公司桑镇供电所
国网咸阳供电公司调控中心地区调度班
国网乾县供电公司带电作业班
国网咸阳供电公司亨通配电工程公司工程一班
国网宝鸡市城区供电公司营配三班
国网宝鸡供电公司送变电工程公司变电一班
国网宝鸡供电公司营销部政企客户服务班
国网扶风县供电公司客户服务中心
国网麟游县供电公司配网自动化班
国网宝鸡供电公司输电运检中心红星输电运维班
国网潼关县供电公司城郊供电所
国网富平县供电公司城关供电所
国网合阳县供电公司洽川供电所
国网渭南供电公司变电运维中心澄县变电运维班
国网渭南供电公司输电运检中心输电带电作业班
国网渭南供电公司客户服务中心大客户经理班
国网汉中市汉台区供电公司城区中心供电所
国网汉中供电公司汉源集团公司安装分公司调试班
国网汉中供电公司电力调度控制中心地区调度班
国网汉中供电公司变电检修中心变电二次运检一班
国网宁强县供电公司金家坪供电所
国网安康供电公司供电服务指挥中心配网抢修及服务指挥班
国网安康供电公司汉水集团公司变电分公司变电安装一班
国网白河县供电公司采集运维班
国网岚皋县供电公司南宫山供电所
国网商洛供电公司变电运维中心柞水变电集控站
国网商洛供电公司变电检修中心变电检修班
国网柞水县供电公司下梁供电所
国网铜川市耀州区供电公司供电服务指挥中心运营监控班
国网铜川供电公司变电检修中心变电检修二班
国网富县供电公司羊泉供电所
国网延安供电公司输电运检中心无人机作业班
国网榆林供电公司电力调度控制中心地区调度班
国网榆林供电公司电费计量中心装表接电班
国网榆林供电公司变电检修中心变电检修班
国网榆林市榆阳区供电公司东沙供电所

国网榆林供电公司变电运维中心榆阳运维站
国网西咸新区供电公司输电运检中心输电运维一班
国网安康水电厂运行分场调控五值
国网安康水电厂信通分场信息运检班
陕西送变电公司特高压跨区运检分公司银东直流运检站
陕西送变电公司输电施工第三分公司施工一班
陕西送变电公司输电施工第五分公司施工一班
陕西电力建设集团有限公司西安设计分公司变电部
陕西电力建设集团有限公司西安电建分公司送变电调试所
国网陕西超高压公司关中运维分部泾渭 750kV 变电站
国网陕西超高压公司陕北运维分部朔方 750kV 变电站
国网陕西信通公司信息通信调度监控中心网络安全班
陕西发电集团公司西乡马营水电站
陕西发电集团公司紫阳斑桃水电站
国网陕西后勤服务中心工程采供班

（工会）

大事记

【2021年大事记】

1月5日，公司董事长、党委书记胡卫东主持召开公司安委会扩大会议，公司领导班子成员出席会议。

1月6日，公司召开2021年安全生产工作会。公司董事长、党委书记胡卫东出席会议并讲话，公司董事、总经理、党委副书记张薛鸿主持会议，公司全体领导班子成员出席会议。

1月7日，国家电网有限公司党组第五巡视组向国网陕西省电力公司党委反馈巡视情况。公司党组巡视工作领导小组成员，巡视办主任张徐东同志主持召开向陕西公司党委书记、董事长胡卫东同志的反馈会议。范爱虎同志代表国家电网有限公司党组巡视组分别向陕西公司党委书记、西安公司党政主要负责人和陕西公司领导班子反馈巡视情况。胡卫东同志主持向陕西公司领导班子的反馈会议，并就抓好巡视整改作表态发言。

1月15日，公司召开2020年度直属单位党委书记抓基层党建工作述职评议视频会议。公司党委书记、董事长胡卫东出席会议并讲话。公司党委副书记、董事、总经理张薛鸿及在家领导班子成员参加会议并现场提问。公司党委副书记、董事、副总经理林一凡主持会议。

1月17日，国网公司召开支援河北抗击疫情保供电队伍出征动员会。公司在陕西分会场作表态发言。国网公司出征动员会后，公司召开支援河北抗疫保电队伍出征动员会。公司董事长、党委书记胡卫东做讲话，董事、总经理、党委副书记张薛鸿为公司支援河北抗击疫情保供电队伍授旗。公司总工程师窦晓军，国网西安供电公司总经理钟筱军、党委书记孙强参加出征动员会。

1月19日，国家电网有限公司第四届职工代表大会第一次会议暨2021年工作会议在北京开幕。公司5人获劳动模范，1人获国网工匠，2个单位获先进集体，3个班组获工人先锋号。

1月20日，《国家电网报》“2021公司两会特刊”专栏刊发公司董事长、党委书记胡卫东“两会”议案《推进陕西特高压外送通道建设》，引发广泛关注。

1月21日，公司董事长、党委书记胡卫东主持召开公司董事会一届六次会议。公司董事、总经理、党委副书记张薛鸿，公司外部董事、西北分部副主任左玉玺，公司董事、党委副书记、副总经理林一凡，职工董事、副总经理、党委委员、工会主席王成文出席会议。公司监事会主席、西北分部副主任兼国家电网公司审计部副主任穆银安，监事、国家电网公司西北分部审计中心副主任马莘，职工监事张春艳列席会议。

1月22日，公司召开十四运会和残特奥供电保障推进视频会。公司董事、总经理、党委副书记张薛鸿，总工程师窦晓军出席会议。

1月26日，公司第四届职工代表大会第一次会议暨2021年工作会议在公司培训中心召开。公司董事长、党委书记胡卫东做了题为《稳中求进 真抓实干 奋力开创“十四五”高质量发展新局面》的工作报告。公司董事、总经理、党委副书记张薛鸿做大会总结讲话。公司领导班子全体成员，国网西安供电公司党政负责人，公司三级顾问出席会议。

1月28日，公司召开领导班子2020年度民主生活会。公司党委书记、董事长胡卫东主持会议并做总结讲话。公司董事、总经理、党委副书记张薛鸿通报公司上年度民主生活会问题整改情况。公司领导班子成员出席会议。

2月2日，国内首座超高压电缆集中补偿站—林溪高抗站、国内首条长距离330kV超高压电缆线路——330kV林北Ⅰ线投入试运行。

2月3日，公司与陕西投资集团有限公司战略合作协议签约仪式在公司本部举行。公司董事长、党委书记胡卫东，陕西投资集团党委书记、董事长袁小宁出席签约仪式并致辞。公司董事、总经理、党委副书记张薛鸿主持签约仪式。公司副总经理、党委委员周军义，陕投集团董事、陕能股份总经理王栋代表双方在协议上签字。公司副总经理、党委委员刘太洪，陕投集团总经理赵军、副总经理李智学出席签约仪式。

2月4日，陕西省国资委党委书记刘斌一行在公司董事、总经理、党委副书记张薛鸿的陪同下，到公司调研春节前夕保电准备工作，看望国家电网公司抗击新冠肺炎疫情功勋个人岳红权、原西北电管局局长曹素人。

2月7日，国家能源局西北监管局党组书记、局长何昌群，公司董事、总经理、党委副书记张薛鸿到铜川公司调研指导工作，并看望慰问一线班组、劳动模范和困难职工。

2月8日，公司召开2021年党风廉政建设和反腐败工作会议。公司党委书记、董事长胡卫东出席会议并讲话，公司董事、总经理、党委副书记张薛鸿主持会议。公司党委委员、纪委书记李文立做工作报告。公司领导班子成员出席会议。

同日，公司召开2021年法治企业建设暨体改工作会议，公司董事、总经理、党委副书记张薛鸿出席会议并讲话。

2月22日，公司召开2021年优化电力营商环境和优质服务电视电话会。公司董事、总经理、党委副书记张薛鸿出席会议并讲话。公司职工董事、副总经理、党委委员、工会主席王成文主持会议。公司副总经理、党委委员陶轶华出席会议。

2月24日，公司召开数字化转型工作推进会，公司董事、总经理、党委副书记张薛鸿，副总经理、党委委员周军义出席会议并讲话，西安供电公司总经理、党委副书记钟筱军出席会议。

同日，公司召开省管产业单位重点工作协调会，公司董事、总经理、党委副书记张薛鸿出席会议。公司副总经理、党委委员陶轶华主持会议。

2月26日，陕西省委书记刘国中在西安会见了陕西省第七批“三秦楷模”。公司退休职工、“三秦楷模”获得者张雷威，公司董事长、党委书记胡卫东参加会见活动。

3月1日，公司召开十四运会和残特奥会供电保障工作动员会。公司党委书记、董事长胡卫东出席会议并讲话。公司党委副书记、董事、总经理张薛鸿主持会议。公司领导班子成员参加会议。

同日，公司召开向“三秦楷模”张雷威同志学习动员会，号召公司系统干部员工向张雷威同志学习。张雷威在会议上分享个人扶贫工作经历和心得经验，公司董事长、党委书记胡卫东出席会议并讲话。

3月4日，公司2021年标准化作业现场示范会在渭南公司召开。公司董事长、党委书记胡卫东出席会议并讲话，公司董事、总经理、党委副书记张薛鸿主持会议。公司副总经理、党委委员陶轶华、刘太洪，总工程师窦晓军出席会议。

3月15日，公司董事长、党委书记胡卫东赴延安拜会陕西省委常委、延安市委书记赵刚，市委副书记、市长薛占海。公司职工董事、副总经理、党委委员、工会主席王成文，延安市委常委、副市长王军营参加会谈并代表双方签署战略合作框架协议。

3月25~26日，国网公司基建部主任葛兆军一行到公司调研基建管理工作。公司董事长、党委书记胡卫东，董事、总经理、党委副书记张薛鸿，副总经理、党委委员刘太洪陪同调研。

4月1日，国网直流公司董事长丁永福、副总经理袁清云到陕北 ±800kV 换流站检查指导工作并召开建设协调会，公司副总经理、党委委员刘太洪陪同检查。

4月7日，国家电网有限公司董事长、党组书记辛保安一行在西安与陕西省委书记刘国中，省委副书记、省长赵一德举行会谈。陕西省副省长程福波，公司总会计师、党组成员罗乾宜参加会谈。陕西省委副秘书长李雄斌、省政府副秘书长王建平，省政府有关部门负责人，公司总经济师兼办公室主任王抒祥、副总工程师兼人资部主任吕春泉、副总工程师兼西北分部主任王国春、总部相关部门及国网陕西电力主要负责人参加会谈。

4月8日，国家电网有限公司董事长、党组书记辛保安一行赴国网西北分部、国网陕西省电力公司和中国西部科技创新港调研，看望慰问基层干部员工。国网公司总会计师、党组成员罗乾宜参加调研。公司总经济师兼办公室主任王抒祥、副总工程师兼人资部主任吕春泉、副总工程师兼西北分部主任王国春，总部相关部门及国网陕西电力主要负责人参加相关活动。

4月13日，国家电网有限公司审计组进驻公司开展原董事长任期经济责任审计、重大政策决策部署落实跟踪审计，公司召开原董事长任期经济责任审计暨重大政策决策部署落实跟踪审计进点会。国家电网公司审计部副主任王端瑞出席会议并讲话，审计组组长穆银安宣读任期经济责任、重大政策决策部署落实跟踪审计通知书，公司董事长、党委书记胡卫东就做好迎审工作提出要求。审计组成员、公司在家领导班子成员出席会议。

4月16日，国家能源局总经济师郭智一行来公司督导调研电力安全保障工作。国家能源局西北监管局局长何昌群、副局长张志平，公司总工程师窦晓军，西安公司总经理钟筱军陪同调研。

4月19日，中央宣传部、民政部发布2020年度“最美城乡社区工作者”及其先进事迹，公司员工宁启水获此荣誉称号。

4月20日，公司举行需求响应推广应用柔性团队启动会。公司董事、总经理、党委副书记张薛鸿，陕西省发改委运行办主任蔡胜斌出席会议并讲话。

4月20日，公司董事长、党委书记胡卫东赴铜川拜会铜川市委书记樊维斌。公司党委委员、副总经理周军义与铜川市副市长姜学武参加会谈并代表双方签署战略合作框架协议。铜川市副市长白崇军主持签约仪式。

4月23日，公司召开2021年第二季度工作会议暨贯彻落实“一体四翼”发展工作会议。公司董事长、党委书记胡卫东出席会议并讲话。公司董事、总经理、党委副书记张薛鸿主持会议并作总结。公司董事、党委副书记、副总经理林一凡，职工董事、副总经理、党委委员、工会主席王成文，总会计师、党委委员李英，副总经理、党委委员周军义、刘太洪，党委委员、纪委书记李文立出席会议。

同日，公司召开2021年干部人才工作会议。公司董事长、党委书记胡卫东出席会议并讲话，公司董事、总经理、党委副书记张薛鸿安排公司年度干部人才工作，公司董事、党委副书记、副总经理林一凡主持会议，公司在家领导班子出席会议。

4月27日，公司召开“网上电网”2020年建设成果展示汇报暨2021年建设推进会。公司董事、总经理、党委副书记张薛鸿出席会议并讲话，公司副总经理、党委委员周军义主持会议。

同日，公司召开2021年标准化作业现场推进会。公司董事长、党委书记胡卫东出席会议并讲话，公司总工程师窦晓军主持会议。

4月28日，特高压陕武直流陕北换流站交流站系统启委会第一次会议在陕北换流站现场召开。国网特高压部副主任黄勇，国网西北分部副主任、党委委员张振宇，国网直流公司副总经理、党委委员袁清云，公司副总经理、党委委员刘太洪参加会议。

同日，公司召开纪念五四运动102周年暨第二届“青年岗位能手”表彰大会。公司党委副书记、董事、总经理张薛鸿出席会议并讲话。公司党委副书记、董事、副总经理林一凡主持会议。

4月29日，国网通航公司党委副书记、副总经理周吉安一行到公司调研党建工作，公司党委副书记、董事、副总经理林一凡出席座谈会。

4月29日，公司召开客户受电工程“三指定”问题专项治理行动电视电话会议。公司董事、总经理、党委副书记张薛鸿参加会议并讲话，公司职工董事、副总经理、党委委员、工会主席王成文主持会议，公司党委委员、纪委书记李文立参加会议。

5月8日，公司董事长、党委书记胡卫东，董事、总经理、党委副书记张薛鸿在咸阳拜会咸阳市委书记杨长亚，市委副书记、市长卫华，并与咸阳市政府签订“十四五”战略合作协议。公司副总经理、党委委员周军义，咸阳市委常委、副市长王飞代表双方在战略合作框架协议上签字。

5月11日，公司2021年党校优秀年轻干部培训班在国网大学正式拉开帷幕。公司董事长、党委书记胡卫东出席开班仪式并讲话。公司董事、党委副书记、副总经理林一凡主持开班仪式。国网大学主任、党委副书记倪吉祥致辞。

5月12日，陕西省公安厅与国网陕西省电力公司反窃电警务中心揭牌仪式暨2021年陕西省反窃电工作会议在公司本部举行。陕西省公安厅党委副书记、常务副厅长杨尚伟，公司董事长、党委书记胡卫东共同为反窃电警务中心揭牌。公司董事、总经理、党委副书记张薛鸿主持会议。公司职工董事、副总经理、党委委员、工会主席王成文，陕西省地方电力（集团）有限公司董事冯建宇参加会议。

5月13日，全国电力行业职业技能竞赛（变配电值班员）工作研讨会在培训中心南校区召开。中国电力企业联合会技能鉴定与教育培训中心主任张志锋出席启动会并讲话，公司副总经理、党委委员陶轶华致欢迎辞。

5月14日，第五届电力大数据高峰论坛在西安举行，这也是电力大数据高峰论坛首次在京外举行。陕西省发改委能源局副局长张闫、中国电机工程学会副秘书长吴云喜、国网大数据中心主任王继业，公司董事长、党委书记胡卫东出席会议并致辞。中国电机工程学会会士、中国电机工程学会电力信息化专业委员会副主任委员刘建明，中国电力大数据创新联盟常务副理事长沈亮主持会议。公司副总经理、党委委员周军义出席会议。

5月19日，公司董事长、党委书记胡卫东在西咸新区拜会西安市政协主席、西咸新区党工委书记岳华锋，西安市委常委、西咸新区管委会主任康军，并与西咸新区管委会签订“十四五”战略合作协议。公司副总经理、党委委员周军义，西咸新区管委会副主任姚海军代表双方在战略合作框架协议上签字。

5月24日，公司董事长、党委书记胡卫东主持召开公司董事会一届七次会议。公司董事、总经理、党委副书记张薛鸿，公司外部董事、西北分部三级顾问左玉玺，公司董事、党委副书记、副总经理林一凡，职工董事、副总经理、党委委员、工会主席王成文出席会议。公司监事会主席、西北分部副主任兼国家电网公司审计部副主任穆银安，监事、国家电网公司西北分部审计中心副主任马莘，职工监事张春艳列席会议。按照董事会议事规则有关要求，会议审议并通过了《公司2020年度财务决算情况的报告》，听取了《公司2021年1~4月份综合计划调整及执行情况的报告》《公司2021年1~4月份预算执行情况的报告》《公司董事长办公会有关决议事项的报告》《公司2021年1~4月份工作情况的报告》。

5月17日至26日，国家电网公司总经理助理单业才带队，对公司“五查五严”风险隐患排查整治工作开展情况进行督查。公司董事长、党委书记胡卫东，董事、总经理、党委副书记张薛鸿，副总经理、党委委员刘太洪参加督查情况反馈会，总工程师窦晓军陪同督查并在督查情况反馈会上汇报公司“五查五严”风险隐患排查整治工作情况。国网西安供电公司总经理、党委副书记钟筱军，党委书记、副总经理孙强参加督查情况反馈会。

5月27日，陕西省总工会党组成员、副主席赵霞带队到榆林公司开展“工会进万家”调研走访慰问。

5月29日，由公司工会举办的“喜迎十四运会 庆建党百年”“光明杯”乒乓球邀请赛在培训中心体育馆举办。省发改委二级巡视员王彪出席活动并讲话，公司董事、总经理、党委副书记张薛鸿致开幕词并为获奖的参赛队颁奖。公司职工董事、副总经理、党委委员、工会主席王成文并主持开幕式和闭幕式。11家大型企业的有关负责人出席了活动开幕式。

6月2日，公司召开数字化转型工作推进会，公司董事、总经理、党委副书记张薛鸿，副总经理、党委委员周军义出席会议并讲话。

同日，国家电网有限公司直流技术中心主任叶廷路一行到±800kV陕北换流站调研直流专业技术支撑工作，公司总工程师窦晓军陪同调研。

6月4日，公司董事、总经理、党委副书记张薛鸿到宝鸡拜会宝鸡市委副书记、市长惠进才。公司副总经理、党委委员刘太洪与宝鸡市委常委、副市长王宁岗参加会谈并代表双方签署“十四五”战略合作框架协议。宝鸡市委常委、常务副市长刘荣贤主持签约仪式。

6月8日，公司在渭南举办《智慧电力》期刊建设研讨会。公司董事长、党委书记胡卫东出席会议并致欢迎词。公司董事、总经理、党委副书记张薛鸿出席会议并讲话，公司董事、党委副书记、副总经理，《智慧电力》期刊主编林一凡作期刊工作汇报。公司副总经理、党委委员刘太洪主持会议。

6月8日，国网客服中心副主任武亚光一行到公司调研客户服务、营销数字化转型、网上国网推广工作。公司总会计师、党委委员李英出席座谈会。

6月9日，公司董事、总经理、党委副书记张薛鸿以“如何做一名有效的管理者”为题，在培训中心本部为公司三级领导人员和优秀年轻干部现场授课。

6月10日，公司董事、总经理、党委副书记张薛鸿到汉中拜会汉中市委副书记、市长钟洪江。公司副总经理、党委委员周军义与汉中市副市长周景祥参加会谈并代表双方签署“十四五”战略合作框架协议。汉中市委常委、副市长李海金主持签约仪式。

同日，公司董事、总经理、党委副书记张薛鸿一行在安康会见安康市委副书记、市长赵俊民。安康市委常委、副市长殷勇，公司副总经理、党委委员周军义，分别代表安康市委市政府和陕西省电力公司，共同签署了“十四五”战略合作框架协议。

6月10日，国家能源局安全司二级巡视员、国家能源局第五督查组组长张扬民一行对公司应急能力建设情况进行专项督查，并听取工作汇报。公司董事长、党委书记胡卫东，公司总工程师窦晓军陪同督查。

6月11日，国网陕西省电力公司与国网上海市电力公司在上海签订陕西延安清洁电能送上海红色场馆交易合作框架协议。国网陕西电力董事、总经理、党委副书记张薛鸿出席仪式并讲话。陕西省能源局副局长张闫、上海市发改委副主任周强，国网上海电力董事、总经理、党委副书记阮前途、北京电力交易中心副总经理常青、上海中共一大会址纪念馆代表、延安新能源发电企业代表出席仪式。

6月15日，公司与商洛市政府“十四五”战略合作框架协议签约仪式在商洛市行政中心举行，公司副总经理、党委委员周军义与商洛市副市长刘伟代表双方签署战略合作框架协议并讲话。

6月17日，陕西省委委员、陕西省委党校（行政学院）常务副校（院）长蔡钊利一行6人来公司党校调研指导工作。公司党委委员、纪委书记李文立出席调研座谈会并致欢迎辞。

6月18日，公司董事、总经理、党委副书记张薛鸿一行在西安市人民政府会见西安市市长李明远，并与西安市政府签订“十四五”战略合作协议。市委常委、常务副市长王苏甫江，公司副总经理、党委委员周军义代表双方在战略合作框架协议上签字。市政协副主席、市政府秘书长陈长春，西安公司总经理钟筱军、党委书记孙强出席签约仪式。

6月21日，公司召开安全生产专题党委扩大会议。公司董事长、党委书记胡卫东主持会议并讲话，公司董事、总经理、党委副书记张薛鸿传达上级单位安全生产工作会议精神，并就公司近期安全生产工作提出要求。公司在家领导班子成员参加会议。

6月22日，在中国共产党成立100周年之际，陕西省国资委党委书记刘斌一行在公司董事长、党委书记胡卫东的陪同下，共同看望慰问公司离退休老党员、老同志。

6月23~24日，西北能源监管局党组书记、局长何昌群一行先后前往西安公司、延安公司，对公司系统电力安全保障工作开展督导调研。

6月29日，公司与渭南市政府“十四五”战略合作框架协议签约仪式在渭南公司举行，公司副总经理、党委委员周军义与渭南市市委常委、常务副市长王晓军代表双方签署战略合作框架协议并讲话。

6月30日上午，公司党委副书记、董事、总经理张薛鸿亲切看望慰问83年党龄的老党员曹素人和77年党龄的老党员吴连义，并为两位老党员颁发佩戴“光荣在党50年”纪念章。

6月30日，公司召开领导人员任免宣布会议，公司董事长、党委书记胡卫东受国家电网公司党组委托宣读国家电网公司党组任免决定并作讲话。经国家电网公司党组研究并征得中共陕西省委同意，李文立同志不再担任国网陕西省电力公司党委委员、纪委书记职务；文建光同志任国网陕西省电力公司党委委员、纪委书记。

6月30日，国网西安供电公司召开领导人员任免宣布会议，国网陕西省电力公司董事、总经理、党委副书记张薛鸿受国家电网公司党组委托宣读国家电网公司党组任免决定并作讲话。根据工作需要，经国家电网公司党组研究决定，孙强同志任国网西安供电公司总经理、党委副书记；余松同志任国网西安供电公司党委书记、副总经理；免去钟筱军同志国网西安供电公司总经理、党委副书记职务；免去孙强同志国网西安供电公司党委书记、副总经理职务。

同日，公司与榆林市政府在榆林举行战略合作框架协议签约仪式。公司副总经理、党委委员周军义，榆林市委常委、常务副市长李博代表双方签约并讲话。榆林市政协副主席、市发展改革委主任杨扬出席签约仪式。

同日，公司“四全四化”立体协同监督体系建设汇报会在公司本部运营监测大厅召开。公司董事长、党委书记胡卫东，副总经理、党委委员陶轶华，党委委员、纪委书记文建光出席汇报会。

同日，公司党委党性体检（党史学习教育）中心（以下简称“党性体检中心”）正式启用。公司党委理论中心组参加党性体检中心启用并开展集体学习。国网公司党史学习教育第五巡回指导组列席指导集体学习。

7月1日，公司召开庆祝中国共产党成立100周年座谈会。公司党委书记、董事长胡卫东为公司系统老党员代表颁发“光荣在党50年”纪念章并做讲话。公司董事、党委副书记、副总经理林一凡主持会议，公司职工董事、副总经理、党委委员、工会主席王成文宣读上级党组织和公司党委“两优一先”表彰决定。公司在家领导班子成员、西安公司党委负责人参加会议。

7月2日，公司2021年党校优秀年轻干部培训班课题汇报暨结业仪式在公司党校举行。公司董事、总经理、党委副书记张薛鸿出席仪式并讲话，公司董事、党委副书记、副总经理林一凡主持结业仪式。

7月6日，国网公司召开学习贯彻习近平总书记庆祝建党100周年大会重要讲话精神暨“两优一先”表彰大会。会议共授予3个群体“国网楷模”荣誉称号，国网陕西电力张思德（延安枣园）共产党员服务队位列其中。

7月10日，公司“永远跟党走 奋进新征程”庆祝中国共产党成立100周年职工篮球赛在商洛公司隆重开幕。国网公司副总工程师、西北分部主任王国春，公司董事、总经理、党委副书记张薛鸿，副总经理、党委委员陶轶华出席开幕式，公司职工董事、副总经理、党委委员、工会主席王成文主持开幕式。

7月15日，特高压陕武直流陕北换流站交流站系统启委会第二次会议在陕北换流站现场召开。国网特高压部换流站处处长宋胜利，国网西北分部副主任、党委委员张振宇，公司副总经理、党委委员刘太洪，国网特高压建设公司副总经理、党委委员袁清云参加会议。

同日，由公司承办的国家电网公司第二批省管产业单位支援合作座谈会暨签约仪式在西安举行，福建、天津、山东、安徽公司分别与陕西、甘肃、青海、黑龙江公司开展结对支援、签署协作互助协议，标志着国家电网公司第二批省管产业单位支援合作工作正式启动。

7月20日，公司召开深入学习贯彻习近平总书记“七一”重要讲话精神加快推动新型电力系统建设暨2021年年中工作会。公司董事长、党委书记胡卫东出席会议并讲话。公司董事、总经理、党委副书记张薛鸿主持会议。公司总会计师、党委委员李英，副总经理、党委委员周军义、陶轶华、刘太洪，总工程师窦晓军，党委委员、纪委书记文建光出席会议。

同日，公司董事、总经理、党委副书记张薛鸿到宝鸡公司讲授党史专题党课。宝鸡公司领导班子成员、副总师、各部门单位党政负责人，党员、团员青年代表100余人参加学习。

同日，陕西省人大监察和司法委员会主任委员陈光明到公司开展“七五”普法决议贯彻执行情况工作调研。公司董事、党委副书记、副总经理林一凡陪同调研。

7月21日，公司董事长、党委书记胡卫东，董事、总经理、党委副书记张薛鸿到西安市政府，与西安市市长李明远进行会谈，并共同参加西安市电网建设领导小组专题会议。西安市常务副市长王苏甫江主持电网建设领导小组会。西安市副市长和文全、秘书长陈长春，公司副总经理、党委委员周军义出席会议。西安公司总经理孙强、党委书记余松参加会谈并出席会议。

7月22日，国家电网有限公司副总工程师兼西北分部主任、党委书记王国春到榆林调研慰问，先后深入榆林公司、陕北换流站现场指导工作并慰问一线员工。国网西北分部副主任、党委委员、纪委书记、工会主席马放瑞，公司副总经理、党委委员刘太洪同行调研。

7月25日，公司董事、总经理、党委副书记张薛鸿到洛南“7·23”洪灾现场检查指导抢险救灾工作。

7月29日，国家发改委电力司副司长苟峰一行到国网西安供电公司调研西安电网发展情况。陕西省能源局、西北能监局、西安市发改委有关负责人，国网陕西省电力公司副总经理、党委委员周军义，国网西安供电公司总经理孙强参加调研。

7月30日，公司党委书记、董事长胡卫东以普通党员身份参加所在的发展部党支部2021年党史学习教育专题组织生活会，与支部同志一起学习交流。国家电网公司党史学习教育第五巡回指导组参加会议指导。

8月2日，公司董事、总经理、党委副书记张薛鸿到西安公司生产现场检查指导工作。公司总工程师窦晓军、西安公司党委书记余松陪同检查。

8月6日，由国网陕西电力公司和陕西地方电力公司融合设立的国网陕西省电力有限公司揭牌成立。当天上午，国家电网有限公司和陕西省人民政府在北京和西安召开国网陕西省电力有限公司揭牌视频会议。国家电网有限公司董事长、党组书记辛保安，总经理、党组副书记张智刚，陕西省委书记刘国中，省委副书记、省长赵一德共同为国网陕西电力揭牌。陕西省委常委、秘书长方红卫，副省长程福波，公司总会计师、党组成员罗乾宜，副总经理、党组成员庞骁刚、陈国平出席会议。

陕西省政府秘书长方玮峰及相关部门、西北能监局有关负责人，公司有关助理、总师、副总师，总部有关部门负责人，国网西北分部负责人，新陕西公司领导班子成员、顾问、外部董事监事，国网陕西电力及陕西地方电力本部部门副职及以上人员、所属各单位、各县公司领导班子成员及部门主要负责人参加会议。

8月6日，国家电网有限公司召开陕北—湖北±800kV特高压直流工程启动送电视频会议。国家电网公司董事长、党组书记辛保安，总经理、党组副书记张智刚，陕西省委书记刘国中，省委副书记、省长赵一德，省委常委、秘书长方红卫，副省长程福波，湖北省副省长曹广晶出席会议。公司总会计师、党组成员罗乾宜主持会议，公司副总经理、党组成员庞骁刚、陈国平出席会议。

11时，刘国中、赵一德、辛保安、张智刚、曹广晶等共同为工程启动送电，来自陕北高原的电能跨越千里送向荆楚大地。

会议在公司总部、西安、武汉及工程换流站分别设主会场和分会场。陕西省政府秘书长方玮峰，陕西、湖北省政府相关部门负责人，西北能监局负责人，公司有关助理、总师、副总师，总部有关部门负责人，国网西北分部、华中分部及国网陕西电力、湖北电力负责人，相关参建单位代表参加会议。

8月12日，国网安监部视频调研督导陕西十四运会保电工作，听取西北分部、公司和西安公司的保电工作汇报，远程视频察看了西安、渭南、宝鸡、汉中、延安、西咸新区6个保电现场。公司总工程师窦晓军在公司东区分会场参加会议。

8月13日，陕西省委副书记、省长赵一德一行到公司调研，先后前往公司南区调控中心，东区调控中心、运监中心，及十四运会保电现场了解工作实际，看望干部员工。省委常委、西安市委书记王浩，副省长、十四运会和残特奥会组委会副主任兼秘书长方光华，西安市委副书记、市长李明远，省政府秘书长方玮峰，公司董事长、党委书记胡卫东，董事、总经理、党委副书记张薛鸿，总工程师窦晓军陪同调研。公司在家领导班子成员参加调研。

8月16日，公司召开干部大会。公司董事长、党委书记胡卫东讲话。公司董事、总经理、党委副书记张薛鸿主持会议。公司全体领导出席会议。

8月17日，公司董事长、党委书记胡卫东与安康市委书记赵俊民、市长武文罡就进一步推进落实“十四五”战略合作框架协议，助力安康经济社会发展进行会谈。安康市委常委、副市长刘建平，公司党委委员、副总经理刘太洪参加会谈。

8月18日，陕西省副省长、党组成员程福波一行到公司调研十四运会电力保障及两网融合工作。省政府办公厅副主任徐刚，省发改委副主任、省能源局局长何钟，公司董事长、党委书记胡卫东，董事、总经理、党委副书记张薛鸿，副总经理、党委委员刘太洪陪同调研。公司董事、党委副书记林一凡，总会计师、党委委员李英，副总经理、党委委员孙毅卫，党委委员、纪委书记文建光参加调研。

8月19日，国网公司召开陕西公司融合发展安全生产保障视频会议。国网公司副总经理、党组成员陈国平，总经理助理单业才、安全总监周安春、副总信息师王继业在主会场参加会议并讲话。公司董事长、党委书记胡卫东，董事、总经理、党委副书记张薛鸿，副总经理、党委委员刘太洪、孙毅卫，外部董事刘岩，总工程师窦晓军在本部东区分会场参加会议；副总经理盛成玉，董事、副总经理、党委委员周军义，副总经理、党委委员陶轶华、副总经理冯建宇在本部南区分会场参加会议。总部安监部、设备部、营销部、基建部、互联网部、产业部、国调中心负责人在主会场参加会议并提出工作要求。

公司相关副总师，东区安监部、设备部、配网部、营销部、建设部、互联网部、调控中心、产业办主要负责人在本部东区分会场参加会议。公司南区创新与生产技术部、市场部、能源与发展部、数字化部、安全环保监察部主要负责人在本部南区分会场参加会议。公司东区各发供电单位、南区各市供电分公司、国网陕西检修公司、发电集团等直属相关单位、各县公司主要负责人及相关人员在各单位分会场参加会议。

8月24日，在国家电网有限公司召开应对河南特大暴雨抗洪抢险保供电表彰暨做好电力保障工作电视电话会议之后，公司召开援豫抗洪抢险保供电表彰会议。公司领导张薛鸿、林一凡、王成文、李英、刘太洪、孙毅卫、刘岩、窦晓军、文建光在本部东区出席会议，公司领导邹满绪、陶轶华、刘爱文、杨桦、冯建宇、史高琦、张斌、郑景辉、王晓刚、梁倩在本部南区出席会议。

8月25日，国家电网有限公司董事长、党组书记辛保安一行在西安与陕西省委书记刘国中，省委副书记、省长赵一德举行会谈。陕西省委常委、秘书长方红卫，副省长程福波，公司副总经理、党组成员庞骁刚参加会谈。陕西省政府秘书长方玮峰、省委副秘书长李雄斌、省政府有关部门负责人，公司总经济师兼办公室主任王抒祥、安全总监周安春、副总工程师兼西北分部主任王国春、总部相关部门及国网陕西电力主要负责人参加会谈。

8月25日至26日，国家电网有限公司董事长、党组书记辛保安一行赴陕西西安检查第十四届全运会供电保障工作，调研国网陕西省电力有限公司，指导企业融合发展，看望慰问干部员工。陕西省副省长程福波，西安市市长李明远陪同相关调研。公司副总经理、党组成员庞骁刚参加调研。

陕西省政府相关部门负责人、西安市政协副主席陈长春，公司总经济师兼办公室主任王抒祥、安全总监周安春、副总工程师兼西北分部主任王国春，总部相关部门、国网陕西电力主要负责人参加相关活动。

8月30日，公司与国网福建电力省管产业结对合作签约仪式在公司东区本部举行。公司董事长、党委书记胡卫东，国网福建电力董事长、党委书记谭永香出席仪式并讲话。公司董事刘岩主持仪式，国网福建电力总工程师陈玉树参加仪式。

9月1日至2日，国家电网有限公司后勤工作部主任彭建国一行到公司调研工作，指导检查公司融合发展和十四运会供电后勤保障工作。公司董事长、党委书记胡卫东出席调研汇报会并介绍陕西公司工作。公司董事、党委副书记林一凡，总会计师、党委委员李英，副总经理、党委委员张斌参加调研活动。

9月6日，公司本部东区、南区两考场同步举行公司领导干部2021年下半年安全知识及《安规》考试。公司领导班子成员、副总师、东区西安供电公司主要负责人参加考试。

9月8日，公司董事长、党委书记胡卫东与西咸新区党工委书记杨仁华就推进央地合作、助力西咸新区创新发展进行会谈。西咸新区党工委委员、管委会副主任陈辉，西咸新区党工委委员，沣东新城党委书记、管委会主任柳政，公司董事、总经理、党委副书记张薛鸿，副总经理、党委委员张斌出席会谈。

同日，公司召开“牢记总书记指示 弘扬张思德精神”深化共产党员服务队建设交流座谈会。公司董事长、党委书记胡卫东，董事、党委副书记林一凡，党委委员、副总经理陶轶华，党委委员、纪委书记崔利民出席会议。

同日，公司董事长、党委书记胡卫东主持召开南区子公司及直属中心调研座谈会，听取南区10家子公司及直属中心工作汇报。公司领导张薛鸿、李英、盛成玉、周军义、陶轶华、冯建宇、史高琦、张斌、王晓刚出席调研座谈会。

9月9日，公司董事长、党委书记胡卫东会见国网黑龙江省电力有限公司董事长、党委书记李永莱一行。国网黑龙江电力副总经理吴凤春，公司副总经理冯建宇、郑景辉出席会见。

9月13日，国家电网公司召开十四运会保电动员视频会，对保电工作再部署、再强调。国网公司副总经理、党组成员陈国平在北京主会场参会。公司董事长、党委书记胡卫东，董事、总经理、党委副书记张薛鸿，董事、副总经理、党委委员周军义，总工程师窦晓军在公司南区分会场参会。

9月15日晚，第十四届全国运动会开幕式在西安奥体中心体育场隆重举行。国网公司安全总监周安春在保电总指挥部督导保电工作，公司董事长、党委书记胡卫东在保电总指挥部在岗值班，董事、总经理、党委副书记张薛鸿在东区西安供电公司分指挥部在岗值班，董事、副总经理、党委委员周军义在南区指挥部在岗值班，总工程师窦晓军在现场指挥部在岗值班。公司以“最高标准、最强组织、最严要求、最实措施、最佳状态”，实现“电力设备零故障、重要负荷零闪动、保电服务零投诉、电力安保零事件、人员工作零差错、网络信息安全零漏洞”保电目标，精彩圆满完成开幕式供电保障任务。

9月16日，国家电网有限公司副总工程师兼西北分部主任、党委书记王国春一行前往东区西安供电公司330kV奥体变电指挥部慰问保电人员。公司副总经理、党委委员王成文，东区西安供电公司总经理孙强、党委书记余松陪同慰问。

同日，国家电网公司互联网部副主任樊涛到公司督导检查十四运会网络安全保障工作。

9月17日，公司董事长、党委书记胡卫东，董事、总经理、党委副书记张薛鸿会见国网宁夏电力有限公司董事长、党委书记衣立东，董事、总经理、党委副书记陈红军一行。公司总会计师、党委委员李英，国网宁夏电力总工程师贺文出席会见。

9月14~17日，国网公司安全总监周安春带领十四运会保电督导组来公司检查指导十四运会保电相关工作，深入西安、榆林、延安各地十四运会重要赛事场馆、重点变电站及保电一线看望慰问十四运会保电员工。公司董事长、党委书记胡卫东，董事、总经理、党委副书记张薛鸿陪同调研检查。公司副总经理盛成玉，董事、副总经理、党委委员周军义，总工程师窦晓军参加调研。

9月16~18日，国家电网有限公司营销部副主任杜新纲一行到公司南区调研，深入基层单位、服务窗口、生产一线，了解基层实际，并与东区、南区营销业务相关人员进行了座谈。公司副总经理冯建宇参加会议并介绍了南区营销工作及营销专业融合进展情况。

9月19日，中秋佳节第一天，“时代楷模”“改革先锋”、国网天津电力滨海公司配电抢修班班长张黎明来到宝鸡，带领天津电力保电支援小组与东区宝鸡供电公司保电团队共保十四运会可靠供电。

9月24日，公司董事、党委副书记林一凡在公司东区本部和国网东北分部党委委员、纪委书记、工会主席王韬一行进行党建工作交流。

9月27日晚，为期13天的中华人民共和国第十四届运动会在西安奥体中心胜利闭幕，公司举全公司之力圆满完成了全运会保电任务。

同日，第十三届全国电力行业职业技能竞赛（变配电运行值班员）场地验收汇报会在公司培训中心召开。中电联人才评价与教育培训中心书记孙建华出席会议并讲话，中电联人才评价与教育培训中心人才评价部副主任张哲主持会议，公司董事刘岩致欢迎词。

9月28日，陕西思极科技有限公司（以下简称“陕西思极科技”）成立揭牌仪式暨产品发布会在西咸新区举行，国网信产集团董事长、党委书记黄震，副总经理、党委委员辛永，公司副总经理、党委委员孙毅卫，西咸新区能源金贸区管理办公室党组成员、副主任郁德强出席活动。孙毅卫与辛永共同为陕西思极科技揭牌。

同日，国庆前夕，公司董事长、党委书记胡卫东一行到陕西送变电工程有限公司承建的1000kV南阳—荆门—长沙特高压交流工程线路工程10标段现场检查慰问。公司职工董事、党委委员、工会主席杨桦，总工程师窦晓军参加。

10月8日，公司董事、总经理、党委副书记张薛鸿到西安市临潼区供电公司检查督导数字化县公司建设工作。公司副总经理、党委委员孙毅卫陪同督导。

10月11日，以“网络安全为人民，网络安全靠人民”为主题的2021年国家网络安全宣传周网络安全博览会在陕西西安举办。中央宣传部副部长，中央网信办主任、国家网信办主任庄荣文在开幕式上致辞，随后参观国家电网有限公司展厅，详细了解国家电网公司适用于新型电力系统的网络安全防护策略及全场景网络安全防护体系，对国家电网公司网络安全工作给予肯定。国家电网有限公司副总经理、党组成员庞骁刚出席开幕式并在网络安全技术高峰论坛会议上作主题发言。国网陕西电力主要负责人，总部相关部门、相关单位负责人参加活动。

10月12日，国家能源局提升“获得电力”服务水平综合监管第二督导组一行9人，在国家能源局市场监管司副司长赵立志带领下，到公司督导检查提升“获得电力”服务水平工作，公司董事长、党委书记胡卫东致欢迎词，公司副总经理冯建宇做工作汇报。

同日，公司举办“庆国庆 迎重阳”党性体检（党史学习教育）主题党日活动，公司东区、南区共16位退休党员领导干部齐聚陕西公司党校，重温入党誓词、回顾百年党史、共唱颂党红歌。公司董事长、党委书记胡卫东参加活动并讲话，公司董事、党委副书记林一凡主持活动，公司副总经理、党委委员史高琦参加活动。

10月19日，公司今冬明春电力供应保障暨2021年第四季度工作会议召开。公司董事长、党委书记胡卫东出席会议并讲话。公司董事、总经理、党委副书记张薛鸿主持会议并作总结。公司在家领导班子成员出席会议。

同日，陕西省电力需求侧研究中心揭牌会议在国网陕西经研院举行。陕西省发改委副主任、省能源局局长何钟，公司董事、总经理、党委副书记张薛鸿出席会议并共同为陕西省电力需求侧研究中心揭牌。陕西省发改委运行办主任蔡胜斌，公司副总经理冯建宇出席活动。

同日，省发展改革委在公司经研院召开迎峰度冬电力供应保障工作推进会，安排部署今冬明春能源电力生产供应相关工作。省发改委运行办主任蔡胜斌，公司副总经理冯建宇出席会议。

10月22日晚，2021年全国第十一届残疾人运动会暨第八届特殊奥林匹克运动会开幕式在西安奥体中心体育馆隆重举行。公司董事长、党委书记胡卫东，董事、总经理、党委副书记张薛鸿，董事、副总经理、党委委员周军义在保电总指挥部在岗值班。公司职工董事、党委委员、工会主席杨桦代表公司党委到保电总指挥部看望慰问保电值班人员。

10月26日，公司董事、总经理、党委副书记张薛鸿在国网西安供电公司主持召开西安电网攻坚协调会。公司副总经理、党委委员陶轶华，副总经理、党委委员刘太洪出席会议。

11月2日，国家电网公司党史学习教育第五巡回指导组以电视电话会议形式与陕西公司开展谈心谈话活动。国家电网公司第五巡回指导组组长赵健出席会议并讲话。公司党委书记、董事长胡卫东，党委副书记、董事林一凡在陕西公司分会场参加谈心谈话活动。

11月3日，陕西省发改委、国网陕西省电力有限公司共同组织开展了陕西省2021年迎峰度冬有序用电应急演练。陕西省发改委运行办主任蔡胜斌，公司董事、总经理、党委副书记张薛鸿出席现场推演。

11月2日、5日，国家电网有限公司，第十四届全国运动会组委会、全国第十一届残运会暨第八届特奥会组委会分别给公司发来表扬信和感谢信，对公司十四运会和残特奥会保电工作给予表扬和感谢。

11月17~19日，公司董事长、党委书记胡卫东以“四不两直”方式到咸阳、铜川、延安、榆林相关单位作业现场和基层班站所开展调研指导，看望基层干部员工，并督查延安公司秋检工作。

11月22日，公司以电视电话会议的形式召开十四运会、残特奥会保电暨2021年防汛抢险先进表彰会议。公司董事长、党委书记胡卫东为10名劳模颁奖并作讲话，公司监事会主席邹满绪出席会议，公司董事、总经理、党委副书记张薛鸿分别宣读公司关于表彰十四运会、残特奥会保电和2021年防汛抢险先进集体和先进个人的决定，公司职工董事、党委委员、工会主席杨桦主持会议，公司全体领导班子成员参加会议。

11月23~29日，国家能源局西北监管局对公司2021年度清洁能源消纳暨调度交易与市场秩序开展综合监管现场检查，并对公司在保障清洁能源消纳及维护市场秩序方面所做的工作和实际效果给予肯定。西北能监局巡视员仇毓宏，省发改委经济运行调节办公室主任蔡胜斌，公司总工程师窦晓军出席检查启动会。

11月24日，公司召开对标促融工作启动推进会。公司董事、总经理、党委副书记张薛鸿出席会议并讲话。公司副总经理冯建宇、总工程师窦晓军出席会议，公司副总经理、党委委员王晓刚主持会议。

11月26日，公司召开数字化县公司推广实施启动会，公司董事、总经理、党委副书记张薛鸿出席会议并讲话，副总经理冯建宇，副总经理、党委委员孙毅卫，总工程师窦晓军参加会议。

12月2日，国务院国资委党委举行学习贯彻党的十九届六中全会精神国资国企系统宣讲报告会，中央宣讲团成员、中央政策研究室主任江金权应邀作宣讲报告，国务院国资委党委书记、主任郝鹏主持报告会。报告会以视频形式召开，国务院国资委机关设主会场，公司本部设2个视频分会场，公司在家领导集体参加学习。

同日，公司召开2021年直属单位调研座谈会。公司董事长、党委书记胡卫东，监事会主席邹满绪出席会议，董事、总经理、党委副书记张薛鸿主持会议，公司在家领导参加会议。

12月2~3日，国网陕西省电力有限公司工会第一次会员代表大会召开。陕西省人大常委会副主任、省总工会党组书记、主席郭大为应邀出席会议并讲话，省总工会党组副书记、常务副主席王瑞峰出席会议并宣读国网陕西省电力有限公司工会成立批复文件，公司董事长、党委书记胡卫东致大会开幕词，公司董事、总经理、党委副书记张薛鸿参加会议，公司董事、党委副书记林一凡主持会议。公司职工董事、党委委员杨桦全票当选国网陕西省电力有限公司工会第一届委员会主席。

12月3日，公司召开统计分析全面融合推进会。公司董事、总经理、党委副书记张薛鸿出席会议并讲话，陕西省统计局张虹处长出席会议。

12月6日，公司11月份原东区口径同期线损综合达标率完成99.65%，在国家电网公司系统排名第一。

12月9日，公司召开2021年本部部门调研座谈会。公司董事长、党委书记胡卫东，监事会主席邹满绪出席会议，董事、总经理、党委副书记张薛鸿主持会议，公司在家领导班子成员参加会议。

12月21日，全国老干部工作先进集体和先进个人表彰大会在京召开，公司离退休工作部获“全国老干部工作先进集体”荣誉称号。

12月23日，公司发布支持疫情防控及供电服务保障八项举措，全力以赴做好疫情防控和保供电工作，充分发挥“责任央企”的“顶梁柱”作用，为夺取陕西疫情防控胜利作贡献。

同日，国家电网公司组织召开省管产业施工能力标准化建设总结会，并公布了标杆企业和达标企业名单。公司董事刘岩出席会议。公司12家施工类省管产业单位全部建成施工能力达标单位（100%达标），位居国网第一名（与福建、安徽并列）；建成5家省管产业施工能力标准化标杆单位（宝鸡先行、西安亮丽、咸阳亨通、渭南光明、汉中汉源），标杆单位数量位居国网第一方阵，占公司施工类省管产业单位的41.67%，是国网系统平均水平19.93%的2.1倍。

12月24日上午，国网公司副总经理、党组成员陈国平主持召开党建联系点专题会议，宣讲党的十九届六中全会精神，听取公司党委和调控中心党总支调控党支部党建工作汇报。公司在家领导班子成员参加会议。

12月25日，省国资委党委书记刘斌到公司调研疫情防控和保供电工作。公司董事长、党委书记胡卫东，董事、总经理、党委副书记张薛鸿，省国资委副书记郁伟、副主任杨爱民，公司总工程师窦晓军陪同调研。

12月27日，国网陕西省电力有限公司股东会2021年第一次会议以视频形式召开，这也是公司成立以来召开的首次股东会。国家电网公司授权代表，国网公司副总会计师、财务部主任冯来法，陕西省国资委授权代表，国资委党委委员、副主任杨爱民出席会议，公司候选董事、候选监事、工会主席列席会议。

12月30日，国家电网有限公司召开支援陕西抗击疫情保供电队伍出征动员会。国网公司董事长、党组书记辛保安通过视频连线，代表国网公司党组向奋战在抗疫保电一线的全体干部员工致以崇高敬意和亲切问候，为即将出征支援陕西的供电保障队伍壮行。国网公司党组副书记罗乾宜出席出征动员会。出征动员会上，公司董事长、党委书记胡卫东汇报公司抗疫保供电工作，公司董事、总经理、党委副书记张薛鸿，董事、党委副书记林一凡，副总经理、党委委员陶轶华，副总经理冯建宇，副总经理、党委委员史高琦、刘太洪，总工程师窦晓军在公司本部柿园路和唐延路分会场参会。

12月31日，国网公司党史学习教育第五巡回指导组召开专题视频会议。国网公司党史学习教育第五巡回指导组副组长范振华出席会议并作讲话。公司党史学习教育领导小组组长，党委书记、董事长胡卫东作发言，公司党史学习教育领导小组副组长，党委副书记、董事、总经理张薛鸿及值守领导班子成员参加会议。公司党史学习教育领导小组副组长、领导小组办公室主任，党委副书记、董事林一凡作发言并主持现场测评。

（毕鹏翔）

【2021年重要会议】

1. 公司安委会扩大会议

1月5日，公司董事长、党委书记胡卫东主持召开公司安委会扩大会议，传达落实国家电网公司安全生产电视电话会议暨2021年安委会第一次会议精神。公司领导班子成员出席会议。

关于近期安全工作，胡卫东强调做好三个方面。一是迅速传达贯彻会议精神。分层级专题学习辛保安总经理重要讲话和《国家电网公司安全生产工作意见》，将会议精神传达到每一名干部员工，准确把握形势任务，切实增强抓安全的政治自觉和使命担当，牢牢守住安全“生命线”。二是开好安全生产工作会议。修订完善陕西公司安全生产工作要点，表彰安全生产工作先进，精心安排部署2021年安全生产重点任务，突出安全生产基础地位，强调“严”的总基调，推动解决安全生产深层次问题，确保全年安全生产工作开好头、起好步。三是做好岁末年初保障工作。强化培育“一板一眼、一丝不苟、严精细实、专业专注”作风，认真落实国网公司迎峰度冬确保电力安全可靠供应八项举措，严格迎峰度冬安全生产值班和信息报送，密切关注天气变化、电煤和天然气供应等情况，加强电网运行控制，强化设备运维保障，开展负荷预测分析和电力平衡，做好有序用电工作，千方百计满足用电需求，做到限电不拉闸，确保电网安全运行和可靠供电。

2. 公司2021年安全生产工作会

1月6日，公司召开2021年安全生产工作会。公司董事长、党委书记胡卫东出席会议并讲话。公司董事、总经理、党委副书记张薛鸿主持会议，公司全体领导班子成员出席会议。

胡卫东指出，公司在安全生产方面存在思想作风上有差距、责任落实上有衰减、电网安全上有隐患、体系建设上不完善等诸多短板，面对存在的问题，公司上下要提高站位、认清形势，切实增强做好安全生产工作的责任感和紧迫感，坚持铁腕治安、科技保安、管理强安、改革促安，标本兼治、综合治理，抓领导层管理层履责、抓体制机制创新、抓基层基础建设，下大力气攻坚克难，推动安全生产工作迈上新台阶。

胡卫东强调，安全生产事关人民福祉，事关经济社会发展全局。公司上下要认真贯彻落实国家电网公司安全生产电视电话会议暨2021年安委会第一次会议精神，坚持问题、目标和结果导向，迎难而上、履职担当，努力实现安全生产工作新提升。

公司2021年安全生产工作总的要求是：以习近平新时代中国特色社会主义思想为指导，全面贯彻党中央、国务院和国家电网公司安全工作部署，坚持“严”的总基调，坚持问题导向、目标导向、结果导向，强化安全管理体系建设，做到“六个严抓”，提升公司本质安全水平，确保实现“六杜绝、三防范”安全目标。

胡卫东要求，要着力从六个方面抓好安全工作。一要严抓安全生产责任落实。要强化领导干部履责，各级领导要坚持重心下沉、深入一线，做到守土有责、守土尽责。要强化专业履责，履行“管业务必须管安全”职责，确保安全责任有效传递到末端。要强化监督考核，各级安监部门要坚持“严”字当头，用铁的纪律筑牢安全防线。二要严抓安全生产体制机制建设。要透过现象看本质，完善安全管理体系，推动生产模式优化升级，持续深化基建改革，提升应急处置能力。三要严抓安全生产整治整改。要提高思想认识，抓好治理整改，加强过程管控。四要严抓安全生产作风改进。要培育“一板一眼、一丝不苟、严精细实、专业专注”的作风，推行标准化作业，开展“四双”管理，落实“四个管住”要求。五要严抓安全生产队伍建设。要提高培训实效，强化激励引导，厚植安全文化。六要严抓电网安全风险防控。要科学统筹电网发展，加强电网安全运行，提高设备健康水平。

胡卫东强调，当前境外疫情加速蔓延，国内部分地区有所反复，加之春节临近人员流动性加大、聚集性活动增多等因素，疫情传播的风险将进一步增加。各单位要持续抓好常态化疫情防控，严格落实各项防控措施，巩固来之不易的疫情防控成果。

就贯彻落实好会议精神，张薛鸿强调，一要切实提高安全工作认识。安全是公司最大的政治，各部门各单位要及时组织开展专题学习，将本次会议精神传达到每一位干部员工。二要切实落实各级安全生产责任。各部门各单位要对照本次会议要求和公司2021年安全工作要点，结合本单位实际，细化分解工作任务，制定年度计划，压紧压实各级安全责任。三要切实抓好当前安全生产工作。要坚决做到无计划不作业，坚决克服麻痹思想，时刻保持高度警惕，全力做好安全生产和优质服务工作。

会议表彰了公司2020年度“消除事故隐患、筑牢安全防线”安全专项活动先进集体和先进个人，宣贯了《国网陕西省电力公司2021年安全工作要点》，西安公司、建设公司、检修公司作了表态发言。在1月5日召开的公司安全工作会第一阶段安全生产巡查情况通报会上，公司安全巡查组详细讲解了巡查发现问题。

3. 公司直属单位党委书记抓基层党建工作述职评议会

1月15日，公司召开2020年度直属单位党委书记抓基层党建工作述职评议视频会议，主要任务是深入学习贯彻习近平新时代中国特色社会主义思想，按照国家电网公司党组关于开展党委书记抓基层党建工作述职评议考核工作要求，落实抓党建“第一责任”，推动全面从严治党向基层延伸。公司党委书记、董事长胡卫东出席会议并讲话。公司党委副书记、董事、总经理张薛鸿及在家领导班子成员参加会议并现场提问。公司党委副书记、董事、副总经理林一凡主持会议。

会议采取“述职、提问、点评、测评”的方式进行。咸阳公司、渭南公司、安康公司、商洛公司、电科院、建设公司、物资公司、综合能源公司8家单位党委书记视频述职，14家单位党委书记书面述职。公司领导班子成员，办公室、宣传部、组织部、党建部、纪委办主要负责同志，巡察组组长对参加考评人员进行评议打分。

胡卫东充分肯定了各单位党建工作取得的经验成效，对参与视频述职的8家单位党建工作做了逐一点评，指明了党建工作的努力方向。同时强调，2021年，是“十四五”开局之年，是建党100周年，进一步提高公司党的建设质量，是贯彻党中央决策部署的必然要求，是实现公司高质量发展的根本保证，是推动强根铸魂工程落地见效的重要举措。

胡卫东指出，2021年党建工作总的要求是，以党的政治建设为统领，以提升基层党组织组织力为重点，以创新创优为动力，实施“旗帜领航·提质登高”行动计划，推进“基层党建创新拓展年”，促进强根铸魂工程落地见效，打造“党委坚强、支部先锋、党员模范”的党建工作格局。重点抓好“六个持续”：持续强化理论武装，持续压实党建责任，持续夯实基层基础，持续推动深度融合，持续打造党建品牌，持续激发队伍活力。此外，要切实发挥党委书记示范表率作用。各单位党委书记既要履行好管党治党政治责任，又要严以律己、以身作则，要做对党忠诚的模范、担当作为的模范、团结协作的模范、廉洁自律的模范。

4. 公司支援河北抗疫保电队伍出征动员会

1月17日，国网公司召开支援河北抗击疫情保供电队伍出征动员会。国网公司总经理、党组副书记辛保安在总部通过视频连线，向包括公司在内的6支驰援河北抗击疫情保供电队伍下达出发令。公司在陕西分会场作表态发言：坚决服从命令、坚决听从指挥，坚持“一板一眼、一丝不苟、严精细实、专业专注”，与河北公司携手战斗、共渡难关，为河北人民筑起抗击疫情、守护家园的电力“生命线”。

国网公司出征动员会后，公司召开支援河北抗疫保电队伍出征动员会。公司董事长、党委书记胡卫东作讲话，董事、总经理、党委副书记张薛鸿为公司支援河北抗击疫情保供电队伍授旗。公司总工程师窦晓军，国网西安供电公司总经理钟筱军、党委书记孙强参加出征动员会。

胡卫东表示，此次国网陕西电力支援河北抗疫保电，既是贯彻落实党中央“坚定信心、同舟共济、科学防治、精准施策”总要求的具体行动，也是国家电网公司集团化运作优势的充分体现。

胡卫东指出，全体队员牢记公司党委嘱托，勇挑重担、不辱使命，特别是党员同志要充分发挥先锋模范带头作用，全身心投入到抗疫保电工作中，战胜困难、经受考验、夺取胜利。一要强化大局意识，严格执行属地疫情防控要求，坚决服从属地单位调度指挥，融入属地工作体系，落细落实责任，确保防疫保电支援工作高效开展。二要坚持安全第一，严格落实各项规程规定，坚持标准化作业，全力保障人身安全、电网安全、设备安全和交通安全，确保全体队员安全平安。三要发挥专业优势，加强与属地单位专业协同，一板一眼、一丝不苟、严精细实、专业专注，优质高效完成各项工作，展示良好的专业能力和素质。四要加强学习交流，取长补短，把河北公司及兄弟单位的先进工作经验和方法带回来、推广出去，不断提升管理水平。五要建立信息沟通机制，支援河北供电保障队每日定期向公司设备部报送防疫保电生活情况，重大事项及时报告，每日研判分析，前后方有效联动。六要做好保障服务，加强疫情防控培训，配足配齐防疫用品，安排专人做好后勤保障，相关部门要关心队员家庭存在的困难，解决好后顾之忧。

5. 公司一届六次董事会会议

1 月 21 日，公司董事长、党委书记胡卫东主持召开公司董事会一届六次会议。公司董事、总经理、党委副书记张薛鸿，公司外部董事、西北分部副主任左玉玺，公司董事、党委副书记、副总经理林一凡，职工董事、副总经理、党委委员、工会主席王成文出席会议。公司监事会主席、西北分部副主任兼国家电网公司审计部副主任穆银安，监事、国家电网公司西北分部审计中心副主任马莘，职工监事张春艳列席会议。

会议审议并通过了《关于公司 2020 年综合计划执行情况和 2021 年综合计划安排的建议》《关于公司 2020 年预算执行情况和 2021 年预算安排的建议》《关于公司董事会 2020 年决议事项执行情况和 2021 年工作安排的报告》《关于公司四届一次职代会暨 2021 年工作会议报告》。

6. 公司十四运会和残特奥供电保障推进视频会

1 月 22 日，公司召开十四运会和残特奥供电保障推进视频会。公司董事、总经理、党委副书记张薛鸿，总工程师窦晓军出席会议。

会议听取了安监部、设备部、营销部、建设部、调控中心及 11 家基层单位关于十四运会和残特奥会供电保障工作进展情况的汇报，就保电相关重点工作提出具体要求。

张薛鸿对各单位、各部门前期做出的工作成效给予肯定，并提出六点要求。一是高度重视，加强组织领导。修订完善各专业保障工作方案和“一馆一案”等保电方案，确保各项保电工作科学、高效开展。认真梳理现阶段各项工作任务和存在问题，定计划抓落实，确保各项工作按计划顺利推进。通过主题教育、“党建 +”等方式充分营造良好的十四运会和残特奥会保电氛围。二是加强沟通汇报，争取工作支持。各部门、各单位要加大向组委会、各地市执委会的沟通汇报力度，确保第二电源建设、自备电源及备自投装置配置等各项工作按期完成。三是加强电网侧设备运维和隐患排查治理。强化重点输配电线路、变电站隐患治理。坚决落实公司“放管服”各项措施，缩短管理链条，加快各项工作实施进度。四是加强客户侧供用电设备隐患排查治理。加大向各地市执委会的汇报力度，做好客户侧缺陷隐患挂牌销号治理。五是加快推进智慧保电指挥系统建设进度，“平战结合”从长远考虑，做实做细不断完善系统功能，确保按期完成、达到预期目标。六是加强十四运会基建、迁改、用户、技改大修等工程现场安全管控。时刻绷紧“安全弦”不放松，加强四双管理，加强四个管住，切实将“十不干”“管业务必须管安全”等要求落实到位，充分发挥专业管理部门职责，确保各项工程按计划安全完成。

窦晓军强调，一是加强与执委会的沟通汇报，促请执委会督促用户加快推进比赛场馆、重要场所双电源、自备电源、备自投装置配置进度。二是组建工作专班，全力以赴做好开闭幕式、倒计时 200 天等重大活动保电工作。三是建立临战状态工作机制。公司各级建立周例会，并每月召开电视电话会议，协调保电相关事宜。

7. 公司第四届职工代表大会第一次会议暨2021年工作会

1月26日，公司第四届职工代表大会第一次会议暨2021年工作会议在公司培训中心召开。会议以习近平新时代中国特色社会主义思想为指导，全面贯彻落实国家电网公司2021年“两会”和陕西省委省政府工作部署，聚焦国家电网公司战略目标，总结工作、分析形势、明确目标，部署2021年重点任务，稳中求进、真抓实干，确保“十四五”发展开好局、起好步，加快建设具有中国特色国际领先的能源互联网企业，奋力谱写陕西新时代追赶超越新篇章。

公司董事长、党委书记胡卫东作了题为《稳中求进 真抓实干 奋力开创“十四五”高质量发展新局面》的工作报告。公司董事、总经理、党委副书记张薛鸿做大会总结讲话。公司领导班子全体成员，国网西安供电公司党政负责人，公司三级顾问出席会议。

胡卫东指出，过去的一年，公司广大干部职工以“不向困难退半步、只向胜利添精彩”的决心和劲头，奋力夺取“双胜利”，全面实现了“十三五”发展目标。“十三五”期间，公司发展不断迈上新台阶。一是电网发展迈入新阶段。公司年度电网建设投产规模两创新高，电力电量23次创新高；陕西电网特高压发展进入快车道，形成750kV“两纵双环”骨干网架，各级电网协调发展，不断提速升级。二是公司发展展现新作为。公司连续3年发展投入超过100亿元，业绩考核首次跨入国网公司A级行列；建成13个省部级科技创新平台，首次荣获国家技术发明二等奖和科技进步二等奖。三是党建工作水平再登高。“寻心梁家河·传承延安魂”党建品牌影响力持续提升，“旗帜领航·三年登高”成效显著，公司被陕西省政府授予央企突出贡献奖。

胡卫东强调，“十四五”时期，是我国开启全面建设社会主义现代化国家新征程、向第二个百年奋斗目标进军的第一个五年，也是国网公司基本建成具有中国特色国际领先的能源互联网企业的关键五年。公司上下要准确把握国有企业的发展定位，准确把握电力改革的市场方向，准确把握能源革命的转型目标，准确把握数字化转型的重大部署，准确把握科技创新的核心地位，真抓实干、开拓创新，奋力开创高质量发展新局面。要立足新发展阶段、践行新发展理念、服务新发展格局，不断推动业绩效益实现新突破、电网发展实现新突破、服务品质实现新突破、改革创新实现新突破、党建引领实现新突破，基本建成具有中国特色国际领先的能源互联网企业。

胡卫东指出，公司2021年工作总体要求是：全面贯彻党的十九届五中全会精神和中央经济工作会议精神，深入落实国家电网公司2021年“两会”和陕西省委省政府工作部署，坚持稳中求进工作总基调，坚持问题、目标和结果导向，紧扣“四抓四强”工作主线，抓重点、夯基础，补短板、强弱项，以重点突破带动整体提升，做到思想再务实、作风再求实、工作再落实、基础再夯实，确保“十四五”开好局、起好步。重点抓好四个方面的工作。一是抓党建、强队伍，持之以恒强根铸魂。二是抓管理、强基础，全面筑牢发展根基。三是抓发展、强电网，全力推动补强升级。四是抓作风、强素质，增强凝聚力战斗力。

张薛鸿在总结讲话中指出，要深入学习领会工作报告的内涵和精神实质。一是深刻领会“十四五”发展形势，强化辩证思维、系统观念。二是深刻领会“十四五”发展目标，强化战略思维、目标引领。三是深刻领会2021年“四抓四强”工作主线，强化系统思维、精准发力。四是深刻领会“一板一眼、一丝不苟、严精细实、专业专注”十六字作风建设新要求，强化全局思维、担当作为。

张薛鸿要求，要全力抓好会议精神的贯彻落实。各单位要在深入传达学习工作报告的基础上，组织开好本单位的职代会和工作会议，把各项工作部署落实落细。各部门要将会议明确的目标任务细化分解，对重点任务要早部署、早启动、早见效。临近春节，各部门各单位要统筹兼顾，突出重点，确保各项工作有序推进。要抓好安全生产工作，加强春节保电工作，抓好疫情防控工作，做好走访慰问工作，确保廉洁文明过节。

会议组织观看了公司2020年度工作专题片，宣读了公司表彰决定，并向为公司作出突出贡献的先进人物代表张雷威、朱艳、时晶、郭恩伟4名同志，以及国网公司2020年度先进集体、劳动模范，公司2020年度先进集体、劳动模范、全国文明单位代表颁奖。会议期间，与会代表认真听取并审议了大会工作报告和11个专题报告，表决通过5项决议，审议通过公司第四届职工代表大会各专门工作委员会委员建议名单。会议组织签订了“十四五”电网工程大前期工作责任状，4家单位作了大会发言。

8. 公司领导班子 2020 年度民主生活会

1 月 28 日，公司召开领导班子 2020 年度民主生活会。

公司党委书记、董事长胡卫东主持会议并作总结讲话。公司董事、总经理、党委副书记张薛鸿通报公司上年度民主生活会问题整改情况。公司领导班子成员出席会议。

会上，胡卫东代表公司领导班子作对照检查，并带头作个人对照检查发言。公司领导班子成员逐一进行对照检查发言，逐一开展批评与自我批评。班子全体成员紧密联系思想和工作实际，深刻查摆、坦诚交流，自我批评聚焦主题、开门见山，敢于正视问题，相互批评真点问题、点真问题，提出中肯意见，从思想上、党性上、工作中找差距、查不足、提措施，起到了凝聚共识、团结奋斗，干事创业、狠抓落实的良好效果。

胡卫东在总结讲话中表示，本次会议领导班子成员讲政治旗帜鲜明、讲问题精准聚焦、讲批评严肃认真、讲整改务实具体，取得了实效，达到了预期目的。公司领导班子要更加坚定地以党的建设为统领，聚焦突出问题，紧盯关键节点，下大力气整改存在问题，将民主生活会的成果转化为推动工作的成效。

胡卫东指出，公司领导班子成员要把讲政治摆在第一位，不断提高政治判断力、政治领悟力、政治执行力，切实增强“四个意识”、坚定“四个自信”、做到“两个维护”；要贯彻落实辛保安董事长在国家电网公司“两会”上关于强化干部担当作为的部署要求，时刻牢记肩负的使命和责任，做到守土有责、守土尽责，率先垂范、奋勇攻坚。一要持续抓好理论武装，进一步严明政治纪律和政治规矩。制定班子集体和个人学习计划，持续跟进学习贯彻习近平总书记重要讲话和重要指示批示精神，不断深化对陕西提出的追赶超越和“五个扎实”“五项要求”认识，不断增进政治认同、思想认同、情感认同，自觉用新思想武装头脑、指导实践、推动工作。二要持续抓好管党治党，进一步强化“一岗双责”。要以高度政治自觉把全面从严治党的各项要求落到实处，发挥好党委把方向、管大局、促落实的领导作用。要加强主体责任体系建设，运用好“四全四化”立体协同监督体系，用好组织生活这个经常性手段，执行好党员领导干部双重组织生活制度。三要持续抓好问题整改，进一步发挥领导班子“头雁”效应。要对照民主生活会上查摆出来的问题，以及相互批评的意见，结合上级指出和反馈的问题同步推进整改，做到问题不解决不松劲、解决不彻底不放手、群众不认可不罢休，切实取得让党员、群众看得见、摸得着、感受得到的成效。四要持续抓好作风建设，进一步增强凝聚力战斗力。要坚持“一板一眼、一丝不苟、严精细实、专业专注”的工作作风，聚焦国家电网战略目标，紧扣“四抓四强”工作主线，创造性推动工作落实，确保完成 2021 年重点工作，确保公司“十四五”发展开好局、起好步。要关心基层、服务基层，带着感情，经常性深入基层一线，察实情、出实招、求实效，真诚帮助基层解决实际困难和问题。要自觉带头遵守国有企业领导人员廉洁从业各项规定，自觉接受组织和群众的监督。

9. 公司 2021 年党风廉政建设和反腐败工作会议

2 月 8 日，公司召开 2021 年党风廉政建设和反腐败工作会议。

公司党委书记、董事长胡卫东出席会议并讲话，公司董事、总经理、党委副书记张薛鸿主持会议，传达国家电网公司 2021 年党风廉政建设和反腐败工作会议精神。公司党委委员、纪委书记李文立作工作报告。公司领导班子成员出席会议。

胡卫东指出，公司上下要以习近平新时代中国特色社会主义思想为指导，深入学习贯彻党的十九大和十九届二中、三中、四中、五中全会精神和中央纪委五次全会精神，全面落实国家电网公司党风廉政建设和反腐败工作会议各项要求，深化全面从严治党，持续推进公司党风廉政建设和反腐败斗争，为推动“十四五”发展开好局起好步、加快建设具有中国特色国际领先的能源互联网企业提供坚强保障。

胡卫东强调，做好今年公司党风廉政建设和反腐败工作，要坚持以习近平新时代中国特色社会主义思想为指导，深入贯彻十九届中央纪委五次全会精神，以推动高质量发展为主题，把政治建设摆在首位，层层压实“两个责任”，深化“三个三”工作举措，以构建“四全四化”立体协同监督体系为主要抓手，强化对权力运行的制约和监督，充分发挥引领保障作用，确保党中央决策部署全面落实，确保国家电网公司战略目标有效落地，确保公司“十四五”发展开好局、起好步。重点做到“五个突出”，突出政治建设，坚决做到“两个维护”；突出履责合力，层层压紧压实“两个责任”；突出正风肃纪，一体推进“三不”机制建设；突出纠治“四风”，树牢求真务实、清正廉洁的新风正气；突出监督效能，发挥监督在企业治理中的重要作用。

张薛鸿要求，各部门、单位要切实抓好会议精神的贯彻落实，领会和把握今年工作总体要求和重点任务，把思想统一到公司党委关于党风廉政建设和反腐败工作的形势判断和安排部署之上。紧密围绕年度重点工作任务，深化“三个三”工作举措，按照管业务必须管廉政的要求，知责于心、担责于身、履责于行，贯通融合“两个责任”，一体推进“三不”建设；要坚持“一板一眼、一丝不苟、严精细实、专业专注”的工作作风，将党风廉政建设的各项要求有机融入各项工作，用实实在在的举措和行动，确保完成全年目标任务，为加快建设具有中国特色国际领先的能源互联网企业提供坚强保证。

李文立系统总结了公司2020年党风廉政建设和反腐败工作，并从六个方面安排部署2020年重点工作任务：自觉践行“两个维护”，以强有力的政治监督保障“十四五”开好局起好步；坚持严的主基调，一体推进“三不”建设；增强监督效能，建设“四全四化”立体协同监督体系；坚持精准施治，持续巩固“四风”整治成效；深化上下联动，推动政治巡察向纵深发展；激发队伍活力，锻造忠诚干净担当纪检队伍。

10. 公司2021年优化电力营商环境和优质服务电视电话会

2月22日，公司召开2021年优化电力营商环境和优质服务电视电话会。公司董事、总经理、党委副书记张薛鸿出席会议并讲话。公司职工董事、副总经理、党委委员、工会主席王成文主持会议。公司副总经理、党委委员陶铁华出席会议。

张薛鸿指出，2019年至今，国家颁布下发的优化营商环境系列文件对压减报装接电时限、配电网规划建设、延伸投资界面、规范电力行业收费、提高供电可靠性、“三不指定”等电力营商环境建设方面提出明确要求，并要求各级政府监管部门要针对供电企业停电超过一定频次和时间建立处罚机制。公司上下要高度重视优化电力营商环境及优质服务工作面临的严峻形势，协同发力，补齐服务短板，优化服务模式，加强供电服务建设管理，提升规范化水平，提高群众的获得感和满意度。

张薛鸿要求，公司上下要全力以赴做好电力营商环境和优质服务水平提升工作。一是加强组织领导，强化政策落实。市县公司要高度认识优化电力营商环境的重要性，必须坚持“一把手”负责，切实增强责任担当和行动自觉。公司各部门、单位也要紧密配合，协同共进，确保工作取得实效。二是优化营配专业体系设置，加强网格化配网抢修队伍建设，实现区域内全专业精益化业务管理。三是坚持目标导向，全力压降投诉。牢固树立以人民为中心的理念，以压降万户投诉量为抓手，持续提升服务质效。四是坚持问题导向，严抓问题治理。各单位要刀刃向内，以钉钉子的精神持续推动供电服务问题整治。落实“管专业就要管服务”的要求，形成“营销牵头、专业发力、齐抓共管”的工作氛围。五是加强监督检查，强化执纪问责。各部门、单位要将优化电力营商环境工作纳入重点督查范围，定期对各级政府的决策部署和公司方案措施落实情况进行专项督查，对重点单位和关键环节开展日常督查，确保各项措施有效落地。六是主动汇报沟通，强化宣传总结。各单位要把优化营商环境工作作为当前和今后一个时期宣传工作的重点，周密制订宣传计划，强化组织协调，注重宣传实效，通过线上、线下和传统媒体、新媒体相结合的方式，全方位、多角度宣传公司优化电力营商环境的新思路、新举措和新成效，营造良好的内外部氛围。七是坚持服务创新，提升服务水平。营销部及各地市公司要以打造十四运会保电服务品牌为引领，加强十四运会保电队伍、营业厅队伍、志愿者服务队伍的建设，提供“零距离”服务，充分挖掘各专业服务典型做法，创新服务举措，确保圆满完成“六零四确保”保电目标。

王成文要求，会后各部门、单位要迅速组织干部职工对本次会议精神进行学习，正视公司电力营商环境存在的问题和不足，抓住关键、补齐短板。优化营商环境工作领导小组、监察部门，要对本部各部门、地市公司贯彻落实情况进行督察对因工作不履职、不尽责，要严厉查处。公司上下共同努力、协同推进，持续提升电力营商环境。

会上，公司营销部宣贯了政府部门和国网公司关于优化电力营商环境最新政策文件精神，通报了2020年95598、12398投诉整体情况并提出工作要求。配网部就进一步做好优化电力营商环境配网工作要求。

11. 公司党委中心组（扩大）学习暨党史专题辅导讲座

3月1日，公司举办党委中心组（扩大）学习暨党史专题辅导讲座，邀请中国中共党史学会共产国际与中国革命研究专业委员会副会长姚金果教授做“中国共产党百年历程”专题辅导讲座。公司党委书记、董事长胡卫东主持并讲话，公司领导班子全体成员参加讲座。

胡卫东指出，要认真学习领会习近平总书记重要讲话精神，深刻领会开展党史学习教育的重大意义。公司各级党委要把学习贯彻习近平总书记重要讲话精神作为当前的一项重要政治任务抓紧抓好。各级领导班子要安排专门时间集中学习讨论，各基层党组织要组织广大党员干部专题学习，全面领会讲话的丰富内涵、精神实质和实践要求。

胡卫东强调，要认真贯彻落实中央党史学习教育各项部署，扎实高效组织开展党史学习教育。公司党委要按照陕西省委、国网公司党组的部署要求，研究制定公司党史学习教育工作方案，做好党史学习教育动员和各项准备工作。全体党员、干部都要全身心投入，做到学有所思、学有所悟、学有所得。

胡卫东要求，聚焦党史学习教育重点，突出学史明理、学史增信、学史崇德、学史力行，确保学习教育取得实效。要把学习党史同推动工作结合起来，同解决实际问题结合起来，深入开展“我为群众办实事”实践活动，认真践行“人民电业为人民”的企业宗旨，全面提升服务质效，着力塑造全国十四运会保供电服务品牌，以党史学习教育的实际成效，推动公司和电网高质量发展。

12. 公司十四运会和残特奥会供电保障工作动员会

3月1日，公司召开十四运会和残特奥会供电保障工作动员会。公司党委书记、董事长胡卫东出席会议并讲话。公司党委副书记、董事、总经理张薛鸿主持会议。公司领导班子成员参加会议。

胡卫东指出，十四运会和残特奥会是新中国成立以来陕西举办的规格最高、规模最大、竞技水平最高的综合性运动会，也是中国西部省份首次承办的全国性运动盛会，恰逢“十四五”开局、中国共产党成立100周年等重要历史节点，公司上下要坚决把习近平总书记在陕考察提出的“办一届精彩圆满体育盛会”重要指示和省委省政府提出的“系统谋划、精细管理、倒排工期、挂图作战”及“最高标准、最快速度、最实作风、最佳效果”等要求贯彻落实到保电工作全过程、各环节，扎实做好各项保电措施落实。

胡卫东强调，各部门、各单位要勤沟通、抢时间、真主动，坚持“一板一眼、一丝不苟、严精细实、专业专注”的工作作风，重点抓好六项工作：一要坚持党建引领，深入推动党建工作与十四运会和残特奥会供电保障工作深度融合，以“党建＋十四运会”为抓手，充分发挥党组织战斗堡垒作用和党员先锋模范作用，让党旗、党徽飘扬闪耀在保电现场最前线。二要夯实各级责任，各供电公司作为保电工作的主要力量，要切实担负起主体责任，各级领导干部要重心下沉，成立保电工作专班，加强协同配合；安监部要加强综合协调，各级纪委监察部门要加强执纪监督。三要实施挂图作战，各部门、各单位要进一步明确保电任务，全面实行挂图作战，及时解决存在的问题；要加强清单管理，加强与组委会、执委会、西北分部的沟通汇报和协同配合，确保保电工作有序开展。四要确保服务优质，做好场馆保电，场馆保障团队所有人员要对岗位职责、工作流程、装备运用、应急预案熟练于心；要加快智慧保电指挥系统建设，加强非场馆重要用户的保电措施落实，确保重要活动场所及重要用户用电安全。五要加强新闻宣传和舆情引导，主动向政府宣传主管部门汇报，加强与主流媒体沟通，充分利用中省权威媒体、网络新媒体集中开展主题传播，展现一线保电人员精神风采，展示公司“责任央企”良好形象。六要做好测试赛保电工作和近期安全生产工作，充分把握十四运会测试赛练兵机会，精心做好服务保障，做到问题“早发现、早解决”；要坚持抓好标准化作业和“四双”管理，落实“四个管住”，确保公司安全生产平稳有序。

张薛鸿要求，一是迅速传达贯彻会议精神，各单位要安排组织专题学习，将会议精神和胡卫东董事长讲话要求传达到每一名干部员工，进一步统一思想，提高政治站位，增强使命担当，坚持以“最高标准、最快速度、最实作风、最佳效果”，全力推进供电保障各项工作。二是落实好四个“紧盯”：紧盯目标抓落实，确保如期高质量完成各项任务；紧盯细节优服务，精心做好供电服务保障工作；紧盯风险保安全，全面消除十四运会电力保障安全隐患；紧盯效果强统筹，确保所有设备、线路以最佳状态投入运行，奋力跑好十四运会和残特奥会供电保障“最后一公里”。

窦晓军就十四运会和残特奥会供电保障组织体系建设、比赛场馆供电、保电重点设备设施、保电重点项目建设、新闻宣传等五方面工作进展情况进行了通报，并就下一阶段强化保电保障机制、加大隐患治理力度、积极推进项目落地、落实测试赛和开闭幕式保电措施等四方面重点工作进行了安排。

13. 公司3月份月度工作例会

3月9日，公司召开3月份月度工作例会。公司董事、总经理、党委副书记张薛鸿出席会议并讲话，公司董事、党委副书记、副总经理林一凡主持会议，公司总会计师、党委委员李英，公司副总经理、党委委员周军义、陶轶华、刘太洪，公司党委委员、纪委书记李文立，总工程师窦晓军出席会议。

会议通报了公司安全生产、大前期开展及同期线损治理、春检安排及标准化建设、可靠性及运检类投诉、"量价费损"及"网上国网"应用、数据治理、巡视问题整改等工作情况，渭南供电公司、西安供电公司市南等驾坡供电所和铜川公司宜君偏桥供电所分别就安全生产、同期线损提升作了专题发言。

会议强调，今年以来，公司上下认真贯彻落实国网公司和公司"两会"工作部署，紧扣"四抓四强"工作主线，抓重点、夯基础，补短板、强弱项，各项工作有序推进。1~2月份，公司售电量306.82亿kWh，同比增长31.08%，增速全国第三；营业收入142.44亿元，同比增长26.73%；陕西主网电力外送49.26亿kWh，同比增长48.54%，主要经营指标稳中向好。重点工作开局良好，成功召开2021年标准化现场示范会。同期线损综合监测达标率97.98%，排名国网第7，1个市公司、10个县公司、20个供电所进入国家电网公司同期线损"十强百强"。公司服务脱贫攻坚2个集体和14名员工受到国网公司表彰，退休干部张雷威荣获陕西省最高荣誉——"三秦楷模"称号，公司上下迅速掀起崇尚先进、学习先进、争当先进的浓厚氛围。

张薛鸿针对当前公司改革发展面临的形势任务，部署了八个方面重点任务。一是全面贯彻落实全国两会和公司各项会议精神。对照细化分解公司全年重点目标任务，认真研究，抓好全过程督办落实，不折不扣落到底、见实效。认真贯彻落实公司新的业绩考核体系，发挥好考核"指挥棒"作用，全面推进重点任务。二是全力抓好安全生产工作。认真落实公司安全生产工作会和标准化建设作业现场示范会议要求，不折不扣落实公司"四双"管理、"四个管住"、现场标准化作业等要求，全面推广"看板"管理，落实"十不干"承诺，确保安全生产平稳有序、万无一失。要降低电网安全风险，落实好2021年大反措计划，抓好迎峰度夏工程建设，高标准高质量做好十四运会保供电工作。三是全力抓好电网建设工作。全面加快电网大前期工作，抓好基建现场"看板"管理，着力抓好"双培训"，安全有序推进南昌—长沙特高压交流线路、陕北—湖北特高压直流输电工程等重点项目建设。四是全力抓好基础治理。紧盯"保三争一"目标，持续抓好同期线损治理；紧盯"全年停电时户数再压降40%"目标，持续抓好供电可靠性提升行动；以"电网一张图"为抓手，持续抓好数据治理；用好"量价费损"综合管控平台，持续抓好"量价费损"治理。五是全力优化电力营商环境。切实抓好投诉事件整改，杜绝类似事件重复发生；认真落实公司配电网管理办法，加强属地化运维工作。六是全力抓好改革任务落实。深入推进"四做"管理优化，深化"五个倾斜"，强化班组长、"三种人"激励，进一步优化营配业务体系。七是全力抓好数字化转型工作。基层要抓好数字化班组、员工建设，机关要抓好标准化部门、数字化专责建设，全面推进数字化县公司建设，形成全局支持公司数字化转型的浓厚氛围。八是全力抓好党建工作。扎实开展党史学习教育和向"三秦楷模"学习宣传活动，深入推进"党建+"工程，抓好巡视整改工作。

张薛鸿强调，各部门各单位要按照胡董事长"一板一眼、一丝不苟、严精细实、专业专注"工作作风要求，脚踏实地、真抓实干，切实把各项工作做得更细、更实、更好，确保圆满完成各项目标任务，奋力推动公司高质量发展。

就做好党建工作，林一凡强调，今年是中国共产党成立100周年，抓好党建工作时间紧、任务重。公司各单位党委要认真落实公司党建工作要点，重点做好"三个结合"，推动党建工作不断迈上新台阶。一是结合公司"两会"精神和公司党委1号文件抓好落实；二是结合国网公司党史学习教育和向"三秦楷模"张雷威学习等活动抓好落实；三是结合公司中心工作与党建工作深度融合抓好落实。

14. 公司党委（扩大）会议

4月12日，公司召开党委（扩大）会议，迅速贯彻落实国家电网公司董事长、党组书记辛保安同志来陕调研讲话精神。公司董事长、党委书记胡卫东出席会议并讲话，公司董事、总经理、党委副书记张薛鸿主持会议，公司在家领导班子出席会议。

会议传达学习了国家电网公司董事长、党组书记辛保安同志在陕调研讲话精神。胡卫东指出，辛保安同志以“讲大局、思路清、工作实、状态好”对公司改革创新发展、干部职工积极向上的精神状态以及本次活动取得的积极成效给予了充分肯定。本次活动准备时间短、场景多、纪律标准高，但总体成效好，获得了国家电网公司与陕西省委省政府的一致肯定，充分展示了公司科学严谨、团结务实、善作善成的管理水平，是公司上下同频共振，坚决落实国网公司决策部署，广大干部职工凝心聚力、真抓实干、敢于奉献的体现，是“一板一眼、一丝不苟、严精细实、专业专注”作风的体现。这些是公司改革发展中形成的宝贵的精神财富，是推动公司高质量发展的重要动力，必须传承好发扬好。

胡卫东强调，公司上下要全面深入学习贯彻落实辛保安董事长在陕调研讲话精神，以更高的政治站位、更务实的工作作风、更昂扬的奋斗姿态，奋力开创“十四五”高质量发展新局面。一要全面深入学习领会。各部门各单位要通过党委会、“三会一课”等形式，进行集体学习和研讨，聚焦国家电网战略目标，紧紧围绕国家电网公司“五个不动摇”“四个统筹好”发展总体要求、“一业为主、四翼齐飞、全要素发力”发展总体布局，立足省情网情企情，深入学习领会辛保安同志讲话精神，推动广大干部职工切实将思想和行动统一到国家电网公司党组决策部署上来，鼓舞士气、凝聚合力。二要统筹抓好贯彻落实。各部门各单位要把贯彻落实辛保安同志讲话精神与国家电网公司第二季度会议精神相结合，认真梳理总结一季度工作情况，全面分析形势问题，紧紧围绕“四抓四强”工作主线，突出重点、明确任务、狠抓落实，在“抓重点、夯基础，补短板、强弱项”上狠下功夫，以“一板一眼、一丝不苟、严精细实、专业专注”作风推动全年各项工作，确保“十四五”开好局、起好步。三要营造良好发展氛围。各部门各单位要抓住机遇，加强与各级政府和部门沟通协作，加快与各地市政府战略合作协议签订工作，全力营造良好发展氛围，政企协作，紧盯难点问题攻坚发力，久久为功，集小胜为大胜，努力推动公司和电网高质量发展，全力服务全省追赶超越，确保实现“十四五”发展新突破，奋力谱写陕西新时代追赶超越新篇章。

15. 公司 2021 年第二季度工作会议暨贯彻落实“一体四翼”发展工作会议

4 月 23 日，公司召开 2021 年第二季度工作会议暨贯彻落实“一体四翼”发展工作会议。公司董事长、党委书记胡卫东出席会议并讲话。公司董事、总经理、党委副书记张薛鸿主持会议并作总结。公司董事、党委副书记、副总经理林一凡，职工董事、副总经理、党委委员、工会主席王成文，总会计师、党委委员李英，副总经理、党委委员周军义、刘太洪，党委委员、纪委书记李文立出席会议。

胡卫东指出，国家电网公司二季度会议暨“一体四翼”发展工作会议明确提出“一体四翼”发展布局，为实现“十四五”高质量发展提供了战略指引，是对国家电网公司战略的再深化、再提升、再发展。公司上下要准确把握国家电网公司“一体四翼”发展布局的重要意义和目标思路，牢记初心使命，始终聚焦主责主业，坚持以“四抓四强”为工作主线，依靠改革、依靠创新、依靠新生产要素投入，统筹兼顾硬实力与软实力并重、内涵式发展与外延式发展并重，全面推动电网业务提质升级，积极培育和壮大新的增长动能。

胡卫东要求，全面贯彻落实国家电网公司二季度会议精神，加快“一体四翼”发展布局在陕西落地，公司上下特别是各级领导干部要在思想上深刻领会、工作中全面贯彻、行动上高度协调、实践中务求实效。持续在“抓重点、夯基础、补短板、强弱项”上下功夫，自觉践行“一板一眼、一丝不苟、严精细实、专业专注”工作作风，运用改革创新的办法破解深层次矛盾和瓶颈束缚，运用创造性思维和数字化手段实现内部资源充分利用和外部资源有效整合，通过提升员工队伍素质、弘扬电网铁军精神，攻坚克难、爬坡过坎，推动公司高质量发展、开创新局面。

胡卫东强调，做好二季度工作具有特殊重要意义，要紧紧围绕国家电网公司“一体四翼”发展布局、“八个全力”重点工作部署，紧扣“四抓四强”工作主线，突出重点、狠抓落实，确保时间过半、任务过半。一要突出党史学习教育，推动全面提质登高。狠抓党的建设，狠抓廉政建设，狠抓队伍建设，全力做好迎接建党百年各项工作。二要突出安全生产管控，推动全面夯实基础。坚持标本兼治，守牢安全底线；强化经营管理，提升效率效益；狠抓基础治理，提高发展质效。三要突出电网建设攻坚，推动全面补强升级。攻坚电网发展难题，补齐供电服务短板，深化改革创新成效。四要突出队伍作风建设，推动全面创先争先。持之以恒改进作风，持续提升培训质效，以人为本凝聚合力，确保和谐稳定。

张薛鸿在作会议总结时提出，公司上下要认真学习领会胡卫东董事长讲话精神，准确把握会议部署的重点任务，围绕庆祝建党百年华诞、全力加快电网发展、全力确保安全生产、持续提升经营管理效率效益等重点工作狠抓落实，确保完成上半年各项目标任务，以优异成绩庆祝中国共产党成立100周年，为实现公司“十四五”良好开局做出积极贡献。

16. 公司“网上电网”2020年建设成果展示汇报暨2021年建设推进会

4月27日，公司召开“网上电网”2020年建设成果展示汇报暨2021年建设推进会。公司董事、总经理、党委副书记张薛鸿出席会议并讲话，公司副总经理、党委委员周军义主持会议。

张薛鸿指出，公司“网上电网”经过近一年建设应用，在工作组织、数据治理、系统应用、示范建设等方面取得了显著成绩，推动了业务数字化、可视化、智能化，初步建成发展业务统一作业平台。

张薛鸿强调，各单位要一手抓安全、一手抓数字化转型，重点围绕“一图一网一平台”的建设目标和内容，聚焦企业管理上台阶，大力发扬“一板一眼、一丝不苟、严精细实、专业专注”的工作作风，扭转惯性思维，加快用、大力推，确保“网上电网”管理平台尽快落地见效。一要牢牢把握数据质量这个基础，实现数据融合质量提升的新突破。二要牢牢把握“电网一张图”这个关键，实现专业协同提升的新突破。三要牢牢把握电网发展这个主线，实现服务“一业为主”高质量发展的新突破。四要牢牢把握数字化转型这个契机，实现发展业务精益化管理的新突破。五要牢牢把握“四个数字化”这个目标，实现一线到管理全面数字化的新突破。六要牢牢把握政企协作这个方向，实现能源互联网生态圈建设的新突破。

17. 公司纪念五四运动102周年暨第二届“青年岗位能手”表彰大会

4月28日，公司召开纪念五四运动102周年暨第二届“青年岗位能手”表彰大会。公司党委副书记、董事、总经理张薛鸿出席会议并讲话。公司党委副书记、董事、副总经理林一凡主持会议。

张薛鸿代表公司党委，代表胡卫东董事长，向受到表彰的优秀青年表示祝贺，向公司广大团员青年致以诚挚问候。他指出，10位“青年岗位能手”在平凡的工作岗位上做出了不平凡的贡献，是公司广大青年学习的榜样。

张薛鸿强调，围绕国家电网公司战略落地，围绕省公司“四抓四强”工作主线的全面推进，公司发展的未来和希望在青年身上。一是公司青年要树立远大理想。立足岗位，让理想信念在创业奋斗中升华，让青春在创新创造中闪光。二是公司青年要爱祖国跟党走。把做好本职工作作为爱党、爱国、爱岗的具体表现，干一行、爱一行、成一行。三是公司青年要担当尽责。青年是生产经营工作的主力军，面临公司改革发展中的复杂问题、难题和挑战，要主动担当作为，成为攻关攻坚的能手。四是公司青年要勇于砥砺奋斗。奋斗不是一句口号，是要从身边每一件小事做起，从岗位做起，将来的路会越走越宽。五是公司青年要练就过硬本领。公司和电网的快速发展，为青年施展才华、展现风采提供了很好的平台，要积极参加各类劳动竞赛，努力提升本领，形成“比学赶帮超”的良好氛围。六是公司青年要锤炼品德修为。做到对人感恩、对己克制、对物珍惜、对事尽力，不断提升个人修养。

张薛鸿要求，各级党组织书记要做青年的知心人，了解青年所思所想，帮助青年解决困难；要做青年的热心人，主动关心关爱青年，不断培养正能量；要做青年的引路人，放手让青年经受锻炼、干事创业、成长成才。下阶段，公司团青工作要积极融入中心、做好培养选树、学习先进经验，大力引导公司青年成为“一板一眼、一丝不苟、严精细实、专业专注”工作作风的践行者。

18. 公司庆祝中国共产党成立100周年保电动员和十四运会残特奥会倒计时100天活动暨2021年迎峰度夏电视电话会议

6月11日，公司召开庆祝中国共产党成立100周年保电动员和十四运会残特奥会倒计时100天活动暨2021年迎峰度夏电视电话会议。公司董事长、党委书记胡卫东出席会议，并向国网西安供电公司等6支保电突击队代表授旗。公司董事、党委副书记、副总经理林一凡主持会议，副总经理、党委委员陶轶华、刘太洪，总工程师窦晓军出席会议。国网西安供电公司总经理、党委副书记钟筱军出席会议并代表西安公司作表态发言。

胡卫东指出，今年公司迎峰度夏与庆祝中国共产党成立100周年保电和十四运会残特奥会保电工作叠加，迎峰度夏电力供需形势偏紧，电网安全运行压力较大，重大活动保电任务艰巨，安全管理存在薄弱环节。

胡卫东强调，各部门各单位要清醒认识安全生产面临的严峻形势，切实增强责任意识、忧患意识，全力以赴做好重大活动保电和电网迎峰度夏工作，坚决扛起责任，守住安全底线。一要加强党建引领。各级党组织要勇于担当、靠前指挥，确保党的组织和工作覆盖保电现场和生产一线。二要强化责任担当。各部门各单位要逐级落实责任，周密部署，确保公司安全稳定局面。三要加强统筹协调。各单位要严格落实各项保电措施，扎实做好安全稳定和优质服务工作，确保安全可靠供电。

19. 安全生产专题党委扩大会议

6 月 21 日，公司召开安全生产专题党委扩大会议。公司董事长、党委书记胡卫东主持会议并讲话，公司董事、总经理、党委副书记张薛鸿传达上级单位安全生产工作会议精神，并就公司近期安全生产工作提出要求。公司在家领导班子成员参加会议。

胡卫东指出，公司各单位要切实做好安全管控，严格安全生产工作审批程序，把上级组织的各项要求落实到位，既要注意大电网的安全防控，也要注意最末端的安全管理，严抓严管基层和现场；要深刻吸取事故教训，压实安全责任，坚决防范各类安全事故，切实保障公司安全稳定的局面，为建党 100 周年营造良好安全环境。

胡卫东强调，要贯彻国网公司党组的决策部署，落实“一体四翼”工作要求，努力取得好成绩；要敢担当、敢作为，努力拼搏创造一流业绩，赢得组织的肯定和信任；要重实干、守底线，坚持正确的导向，形成干事创业、风清气正的浓厚氛围；要讲团结、聚合力，心无旁骛谋划发展，集中精力攻坚克难，开创公司高质量发展的新局面。

针对干部管理工作，胡卫东要求：一是增强政治意识和大局意识，各级党组织要坚持正确的选人用人导向，按照国网公司“四优五过硬”标准，建立健全科学的干部考核评价体系，营造风清气正的政治生态和发展环境。二是营造风清气正的政治生态，既要坚持“严”的主基调，让干净的人有更多的干事机会，让干事的人有更干净的环境，又要建立容错纠错机制，严格落实“三个区分开来”，旗帜鲜明地对担当干事的干部进行激励保护、撑腰鼓劲，激发各级领导干事创业的积极性。

胡卫东强调，人是要有精神的，队伍是要有精神的，陕西是一片有红色基因的土地，电网在陕西的发展责任重大。各级领导人员要勇于担当作为，积极践行“一板一眼、一丝不苟、严精细实、专业专注”的工作作风，牢记使命、勇挑重担，奋力实现全年目标，以优异成绩向党的百年华诞献礼。

张薛鸿就如何更好地贯彻落实上级会议精神，提出五点要求：一要扎实开展专题安全日活动，提高全员的安全意识。二要加强作业现场安全管控，确保人身安全万无一失。三要开展安全生产常态化交叉互查。四要开展“争做人身安全‘吹哨人’”行动，激励全体人员进一步增强安全意识。五要开展重点领域风险排查整改，确保现场工作安全有序。

20. 公司庆祝中国共产党成立 100 周年座谈会

7 月 1 日，公司召开庆祝中国共产党成立 100 周年座谈会。公司党委书记、董事长胡卫东为公司系统老党员代表颁发“光荣在党 50 年”纪念章并作讲话。公司董事、党委副书记、副总经理林一凡主持会议，公司职工董事、副总经理、党委委员、工会主席王成文宣读上级党组织和公司党委“两优一先”表彰决定。公司在家领导班子成员、西安公司党委负责人参加会议。

胡卫东在讲话中重温了党的 100 年光辉历程，回顾了陕西电力取得的历史性成就。胡卫东要求，一是学习好百年党史，汲取奋进力量。突出“学党史、践行初心；敬延安，赋能三秦”主线，从百年党史中汲取奋进力量，用行动诠释国家电网的初心使命。要使国有企业成为“六个力量”，推动高质量党建引领企业高质量发展。二是传承好红色基因，赓续精神血脉。把习近平新时代中国特色社会主义思想坚决贯彻到推动国家电网战略目标落地、落实“四抓四强”工作主线的全过程。让党的精神谱系融入血脉，使之成为我们践行人民电业为人民企业宗旨的最有力精神支撑。三是落实好“四抓四强”，做到学史力行。聚焦“四抓四强”，确保落地见效。坚持将落实总书记重要指示批示作为“两个维护”最具体的检验；坚持推进“3 个深化”专项行动；坚持对标对表改作风，打造明责、履责、问责的责任担当链条。聚焦安全生产，坚决守好安全生产底线，严格执行各类评先评优业绩考核、干部使用中的安全“一票否决”制度，确保平稳局面。聚焦保障供电，筑牢“保电必胜”的坚实基础，构建“保电必胜”的铜墙铁壁，保持“保电必胜”的高昂斗志，确保保障供电万无一失。

21. 公司深入学习贯彻习近平总书记“七一”重要讲话精神加快推动新型电力系统建设暨2021年年中工作会

7月20日，公司召开深入学习贯彻习近平总书记“七一”重要讲话精神加快推动新型电力系统建设暨2021年年中工作会。

公司董事长、党委书记胡卫东出席会议并讲话。公司董事、总经理、党委副书记张薛鸿主持会议。公司总会计师、党委委员李英，副总经理、党委委员周军义、陶轶华、刘太洪，总工程师窦晓军，党委委员、纪委书记文建光出席会议。

胡卫东在讲话中指出，习近平总书记在庆祝中国共产党成立100周年大会上发表重要讲话，精辟概括伟大建党精神，全面总结以史为鉴、开创未来的“九个必须”，号召全体中国共产党员在新的赶考之路上努力为党和人民争取更大光荣。国家电网公司从党的百年奋斗历程中汲取前进力量，牢记初心使命，聚焦主责主业，全面深化“一体四翼”发展布局，积极构建以新能源为主体的新型电力系统。公司上下要坚持战略思维、系统观念，坚持“五个不动摇”“四个统筹好”“六个更加注重”，突出“四抓四强”工作主线，坚持问题、目标和结果导向，围绕年度工作目标、战略发展目标，对标对表，找准结合点、明确发力点，以改革创新精神统筹推进公司高质量发展。

今年以来，公司上下紧紧围绕“四抓四强”工作主线，突出重点、狠抓落实，顺利实现时间任务“双过半”。公司党委一手抓安全稳定，一手抓改革发展，员工队伍心齐劲足，学党史、践初心，党建质量进一步提升；保安全、稳经营，发展基础进一步夯实；强攻坚、补短板，体制机制进一步优化；转作风、提能力，价值导向进一步彰显，各方面工作呈现良好发展态势，得到国家电网公司和陕西省委省政府领导同志的充分肯定。

胡卫东指出，不忘初心，奋进新的赶考路，公司上下既要立足当前、更要面向未来，牢固树立“一盘棋”“一张网”的理念，对照年度工作目标，深刻认识差距和不足；对照战略发展目标，深刻认识形势和任务，确保高质量完成“十四五”开局之年各项目标任务，以实际行动立足新发展阶段、践行新发展理念、服务新发展格局，不断取得新突破。下半年工作总的要求是：深入学习贯彻习近平总书记“七一”重要讲话精神，认真落实国家电网公司和陕西省委省政府决策部署，紧紧围绕“一体四翼”发展布局，坚持稳中求进工作总基调，坚持问题、目标和结果导向，紧扣“四抓四强”工作主线，实干担当、攻坚突破，积极构建以新能源为主体的新型电力系统，加快建设具有中国特色国际领先的能源互联网企业，全力实现全年目标任务，确保“十四五”实现良好开局。

胡卫东强调，下半年要重点抓好四个方面工作。一要持之以恒强根铸魂，提高党建工作质量。把加强党建引领、党风廉政建设、强化队伍建设贯穿始终，扎实开展党史学习教育，把学习贯彻习近平总书记“七一”重要讲话精神作为首要政治任务学深学透，开展好专题组织生活会和民主生活会，持续深化“赋能三秦”我为群众办实事专项行动；建立健全监督问责机制；深入实施“旗帜领航·组织登高”工作，全面落实干部人才工作29项具体举措。二要持之以恒强基固本，推动管理质效提升。全力确保电力可靠供应、推动提质增效升级、深挖基础治理成效，完成安全生产专项整治集中攻坚年各项工作；加快推进提质增效专项行动110项重点任务落地；建立健全购售同期管理机制，强化故障停电过程管控和闭环管理，深化“量价费损管控平台”应用，建立增量数据源头管控机制，努力实现核心数据可用率再提升。三要持之以恒补强升级，加快电网转型发展。加快推进电网转型升级、推动服务品质提升、推进改革创新突破，落实“九加强、九提升”工作措施，推动新型电力系统建设；制定公司卓越服务提升工程实施方案，推进“三化三高”目标落地；确保“改革深化年”任务全面完成。四要持之以恒转变作风，凝聚强大发展动力。持续强化作风建设、不断提升培训质效、持续实施文化赋能，建立决策部署落实质效跟踪评估机制；持续完善“一盘棋”培训体系；扎实推进“文化铸魂、文化赋能、文化融入”专项行动，打造和谐企业、平安国网。

张薛鸿在作会议总结时指出，公司上下要认真贯彻本次会议精神，认真学习领会，切实履责尽责，以“一板一眼、一丝不苟、严精细实、专业专注”作风，坚决完成全年各项目标任务。要坚持统筹兼顾，狠抓贯彻落实，把深学细悟习近平总书记“七一”重要讲话精神作为首要政治任务，把保障安全稳定和优质服务作为重中之重，加快推进电网转型发展，全面实现经营发展各项目标，加快构建以新能源为主体的新型电力系统，为建设具有中国特色国际领先的能源互联网企业做出新的更大贡献。

22. 国网陕西省电力有限公司揭牌视频会议

8月6日，陕西电力事业发展史迎来重要里程碑时刻——由国网陕西电力公司和陕西地方电力公司融合设立的国网陕西省电力有限公司揭牌成立，陕西电网发展在新时代新征程上掀开了新的一页，迈出了新的步伐。当天上午，国家电网有限公司和陕西省人民政府在北京和西安召开国网陕西省电力有限公司揭牌视频会议，深入学习贯彻习近平总书记关于能源电力发展和国有企业改革发展的重要论述，推动陕西电网统一管理、融合发展，加快构建以新能源为主体的新型电力系统，更好服务陕西新时代追赶超越，助力实现碳达峰、碳中和目标。

国家电网有限公司董事长、党组书记辛保安，总经理、党组副书记张智刚，陕西省委书记刘国中，省委副书记、省长赵一德共同为国网陕西电力揭牌。陕西省委常委、秘书长方红卫，副省长程福波，公司总会计师、党组成员罗乾宜，副总经理、党组成员庞骁刚、陈国平出席会议。

辛保安代表国家电网公司向关心支持本次融合发展工作的国家有关部委、陕西省委省政府及社会各界表示衷心感谢，向全体干部职工致以诚挚问候。他表示，习近平总书记在庆祝中国共产党成立100周年大会上的重要讲话中，号召全体党员牢记初心使命，以史为鉴、开创未来，努力为党和人民争取更大光荣。理顺陕西电力管理体制、设立新陕西公司，是贯彻中央决策部署的担当之举。陕西是我国重要的综合能源基地和“西电东送”的重要枢纽，是极富发展潜力的内陆枢纽地区。融合设立新陕西公司，能够进一步深化央企和地方的合作，实现全省电网统一规划、统一调度、统一管理，更好地发挥电网的服务、支撑、保障和拉动作用，确保中央决策部署不折不扣贯彻落实，以实际行动践行“两个维护”。理顺陕西电力管理体制、设立新陕西公司，是实现高质量发展的多赢之举。成立新陕西公司有利于从根本上解决“一省一网两公司”体制下电网管理分割带来的一系列问题；有利于统筹加强陕西电网建设，充分发挥规模优势和协同管理优势；有利于实现电网规划与陕西经济社会发展规划的有效对接，更加有力保障人民群众美好生活的用电需要；有利于推动陕西能源结构优化调整及碳达峰、碳中和进程。理顺陕西电力管理体制、设立新陕西公司，是凝聚各方力量的共为之举。推进两家电网企业融合发展，得到了国务院国资委、国家能源局等部委的积极关心和帮助，得到了陕西省委省政府的高度重视、大力支持。广大干部职工顾大局、讲团结、守纪律，展现了优良的素质和风采。各方面的指导、支持和理解，确保了各项工作顺利推进，是这次顺利融合的重要保障，也是我们下一步做好工作的重要依靠。

辛保安强调，国家电网公司将以更大力度、更实举措大力支持陕西电力事业发展，充分发挥集团优势，持续加大帮扶力度，为新陕西公司的发展创造良好条件。新陕西公司要牢记使命、不负重托，全力推进管理整合、文化融合、人心聚合，深入实施公司“一体四翼”发展布局、加快建设具有中国特色国际领先的能源互联网企业，以新的面貌展现新的担当，以新的干劲开创新的局面，以新的作为书写新的辉煌。要进一步加大电网建设投入，加快建设坚强陕西电网，争当陕西能源清洁低碳转型的引领者、推动者、先行者；要进一步支撑和服务好陕西城市更新行动和乡村振兴战略，大力实施农网巩固提升工程，巩固拓展脱贫攻坚成果；要进一步强化电网安全风险防控和供电服务保障，确保大电网安全运行，持续优化电力营商环境；要全力做好电力迎峰度夏保障工作，抓实抓细各项措施，确保电力可靠供应，高质量完成好第十四届全运会保电工作。

赵一德代表陕西省委省政府向新陕西公司的成立表示祝贺，向国家电网公司长期以来给予陕西工作的大力支持表示感谢。他指出，陕西省委省政府和国家电网公司顺应国家所需、结合央地所能、瞄准未来所向，共同推动成立国网陕西省电力有限公司，是深入学习贯彻习近平总书记“七一”重要讲话和来陕考察重要讲话精神的具体实践，是严格落实国家能源安全新战略和碳达峰、碳中和部署的重要举措，是促进能源电力行业高质量发展的实际行动，必将有利于促进电网融合发展、加快行业清洁低碳转型步伐，必将优化升级电力配置格局、切实保障国家能源电力安全，必将有效满足多元用能需求、更好服务人民群众美好生活的需要。国网陕西省电力有限公司的成立，标志着陕西电力事业正式开启“一张网”发展新征程，希望新陕西公司努力在完善电力基础设施上更加见行见效，在打造清洁能源基地上更加见行见效，在护航经济社会发展上更加见行见效。陕西将努力创造良好发展环境，全力支持新陕西公司高质量发展。

23. 陕北—湖北 ±800kV 特高压直流工程启动送电视频会议

8月6日，国家电网有限公司召开陕北—湖北±800kV特高压直流工程启动送电视频会议，深入学习贯彻习近平总书记“七一”重要讲话精神，落实“四个革命、一个合作”能源安全新战略，助力实现“双碳”目标，为经济社会高质量发展提供坚强电力保障。公司董事长、党组书记辛保安，总经理、党组副书记张智刚，陕西省委书记刘国中，省委副书记、省长赵一德，省委常委、秘书长方红卫，副省长程福波，湖北省副省长曹广晶出席会议。公司总会计师、党组成员罗乾宜主持会议，公司副总经理、党组成员庞骁刚、陈国平出席会议。

程福波指出，国家电网公司及广大工程建设者克服疫情影响，以高昂的斗志、有力的举措、科学的管理，高质量完成了工程建设任务。工程将有力推动陕西新能源资源的大规模开发，巩固陕北革命老区脱贫攻坚成果，全面助力乡村振兴，促进区域协调发展。陕西将与国家电网公司进一步深化合作，共同保障国家能源安全，统筹有序做好碳达峰、碳中和工作。

曹广晶说，陕北—湖北±800kV特高压直流工程是在去年疫情严峻时期我省第一个开工的重大能源项目，是湖北盼望已久的大事，充分体现了国家电网公司高标的政治站位、强烈的责任担当。工程架起了陕电入鄂的电力“高速路”，对于优化湖北能源布局、满足用电需求具有重要战略意义。希望国家电网公司继续关心支持湖北发展，湖北省委省政府将一如既往为国家电网在鄂发展提供优质服务、创造良好环境。

张智刚表示，国家电网公司将坚决贯彻落实党中央、国务院决策部署，立足新发展阶段，贯彻新发展理念，服务新发展格局，加快构建以新能源为主体的新型电力系统，助力实现碳达峰、碳中和目标。公司有关部门和单位要科学安排系统方式，确保电网安全运行。

24. 公司干部大会

8月16日，公司召开干部大会。公司董事长、党委书记胡卫东讲话。公司董事、总经理、党委副书记张薛鸿主持会议。公司全体领导出席会议。

胡卫东指出，提高政治站位，以高质量党建引领高质量融合发展。一要全面加强党建引领。坚持把党史学习教育同推动改革发展、解决实际问题结合起来，推动党建工作与生产经营紧密结合，强化基层党组织政治功能和组织力，层层压实全面从严治党主体责任和监督责任，强化政治纪律和政治规矩。二要全面强化作风建设。要积极践行“一板一眼、一丝不苟、严精细实、专业专注”的工作作风，以崭新的面貌、充足的干劲，展现新担当、开创新局面、书写新辉煌。三要全面加强文化建设。要大力弘扬国家电网企业文化，在健全现代企业制度上着力，在改革发展中心任务上聚力，在思想政治和意识形态上用力，在推动实现国家电网战略目标和“一体四翼”发展布局的广阔舞台上发力。

胡卫东强调，强化安全管理，全力维护安全生产秩序平稳。当前，公司正处在融合发展的关键时期，守牢安全底线、保障电力可靠供应是首要职责和根本任务。一要严格落实安全生产责任。要强化领导干部履责，强化专业履责，强化监督考核。二要严抓安全管理要求落地。要坚决实行标准化作业，深入实施“四双”管理，切实强化“四个管住”，严格落实“十不干”。三要严控电网运行风险。要科学统筹电网发展，强化电网运行管理，全力做好度夏、度汛和十四运会保电等重点工作。四要严格安全生产考核。严格实行安全生产“一票否决”。发生人员死亡事故的主要及同等责任单位，分管领导先予以免职，给予降职（降级）处分，同时停职（检查），主要领导视调查情况决定是否停职（检查），二级机构（含县公司）负责人给予撤职处分，同时责任单位要核减工资总额。

胡卫东要求，深化融合发展，凝聚干事创业强大合力。要充分发挥国家电网公司管理优势，按照“先划转、再整合，据实定编、相对稳定，尊重历史、逐步规范，摸清家底、防范风险，把握大局、服务专业”的原则，平稳有序过渡机构人员，逐步并轨薪酬福利，激发队伍潜力活力。一要全面加强专业融合。融合发展工作领导小组和办公室以及22个专业工作组，坚持以高起点、高站位一体推进融合工作。二要有序融合组织机构。过渡期间，按照“国网陕西电力负责集约化管控业务、原两家公司相对独立运作常规业务”的定位，建立适应新形势的体制机制。三要稳妥开展人员划转。坚持“核清现状、全盘划转，统筹规范、确保稳定”思路，在国家电网公司领导下做好人员划转和融合规范工作。四要稳步推进薪酬福利融合。积极争取国家电网公司政策支持，稳步推进薪酬制度和薪酬体系融合，确保职工薪酬待遇稳步增长，逐步融合到位。五要持续加强人才队伍建设。扎实做好“领导职务、职员职级、技术专家、技能工匠”四条员工职业成长通道建设，大力实施“高端人才引领、电力工匠塑造、青年人才托举”三项育才工程，持续推动人才高质量发展。

胡卫东强调，强化干部管理，坚持以好干部标准选人用人。要始终坚持党管干部的原则，在干部培育、选拔、管理、使用上下功夫，按照国家电网公司党组“四优五过硬”领导班子和干部人才队伍建设目标，着力打造一支忠诚、干净、担当的高素质干部队伍。公司干部选拔程序十分严密，主要有人选来源、人选产生、人选考察、人选决定、人选审核备案、人选评价6个程序环节，每一个环节都有严格的标准和流程，环环相扣，任何一个环节不符合规定，都要按照领导人员选拔任用工作监督检查和责任追究规定，追究相关党组织、领导班子以及有关人员责任。公司党委坚持树立正确的选人用人导向，更加“重品行、重担当、重实绩、重公认、重基层”。

25. 国网公司融合发展安全生产保障视频会议

8 月 19 日，国家电网公司召开陕西公司融合发展安全生产保障视频会议，落实国网公司党组部署，进一步深化认识、统一思想、提高站位，切实增强责任感、使命感，集中精力、全力抓好安全生产工作，确保陕西公司重组融合期间安全生产局面平稳，为陕西电力高质量发展提供安全保障。

胡卫东从责任、制度、人身、电网、设备、发电、信息、基建、营销、省管产业、应急、十四运会保电 12 个方面汇报了公司融合发展阶段，安全生产面临的主要问题及应对措施。

听取汇报后，陈国平认为陕西公司在融合发展期间，安全生产工作认识深刻、思路清晰、措施务实。陈国平指出，要统一思想认识、提高政治站位，切实增强做好融合发展期间安全生产工作的责任感、使命感。准确把握两网融合的重要政治意义，充分认识安全生产工作的极端重要性，正确认识存在的差距和不足，从增强“四个意识”、坚定“四个自信”、做到“两个维护”的高度，集中精力抓好安全生产工作。

针对下阶段工作，陈国平要求，要主动担当、认真履责，全力以赴确保安全生产平稳有序，重点做好6个方面工作。一是加强组织领导。要把思想融合、理念融合、人心融合摆在首位；做好业务、机构、人员调整过程中安全生产无缝衔接；对自查梳理的主要问题，要逐项定责任、定措施、定时限，推动整改提升。二是严抓责任落实。安全生产工作与融合发展同规划、同部署、同落实，在改革中强化安全，确保安全生产依法合规。三是推动安全融合。做好制度衔接、业务整合、文化融合。四是严控安全风险。严控人身风险、电网风险、设备风险、网络安全风险。五是做好十四运会保电。完善预案，落实好预案下的各项措施，强化实战，确保万无一失。六是严格安全监督。严格监督检查，严抓过程管控，严格管理问责考核。

26. 公司援豫抗洪抢险保供电表彰会议

8 月 24 日，在国家电网有限公司召开应对河南特大暴雨抗洪抢险保供电表彰暨做好电力保障工作电视电话会议之后，公司召开援豫抗洪抢险保供电表彰会议。张薛鸿要求，一要充分发挥先进典型示范引领作用。各部门各单位要加强各类先进典型和先进事迹的学习宣传，大力营造学习先进、崇尚先进、争当先进的浓厚氛围，推动高质量发展不断迈上新台阶。二要全力以赴确保电网安全度汛。公司上下要密切关注雨情、水情预报预警，坚持以防为主，防灾抗灾救灾相结合，守住抢修安全防线、应急处置防线、重点部位防线，确保人员及电网安全。三要全力以赴抓好十四运会电力保障。进一步完善预案、防控风险、强化实战，确保所有设备设施以最佳状态投入实战运行，为“办一届精彩圆满的体育盛会”保驾护航。四要全力以赴抓好秋检及迎峰度冬工作。统筹安排秋检工作，确保现场作业安全，提升设备运行水平，加快推进安全生产业务融合。五要全力以赴抓好“十四五”电网规划编制及 2022 年投资计划的报送。以问题、目标、结果为导向，各部门加强指导，做好宣传培训，从规划和计划入手加快推进融合工作。

会议宣读了嘉奖令，表彰了援豫抗洪抢险先进单位和个人。公司援豫抗洪抢险前线指挥部，东区宝鸡、安康、商洛供电公司援豫抗洪抢险突击队领队作了发言。

27. 公司“牢记总书记指示 弘扬张思德精神”深化共产党员服务队建设交流座谈会

9 月 8 日，公司召开“牢记总书记指示 弘扬张思德精神”深化共产党员服务队建设交流座谈会。公司董事长、党委书记胡卫东，董事、党委副书记林一凡，党委委员、副总经理陶铁华，党委委员、纪委书记崔利民出席会议。

胡卫东指出，十年来，服务队发挥攻坚作用，落实“一体四翼”发展布局等重大部署，深度参与十四运会供电工程建设、特高压外送、新能源消纳、抢修救灾等任务，开展专项行动1200余次，参与重大保电3100余次，抢修抢险21万余次，全力保障全省经济社会发展。谨遵总书记“架起连心桥”的重要指示，有呼必应、有难必帮，优化电力营商环境，推广“指尖办电”，构建“供电+能效服务”体系，开展不停电作业和“网格化”抢修，畅通供电服务“最后一百米”，开展志愿服务1500余次，服务客户141余万人次，被中央级主流媒体报道113次，电力“红马甲”已成为群众心目中为民服务的“承诺书”。强化服务队政治、组织、服务功能，服务队壮大到46支，服务延伸到政治保障、增值服务等领域，大力实施“党建+”工程，推进了服务队“标准化建设、同质化管理、特色化发展”，149个集体个人获省部级以上表彰，82名同志在服务队入党，成为服务群众各项需要的重要力量。

胡卫东表示，经过多年实践，时刻体会到习近平总书记重要指示浓厚的为民情怀，服务队遵循指示担当作为、无私奉献，树起了旗帜、赢得了口碑，服务队已成为践行企业宗旨的重要阵地、发挥“六个力量”的重要抓手、深化国企党建的重要载体。

胡卫东强调，要牢记重要指示，深入学习贯彻“七一”重要讲话精神，认真落实辛董事长来陕调研各项要求，立足融合发展“一盘棋”“一张网”新起点，再接再厉、接续奋斗，推动服务队“标准化建设、同质化管理、特色化发展”，在新时代为民服务中展现担当作为。一要提高政治站位，矢志做红色基因的传承者。旗帜鲜明讲政治，不断提高政治判断力、政治领悟力、政治执行力。建强基层党组织，打造坚强有力的基层党组织。增强政治锻炼，在政治锻炼中彰显政治本色。二要聚焦第一要务，自觉做融合发展的推动者。全力推动融合发展，全力推进管理整合、文化融合、人心聚合。全力保障安全生产，发挥好党员“双带头”作用。全力做好可靠供电，努力满足陕西经济社会发展用电需要。三要强化为民服务，坚定做金色名片的守护者。坚持优服务，落实提升“获得电力”服务水平9项举措，推进“三零”“三省”服务全覆盖。着力解难题，深化“我为群众办实事”活动，确保惠民生、办实事举措落到实处。满足新需求。创新服务方式、丰富服务内容，更好满足客户多元化需要。四要持续强基固本，坚持做作风要求的践行者。加强队伍建设，两年内服务队覆盖全省所有营业区域，完善机制标准、行为规范，推进同质化管理。弘扬优良作风。践行“一板一眼、一丝不苟、严精细实、专业专注”作风要求，在公司需要的关键时刻始终冲锋在前。

林一凡在总结讲话中要求，一要深刻领会习近平总书记重要指示，更好地服务地方经济社会高质量发展。二要深入贯彻辛保安董事长讲话精神，持续深化共产党员服务队建设。三要深度落实胡卫东董事长工作要求。聚焦胡董事长讲话要求，以实际行动推动公司党委各项决策部署落地落实。四要深化共产党员服务队融合发展。立足融合发展“一盘棋”“一张网”新起点，强化辐射力、提高执行力、扩大影响力，推动服务队“标准化建设、同质化管理、特色化发展”。

会上，胡卫东为十四运会保电张思德共产党员服务队和党员突击队授旗，陶轶华传达了国网公司学习贯彻总书记重要指示座谈会精神，两家单位、两个服务队作交流发言。

28. 公司9月份月度例会

9月9日，公司召开9月份月度工作例会。公司董事、总经理、党委副书记张薛鸿出席会议并讲话，公司董事、党委副书记林一凡主持会议。公司总会计师、党委委员李英，副总经理、党委委员刘太洪、孙毅卫，总工程师窦晓军在公司东区主会场出席会议。公司董事、副总经理、党委委员周军义，副总经理、党委委员陶轶华，副总经理刘爱文，职工董事、党委委员、工会主席杨桦，副总经理冯建宇，副总经理、党委委员史高琦，副总经理郑景辉，党委委员、纪委书记崔利民，副总经理、党委委员王晓刚，外部董事梁倩在公司南区主会场出席会议。

会议通报了公司安全生产及十四运会保电、现场安全管控、大前期开展及同期线损治理、供电可靠性、“量价费损”专项治理、数据治理等工作情况，东区西安供电公司、东区渭南蒲城县公司、南区延安富县分公司和东区汉中汉台公司分别就电网规划落地、同期线损提升、现场安全管控、客户档案电话号码整治作了专题发言。

张薛鸿指出，8月是陕西电力事业发展史上的重要里程碑，陕西省委省政府和国家电网公司主要领导共同为国网陕西省电力有限公司揭牌，开启了陕西电网发展新征程。经过一个月融合，东区、南区广大干部员工讲政治、顾大局，各方面工作配合好、推进快，公司呈现良好发展态势。赵一德省长、程福波副

省长先后到公司调研，充分肯定公司融合发展以及十四运会保电工作；辛保安董事长来陕调研时以“有板有眼、有声有色、有力有序”对公司工作给予高度评价。特别是，在河南“7・20”、商洛“7・23”、汉中“8・22”等抗洪抢险保供电任务中，广大干部员工牢记“灾情就是命令”，挺身而出、冲锋在前，做到“水退、人进、电通”；安康水电厂发挥“削峰、错峰、滞洪”作用，有力保障安康城区及下游人民群众的生命财产安全，获得安康市委市政府的高度肯定。公司安全生产、电网发展、经营管理、十四运会保电等重点工作实现新突破，按期投运西安地区77项消弧线圈治理和改造任务，完成97座（其中，西安三环内56座、三环外41座）110kV变电站小电流接地选线装置和西安三环外17座110kV变电站小电阻接地选线装置改造，涉及十四运会保电的变电站全面完成接地短路试验；“网上国网”绑定用户突破400万，95598服务热线实现全省全覆盖。

张薛鸿强调，公司上下要认真贯彻赵一德省长“三个见行见效”、程福波副省长“四项要求”和辛保安董事长“四个奋发有为”的讲话精神，特别要落实好近期辛保安董事长在陕调研时提出的“五点要求”，着力从细节着手，抓早、抓小、抓实、抓细各项工作，确保完成全年目标任务，以优异成绩向国家电网公司党组和陕西省委省政府交上一份满意答卷。

张薛鸿要求，公司上下要以“一板一眼、一丝不苟、严精细实、专业专注”的工作作风，全力以赴抓好七个方面重点工作任务。一是全力抓好安全生产工作。要始终把人身安全作为头等大事，市县供电单位主要负责同志要切实履行责任，分管领导要扛起责任，逐级建立约谈机制、通报机制，全力推进标准化作业、“四双”管理、“四个管住”“看板”管理、“十不干”禁令等安全管理要求落实落地，切实抓好秋检及迎峰度冬各项工作。二是全力抓好融合发展工作。把融合发展与数字化转型工作结合起来，与明年总体工作结合起来，统筹推进机构和专业融合，市县供电公司要不等不靠，抓紧推进融合发展各项工作。三是全力抓好十四运会保供电工作。认真落实国家电网公司、陕西省政府主要领导对公司十四运会保电作出部署和要求，扎实做好应急准备和防外破工作，确保开闭幕式及赛事期间供电万无一失。四是全力抓好优质服务工作。坚持以客户为中心，从思想上高度重视、在行动上务求实效，生产营销协同发力，加快城市中心供电所布点建设，扎实推进频繁停电治理、客户报装问题整改，着力压降客户投诉率。五是全力抓好电网发展。分层级、分专业做好“十四五”电网规划编制。政企协作，加快解决西安、榆林电网发展难题，全面推进各级电网发展建设。六是全力抓好四项基础治理。扎实同期线损、数据治理、供电质量、“量价费损”治理，大力创建国家电网同期线损百强县公司、供电所。立足电网“一张图”，积极创建数字化供电所，扎实推进供电服务指挥中心建设，推动公司数字化转型再上新台阶。七是全力抓好党的建设。认真落实卫东董事长在公司干部大会上的讲话精神，全面强化党建引领、作风建设和文化建设，增强服务意识，深入推进党史学习教育。认真落实国家电网公司省管产业专项整治工作要求，开展自查自纠、立行立改。积极构建全员“大培训”工作体系，着力加强全员专业能力和技术水平。

29. 国家电网公司十四运会保电动员视频会

9月13日，国网公司召开十四运会保电动员视频会。国网公司副总经理、党组成员陈国平在北京主会场参会。公司董事长、党委书记胡卫东，董事、总经理、党委副书记张薛鸿，董事、副总经理、党委委员周军义，总工程师窦晓军在公司南区分会场参会。

胡卫东汇报了公司十四运会保电准备工作。公司认真落实国家电网及陕西省委省政府相关决策部署，突出政治保电定位，按照“备战、迎战、实战、决战”四个阶段扎实推进各项保电任务落地落实。通过强化保电组织领导、构建保电指挥体系等多种举措做好供电；坚持问题早发现早治理，保障开闭幕式供电；全网统筹，汇集省内外技术人员和物资力量，支持保电；扎实开展风险评估、隐患排查，夯实保电安全基础；科学安排电网方式，确保电网可靠运行和重点地区电力可靠供应。主动作为，开展延伸服务，科技智慧保电，提升保电能力。积极响应“低碳绿色全运”办赛理念，在53个比赛场馆、77家接待酒店实施百分之百清洁能源供应。绿电交易合计电量2.32亿kWh，预计减排二氧化碳19.8万t。十四运会期间陕西电网全接线全保护方式运行，预计全省电网最大负荷2700万kW，最大日用电量5.8亿kW，高峰备用容量达到100万kW以上，电力整体供需平衡。

陈国平肯定了公司在融合初期同时承担十四运会保电的重任实属不易，并从六个方面对保电工作提出要求：一要进一步提高保电工作政治站位。陕西公司作为保电的重点单位，要强化责任担当、压实保电责任，做到“人员到位、责任到位、措施到位、管理到位”，将十四运会保电作为当前最重要的政治任务抓实抓好，确保万无一失。二要进一步认清保电工作面临的风险。此次全运会具有保电时间长、保电范围广、疫情防控严、极端天气集中频繁等特点，期间又有双节保电任务，给保供电工作带来重大考验。要发挥融合后集团化作战优势，坚决打赢保电攻坚战。三要落实好各项保电措施。陕西公司直接承担赛事保电任务，各单位要严格落实各项保电预案措施、加强安全管控，全面做好电网运行、设备运维、供电服务、网络安全等各项工作。四要进一步加强电网调度控制。按照“全网保西北、西北保陕西、陕西保核心、各地保平安”的原则，加强电网运行风险防控，精心安排电网运行方式。五要全面做好保电决战工作。各保电单位要到岗到位、恪尽职守、集中精力做好保电工作。特别是陕西公司、西安供电公司担负重点供电站、重点线路、开闭幕式、重要场馆的保电护电队伍，要全面进驻保电现场，全方位开展工作。做好疫情防控、后勤保障等配套工作，确保疫情防控和保电工作两不误，双胜利。六要认真做好保电信息报送。各单位严格执行安全生产零报告制度，重大事故请示报告制度，加强舆情监测，正面引导舆论，切实维护公司形象。

会上，国网安监部、西北分部汇报了十四运会保电总体情况，东区西安供电公司汇报了保电准备工作和进一步措施。

30. 公司今冬明春电力供应保障暨2021年第四季度工作会议

10月19日，公司今冬明春电力供应保障暨2021年第四季度工作会议召开。公司董事长、党委书记胡卫东出席会议并讲话。公司董事、总经理、党委副书记张薛鸿主持会议并作总结。公司在家领导班子成员出席会议。

胡卫东指出，习近平总书记9月份来陕考察作出“谱写陕西高质量发展新篇章”等一系列重要指示、提出一系列明确要求，为新时代陕西发展赋予了崭新使命、注入了强大动力。国家电网公司专题部署今冬明春保供电重点任务，安排四季度重点工作，为做好年底前工作指明了方向。各部门各单位要以习近平总书记来陕考察重要讲话精神为指引，认真贯彻落实国家电网公司党组和陕西省委省政府各项决策部署，聚焦“一体化运作、同质化管理、高质量发展”目标，全力加快融合发展；以高度的政治担当全力做好今冬明春电力保供工作，全力以赴保安全、保供应、保民生，奋力推进公司高质量发展。

胡卫东强调，四季度，公司上下要以习近平新时代中国特色社会主义思想为指导，全面落实国家电网公司党组和陕西省委省政府决策部署，围绕“一体四翼”发展布局，紧扣“四抓四强”工作主线，一手抓融合发展，一手抓电力保供，抓重点、夯基础，补短板、强弱项，高质量完成“十四五”开局之年各项目标任务。一要持续强化党建引领，持续强化廉政建设，持续强化队伍建设，抓党建、强队伍，持之以恒强根铸魂。二要坚决守住安全底线，全力做好电力保供，全力确保稳健经营，抓管理、强基础，全面筑牢发展根基。三要加快推进融合发展，加快推进电网发展，加快推进服务升级，抓发展、强电网，全力推动补强升级。四要强化作风建设，狠抓培训赋能，强化文化建设，抓作风、强素质，增强凝聚力战斗力。

张薛鸿在作会议总结时指出，各部门各单位要坚决落实公司四季度工作会议各项部署，坚决守住安全底线，坚决做好电力保供，全力推进电网发展，全力加快融合工作，按照胡卫东董事长提出的“一板一眼、一丝不苟、严精细实、专业专注”作风要求，进一步细化分解目标任务，认真做好工作总结和经验推广，准确分析研判形势，科学谋划明年工作，充分展现融合发展新成效，直面挑战、履职尽责、苦干实干、全力以赴推动融合发展、保障电力可靠供应，优质高效完成全年目标任务，加快建设具有中国特色国际领先的能源互联网企业，为谱写陕西高质量发展新篇章做出新的更大贡献。

会上，调控中心、东区营销部、东区安监部、组织部、东区财务部、东区法律部分别就全力做好今冬明春保供电、全面加强需求侧管理全力保障电力供应、强化安全管理、加强干部队伍作风建设、持续深化提质增效高质量完成全年经营目标、全面推进融合发展等工作作专题报告，国网咸阳供电公司、东区榆林公司、南区电建集团做表态发言。

31. 西安电网攻坚协调会

10月26日，公司董事、总经理、党委副书记张薛鸿在国网西安供电公司主持召开西安电网攻坚协调会。公司副总经理、党委委员陶轶华，副总经理、党委委员刘太洪出席会议。

张薛鸿充分肯定了国网西安供电公司及公司各个部门、单位为西安电网建设所做的工作，并代表公司党委向公司系统各部门、单位的辛勤付出表示衷心感谢。张薛鸿深入分析了西安电网建设面临的形势和压力，要求公司各部门、单位进一步理清思路、统一思想、下定决心、树立信心，站在讲政治的高度，充分认识加快建设坚强西安电网的重要意义，上下齐心形成坚强合力，坚决完成西安电网攻坚任务。

就西安电网建设攻坚当前及下阶段工作，张薛鸿提出三点要求：一是公司各部门、单位要充分认识西安电网目前面临的形势和挑战，紧紧抓住难得的良好机遇，采取有力措施，确保重点工程按计划实施。二是要在省公司层面形成全局支持电网攻坚的氛围，通过成立攻坚领导小组和柔性团队，以问题清单和项目清单两个清单为抓手，全力以赴推进各项电网攻坚工程。三是国网西安供电公司电网攻坚工作要抓早、抓实、抓细，并切实做好组织管理，同时加强与各级政府的沟通协调，促成政府加快相关政策的出台，为西安电网建设攻坚创造良好条件。

陶铁华、刘太洪结合分管工作，就抢抓历史性机遇、建立相应体制机制、提高电网建设工作效率、加大属地化管理、落实政策及主导责任、开展定期协调督办等方面工作提出要求。

会议听取了国网西安供电公司、国网西咸供电公司电网建设攻坚及今冬明春保供电情况的工作汇报。国网陕西建设公司、国网陕西经研院依次作表态发言。公司相关部门就加快推进西安电网建设攻坚相关议题提出工作建议。

32. 公司 11 月份月度工作例会

11 月 10 日，公司召开 11 月份月度工作例会。公司董事、总经理、党委副书记张薛鸿出席会议并讲话，公司董事、党委副书记林一凡主持会议，公司领导李英、陶铁华、杨桦、冯建宇、史高琦、刘太洪、孙毅卫、张斌、郑景辉、刘岩、王晓刚、梁倩参加会议。

张薛鸿指出，公司各级领导班子团结协作，广大干部员工工作实、干劲足、状态好、士气高，分别得到辛保安董事长，陕西省省长赵一德、副省长程福波批示肯定，辛保安董事长指出陕西公司抢抓机遇，乘势而上，以顽强的精神和扎实的作风，推进电网融合取得突出成效，成绩值得充分肯定！要立足新成效，继续推进融合发展各项工作，在保障电力可靠供应、服务地方经济社会发展中作出新贡献。赵一德省长批示，国网陕西电力融合工作推进快，已初见成效，值得充分肯定，下一步，在优化内部运行机制的同时加大项目的建设力度。程福波副省长指出公司电网融合工作推进高效，成效显著，希望再接再厉为陕西省高质量发展多做贡献。

张薛鸿就下一阶段重点任务强调六项工作，一是全力抓好安全生产。把安全生产工作当作重中之重和基础工作来抓，重点管住现场，抓好外包队伍同质化管理落实到位，在各地市公司、县公司成立专委会，建立起管专业必须管安全的体系，学习贯彻公司无违章班组及个人奖惩办法，让班组真正把安全重视起来，各级领导亲自抓安规、三种人等安全培训。二是全力做好电力保供。坚决落实“限电不拉路、限电不限民用”要求，各部门各单位要全力落实迎峰度冬保供电各项措施，总结完善各专业应急演练经验做法，严格执行政府批复的有序用电方案，充分挖掘火电、水电等常规电源的灵活调节能力，超前做好“煤改电”、春节保供电、降投诉等重点工作，年底前完成西安公司中心供电所建设，确保电网安全运行和电力安全可靠供应。三是全力推进融合工作。12 月前完成各市县公司营业执照办理，加快推进各专业深度融合和市县公司全面融合，高质量筹办数字化转型推进会，狠抓基础治理，在安全基础、供电质量、数据质量、“量价费损”治理方面补短板、强管理，开发利用好融合终端共享功能。四是全力推进电网建设。积极主动与各级政府对接，将“十四五”电网规划纳入省（区、市）能源和电力规划，抓好项目储备工作，形成全局支持西安、榆林电网建设的局面，全力推动 23 项最为急迫解决的电力工程落地实施，推进战略协议落地。五是全力强化经营管理。认真执行公司 2021 年 211 项重点任务，科学编制 2022 年综合计划与预算方案，把对标、考核结合起来细化完成业绩考核办法，做实做细公司代理购电工作实施方案，确保 11 月 27 日公布代理价格、12 月 1 日开展代理购电。六是全力加强党的建设。抓好“党建 +”工程，促进党建与业务融入融合、见行见效，全力做好国家审计署关于陕西省节能减排审计配合工作，扎实开展冬季大练兵，深入基层一线调查研究，全面系统谋划本部门本单位 2022 年工作。

33. 公司十四运会、残特奥会保电暨2021年防汛抢险先进表彰会

11月22日，公司以电视电话会议的形式隆重召开十四运会、残特奥会保电暨2021年防汛抢险先进表彰会议。

公司董事长、党委书记胡卫东为10名劳模颁奖并作讲话，公司监事会主席邹满绪出席会议，公司董事、总经理、党委副书记张薛鸿分别宣读公司关于表彰十四运会、残特奥会保电和2021年防汛抢险先进集体和先进个人的决定，公司职工董事、党委委员、工会主席杨桦主持会议，公司全体领导班子成员参加会议。

胡卫东在讲话中充分肯定公司十四运会、残特奥会保电和防汛抢险工作。他指出，面对异常艰巨繁重的保电任务，公司上下思想认识到位、组织领导到位，超前谋划准备、主动延伸服务，统筹各方资源、依靠科技赋能，坚持党建引领，全员拼搏奉献，以“最高标准、最强组织、最严要求、最实措施、最佳状态”，成功践行“六个零四确保”保电承诺，取得十四运会、残特奥会保电攻坚战全面胜利，得到省委省政府、国家电网公司和大赛组委会的通报表扬和充分肯定。面对历史罕见的汛情，公司第一时间启动应急响应，及时发布防汛预警，充分发挥防汛抢险领导小组和现场指挥部作用，加强灾情研判，统筹调配资源，高效有序推进防汛抢险工作，全力打好防汛应急主动仗和抢修复电攻坚战，夺取了防汛抢险保供电战役的全面胜利，赢得了地方党委政府、社会各界和广大人民群众的广泛赞誉。

胡卫东强调，艰难方显勇毅，磨砺始得玉成。在此次保电和防汛抢险工作中，公司系统广大干部员工“一盘棋”“一条心”，统一指挥、统一协调、优势互补，广大干部员工不分昼夜守护电力设备，争分夺秒抢修受损设施，以实际行动证明陕西电网人是一支拉得出、能扛事、打得赢的优秀队伍，充分诠释了“特别负责任、特别能战斗、特别能吃苦、特别能奉献”电网铁军精神，用双胜利的优异成绩集中展现了“1+1>2”的电网融合发展成效。

胡卫东要求，要总结经验、弘扬精神，奋力推动公司高质量发展。紧扣“四抓四强”工作主线，大力弘扬电网铁军精神，一手抓融合发展，一手抓电力保供，确保高质量完成全年目标任务。一要全面加强总结宣传。系统总结固化十四运会、残特奥会保电经验，加快提升电网防灾抗灾保供电能力。多渠道、全方位宣传先进典型和感人事迹，大力营造学习先进、崇尚先进、争当先进的浓厚氛围。二要加快推进融合发展。稳妥有序做好市县公司融合工作，加快实现“一体化运作、同质化管理、高质量发展”。三要全力抓好电力保供。加快实施迎峰过冬重点工程和“煤改电”配套项目。做细需求侧管理，严守“限电不拉闸”纪律红线。实施好电价改革各项工作。四要做好全年工作收口。高质量完成四季度重点工作任务，认真谋划明年工作，持续强化“一板一眼、一丝不苟、严精细实、专业专注”作风。

会议组织观看了公司十四运会和残特奥会保电暨2021年防汛抢险主题宣传片。十四运会和残特奥会保电突出贡献单位代表、先进集体代表、劳动模范代表，公司2021年防汛抢险劳动模范代表、先进单位代表先后作交流发言。

34. 公司对标促融工作启动推进会

11月24日，公司召开对标促融工作启动推进会。公司董事、总经理、党委副书记张薛鸿出席会议并讲话。公司副总经理冯建宇、总工程师窦晓军出席会议，公司副总经理、党委委员王晓刚主持会议。

张薛鸿指出，当前融合工作重心转向专业深度融合和市县公司全面融合，为进一步加快公司各专业、各层级融合进度，全面提升融合质效，公司党委决定组织开展对标促融工作及县所对标结对提升工作，灵活运用好同业对标管理工具，针对性的解决融合过程中的问题，形成“帮学比赶超”良性氛围。

张薛鸿对公司全面开展对标促融工作及县所对标结对提升工作提出六方面要求。一要着眼大局，明确对标促融工作路径。沿着“树标、对标、达标、创标”的路径，讲求实事求是，树立切合实际的目标，注重与自身比提升，强化重点领域和关键环节攻关，不断向更高水平、更高目标奋进，以量变的过程获得质变的结果。二要统一标准，健全公司融合发展的制度体系。按照融合发展进度要求梳理制度标准，抓主要矛盾和关键点，将制度标准与岗位规范紧密结合，做好培训学习与落实执行，使制度标准入脑入心。三要夯实基础，扎实开展县所对标结对提升工作。确保原东区、南区县公司、供电所全面覆盖，上下联动、互相借鉴好的经验和做法取长补短，全面推进安全生产、同期线损、供电质量、数据质量、“量价费损”等治理工作，加强电网建设，不断夯实基层基础。四要激

发活力，常态开展对标指标大排名。通过指标量化评价分析，找准定位，把准方向，更加全面精准的实施改进。企管部及时总结和推广优秀的对标促融及结对提升经验和管理方法，帮助市县公司实现自我革新和超越。五要勇于突破，不断追赶超越向一流迈进。立足陕西放眼全国，多学习东部发达地区先进的管理经验，开拓思路，结合实际创造性地转化落地，加快创建世界一流企业步伐。六要砥砺作风，形成强大组织保障体系。加强组织领导，各级单位主要负责同志作为对标促融工作的第一责任人，要亲自谋划、亲自部署、亲自推动，强化党建引领，充分发挥党组织的战斗堡垒作用，建立对标促融工作成效评价及通报机制，督促加快融合进度，确保融合质量。

就贯彻落实好本次会议精神，王晓刚提出四点要求。一是提高认识，坚持旗帜领航、高质量发展主线。二是四大赋能，压紧压实责任，以钉钉子精神做好任务组织实施。三是严格过程管控，强化提质登高，梯级层层推进。四是坚持安全稳定，全面系统有序开展对标促融工作。

会上，公司企管部解读了《公司对标促融总体方案》及《县所对标结对提升专项方案》《公司制度标准梳理规范专项方案》要点，公司营销部、配网部解读本专业对标促融要点，宝鸡、汉中公司作县公司前期结对经验介绍，杨凌公司作标准化良好行为企业经验介绍。

35. 公司工会第一次会员代表大会

12 月 2~3 日，国网陕西省电力有限公司工会第一次会员代表大会召开。陕西省人大常委会副主任、省总工会党组书记、主席郭大为应邀出席会议并讲话，省总工会党组副书记、常务副主席王瑞峰出席会议并宣读国网陕西省电力有限公司工会成立批复文件，公司董事长、党委书记胡卫东致大会开幕词，公司董事、总经理、党委副书记张薛鸿参加会议，公司董事、党委副书记林一凡主持会议。公司职工董事、党委委员杨桦全票当选国网陕西省电力有限公司工会第一届委员会主席。

会上，郭大为高度赞誉了公司央企作风、电力作为和工会作用，高度肯定了陕西电力“一张网”“一盘棋”的新格局新态势，代表陕西省总工会对公司工会第一次会员代表大会的召开表示衷心祝贺，并向与会代表、全省电力系统广大职工及工会工作者致以亲切问候。郭大为指出，在陕西省委省政府和国家电网公司的大力推动下，国网陕西省电力有限公司于 8 月 6 日挂牌成立，陕西电网发展在新时代新征程上掀开了新的一页，迈出了新的步伐。在这个历史性节点，陕西电力召开工会第一次会员代表大会，对于凝聚广大职工站在新起点建功十四五，奋力谱写新时代陕西电力事业高质量发展新篇章具有积极重要的意义。希望公司工会坚持把职工思想政治引领作为第一要求，坚持把做好职工维权服务工作作为第一任务，坚持把满足人、提升人、发展人作为第一追求，坚持把自身建设作为第一保障，团结凝聚广大职工牢记“人民电业为人民”的初心使命，大力发扬能吃苦、能战斗、能奉献的优良作风和品质，树央企品牌，展央企雄风，为发展担当，为社会造福，为奋力谱写陕西高质量发展新篇章聚力赋能、多做贡献。

胡卫东要求，国网陕西电力工会要准确把握新时期、新阶段、新工作定位，全面落实省总工会和国家电网公司党组《关于进一步加强和改进工会工作的意见》要求，加强自身建设，推进改革创新，当好党委的好助手、行政的好帮手、职工的娘家人，促进工会工作规范化、法制化、科学化发展。胡卫东强调，公司各级工会组织要站在公司改革发展稳定的全局中谋划工作。要旗帜鲜明讲政治，引导全体员工感党恩跟党走；要服务大局有作为，团结员工建功公司高质量发展；要全心全意为职工，作心系职工服务职工的贴心人，在服务公司高质量发展中体现新作为、展现新担当、作出新成绩。

杨桦在表态发言中，紧扣新时期新阶段公司工会工作要求，对公司当前和今后一个时期工会工作的总体思路和任务提出了“保持和增强‘政治性’，让工会更有‘厚度’；保持和增强‘先进性’，让工会更有‘深度’；保持和增强‘群众性’，让工会更有‘温度’”三方面要求，号召各级工会全力践行“一板一眼、一丝不苟，严精细实、专业专注”工作作风，奋力推进融合发展，全力打好电力保供攻坚战，加快建设具有中国特色国际领先的能源互联网企业，为谱写陕西高质量发展新篇章做出更大贡献。

会议选举产生了国网陕西省电力有限公司工会第一届委员会委员、经费审查委员会委员及工会常务委员会委员；选举产生了公司新一届工会主席、常务副主席、副主席，及工会经审委主任、副主任，研究确定了女工委主任和女工委委员。

36. 公司疫情防控新闻宣传专题工作会议

12月23日，公司召开疫情防控新闻宣传专题工作会议。公司董事、党委副书记林一凡出席会议。

林一凡指出，当前陕西省疫情防控形势复杂，西安疫情防控进入关键期。全国都在聚焦陕西、聚焦西安的疫情防控工作。在当前特殊形势下，公司的疫情防控和保供电工作备受关注，做好舆情引导更显得至关重要。他要求，一是提高站位。抗疫保电是做好舆情引导第一重任。要提高思想认识，进一步强化政治意识和责任意识，紧紧围绕疫情防控和保供电做好各项工作，加强新闻宣传和做好舆情引导，确保万无一失。二是提高标准。主动迅速是舆情引导的第一要求。相关部门、单位对疫情防控和保供电工作有可能出现的舆情和问题，一定要做到主动迅速响应，第一时间向相关部门和领导汇报，第一时间进行处置。三是提高水平。百姓民生是保电服务的第一群体。在当前疫情防控形势下，确保广大人民群众特别是被隔离群众的安全可靠用电备受关注。要落实公司支持疫情防控及供电服务保障八项举措，做好应急抢修、保障民生用电等各项工作，全力确保电力安全可靠供应。发生停电故障等事件，公司生产、营销、宣传等部门要联动到位，提高工作水平，确保不出现因工作失误造成事件发酵，引发舆情。四是提高警惕。风险分析是舆情引导前端的第一要务。要把风险分析的功课做足，加强对客户侧、配电网侧、客户投诉的风险分析，建立相关的工作联动机制和风险分析机制，及时将舆情消除在萌芽状态。五是提高效率。联动统一是舆情引导的第一基础。要提升联动工作效率，做到统一部署，高效联动。各部门、各单位要加强相互沟通，对工作过程中掌握到信息、发现的问题，第一时间向相关部门、相关单位汇报沟通，确保信息共享。相关部门要加强过程督导，确保责任落实，处置到位。

37. 公司2021年第一次股东会会议

12月27日，国网陕西省电力有限公司股东会2021年第一次会议以视频形式召开，这也是公司成立以来召开的首次股东会。国家电网公司授权代表，国网公司副总会计师、财务部主任冯来法，陕西省国资委授权代表，国资委党委委员、副主任杨爱民出席会议，公司候选董事、候选监事、工会主席列席会议。

会议审议通过公司股东会2021年第一次会议议程、公司股东会议事规则、公司监事会议事规则、公司董事会和监事会选举方案、公司股东会2021年第一次会议决议。

会议选举产生公司第一届董事会非职工董事和第一届监事会非职工监事。经与会股东代表投票表决，选举胡卫东、曹培东、韩悌、张薛鸿、林一凡、周军义、刘岩、梁倩8名同志为公司第一届董事会董事；选举邹满绪、穆银安、陈春武、马莘4名同志为公司第一届监事会监事。

38. 公司第一届董事会会议

12月27日，国网陕西省电力有限公司召开了第一届一次董事会会议。

会议审议通过了公司董事会议事规则、公司董事会董事长选举方案，选举产生了公司第一届董事会董事长，聘任了公司经理层董事会秘书，审议通过了公司董事会一届一次会议决议。胡卫东当选为公司第一届董事会董事长。聘任张薛鸿为公司总经理，聘任周军义、陶轶华、刘爱文、冯建宇、史高琦、刘太洪、孙毅卫、王晓刚、岳红权等9位同志为公司副总经理，李英同志为公司总会计师，窦晓军同志为公司总工程师。聘任公司办公室负责人为董事会秘书。

39. 公司第一届监事会会议

12月27日，国网陕西省电力有限公司召开了第一届一次监事会会议。

会议选举邹满绪为公司第一届监事会主席，审议通过了公司监事会监督实施办法、公司监事会监督实施办法、公司2021年监事会工作要点、公司第一届监事会第一次会议决议。

40. 公司2021年度直属单位党委书记抓基层党建工作述职评议会

12月28日，公司召开2021年度直属单位党委书记抓基层党建工作述职评议视频会议。公司党委书记、董事长胡卫东出席会议并讲话。公司党委副书记、董事、总经理张薛鸿及领导班子成员参加会议并现场提问。公司党委副书记、董事林一凡主持会议。

会议采取“述职、提问、点评、测评”的方式进行。榆林公司、宝鸡公司、铜川公司、西咸公司、后勤服务中心、信通公司、经研院、营销服务中心、咸阳公司等9家单位党委书记视频述职，18家单位党委书记书面述职。公司领导班子成员，副总政工师，办公室、党建部、宣传部、组织部、纪委办主要负责人对27家单位党委书记抓基层党建工作进行评价打分。

胡卫东充分肯定了各单位党建工作取得的经验成效，对参与视频述职的9家单位党建工作作了逐一点评，对各党委书记的工作给予了肯定，就进一步抓党建促发展提出了要求，指明了努力方向。

胡卫东回顾了 2021 年公司党建工作。他指出，2021 年是公司党建工作经受考验、全面提升的一年。公司抓党建、强队伍，“两个维护”站上新高度，理论武装取得新成效，融合发展展现新作为，急难险重彰显新担当，党建工作取得显著成效。但也存在党建工作开展还不均衡、基础不牢固、党建工作在一线班组（站所）落地见效与公司党委要求还有差距、个别党员干部对自己要求不严，带头作用发挥不到位、团组织作用发挥力度不够等问题。

就做好 2022 年党建工作，胡卫东强调，要聚合力、强优势，不断提高抓党建促发展的能力。2022 年是党的二十大召开的关键之年，也是十四五规划落地的关键之年。公司上下要始终保持“赶考”的清醒和坚定，深入贯彻新时代党的建设总要求，围绕“四抓四强”工作主线，以“三个聚焦聚力”为重点，坚决扛起政治责任，聚焦聚力夯基础，聚焦聚力强弱项，聚焦聚力促提升，以优异成绩迎接党的二十大召开。

胡卫东还对各党委书记提出明确要求，要求各党委书记要强担当、作表率，切实发挥示范带头作用。要把抓好党建作为最大的政绩，作为应尽之责、分内之事，做到守土有责，始终知责于心；守土负责，主动担责于身；守土尽责，全面履责于行。要始终把党建工作责任记在心上、扛在肩上、落实到行动上，形成党委抓、书记抓、班子成员共同抓，一级抓一级、层层抓落实的良好局面。

41. 国家电网公司支援陕西抗击疫情保供电队伍出征动员会

12 月 30 日，国家电网有限公司召开支援陕西抗击疫情保供电队伍出征动员会。国家电网公司董事长、党组书记辛保安通过视频连线，代表国家电网公司党组向奋战在抗疫保电一线的全体干部员工致以崇高敬意和亲切问候，为即将出征支援陕西的供电保障队伍壮行。国网公司党组副书记罗乾宜出席出征动员会。

出征动员会上，公司董事长、党委书记胡卫东汇报公司抗疫保供电工作，公司董事、总经理、党委副书记张薛鸿，董事、党委副书记林一凡，副总经理、党委委员陶轶华，副总经理冯建宇，副总经理、党委委员史高琦、刘太洪，总工程师窦晓军在公司本部柿园路和唐延路分会场参会。

辛保安指出，近期陕西疫情严峻，牵动着全国人民的心。国家电网公司党组深入贯彻习近平总书记关于疫情防控工作的重要指示精神，坚决落实国务院联防联控机制工作部署，全力服务疫情防控工作大局。国网西北分部和国网陕西电力、西安供电公司按照公司党组和陕西省委省政府防疫要求，顾全大局、周密部署，迅速行动、连续奋战，一手抓疫情防控，一手抓电力保障，克服重重困难，守护万家灯火，各项工作有力有序有效，值得充分肯定。

辛保安强调，保障电力供应对夺取疫情防控胜利至关重要。为进一步支持陕西抗疫工作，国网公司党组决定派遣队伍跨省支援陕西，希望全体支援队员牢记使命、不负重托，弘扬伟大抗疫精神，展现电网铁军风采。一要确保安全健康。加强自我防护，劳逸结合、保重身体，防止交叉感染，带着责任去、平平安安回。二要坚决完成任务。服从统一安排和调配，高质量完成抗疫保供电任务。充分发挥共产党员先锋模范作用，让党旗在一线高高飘扬。三要做好后勤保障。各单位要全力支持支援队伍工作，保障好各类物资供应，关心关爱支援职工家属。

辛保安强调，困难面前有我们，我们面前没困难。国家电网这支队伍是有着光荣历史传统的铁军，经过党史学习教育的洗礼，经过历次抢险救灾的锤炼，相信全体支援队员一定能圆满完成国家电网公司党组交付的光荣任务，在新的大战大考中展现国家电网“顶梁柱、顶得住”的央企担当期待全体将士早日平安凯旋。

胡卫东汇报了公司抗疫保电工作情况。此轮疫情发生以来，公司坚决贯彻国家电网公司党组和陕西省委省政府疫情防控决策部署，及时采取“从严就高、提级管控”的疫情防控措施，成立相关机构、落实相关责任，每天 20 时召开全省疫情防控保电工作管控会，已提前于 12 月 17 日果断实施调控及运行人员封闭管理，省公司及西安公司本部 317 人在岗驻守到位。立即出台“先复电、后抢修”等抗疫保供电八项举措，并在央视新闻、陕西新闻联播等主流媒体播出。各级党组织、广大党员干部当先锋、作表率，广大员工坚守岗位，全省电力供需平稳，疫情防控保持“双零”。

（苟秦燕　王杨妮）

重要文献

胡卫东在公司四届一次职代会暨2021年工作会议上的讲话（摘要）

（2021 年 1 月 26 日）

这次会议的主要任务是：以习近平新时代中国特色社会主义思想为指导，全面贯彻落实国家电网公司2021年“两会”和陕西省委省政府工作部署，聚焦国家电网公司战略目标，坚持问题、目标和结果导向，总结工作、分析形势、明确目标，部署2021年重点任务，稳中求进、真抓实干，确保“十四五”发展开好局、起好步，加快建设具有中国特色国际领先的能源互联网企业，奋力谱写陕西新时代追赶超越新篇章，以优异成绩迎接建党100周年。

一、2020年及“十三五”工作回顾

2020年是极不平凡的一年。面对严峻复杂的外部形势、艰巨繁重的改革发展任务，特别是新冠肺炎疫情的严重冲击，公司上下立足“六稳”“六保”工作大局，学战略、讲担当、干精彩，在大战大考中经受住了考验。完成固定资产投资68.11亿元，同比增长13.79%，其中电网基建投资54.8亿元；售电量1266.25亿kWh，同比增长1.02%；营业收入640.93亿元，同比增长2.45%；利润总额6.06亿元；经济增加值-3.47亿元，优于目标值0.54亿元；资产总额701.53亿元，与去年基本持平；资产负债率64.23%，同比下降1.06个百分点；线损率5.6%，同比下降0.34个百分点；电费回收率100%。各项指标符合预期、稳中向好。

（一）安全工作持续发力。深入学习贯彻习近平总书记关于安全生产的重要指示精神，全面启动安全生产专项整治三年行动，以安全生产巡查、“四不两直”督查，以及安全风险管控平台、省级智能运检管控中心、两级电缆监控中心建设应用为着力点，全方位加强安全生产管理和安全风险管控。战疫情、抗洪灾、斗严寒，保供电服务、保员工健康，做到“统筹、精准、兼顾”。截至目前，电网经受住了迎峰度夏、迎峰过冬九次历史最大负荷考验。圆满完成习近平总书记来陕考察等重大保电任务。

（二）电网发展全面提速。陕北—湖北 ±800kV特高压直流工程率先开工，青海—河南特高压直流工程（陕西段）“6·30”建设攻坚任务率先完成，建成第十四届全运会17项配套电网工程、银西高铁供电工程、750kV朔方输变电工程等35kV及以上输变电工程83项，有力保障三星半导体公司等205个中省市重大项目按期供电，有效发挥产业链带动作用。完成“十四五”陕西电网规划研究，促成国家电网公司与陕西省政府签订战略合作框架协议。推动成立陕西省电力外送领导小组，先后与江苏、河南、浙江省政府签订能源合作框架协议，全面加快“十四五”建成两条、核准两条特高压电力外送通道规划建设。

（三）为民服务不断提升。坚决执行国家降低用电成本政策，释放政策红利17.19亿元，全省64.5万“煤改电”用户充分享受电价优惠政策。“网上国网”绑定用户超过175万户，与政务服务平台实现“一网通办”，“一对一”服务榆林恒力煤化一体化产业基地等652个省市重点项目。支持保障全省82个、总装机524万千瓦新能源发电项目并网，新能源利用率达97.34%。全面完成脱贫攻坚任务，省市两级扶贫考评均为“优秀”。扎实开展西安电网“大干三百天，实现零跳闸”专项行动，公司停电时户数同比减少40.71%，3次及以上频繁停电10kV线路同比下降66.13%，基本消除长期低电压配变。

（四）改革创新积极推进。国家新一轮输配电价核定、交易公司股份制改制、省管产业深化改革、万年饭店关停注销、退休人员社会化管理移交等改革任务如期完成。在西北地区首次实施电力需求响应。省内电力直接交易电量627.13亿kWh、跨省区电力交易电量609.38亿kWh，释放改革红利14亿元。实施“放管服”49项措施和直属单位自主决策77项负面清单，持续优化“战略+运营”管控模式。建成中国西部科技创新港能源互联网创新实验平台，“五个一”数字化转型试点取得突破，19项成果获得省部级科技进步奖，2项成果获得国际质量管理大会最高奖。

（五）经营管理保持稳健。深入实施提质增效专项行动130项任务，全面消化疫情影响，着力对冲政策性减利因素。通过扩大外送、电能替代等方式，增供扩销电量134亿kWh。基础资源商业化运营、电动汽车、综合能源服务等新兴产业收入7.33亿元，省管产业营业收入74.42亿元、利润1.96亿元。开展工程结余物资专项清理，盘活利用率78.4%。清理长期挂账项目1073个，项目预算执行率和决算转资率均超过96%。加强基础管理专项治理，治理高损线路391条、高损台区7552个，治理率分别为95.13%、90.25%，基本实现高损线路“动态清零”，堵漏增收4.05亿元，累计2个市公司入选国家电网同期线损十强，15个县公司、64个供电所入选国家电网同期线损百强。内外部审计发现问题整改率96%。

（六）党的建设全面加强。全面贯彻执行《中国共产党国有企业基层组织工作条例（试行）》，扎实开展"基层党建巩固提升年"各项工作，深化12项党支部"凝心聚力"重点工作，推进547项"党建+"工程，消除23个基层无党员班站，创建4个国家电网党建专业标杆，张思德共产党员服务队成为国家电网闪亮名片。扎实做好国家电网公司巡视配合工作，完成4家地市供电单位及所属9家县级供电单位"提级+交叉"巡察。开展扶贫领域、"获得电力"、安全生产等专项监督，严肃查处群众身边的不正之风和腐败问题。构建技术专家、技能工匠职业成长通道，选育409名工匠种子，为一线员工提供成长平台。信访维稳、舆论引导、新闻宣传等工作统筹推进，营造了良好发展环境。

过去的一年，公司广大干部职工以"不向困难退半步、只向胜利添精彩"的决心和劲头，奋力夺取"双胜利"，全面实现"十三五"发展目标。"十三五"期间，公司发展不断迈上新台阶。一是电网发展迈入新阶段。公司年度电网建设投产规模两创新高，新能源装机突破1000万kW，年售电量突破1000亿kWh，年电力外送电量突破500亿kWh，电力电量23次创新高；建成陕西首条特高压电力外送通道——榆横—潍坊1000kV特高压交流工程，开工建设陕北—湖北±800kV特高压直流工程，陕西电网特高压发展进入快车道；建成陕西电网建设史上投资最高、规模最大、距离最长的陕北—关中750kV第二输电通道，形成750kV"两纵双环"骨干网架。各级电网协调发展，不断提速升级。二是公司发展展现新作为。公司连续3年发展投入超过100亿元，业绩考核首次跨入国家电网公司A级行列；年度市场化交易电量突破1200亿kWh，累计释放国家降价减费政策和电力市场化改革红利148.6亿元；积极稳妥完成国企改革任务，构建数据驱动型创新体系和发展模式，推动公司由生产型企业向服务型企业转型，完成陕西电网史上换表规模最大、接收居民户数最多的214.05万户户表改造任务，建成13个省部级科技创新平台，首次荣获国家技术发明二等奖和科技进步二等奖，实现历史性突破。三是党建工作水平再登高。深化"两学一做"学习教育常态化制度化，"不忘初心、牢记使命"主题教育成果不断巩固扩大，42支张思德共产党员服务队在基层全覆盖，66个基层党委、730个党（总）支部全部实现标准化，省市县三级单位实现职代会制度全覆盖，"寻心梁家河·传承延安魂"党建品牌影响力持续提升，基层党组织政治功能和组织力不断强化，"旗帜领航·三年登高"成效显著，党的建设迈向更高台阶。"全国劳动模范"张雷威、宁启水、朱艳同志等一大批先模人物和典型事迹受到广泛认可，公司首次荣获"全国电力好新闻"一等奖，被陕西省政府授予央企突出贡献奖。

二、真抓实干、开拓创新，奋力开创高质量发展新局面

"十四五"时期，是我国开启全面建设社会主义现代化国家新征程、向第二个百年奋斗目标进军的第一个五年，也是国家电网公司基本建成具有中国特色国际领先的能源互联网企业的关键五年。党中央提出"六个新"发展目标，描绘了"十四五"发展蓝图。国家电网公司2021年"两会"提出，坚持"五个不动摇"，做到"四个统筹好"，全面实施"一业为主、四翼齐飞、全要素发力"的"十四五"发展总体布局。公司上下要深刻把握形势任务，真抓实干、开拓创新，奋力开创高质量发展新局面。

一是准确把握国有企业的发展定位。作为党领导下的国有能源骨干企业，做好公司各项工作最根本的是从政治上看问题。要以习近平新时代中国特色社会主义思想为指导，坚持党的全面领导和以人民为中心的发展思想，不断提高政治判断力、政治领悟力、政治执行力。但是，从国家电网公司巡视反馈情况看，公司管党治党还有薄弱环节，党建责任落实存在层层衰减现象，党建与业务工作结合不紧、融入不深，一些单位党建工作不够规范化常态化，党建引领力还要巩固提升。我们必须坚持从严治党、质量强党，推动党建优势转化为企业创新优势、竞争优势和发展优势，把对党忠诚、为党分忧、为党尽责体现在实际行动中，成为党和国家最可信赖的依靠力量，充分发挥国有企业经济支撑作用。

二是准确把握电力改革的市场方向。电网作为能源资源转换利用与优化配置的重要枢纽、中心环节，加快推进电力市场化改革，有利于推动公司业务优化提升，有利于全省能源资源优化配置，有利于降低全社会用能成本。但是，陕西电力市场建设还不完善。从省内市场看，新能源参与电力市场化交易刚刚起步，火电承担了省内电力直接交易主要让利，改革

红利还需进一步释放；受省内用电规模限制，加之火电供热、调峰调频等优先发电政策，发电侧可参与市场化交易电量规模有限。从省外市场看，陕西电力外送能力 1435 万 kW，在西北区域电力外送占比仅为 16.1%，在全国 12 个电力外送省份排名倒数第四。我们要按照“依法合规、可持续发展”的原则，推动形成公平公正、有效竞争的市场格局，以市场化方式推动能源电力要素与各市场要素更加充分、高效、协同流动，降低用能成本，服务经济社会发展。

三是准确把握能源革命的转型目标。习近平总书记提出“碳达峰、碳中和”目标，赋予了“四个革命、一个合作”新内涵，释放出加速推进能源清洁低碳转型的强烈信号。陕西尚未完全实现“源网荷储一体化”“风光水火储一体化”建设，能源供给体系面临深刻改变。从电源侧看，新能源仍将大规模发展，预计到 2025 年省内自用可再生能源装机达到 5100 万 kW，电源结构清洁化转型加速推进。从电网网架看，“十三五”陕西电网规划投资仅完成 64.67%，高比例新能源并网带来电网安全稳定运行压力，电网依然处在强网架、扩市场的关键期，电网补强和转型升级集聚叠加。从用电侧看，夏季制冷、冬季采暖负荷比重大，“电力缺口大、电量缺口小”特点明显，日最大峰谷差达 964 万 kW，电网投资与效益平衡矛盾突出，亟需构建与市场化衔接的内部机制。我们要坚持电网内涵与外延发展并重，以坚强智能电网为支撑，广泛吸引各类市场主体参与能源互联网建设和价值挖掘，促进能源生产、传输、消费全环节、全要素供需对接和资源优化配置。

四是准确把握数字化转型的重大部署。国家提出建设数字中国战略，把数据与传统劳动、资本、土地等生产要素并列作为新型生产要素，推动经济社会加速向数字化转型，运用大数据提升国家治理现代化水平、促进保障和改善民生。在此次疫情“大考”面前，大数据更是发挥了重要作用。陕西抓住数字化发展机遇，加快数字陕西建设，促进数字技术、网络技术与实体经济深度融合，全面推动经济数字化转型。当前，公司数字化建设处在起步阶段，数字化和业务融合不够，数字化自主研发创新能力不足，融合数据要素重构生产力和生产关系还有很多“坚冰”要破。我们要抓住“数字新基建”发展机遇，将数据作为生产经营活动的核心要素，加快传统组织机构和管理模式变革，主动融入数字经济建设，以数字化赋能企业发展、赋能经济社会发展。

五是准确把握科技创新的核心地位。党的十九届五中全会首次提出“坚持创新在我国现代化建设全局中的核心地位”，将创新的重要性提升到前所未有的高度。与之相比，公司创新工作还存在一定差距。在创新布局方面，优势专业面窄，科技项目解决生产一线问题的覆盖面需进一步扩大。在创新支撑方面，主要依靠电科院、经研院开展科技攻关，地市供电公司科技创新能力不足。在管理机制方面，科研管理体系还不能完全适应创新驱动发展需要，科技成果向现实生产力转化不足。在科技创新资源方面，科技投入与其他网省公司相比仍有差距，开放共享、联合创新模式还要不断深化。在人才队伍方面，科技人才队伍建设不平衡，顶尖科技领军人才数量不足，优秀技术人才和高水平创新团队相对集中。我们必须以强化科技创新能力为主线，以内引外联带动创新体系优化、以优势领域带动创新能力升级、以群创活动带动成果转化应用、以体制机制创新带动人才高质量发展，打造“五链”贯通科技创新生态。

——业绩效益实现新突破。资产总额突破 900 亿元，年售电量突破 1600 亿 kWh，最大用电负荷突破 4300 万 kW，主要经营指标保持国家电网前列。

——电网发展实现新突破。建成“一交两直”特高压交直流混联电网，形成 750kV“田字型”网架，北电南供能力超过 1000 万 kW，电力外送能力突破 3000 万 kW，各级电网协调发展，实现“外送翻番、主网坚强、城网先进、农网升级”。

——服务品质实现新突破。全面建成以客户为中心的现代服务体系，“获得电力”指数、客户服务满意度排名进入全国前八，有效支撑保障全省可再生能源发电装机占比超过 50%、发电量占比超过 30% 的能源绿色发展目标。

——改革创新实现新突破。公司企业治理体系基本健全，治理能力达到国家电网先进水平；研究经费投入强度达到 0.22%，电网数字化智能化水平显著提升，创新能力实现“三强一领先”。

——党建引领实现新突破。形成以“三个强化”“六个红色”“六大体系”为特色的“寻心梁家河·传承延安魂”党建品牌，各级党组织向心力、战斗力、吸引力、组织力和号召力全面提升。

三、2021 年工作安排

公司 2021 年工作总体要求是：全面贯彻党的

十九届五中全会精神和中央经济工作会议精神，深入落实国家电网公司2021年“两会”和陕西省委省政府工作部署，坚持稳中求进工作总基调，坚持问题、目标和结果导向，紧扣“四抓四强”工作主线，抓重点、夯基础，补短板、强弱项，以重点突破带动整体提升，做到思想再务实、作风再求实、工作再落实、基础再夯实，确保“十四五”开好局、起好步。

重点抓好四个方面的工作：一是抓党建、强队伍，持之以恒强根铸魂；二是抓管理、强基础，全面筑牢发展根基；三是抓发展、强电网，全力推动补强升级；四是抓作风、强素质，增强凝聚力战斗力。

胡卫东在公司2021年标准化作业推进会上的讲话（摘要）

（2021年4月27日）

今天，我们在咸阳召开标准化作业推进会，主要任务是：贯彻落实中央、陕西省及国家电网公司近期有关安全工作的要求，按照公司二季度工作会工作部署，全面总结现场标准化作业工作情况，通过现场会形式进行实战检验，评估建设实效，以点带面，切实将标准化作业要求落到实处，提升安全执行力和风险管控力，牢牢守住安全生产“生命线”。下面我讲三点意见。

一、标准化作业建设有序推进、初见成效

新年伊始，公司组织召开标准化作业示范会，全面启动2021年度标准化作业建设，有内容、有形式、有载体，也有成效。相关部门持续健全标准化作业体系，修订发布标准化作业指导文本，周密制定并落实标准化作业计划，注重过程监督，做了大量扎实有效的工作。各基层单位认真落实公司部署，积极推进标准化作业，持续深化“党员双带头”活动，修编标准化文本，开展人员双培训，加强现场看板管理，严抓作业票执行，公司上下标准化作业意识显著增强，人人抓安全的氛围日渐浓厚。各专业、各单位都有很多好的做法和经验，这里不再一一点评。确保实现“六杜绝、三防范”的年度安全目标，是现场标准化建设工作的根本出发点和落脚点。我们要以现场标准化建设为重要抓手，牢牢守住安全底线。

二、树牢标准化管理理念，夯基础、转作风

今年以来，全国安全生产状况总体平稳，但是形势依然严峻复杂，尤其是进入4月份以来较大及以上事故连续发生，一些地区和行业领域集中爆发（4月1日至12日，全国较大及以上事故密集发生；今年以来，截至4月11日，有9个省份较大事故数量与死亡人数与2020年、2019年同比均“双上升”），安全形势更加严峻。特别是，今年恰逢中国共产党成立100周年，陕西省还将举办十四运会，确保安全生产稳定尤显重要。

凡事故、必违章。不以规矩、不能成方圆。3月4日在渭南召开的标准化作业示范会上，我给大家讲了来陕西工作以来的一些感受，提出我们的工作需要再细致一些，执规执纪方面要再严厉一些。从电力安全管理的客观规律来看，作业现场风险管控和作业人员工作行为是安全管理的重中之重。严谨的工作作风对管控现场作业风险，避免蛮干、乱干起着重要作用。标准化的理念，就是在管理及认知上，要做到有标准可依，一板一眼；在执行及监督上，要做到有标准必依，一丝不苟。现场标准化作业建设，是将标准化理念落实到安全生产作业的一项具体体现，是落实“四个管住”的一个重要抓手和有效举措。以标准化建设提升规矩意识，形成严谨规范的职业习惯，大力转变安全工作作风，加强执行力建设，确保有令必行、有禁必止，才能真正夯实安全生产各项工作的基础，才能切实转变提升干部职工队伍的作风。

三、持续推进标准化作业建设

从目前来看，我们有的单位安全责任落实有衰减，作业标准化执行程度不高，“两票”执行不严肃，“双勘察”“双辨识”执行不到位，现场准入把关不严，到位人员履职不力。这些暴露出我们管理穿透力有待提升，工作标准刚性执行机制有待强化，习惯性思维、习惯性违章等问题还需要坚决整治。各部门、各单位要始终坚持“六个强化”，做到“三个结合”，高度重视以下四个方面工作，持续深入推进现场标准化建设。

一要重视宣贯培训。目前，我们已形成现场标准化建设相关的制度规定和作业文本。各部门、各单位要加强各层级现场标准化作业制度规范体系宣贯培训，做好业务技能培训、文本培训，扎实开展“讲制度、谈理解，一板一眼抓落实”专项活动，鼓励管理人员、领导人员上讲台、讲制度、讲流程，深化各层级人员对标准化制度规范的认识、理解，做实“双培训”，把“学习标准、执行标准”作为从业履责的基本要求，促使标准化作业成为广大干部职工自觉遵守

的行为规范和职业习惯。

二要重视完善深化。设备部要统筹协调各专业、各层级，以“安全、质量、效率”为目标，不断优化完善标准化作业体系。各相关部门和单位主要负责同志要把现场标准化建设作为加强“四双”管理、做到“四个管住”的有效抓手，深入分析安全生产工作存在的问题，紧盯年度安全目标，切实抓好各层级现场标准化作业，夯实基层、基础、基本功。各相关部门和单位要深入现场评估标准化作业成效，开门纳谏，剖析作业流程环节中的问题，不断改进完善，并总结推广典型经验，巩固提升建设成果。

三要重视执行考核。各类作业现场要全面推行安全看板管理，确保现场每一位作业人员“三清楚”，即：工作任务清楚、危险点（风险点）清楚、控制措施清楚。要开展标准化作业常态化监督，采取“四不两直”、远程视频巡检等方式，线上线下“全覆盖”不定期检查，严格规范持卡作业。安监部要会同各相关部门把现场标准化作业工作情况，纳入全员履责评估、领导人员安全述职、业绩考核、各级党组织评价，确保各项现场作业标准刚性执行，切实落地见效。

四要重视党建引领。深入实施“组织延伸到班组，作用发挥到一线”专项行动，深化、拓展、延伸“党员双带头”活动，聚焦标准化作业建设，强化违章党员说清反思，健全违章关联三个机制，促进党建工作优势转化，推动基层党建与安全生产深度融合。注重安全思想文化建设，强化安全思想理论武装，有针对性地开展职工安全思想动态调研分析，聚焦“一板一眼，一丝不苟，严精细实，专业专注”作风要求，推进安全文化进班组站所，推动形成“向标准看齐、按标准作业”的思想自觉和行动自觉。

胡卫东在公司深入学习贯彻习近平总书记“七一”重要讲话精神加快推动新型电力系统建设暨2021年年中工作会议上的讲话（摘要）

（2021 年 7 月 20 日）

这次会议的主要任务是：深入学习贯彻习近平总书记“七一”重要讲话精神，全面落实国家电网公司和陕西省委省政府决策部署，紧扣“四抓四强”工作主线，认真总结上半年工作，深入分析面临的新形势，安排部署下半年任务，动员广大干部员工奋进新的赶考之路，旗帜领航，统筹发展，深入实施“一体四翼”发展布局，积极构建以新能源为主体的新型电力系统，加快建设具有中国特色国际领先的能源互联网企业，确保完成全年目标任务，实现“十四五”发展良好开局。

一、上半年工作回顾

今年以来，公司上下紧紧围绕“四抓四强”工作主线，突出重点、狠抓落实，顺利实现时间任务“双过半”。1~6 月，公司完成固定资产投资 29.22 亿元，其中电网基建投资 21.99 亿元；售电量 738.09 亿 kWh，同比增长 20.51%，完成计划的 53.68%；营业收入 351.7 亿元，同比增长 17.51%，完成计划的 52.75%；利润 –0.98 亿元，同比减亏 1.39 亿元；资产负债率 63.7%，较年初下降 0.81 个百分点；线损率 3.7%，较年计划低 1.4 个百分点；电费回收率 99.98%。公司发展稳中有进，主要指标稳中向好。

一是学党史、践初心，党建质量进一步提升。认真部署庆祝建党 100 周年各项工作，大力实施“旗帜领航・提质登高”行动计划，“基层党建创新拓展年”各项工作稳步推进。突出“学党史，践行初心；敬延安，赋能三秦”主线，弘扬延安精神，赓续红色血脉，扎实开展党史学习教育。公司领导班子在延安举行读书班，各级党委组织中心组集中学习 397 次，举办专题读书班 56 期，组织专题党课 1100 余次；建成国家电网首个数字化党性体检（党史学习教育）中心，做实“赋能三秦”我为群众办实事 5 个专项行动。深入开展庆祝建党 100 周年系列活动，组织收听收看中央庆祝中国共产党成立 100 周年大会，召开“七一”座谈会，159 名老党员荣获“光荣在党 50 年”纪念章。严格执行“第一议题”制度，健全“党建 +”工作机制，实施“三个深化”专项行动，推动党建与生产经营互促共进。深化“以案示警、以案促改、举一反三”专项警示，开展“树牢底线思维、严守纪律规矩”主题教育，出台一体推进“三不”指导意见。“四全四化”立体协同监督系统上线运行。开展第一轮内部巡察，国家电网巡视反馈问题整改完成率 96.7%。深入实施人才培养“三大工程”，举办优秀年轻领导人员培训班，推进“青马工程”，聘用二、三级专家工匠 48 名，选拔地市级“工匠种子”92 人，组建柔性团队 118 支，促进人才成长。

二是保安全、稳经营，发展基础进一步夯实。深刻吸取近期安全生产事故教训，严格落实三级领导班子安全生产责任清单和工作清单，大力推行标准化作业，加强省外工程和外包队伍“同质化”安全管理，狠抓“十不干”禁令执行、“争做人身安全吹哨人”行动、作业现场危险点警示、常态化交叉互查等防控措施，不断强化“四双”管理、“四个管住”，守牢安全底线；扎实开展“五查五严”排查整治等专项行动，整改问题隐患2534项，国家电网安全生产巡查问题整改完成91%。投产91项迎峰度夏工程、43项十四运会配套电网工程，建成消弧线圈和小电流接地选线监测系统，促成省发改委出台全省需求侧响应政策，在用电负荷9创夏季新高、首次突破3000万kW情况下，确保了电网安全运行。圆满完成庆祝中国共产党成立100周年活动等重大保电任务。促请省政府出台淘汰关停煤电机组发电权电量补偿管理办法，实现自备电厂清洁替代电量3774万kWh。跨省区交易电量405.87亿kWh、同比增长43.23%。战略性新兴产业营收突破4亿元，省管产业营收实现45.2亿元、利润2.8亿元。清理长期挂账项目279项，工程结余物资再利用0.33亿元。建成省级资金集约中心，实现电费省级直收，资金省级直付比例达到85%以上。全面实施购售同期管理。长期高损线路、台区刚性清零，4个市公司、24个县公司、124个供电所入围国家电网十强百强；堵漏增收1.03亿元；数据可用率同比提升6.1%；用户平均停电时间同比压降55.43%。公司持有的西安鲁能置业4.99亿债权取得西安市中级人民法院确权，有力维护了国有资产安全。公司系统各类用工人员超过4万人接种新冠疫苗、接种率达91.6%，保持“双零”防控态势。

三是强攻坚、补短板，体制机制进一步优化。与11个地市（区）政府签订“十四五”战略合作协议。取得35项110kV及以上工程核准。推动陕西—河南、陕北—华东电力外送工程纳入国家能源局“十四五”电力规划。陕北—湖北 ±800kV特高压工程进入调试阶段，潼关330kV输变电等28项工程开工建设，宝鸡变750kV3号主变扩建等38项工程建成投产，上半年开工投产任务全面完成。促请省政府出台新能源发电企业参与市场化交易方案，实施省内绿电交易30.84亿kWh，与国网上海电力签订1亿kWh红色绿电送出交易协议，新能源发电实现历史性突破。大力推进优化电力营商环境“深化创新年”工作，“网上国网”跃活度位居国家电网第一，供电服务投诉同比下降46.89%，高压客户平均接电时长同比压减50.99%，为客户减少办电成本3.16亿元，降低转供电客户用能成本0.6亿元。组建城区中心供电所61个，417个供电所实现配网运维包干。变电监控职能分离移交稳步推进。优化建成“1+1+*N*”省管产业产权架构。组建思极科技服务公司。建成企业级物联管理平台。上线推广50款数据微应用。临潼、耀州公司初步实现“五个一”目标。

四是转作风、提能力，价值导向进一步彰显。开展“抓作风、强素质”专项行动，实施“讲制度、谈理解，一板一眼抓落实”专题培训，深入推动标准化理念进班组、进站所、到岗位，以作风建设塑造“一板一眼、一丝不苟、严精细实、专业专注”队伍新形象。健全“一盘棋”培训体系，分层分级开展培训1420项，“双培训”实现常态化。“五个倾斜”激励机制兑现考核奖励3.93亿元，有效激发队伍活力。实施“十四五”班组建设新跨越行动计划，打造推动公司高质量发展贡献突出的示范班组。扎实开展14项专项劳动竞赛，组织首届输电线路无人机作业技能竞赛，引导全体员工围绕“抓重点、夯基础，补短板、强弱项”建功立业。精心策划建党100周年系列文化活动和主题宣传活动，中央权威媒体发稿达395篇，营造了共庆百年华诞的良好氛围。36个集体（个人）获评上级单位“两优一先”称号，张思德（延安枣园）共产党员服务队荣获“国网楷模”称号。22个集体（个人）获评国家电网公司及陕西省脱贫攻坚先进称号，公司荣获陕西省助力脱贫攻坚优秀企业称号。

上半年，公司党委一手抓安全稳定，一手抓改革发展，员工队伍心齐劲足，各方面工作呈现良好发展态势，得到国家电网公司和陕西省委省政府领导同志的充分肯定。成绩来之不易，这是国家电网公司党组和陕西省委省政府坚强领导的结果，是历任陕西公司领导班子接续努力的结果，更是广大干部员工爱岗敬业、实干担当的结果。

二、牢记使命、旗帜领航，以改革创新精神统筹推进公司高质量发展

习近平总书记在庆祝中国共产党成立100周年大会上，向全世界庄严宣告，我们实现了第一个百年奋斗目标，正在向着全面建成社会主义现代化强国的第二个百年奋斗目标迈进，精辟概括伟大建党精神，全面总结以史为鉴、开创未来的“九个必须”，号召全体中国共产党员在新的赶考之路上努力为党和人民争取更大光荣。国家电网公司从党的百年奋斗历程中汲取前进力量，牢记初心使命，聚焦主责主业，全面深

化“一体四翼”发展布局，积极构建以新能源为主体的新型电力系统。公司上下要坚持战略思维、系统观念，坚持“五个不动摇”“四个统筹好”“六个更加注重”，突出“四抓四强”工作主线，坚持问题、目标和结果导向，围绕年度工作目标、战略发展目标，对标对表，找准结合点、明确发力点，以改革创新精神统筹推进公司高质量发展。

（一）对照年度工作目标，深刻认识差距和不足

一是党建引领还要加强。对照国家电网党建工作新要求，公司党建与业务融合度、均衡度仍需进一步提升，基层班站（所）党建工作质量仍需进一步提高。对照日益严格的监管环境和廉洁从业要求，省管产业单位业务承揽还要进一步规范，物资招标采购、“三指定”等重点领域廉政风险依然存在，小微权力腐败屡禁不止，“靠企吃企”专项整治任务艰巨。干部队伍年龄结构和专业结构仍需优化，高精尖领军人才相对不足，高级专业技能人才缺乏，还不能适应公司高质量发展需要。

二是安全管理还要深入。从春季检修情况看，无票作业、超范围作业、安措落实不到位、安全准入不严格等问题禁而未绝，落实标准化作业、“四双”管理、“四个管住”存在“形式主义”。从安全督查情况看，上半年查处违章2426起，抢修无票作业、高空作业未系安全带、吊车支腿未垫平稳等严重违章屡有发生，安全执纪执规不严，防控人身风险压力大。从电力供需情况看，今夏最大负荷已突破3000万kW大关，预测冬季存在347万kW电力缺口，西安、咸阳等局部地区电网“卡脖子”问题突出，已启动需求响应、有序用电措施，电网安全供电压力大。

三是电网发展还要加快。陕西电网正处于融合发展、转型升级关键期，随着电力供需矛盾凸显，电网补强攻坚刻不容缓。在推进“大前期”方面，站址路径选择、“两证一书”手续办理困难，部分工程长期不能落地。上半年“大前期”节点滞后92个，关键环节突破难度大，“十四五”规划三年完成前期任务艰巨。在电网数字化转型方面，“四个数字化”还未与业务形成广泛融合，“五个一”数字化县公司示范带动效应还不明显，用数字管理、用数字分析、用数字决策还受传统惯性影响，业务数字化、数字业务化发展还不全面、不平衡。电网风险防控及措施对策还要深化研究和落实。

四是供电服务还要提升。以客户为中心的理念尚未贯穿到电网规划、建设、生产、运行、营销等全过程、各方面，亟需加快破除思想观念桎梏和体制机制障碍。上半年受理投诉546件，供电质量问题占比74.54%，配网线路频繁跳闸、消弧线圈及电缆通道等专项治理提升任务艰巨。营配体系优化需要持续跟踪问效，供电服务指挥中心向县公司延伸不够、作用发挥还不充分。部分十四运会场馆侧双电源建设、电源自动切换装置和自备应急电源配置还未完成，客户电气运维力量配置不足等问题，迫切需要加强重大保电服务升级措施和应急处置机制。

五是作风建设还要深化。落实“一板一眼、一丝不苟、严精细实、专业专注”工作作风要求还有差距，工作忙和管理松懈同在、要求高和不落地同在，有的干部敢抓敢管的劲头不足、动真碰硬的韧劲不够，落实公司党委决策部署不彻底、打折扣。“五个倾斜”激励落地缺乏有效监测手段，还需进一步加强。“一盘棋”培训工作还有差异，有的单位“谁用谁培”履责意识不强，供电服务职工、省管产业单位用工、外包队伍培训还没有完全“同质化”，培训质效提升还要下大力气。

（二）对照战略发展目标，深刻认识形势和任务

今年3月15日，习近平总书记在中央财经委员会会议上提出构建以新能源为主体的新型电力系统，是“双碳”目标背景下党中央对电力系统发展作出的最新重大决策。刚刚召开的国家电网公司研讨会，深刻阐述了构建新型电力系统的重大意义、内涵特征和原则要求。突出新能源的主体地位，加快构建具有清洁低碳、安全可控、灵活高效、开放互动、智能友好特征的新型电力系统，其基本内涵与能源互联网高度一致。推动电网向能源互联网升级的过程，就是推动构建新型电力系统的过程，现有电力系统面临电源结构、发展方式、科学技术、体制机制的全方位变革，必须全面准确深刻认识，加快推动公司发展方式、电网发展方式、电源发展方式、营销服务模式、调度运行模式、技术创新模式转变。

一是深刻认识内涵特征，抢抓转型升级重大机遇。构建以新能源为主体的新型电力系统，对于实现碳达峰碳中和，推动能源电力高质量发展具有重要意义，必须准确把握，抢抓机遇。从供给侧看，新能源逐步成为装机和电量主体。“十四五”全省可再生能源装机将超过6500万kW，新能源装机占比将提升至一半以上，成为全省装机和电量供应主体，煤电、水电等常规电源逐步演变为发挥支撑调节功能为主，非化石能源资源禀赋得到充分发挥。上半年，全省新能源发电电力首次突破1000万kW，占同时刻全省发电电力的47.7%，成为当时网内最大电源。预计今年全省新能源装机将达到2300万kW，占比超过总装机的三分之一，发电占比将持续提升。从用户侧看，兼具发电和用电双重属性。随着分布式电源、多元负荷和储能快速发展，终端负荷特性由传统的刚性、纯消费型，向柔性、生产与消费兼具型转变，逐步从单一用电“消费者”演变为发用电一体“产消者”。今年全省可控负荷达到200万kW，约占最大负荷的5%，需求侧响应能力显著提升。从电网侧看，以大电网为主导、多种电网形态相融并存。交直流混联大电网依然是能源资源优化配置的主导力量，配电网成为有源网，与大电网互通互济、协调运行，电网的枢纽平台作用进一步凸显，有效支撑各种新能源开发利用和高比例并网，实现各类能源设施便捷接入、“即插即用”。从系统整体看，运行机理和平衡模式深刻变化。随着“双高”“双峰”特征进一步凸显，电力系统的技术基础、控制基础和运行机理将深刻变化，平衡模式由源随荷动的实时平衡，逐步向源网荷储协调互动的非完全实时平衡转变，气候因素的影响显著增大，电力系统与天然气等其他能源系统日益成为协调互动的整体。

二是坚持“一张网”，积极构建新型电力系统。电网是电力系统的中枢环节。要立足全省“一张网”，创新电网发展方式，加快推动全省电网融合发展，向能源互联网升级。加快开放型智能电网建设。“十四五”期间，全省规划投资1000亿元，全面加快750kV网架建设，统筹带动补强330kV、110kV网架结构；积极推动电力外送通道规划建设，电力外送能力将突破3000万kW；加快打造安全、绿色、智能的现代化配电网，促进多元化源荷高效协同、分布式新能源就地消纳，实现“外送翻番、主网坚强、城网先进、农网升级”目标。推动源网荷储协调发展。科学合理安排新能源发展规模、布局和时序，促进新能源与电网、新能源与灵活调节电源协调发展。加快镇安抽蓄电站建设，大力实施煤电灵活性改造，支持储能健康有序发展，增强系统深度调节能力。“十四五”期间，火电灵活性改造容量比例超过90%、平均调峰深度达到65%。推动多能互补与电能替代。加强多种能源相互转换、联合控制、互补利用，多领域多维度推进电能替代，力争“十四五”累计电能替代电量达到240亿kWh，电能占终端能源消费比重达到30%以上。

三是深化改革创新，保障新型电力系统建设与运行。构建新型电力系统是一个复杂的系统工程，必须以改革创新的精神，从体制机制、科技创新等方面统筹发力。深入推进体制机制变革。坚持绿色发展，深化“新能源云”平台应用，进一步完善调度运行、营销服务、考核评价等管理机制，统筹优化新能源规划、前期、并网各环节流程和制度，满足新能源大规模并网需求。深入推进电力市场建设。建立促进新能源消纳的市场机制，研究绿证、碳交易机制及其与电力市场的耦合方式，进一步完善辅助服务市场，引导储能、可中断负荷等参与系统调节，汇聚各方力量促进新机制新业态创新和融合。深入推进科技创新。用好中国西部科技创新港能源互联网创新实验平台，打造“产学研用”高度耦合的创新体系，支撑新型电力系统建设。

总的来看，公司改革发展任务繁重，既面临许多有利条件，也面临不少困难和挑战。广大干部员工既要立足当前、更要面向未来，牢固树立“一盘棋”“一张网”的理念，坚定工作信心、准确研判形势、把握发展机遇，以更加坚定的思想自觉、精准务实的举措、真抓实干的劲头，全面完成“十四五”开局之年各项目标任务，以实际行动立足新发展阶段、践行新发展理念、服务新发展格局，不断取得新突破。

三、紧扣“四抓四强”工作主线，确保完成全年目标任务

总的要求是：深入学习贯彻习近平总书记“七一”重要讲话精神，认真落实国家电网公司和陕西省委省政府决策部署，紧紧围绕“一体四翼”发展布局，坚持稳中求进工作总基调，坚持问题、目标和结果导向，紧扣“四抓四强”工作主线，实干担当、攻坚突破，积极构建以新能源为主体的新型电力系统，加快建设具有中国特色国际领先的能源互联网企业，全力实现全年目标任务，确保“十四五”实现良好开局。

重点做好以下四个方面，一是持之以恒强根铸魂，提高党建工作质量；二是持之以恒强基固本，推动管理质效提升；三是持之以恒补强升级，加快电网转型发展；四是持之以恒转变作风，凝聚强大发展动力。

张薛鸿在公司2021年人力资源工作会议上的讲话（摘要）

（2021年3月18日）

人力资源是第一资源，激发人的活力、挖掘人的潜力、增强人的动力，是人力资源工作的永恒主题。今天我们召开人力资源工作会议，是公司在“十四五”开局之年的一次重要会议，目的是贯彻落实国家电网公司人力资源重点工作和公司“两会”精神，总结工作，部署任务，为公司高质量发展提供智力支撑和人才保障。

一、2020年及“十三五”工作回顾

2020年，公司人力资源工作在公司党委的领导下，围绕中心、服务大局，以提高人力资本效益效率为中心，实施组织体系变革、动力系统升级、队伍结构优化三大工程，推进“放管服”和“三项制度”改革，圆满完成各项任务。

（一）创新优化组织体系，组织运转效能持续提升

推进“四做”管理体系变革，适应性调整机构、职责。组建营销服务中心（计量中心）、资金集约中心。有序下放330kV电网建设项目管理业务，优化地市公司建设部和项目管理中心设置，建立“基础定员+浮动定员”核定机制，健全监理公司地市分支机构。县公司营配业务按照“前端融合+后台支撑”的模式设置班组，10kV配网运维及输电线路通道维护下放属地供电所。调整电动汽车公司、综合能源公司管理模式。西安供电公司积极探索城区网格化业务组织模式，渭南、延安、商洛、西咸供电公司试点成立配网管理部，营配组织体系更加高效合理。

（二）精准施策人才选配，人才活力动力有效激发

人力资源配置持续优化。常态化开展毕业生定向招聘、内部存量盘活、跨单位人才帮扶，制定实施财务、法律、变电二次等专业队伍建设方案，核心业务、缺员专业、偏远地区力量配置持续补强。商洛公司、检修公司加大变电二次专业补员力度，人员配置及时到位。人才开发培养多维发力。构建技术专家、技能工匠职业成长通道，拓展一线员工上升空间，选评省公司级专家工匠48人、“工匠种子”71人，加速青年员工成长。宝鸡公司、电科院等单位率先评选地市级专家工匠816人。强化“师带徒”岗位练兵，各单位签订师徒协议1370份，延安公司“师带徒”协议签订细、过程管控严、效果考评好。技能实操实训取得突破。制定5类28项培训项目质效评估量化标准，实施施工现场青工集训和重点专业分级轮训，将生产作业现场作为练兵主阵地磨砺员工技能。依托陕送公司施工现场，首次组织继电保护、电气试验专业青工开展实操集训，在现场实践中锤炼技能；咸阳公司将实操练兵拓展到变电站建设施工现场，促进青年员工熟悉设备、提升技能。

（三）多元实施激励考核，价值效益导向深入人心

业绩考核“指挥棒”实现聚焦引领。加大基础治理效果考核和内模市场效益考核，增设“同期线损”“供电质量”“量价费损”“数据治理”“项目五率”5项基础管理指标，引导各单位补短板、夯基础、利长远；设立安全生产、电网属地协调、提质增效等专项考核项目，引导各单位统一目标、聚力攻坚。铜川、榆林供电公司突出激励重点，丰富供电所积分制考核方式，有效激发员工保安全、创效益动力。薪酬分配激励作用充分发挥。深入推广浮动点值制，建立生产班组技改大修“自己干”专项奖励、供电所“结构化+包干制”薪酬激励机制，推行缺员班组绩效工资包干分配，汉中供电公司、安康供电公司、安康电厂等单位率先完成包干试点。在环保中心试点项目收益分红，推动重大科研项目攻关和科技成果转化。员工福利保障水平持续提高。将企业年金单位缴费由5%提高至8%，分级对专家、劳模进行年金激励；用足用好疫情期间减费降税政策；完成退休人员统外费用政策调整，提高供电服务职工福利待遇水平，员工利益得到切实保障。

（四）全力推进内部改革，管理效率和队伍活力明显提升

“三项制度”改革成效明显。“任期制+公开竞聘”实现突破，本部13个处长岗位试行公开竞聘，全公司164名科级、17名股级干部实行任期制。西咸公司全部重要技能岗位实行聘任制，综合能源公司10名职业经理人签订聘任书、任期目标责任书。“契约制+劳动合同”持续强化，签订新版劳动合同1120余人次，考核降岗、待岗20人，解除劳动合同7人。“挣工资+考核分配”不断深化，动态优化专项考核奖，薪酬重点向安全责任大、工作任务重、效益贡献大的单位倾斜。人力资源“放管服”改革深入推进。开展第三批“放管服”工作，市场化单位内设机构设置、县公司企业负责人职数调整、各级组织C、D级考核比例等36项权限下放地市级单位。根据业务规模动态调整宝鸡蔡家坡、西咸沣东等 4 家支公司机构规格，按照分公司管理。制定地市公司自主决策负面清单事项 15 项，优化调整各级组织功能定位和“放管服”事项职责分工，内部活力持续激发。

2020 年人力资源工作的全面完成，为支撑公司“十三五”发展划上了圆满句号。回顾过去的五年，公司人力资源工作在务实进取中持续提升，在守正创新中不断超越，对公司改革发展发挥了重要的支撑保障作用。

我们坚持服务大局、服从全局，责任担当意识充分彰显。完善市县公司班子职务设置和重大决策机制，全面加强党的领导。着力推进稳岗扩就业，“十三五”期间新增直接就业 3636 人。选派驻村扶贫干部 162 人，助力帮扶地区成功脱贫摘帽。贯彻电力体制改革部署，调整交易公司机构编制，组建 2 家增量配电公司。推动省管产业改革，组建华兴产业管理公司，支撑省管产业规范运营、升级发展。

我们坚持全力拼搏、自我加压，重点难点工作取得多点突破。率先制定内设机构设置标准，由“管机构”向“管标准、管总量”转变，组织管控实现创新突破。构建省管产业单位聘用职工、供电服务职工、市场化单位社聘用工三个补员通道，队伍建设实现创新突破。构建并全面运转“挣工资”总额分配机制，实施岗位绩效工资浮动点值制，激励机制实现创新突破。建成“技术型”专家、“技能型”工匠双通道，实施青年员工“工匠之路”职业培养计划，人才培养实现创新突破。

我们坚持提质增效、以人为本，员工与企业实现共同发展。在售电量、输电线路长度、服务客户数量大幅增加的形势下，大力实施“控总量、调结构、提效率”，公司用工总量保持负增长，劳动生产率比“十二五”末增长 27.3%。大力实施“育人才、强队伍、提素质”，人才当量密度增长 7.8%，高技能人才比例达到 83.85%，省部级及以上高端人才达到 165 人。大力实施“正激励、多保障、畅通道”，积极争取上级支持，员工薪酬福利待遇持续增长；统筹实施一揽子提升方案，供电服务职工人人享有“五险一金”，工资年均增幅超过 10%；建成职务、职级、专家、工匠四个发展通道，员工成长空间进一步拓展。

五年来的成绩令人鼓舞！这是广大人力资源工作者开拓创新、拼搏奉献的结果，是全体干部员工团结一致、共同奋斗的结果。在此，我代表公司党委、代表胡卫东董事长向大家表示衷心的感谢！

在取得成绩的同时，我们也要清醒地认识到，面对新的改革发展形势，公司人力资源工作仍存在一些短板，主要表现在：一是基础管理还需夯实。“放管服”改革需要进一步深化，管好与放活问题尚未根本解决，配套职责流程体系需要细化完善。基于大数据决策、开放共享的人力资源管理系统尚未建立，适应数字化管理的体制机制需要转型升级。部分单位对巡视反馈的人事人资问题重视不够，整改问题重复发生，政策执行“上热中温下冷”。二是队伍建设还需发力。在当前及以后“设备增、用工减”的常态下，各层级“盘活存量、挖掘潜力、提升技能、提高效率”的主动性和积极性不够，习惯于“铺摊子、扩规模、增人头”，用工结构性矛盾较为突出。公司本部人员规模偏大，效率不高。一线班组人头“空心化”、业务“空心化”和技能“空心化”等问题不同程度存在。人才结构不尽合理，适应战略落地的亟需人才和高精尖人才储备不足。用工管理主体责任发挥不够，育人练兵“重形式、不重实效”。三是激励机制还需深化。内部考核激励逐级衰减，部分单位未能合理拉开内部考核兑现差距，“挣工资”在一线落实效果打折扣。员工价值取向日趋多元，单纯依靠薪酬激励作用有限，全面激励综合措施不到位。四是组织体系还需优化。客户数量和配网规模持续扩大，营配管理体系优化亟待落地见效；输配电价改革深入推进，非监管业务组织模式需要调整；省管产业各管理主体的职责分工有待明晰，支撑产业升级的管理体系需要完善。

要解决以上问题，确保公司“十四五”发展实现“五个新突破”，我们必须以更大的决心和勇气，直面挑战，创新超越，坚持问题导向、目标导向、结果导向，持续优化组织、用工、培训、考核、分配、保障“六大体系”，全力推动组织赋能、人才赋能、动力赋能“三个升级”，支撑公司高质量发展和员工全面发展。

二、扎实做好 2021 年工作，实现“十四五”良好开局

2021 年人力资源工作思路：以习近平新时代中国特色社会主义思想为指导，深入贯彻国家电网公司人力资源工作要求和公司党委决策部署，围绕“四抓四强”工作主线，聚焦安全和发展，以“高质量、高效率”为目标，以“强队伍、强基础、强支撑、强素质”为路径，以提升“三力、三率”（队伍活力、管理调控力、人才竞争力，组织运行效率、劳动生产效率、人工成本效率）为抓手，以“专业、一线、员工”为

服务对象，管总量、调结构、提质效，深化“放管服”改革，推进数字化转型，为公司战略落地提供坚强的组织、人才和机制保障。

2021 年重点做好以下七个方面的工作：一是深化机制创新，不断激发队伍活力；二是突出效率导向，提升管理调控力；三是聚焦选用育留，提升人才竞争力；四是优化组织体系，提高组织运行效率；五是优化队伍结构，提高劳动生产效率；六是突出精准精益，提高人工成本效率 ；七是锤炼过硬素质，提升人资专业队伍战斗力。

张薛鸿在公司对标促融工作启动推进会议上的讲话（摘要）

（2021 年 12 月 24 日）

同志们，今天，我们召开公司对标促融启动推进会议，主要任务是：贯彻落实公司融合发展部署要求，充分发挥同业对标促进业务融合助推器作用，形成“帮学比赶超”良性氛围，推进各层级管理整合、文化融合、人心聚合，服务公司高质量发展。

刚才，企管部安排部署了公司对标促融工作和县所结对提升、制度标准梳理规范专项工作，2 个部门和 3 家单位进行了交流发言。对标促融方案目标明确，措施具体，很有针对性和可操作性，请抓好落实。下面，我讲六个方面意见。

一、着眼大局，明确对标促融工作路径

对标促融工作就是灵活运用同业对标管理工具，沿着“树标、对标、达标、创标”的路径，针对性的解决融合过程中的问题。树标就是要统一标准确立标杆。通过修订补充制度标准、优化改进业务流程、健全完善工作机制，明确学习提升目标，为各级融合发展提供统一规范的专业标准体系和学习努力方向。对标就是要对比标准、对比标杆找差距。结合网架结构、业务技能水平实际，以问题为导向，以业务和管理融合为重点，对标对表找差距，落实各级岗位职责，执行统一制度标准，配置完善软硬件设施，提升数字化管理能力，凝聚国网文化共识，填平补齐专业短板。达标就是实现内部提升目标。通过对标指标大排名，量化评价融合发展、管理业绩综合情况，找准自身定位，突出横向比找差距，整体提升各单位经营管理质效，主要指标达到或超过融合前水平。创标就是瞄准一流追赶超越。贯彻国资委、国网对标“世界一流”提升行动要求，学习转化内外部标杆单位先进管理经验，拓宽管理思路和方法，强化重点领域和关键环节攻关，不断向更高水平、更高目标奋进，争创国网标杆。

二、统一标准，保证公司融合发展平稳局面

公司各级要建立适应融合后国网陕西电力发展的标准制度体系，不断提高全员履职能力，推进规范管理一体运作。一要全面梳理辨识。企管部会同法律部、互联网部，率先完成关键核心制度标准梳理工作，系统分析原东南区单位管理、制度、标准差异，分清楚哪些可以使用，哪些需要修订完善，哪些需要废止。以国网通用制度为主，各单位辅助性制度为补充，形成有效规章制度和技术标准清单。集中开展标准制度的“废、改、立”工作，年内完成典型两票、标准化作业指导书修订。二要加强宣贯落实。坚持干什么学什么、缺什么补什么，各层级管理人员要带头学制度讲制度，把规章制度给基层一线讲清楚。借鉴杨凌公司“三张清单”，将制度标准与岗位规范紧密结合，在日常工作中自觉严格执行，做到入脑入心。三要持续优化完善。建立常态化制度标准评价工作机制，持续提升业务制度化覆盖率，确保制度标准的适用性。深入开展覆盖全部班组的制度标准实施评价，将适用标准制度对接到相关业务流程、明确到相关岗位，体现到相关标准化作业指导书（卡）等不同载体中，为安全生产、合规经营保驾护航。

三、夯实基础，扎实开展县所对标结对提升

县公司、供电所是生产运营、营销服务的最前沿，全面开展县所对标结对提升，是推动公司各业务在基层全面融合，筑牢安全底线，提升优质服务的重要抓手。一要全面覆盖。结对工作要实现原南区县公司、供电所与原东区县公司、供电所全面覆盖，大家可以在本单位内部结对，也可以跨地市公司结对。学习范围覆盖每一位管理人员、每一位员工。学习内容覆盖各个专业的制度标准、业务流程、信息系统和管理要求。二要充分联动。按照互学互鉴的原则，不光原南区县所要向原东区县所学制度标准、管理要求，原东区县所也要吸收学习原南区县所好的做法，兼容并蓄，互学互促，提升业务管理水平。地市供电公司要抓好县公司结对工作，县公司要抓好供电所结对工作，省、市业务部门要主动送管理下基层，分别对县公司、供电所结对给予专业支持和帮助，协调解决工作困难和问题。三要聚焦重点。狠抓安全管理、同期线损、供电质量、数据质量、“量价费损”、电网建设等基础管理。在安全管理方面，安全工作是检验公司融合成果的重要标志，一定要把安全生产工作作为融合发展的第一责任、第一要务，通过抓实班组、管控好现场，抓好各级安全责任制、现场标准化作业、“四双”管理、“四个管住”“十不干”禁令等各项安全管理要求在现场、在班组得到落实执行，牢牢守住“安全生命线”，为融合发展起好步。在同期线损治理方面，积极开展“结对子”帮扶活动，强化典型经验总结提炼与推广，力争年度原东区同期线损治理目标实现国网第一。明年原南区县所在百强县、百强所实现突破。在供电质量治理方面，全面开展供电可靠性提升活动，统筹推进配电网网架优化、设备质量提升等有关工作，早动手、早安排，确保原东区用户平均停电时间指标再压减30%，原南区用户平均停电时间指标压减50%，确保供电可靠性管理迈上新台阶。在数据质量治理方面，融合的过程就是一个数字化转型的过程，数据质量是基础，坚持实事求是，坚决做到数据指标“不做假”。认真理解并掌握电网“一张图”、数据“一个源”内涵，积极推进“四个数字化”建设，把“数字化县公司”创建工作抓实抓细抓深。在“量价费损”治理方面，学习提升电费“四自”核算、省级直收流程，提升高风险用户回收、反窃查违工作能力，扎实推进原南区实现购售电同期管理。在电网建设方面，认真学习公司新下发的《配电网管理办法》，做实做好配电网网格化规划，制定目标网架，加大投资力度，常态化开展项目储备，加快城农网建设。四要注重实效。各结对单位要全面梳理存在的短板问题，制定重点工作任务清单，从人员机构配置、业务技能、硬件配备、业务系统部署及应用方面，尽快帮助填平补齐短板。各专业、各单位要在政策上适当倾斜，加大人财物投入，抓紧完成一般工商业用户表计更换工作，利用2~3年时间完成原南区本地费控智能表更换，支撑电价政策执行、同期线损、配网监测、购售同期和市场化交易等业务管理。

四、激发活力，常态开展对标指标大排名

原东区、原南区业务融合一体运作后，指标进行大排名，通过指标量化评价分析，找准定位、把准方向，更加全面、更加精准地实施改进。一要构建指标“一盘棋”。根据国网战略落地任务和专业融合重难点问题，与业绩考核、县公司对标、供电所对标相结合，优化市、县、所对标指标设置，形成上下贯通、逐级承接的“一盘棋”对标指标体系，实现各专业、各层级融合进度的“可促学、可量化、可评价”，强化对公司整体业绩管理提升的支撑能力。二要精准对标找差。以目标、问题和结果为导向，通过对标照镜子摸清指标家底，明确自身指标、管理与专业目标、标杆间差距，清晰认识融合发展过程中各类问题和短板，查找重点任务落实、提升措施执行等方面偏差。三要突出自我改进。按照原东区单位指标达标基准和管理要求，将指标目标、责任、任务逐级分解，突出与自身比改进提升，对于基础薄弱、需要硬件设备支撑指标，落实好项目补强计划，稳扎稳打，一步一个脚印，抓好提升任务分解落实，实现自我超越。四要加强专业指导。省、市专业部门要结合近期安全大检查、务虚会等工作，加强对基层融合调研指导，及时响应诉求，帮助解决实际问题。企管部牵头要把大家好的经验总结好、宣贯好、推广好，形成管理倍增效益。

五、勇于突破，不断追赶超越向一流迈进

各专业、各单位要立足陕西放眼全国，集聚融合发展特色和优势，主动对标外部先进单位，加快创建世界一流企业步伐。一要用好数字化转型关键招。始终把握数字化转型这条主线，坚持“五个一”的目标，推广临潼、耀州公司建设经验，全力打造数字化县公司、供电所。加强数字化为专业赋能，推进能源转型与信息技术深度融合落地。二要全面开展综合单位对标。按照国网“一体四翼”战略布局，打造开放、灵活、高效的对标平台，持续开展电科院、经研院、信通公司等专业机构对标，强化技术、管理、信息保障能力。探索开展战略性新兴产业对标，开拓电力基础资源运营、自主研发产品推广、数字化转型支撑服务等核心业务。三要瞄准一流持续发力。瞄准国际一流战略目标，进一步在集团层面、优势领域与国内先进企业、行业头部企业对标，学习和吸收外部先进管理经验，开拓思路，结合实际创造性地转化落地，努力在更多专业领域、专业线条上进入国网先进行列。

六、砥砺作风，形成强大组织保障体系

公司对标促融总体方案和县所结对提升专项方案已经印发，下一步重点要抓好方案的落地实施。一要加强组织领导。各级单位主要负责同志作为对标促融工作第一责任人，要亲自谋划、亲自部署、亲自推动，发挥示范表率作用，将对标促融工作真正抓到位、抓出成效。各专业部门要各司其职，做好统筹协调，强化任务落实。各单位要明确责任，层层传导压

力，实现目标任务要求不打折扣、一贯到底。二要强化党建引领。在对标促融过程中要充分发挥党组织战斗堡垒作用，持续深化“党建+”工程，全面强化党建引领、作风建设和文化建设，以“三个深化”促进党建与生产经营深度融合，以高质量党建引领高质量融合发展。三要完善工作机制。坚持对标工作只排名不考核，注重自己和自己比有进步。建立进度通报、督导检查、问题整改、经验推广的闭环式工作机制，全方位加强专业协同配合，深入基层调查指导，帮助大家发现问题、解决问题，形成对标促融工作合力。

同志们，公司融合发展工作千头万绪，任务很多。天下难事必做于易，天下大事必做于细。对标促融工作意义重大、任务艰巨，需要我们实干实为，埋头苦干，抓早、抓实、抓细、抓小、抓好，早动手、早安排、早谋划，为加快推进公司融合发展，建设具有中国特色国际领先的能源互联网企业做出更大贡献。

林一凡在公司2021年宣传工作会议上的讲话（摘要）

（2021年3月31日）

这次会议的主要任务是：以习近平新时代中国特色社会主义思想为指导，聚焦国家电网公司战略目标，全面贯彻国家电网公司2021年宣传工作要点和公司“两会”部署，紧紧围绕“四抓四强”工作主线，总结工作、分析形势、明确任务，研究部署2021年宣传工作重点，守正创新、担当作为，承担起举旗帜、聚民心、育新人、兴文化、展形象的使命任务，为加快建设具有中国特色国际领先的能源互联网企业提供坚强思想保证和强大精神力量。

下面，我讲三个方面的意见。

一、2020年及“十三五”工作回顾

2020年是极不平凡的一年。面对新冠肺炎疫情的严重冲击，面对艰巨繁重的改革发展任务和复杂严峻的舆论环境，在公司党委坚强领导下，公司宣传战线讲担当、干精彩，深入一线、逆行出征，在大战大考中淬炼坚强党性，在决战决胜中践行初心使命，在“六稳”“六保”中彰显责任情怀，为公司改革发展营造了良好环境、作出了积极贡献。

这一年我们围绕中心，更加注重策划出新、理念创新，新闻宣传卓有成效。选题策划精准有力。国网商洛、榆林、汉中、西安供电公司等单位密切协同，圆满完成陕湖特高压工程开工、陕西省电力重点项目集中开工、青豫特高压工程跨越秦岭和宝成铁路三大直播活动，精心策划全国人大代表宁启水、“三秦楷模”张雷威、国网劳模朱艳等先进典型事迹宣传，掀起传播热潮。“三跨”宣传出色出彩。国网西咸供电公司等单位积极配合跨行业宣传，联合陕煤、西部机场集团等开展“城市芯动力、赋能新陕西”走进国企媒体行网络直播，在线观看人数超过280万。国网陕西建设公司等单位主动参与策划跨国界宣传，公司服务企业复工复产、青豫特高压工程建设等多篇报道，在中央人民政府网站、国务院新闻客户端、央视国际在线、华尔街日报等80余家国内外媒体刊发转载。陕西送变电公司、国网咸阳供电公司等单位大力推进跨地域宣传，开展阿里电力联网工程主题传播，在央视晚间新闻、陕西新闻联播等媒体形成传播热点。高端传播提质增量。围绕防疫保电、助力复工复产、国网战略落地等宣传重点，在央视、新华社、人民日报等中央权威媒体发稿534条，其中央视报道139条，策划选题高度、央视发稿密度创历史新高，先后获省委常委、组织部部长张广智，时任省委常委、宣传部部长牛一兵批示肯定。

这一年我们勠力同心，更加注重把握节奏、赢得主动，舆情态势保持平稳。舆论引导有力。密切关注新冠肺炎疫情、退休人员社会化管理、两供一业等重点议题，在全国两会、“3·15”消费者权益日等重要节点及时发布预警，开展专项舆论引导67次。举办省市县三级迎峰度夏、迎峰过冬新闻发布，展现公司作为，争取媒体和公众理解支持。舆情处置快速。高效开展跨区域协同处置，协助兄弟省公司应对外包人员意外伤亡事件，国网西安、渭南、汉中供电公司等单位科学应对，妥善处置舆情风险事件，牢牢把握正面舆论导向，得到国家电网总部和社会各界充分肯定。意识形态安全。完善突发事件新闻应急协同机制，开展意识形态督导督查、网络意识形态专项清理，规范网络信息传播秩序，国网咸阳、宝鸡、铜川、安康供电公司等单位切实加强阵地建设，公司系统未发生违反意识形态规定的情况，意识形态领域安全稳定。

这一年我们突破创新，更加注重艺术化表达、品牌化发展，品牌塑造广受赞誉。故事讲述有温度。国网渭南、榆林、延安供电公司、安康水电厂等单位开展文艺作品创作，屡获中宣部短视频大赛、中华全国总工会职工微影视大赛、国务院国资委融媒体展、亚洲微电影艺术节等优秀作品奖项，2部作品入选国家“五个一百”网络正能量精品。责任根植有水平。实施推广社会责任根植项目10个，发布《服务陕西经济社会发展报告》《脱贫攻坚报告2012~2020》。开展公益项目14个，荣获全国学雷锋志愿服务“四个100”先进典型。品牌研究有成效。电科院等单位积极发挥支撑作用，品牌实验室稳定运行三周年，行业标杆引领作用不断凸显。开展国家电网品牌文化、品牌生态等重大课题研究，为国家电网公司“十四五”品牌战略规划提供支撑。《创新品牌研究工作体系 助力世界一流品牌建设》入选国务院国资委国企品牌建设典型案例。

这一年我们务实求新，更加注重资源整合、共融互通，媒体融合取得突破。融媒阵地初显成效。开通11家地市单位、40家县级单位融媒体平台权限，实现“一级部署、三级应用”年度建设目标。集中策划推出《“奋斗模式”迎来春意盎然》等一批有思想、有深度、有温度的融媒体作品，播放量、点赞量、转发量超千万。内宣工作同频共振。开设“陕电观察”等专题网页、系列报道，宣贯国网战略目标，传递公司党委声音。服务三星公司供用电等重点报道在国网网站要闻栏目刊发。开展“决胜小康奋斗有我”先进典型事迹宣讲活动，唱响“伟大祖国、全面小康”动人旋律。行业宣传持续发力。配合国家电网公司主要领导来陕调研，通过陕西日报、中国电力报和国家电网报等媒体，连续刊发9篇专题报道，获总部充分肯定。多部新闻作品荣获电力奥斯卡奖项，陕西记者站荣获中国电力报、国家电网报“双料”优秀记者站，11名同志获先进表彰。新媒体宣传影响广泛。“陕电侠”表情包正式上线，并申请商标注册。公司新浪官方微博和微信公众号连续三年入选“央企最具影响力新媒体二级账号”，社会影响力不断提升。

过去的一年，公司宣传战线牢固树立“顶天立地”工作理念，聚焦战“疫”壮阔历程、战贫伟大实践，聚焦国网战略部署、公司改革攻坚，聚焦安全稳定大局、基层生产一线，高举旗帜、担当作为，取得了显著成绩，为公司全面实现“十三五”发展目标提供了坚实的服务、保障和支撑。

物有甘苦，尝之者识；道有夷险，履之者知。“十三五”期间，公司宣传战线锐意进取、负重前行，用忠诚、担当和奉献交出了优异答卷。五年来，我们坚持党建引领、让党旗飘扬，以政治建设为统领，压紧压实意识形态责任，旗帜鲜明坚持党管宣传、党管意识形态、党管媒体，宣传舆论阵地不断巩固壮大。成功挖掘塑造了张雷威、周红亮、宁启水、朱艳、张思德共产党员服务队等一批先模典型，打造了一张张闪亮的“公司名片”，有力激发广大干部员工的爱国之情、报国之志、兴企之责。五年来，我们坚持弘扬主旋律、传播正能量，感企业之巨变、发时代之先声、汇创业之动能，推动传播特高压建设、脱贫攻坚、优化营商环境、服务陕西经济社会发展形成鲜明公众记忆。公司在人民日报、新华社、央视等三大权威媒体发稿2267篇，年均增长37.5%，新闻作品多次登上人民日报头版、央视新闻联播、新华社动态清样，受到中宣部、国资委新闻中心、省委宣传部高度肯定。五年来，我们坚持增信释疑、打好主动仗，助力公司改革发展，敢于亮剑、主动发声，变被动应对为主动引导，变被动表态为主动表达，变事中管控为超前预控，正面回应社会关切，有力维护公司品牌形象，公司舆情态势持续平稳。五年来，我们坚持履责实践、拓宽根植路，积极探索“巧传播”实践，《四季颂》《像风走了八千里》《乡音如歌》《零点奏鸣曲》等30余部微影视作品屡获殊荣，艺术化展现公司责任央企形象。连续编制发布服务陕西经济社会发展报告，组建“社会责任使者”团队，实施社会责任根植项目18个，国网商洛供电公司、国网陕西电科院创建社会责任示范基地，累计对外捐赠2565万元，公司先后荣获中国企业社会责任“金蜜蜂”奖、中国电力行业企业“信息披露卓越企业奖”等高规格奖项36个，得到社会各界广泛认可。五年来，我们坚持一体化运作、专业化管理，逐步形成了目标一致、职能完整、工作协同、整体联动的工作体系。成立党委宣传部、融媒体中心，“新闻宣传有力、品牌建设争先、内外传播高效、助力支撑发展”的宣传工作效能得到有效激发，建成国网首家品牌实验室，主持完成国家电网“十三五”品牌战略规划，1名同志入选国家电网公司宣传专业领军人才，公司连续2次荣获国家电网公司品牌建设先进单位。

二、准确把握“十四五”宣传工作的形势任务

当前，国际国内形势深刻变化，世界处于百年未有之大变局的加速演变期，我国正处于社会转型期和矛盾凸显期，宣传工作的复杂性、严峻性骤增，各种压力、挑战和考验也集中显现。

（一）准确把握宣传工作新形势

以习近平同志为核心的党中央把宣传思想工作摆在全局工作的重要位置，作出一系列重大决策，实施一系列重大举措，党的理论创新全面推进，中国特色社会主义和中国梦深入人心，主流思想舆论不断巩固壮大。特别是党的十八大以来，习近平总书记关于宣传思想工作的新思想新观点新论断，为做好新时代党的宣传思想工作提供了根本遵循。

国家电网公司 2021 年“两会”明确了“十四五”时期的发展思路和工作总体布局，作出了应对变局、开辟新局、向战略目标阔步迈进的顶层设计。辛保安董事长特别强调，要进一步加强意识形态工作，围绕中国共产党成立 100 周年等重大活动，开展形式多样的主题宣传，弘扬主旋律，凝聚正能量。在公司 2021 年“两会”上，胡卫东董事长明确提出，以“四抓四强”为工作主线，抓重点、夯基础，补短板、强弱项，以重点突破带动整体提升，做到思想再务实、作风再求实、工作再落实、基础再夯实，确保“十四五”开好局、起好步。宣传工作必须紧跟大势、担当作为，强信心、聚民心、暖人心、筑同心，奋力开创宣传工作新局面。

（二）充分认识宣传工作新使命

互联网等新技术新媒介日新月异。我国网民总数已达 9.89 亿、网站数量接近 500 万、各类 App 达 367 万，通过手机接入互联网的比例超过 99%，使用网络新闻、社交、音乐、文学、视频、直播等已成为亿万网民日常活动中不可或缺的重要组成部分。

公司作为大型能源央企，历来是社会各界关注的焦点，是思想舆论交锋的热点，也是意识形态斗争的重点。一方面，要积极拥抱互联网时代，融入全媒体潮流，建好做强融媒体中心，巩固拓展讲好“国网故事”、传递“国网声音”的全媒体平台，把握节奏、赢得主动，努力营造风清气正的舆论氛围。另一方面，要清醒认识公司舆论环境的复杂性、挑战性，认真分析公司改革发展、市场监管面临的舆情风险和热点问题，定制化、分众化、差异化开展宣传引导，积极回应关切，主动增信释疑、引导舆论，把握推动问题解决的主动权，最大限度增进发展共识。

（三）科学谋划宣传工作新定位

思想之光照亮前行之路，奋进之举进发时代强音。站在新起点、面对新挑战，宣传工作要因势而谋、应势而动、顺势而为，守正创新、承压奋进。当前及今后一个时期，公司宣传工作的总体要求是：以习近平新时代中国特色社会主义思想为指导，认真落实党的十九届五中全会精神和党史学习教育部署，坚持正确的政治方向、舆论导向、价值取向、工作志向，树立大局观、全局观，以更高的站位、更准的定位，更科学的理念、更开放的视野，加强前瞻性思考、全局性谋划、战略性布局、整体性推进，准确识变、科学应变、主动求变，持续提升宣传工作的策划能力、引导能力、组织能力、复杂局面应对能力，努力做到“五个坚持”、实现“五个更加”，推动宣传工作迈出新步伐、夺取新胜利、展现新气象。

——坚持高举旗帜，让主旋律更加响亮。以习近平新时代中国特色社会主义思想为指导，聚焦铸魂立心、突出入脑入心，大力弘扬民族精神、时代精神和“三牛精神”，以正确的舆论引导人，以崇德向善的文明环境熏陶人、塑造人，以积极正面的信息、正确的价值判断影响人、激励人，广泛凝聚公司上下干事创业的思想共识和智慧力量，把建设具有中国特色国际领先的能源互联网企业的伟大事业不断推向前进。

——坚持守正创新，让正能量更加强劲。牢固树立马克思主义新闻观，坚持团结稳定鼓劲、正面宣传为主的基本方针，做优做好形势宣传、政策宣传、成就宣传、典型宣传，做大做强主流舆论。统筹好内宣外宣，统筹好网上网下，把握好时、度、效，创新传播理念、内容、形式、方法、手段，充分展示公司在“奋力谱写陕西新时代追赶超越新篇章”中创造的经济、社会、环境综合价值。

——坚持破立并举，让融媒体更加有力。坚持导向为魂、移动优先、内容为王，系统整合宣传资源，加快构建融为一体、合而为一的全媒体传播格局。加快媒体融合纵深发展，建强公司融媒体中心，坚决有力贯彻公司党委决策部署，生动反映基层一线心声，让攻坚时刻有更强劲的动力，让奋进征程有更坚定的步伐，让公司的价值理念、行动效能、品牌形象传得更开、传得更广、传得更深。

——坚持示范引领，让美誉度更加彰显。从服务社会、经济和环境的视角出发，梳理、提炼公司工作的社会意义和贡献，抓住机遇，系统策划，借势借力，整合各方优势，营造强大的舆论声势。发挥好新闻宣传“精神导线”和“有声纽带”作用，优化责任沟通渠道，拓宽责任根植路径，彰显企业履责能力，持续推动社会公众对“国家电网”品牌的理念认同、价值认同和情感认同。

——坚持底线思维，让主阵地更加稳固。以高度的政治自觉、思想自觉、行动自觉坚守舆论阵地，着力巩固发展意识形态领域良好态势，提高对苗头性、倾向性问题的发现力、研判力、处置力，确保公司意识形态阵地可控在控。落实舆情管理属地责任，坚持疏导结合，深化协同联动，敢于亮剑发声，勇于激浊扬清，全面筑牢舆情管理的“护城河”“防火墙”。

三、2021 年工作安排

2021 年是我国现代化建设进程中具有特殊重要性的一年，“两个大局”在此交织，“两个百年”在此交汇，“两个五年”在此交接，新征程开启，中国共产党迎来百年华诞，做好宣传工作责任重大、意义重大。公司 2021 年宣传工作思路是：以习近平新时代中国特色社会主义思想为指导，全面贯彻国家电网公司和公司 2021 年“两会”部署，坚持“顶天立地”工作理念，紧扣“一条主线”（庆祝中国共产党成立 100 周年），抓住“两个关键”（国家电网战略布局在陕落地、“十四五”开局之年），着力“三个层面”（上知天气提站位、中聚人气汇动能、下接地气树典型），发挥“三项效能”（为事业发展聚力、为战略落地造势、为形象展示赋能），持续提高宣传工作的传播力、引导力、影响力、公信力，巩固广大干部员工团结奋斗的思想基础，凝聚建设具有中国特色国际领先的能源互联网企业的磅礴力量，以优异成绩庆祝中国共产党成立 100 周年。

重点做好七个方面工作：一是高举旗帜，坚定主心骨；二是精心策划，唱响主旋律；三是重点发力，筑牢主阵地；四是内引外联，打好主动仗；五是注重效能，拓宽主渠道；六是融合发展，进军主战场；七是建强队伍，打造主力军。

王成文在公司工会三届四次全委会暨 2021 年工作会议上的讲话（摘要）

（2021 年 4 月 29 日）

一、2020 年工作回顾

2020 年，在公司党委的坚强领导下，工会紧紧围绕公司中心工作，以习近平新时代中国特色社会主义思想为指导，深入贯彻党的十九届五中全会精神，全面落实上级工会决策部署，牢牢把握公司发展和职工成长成才的着力点、交汇点，始终履行两个职责（维护职工合法权益，竭诚服务职工）、坚持两个主题（“建功建家”主题）、三个导向（需求导向、问题导向、目标导向），实现三个服务（服务大局、服务基层、服务职工）。

（一）坚持服务大局为方向，组织宣传动员广大职工建功立业

迅速贯彻落实国家电网公司党组《关于进一步加强和改进工会工作的意见》精神，强化责任落实，细化工作任务，明确责任部门、责任人，制定公司《关于进一步加强和改进工会工作的通知》5 个方面 21 项具体工作措施。聚焦战略推动职工队伍建设改革试点工作，工会牵头，明确 11 项重点举措，6 个部门联动，确保各项要求和任务落实到基层班组。制定印发《关于在职工中开展“学习新战略 当好主力军”学习活动的通知》，通过举办培训班、主题讲座、演讲赛、报告会等活动，把国网战略学习宣贯工作穿透到基层一线、覆盖到全体职工。组织开展“我为公司新战略添精彩”合理化建议，公司广大职工聚焦公司新战略，立足岗位实际，积极建言献策，共征集合理化建议 728 条。

立足公司核心业务和中心工作开展劳动竞赛，组织开展“基础管理专项治理”等主题劳动竞赛，为广大职工融入战略、建功战略搭建载体和平台，职工参赛率达到 90% 以上，公司荣获陕西省劳动竞赛先进集体、助力脱贫攻坚劳动竞赛优胜集体。广泛开展职工创新活动，深入开展创新工作室创建，5 个创新工作室分别荣获全国、陕西省示范性创新工作室以及国家电网公司劳模（职工）创新工作室示范点称号。大力弘扬劳模精神劳动精神工匠精神，公司 3 人获全国劳模，3 人被省委省政府授予陕西省“三秦工匠”和“陕西产业工匠人才”，1 个班组获陕西省“五一巾帼标兵岗”，1 人获陕西省“五一巾帼标兵”。

组织召开班组减负专项工作协调会，针对班组减负主要任务和职工反映强烈的信息系统整合等问题，减少班组记录 67 条，让一线班组职工切实将精力和时间用于生产经营工作任务。积极搭建班组学习交流和职工成长成才新载体，开展“班组微讲堂”“职工大讲堂”活动，各单位参与职工 5000 余人次。

（二）坚持服务职工为宗旨，努力为职工办实事、办好事

常态化开展“三必贺”“三必访”活动，共慰问困难职工、劳动模范、一线职工2.4万余人。助力安全生产，赴青河特高压工程、横山1000kV开关站等重点工地慰问，向宝鸡、汉中、安康、商洛、榆林、延安公司以及安康水电厂拨付防汛专项慰问金70万元。疫情第一时间对公司调度隔离值班、营业窗口、重点技改现场、重点基建工地、一线抗疫3976人次进行慰问，发放慰问品119.29万元。实施“职工健康行动”计划，制定10个方面18条具体措施，引进高质量专家诊疗团队，为职工提供心理评估、咨询辅导和心理健康干预等服务，引导职工科学缓解压力，提高生活质量。

坚持以职工为中心、以需求为导向，“人往基层走，力往基层使，钱往基层投”，大力开展实体化“职工之家”“五小”供电所以及单身公寓建设，公司系统建成“职工之家”“职工小家”393个，实现省、市、县、班组四级“职工之家”全覆盖，建成“五小”供电所310个，单身公寓926套。

坚持职工的事情职工办，在各单位成立兴趣小组，选任热情高、素质强的职工带头开展体育健身活动。公司系统组织开展文艺、体育等职工文化活动50余项，参与职工5300余人次。编印出版新一期国网陕西电力职工文学作品集，在职工中产生热烈反响。

整合“陕西029公益”“咸阳市小桔灯公益”“西安市爱在路上公益”等公司系统公益组织，打造陕西省光明工程志愿者协会平台，在工伤工残、金秋助学、扶贫帮困等方面精准发力，提高公司系统困难职工和“金秋助学”补助标准与范围。倡导全体职工参与慈善事业，引导广大职工向好向上向善。

（三）坚持民主管理为核心，凝聚企业发展合力

修订职代会实施办法及职代会闭会期间民主管理工作实施办法，制定职代会操作指南，24家基层单位、28家县公司均严格落实职代会制度，实现省、市、县三级职代会制度建设全覆盖。

开展职工代表、专委会、董事长联络员联合调研，走基层、进班组，面对面听取基层一线职工的意见建议，公司系统共召开座谈会45个，参与职工650人，推动企业依法、民主、科学运营。

承担国家电网公司职工诉求专著编写任务，扎实开展省、市、县三级职工诉求中心实体化建设，全面完成公司系统市县两级51个诉求中心建设，及时、有效地掌握和解决职工合理诉求。

（四）坚决落实防疫抗疫责任，展现工会作为

建立工会主席和工会办公室业务2个抗击疫情工作微信群，5次在群里提出具体要求，随时贯彻上级工会和公司各项部署，坚持每日报送职工疫情和工会工作信息。配合公司复工复产要求，工会从坚决扛起防疫责任、主动团结职工抗击疫情、积极投身复工复产、持续关心关爱职工、凝聚战胜疫情强大力量五个方面制定18项具体措施，号召公司广大干部职工聚焦主业主责、聚焦目标任务，确保电网安全可靠供电和职工安全健康。

发布工会抗击疫情《倡议书》，号召公司全体职工服从大局、听从指挥、科学防疫。在网上发布抗疫防护手册，动员全体职工保护好自己、保护好家人、保护好身边人。主动组织宣传，人民日报客户端陕西频道、中国电力报、陕西工人报、陕工网等媒体以《当好职工“主心骨”做好职工“贴心人”——国网陕西电力工会抗击疫情工作纪实》为题进行了深度报道。

印发《国网陕西电力工会关于在疫情防控和复工复产期间帮助做好职工子女管护服务工作的通知》，对各单位子女在初三及以下、持续奋战在抗疫一线的2127名职工补助319万元。各单位工会主动为大楼值班的保洁、保安等人员发放84消毒液、75%酒精、口罩等防疫用品共计约75万元，支援湖北公司本部89万元。举办“立足岗位抗疫情——女职工在行动”庆祝“三八”国际劳动妇女节系列活动，协商解决女职工特殊疾病保险难题。针对职工长期居家影响身心健康的问题，号召各级工会开展微信群厨艺、健身等自娱自乐比赛活动，疏通调整职工情绪，保障职工健康。

（五）狠抓作风建设，强化工会规范化管理

召开工会作风建设专题会议，树立“一板一眼”“一丝不苟”“严精细实”“专业专注”的风向标。举办公司工会干部作风建设专题培训班，邀请中国能源化学地质工会、省总工会领导专家对公司系统150余名工会干部讲座授课、传经送宝，增强了工会干部系统思考和统筹解决实际问题的能力。

坚持眼睛向下，瞄准群众，往职工中走、往心里做、往实处落，赴基层单位开展调研、慰问、宣讲专题活动。强化以职工为中心、让职工当主角、由职工评价的工作机制，注重在工作设计、任务部署、统筹推进中征求职工的意见建议，为职工提供普惠性、常态性、精准性服务。

修订公司《工会经费管理办法》，进一步加强工会经费管理、经费审计工作。组织外部专业审计机构对公司工会和所属25家基层单位工会年度工会经费收支预算执行、资产管理以及报表等进行现场检查，对9个“职工之家”实体化建设项目进行专项审计，强化审计结果执行的严肃性，坚决杜绝屡查屡犯、屡禁不止。

过去的一年，公司各级工会组织和广大工会干部面对新冠肺炎突发疫情，主动作为、上下联动、协同配合，构建了工会一盘棋格局，为抗疫保电凝聚起坚定信心和磅礴力量。这些好态势、好气势，得益于公司党委和上级工会的坚强领导，得益于公司系统全体工会干部的辛勤付出。

在总结成绩的同时，我们也深刻认识到，对标公司党政的要求和职工的期盼，我们的工作还存在一些不足。一是对企业发展与职工成才的交汇点把握的还不够准确。二是职工技术创新成果转化效果不明显。三是教育引导广大职工坚持“一板一眼”“一丝不苟”“严精细实”“专业专注”作风方面还有待加强。这些问题的存在，不同程度上影响了工作效果，影响了工会组织在职工群众中的威信，也影响了工会干部队伍的形象，需要我们高度重视，认真思考，担当作为，不断改进和提升。

二、2021年工会总体要求和主要任务

2021年是公司实施“十四五”发展规划的开局之年，做好工会工作意义重大。工作总要求是：坚持以习近平新时代中国特色社会主义思想为指导，深入贯彻落实国家电网公司和公司“两会”精神，紧扣“四抓四强”工作主线，以职工为中心，以创新为动力，搭建更多促进职工素质提升的载体和平台，构建广泛服务职工的工会工作体系，团结动员广大职工务实求实、争先创先，在建设具有中国特色国际领先的能源互联网企业新征程中贡献智慧和力量，以优异成绩迎接庆祝中国共产党成立100周年。

重点做好以下五个方面工作。一是坚持用习近平新时代中国特色社会主义思想武装头脑，引导职工听党话跟党走；二是深入贯彻落实公司“两会”精神，统一职工的思想和行动；三是紧紧围绕公司高质量发展，组织动员广大职工为“十四五”开好局、起好步建功立业；四是着力满足广大职工新时代美好需求，用心用情用力服务职工；五是着力提升工会自身建设水平，推动工会工作迈上新台阶。

李英在公司2021年财务工作会议上的讲话（摘要）

（2021年2月4日）

这次会议的主要任务是：以习近平新时代中国特色社会主义思想为指导，全面贯彻国家电网公司2021年度财务金融工作会议精神，落实公司四届一次职代会暨2021年工作会议要求，总结工作、分析形势，研究部署2021年财务重点任务，全力保障“十四五”公司高质量发展。

下面，我讲三个方面的意见。

一、2020年及“十三五”工作回顾

2020年，面对突如其来的新冠肺炎疫情和经济下行压力，面对繁重的改革发展任务和严格的外部监管要求，公司坚决贯彻国家电网公司和陕西省委省政府工作部署，全力服务“六稳”“六保”工作大局，凝心聚力、迎难而上，在大战大考中经受住了考验，全面完成年度各项经营目标任务。全年售电量1266.25亿kWh，同比增长1.02%；营业收入640.93亿元，同比增长2.45%；利润总额6.06亿元；经济增加值-3.47亿元；年末资产负债率64.23%，同比下降1.06个百分点；完成固定资产投资68.11亿元，同比增长13.79%。

（一）扎实开展提质增效专项行动，公司经营保持稳健

以战略实施为统领，以价值创造为导向，细化制定提质增效专项行动7大类130项任务，横向依托“大经营”月度例会，纵向贯穿三级内部模拟市场，多措并举建机制、育文化，打出增供扩销、挖潜增效“组合拳”，全力以赴稳经营、提质效。全年完成电能替代电量80亿kWh、同比增长86.05%，跨省区外送电量126.57亿kWh，创历史新高；高损台区基本实现“动态清零”，“量价费损”堵漏增收4.05亿元，争取财税政策实现增效3.9亿元。各单位结合自身实际主动作为：榆林供电公司第一时间制定方案贯彻落实，铜川供电公司推广电锅炉、热泵进企业进学校，汉中供电公司促成汉钢10万kW电炉提前投运，宝鸡公司多专业协同强化线损治理，渭南公司严格“量价费损”各环节质量考核，均取得了良好的效果。西安、咸阳供电公司及安康水电厂在落实重点任务上成效显著、贡献突出，公司对这三家单位相关人员给予了提质增效特殊贡献奖励。一年来，公司上下努力克服疫情、降价等影响，大力开源增收、降本增效，对冲减利影响超15亿元，资产负债率压控至国资委警戒线以下，圆满完成公司经营目标，财务指标综合排名提升至网省第7。

（二）稳步推进电价改革，发展环境持续改善

坚决落实国家阶段性降价政策，配合开展转供电加价专项治理，降低社会用能成本17.19亿元，有效助力复工复产、恢复经济社会秩序。积极推动理顺电价矛盾，妥善解决断外服务费争议，有效化解电费欠费风险；促请明确存量330kV高可靠供电用户收费政策，一次性增收1.3亿元；坚持市场化原则，稳妥应对地方政府等多方优惠电价诉求，积极扩大市场化交易规模，全年完成省内直接交易电量627.13亿kWh。持续优化内部经营管理策略，充分衔接监管要求，新增安排20项优化策略任务，全量投资核准备案、资产管理界面调整、成本支出结构优化等关键任务有序推进，取得积极进展。

（三）深化资源统筹调配，运营质效显著提升

多维精益效果初显，全面完成“科目+维度”会计管理化改造，实现公司经营、价值信息的融合汇聚、全景展现，成果获得公司科技进步一等奖。开展最小经营单元价值贡献评价研究，商洛、咸阳等单位积极参与模型设计、数据梳理，公司数据价值挖掘应用初显成效。预算管控全面提效，深化应用电网生产运营作业成本标准，完成公司标准成本体系修订，全面覆盖电网核心业务和内部支撑服务各个环节，为更好开展成本分解、支出控制提供了有效工具。贯彻落实“早、精、细、实”四字要求，预下达2021年成本费用14.98亿元。电科院、信通公司、培训中心、经研院全程参与、深入梳理内部支撑业务收支，为模型构建应用提供了有力支撑；榆林、商洛公司早筹划、早部署，有效提升成本预算执行效率。资金集约管控能力进一步增强，建立资金“日调度、周平衡、月分析”工作机制，支出排程偏差率连续5个月低于2%；银企对账全面线上开展，全年未发生月末未达；资金集约中心正式运营，“省级集中”全面实施，省级直收电费智能销根率、资金清分率、银营财自动对账率均实现100%，集中支付比例达到81.5%。咸阳、西咸公司严控资金周排程执行偏差，西安、宝鸡公司电费直收资金占比超70%，物资公司完成结算中心撤并、统购物资全额“省级直付”，共同为公司新型资金管理体系建设作出积极贡献。财税管理取得突破，依法合规开展纳税筹划，企业所得税连续两年“零税负”，公司获评“A级纳税信用”企业资质。铜川公司获得市管企业“A级纳税信用”，并入选“铜川市综合治税成员单位”。“电e金服”全面推进，与英大集团签订战略合作框架协议，全年实现投标保证金、履约保证金保险签单3322件，服务中小微企业提前回笼资金4.76亿元。物资公司大力推广“电e金服”产品，协调服务近百家供应商。

（四）着力强化基础管理，有效防范经营风险

强化业财信息协同，全面排查基础信息质量，治理问题主数据9095条，治理异常资产数据19万条，核实资产与设备对应信息25万条。全力推进“三清理两提高”，制定8类45项工程决算推进措施，全年清理长期挂账项目1073个，完成项目决算转资2650个，新增资产达到108亿元，获得国家电网公司通报表扬。西安、延安公司攻坚克难，完成工程转资共1613项，新增资产超过45亿元；建设公司推行项目预算考核机制，圆满完成11项330kV及以上输变电工程竣工决算。持续加强“两金”压控，流动资产周转效率进一步提升。各供电单位压实清收责任，足额回收电费资金；送变电公司清理逾期欠款800万元、压降存货0.96亿元。扎实开展民营企业账款清理，健全清欠监督长效管控机制，按期完成无分歧民企逾期账款“零拖欠、零新增”工作任务，全年未发生负面舆情事件。安康、物资公司改进工作方式、实施预警管控，清欠效果突出。深入开展问题治理，完成21家单位、1779个专项成本项目现场检查，建立资金安全典型案例库，梳理整改发票“领、用、存”共性问题四大类21项，管理基础进一步夯实。物业公司、原万年饭店积极配合、克服困难，按期完成万年饭店清算关闭及资产接收工作。持续完善内控管理体系，开展内控监督自评价，聚焦公司8大风险防控，下发风险预警通知单20份，各类经营风险可控在控，内控体系的有效性进一步增强。多元化推动经验交流，依托财务家园和内部网站，开设主题专栏、开办“每月一课”、加强政策宣贯，累计发布工作动态400余篇、推出线上课程15期，公司提质增效实践登上国网大学“云课堂”；精心组织财务大讲堂活动，7家单位面向公司系统分享经验做法，形成了学习交流、相互促进的良好氛围。

（五）积极推动管理创新，应用成果亮点纷呈

深化设备资产一体化典型应用，成果先后获得陕西省和公司管理创新一等奖，汉中、铜川供电公司开展最小单元资产全寿命分析评价，创新建成资产电子地图，在数字化县公司建设中发挥了重要作用。深化国网商旅应用，实现全员覆盖、单轨运行，员工差旅出行免垫付、免取票，业务办理效率大幅提升。榆林、安康、物资公司试点关键业务和功能，有力促进商旅应用优化升级。搭建往来款项管理平台，全面融合项目、合同、单位等7类业财信息，实现挂账信息多维度动态反映，有效支撑民企清欠线上排查和往来款项长效管理。西安供电公司依托线上平台，有序规范存量数据、开展逾期预警，往来清理效率显著提升。开发建设单车核算微应用，制定单车核算管理办法，西咸公司先行先试，顺利实现车辆费用自动归集。建成公司二级“发票池”，实现增值税专用发票全过程线上管理，检修公司率先上线试应用并提出优化建议。汉中公司应用财务机器人技术，为业务报销提供“一站式”服务。

一年来，财务战线广大干部员工认真落实公司党委决策部署，团结一心、共克时艰，积极消化疫情影响，全面完成各项工作任务，实现了“十三五”圆满收官。回顾过去的五年，在公司党委的坚强领导下，担当作为、开拓创新，统筹推进稳投资、保增长、抓改革、促发展，财务经营工作迈上了新台阶。这五年我们坚持价值引领，经营业绩实现新突破。公司年售电量突破1000亿kWh，营业收入突破600亿元，资产总额比“十二五”末增长34.66%，累计净利润比“十二五”增长144.64%，资产负债率连续9年保持下降态势，比历史高点2011年降低11.84个百分点，业绩考核首次跨入国家电网公司A级行列。这五年我们坚持守正笃行，改革任务取得新进展。全力支持电力体制改革，坚决落实国家连续降低工商业电价系列政策，“十三五”累计降低社会用能成本91亿元，其中公司承担60亿元。顺利完成两轮输配电价核定，通过政策争取、市场开拓，有效对冲降价政策影响。按期完成交易公司首轮股改、万年饭店注销和驻京机构撤销改革任务。落地实施32项“放管服”措施，基层活力进一步增强。这五年我们坚持创新发展，管理水平获得新提升。创新构建省市县三级内部模拟市场，深入推进多维精益管理变革，建成“1233”新型资金管理体系，深化资产全寿命周期成本（LCC）管理，实施工程自动竣工决算，推行员工报销、国网商旅云等新型应用，经营理念深入人心、运营效率显著提升。强化审计、巡查发现各类问题闭环管理，持续开展实时监督和在线稽核，有效防范了经营风险。这五年我们坚持固本强基，财会队伍展现新气象。中高级会计职称由115人增至181人，注册会计师由8人增至22人，入选国家级领军和陕西省高端人才各1人，比学赶超氛围浓厚，高素质人才不断扩充；累计获得省部级及以上个人荣誉13人次、集体荣誉20项，74人入选国网和公司财务柔性团队，8人在国网竞赛调考中取得优异成绩，队伍素质和能力得到全面提升。

五年来的成绩令人鼓舞，这是公司党委坚强领导、亲切关怀的结果，是各部门、各专业齐心协力、鼎力支持的结果，更是广大财务人员竭尽勤勉、努力拼搏的结果。借此机会，我向大家表示由衷的敬意和衷心的感谢！

二、贯彻公司“两会”精神，准确把握形势任务

（一）深入学习，全面贯彻落实公司“两会”精神

国家电网公司2021年“两会”明确了“五个不动摇”“四个统筹好”的战略方针和原则，作出了“一业为主、四翼齐飞、全要素发力”的“十四五”发展总体布局。国家电网公司2021年度财务金融工作会议上，罗乾宜总会计师结合新形势，深入阐述了财务金融高质量发展的新使命，提出要全面构建以“开放协同、智慧共享”为主要特征的价值生态系统。胡卫东董事长在公司“两会”上，系统阐释了“十四五”公司和电网发展面临的形势任务，提出要做到“五个准确把握”，立足新发展阶段、践行新发展理念、服务新发展格局，实现“业绩效益、电网发展、服务品质、改革创新、党建引领”五个新突破，以“四抓四强”（抓党建、强队伍，抓管理、强基础，抓发展、强电网，抓作风、强素质）为工作主线，做好2021年重点工作。上述重要会议为我们高质量开展财务经营工作指明了方向、确立了目标，大家要深入学习领会，贯彻落实到具体实际工作中。

（二）认清形势，准确把握当前经营环境新变化

一是电网发展提速，经营统筹难度增大。习近平总书记提出“碳达峰、碳中和”目标，倒逼能源加快转型、电网加快升级。陕西电网依然处在强网架、扩市场、补短板的关键期，公司仍将保持较高强度的投资规模，但输配电价“易降难升”，投资成本难以疏导。随着新一轮输配电价政策落地，租赁新准则实施，基础治理投入需求集聚叠加，公司盈利能力显著减弱，带息负债增长，投资与效益平衡、需求与能力匹配的矛盾十分突出，统筹难度越来越大。受降价、疫

情、十四运会重大活动保电等影响，电量增量效益不足以弥补投资和成本刚性增长，今年公司整体经营政策性亏损压力增大。

二是改革深化提速，精益管理任重道远。从外部看，电力改革加速推进，电价监管趋严趋紧，监管体系更加健全、规则更加严格、过程更加细致。但公司在投资规划核准、用户资产管理、成本结构优化、支撑单位运营方式等方面，与监管要求仍存在较大差距。从内部看，近年来公司大力推行“放管服”、深化省管产业改革，取得了积极成效，但在放活与管好有机结合上有待加强，在实际落地环节方面还有很大提升空间，在省管产业单位管理方面还需健全机制、做实做细。此外，审计、巡视等监督检查也暴露出一些问题，反映出个别单位制度执行不到位、财务监管不到位、检查整改不到位，甚至还有屡查屡犯的情况，使得经营管理与成本核减风险交织。

三是技术革新提速，数字化转型迫在眉睫。现代信息技术的发展带来社会生产、生活方式的巨变，也为包括财务在内的各个领域转型升级提供了更多机遇，利用技术进步实现管理升级是财务发展的必然趋势。国家电网公司抓住数字化转型发展关键契机，提出要加快建设智慧共享财务平台。近年来公司财务信息化建设做了大量探索和实践，信息获取、会计核算、资金管理、业财融合和费用报销模式发生了根本改变。但我们转型的脚步还不够扎实，应用效果与预期目标仍有一些差距，如多维数据质量有待提升，数据价值挖掘还需进一步加强，资金管理流程仍需优化、管控风险还需进一步验证，借助新技术解放生产力的成效还不显著，与先进网省还有较大差距。

（三）明确思路，全力推动公司高质量发展

进入新阶段，面对新形势、新任务和新挑战，我们财务工作要牢牢把握新发展理念和高质量发展要求，坚持系统观念，增强责任意识和担当意识，在实干中锤炼，在创新中进步，提质效、强管理、抓作风，服务公司和电网发展大局。

深入开展提质增效。面对严峻的经营形势和艰巨的发展任务，我们必须坚持质量第一、效益优先，打造提质增效“升级版”，着力推动提质增效往心里走，坚持质效理念、培育节俭文化，将提质增效置于发展大局、作为长远之计，把“过紧日子”变为全体员工的自觉行动；着力推动提质增效往深里走，坚持问题导向，以经营诊断为抓手，深入基层，查摆问题，补齐短板，强化弱项，促进量的合理增长和质的稳步提升；着力推动提质增效往实里走，结合“战略＋运营”管控模式，优化内部模拟市场考核评价，强化省管产业单位业务指导，全方位推进、全要素发力，全面激活基层活力和创效动力，实现效益、效率、质量齐头并进。

大力实施精益管理。主动服务监管，对照监管政策迭代优化经营策略，做实有效资产、夯实支出依据，提升资源配置和投入产出效率。强化经营统筹，平衡好电量、电价、投资、利润、负债率、EVA 等关键指标，实现年度和中长期经营安排有序衔接，确保公司稳健经营。强化成本管控，深化应用标准成本，合理匹配资产规模，大力推行标准化作业和检修运维“自己干”，投入必问产出、花钱必问效果。强化风险防控，坚持底线思维，严守财务结构边界、业务边界和行为边界，充分发挥财务稽核监督作用，持续提升合规运营水平。挖掘问题产生根源，强化问题整改销号，深化典型共性问题治理。强化数智应用，加快构建智慧共享财务平台，积极探索财务云、大数据、RPA（机器人流程自动化）、电子档案、电子发票等新技术应用，以“智慧共享”为驱动，以“好用易用”为目标，推动会计操作自动化、原始凭证无纸化、会计档案电子化、中台应用智能化、专业支撑敏捷化，助力基层减负，赋能公司发展。

狠抓队伍作风建设。干部队伍的良好作风是应对挑战、攻坚克难的坚实保障。面对新形势新任务新要求，公司财会队伍作风还存在一些差距和不足，管理上依然存在惯性思维，调查研究不够深入，精益精细程度不足，创新思路不够开阔，与当前财务经营面临的挑战还不相适应。胡卫东董事长在公司“两会”上提出要大力弘扬“一板一眼、一丝不苟、严精细实、专业专注”的工作作风，我们要深入学习、坚决贯彻、认真践行，在新阶段展现担当作为。持续深化“党建＋”工程，强化党风廉政建设，严守财经纪律，坚守道德底线，充分发挥党员干部的模范带头作用，在落实公司重点任务中走在先、干在前。着力打造重实干、重实绩、察实情、求实效的人才队伍，积极调查研究，及时总结经验，不断开拓创新，以优良的作风推进“十四五”财务经营各方面工作。

三、2021 年重点工作

公司“两会”已经确定了今年的目标任务：售电量 1375 亿 kWh，营业收入 666.77 亿元，利润总额-2.17亿元，净利润-4.25亿元，经济增加值-12.11亿元，固定资产投资85.49亿元，资产负债率控制在64.31%以下。财务部为落实国家电网公司和公司各项工作部署，已印发了2021年度财务工作要点，请大家结合实际认真贯彻落实。在此，我再强调五个方面重点工作。一是以适应监管为核心，夯实输配电价基础；二是以提质增效为主线，全力保障稳健经营；三是以数字化转型为路径，持续推进管理升级；四是以基础提升为抓手，全面防控经营风险；五是以创新发展为目标，强化财会队伍建设。

周军义在公司2021年互联网专业工作会上的讲话（摘要）

（2021年2月25日）

今天我们召开2021年互联网专业工作会，这次会议的主要任务是：认真贯彻国网公司及公司职代会暨2021年工作会议精神，落实国网公司2021年互联网专业工作会议要求，总结工作、分析形势、部署任务，统一思想、凝聚合力，加快推动公司电网生产、企业经营、客户服务全方位数字化转型，确保“十四五”数字化工作开好头、起好步，奋力谱写具有中国特色国际领先能源互联网企业建设新篇章。

下面，我讲三个方面的意见。

一、2020年及“十三五”数字化成效显著

2020年，面对突如其来的新冠疫情，在公司党委坚强领导下，各部门、各单位积极行动、上下协同、锐意进取、攻坚克难，圆满完成全年数字化目标任务。

一是聚焦战略落地，落实公司党委决策坚决有力。全面贯彻疫情防控、新基建、数字化转型等党委决策部署，实施一系列举措，充分体现了大局意识和责任担当。落实国网公司战略部署，印发公司《新型数字基础设施建设工作方案》，有力支撑“六稳”“六保”。高质量完成“十四五”数字化规划和数字化转型工作方案，明确数字化转型发展方向、总体框架和重点任务。制定并实施基础资源商业化运营和大数据运营新兴产业升级专项行动计划，年度营收突破7000万元，实现良好开局。创新电力大数据应用，发布复工复产指数、电力看扶贫、电力看环保等数据产品，服务疫情防控和复工复产成效显著，为政府科学决策提供有力支撑。

二是聚焦管理提升，赋能业务提质增效。初步建成云平台、数据中台、物联平台和电网资源业务中台，支撑业务应用快速灵活部署，数据模型统一，实现同源维护。持续推进电网GIS、统一权限、移动门户、北斗等基础技术平台完善提升，为各专业提供更加稳定、高效的基础技术服务能力。建成企业级数据应用门户，实现数据“可视、可查、可取、可用”。数据质量专项治理成效显著，统筹推进电网资源、同期线损、车辆管理等10个专题基础数据治理工作，核心基础数据可用率大幅提升；在同志们的不懈奋斗下，公司在国家电网公司同期线损十强市、百强县、百强所取得突破，2个市公司、15个县公司、64个供电所跻身榜单，为公司“四基治理”增光添彩。持续提升运营监测分析工作价值，从“建机制、搭平台、拓业务、促共享”四方面拓展深化业务内涵，发掘新课题、拓展新业务。大力推广新版“i国网”，提升用户体验和工作质效。

三是聚焦技术创新，数字化转型试点取得突破。建成网上电网、网上国网、基建全过程数字化平台、现代智慧供应链等应用，有力推动专业数字化转型。初步建成临潼、耀州数字化县公司，建成汉中供电公司数字化台区、宝鸡供电公司数字化变电站，建设成果得到国家电网公司高度认可。打造新技术研究与孵化基地，与华为公司建设联合创新实验室，云编排App技术被选定为国网公司物联终端App统一开发平台，业务创新成效显著。

四是聚焦价值创造，数据要素作用初步显现。建立“七横四纵”数据管理体系，发布数据资源目录，构建数据共享负面清单，有效打破数据壁垒。以用促治、以用提质，推动数据能用好用。统一数据模型业务覆盖度、实用化水平持续提升。打通电网侧与外部数据通道，实现外部数据的统一接入和统筹管理，进一步激发公司内部数据价值。深挖电力大数据价值，研发9项数据增值服务产品，与电工装备、金融、电信企业达成4项数据合作，数据增值服务合同额取得突破。

五是聚焦安全管理，网络与系统运行平稳可控。初步建成全场景网络安全态势感知体系，圆满完成“护网2020”等重大活动信息安全保障，获得陕西省2020年网络安全管理员职业技能大赛能源组团体、个人双第一的好成绩。加强网络安全人才队伍建设，选拔27人入选公司网络安全红蓝队。优化信息运行体系，夯实云平台、数据中台和物联平台运维基础，实施瘦身健体行动，信息系统保持安全稳定运行。

过去的一年，数字化工作收获了成果，体现了价值，为“十三五”划上了圆满句号。回顾“十三五”，数字化在公司创新发展中发挥了至关重要的作用，已经成为公司高质量发展的“主力军”。数字化基础设施建设取得长足进步，数字化应用成效显著，数据管理稳步推进，电力大数据应用亮点纷呈，新技术研究与应用多点突破，商务拓展取得良好开局，网络安全工作屡创佳绩，持续保持安全运行记录，有力支撑了公司电网生产、企业经营、客户服务等业务提质增效和创新发展，不断拓展新的增长点。

二、“十四五”数字化转型面临的形势与任务

国家电网公司2021年“两会”明确了“十四五”发展“一业为主、四翼齐飞、全要素发力”的总体布局，公司“两会”提出要抓住“数字新基建”发展机遇，将数据作为生产经营活动的核心要素，加快传统组织机构和管理模式变革，以数字化赋能企业发展、赋能经济社会发展。为数字化转型指明了方向、明确了目标。进入新阶段，站在新起点，要在与时俱进中提升新认知、创造新价值、探索新空间、开创新局面。大力推动全业务、全环节数字化转型，全面支撑能源互联网企业建设。

（一）充分认识数字化转型的重要性和紧迫性

1. 数字化转型是推动能源转型，服务新发展格局的迫切需要

习近平总书记提出“碳达峰、碳中和”目标，党的十九届五中全会明确提出推进能源革命，加快数字化发展，加快5G、工业互联网、大数据中心等建设。“十四五”期间，公司亟待以数字化为手段，优化提升电网业务、培育发展新兴业务，助力公司以数字化赋能企业发展。

2. 数字化转型是聚焦国家电网公司战略目标落地，实现高质量发展的迫切需要

聚焦国家电网公司战略目标落地实施，重要的内容就是推动电网智能化升级和公司数字化转型。公司2021年“两会”明确提出要奋力开创高质量发展新局面，意味着必须顺应能源革命和数字革命相融并进大趋势，加大力度实施数字化转型。公司亟待运用数字技术，坚持“全要素发力”，加快实现电网生产、企业经营、客户服务等领域业务数字化转型。

3. 数字化转型是落实公司“四抓四强”工作主线，实现效益效率突破的迫切需要

当前，公司数字化建设处在起步阶段，公司“两会”提出要准确把握数字化转型的重大部署。我们要抓住“数字新基建”发展机遇，将数据作为生产经营活动的核心要素，释放数据“倍增效应”，注重实用实效，深挖数据价值，解决基层一线业务实际困难，努力为客户创造价值。以“四基治理”为重点，全面推进12个专业领域数据专项治理，进一步强化数字化和业务融合，服务公司改革发展、质效提升。

（二）深刻领会数字化转型的基本内涵

电网企业的数字化转型。从概念上讲，就是围绕电网生产、企业经营、客户服务各环节，以价值创造为核心，以云计算、大数据、物联网、移动互联网、人工智能、区块链等新一代数字技术为动力，以数据为关键生产要素，通过数字技术与企业业务、管理深度融合，不断提高电网和企业信息化、网络化、智能化水平，推动电网企业生产、经营、管理、服务模式变革，服务能源互联网企业构建的过程。

从架构上看，数字化企业的功能结构包含感知层、基础层、业务层三层结构。感知层重点体现数字化感知能力，主要解决电网信息采集的问题，通过提升电源侧、电网侧、用户侧的采集、处理、自动化、智能化、数字化等基础能力，为企业数字化转型建立准确、可靠的数字基础。专业部门要结合电网生产、客户服务等业务，不断升级完善自动化、智能化采集装置，逐步提升感知能力。基础层重点体现数字化平台能力，主要解决软硬件资源统一纳管以及数据管理问题，为业务系统和创新应用提供硬件资源、计算算力、共性业务服务、共性技术服务；实现数据的全量汇聚、统一标准、全面连接、质量治理、共享开放和安全管控。科技互联网部要持续沉淀基础公共服务能力，进一步拓展和深化数字化平台应用功能，不断增强基础平台支撑能力，满足业务应用发展需要。业务层重点体现业务数字化能力和数字业务化能力。业务数字化能力主要解决企业业务线上化问题，实现电网状态全息感知、企业业务全程在线、客户服务全新体验等，是推进业务数据化的过程。科技互联网部要通过技术创新，利用数字化技术提供技术保障。数字业务化能力主要解决数据的价值创造问题，实现流程驱动、经验驱动向数据驱动的理念转变。对内提高决策精准性、能源利用效率、电网运行可靠性和优质服务水平，推动电网形态、运营模式、管理方式产生变革；

对外提升服务政府、企业和社会的能力，催生新产业、新业态和新模式。专业部门要通过强化专业管理，用数据为业务赋能，保障数字化转型有效落地。

从作用上看，数字化转型是通过汇集各方面资源，特别是数据资源，为规划建设、生产运行、经营管理、综合服务、新业务新模式发展、能源生态构建等各方面，提供充足有效的信息和数据支撑，实现提效降本、业务赋能、辅助决策、模式创新 4 个维度价值提升，主要体现在电网生产数字化、企业运营数字化、客户服务数字化、新兴产业跨越式发展等 4 个方面。

（三）准确把握数字化转型的基本原则和推进策略

1. 准确理解“五个坚持”的基本原则

数字化转型是从传统信息化建设向数字化发展高级阶段迈进的过程，公司数字化转型涉及各层级、各专业，必须强化战略思维，做到“五个坚持”。

一是坚持战略引领。要以国家电网公司战略目标为统领，着眼公司发展全局，做到战略与执行并重、技术与业务并重。加强“十四五”数字化转型规划设计，持续优化完善数字化转型的技术、标准体系，强化对能源互联网和战略性新兴产业发展的统筹规划，提升各项工作系统性、整体性和协同性。

二是坚持价值导向。数字化转型杜绝盲目跟风、大拆大建。要聚焦核心业务应用，坚定推进系统应用单轨制，避免业务、系统两张皮。要树立“以客户为中心”的理念，聚焦为客户创造价值、为基层一线服务、提升获得感；从实际出发，补短板、强弱项，提高管理效益也是创造价值。

三是坚持企业级建设。企业级建设是决定数字化价值作用的关键，要加强需求、技术、项目和成果统筹，始终坚持统一技术路线、架构设计刚性执行。要从数据源头强化统一数据模型应用，提升跨专业基础共性能力共享复用。共性业务能力和数据服务要由中台统一提供，新增应用要基于中台构建，存量应用要逐步完成中台化改造。

四是坚持跨专业协同。要加快建立上下贯通、横向协同的协作体系，坚决打破业务和数据壁垒。互联网专业负责体系架构设计，统筹开展平台、业务系统建设以及企业级数据管理，为全业务、全环节数字化转型提供服务支撑。各专业部门负责提出应用功能和业务创新的需求，协同互联网专业部门共同实现。除个别“涉密、涉敏、涉控”的对象，所有的平台、系统和数据都应在全公司实现共享共用。

五是坚持全要素驱动。在加强资金等传统要素投入的同时，更加注重技术、管理、数据和人才等要素投入，同步推进体制机制变革，驱动公司持续创新发展。要把创新摆在数字化转型的核心位置，加大投入，提高自主创新能力。

2. 准确把握“五个统筹好”的推进思路

数字化转型的核心是推动数字技术与能源业务、数字经济与实体产业深度融合，充分激活数据要素价值作用，要做到“五个统筹好”。

一是统筹好安全防护与创新发展。安全是公司的生命线，是发展的基础和前提。当前网络安全形势日益严峻，要增强忧患意识，树立底线思维，把安全第一的理念贯穿于数字化工作全过程。要坚持“安全支撑发展、发展促进安全”，在保障安全的前提下实现更高质量、更有效率的创新发展。对于违反安全要求的创新发展要坚决制止。

二是统筹好电网业务与新兴产业。电网主导产业是公司数字化转型的主战场，要聚焦能源互联网建设，通过数字技术和数据要素改造提升电网业务，促进生产提质、经营提效、服务提升。新兴产业是公司基业长青的新动能，是数字化转型的突破口，要抢抓发展机遇，大力发展能源转型新业务、数字新产品、平台新服务，培育新的增长点，与电网业务相互促进、协同发展。

三是统筹好着眼当前与长远发展。要远近结合，具有前瞻性、聚焦先进技术应用、设计宏大、功能齐全的工作要做；见效快，能解决当前实际问题的工作也要做。要从大处着眼、小处着手，坚持问题和需求导向，聚焦核心任务和关键领域，提升效能。

四是统筹好公司总领与基层创新。要在遵循总体技术路线的前提下，进一步激发基层创新活力，凝聚一线员工的智慧和力量。既要蹄疾步稳、谋定后动，也要集思广益、大胆尝试。公司要管方向、管统筹、管监督，协同推进云平台、企业中台和物联平台以及核心业务系统建设。基层单位要积极运用数字技术，大力推进数字化市、县公司综合示范建设，鼓励一线人员基于统一平台开展创新应用。

五是统筹好技术创新与管理优化。数字化转型既是新技术的应用，更是通过新技术驱动业务模式重构、管理模式变革和商业模式创新，技术创新和管理优化相辅相成、相容并进。要通过新技术应用，实现人、设备和数据的泛在移动连接，实现全业务链协同优化和组织、流程、员工能力的全面重塑，实现面向客户的主动、即时和智能服务。

三、**2021 年工作要求**

2021 年是“十四五”规划的开局之年，也是公司数字化转型的关键之年。各部门、各单位要坚持稳中求进工作总基调，紧扣公司“四抓四强”工作主线，抓重点、夯基础，补短板、强弱项，真抓实干、强基赋能，奋力开创数字化转型新局面。刚才，科技互联网部结合国网公司互联网工作会和公司“两会”对今年互联网工作做了全面安排，我再强调六个方面。一是开好局，高质量推进“十四五”数字化规划落地；二是夯基础，加强企业级共享能力建设与应用；三是挖价值，注重公司基础要素应用与创新；四是守底线，着力解决网络安全深层次矛盾；五是强管理，打造高质效的数字化服务体系；六是攻难关，承办好数字化转型工作现场会。

陶轶华在公司 2021 年企协工作电视电话会议上的讲话（摘要）

（2021 年 2 月 23 日）

这次会议的主要任务是：以习近平新时代中国特色社会主义思想为指导，落实 2021 年公司“两会”和国家电网公司企协工作会议部署，坚持问题、目标和结果导向，总结工作、分析形势、明确目标，部署全年重点任务，卓越管理、真抓实干，在公司高质量发展中彰显企管价值。

下面，我讲三个方面的意见：

一、充分肯定 2020 年及“十三五”企协工作成效

2020 年以来面对复杂严峻的形势，公司企协战线广大干部职工，聚焦一流管理目标和要求，迎难而上，开拓进取，圆满完成各项任务，取得显著成效。

（一）对标夯基取得新成效。我们全面对标学习先进，扎实开展三年提升行动，促进基础管理和指标提升。建立与国网福建电力对标工作网，开展省公司和地市公司结对学习；“三上三下”编制对标三年提升方案，按季开展看板专题分析，将 15 项落后指标发布至地市公司，将 5 项关键提升指标发布至县公司，精准查找缩小差距；收集分享国网系统四项基础管理提升有关成果经验 117 项，提炼公司内部基础管理典型经验 16 项；完成 10 家地市公司上门指导，地市指标达标率同比提升 20% 以上，国网榆林、铜川供电公司等单位进步明显。

（二）标准化建设取得新成效。我们持续完善标准制度体系，实现工作有据可依、有章可循。制定发布国家标准 3 项、行业标准 4 项、团体标准 8 项、公司标准 14 项；创新制度标准执行方式，积极参与国网制度标准智能平台建设，为标准检索查询、理解执行提供有效途径。国网汉中供电公司高分创建 5A 级标准化良好行为企业。

（三）创新引领取得新成效。我们坚持问题导向，广泛开展创新课题攻关，优秀精品成果不断涌现。聚焦公司改革发展热点难点问题，实施重大、示范和推广项目 80 项；公司组织部、国网陕西电科院《电网企业以提升创新活力为导向的项目收益分红激励体系建设》获国家级二等奖；国网陕西检修公司、国网西安市临潼区供电公司获国际 ICQCC 铂金奖；国网西安供电公司承担完成国家电网公司“基于可持续发展理念的绿色电力教育与社区传播基地建设”试点。

（四）诚信社团取得新成效。我们严守信用红线，发挥社团组织作用，为公司发展营造良好环境。全面开展内部信用风险排查与“回头看”，及时发现消除风险点 46 个，修复失信事件 4 起，全年失信事件同比下降 92%；邀请中企联常务副会长朱宏任来访指导数字化县公司建设，邀请省企联专家指导项目重点成果，积极对外推介公司管理经验。

回顾“十三五”期间，公司企协工作不断迈上新台阶。一是管理基础不断夯实。公司对标指标综合水平年均提升 5% 以上，公司荣获国网综合进步标杆、进入“第一方阵”；国家级能源行业电力接地技术标委会在公司成立，技术标准创新基地通过国网验收；国网咸阳市杨凌供电公司成为国网首家 4A 级标准化良好行为县级供电企业。二是创新引领不断加强。公司连续五年设立重大项目培育资金，将创新成果与先进评选、职称评定、薪档积分挂钩，让广大职工分享创新红利；公司财务部、组织部《电网企业内部市场化管理探索与实践》首次荣获国网管理创新成果特等奖，“铿锵玫瑰”小组在国网首届 QC 发布会上唯一特色发布，成为陕西创新名片。三是内质外形不断提升。逐步整合地市企协业务，形成统一归口管理格局；圆满协办中国 500 强企业高峰分论坛，多次收到国家电网公司、中质协、中电联感谢信，荣获“全国质量管理小组活动优秀企业”。国网宝鸡供电公司等 4 家单位荣获“全国实施卓越绩效模式先进企业”。

二、卓越管理、开拓创新，推动公司高质量发展

“十四五”时期是我国开启全面建设社会主义现代化国家新征程、向第二个百年奋斗目标进军的第一个五年。国家电网公司副总经理庞骁刚在2021年企协工作会上指出，要以深化卓越绩效管理为主线，坚持强基固本、创新驱动，坚持开放合作、持续改进，加快构建与公司战略目标相适应新发展格局下的现代企业管理体系。在公司“两会”上，胡卫东董事长提出了抓管理、强基础，全面筑牢发展根基的工作要求。这为公司今后一个时期的管理工作和企协工作指明了方向，提供了根本遵循。

面对新形势新要求，全面审视和总结公司企业管理工作，目前还存在一些不相适应的地方。管理的精益精细化程度不高，支撑服务中心大局的力度不足，创新能力还需进一步加强，内外部协调、资源协同的局面尚未形成，与国网先进公司相比，管理质量、管理效率还有较大差距。直面需求，正视问题，企业管理工作要深入研究，在推动公司管理理论与实践创新上下功夫，在推动管理精益上下功夫，在提升管理效率上下功夫，不断丰富完善具有公司特征的企业管理体系。充分发挥企协作为公司管理提升组织者、实践者、推动者和引领者的作用，紧扣国家电网公司战略目标，以更宽视野推动管理升级，朝着加快建设具有中国特色国际领先的能源互联网企业目标奋力前进。

一是厚植卓越管理理念。公司2021年“两会”明确了深化卓越绩效管理，提高管理精益化水平的工作任务。我们要全面引入卓越绩效模式，将其作为深化卓越绩效管理的重要抓手，以更高标准、更高质量推动工作。要追求精益精细。坚持一流标准、求真务实、精益求精，从细节做起，从小事做起，认真地把每一件事都做好，弘扬管理上的“工匠精神”。要强化过程管理。秉持“卓越的过程创造卓越的结果”，充分发挥卓越绩效对管理体系、机制、流程的分析改进作用，强化对管理过程的诊断分析，强调过程与结果的协同匹配，实现企业经营管理的统筹规划、协调一致。要持续改进提升。应用卓越绩效管理的理念和方法，建立改进工具箱，精准策划和实施质量改进活动，开展效果评估和成果固化，促进公司整体管理水平持续提升。

二是服务公司中心工作。为实现2021年目标任务，公司确定了“抓重点、夯基础，补短板、强弱项”的最根本思路，企协作为公司企业管理职能部门，要充分发挥同业对标等管理工具作用，促进公司管理基础再夯实，经营业绩再提升。要瞄准国网领先。对照国家电网公司一流指标目标，聚焦自身存在短板问题，学习借鉴先进经验，强基固本，苦练内功，向更高标准看齐、向更高目标迈进。要科学设置指标。深入挖掘构建体现安全、质量、效率、效益和服务的对标指标，对业绩考核提升、基础管理夯实、重点工作推进形成有效支撑，注重指标的系统性和稳定性，探索构建统一完整的公司对标指标库。要数据评价客观。以指标牵引各业务领域完善信息系统，强化数据的自动采集，精准挖掘管理优势，查找管理短板，真实、客观反映绩效水平，实现数据真实性、有效性与管理先进性的统一，为经营管理决策提供有力支持。

三是坚持创新驱动发展。党的十九届五中全会首次提出“坚持创新在我国现代化建设全局中的核心地位”，将创新的重要性提升到前所未有的高度。我们要深刻认识到创新在培育新动能、把握发展主动权中的重要作用，以创新促进生产关系改善，推动生产力的发展。要引领创新方向。坚持面向管理前沿、承接国家电网公司战略落地、促进公司经营发展，在“碳达峰、碳中和”、绿色可持续发展、风险防范等方面开展深入研究，进一步更新理念、变革模式、整合资源、改进流程、创新驱动，以管理创新和质量管理（QC）小组活动为载体，合理安排选题方向，既要防止盲目追求“高大上”“新奇特”，也要避免低水平重复创新。要提升创新能力。以数字技术为管理赋能，破解管理难题，在原始性创新上发力，在消化吸收再创新上发力，充分发挥各层级人员的积极性、创造性，自觉把“创新、创造、创业”融入日常工作。要推广创新经验。以促进创新成果价值最大化为目的，将成熟的管理经验充实到制度标准中，将先进的工艺革新产品化，引导成果应用过程中的再创新，形成更多从1到N的转化型创新。

四是打造开放共享格局。跨界融合、开放发展已成为新常态。企业管理工作需要各方共同参与，管理成效也为各方服务，形成开放共享的企业生态圈。要争取发展空间。发挥社团桥梁纽带作用，在电网规划项目落地、输配电价核定、服务新基建发展等方面争取政策支持，在研究重大问题、制订标准规范、宣传发展成果等方面增强影响力和话语权。要构建共享生态。坚持开门搞发展、开门搞管理，依托电网平台资源优势，培育新业务新业态，让更多市场主体参与价值创造和分享，带动产业链上下游共同发展，助力构建新发展格局。要注重防范风险。正确处理好业务发展和风险防范的关系，坚决摒弃凭感觉、凭经验、凭习惯办事的陋习，健全以信用为基础的监管手段，建立内部各单位和外部相关市场经营主体的信用评价机制，筑牢风险防线。

——卓越管理实现新突破。形成具有公司特色的卓越绩效评价模式，健全完善治理制度，增强企业竞争力、创新力、抗风险能力，推动公司从管理成熟走向卓越的跨越发展。

——服务中心实现新突破。公司对标指标综合水平平均提升 5% 以上，短板明显改善，强力支撑业绩考核和基础管理提升，2025 年整体指标达到或接近国家电网公司先进水平。

——创新驱动实现新突破。创新能力进一步增强，创新机制进一步完善，形成全过程管理机制，公司管理创新和质量管理类成果达到国家电网公司领先水平，争创国家级一等奖。

——开放共享实现新突破。发挥社团平台优势，形成共治共赢的企业生态圈，引导公司上下游关联市场主体增强依法诚信经营意识。

三、担当作为，真抓实干，扎实做好 2021 年企协工作

公司 2021 年企协工作的总体要求是：以习近平新时代中国特色社会主义思想为指导，贯彻落实国家电网公司企协工作会议及公司“两会”精神，以深化卓越绩效管理为主线，牢固树立“双标齐上、双管齐下”工作理念，严守信用体系红线，持续筑牢企业发展根基。

重点做好四个方面工作。一是着力推动卓越绩效，着力推动双标建设；二是着力推动信用体系，着力推动双管创新；三是着力推动全要素率，着力推动可持续性；四是着力推动社团管理，着力推动队伍建设。

杨桦在公司工会第一次会员代表大会上的讲话（摘要）

（2021 年 12 月 3 日）

这次大会选举我担任国网陕西省电力有限公司工会主席，对于各位会员代表的信任，我由衷地感谢！

功崇惟志，业广惟勤。我深知，在公司全力加快融合发展、全力打好电力保供攻坚战的关键时期，担任工会主席这一职务，使命光荣，责任重大。我将忠实履行《工会法》《中国工会章程》所赋予的权利与义务，在省总工会和公司党委的坚强领导下，全心全意为职工服务、切实维护职工权益，倾听职工呼声、响应职工诉求、传递职工声音，为职工办实事、解难事、做好事，认真履职尽责，自觉接受监督，决不辜负公司党委、各位代表和广大会员的信任和重托。

原东区、南区工会都走过了光辉的历程，历届工会领导同志和广大工会干部戮力同心、接力奋斗，团结带领广大职工紧紧围绕中心工作，不畏艰辛、奋力拼搏、开拓进取，为原东区、南区的改革创新和高质量发展贡献了卓越的工会力量，赢得了广大干部职工普遍赞誉。在此，我代表国网陕西电力第一届工会委员会，向一直以来关心支持工会工作的各级党委、行政表示衷心的感谢！向工会历届老领导、老同志，广大工会干部、工会积极分子、会员们致以诚挚的问候和崇高的敬意！

今天上午，省人大常委会副主任、省总工会郭大为主席对公司和工会工作作出了重要指示，公司董事长、党委书记胡卫东同志也发表了重要讲话，对工会在推动融合发展中所做的工作给予了高度评价，并对今后一段时期各级工会组织在思想政治引领、立足岗位建功、维护服务职工方面提出了具体要求，为我们做好新时期新阶段新工会的工作指明了方向。请各级工会会后认真组织学习，把握领会工会新使命新目标新要求，开创工会工作新局面。关于未来五年工会工作，我再讲三个方面意见：

一、要保持和增强“政治性”，让工会更有“厚度”

工会是党联系职工群众的桥梁和纽带，工会工作是党的群团工作、群众工作的重要组成部分，坚持党的领导是做好工会工作的根本政治原则和根本政治保证。11 月 8 日，中国共产党第十九届中央委员会第六次全体会议召开，这是在建党百年的重大时刻、“两个一百年”奋斗目标历史交汇的关键节点上召开的一次里程碑式的盛会、一次凝心聚力的盛会、一次擘画前景的盛会。

各级工会要把宣传贯彻党的十九大和十九届二中、三中、四中、五中、六中全会精神作为当前和今后一个时期的重大政治任务，特别是把学习六中全会精神作为党史学习教育重要内容，深刻把握六中全会精神的重大意义，加强职工思想政治引领，充分发挥工会宣传阵地作用，善于运用职工易于接受、喜闻乐见的形式和载体，深入开展有特色、接地气、入人心的宣讲活动，推进中央各项要求进基层进班组，在各级工会干部和广大职工中迅速掀起学习宣传贯彻热潮，推动党的创新理论走近职工身边、走进职工心里，引导广大职工听党话、感党恩、跟党走。坚持不懈加强工会理论武装厚度，在学懂弄通做实上下功夫，努力做到学以致用，把学习成果转化为工会工作创新发展的实际成效。

二、要保持和增强“先进性”，让工会更有“深度”

党的十八大以来，习近平总书记多次在重要会议、重要场合围绕工人阶级和工会工作的方向性、根本性、战略性重大理论和实践问题发表重要讲话、作出重要指示，对工会工作赋予了新使命，对工会维权服务提出了新要求。8月6日，国网陕西省电力有限公司揭牌成立，公司站在新起点、迈入新征程，工会工作的对象、领域、任务、方式、环境等随之发生许多新的变化，面临新的机遇和挑战。

各级工会要深刻认识准确把握国网陕西电力新时期新阶段工会工作定位，落实国家电网有限公司党组《关于进一步加强和改进工会工作的意见》要求，加强自身建设，推进改革创新，当好党委的好助手、行政的好帮手、职工的娘家人，促进工会工作规范化、法制化、科学化发展，确保工会工作始终与公司中心工作同步前进，与职工群众需要同频共振。要建立健全省市县三级工会组织机构，开展三级工会同质化管理和工会工作规范过程监督，组织工会专业理论知识培训，建成“数字化”智慧工会，严格规范工会经费的管理和审计。充分发挥各级工会组织的维护、建设、参与、教育职能作用，使职工思想引领达到新力度，使职工建功立业展现新作为，使维护职工权益取得新实效，使服务职工水平实现新提升，使职工队伍建设呈现新活力，使工会干部作风彰显新气象。

三、要保持和增强“群众性”，让工会更有“温度”

习近平总书记多次强调，必须坚持以人民为中心的发展思想，把人民对美好生活的向往作为奋斗目标，切实为群众办实事、办好事、办身边事，让群众享受高质量生活。当前，随着我国社会主要矛盾的变化，多元化的社会现实中，职工的需求呈现日益多样化、多层次的新特点，工会密切联系职工、热情服务职工的组织特征，决定了工会要建立为职工办实事的长效机制。

各级工会要从推动管理整合、文化融合、人心聚合的大局出发，坚持思想统一、行动统一、目标统一，发挥工会政治优势、组织优势、制度优势、资源优势、群众优势，努力构建联系广泛、服务职工的工会工作体系，为广大职工提供普惠性、常态性、精准性服务。做到普惠和重点慰问相结合，督促落实职工福利政策；支持做强陕西光明工程志愿者协会，扩大公司系统特别困难职工的慰问范围和力度；开展边远及条件艰苦地区基层县公司、站所的文体设施和职工小家建设；做好职工诉求服务中心功能拓展、职工健康小屋试点、单身职工牵手行动等办实事项目，凝聚人心、融洽感情、增进共识，全面调动广大职工守正创新、干事创业的工作热情，使公司决策部署最大限度地获得职工的理解支持并贯彻执行，实现职工与企业共同发展，使职工获得感、幸福感、安全感更加充实、更有保障、更可持续。

冯建宇在公司国家能源局“获得电力”综合监管问题整改暨国内营商环境评价迎检动员部署会上的讲话（摘要）

（2021 年 11 月 4 日）

在当前供电服务保障、国家电价改革政策落实等各项工作十分繁忙的时期，专题召开本次电视电话会议，安排部署“获得电力”综合监管、国内营商环境评价迎检工作，充分体现了公司对这两项工作的重视，也反映出这两项工作的紧迫性和艰巨性。公司营销部对以上两项工作部署内容丰富翔实，配网部、产业办下阶段的工作要求明确具体、针对性强，请各单位认真学习、抓好贯彻落实。下面我再讲三个方面意见。

一、扎实做好“获得电力”综合监管问题整改工作

本次督导组现场不直接反馈问题，虽然前期做了大量迎检准备工作，但是通过国网西安、咸阳供电公司自评估情况看，存在的问题仍然很多，有些问题还普遍存在，比如体外循环，屡查屡犯、屡禁不止。国家层面有明确的监管要求，公司也有具体规章制度，公司虽三令五申，但个别单位仍我行我素、有章不循。这些问题在公司供电服务检查、内部巡视审计中也有所发现，但有关单位未引起足够重视、没有彻查彻改。这也反映出，个别市县公司干部职工思想认识仍未彻底转变，对公司安排的治理工作，重视不够，自查自纠浮于表面、敷衍了事。

按照国家能源局安排，“获得电力”综合监管发现的典型问题将通过媒体曝光，后续还将对责任单位下达行政处罚决定书，重大问题上报国务院。国家电网公司还将按照《国家电网有限公司供电服务质量事件与服务过错认定办法》定性问题，开展对应的人事、党纪处理。

下一步，请各单位务必高度重视监管问题自查整改工作，重点做好以下 3 项工作。

一要持续跟进监管检查工作。国网西安、咸阳供电公司要再接再厉，持续跟进督导组问题定性、报告撰写、媒体报道等后续工作，继续保持沟通联络、加强汇报解释。

二要扎实做好问题整改和管理提升。各单位要落实主体责任，从本次监管检查发现的问题中找到本单位服务短板，总结经验，彻查整改。要适应市场规则，公平透明、依法合规地开拓市场，增加企业发展空间。各单位要对症下药，深入分析问题根源、制定切实可行的整改措施，实行销号管理，逐条逐项坚决抓好整改落实，构建长效机制，确保问题不再反复。对于治理推进不力、问题整改不到位的，公司将严肃问责、重点约谈。

三要巩固清理规范收费成果。各单位对业务收费项目要再梳理再排查，坚决杜绝验收接入环节违规收费。积极推动电网投资界面延伸，严肃整治客户承担电网投资的问题。

二、坚决打赢国内“获得电力”营商环境评价迎检攻坚战

近年来，社会对营商环境评价的关注度逐渐增高，今年世界银行确定取消营商环境评价结果发布。国际评价停滞后，社会将更加关注国内营商环境评价结果，地方政府对“获得电力”指标同样寄予了很高期望，希望拉动当地营商环境整体得分，提升城市竞争力。不确定性因素增多。在指标设置上，评价内容有所变化，由环节、时间、成本等指标，扩大至政企信息贯通、双碳、便利度提升等方面，范围扩大、难度增加。在评价形式上，问卷调研由供电企业填报为主，向电力用户、第三方倾斜，更加注重客户感受。各单位要清楚认识到在供电可靠性、投资延伸上我们较先进地区还是存在不足和差距。

因此下一步，国网西安、宝鸡、西咸供电公司要对标对表，锚定最高标准、最好水平，对照“获得电力”评价指标，对标先进单位经验做法，靶向发力，确保 2021 年度迎评成绩最佳名次、最好结果，国网西安、宝鸡供电公司要全力争取进入全国“获得电力”标杆城市前 10 名，国网西咸供电公司要争取进入“获得电力”标杆国家级新区前 9 名。其他单位也要深入分析，不断提升，为省内营商环境评价工作做好准备。

一要强化工作组织。国网西安、宝鸡、西咸供电公司要把迎评工作摆在当前工作的突出位置。一把手要靠前指挥，亲自研究部署、协调推动，对外借评价破解政企贯通等难题，不断优化压缩占掘路等行政审批时限，贯通政府信息平台，提高资料信息传递效率。对内推动专业协同实现突破，深化系统贯通信息融合，实现用电需求、物资配送、施工进度等信息实时共享，推广刷脸办电、网上国网、办电 e 助手 App 应用，打造具有一站式便利服务。

二要强化关键环节。问卷填报和数据核验是关键。各单位要认真研究评价方法、调研问卷内容变化，优化迎检策略，聚焦问卷填报、客户走访、成果提炼等关键环节，以最高标准、最严要求，做实做细迎检准备，认真总结工作经验、提炼典型做法、塑造服务品牌，积极沟通汇报，确保充分反映改革成效。

三要强化宣传推介。各单位要开拓渠道广泛宣传，充分利用营业厅、公司网站、“网上国网”App、电视新闻、广播报纸、网络媒体等线上线下渠道，多途径、立体式、全方位宣传推介，不断扩大改革举措的社会知晓度和覆盖面，为营商环境优化工作营造良好氛围。

四要强化协调准备。借鉴国内“获得电力”营商环境评价模式，做好省内营商环境评价准备工作，高标准组织推进，复制推广先进做法，提升公司“获得电力”服务水平。

三、全力谋划好 2022 年工作重点

今年的工作已经接近尾声，各项任务指标基本已达到阶段目标，但是通过内外部审计检查发现，部分工作还是较为薄弱。原南区部分公司在业务管理上较国家电网要求有较大差距。因此在下阶段，请各单位重点做好以下 3 个方面工作：

一要全力以赴积极争取延伸电网投资配套支持政策。129 号文规定的延伸投资，推动电网建设从传统的社会分摊向政企共建的模式转变，目标是建立接入工程费用政企共担机制。公司相关部门要梳理先进地区政策文件，指导各地市公司促请地方政府出台有利政策，积极应对投资界面延伸后带来的复杂局面。各市县公司要进一步压实属地责任，按照因地制宜、因企施策的原则，推动地方政府出台细化方案或实施细则，厘清政企责权界面，落实资金渠道和拨付程序，切实提升方案的可操作性。

二要全面完成内外部政策文件各项要求。2022 年是 1479 号文和国家电网公司优化电力营商环境三年行动计划的收关之年。各部门、各单位要超前谋划，提前准备，全力推动“三零”“三省”“阳光业扩”等服务举措在全省同质化落地。深化应用政企协同数据共享，强化政企联动，相互配合、信息共享，加强“网上国网”“办电 e 助手”信息化渠道推广应用，共同推动 1479 号文件各项目标任务的落地落实。国网西安、咸阳、渭南、安康供电公司要扎实做好国家能源局和西北能监局监管问题整改工作。

三要坚决治理“体外循环”和“三指定”等突出问题。公司将利用 2022 年一年时间，下大力气彻底根治“体外循环”问题。营销部要切实做好“体外循环”专项治理工作，构建长效机制，按照管住业扩报装受理和注销“两头”，强化报装过程关键节点监控的工作思路，实现业扩报装“全流程线上流转、全业务数据量化、全环节时限监控”，彻底杜绝业扩“体外循环”问题。配网部要指导地市公司加快配套电网工程建设速度，积极推进配套电网工程建设契约制。营销服务中心要加大现场检查力度，督导地市公司做好“体外循环”治理工作。各单位要加强省、市、县三级联动，发挥供电服务指挥中心业务监控作用，强化全过程监督考核，促进公司业扩报装管理水平全面提升。

刘太洪在公司 2021 年基建暨物资工作会议上的讲话（摘要）

（2021 年 2 月 2 日）

这次会议的主要任务是：贯彻落实国网公司和公司 2021 年“两会”、国网公司基建物资工作会议精神，全面总结 2020 年及“十三五”基建物资工作，分析“十四五”面临的形势和任务，安排部署 2021 年基建物资重点工作，不断提高基建和物资管理水平，优质高效完成全年各项任务。

一、2020 年及“十三五”基建物资工作回顾

2020 年是极不平凡的一年，面对新冠疫情和国际经济衰退的双重影响，公司基建物资战线广大干部员工攻坚克难，坚决贯彻国家电网公司和公司工作部署，坚持“计划不调、任务不减、目标不变”，超额完成年度目标任务，为公司经营发展做出积极贡献。

一是建设任务全面完成。细排公司重点关注 7 大类 12 小类电网工程进度计划，开展重点项目分类管控。青河特高压工程 6 月 29 日双极低端启动带电，陕湖特高压线路工程完成主体施工；21 项新能源送出工程全面开工，35kV 及以上输变电工程开工 81 项，合计 1243.9km、971.8 万 kVA；750kV 神木输变电、330kV 银西铁路供电等重点工程顺利投产，全年共投产 67 项，合计 1238.6km、1222.3 万 kVA。完成 110kV 西安和平门等 26 项长期挂账和 12 项超长工期工程清理。

二是安全质量保持平稳。扎实开展“查风险、治违章、抓落实”安全主题活动，制定 77 类、161 条检查细则，强制落实“三算四验五禁止”措施，全年现场检查工程 194 项次，依托基建“e 安全”管控系统监管现场风险作业 15540 项次；约谈整顿 5 家建管与施工单位，7 家参建单位纳入安全“黑名单”和“负面清单”，实现“四个管住”目标。组织 330kV 变电工程建设质量和户外 GIS 设备安装机具标准化现场试点观摩会，完成 81 项达标投产复检，泾渭（西安北）750kV 变电站工程荣获国网公司输变电优质工程金奖。基建年度同业对标指标在国网公司系统并列第一。

三是计划造价日趋规范。深化“一口对外”机制，印发《关于加强专业协同全力支持电网建设的指导意见》，以战略协议解决铁路、地方电力线路等交跨建设难点；激发属地协调动能，建立定期与政府沟通汇报机制，共谋共建推进路径协调、占地赔偿等外部协调工作。印发《加强基建计划管理“三十条重点措施”工作要求》，全面推行施工图预算源头管理，严格执行变更签证集中审核流程，建立造价季度协调、开工前合同交底机制，现场造价管理更加规范；完成环保水保措施费等 12 项专题研究，推动电网基建工程依法合规建设。

四是技术创新效用显著。完成基建全过程综合数字化管理平台部署，初步建成“一横六纵”数字化管理体系。积极应用国网芯、北斗等智能技术，依托航天变开展综合试点，深化现场感知层建设。印发《基建新技术研究与应用管理实施细则》，发布《35~750kV 变电站通用设计陕西实施方案》，开展

110kV 变电站实施方案深化设计。发布 35~110kV 变电站通用设计典型三维设计成果，开展 110kV 架空线路三维设计竞赛。推进变电站箱式辅助用房、螺旋锚基础等试点应用。

五是物资保障坚强可靠。全年完成集中采购 78 个批次，采购金额 164.79 亿元，节资率 6.08%。完成供应计划 20452 条，执行金额 48.3 亿元。积极响应国网公司"应对疫情影响全力恢复建设助推企业复工复产 12 项举措"，累计组织采购防疫物资 17 类、1848 万元。督促推进防疫物资货款结算支付，建立逾期货款清理长效机制，完成逾期款项清理 8700 条，累计资金 5.5 亿元，缓解了供应商经营压力。加快组织物资招标采购，创新招投标工作方式，圆满完成了紧急批次的采购工作，有力保障了应急工程和防汛抢险物资供应。

六是创新协议物料拓展。制定下发《公司协议库存拓品管理规范》，先后开展主网及配网 3 个拓品批次，拓展协议 26 个，实现了 2017 年以来执行缓慢协议的快速消纳。印发公司 2020 版精简标准物料成果，以"提升质量、立足长远、以大代小"原则压缩主网物料至 3100 条，配网物料至 242 条。完成国家电网公司 330、750kV 电压等级开关类设备固化 ID 编制完善工作，新增固化 ID92 本。联动物资供应计划检测 1936 项，发现质量问题 94 起；组织供应商约谈 8 次，涉及供应商 56 家，为公司挽回经济损失 1500 余万元。

七是提升物资精益管理。组织开展 7568 项工程结余物资专项清理，清查结余物资 17325 条、金额 1.71 亿元，应用智能平衡利库系统构建跨项目、跨专业、跨地区的仓储资源调配管理长效机制。初步完成省管产业单位库存物资"一本账"建立，将实物资源信息接入智慧物资调配平台（MAP），实物库存信息合计 2.29 万条。推广应用 52 项智慧供应链统推场景，完成供应链运营中心 110 项需求以及"E 物资"二级功能开发，实现收发货掌上作业、业务全流程可视监控；完成"E 链国网"22 项辅助工具的集成及信息化协同功能的开发，构建一站通办的物资业务综合服务平台。

八是党建及队伍建设工作成效显著。深入学习中央十九届五中全会精神，紧紧围绕公司电网建设中心工作，在陕湖等工程成立临时联合党支部，属地公司与地方政府联动开展"政企联手党建 +"，推进重点工程建设。党支部战斗堡垒和党员模范带头作用充分彰显，公司系统多个集体、个人受到表彰。在人民日报等权威媒体刊发新闻报道 22 篇，青河特高压工程跨越嘉陵江和宝成铁路施工等 8 项重大新闻在中央电视台新闻频道播出，充分展示公司作为央企"大国重器"的责任担当。

2020 年基建物资工作的全面完成，为公司"十三五"电网建设发展划上了圆满句号。回顾过去的五年，公司基建物资战线成绩斐然。一是陕西电网结构持续建强。"十三五"期间，共计新增 110kV 及以上变电容量 4185 万 kVA、线路 6716km，完成投资 378.3 亿元。建成陕西首个陕电外送特高压交流工程，陕西电网迈入特高压时代。建成 750kV 陕北—关中第二通道等重点工程，形成 750kV"两纵双环"骨干网架。"十三五"期间获得鲁班奖 1 项，国家优质工程金奖 2 项。二是依法合规建设逐步完善。深化基建管理体系改革，成立建设分公司，直属地市供电公司设立项目管理中心，形成现场"施工作业层班组 + 核心劳务分包人员"的施工组织模式。严格执行工程建设"七不审、十不开、六不投"刚性约束，形成建设流程"有序衔接、环环相扣"的工作机制。制定完善造价管理各阶段工作标准和流程，造价管理"八个转变"落地见效。三是技术装备水平不断提高。坚持安全、优质、经济、绿色、高效电网发展理念，全面推广变电站模块化建设、输电线路机械化施工，滚动修订通用设计，利用三维技术提升设计质量。试点"预制舱"式临建设施，应用节能导线有效降低线路损耗，公司基建技术管理和施工能力持续提升。四是物资保障质效显著提升。现代智慧供应链体系初步建成，形成全业务、全过程、全周期高效协同信息化工作新格局。突出"质量优先"采购导向，物资通用性进一步提升。创新优化主网输变电工程物资采购，应用协议库存方式突破项目核准瓶颈；建立配网物资储备定额机制，压缩业扩报装等工程物资供应周期。"三全三化"物资监督体系全面融入供应链各环节，实现风险可控能控在控。

二、准确把握"十四五"工作形势及任务，持续推进陕西电网高质量建设

从现在到 2025 年是我国开启全面建设社会主义现代化国家新征程的第一个五年，也是国网公司基本建成具有中国特色国际领先能源互联网企业的关键五年。国家电网公司 2021 年"两会"和国网基建、物资工作会议提出，要坚持"五个不动摇"、做到"四个统筹好"，按照"一业为主、四翼齐飞、全要素发力”战略布局，坚持绿色发展，全面落实“十四五”电网规划，大力实施电网升级工程，确保到2025年初步建成以电为中心的能源互联网。公司董事长胡卫东同志在公司“两会”报告中指出，我国能源供给体系面临深刻改变，陕西电网依然处在强网架、扩市场的关键期，电网发展要实现新突破，“十四五”期间将建成“一交两直”特高压交直流混联电网，形成750kV“田字型”网架。

国网公司和公司“两会”为今后一个时期公司发展描绘了宏伟的蓝图，为公司基建物资工作指明了方向。面对新形势、新任务、新要求，我们必须深刻认识当前工作中存在的短板和困难。

一是基建安全管理还存在短板。基建安全管理两个体系有待加强，计划管控、作业层班组人员和分包队伍管理上还存在薄弱点，习惯性违章时有发生，现场还存在安全防护与施工安全措施未严格落实到位、安全工器具使用不规范等问题，安全管理基础需大力夯实。二是电网建设外部环境更加复杂。随着国家行政审批事项不断下放，核准等项目前期手续逐步简化，建设过程林业文勘、环水保等监管要求日益严格，与公司面临市场竞争、需加快项目建设的矛盾进一步加大，依法开工难、建设难会持续发生。随着陕西经济社会发展，电力需求日益增长，对打造智能坚强电网提出更高要求。三是前期深度不够导致“仓促开工”。2021年35kV及以上主网基建投资47.07亿元，大幅提升32%以上，部分计划新开工项目成熟度不够，两个前期工作未能实现有机融合，前期工作滞后挤占施工工期普遍存在；部分工程在开工前未落实关键点协议，设计深度不足，开工前置条件未能有效落实，在实施过程中设计变更较多，对依法合规建设造成一定影响。四是物资履约风险依然存在。2020年，出现了750kV断路器套管缺陷（神木）、66kV站用变乙炔超标、配变抗短路能力不足等问题，需加大入口把关和综合整治力度，持续提高设备质量。个别项目在实施过程中申报紧急需求，交货期多次调整，甚至逾期收货，形成履约风险。五是巡视、审计问题屡查屡犯。

综合来看，公司“十四五”发展面临的机遇与挑战都前所未有。“十四五”期间，公司110~750kV计划新增变电容量6484万kVA，新建线路12636km，总投资约646亿元。我们既要总结经验，克服不足，又要把握好电网建设新阶段的特征和要求，各项工作必须紧紧围绕建设具有中国特色国际领先的能源互联网企业远景目标，强化战略思维，坚持系统观念，着重把握好以下四个方面。

（一）以坚强电网服务陕西经济社会发展

紧紧围绕公司和电网发展战略目标，高度关注各级政府重点项目建设情况，加快西安东、中心变等工程前期工作，推进配套供电工程建设，确保“十四五”电网建设规划落地见效。完善以750kV“田字型”电网为骨干网架、各级电网协调发展的坚强智能陕西电网，进一步增强北电南供能力。加快陕电外送通道建设，建成“一交两直”特高压交直流混联电网，确保“十四五”期间陕电外送能力突破3000万kW，为陕西“追赶超越”发展提供新的动力。

（二）以标准化建设保障基建安全质量

严格推行现场作业标准化开工，强化现场安全文明施工管理，提升基建项目本质安全水平。同时以三个标准化（标准化开工、标准化转序、标准化预验收）为主线，加强工程全过程工艺质量管理，解决工程质量通病，持续提升工程实体质量。以深化基建技术标准化建设成果应用为龙头，强化设计质量过程管控，全面提升模块化建设、机械化施工水平；以三个项目部标准化建设为抓手，落实设计、环保、水保监理职责，提升工程现场管理能力；推广应用“输变电工程施工质量验收统一表式”，刚性执行质量检测“五必检”、质量验收“六必验”等标准化流程，努力实现“零缺陷”移交。

（三）以规范化管理提升依法合规水平

构建电网工程大前期协同工作体系，落实“五年前期三年完成”要求，制定“十四五”大前期计划，设立专项奖励基金，建立考评奖励机制，试行前期工作“串改并”，超前开展用地、林业、文物等开工要件办理，保证前期各阶段合理工期。加强工程结算精准管理，汲取长期挂账工程治理经验，开展结算超期预警管控。强化过程造价分析纠偏职能，构建“审计思维”造价管理体系，持续开展造价成效监督检查。推进现场造价标准化管理和技经风险管控，完善现场“三量”核查，规范分部结算。坚持防控风险常抓不懈，把依法合规要求全面融入供应链各环节、各层级，增强化解重大风险的能力。

（四）以技术创新推动基建物资数字化转型

全面应用基建全过程综合数字化管理平台，落实前期、设计、建设阶段信息化应用要求，发挥数字化智能运监优势，提升基建全过程的效率效益。开展现场感知层建设，提升数据自动采集率，推进一线人员减负。对接设备、调度、档案等专业需求，全面开展工程数字化移交。结合公司数据中台建设，推进全供应链数据标准化和融通共享，根据数据发生主体、数据产生阶段，数据需求受众等进行分类管理、多维分析，深挖数据资源价值，实现数据增值。

三、2021 年重点工作

公司基建物资管理总的要求是：认真贯彻落实国网公司党组和公司党委各项工作部署，牢固树立“一丝不苟、一板一眼、严精细实、专业专注”工作作风，坚持党建引领，加强科技创新，攻坚克难，全面完成年度电网建设和物资保障任务，为“十四五”规划落地开好局。基建专业全年完成 35kV 及以上电网基建投资 47.07 亿元（不含特高压工程）；开工 110kV 及以上电网基建工程 48 项，线路 790.66km、变电 515.9 万 kVA，投产 52 项，线路 1342.76km、变电 500.3 万 kVA。杜绝人身死亡事故、五级及以上质量事件。全部新建工程达到优质工程标准，达标投产考核通过率 100%，打造一批精品示范工程。实现竣工工程结算精准高效完成率 100%。物资专业实现全部采购活动上电子商务平台（ECP），深化“e 链国网”推广应用。优选物料使用率 88% 以上。优质供应商市场份额占比保持 99% 以上。物资供应完成率 100%。廉洁教育覆盖面保持 100%。

重点抓好以下七个方面的工作：一是守底线、强管控，确保基建安全稳定局面；二是强化多维质量管控，打造精品电网工程；三是强化计划刚性管控，推进依法合规建设；四是以数字化引领新技术应用，提升基建管理效能；五是强化专业统筹协调，推动物资管理数字化转型；六是强化物资合规管控，提升专业支撑能力；七是着力强化党建引领，提升队伍能力素质。

孙毅卫在公司数字化县公司推广实施月度例会讲话（摘要）

（2021 年 12 月 31 日）

本次会议是我们数字化县公司推广实施工作的首次月度例会，目的是了解各单位对公司数字化县公司推广实施启动会工作部署的落实情况。刚才，几家单位分别作了汇报，各专业对 20 项重点工作的推进情况进行通报和安排，跟周总和段总提出下一步的工作要求，我都同意，请各部门、各单位在会后做好落实。下面我再强调几个方面：

一是提高思想认识。公司党委高度重视数字化转型工作，把数字化放到公司各项工作中非常突出、非常优先的位置。张薛鸿总经理在不同场合多次强调，要坚持“一手抓安全生产，一手抓数字化转型”，充分说明数字化工作的极端重要性。当前，公司面临着新冠疫情防控、“双碳”及新型电力系统建设、两网融合发展等多项重大挑战，加快数字化县公司推广实施是公司面对诸多挑战最有力的举措。各部门、各单位一定要充分认识到数字化转型对于公司发展的重要性和紧迫性，要进一步学习《县（区）供电公司数字化建设指导意见》和《数字化县公司推广实施方案》，认真领会《意见》和《方案》的工作要求，促进全员思维转变，加快工作推进。

二是厘清工作主线。从刚才的汇报内容来看，各单位在工作推进过程中，工作主线还不够清晰，脉络还不够明确，具体工作停留在宏观上，对“数字化工作必须要抓实抓细”的要求贯彻尚不到位。各部门要在总体推广实施方案的基础上，继续完善本专业数字化县公司推广实施子方案，按照“两年、三梯队、四阶段”的工作部署，进一步明确工作任务及节点目标，强化对基层工作的指导，细化每项任务的具体推进措施，确保推进有序、措施有效、保障有力。各地市供电公司要尽快成立本单位工作组织，进一步细化形成本单位的数字化推广实施工作方案，要建立完善的工作协同和管控机制，明确各专业、各层级职责分工，确保每项任务分解落实到具体责任人。特别是要立足原东区、原南区各单位实际情况，制定差异化的实施细则，加强对县（区）公司的工作指导，及时组织针对性业务培训。

三是强化统筹协调。各部门、各单位要进一步强化工作统筹，做好全局性资源调配。互联网部要发挥好牵头作用，及时整理、研究推进工作中的各项问题，确保推广实施顺利推进。配网部、营销部要统筹做好智能融合终端、HPLC 智能模块、配电自动化等智能感知类终端调配，优先保障第一梯队各单位的安装实施。各地市供电公司要主动对接省公司各相关部门，及时获知工作动态，避免出现工作偏差。信通公司要组织秦电信通、思极科技公司两家实施单位，做好数字化县公司推广实施的总体管控，确保问题闭环、整改到位。秦电信通、思极科技公司要统筹安排实施支撑力量，做好推广实施的技术保障，尽量降低疫情期间带来的负面影响。

四是聚焦“电网一张图”。“电网一张图”推广应用是20项工作的重中之重，时间紧，任务重。当前，智能感知类终端调配暂时无法满足全面推广的需求，各单位要将工作重心调整至基础数据治理上，重点做好“站—线—变—户”关系梳理、客户档案校对等工作，确保营配数据完整准确。配网部要尽快拿出原南区GIS数据的导入方案，明确0.4kV电网资源基础数据的采录标准，开展业务培训，避免基层返工。各县（区）供电公司要加快成立数据运维班，充分发挥数据运维班作用，在数据采录、图形绘制、数据治理“自己干”的过程中，锻炼一批懂业务、懂数据的复合型人才，培养公司“数据师专家”“数据员工匠”团队。第一梯队各单位要紧盯关键节点，做好表率示范，按时保质完成各项既定任务；第二、第三梯队各单位要持续夯实基础，加快推进步伐，力争梯队晋级。

五是加强经验交流。各单位要积极总结、提炼本单位数字化县公司推广实施工作中的典型做法，主动在月度例会这个平台上汇报交流。互联网部要尽快印发修订版的《数字化转型奖励考核实施办法》，做好制度宣贯，引导基层单位、班组员工主动作为、创先争优，鼓励基层员工运用数据解决实际问题，形成可复制、可推广的实用数字化小工具、小程序，释放数据价值，做实“四个数字化”，在公司范围内营造数字化转型的良好氛围。

刘岩在公司省管产业9月份月度工作例会暨月度重点工作协调会上的讲话（摘要）

（2021年9月10日）

今天是我第一次参加省管产业月度例会，见到公司各省管产业单位的主要负责同志，感到非常高兴。8月初，按照公司党委安排，由我分管公司省管产业工作。经过一个多月的了解，我最深切的感受就是省管产业战线的同志们“任务艰巨、责任重大、执行力强”。

印象尤为深刻的是，我们各个产业公司能闻令而动、尽锐出战，积极投身抗洪防汛等应急救灾活动，抢险不冒险、把牢安全关，保证了电网安全和电力供应。8月22至31日，陕西部分地区遭遇极端强降雨天气，西安、渭南、汉中、安康、商洛等多地电力设施因汛受损，省管产业单位迅速组织力量开展防汛抢险保供电工作，出动人员1139人次、工程抢修车183辆，恢复线路222.4km，台区1603个，为14.8万户受灾群众送去光明。省管产业安全督查队主动参与汉中勉县电力抢修，协助规范现场安全生产秩序，受到公司应急指挥部领导肯定。

印象尤为深刻的是，我们精心谋划、精准落实，建立闽陕省管产业支援合作长效机制，推动优势互补、促进资源共享，迈出了产业协同发展的关键一步。8月中下旬福建公司谭永香董事长、福建亿力集团孙立新董事长先后带队来陕对接支援合作事宜，双方经过深入交流，共同签订了结对合作协议，制定了“一清单、一公司、一中心”结对合作工作方案。建立了“一位部门领导、一类合作项目、一个工作专班、一套工作方案”的工作机制，围绕4个方面12个方向开展全面合作。胡卫东董事长以“行动最快、措施最实”充分肯定结对合作工作，并提出从精神、物质、技术、效益四个维度，推动各项措施落到实处、取得实效。

省管产业脱胎于电网企业，是电网建设运维和公司高质量发展不可或缺的重要力量，在公司和电网发展中起着十分重要的作用。省管产业战线同志们保安全、抓经营、谋发展的劲头，让我很受鼓舞，相信随着两网融合、产业升级等重大决策部署加速推进，省管产业在“十四五”期间必将迎来新的、更大的发展。

当前，公司省管产业步入了战略转型、创新发展的关键期，面对新形势、新要求。当下，我们在专项治理中暴露出的问题不少，存在一些突出问题和明显短板。比如，安全基础不够稳固，作业现场安全风险高，安全生产形势依然严峻；工程管理核算不规范，往来款项清理不及时，资产负债率仍然偏高；核心竞争能力不足，自主创新能力较弱，市场化程度不高；是不是还存在违法违规转分包等问题，还有廉洁自律方面是不是过硬都是后续需要重点加强和规范的地方。只有下大力气，才能促进省管产业健康可持续发展。

刚才，公司产业办（产业管理公司）有关负责人就9月份省管产业重点工作作了安排、2家基层单位作了发言，我都同意，请各单位认真抓好落实。下面，结合近期重点工作，我讲三个方面的意见。

一、不折不扣抓好专项整治

（一）再认识开展专项治理的重大意义

9月1日，国网召开深改委会议，专门听取和研究省管产业的专项治理和深化改革的工作，辛董事长讲话明确指出：省管产业专项整治和深化改革既是重大的政治任务也是重点的改革任务，对于解决公司历史遗留的问题，防范经营和廉洁风险，实现持续健康发展都具有重要意义。

希望大家能站在讲政治的角度、国网公司发展的角度、防范经营和廉洁风险的角度、站在国网公司党组和主要领导要求的角度，也站在新陕西公司发展的角度，以毫不动摇的意志和力度推进专项治理工作。

（二）再认识专项治理中存在问题的严重性

9月1日，辛董事长专题听取省管产业专项整治工作汇报后指出："当前专项整治工作还存在'上热、中温、下冷''沙滩流水不到头'现象"，强调"提高政治站位、加强组织领导，确保专项整治工作目标不变、标准不降、力度不减"。从前阶段各单位自查情况来看，普遍存在"点的问题多、面的问题少""定性的问题多、定量的问题少""就事论事的问题多、追根溯源的问题少"等情况，反映出各单位一定程度上存在政治认识不到位、自查深度不到位、对照检查不到位等问题。

大家必须充分认识到，开展专项整治工作具有高度的政治性和严肃性，它完全不同于以往的业务检查和常规审计，将是今后中央巡视、国家审计的重点，会对省管产业改革发展产生重大影响。当前疫情形势刚刚稳定，公司就第一时间组织开展省内督导检查，国网公司分批督导检查也陆续启动，这表明了公司上下推动专项整治的坚定决心和鲜明态度。各单位要严格落实"属地负责"管理原则，强化责任担当，杜绝"新官不理旧账"现象。公司建立问责机制，加强督查、强化考核，进一步压实压紧属地单位责任，将本次专项整治工作纳入各单位企业负责人绩效考核。对工作重视不够，搞形式主义走过场、"把认识当整改、把态度当措施、把说了当做了、把做了当做好了"、违规事件"零报告"的单位，公司将约谈督办有关单位负责人，并将相关情况报告公司专项整治领导小组。

（三）再认识抓好专项治理的要求和标准

此次专项治理，是对省管产业的一次强身健体行动，国网公司给我们开出了药方，给了我们尚方宝剑，就一定要用好这次有利的契机，一定有利于企业的长期发展。始终要坚持"以问题为导向"，坚决解决和制止存在问题。也只有这样才可能轻装上阵，重整旗鼓再出发。辛董事长在讲话中还讲到，对专项整治工作，不是为了追谁的责任，关键是把压力和责任传导下去。

在开展专项治理活动中，各级公司领导也要深入思考，针对存在问题，要找出问题的症结所在，找出中间存在的规律，能提出解决问题的长效机制。我们也需要开门搞整改，多听听职工群众的意见，集思广益，多提建设性意见。我想产业办也要注重听取各公司的意见，在建立长效机制、体制机制上有大的突破。

二、强基固本抓好安全生产

9月1日国家新《安全生产法》正式实施，新法规将企业安全生产主体责任、主要负责人安全生产第一责任、"三管三必须"、全员安全生产责任制、构建双重预防机制等要求纳入法律范畴，强化对违法分包转包、非法转让施工资质、新兴行业领域等新问题新风险的防范应对，这些要求对抓好省管产业安全生产工作具有重要的指导意义。

近年，公司针对省管产业业务特点，组织了一系列安全专项活动，治理了一批问题隐患，省管产业安全管理水平明显提升，安全生产局面持续好转。但是，我们要清醒看到，公司省管产业安全生产基础仍然薄弱，安全管理体系还不够完善，作业现场安全风险始终存在。在近期省管产业安全飞行检查中，发现个别省管产业单位现场负责人竟然对公司标准化作业要求一问三不知，落实执行更是无从谈起。陕西电网融合发展后，电网投资力度将进一步加大，省管产业业务量将持续增加，各级领导干部要始终保持清醒的头脑，始终坚持"安全第一"，将安全放在心上、抓在手里，牢牢把握安全生产主动权，为改革发展各项工作提供安全保障。

一是要强化安全红线意识。大家都知道安全发展是一条不可逾越的红线，不出人身伤亡事故是一条不可逾越的底线。郑州"6·17"人身伤亡事故通报，郑州110kV省府变电站配电装置改造工程，已经投运，本来可以完美收工，结果私自超范围作业，用钢卷尺测量时触电，造成一死一伤，先后处理了25人，记大过13人、降职1人，中断了三个单位的安全生产记录，一直处理到郑州局两个副总和总经理。事故是让人揪心的，无论是对单位还是个人损失是巨大的，而且是无法弥补的。这就要求我们每名管理人员要时刻保持对安全的警惕，要树立深入骨髓的安全意识，有刻骨铭心的安全自觉。

二是要严格执行制度规范。标准化作业、“四双”管理、看板管理和“十不干”措施清单的执行。把“两票三制”作为最重要最基本的铁律，坚决执行到位。同时，制度、规范和标准，也是我们每一名同志的“保护伞”和“避难所”。照着做就不会出问题，就是出了问题也不会是致命的大问题，尤其是不会出现违规问题。希望大家务必坚守制度规范的生命线。

三是要强化“同质化”管理。主业安全管理的积累可以说是集全国网的智慧，是行之有效的，是安全管理的法宝。有这么好一套成熟的安全管理的标准，最有效的就是拿来用、照着做，也是一条最省事省力管用的捷径。希望大家在抓安全管理时严格按照主业的管理标准抓好落实。尤其是要加强外包队伍的安全管控，坚持“同质化”管理，确保“四个管住”落地见效。

希望，我们省管产业在安全管理上能一以贯之，确保“人民至上、生命至上”的理念落在实处。

三、融通应用抓好数字化转型

一是要充分认清数字化转型对提升产业管理的迫切性。作为新一轮技术革命和产业变革的重点方向，数字经济蓬勃发展，我们产业发展必须要顺势而为，革故鼎新、提档升级，主动适应时代数字化发展趋势。近期公司加快推进全业务、全环节数字化转型，提出“两个面向，一个突出”（面向基层一线、面向指标短板、突出效率效益），做实“四个数字化”（数字化员工、数字化班组、数字化专责、数字化部门），专门印发了《数字化转型奖励办法》《数字化转型考核细则》，省管产业要以新一代信息系统推广应用为契机，抢抓数字化转型机遇，推动企业生产、经营、管理、服务模式变革。

二是要以新一代信息系统部署为契机，推动省管产业管理水平大提升。省管产业新一代信息系统以大数据、物联网、人工智能等新一代数字技术为基础，以数据为关键生产要素，通过数字技术与企业业务、管理深度融合。说到底，就是产业数据资产的汇集平台，是资源共享共用的依托工具，所以打破信息壁垒，消除信息盲点，业务融通、数据贯通是重中之重。要加强业务内部融通，各单位在推广实施过程中要遵循统一的数据模型标准，原有自建系统的要逐步过渡到新一代信息系统中来。要加强跨专业协同，按照“谁产生、谁负责”原则，确保数据质量，实现“一次录入、共享共用”，通过数据中台实现财务、物资、工程等专业业务协同。要挖掘数据价值，建立数据驱动管理提升新机制，积极应用指标分析、管理看板等工具，指导开展风险排查、数据治理、流程优化和业务提升。

三是以数字化转型带动省管产业管理转型升级。信息化、数字化是提升管理质效最直接最有效的路径，希望各单位，尤其是我们分管领导们一定要坚持创新思维，敢想敢干敢于创新，用互联网思维、信息化加企业管理的思维，不断提升公司治理水平。并希望在这方面我们能走在国网前列。

当前，正值十四运会保电、公司融合发展、防汛救灾的关键时期，借此机会再强调一下，省管产业要加强现场安全管控，强化到岗到位和“四不两直”督察，以“最高标准、最强组织、最严要求、最实措施、最佳状态”，为十四运会提供安全可靠的供电保障。

王晓刚在公司2022年预安排项目及2021年电网投资项目建设推进会议上的讲话（摘要）

（2021年11月9日）

当前公司省市机构人员层面融合基本完成，站在“一张网”“一盘棋”新起点上，有陕西省委和国家电网公司党委的大力支持，公司电网建设，进一步加大投入，迎来了重大利好机遇期。各单位要高度重视，扎实推进2021年电网投资项目和2022年预安排项目建设，确保项目早投产、投资早见效。下面，我再强调三点。

一、统一思想、用好预安排机制

习近平总书记讲，解放思想是首要，行动最有说服力。国家电网公司知行合一，旗帜领航，坚持一体四翼，建设以新能源为主体的新型电力系统。公司在两网融合基础上，更加关注机构整合、管理融合和人心聚合，更加关注“十四五”投资落地，更加关注融合给公司带来新气象，此时强调统一思想，为的是真抓实干，用好预安排机制，推动投资管理高质量。卫东同志在2021年公司“两会”提出，要“确保‘十四五’电网项目全落地、投资全完成”。薛鸿同志对综合计划项目提出了“早、精、细、实”的工作要求，要求次年项目早招标、早实施、早发挥作用。为落实卫东

同志、薛鸿同志的工作要求，落实国家电网公司综合计划管理办法，公司对次年上半年急需实施的项目进行预安排，以满足施工准备要求，保障项目实施。

从 2021 年四批次预安排 29.9 亿元项目执行情况来看，各部门各单位对预安排项目的理解和认识还有差异，部分专项未全部分解到位（截至正式计划下达前，配网 19.9 亿元中仍有 12.5 亿元未分解、占比 63%，其中西安公司 7.0 亿元均未分解）、部分专项未纳入 2021 年综合计划，导致 2021 年预安排项目投资实际仅 16.4 亿元。预安排项目机制还没有用好，上半年还有 166 项项目没有开工（占比 11%），项目的投产率还有待提高（生产技改投产率 22%、配网基建投产率 20%）。预安排机制的作用还未充分发挥，截至 10 月底，公司（原东区）2021 年固定资产投资完成率仅 64%（其中电网基建 61%），已经落后于国网平均水平，后两个月电网建设任务重、投资完成压力大。按照总部初步给定的综合计划总控目标，公司 2022 年发展总投入近 200 亿元，明年公司的电网建设任务较今年要翻番。

强调用好预安排机制，就是要立足明年电网建设下好先手棋，抓住上半年宝贵施工期，为全年任务完成开好局。各部门各单位一是要科学统筹电力供应保障、安全生产和项目实施，确保全年建设任务和投资计划、安全生产经营任务协同全面完成。二是要学好、用好预安排机制，公司 8~10 月已下达三批次 2022 年预安排项目共计 41 亿元，各单位要大抓项目、抓大项目，化被动为主动，提早着手为明年项目实施做足准备，加快填平补齐电网薄弱环节，全力保障今年迎峰度冬和明年迎峰度夏电力供应。三是充分认识预安排项目的铁定性、急需性、控制性、关键性等特性，发扬电力铁军精神，各单位要“铁了心”地把项目抓早抓实抓细，抓出成效来，建设更加安全稳定可靠的新型电力系统。

二、加强协同、抓好项目实施

习近平总书记讲，改革越深入越要注意协同。在这里强调协同，请抓好三项具体工作。

一是深化项目论证，夯实明年项目储备。刚才已经讲了，总部已经初步确定了公司 2022 年综合计划总控目标，公司即将在本月进行综合计划投资项目上报，所有项目要按照国家电网公司项目分类和储备管理标准进行上报。各专业管理部门要指导各单位加快将南区所有专项项目储备细化到明细，颗粒度与东区项目基本一致；加快组织对南区明年需实施的各类项目开展立项评审、批复，为明年项目实施打好基础。

二是加强专业协同，保障预安排项目实施。公司建设部、设备部、配网部作为项目专业管理部门，要加强预安排项目执行管控，细化安排计划分解、初步设计批复、物资及服务招标需求提报、开工、投产等关键节点，原则上上半年预安排项目要全开工，配网基建、生产技改预安排项目投产率要提升至 50% 以上。财务部、物资部要协同项目专业管理部门，提前完成预安排项目的 ERP 建项，做好物资及服务招标批次安排、协议库存匹配服务等工作，全力服务保障预安排项目早开工、早投产。

三是狠抓重点工程，全力推进电网攻坚。全力加强西安、榆林电网集中攻坚。公司建立组织机构，成立柔性团队，将西安、榆林电网建设攻坚任务上升到省公司层面推动和管控。西安公司要争取年底前投运 7 个、明年度夏前投运 56 个攻坚项目，确保今冬明春、明年迎峰度夏西安不再出现限电。榆林公司要全面推进 330kV 榆阳平价光伏送出、锦界输变电工程等 5 项应急项目，加快解决榆林电网安全、保供的突出问题。各单位要高质量完成农网巩固提升工程年度任务，高标准做好汛灾地区电网恢复重建，统筹东区、南区各县区应急项目需求，按需分解 2022 年预安排配网应急项目规模，服务电网应急需求和长治久安。

三、强化考核、完成好计划任务

今年以来，为加强投资执行管控，公司制定并印发了《电网投资考核管理办法（试行）》，从事前、事中、事后三个层次出发，围绕项目前期管控、项目过程管控、项目资金管控、投资综合评价四个方面设置了 11 项指标，考核范围包括电网基建、生产技改、生产大修等 10 类项目，考核结果纳入各单位年度企业负责人业绩考核、公司各部门年度考核。公司发展部会同各部门，持续开展投资项目执行情况月通报、季考核，督导各单位加快投资计划执行，1~9 月公司投资项目执行均较去年同期均有较大幅度提升。

下一步各级发展部门要做好以下五方面工作。一要强化归口管理，强化综合分析，及时发现机会执行过程中的各种问题，有针对性地提出促进措施，督促项目单位严格按照时间节点要求完成计划任务，确保投资完成。二要修订完善考核办法，加强预安排项目执行考核，强化考核指挥棒作用，加大正向激励作用，选择预安排机制执行好的项目进行剖解，总结经验，梳理典型，归纳提炼，表彰推广。三要直面问题，选择一到两个地市，对预安排执行较差的项目进行流程剖析，形成反面典型，全公司通报，敢于亮丑揭底，为的是自我完善，自我提升。四要统筹协同各部门、各单位，做好投资管理业务衔接，确保投资执行有序推进。各部门、各单位要抓可研设计、抓评审批复、抓立项储备、抓队伍入场、抓技术交底、抓物料准备和采购配送、抓施工组织、抓现场作业、抓安全质量进度监理、抓形象进度验收、抓工程资料收集整理、抓财务入账转资、抓决算审计、抓长期挂账项目清理销号。总之，按照电网投资考核管理办法，全方位协调，全过程协调，抓出成效。五要动真碰硬，推动各级干部亲力亲为，一抓到底，抓出成效。要敢于担当依法科学推动，靠机制环环相扣不掉链子，靠统筹监督公平亮相排名，靠激励评先评优树立典型。要抓住立项储备求破局，抓住专业协同聚合力，抓住重点关键求全局带动。

窦晓军在公司2021年安全生产专业工作会上的讲话（摘要）

（2021年2月20日）

这次会议的主要任务是：认真贯彻国家电网公司安全生产工作部署，总结工作、认清形势、明确任务，进一步鼓足干劲、担当作为，推动公司安全生产水平提升，全面完成年度各项目标任务。下面，我讲三个方面意见。

一、2020年及“十三五”安全生产工作回顾

2020年是极不平凡的一年，面对疫情冲击、复工复产、自然灾害、供需紧张等多重考验，公司安全生产战线广大干部职工齐心协力、顽强拼搏，完成了各项重点任务，保持了安全生产总体稳定，为公司和电网高质量发展做出了重要贡献。

一是全面夯实安全管理基础。扎实开展安全生产专项整治，结合实际制定“1250”工程，完成“一下一上”阶段任务，梳理归纳“问题隐患清单”125项、“制度措施清单”29项，为“二下二上”集中攻坚打好基础。迎接了国家电网公司巡查，有序推进108项问题整改，对12家直属单位进行了安全巡查，推动安全责任、制度、措施落实到位。深刻吸取国网系统内人身事故教训，开展“查风险、治违章、抓落实”安全大检查，全面落实“三算四验五禁止”强制措施，排查治理问题1959项。

二是大力提升现场管控水平。印发《关于进一步深入推进输变配电设备现场标准化作业的通知》，进一步规范生产工作全过程管控。严格队伍人员“双准入”，完成企业备案1103家、安全准入考试5.45万人。推进安全风险管控平台和省市县三级安全管控中心建设应用，配置移动布控球达1200套，全年“远程+四不两直”督查作业现场7.2万个，查处违章6424条，表彰无违章现场712个。在全省举办8场安全宣教巡回展演活动，编制发放《典型违章图册》《基建现场习惯性违章图册》3.8万册，营造“抓现场、反违章”的浓厚氛围。

三是全力保障电网安全稳定。疫情暴发期间勇担使命，实施“分组集中隔离”调度值班方式，及时完成327户疫情防控单位临时接电、报装增容，为抗击疫情和复工复产提供了坚强电力保障。认真落实国网公司迎峰度冬八项举措，在电网负荷屡创新高的情况下，保持了电网安全运行和可靠供应。加强电网风险研判与控制，顺利完成4项四级电网风险工作，圆满完成习近平总书记来陕考察、十四运会倒计时一周年活动等重要保电任务。积极应对汛情险情，严格执行防汛指令，及时抢修恢复宝鸡、汉中、商洛等地区洪灾受损电网设施，获得有关国家部委及地方政府的表扬和肯定。

四是圆满完成全年攻坚任务。按期投运750kV朔方变等67项重点工程，顺利完成5816项计划检修工作、1232项配网建设改造工程、61项电网“大反措”计划和16.9万户“煤改电”建设任务。整治了1.06万项输变配电设备隐患、1452项变电站设备消防隐患、503项森林草原输配电线路火灾隐患和1171项新接收合表户小区人身触电及火灾隐患，完成150.5km西安电缆通道综合治理、771台老旧保护更换。公司经营区域新增新能源并网装机524万kW、同比增长72.94%，消纳新能源电量175亿kWh、同比增长21.9%，年利用率提升至97.3%。2020年公司经营区域水、风、光利用率均高于95%，全面实现国家清洁能源消纳三年行动（2018~2020年）计划目标。

五是不断推进生产改革创新。全面下放110kV业扩项目可研、配电网项目管理权限，优化县公司业务模式和用工方式，建立配网工程设计、变电检修业务“自己干”机制，推进运维检修生产体系运转高效。

首次实现跨区直流线路（±500kV 德宝线）地线断股智能机器人带电修补，实现 31 座变电站一键顺控，操作效率和安全性显著提升。陕西电力辅助服务市场开始试运行并正式结算，共计减弃新能源电量 6.41 亿 kWh，提高新能源利用率 3.56%，电力市场建设成效显著。

2020 年工作的全面完成，为“十三五”划上了圆满句号。回顾过去五年，公司安全生产工作取得了一系列突出成绩。一是安全管控能力显著提升。建立了全员责任清单，实现了各级安全总监、安全机构应设必设。组建了省市县三级安全督查队伍，建成了安全风险管控平台，作业现场视频覆盖率从 0 提升至近 100%。安全专项奖励基金从 3000 万元提升至 9000 万元。建立健全安全风险管控机制，扎实开展各类安全专项行动，全面提升公司本质安全水平。二是电网调控实现跨越发展。五年来，陕西电网负荷从 1889 万 kW 到 2780 万 kW，增长 47.2%，调度口径装机从 3598 万 kW 到 4961 万 kW，增长 37.9%，其中新能源装机增长 396%、占比达到 26%。关中双环网形成，陕西 750kV 主网架初具规模。面对电网电源结构深刻变化，公司持续强化电网调控能力，实现了电网安全在线计算分析和继电保护在线校核、变电站和电厂电力监控系统网络安全监测全覆盖，建成了全电量采集系统和调控云平台，全力保障电网安全稳定运行。三是设备精益管理不断深化。优化调整了输变电运检业务模式，330kV 设备资产、运检业务划转至 11 家供电公司，地市供电公司运检机构整合设置“一部三中心”，成立网格化供电服务中心（市区分公司），提高运检业务管控力和运检体系支撑力。建成省级智能运检管控中心，建立架空输电线路运行监控平台，提升设备精益管理水平。

二、安全生产工作面临的形势和任务

2021 年是“十四五”规划的开局年，进入新阶段，站在新起点，我们必须清醒认识公司安全生产面临的形势：

一是电网不够坚强。750kV 骨干网架仍显单薄，电磁环网、短路电流超标等问题日益严峻；主网、配网“*N*–1”通过率低，大面积停电的风险始终存在。按照“碳达峰、碳中和”目标，新能源将保持快速发展，对全网电力电量平衡、运行方式安排、新能源消纳等方面带来挑战。二是设备缺陷隐患多。一、二次老旧设备基数大，电缆及沟道等隐患仍未根治。先进技术应用不够，现有的监测检测手段不能很好地支撑状态检修。电网设备逐年增加与运维人员逐年减少的矛盾将长期存在。特别要指出的是：现场管理基础不牢固。一些管理人员存在好人主义情况，缺乏真抓实干、严抓严管的决心和勇气，“一团和气”干工作，安全责任落实层层衰减，管理要求执行存在“短路”“断路”行为。一些单位专业管理弱化，设备主人制落实不到位，设备运维、检修例试、反措落实、隐患排查等工作不规范，配网“以抢代维”问题突出。部分单位艰苦和压力大的岗位“空心化”“三种人”缺员、员工技能水平退化等问题凸显。

面对上述困难和风险，我们必须做好打持久战、攻坚战的准备，坚持铁腕治安、科技保安、管理强安、改革促安，推动安全生产工作迈上新台阶。一要持续强化思想作风。大力培育“一板一眼、一丝不苟、严精细实、专业专注”的作风。各级领导要重心下沉、深入一线，对职责范围内的安全工作要心中有数，推动责任逐级传递、工作层层落实。各级专业部门扛起“管业务必须管安全”的责任，常态化开展安全研究、风险防控、隐患排查、指导检查、督导考核，把对安全的重视转化为一个个行动方案、一条条管控措施。各级安监部门坚持“严”字当头，持续深化安全巡查和安全督查“两条战线”作用，敢于动真碰硬。要用好纪律处分、组织处理和经济处罚等手段，特别是对擅闯“雷区”、触碰“红线”的人员，要坚决果断采用组织处理措施，从严、从快、从重处理，严格执行“一票否决”和连带追责。二要全力夯实安全基础。要强化源头防范，坚持规划引领，优化电网结构，加快补齐薄弱环节和电网发展历史欠账，在设计、采购、建设、运检各环节刚性执行十八项反措，提升电网本质安全水平。要强化生产队伍，狠抓基层、基础、基本功，加大安全生产与业绩考核、评先评优、人才培养、荣誉奖励等挂钩力度，加大薪酬分配向关键岗位和生产一线倾斜力度，调动安全生产整体积极性。三要加快数字化转型步伐。推进安全生产与“大云物移智链”新技术融合，加快状态广泛感知、数据融合分析、风险主动预警等核心能力建设，推进电网调控智能化、装备水平现代化、生产管理信息化、安全管控数字化，解决设备运维、电网控制、人身防护等存在问题，强化抵御事故风险的能力。

三、扎实推进 2021 年安全生产工作重点任务

公司“两会”和安全工作会为我们安全生产工作

指明了方向，各部门、各单位要紧扣“四抓四强”工作主线，坚持问题、目标和结果导向，严格落实“六个严抓”，奋力开创公司安全生产工作新局面。在此基础上，我再着重强调九个方面工作。一是扎实推进安全生产专项整治；二是扎实做好安全巡查问题整改；三是大力推行标准化作业；四是严格开展“四双”管理；五是认真落实“四个管住”；六是全力做好十四运会和残特奥会保电任务；七是全力确保电网安全稳定；八是全力加强设备精益化管理；九是全面加强党建引领。

（罗文轩）

附 录

2021年国网陕西电力获科技奖名单

【2021 年国网陕西电力获省部级科技奖名单】

授奖部门	项目名称	获奖等级	完成单位	完成人
陕西省人民政府	基于 LoRa+UWB 物联传输技术的电力沟道综合监测系统研究	科技进步三等奖	国网陕西省电力公司西安供电公司、西安瑞宝电子科技有限公司	陈 强、郑建康、弓启明、苏小婷、赵学风、朱一猛、陈 岗
	基于云计算的客户信用评价体系及居民用能行为研究与应用	科技进步三等奖	国网陕西省电力公司西安供电公司	何伟哲、杨 瑞、王红军、赵健丽、孙琦伟、蒋 路、倪 娜
	配电网低电压综合治理技术研究和工程应用	科技进步三等奖	国网陕西省电力公司电力科学研究院、西安交通大学、西安理工大学、数邦电力科技有限公司	郭 洁、琚泽立、赵学风、王 倩、吴 娟、张 旋、侯 喆、杨 博
	基于共振磁耦合供电及电磁传感定位的无人机智能巡线技术与应用	科技进步三等奖	国网陕西省电力公司电力科学研究院、清华大学、武汉大学	杨传凯、高 峰、褚 磊、蔡昌松、韦汶妍、胡 军、李 旭
	12kV 断路器操动机构典型潜伏性故障诊断技术研究及现场应用	科技进步三等奖	国网陕西省电力公司电力科学研究院、西安交通大学、国网陕西省电力公司	王立军、汪金星、李 旭、詹世强、贠学伟、陈 琦、李玉曦
	高渗透配电网的分散式风电场群关键技术研究及应用	科技进步二等奖	西安理工大学、华能新能源股份有限公司陕西分公司、国网陕西省电力公司电力科学研究院	段建东、程玉林、常 英、马文涛、邓 俊、张晓朝、魏昊焜、陈鲁鹏、董宇鹏
中国电机工程学会	变电站系统级强电磁环境模拟技术及工程应用	科技进步三等奖	国网陕西省电力公司电力科学研究院、中国电力科学研究院有限公司、武汉大学、西安交通大学、山东泰开互感器有限公司、国网福建省电力有限公司莆田供电公司、北京世维通光智能科技有限公司、西安智慧能源科技有限公司、国网黑龙江省电力有限公司电力科学研究院	邬 雄、成 林、刘 健、刘 翔、冯南战、邓小聘、卢江平、郭安祥、袁佳歆、庄建煌、吴经锋、郭 洁、胡 蓓、肖 浩、李 磊
	主动配电网的可靠性评估、薄弱环节辨识与加固技术及应用	科技进步二等奖	西安交通大学、中国电力科学研究院有限公司、国网浙江省电力有限公司电力科学研究院、国网陕西省电力公司电力科学研究院、国网浙江省电力有限公司湖州供电公司	李更风、别朝红、谢海鹏、沈建良、邵先军、张钰声、梅冰笑、石文辉、陈 晨、刘浩军
	GIS/GIL 突发性绝缘失效防御关键技术及应用	科技进步三等奖	西安交通大学、南方电网科学研究院有限责任公司、华南理工大学、广东电网有限责任公司、国网陕西省电力公司电力科学研究	张乔根、王国利、吴治诚、高 超、郝艳捧、周福升、赵 科
国家电网有限公司	SF_6/N_2 混合气体绝缘 GIS 母线技术研究及应用	科技进步二等奖	国网陕西省电力公司电力科学研究、中国电力科学研究院有限公司、国网河北省电力有限公司电力科学研究院、国网安徽省电力有限公司电力科学研究院、国网辽宁省电力有限公司电力科学研究院、平高集团有限公司、西安西电开关电气有限公司	高理迎、杨 韧、季严松、张 民、景 皓、马凤翔、鲁旭臣、汪金星、薛 军、姚永其

续表

授奖部门	项目名称	获奖等级	完成单位	完成人
国家电网有限公司	大型接地网阻抗精确测试、缺陷检测定位与评价关键技术及应用	科技进步二等奖	华东电力试验研究院有限公司、国网陕西省电力公司电力科学研究院、国网河南省电力公司电力科学研究院、国网江西省电力有限公司电力科学研究院、国网宁夏电力有限公司电力科学研究院、国网重庆市电力公司电力科学研究院、国网山西省电力公司太原供电局	司文荣、傅晨钊、黄　华、王　森、宋　平、吴旭涛、晏年平、郭　翔、鲍明晖、李　伟
	高压组合电器间歇性放电融合诊断与智能预警关键技术及应用	科技进步三等奖	国网宁夏电力有限公司电力科学研究院、武汉大学、国网陕西省电力公司电力科学研究院、国网浙江省电力有限公司检修分公司、华乘电气科技股份有限公司	马飞越、牛　勃、张晓星、叶逢春、牛　博、刘江明、肖　淞
	边远地区配电网故障精准隔离关键技术及应用	科技进步三等奖	国网江西省电力有限公司电力科学研究院、国网陕西省电力公司电力科学研究院、西安交通大学、河南理工大学、西安兴汇电力科技有限公司	郭　亮、李升健、王晓卫、范瑞祥、张志华、余霜鸿、刘　健
	基于多参量综合监测的少油设备绝缘状态不停电检测技术	科技进步三等奖	国网陕西省电力公司电力科学研究院、国网新疆电力有限公司电力科学研究院、西安交通大学、苏州正秦电气有限公司、国网安徽省电力有限公司电力科学研究院	张　璐、吴经锋、韩彦华、许广虎、师一卿、穆海宝、景　涛
中电建协	GIS 现场试验诊断新技术及成套装备研发与应用	科技进步二等奖	国网陕西省电力公司电力科学研究院、西安交通大学、国网青海省电力公司电力科学研究院、国网宁夏电力有限公司电力科学研究院、北京华天机电研究所有限公司	李军浩、牛　博、韩旭涛、杨鼎革、张　璐、任双赞、孙莹莹、李　渊、吴旭涛、郭　璨
中国知识产权局	输变电工程环保监测与敏感区域预测系统及方法	中国专利银奖	国网山东省电力公司电力科学研究院、国网电力科学研究院武汉南瑞有限责任公司、国网陕西省电力公司电力科学研究院、国家电网公司	张　永、赵　岩、谢连科、臧玉魏、张广洲、吴　健、王　飞、李　勇、李华东、陈素红、马新刚、冯智慧、白晓春、张国英、刘　辉

【2021 年国网陕西电力科学技术奖名单】

序号	项目名称	完成单位	完成人
一等奖（15 项）			
1	柔性扁带型铜覆钢材料的研发与应用	国网陕西省电力有限公司电力科学研究院、国网陕西省电力有限公司、国网陕西省电力有限公司榆林供电公司、陕西中试电力科技有限公司	李志忠、李　松、杨　拯、胡攀峰、李　伟、朱明曦、王西香、王　森、尚军利、闫可为、金福涛
2	SF_6 开关设备环氧绝缘沿面放电的演变过程与诊断技术研究	国网陕西省电力有限公司电力科学研究院、国网陕西省电力有限公司	杨鼎革、刘　伟、焦才明、郝西伟、鲁　直、韩彦华、李良书、裴思羽、毛　辰、李文慧、刘　强
3	基于电磁辐射模型的高压断路器触头烧蚀特性测试技术研究	国网陕西省电力有限公司电力科学研究院、国网陕西省电力有限公司、国网陕西省电力有限公司西安供电公司	牛　博、杨鼎革、牛　庆、李鹏程、黄述安、裴　磊、李　舟、边　赫、唐子卓、郭子豪、徐　丹

续表

序号	项目名称	完成单位	完成人
4	330kV 交流隔离断路器带电作业平台的研究	国网陕西省电力有限公司电力科学研究院、国网陕西省电力有限公司	韩彦华、丁　彬、王雪莉、牛　博、王　森、刘子瑞、张欣宜、褚　磊、张　斌、韩文博、高　健
5	采用空间电荷动态特性测量评价交联电缆老化程度的研究	国网陕西省电力有限公司电力科学研究院、国网陕西省电力有限公司西安供电公司	赵学风、林　涛、冯忆兵、孙浩飞、蒲　路、王瀚锋、侯　喆、尚　宇、琚泽立、苏小婷、郑建康
6	基于介电响应的变压器套管绝缘状态不停电检测技术研究	国网陕西省电力有限公司电力科学研究院、国网陕西省电力有限公司西安供电公司	张　璐、丁　彬、迟　清、师一卿、王文森、孙　蕾、吴　昊、韩彦华、李良书、谈　震、穆海宝
7	深化研究微量产物分析方法提高 SF_6 开关类设备潜伏性故障诊断率	国网陕西省电力有限公司电力科学研究院、西安交通大学、国网陕西省电力有限公司	杨　韧、吴经锋、丁　彬、汪金星、薛　军、李　旭、徐孟元、杨明昊、陈　琦、苏　波、崔庭东
8	适用于 110kV 架空线和电缆混合线路的行波测距方法研究	国网陕西电力调控中心、国网陕西省电力有限公司西安供电公司、南京南瑞继保工程技术有限公司	雷　明、刘　峰、秦　琴、康林贤、张欣宜、胡建利、袁　魏、王国江、徐晓春、陈一悰
9	光伏电站调功调频涉网性能提升及试验研究	国网陕西省电力有限公司电力科学研究院、国网陕西电力调控中心	李　华、王　康、万天虎、吴子豪、唐　浩、李　立、党莱特
10	一二次融合智能配电开关电磁环境特征及其电磁兼容测试技术	国网陕西省电力有限公司电力科学研究院、国网陕西省电力有限公司西安供电公司、国网陕西省电力有限公司、国网延安供电公司	申　巍、张志华、马龙涛、权　立、张　英、张小庆、王子为、牛　博、梁　谦、张欣宜、吉重光
11	CVT 谐波电压测试方法的研究	国网陕西省电力有限公司电力科学研究院、国网陕西省电力有限公司、国网安康供电公司、国网西安供电公司	陈一悰、王步云、王　冲、孙立文、冯雅琳、刘坤雄、胡建利、周　密、杨馥源、李云阁、彭　笛
12	风电场次同步振荡现象与监测技术研究	国网陕西省电力有限公司电力科学研究院、国网陕西省电力有限公司	王建波、郑天悦、唐　浩、东　琦、冯雅琳、李树芃、彭书涛、章海静、夏　楠、邓　俊、尹俊钢
13	变电站（换流站）噪声测量及基于声学的设备故障在线诊断技术	国网陕西省电力有限公司电力科学研究院、国网陕西省电力有限公司	耿明昕、樊　创、马悦红、闫　栋、訾永峰、申　晨、赵亚林、鱼小兵、马建刚、王　绿、景　龑
14	基于无人机遥测的输变电工程环水保监测技术	国网陕西省电力公司电力科学研究院、国网（西安）环保技术中心有限公司、国网陕西省电力有限公司、四川恒创天地自动化设备有限公司	雷　磊、王　良、赵颖博、吴　健、马悦红、万　昊、刘子瑞、王少军、师一卿、王艳飞、梁　苗
15	陕西配电网精益化发展关键技术研究	国网陕西省电力有限公司经济技术研究院、国网陕西省电力有限公司	岳园园、陈本阳、黄宗君、杨　柳、赵　刚、罗　璇、张　超、王　辉、朱国柱、蒋　勃、王玮超
二等奖（15 项）			
16	直流接地极运行状态评估及诊断防护技术	国网陕西省电力有限公司电力科学研究院、国网陕西省电力有限公司、国网陕西省电力有限公司商洛供电公司、陕西中试电力科技有限公司	李　伟、左　坤、李　明、何华林、李志忠、布天文、薛　军、黄晓勇、张　鹏

续表

序号	项目名称	完成单位	完成人
17	线路避雷器在线监测及脱离保护的研究	国网陕西省电力有限公司电力科学研究院、国网陕西省电力有限公司	郝东新、陈松博、朱明曦、宋 勇、李 伟、王 容、任双赞、杨传凯、吴 昊
18	新型谐振式振荡波下交联电缆及附件典型缺陷放电特性研究	国网陕西省电力有限公司电力科学研究院、国网陕西省电力有限公司西安供电公司	段 玮、王瀚锋、郭锋刚、连文莉、赵学风、高 健、林 涛、苏小婷、王 亮
19	电力电缆绝缘状态智能诊断关键技术及应用	国网陕西省电力有限公司宝鸡供电公司、西安华谱电力设备制造有限公司	白晓斌、薛 军、郭 峰、常 江、王 亮、杨 军、何 欢、卢盼盼、董 文
20	基于新能源逆变器群控调相技术的特高压交直流电网送端电压安全问题研究	国网陕西省电力有限公司电力调度控制中心、清华大学	李 立、王 康、王步云、迟方德、乔 颖、鲁宗相、张青蕾、李 骏、程 程
21	变电站系统级电磁兼容试验方法及应用研究	国网陕西省电力有限公司电力科学研究院、国网陕西省电力有限公司检修公司	成 林、韩 军、朱红梅、刘 军、李 明、左 坤、任双赞、丁 彬、刘 臻
22	基于泛在电力物联网的复杂混合线路故障精准定位关键技术研究	国网陕西省电力有限公司西安供电公司、西安交通大学	牛 庆、李 舟、乔 文、王 雨、谈 震、魏小栋、郑 涛、李 嘉、师 琛
23	陕西电网调峰辅助服务市场关键技术研究	国网陕西省电力有限公司电力调度控制中心、国电南瑞南京控制系统有限公司、北京清大科越股份有限公司	王步云、陈艺华、张成刚、郭 晨、宋晓川、崔葛安、乌鹏涛、李昀昊、高 飞
24	基于新能源微网储能系统的电网能量管理控制策略研究	国网陕西省电力有限公司经济技术研究院	王 炜、郑 楠、于广亮、陈本阳、袁性忠、贾宏刚、黄宗君、闫 娜、王金锋
25	含高比例可再生能源的电力系统优化运行与控制关键技术	国网陕西省电力有限公司电力科学研究院、西安交通大学	王若谷、解振学、高 欣、王秀丽、孙 强、郭安祥、戴立森、吴子豪、孙宏丽
26	面向配网运行设备的超声局放检测技术研究	国网陕西省电力有限公司电力科学研究院、国网西安供电公司、国网陕西省电力有限公司、国网铜川供电公司	琚泽立、侯 喆、连文莉、邢 伟、宋 莉、张一博、孙浩飞、师 琛、尚 宇
27	安康水库智能化洪水预报系统	国网陕西省电力有限公司安康水力发电公司	雷中俊、何 伟、殷延军、石静涛、王增利、张锡炜、罗 骞、李 钧、陈宗让
28	电力市场双边交易中人工智能经纪人的研究及示范应用	国网陕西省电力有限公司电力科学研究院、陕西电力交易中心有限公司、西安交通大学	白兴忠、朱明辉、陈亚军、王建学、周庆庆、李 壮、师 鹏、吴子豪、姜正庭
29	促进陕西新能源发展的"源—网—荷—储"关键技术研究	国网陕西省电力有限公司经济技术研究院、国网陕西省电力有限公司	严 欢、袁 斌、袁性忠、潘良军、贾宏刚、王 炜、姜 山、姜 宁、王 喆

续表

序号	项目名称	完成单位	完成人
30	基于大数据挖掘的电能（清洁）替代环保效益研究	国网陕西省电力有限公司电力科学研究院、国网陕西省电力有限公司	杨　彬、吴　健、卫娟娟、白晓春、王　绿、黄研利、鱼小兵、潘晓彤、郭季璞
三等奖（10 项）			
31	西安电网电缆线路及通道防火综合治理研究	国网陕西省电力有限公司西安供电公司、国网陕西省电力有限公司	郑建康、刘子瑞、汲胜昌、林　涛、钱　翊、苏小婷、赵学风
32	变电站直流系统智能监测装置	国网陕西省电力有限公司渭南供电公司	姚冯信、董晓波、丁文超、吴好亮、马卫东、罗　钊、罗　航
33	陕西省电动汽车充电基础设施规划及电网接纳能力研究	国网陕西省电力有限公司经济技术研究院	李润秋、王　威、罗　迪、黄宗君、赵　刚、张　鹭、赵　元
34	适应电力体制改革的电力交易机制及关键技术研究	陕西电力交易中心有限公司	陈　斐、何方波、李　波、许杨子、朱明辉、张靠社、赵懿雯
35	高压设备局放无线综合检测系统及云物联构建研究	国网陕西省电力有限公司延安供电公司、保定市睿为电气科技有限公司	张建国、魏小龙、边军刚、张　剑、冯海荣、邱关锋、贾琦琳
36	超、特高压电力铁塔攀爬辅助机器人研究	国网陕西省电力有限公司检修公司、四川福瑞德电力设备科技有限公司	于义亮、刘孟佳、贾宏儒、闫可为、李建红、马　奥、李　亮
37	区块链物联网在山阳电网地质灾害实时监测预警系统中的应用	国网陕西省电力有限公司商洛供电公司	刘卫校、郭瑞锋、丁　杰、王　辉、张莉芳、葛玉华、宫小健
38	基于客户画像技术的标签库系统在提升客户服务方面的应用	国网陕西省电力有限公司营销部、国网陕西省电力有限公司营销服务中心（计量中心）	胡长青、程　勇、马治宝、杨永刚、郭彦军、黄研利、吴　洁
39	基于主动配电网的 PMU 测量算法研究	国网陕西省电力有限公司经济技术研究院	张　琳、李　叶、宋美艺、任双雪、曹　苗、惠子珈、余高旺
40	架空输电线路地线修补机器人研制	国网陕西省电力有限公司铜川供电公司、四川福瑞德电力设备科技有限公司	孟令增、黄军锋、李燕军、陈炳勤、惠东郁、李文群、刘亚林

技术发明奖（2 项）

序号	项目名称	完成人
二等奖（2 项）		
1	新能源场站一次调频控制关键技术	万天虎（电科院）、迟方德（调控中心）、李　华（电科院）、李　立（调控中心）、唐　浩（调控中心）、郭　晨（调控中心）
2	一种位于煤矿采空区的电力铁塔基础加固方法	樊　玉（陕西产业管理公司）、周新升（陕西送变电公司）、范正伟（榆林供电公司）、高柯岩（榆林供电公司）、刘宏耀（榆林供电公司）、霍娟娟（榆林供电公司）

（代晓辉）

2021 年国网陕西电力获管理创新成果奖名单

序号	成果名称	主创单位	参与单位	完成人	获奖等级
1	电网企业以保护秦岭生态环境为导向的输电线路建设与运维管理	国网陕西省电力有限公司	国网商洛供电公司 国网陕西电科院	张薛鸿、窦晓军、罗建勇、李　强、盛　勇、孔志战、陈松博、胡攀峰、王建康、张　勇、魏玉森、李新民	国家级二等奖 陕西省一等奖 省公司一等奖
2	以“一型四化”为核心的特高压工程建设环境保护管理与实践	国家电网有限公司 特高压建设分公司	国家电网有限公司西南分部 国网河北省电力有限公司建设公司 北京洛斯达科技发展有限公司 中国水利水电科学研究院 国网四川电力送变电建设有限公司 国网经济技术研究院有限公司 紫光软件系统有限公司 国网陕西省电力有限公司电力科学研究院	宋继明、王　劲、张　智、张亚迪、阎　平、杨怀伟、郑树海、吴　凯、刘搏晗、侯中伟、张桂林、王关翼、王海鹏、景文川、赵　倩	电力行业创新大奖
3	大型企业集团社团工作管理体系研究与实践	国家电网有限公司	南瑞集团有限公司 国网陕西省电力有限公司	田晓蕾、丁海东、崔　炜、刘广林、顾　青、于跃海、郭　磊、孔红磊、刘宏清、刘　杰	电力行业 二等奖
4	电网企业基于区域特色的“陕电大集”电商平台构建与实施	陕西电力物资有限公司		史高琦、潘军红、杨云涛、张　瑞、高　杨、来　勇、赵永刚、段　新、葛　勇、高娇蛟、李云飞、王　丽	国网公司管理创新二等奖
5	改革新形势下省管产业业务规范管理机制构建与应用	国网产业部	国网北京电力公司 国网陕西省电力有限公司 国网宝鸡供电公司	谢金涛、黄媛媛、张　勇、刘安灵、屈宪军、卢健飞、朱　伟、杨　湛、秦至臻、曾炳昕	国网公司管理创新三等奖
6	以激发创新活力为导向的成果转化与中长期激励体系建设实践	国网陕西省电力有限公司		张薛鸿、王永利、王海育、吴　健、白晓春、郭云涛、冯南战、黄映雪、杨　彬、刘　辉、何葆全、周　瑾	国网公司管理创新推广成果二等奖
7	基于工匠之路的员工职业发展模式构建与实施	国网陕西省电力有限公司		王　旭、刘　彬、党　立、刘平震、李　朋、魏晓明、兰莉芳、左　宇、辛　玲、安　翔、彭　冬	国网公司管理创新推广成果三等奖
8	电网企业“全流程管理+全业务覆盖”职业卫生防控管理	国网陕西省电力有限公司	国网陕西电科院	刘太洪、刘子瑞、杨　彬、张燕涛、吴　健、白晓春、于　波、徐子钠、郗　亮、李　鹏	陕西省一等奖 省公司二等奖
9	省级电网公司向能源互联网企业转型升级的“四抓四强”管理实践	国网陕西省电力有限公司	国网西安供电公司 国网陕西经研院	胡卫东、张薛鸿、余　松、王晓云、杨治田、吴春阳、袁　斌、杨　凯、任慧敏、王金锋、窦小晶、李　波	陕西省一等奖 省公司一等奖

续表

序号	成果名称	主创单位	参与单位	完成人	获奖等级
10	信息化助力《智慧电力》打造国内电工类知名期刊的创新实践	国网陕西综合服务中心	国网陕西电科院	林一凡、姚可利、王　星、申光艳、徐娜娜、付小平、张　健、徐秋芳、钱文姝、苏靖童、张　祺、尹纪亮	陕西省一等奖 省公司一等奖
11	电网企业基于“数字化、可视化、一体化”的安全监察管理	国网陕西省电力有限公司	国网陕西超高压公司 国网安康供电公司 国网西安供电公司	徐越峰、冯　杰、游　强、王立新、陈　磊、方　衍、薛　钊、司渭滨、丁雪莉、杨　璐、李建华、卫昕卓	陕西省一等奖 省公司三等奖
12	深化改革背景下的省级电力公司产业单位“五位一体”集团化管理	国网陕西省电力有限公司	国网宝鸡供电公司 陕西产业管理公司 陕西秦电集团公司	刘安灵、秦至臻、田消冰、赵　晨、郭静宜、汪亚军、韦　明、董　拓	陕西省一等奖 省公司三等奖
13	供电企业电网资源基础数据治理实践	国网汉中供电公司	国网陕西省电力有限公司	尚　勇、任洪涛、李向东、郭　磊、田兴隆、金　维、王恩德、王　晨、孟　凡、刘　涛、达　俊、王　情	陕西省一等奖 省公司三等奖
14	电网企业以提升“三守信”为导向的信用监管体系构建与实施	国网陕西省电力有限公司	国网西安供电公司 国网延安供电公司 国网咸阳供电公司 国网安康供电公司 国网宝鸡供电公司	刘　正、陆　雯、贺家琛、王　星、杨引虎、张　远、刘露莎、孙卓妮、刘海虹、武　宇、毕鹏翔、赵红庆	陕西省二等奖 省公司三等奖
15	供电企业抄核收三位一体的智慧用电服务管理	国网陕西省电力有限公司		冯建宇、文小珲、赵　晗、卢　丽、陈小军、孙起鹿、衣方磊	陕西省二等奖
16	以“345”红色党建铸造圣地电力服务金色名片	国网延安供电公司	国网陕西省电力有限公司	王高红、张　明、高　攀、王　静、徐　慧、杨石峰、李　博、刘　伟、卜燕萍、冯　昊	陕西省二等奖 省公司二等奖
17	地市供电公司以降损增效为目标的同期线损“五抓”管理	国网宝鸡供电公司	国网陕西省电力有限公司	左园忠、郭　峰、刘耀辉、刘　彦、仇继扬、刘思妍、白晓斌、侯春武、高　斌、王　晖、马科峰、赵　霜	陕西省二等奖 省公司一等奖
18	基于三维价值导向的“五机制四精化”班组管理	国网宝鸡供电公司	国网陕西省电力有限公司	刘佑萱、林　铁、李　鹏、王　涛、洪　亮、曹学敏、王　莉、贺　敏、王　磊、白晓斌、付嘉林、刘　睿	陕西省二等奖 省公司二等奖
19	供电企业基于智能机器人的财务内控管理提升	国网汉中供电公司	国网陕西省电力有限公司	朱　加、李宗禹、袁荣波、唐　昶、刘俊华、郑新喜、周　妮、张向阳、雷　婷、炊　蓉、李　洁、雒雪梅	陕西省二等奖 省公司一等奖
20	以创新为驱动的配网带电作业管理体系建设	国网陕西省电力有限公司	国网咸阳供电公司 陕西能源研究院 国网陕西技能培训中心 国网延安供电公司 国网榆林供电公司 国网西安供电公司	刘　波、刘　欢、范冰涛、张利军、齐　良、豆宇波、辛　哲	陕西省二等奖
21	电网企业基于全景质控的物资质量管理体系构建与实践	国网陕西物资公司		郝佳齐、李　良、郭　松、任勤让、张　涛、张皓渊、周　茜、王　蓉、刘　方、李文杰、葛　珊、王　蕊	陕西省二等奖 省公司一等奖

续表

序号	成果名称	主创单位	参与单位	完成人	获奖等级
22	促进国有资产保值增值的电网企业多维合规管理	国网陕西省电力有限公司	国网宝鸡供电公司 国网榆林供电公司	张薛鸿、李红伟、刘树根、赵旭峰、朱 泽、郝志强、杨 帆、姜 琳、刘文超、王 珏	陕西省二等奖 省公司二等奖
23	基于系统性分析的数字化审计管理模型体系构建与实践	国网陕西省电力有限公司		陶轶华、张春艳、聂双伟、王 晋、成 涛、汪双文、雷 萌、谢 尧、裴思羽	陕西省二等奖 省公司二等奖
24	省级电网企业领导班子和领导人员"三位一体"考核体系构建与数字化实施	国网陕西省电力有限公司	国网陕西物资公司 国网陕西超高压公司 国网陕西技能培训中心 国网渭南供电公司 国网西安供电公司	季斌炜、李林安、赵 梅、张光辉、李 东、谷光磊、卢 鹏、杨明昆、马晔烽、王 菲、吴尚斌、王 伟	陕西省三等奖 省公司三等奖
25	供电企业基于数字化转型的配网指挥提升管理	国网西安供电公司	国网陕西省电力有限公司	连文莉、隋 喆、段璟靓、刘 翔、李 哲、邢 伟、田 敏、吴 婧、穆姗姗、古 涛、谈 浩、王 琪	陕西省三等奖 省公司三等奖
26	电力企业基于体制机制建设的企业年金精益化管理	国网陕西综合服务中心	国网陕西省电力有限公司	齐 骏、赵 钰、季斌炜、马晓民、王 星、李少文、倪 军、何化利、戴 敏、刘 莹、寇 娜、尹纪亮	陕西省三等奖 省公司三等奖
27	省级电网企业基于可调节负荷的激励型电力需求响应实践	国网陕西经研院	国网陕西省电力有限公司 国网西安供电公司 国网陕西营销服务中心	袁 斌、岳红权、王金锋、曹 敏、姜炎君、白泽洋、于广亮、徐文婷、郑 楠、井江波、毛璐明、石 蓉	陕西省三等奖 省公司三等奖
28	彬州分公司青年员工"行动学习"培育模式构建	国网彬州市供电公司		孙梦遥、薛瑞涵、郑剑锋、朱宏顺、高阿孝、王 闯、杨 斌、杨 闯、赵 媛	陕西省三等奖
29	基于数字化转型的精准网格电力服务指挥管理实践	国网安康供电公司	国网陕西建设公司 陕西送变电公司	孔哲峰、刘 禾、姜 岚、项 华、陈 刚、朱元君、龙 游、马 路、王 雷、朱承甜	省公司二等奖 陕西省三等奖
30	以智慧供电企业为建设目标的数字化转型管理实践	国网铜川供电公司	国网陕西省电力公司 陕西思极科技服务公司	张根周、赵宏斌、惠建峰、杨东斌、蔡雨楠、黄军锋、寇继强、张 诚、尚 琨、李 洋	省公司二等奖 陕西省三等奖
31	省级电网企业统筹集中管控和分权激励相结合的管理体制优化与实践	国网陕西省电力有限公司	国网咸阳供电公司	季斌炜、李红伟、张保国、余坤兴、刘 彬、刘 伟、翟 萌、张 浩	陕西省三等奖 省公司三等奖
32	供电营业场所"两查两防两提升"小微权力风险管控体系建设与实施	国网陕西省电力有限公司	国网西安供电公司	李伟强、刘 通、高 旭、贾 柱、谭 欣、陈国强、周 蓬、梁 晨、王 见、刘睿洁、李明栋、吴 洁	陕西省三等奖 省公司三等奖
33	供电企业以"管理技能双通道"体系为导向的精细化员工培养管理实践	国网西安供电公司		何晓婧、袁 博、徐金宜、杨珊珊、陈铭越、郭瑜佳、王 超	陕西省三等奖
34	大型电网企业基于预算式管控的供电可靠性运营管理	国网陕西电科院	国网陕西省电力有限公司 国网陕西经研院 国网渭南供电公司	曹利强、李立鹏、李 石、吕新良、吴经锋、李 旭、丁 彬、杨传凯、姜 丹、张晓兰、冀 虹、韦汶妍	陕西省三等奖 省公司三等奖

续表

序号	成果名称	主创单位	参与单位	完成人	获奖等级
35	基于高质量发展的全过程督办工作体系建设与实践	国网榆林供电公司		魏宇存、黄成英、马岩浩、宋　军、张永胜、王兴盛、魏春艳、黄旭东	陕西省三等奖
36	电力企业基于设备状态评价的状态检修体系建设与实践	国网延安供电公司		唐　睿、李文波、孙　亮、齐　帅、强　强、郝耘锐、孙换春、李景富	陕西省三等奖
37	党风廉政建设"四责联动"机制在基层落地实践	国网陕西信通公司	国网陕西省电力有限公司	杨长军、周　蓬、李　星、高　旭、谭　欣、王　新、李　坤、魏叶菁、陈　静、黎思辰	陕西省三等奖 省公司三等奖
38	电网企业电子商务平台建设与创新应用	陕西电力物资有限公司		史高琦、潘军红、杨云涛、张　瑞、高　杨、来　勇、赵永刚、段　新、高娇蛟、李云飞	陕西省三等奖
39	以创建一流智能化水电厂为目标的生产运行管理	安康水力发电厂		陈宗让、宋刚伟、雷中俊、吴文海、唐德谦、陈方刚、王增利、徐健勇、郭　哲、王开虎	省公司二等奖 陕西省三等奖
40	基于"电眼看世界"的电力大数据增值体系构建与实施	国网陕西省电力有限公司	国网安康供电公司 国网渭南供电公司 国网汉中供电公司 国网陕西营销服务中心 国网陕西电动汽车公司	岳红权、张　旭、杨文宇、郭青林、曹　敏、白宇峰、杨永刚、郭　鑫、周　蔚、郝佳楠、巨　健、石　宁	省公司一等奖
41	基于"教研培一体化"的国有企业党建示范基地建设与实践	国网陕西技能培训中心	国网陕西省电力有限公司 国网延安供电公司	林一凡、张　伟、王　峰、张　明、吴晓娟、王　丽、王慧芬、张佩华、王　玲、高　琳、杜卫庆、弥　亮	省公司一等奖
42	新形势下电网投资项目综合管控体系建设及应用	国网陕西省电力有限公司	国网陕西经研院 国网汉中供电公司 国网咸阳供电公司	田　廓、李　英、王　敏、董文杰、魏　磊、李晓峰、张　超、仇继扬、白　杨、焦李忆	省公司二等奖
43	电网企业电费"省级直收"管理实践	国网陕西省电力有限公司	国网陕西超高压公司 国网榆林供电公司 国网陕西电科院 国网咸阳供电公司 国网铜川供电公司	王少利、左　宇、何葆全、张　鹏、高文睿、姚　洁、李　佳、宋　雯、方圆圆、施　文、姜　泽、党恬恬	省公司二等奖
44	基于数据共治共享的供电服务能力提升管理	国网西安市长安区供电公司		李方临、杨　斌、何伟哲、吕善衡、闫翰子、毛　青、张　蕊、王相桥、谈　浩	省公司二等奖
45	陕西经营性电力用户全电量放开下的市场主体动态管理体系构建	陕西交易公司		冯水城、李　鹏、李　欣、张宇航、王万军、白兴忠、刘　琰、李　波、王　玮、王　力、郑　睿、张　欣	省公司二等奖
46	基于优化营商环境的园区电力规划实施与管理	国网咸阳供电公司		李　鹏、徐志强、陈景昆、李　侠、刘　志、仙　锋、闫　鹏、郝　伟、王刚峰、杨延顺、张　静、薛　枫	省公司三等奖

续表

序号	成果名称	主创单位	参与单位	完成人	获奖等级
47	地市供电公司基于CIM层数据建模推动数字化审计落地应用	国网渭南供电公司	国网陕西省电力有限公司	李　煜、李炎勃、戴艳丽、弥　华、张亚峰	省公司三等奖
48	多方共建“采空区”用电环境治理管理体系	国网榆林供电公司		杨秋生、刘芳芳、张　晶、王新月、马　倩、陈婷婷、王鹏斐、郑　昂	省公司三等奖
49	秉持“沣·雅·颂”理念打造新时代共产党员服务队	国网西咸新区供电公司	国网陕西省电力有限公司	陈　飞、张丽云、张　犁、安雨伦、刘旭涛、裴　林、杨甲甲、李　历、杨　青、李　爽	省公司三等奖
50	电网企业多维度安全生态管控体系的构建与实践	国网陕西超高压公司	国网陕西省电力有限公司	陈在军、赵新志、王立新、黄峻峰、付纪华、刘　军、刘伯强、李继红、曹植奇、赵广棋、任　凯、彭　霄	省公司三等奖
51	大型电网企业基于资产全寿命周期成本的物资招标采购应用实践	国网陕西省电力有限公司	陕西送变电公司 国网西安供电公司 国网渭南供电公司 国网陕西物资公司	罗建勇、王晓涛、迟　清、刘　伟、杨储华、王　勇、张　轩、梁　谦、李良书、邢　伟、雷汉辰、王紫荆	省公司三等奖
52	基于融媒体的电网企业舆论引导管理体系探索与实践	国网陕西省电力有限公司		南增毅、曹　宇、张　剑、赵　冰	省公司三等奖
53	源荷互动、两级协调的调峰辅助服务市场建设	国网陕西省电力有限公司		王步云、陈艺华、郭　晨、张成刚、郭　斌、乌鹏涛、李昀昊、张　炜、和佳琪、冀　虹	省公司三等奖

（胡　斌　陈　燕）

2021年国网陕西电力获QC小组活动成果奖名单

序号	成果名称	完成单位	小组名称	完成人	获奖等级
1	提高县公司供电所线损合格率	国网西安供电公司	秦俑QC小组	张格格、刘华伸、王　开、魏小晨、郑康霖、刘奕童、闵夏滢、韩　啸、吴　楠、陈临潼	国际ICQCC成果发布金奖
2	提高陈仓电网负荷预测准确率	国网宝鸡供电公司	筑梦陈仓QC小组	蔡　昕、刘思妍、任　晶、史景妮、黎子微、张　可、何君娜、张婉盈、常　乐、刘海虹	国际ICQCC成果发布金奖
3	缩短变电站测控装置异常处置时间	国网安康供电公司	自动化守护者QC小组	赵昱如、朱晓斌、周耀辉、梁学良、刘丹丹、田　铠、杨　超、郭　宝、何宇昕、李菁宇	国际ICQCC成果发布金奖
4	集成式10kV小车开关快速检测仪的研制	国网宝鸡供电公司	匠心筑梦QC小组	袁　浩、李志新、何宏禄、高康平、宋奕臻、高　斌、李　娜、王馨瑶、杨涵铄、刘雨鑫	全国优秀质量管理小组 全国电力行业特等奖 陕西省一等奖 省公司一等奖

续表

序号	成果名称	完成单位	小组名称	完成人	获奖等级
5	降低直流系统故障报警率	国网安康水电厂	运行水滴QC小组	杭志伟、陈方刚、宋刚伟、王开虎、方　璞、李奕奕、肖珍妮、郭　哲、刘　松、张朝鹏	全国优秀质量管理小组 全国电力行业一等奖 陕西省一等奖 省公司三等奖
6	降低重复性上访发生率	国网陕西省电力有限公司办公室	和谐之家QC小组	吴　涛、潘良军、胡　磊、高　杰、温　博、冯永艳、杜鹏辉、郭　萍、丁　华、杨治田	全国优秀质量管理小组 陕西省一等奖 省公司二等奖
7	缩短集中监控缺陷处置时间	国网宝鸡供电公司	铿锵玫瑰QC小组	魏　秦、王　悦、王　婷、樊文倩、昝　鑫、吴　蕊、田　博、陈星星、张文浩、张军梅	全国电力行业特等奖 国网公司二等奖 陕西省一等奖 省公司一等奖
8	缩短网络业务办理时长	国网西安供电公司	网络达人QC小组	仓　甜、黄克娜、白开峰、王　星、梁　沂、苏　晗、张　芸、张易初、李　妍、赵盼薇	全国电力行业特等奖 国网公司三等奖 陕西省一等奖 省公司一等奖
9	缩短用电信息采集终端自动化检测时间	国网陕西营销服务中心	计量中心室内检定QC小组	苏东萌、闫　帆、邵方静、崔超奕、周　婕、马　烨、王阿方、韩瞻捧、郑　蕊、杨玉军	全国电力行业特等奖 省公司一等奖
10	换流站油浸式电容器漏油监测装置的研制	国网陕西超高压公司	宝鸡换流站“先锋”QC小组	田　锐、赵新志、彭　霄、刘伯强、曹植奇、郭　萍、杨　帆、任宇豪、巨思远、朱　钊	全国电力行业一等奖 陕西省二等奖 省公司一等奖
11	隔断型机柜封堵盖板的研制	国网延安供电公司	延电通信众城QC小组	董　昭、任永青、李国伟、常军喜、杨秉奇、强晓华、周　杰、王　彬、李　明、郑喜军	全国电力行业一等奖 陕西省二等奖 省公司一等奖
12	台区线损职能管理单元的研制	国网西安供电公司	市区供电分公司乘风破浪QC小组	宋　莉、吕　方、宋　强、赵　霞、刘　佳、张　蕊、张乃元、翟章良、都嘉慧、杨梓莹	全国电力行业一等奖 陕西省二等奖 省公司二等奖
13	缩短调度自动化系统监视图表维护时间	国网安康供电公司	自动化守护者QC小组	赵昱如、朱晓斌、周耀辉、覃　巍、梁学良、田　铠、杨　超、郭　宝、何宇昕、李菁宇	全国电力行业一等奖 陕西省二等奖 省公司二等奖
14	避雷器带电检测便携试验杆的研制	国网咸阳供电公司	新使命QC小组	张　悦、邹　苗、史康宁、刘　光、王　炜、李　龙、崔青青、赵振立、王宝乐、王　斐	全国电力行业二等奖 陕西省一等奖 省公司一等奖
15	缩短线路接地异常处理时间	国网宝鸡供电公司	筑梦陈仓QC小组	蔡　昕、刘思妍、任　晶、史景妮、黎子微、张　可、何君娜、张婉盈、常　乐、刘海虹	全国电力行业二等奖 陕西省一等奖 省公司二等奖
16	新型特高压进出强电场辅助装置的研制	国网陕西超高压公司	带电尖兵QC小组	金维彬、张　辉、王　昊、魏亚军、蔺泽伟、付浩东、刘弘毅、党林森、邵　帅、何　顺	全国电力行业二等奖 陕西省二等奖 省公司二等奖
17	缩短10kV配网单相接地故障信息研判时间	国网宝鸡供电公司	配网调控班QC小组	马　静、梁少敏、李　龙、乌钰栋、吴雪瑾、仝宝玲、边　垠、张博超、王凌琳、袁　媛	全国电力行业二等奖 陕西省三等奖 省公司二等奖

续表

序号	成果名称	完成单位	小组名称	完成人	获奖等级
18	降低变电站母线线损不合格率	国网咸阳供电公司	计量室炫“采”QC小组	董思思、白　斌、牛　威、王海军、苏娟宁、马永斌、潘　婧、李　星、张　斌、胡晓佳	陕西省一等奖 全国电力行业三等奖 省公司二等奖
19	提高变电运维人员第一时间判断设备异常准确率	国网商洛供电公司	变电运维中心精卫QC小组	余佳蔚、王　添、宋彩云、权英华、王　鹏、冉松怀、韩　康、杨　永、胡　戈、麻欣静	陕西省一等奖 全国电力行业三等奖 省公司三等奖
20	缩短10kV农网线路故障报修处理时限	国网宝鸡供电公司	凤飞卓越QC小组	独　睿、晁彬杰、陈　兴、赵　凯、孙　鑫、刘海虹、晁　洋、朱红杰、邹雨轩、夏　禹	省公司一等奖 全国电力行业三等奖 陕西省二等奖
21	缩短110kV变压器例行试验时间	国网榆林供电公司	豆河伟创新工作室　变电检修QC小组	豆河伟、刘　帅、谢宇霆、姜金科、刘　玮、樊　华、李宝华、慕琦宇、刘　行、张晓博	全国电力行业三等奖 省公司二等奖 陕西省三等奖
22	无人机红外双光热成像相机云台的研制	国网陕西超高压公司	同心QC小组	冯超宇、李志文、罗彦宏、郭　萍、许小宁、常玉轩、金清柱、常　健、刘昊欢、宋　磊	陕西省一等奖 省公司二等奖
23	降低车辆运行费用	后勤服务中心	车辆服务部领航QC小组	王金合、张建锋、秦　锋、雒　曦、车　钧、王宽放、唐立伟、庄小凡、张志宏、林菁桦	陕西省一等奖 省公司二等奖
24	缩短充换电设施平均接电时间	国网西安供电公司	高新供电分公司微笑之星QC小组	杨　晶、高　钏、曹　晖、耿泽飞、岳　滨、李韵佳、燕旭朦	陕西省一等奖 省公司三等奖
25	电缆接头智能检测防爆装置的研制	国网延安供电公司	“晨星”QC小组	高　杰、刘　勇、郭　楠、杨伟宁、米　东、董虎超、李桂斌、李　阳、蔡学强	陕西省一等奖 省公司三等奖
26	提高供电营业场所信息通信网络保障率	国网安康供电公司	追光者QC小组	刘　鑫、陈杭洲、张　琛、任　昊、饶无疾、闫　婧、李子璇、李丽欢、史　良、郑　颖	陕西省一等奖 省公司三等奖
27	“一键式诊断大数据平台”的研发	国网安康供电公司	供电服务指挥中心“星河”QC小组	刘　禾、陈　刚、姜　岚、项　华、龙　游、朱元君、柴伦浩、丁志瑶、刘高歌、张居炫	陕西省一等奖 省公司三等奖
28	减少网络异常终端数量	国网汉中供电公司	E家人QC小组	雒雪梅、侯艺敏、谢　睿、尹　淇、李婷婷、王　佩、李　阳、胡　可、陈　剑、李　娟	陕西省一等奖 省公司三等奖
29	电气试验线专用绕线器的研制	国网榆林供电公司	电气试验QC小组	闫富平、高国梁、王　喆、薛高峰、张维军、刘　杰、贺　瑶、张　迪、白杨娟	陕西省一等奖 省公司三等奖
30	缩短断路器梅花触头故障处理时间	国网榆林供电公司	沙漠之舟QC小组	豆河伟、樊　华、张馨尹、仝国平、张晓博、刘　玮、王凯龙、慕琦宇、李宝华、谢宇霆	陕西省一等奖 省公司三等奖

续表

序号	成果名称	完成单位	小组名称	完成人	获奖等级
31	基于变电站巡检车的道路除雪装置的研制	国网陕西超高压公司	夏州冲锋QC小组	陈　僖、高　丰、刘　臻、张戈亮、雷　刚、刘党军、乔　谦、高璐轩、王　北、杨　越	陕西省一等奖 省公司三等奖
32	提高110kV电缆工程一次验收合格率	国网宝鸡供电公司	川陕路QC小组	李　静、宁　菲、黄东利、汪军杰、贾宏发、刘　飞、秦　昆、刘海虹、赵茜梦、王　琳	陕西省二等奖 省公司二等奖
33	智能配电站异常检测分析仪的研制	国网铜川供电公司	英雄联盟QC小组	刘　蕾、张　亮、纪　鹏、张颖捷、崔　鑫、陈永耀、孙　琰、王瑜娟、白佳丽、倪冬康	陕西省二等奖 省公司二等奖
34	缩短2M通道中断时间	国网西安供电公司	信通分公司"通信管家"QC小组	段　清、黄克娜、梁　沂、白开峰、张晓群、王　星、段锦文、吴　迪、张易初、张馨月	陕西省二等奖 省公司三等奖
35	缩短新纺变电站直流系统绝缘降低故障处理时长	国网咸阳供电公司	变电运维中心市区运维班超越QC小组	任　飞、卢广超、魏超干、安　涛、黄　方、王镜杰、罗　煜、王　君、郭　珂、王　炜	陕西省二等奖 省公司三等奖
36	提高咸阳公司电费"自动发行"成功率	国网咸阳供电公司	核算达人QC小组	徐子清、郭拴英、郭文婷、李　若、赵　昕、李云飞、韩　靖、张晓华、武　宇、潘　军	陕西省二等奖 省公司三等奖
37	降低城区低压线路故障停电处理时间	国网宝鸡供电公司	光明电小二QC小组	杜　炜、刘乃均、蔡　昕、潘卫刚、王　琳、孙　蕾、陈煦鲲、程文超、张永锋、马佳奇	陕西省二等奖 省公司三等奖
38	缩短35kV电缆诊断性交流耐压试验时间	国网榆林供电公司	知行QC小组	刘　行、杨　扬、王　喆、薛高峰、高国梁、张维军、李宝华、杨程普、谢宇霆、郭朝阳	陕西省二等奖 省公司三等奖
39	物联边缘处理单元的研制	国网西安供电公司	电费计量中心奇思妙想QC小组	畅　言、刘炜桢、王　鑫、罗雨萌、淡卫华、张延辉、杨　瑞、惠　婧、黄　浩、周润延	陕西省三等奖 省公司三等奖
40	缩短公司行政电话业务报修处理时长	国网宝鸡供电公司	互联网部通信尖兵QC小组	张慧莹、刘鑫洋、王宏科、李　俊、李　娜、赵子豪、蔡　蕾、刁维宁、李红娟、余　洁	陕西省三等奖 省公司三等奖
41	缩短调控管理系统基础台账维护时间	国网陕西省电力有限公司调控中心	自动化处QC小组	李　永、周志远、宋晓川、李延升、颉子光、郭　莉、和佳琪、窦保卫、曹　鑫、范国璠	省公司三等奖
42	研制防止10~35kV高压串入二次回路的过压保护器	国网渭南供电公司	二次检修中心变电二次奋斗者QC小组	王　源、李兴宝、郭　莉、徐　娟、罗　航、吴浩亮、王若晨、王　涛、付　娜、姚冯信	省公司三等奖
43	缩短信息通信客服咨询类工单通话时长	国网陕西信通公司	向阳花QC小组	王晓明、宋潇杨、陈妍斐、张　枫、田俊婕、弓岳婷	省公司三等奖

（刘　正）

2021 年国网陕西电力基础治理典型经验

序号	类别	典型经验名称	总结提炼单位
1	同期线损	创新同期线损管理方法 助推数字化建设落地	国网铜川市宜君县供电分公司
2		“双效”提升工作法助力百强供电所创建	国网西安市南供电分公司
3		“小时级管控机制”助力同期线损百强县、百强所建设	国网西安市长安区供电分公司
4		采用“数字化＋多维管控”助力百强供电所建设	国网西安市临潼供电分公司
5		抓基础 抓专项 抓机制 提升同期线损水平	国网渭南市蒲城县供电公司
6		扎实稳步提高同期线损，保持“百强县、百强所”	国网西安市阎良区供电公司
7		区域台区管理因地制宜 打出治理同期线损提升组合拳	国网西安市区供电公司
8	数据治理	深化数据治理应用 全力创建数字化供电所	国网汉中市汉台供电分公司
9		依托数字化转型 助力供服中心深化应用	国网延安供电公司
10		治理失准电话号码 完善营销基础数据	国网汉中市汉台供电分公司
11	供电质量	真抓实干重落实 综合施策稳提升	国网宝鸡供电公司
12		强应用 重培训 提效率 不断强化输电线路无人机运检	国网延安供电公司
13		优化运维资源，调整运维模式，做实做细属地化运维	国网铜川市宜君县供电公司
14		多措并举推进西安电网规划落地	国网西安供电公司
15		多点发力 助推供电服务品质升级	国网安康供电公司
16	安全管理	强化安全生产作风 提升现场安全管控能力	国网陕西超高压公司
17		紧盯现场 夯实责任 坚持以“四双”管理为抓手 努力实现安全工作新提升	陕西送变电公司
18		强化“硬措施” 拉紧“安全绳” 全面落实“四个管住”要求	国网宝鸡供电公司
19		安全生产无捷径 规行矩止抓现场	国网铜川供电公司
20		转观念 强落实 安全管理开创新局面	国网榆林市榆阳区供电公司
21		“四有”助推“抓班组、控现场”工作取得新突破	国网铜川市印台王益供电公司

（陈 滨）

索 引

《2022国网陕西省电力有限公司年鉴》特邀撰稿人

公司本部

发展部 张世强
财务部 梁少丽
资本部 李萌
规划部 关潮
组织部 卢鹏
人资部 齐骏
党建部 高婧
纪委办 成莹莹
安监部 薛钊
设备部 余华兴
配网部 孟遥
营销部 白鑫
数字化部 吴军
建设部 巨晓军
物资部 陈筱
审计部 杨瑛
法律部 姜琳
后勤部 孙卫民
离退休部 原蓬
工会 王建波
调控中心 仵拓
交易公司 姚建
产业办 韦明
行协 陈博
综合服务中心 王莹

直属单位

国网西安供电公司 张昊泽
国网咸阳供电公司 王美艳
国网宝鸡供电公司 王琳
国网渭南供电公司 郭乙琳
国网汉中供电公司 乔芸
国网安康供电公司 蔡军
国网商洛供电公司 王瑞宁
国网铜川供电公司 李宁
国网延安供电公司 薛海涛
国网榆林供电公司 杜庆芬
国网西咸新区供电公司 康娜
国网陕西经研院 赵苗
国网陕西电科院 丁小龙
陕西送变电公司 高浪舟
陕西建设集团公司 马芳芳
国网陕西超高压公司 郭玮
国网陕西建设公司 艾恪帆
陕西电力项目管理公司 闫婷
国网陕西信通公司 朱铭
国网陕西物资公司 张海蓉
陕西电力物资公司 王润英
国网陕西管理培训中心 李慧
国网陕西技能培训中心 马潇
国网陕西营销服务中心 刘栋
国网安康水电厂 张悦歆
陕西发电集团公司 蒲开宇
陕西电力投资控股公司 弓一凡
陕西综合能源集团公司 刘菁喆
国网陕西后勤服务中心 王文
陕西综合能源公司 李朝
陕西思极科技公司 唐兆
陕西电动汽车公司 康少华